서양 중세 문명

La Civilisation de l'Occident médiéval
de Jacques Le Goff

Copyright ⓒ 1997 by Flammarion
Korean translation copyright ⓒ 2000 by Moonji Publishing Co., Ltd.
All rights reserved.

This Korean edition was published by arrangement with
Flammarion through Sibylle Books Literary Agency, Seoul.

이 책의 한국어판 저작권은 시빌에이전시를 통해 Flammarion사와 독점 계약한 ㈜문학과지성사에 있습니다.
저작권법에 의해 보호받는 저작물이므로 무단 전재 및 복제를 금합니다.

La Civilisation
de l'Occident
médiéval

현대의 지성 65

서양 중세 문명

자크 르고프 지음·유희수 옮김

문학과지성사
2008

지은이 **자크 르고프** Jacques Le Goff는 1924년 남프랑스 항구도시 툴롱Toulon에서 태어나 고등사범학교를 졸업하고 역사학 교수 자격을 획득했다. 아날학파 제3세대를 대표하는 심성(心性)사학자인 그는 고등연구원Ecole Pratique des Hautes Etudes 제6부 교수와 사회과학대학원Ecole des Hautes Etudes en Sciences Sociales 원장, 그리고 같은 대학원 서양중세역사인류학과 교수를 역임했다. 페르낭 브로델을 이어 1969년부터 『아날Annales』지를 공동 편집위원 체제로 이끌어오고 있으며, 사회과학대학원 명예교수로 있다. 『중세의 지식인들』『또 다른 중세를 위하여』『연옥의 탄생』『중세의 상상 세계』『돈과 구원』『루이 성왕』『성 프란체스코』외에도 다 열거할 수 없을 정도로 많은 저서가 있다.

옮긴이 **유희수**는 1953년 충남 예산에서 태어나 고려대 사학과를 졸업하고, 같은 과 대학원에서 석·박사 학위를 받았다. 경남대 사학과 교수를 거쳐 1996년부터 고려대 사학과 교수로 재직 중이다. 저서로『서양 중세사 강의』(공저)와『서양의 가족과 성』(공저)이 있고, 역서로는『매너의 역사: 문명화 과정』『중세의 소외집단: 섹스·일탈·저주』(공역),『몽타이유: 중세말 남프랑스 어느 마을 사람들의 삶』이 있다.

현대의 지성 65
서양 중세 문명

초판 1쇄 발행   1992년 11월 20일
초판 9쇄 발행   2004년 11월 2일
개정판 1쇄 발행   2008년 11월 7일
개정판 6쇄 발행   2024년 6월 14일

지은이   자크 르고프
옮긴이   유희수
펴낸이   이광호
펴낸곳   ㈜문학과지성사
등록번호   제1993-000098호
주소   04034 서울 마포구 잔다리로7길 18(서교동 377-20)
전화   02)338-7224
팩스   02)323-4180(편집) 02)338-7221(영업)
전자우편   moonji@moonji.com
홈페이지   www.moonji.com

ISBN   978-89-320-1903-1

한국어판 서문

『서양 중세 문명』이 한국어로 번역되는 것은 나에게 하나의 자랑거리이자 기쁨이다. 책을 번역한 유희수 교수와 책을 출판한 문학과지성사에 진심으로 감사를 드린다.

이 책은 '위대한 문명Les Grandes Civilisations' 총서의 하나로 출간되었는데, 이것은 나의 역사관에 부합하는 역사 연구가 가능함을 보여주고 있다. 이 책은 학생들, 그리고 기본 소양은 갖추었으되 전문가가 아닌 역사 애호가들을 독자로 겨냥하고 있다. 따라서 나는 엄밀한 의미에서의 문명을 다룬, 이 책의 가장 중요한 핵심이라 생각되는 부분을 독자들이 쉽게 이해할 수 있도록 주요한 사건들을 먼저 환기시켰다. 나는 한 사회의 독창성과 움직임과 변화를 이해하는 데 필수불가결한 모든 것을 포괄하고 설명(사건에 대한 단순한 기술 뒤에는 한 사회의 발전에 대한 구조적 연구와 설명이 뒤따라야 하기 때문이다)하려는 전체사의 실험을 종합적인 문명관 아래 실현할 수 있는 가능성을 이 책에서 발견했다. 역사란 사실 움직임과 변화다. 그래서 나는 19세기 프랑스의 위대한 역사가 미슐레Michelet의 이상, 즉 1869년에 출간된 그의 저서 『프랑스사Histoire de France』 서문에서 역사(전문 역사가들이 쓴, 지식의 한 분과학으로서의 역사)가 보다 더 '물질적'인 동시에, 보다 더 '정신적'이기를 바랐던 그의 이상을 따랐다. 말하자면 역사가 사회의 물질문화, 즉 인간들의 주거·음식·복식·도구·기술 등의 물질문화(프랑스와 유럽에서 이룬 중세 고고학의 발전은 이 분야에 큰 기여를 했다)와 이것의 감수성·심리·가치 등에 관심을 가져야 한다는 것이다. 나는 또한 1929년 뤼시앵 페브르Lucien Febvre와 마르크 블로크Marc Bloch가 창간했고, 오늘날에는 영광스럽게도 내가 공동 편집위원의 한 사람으로 있는 유명한 『아날Annales』지의 기본 방침을 따랐다. 그래서 나는 철학자들과 지식인들의 위대한 사상을 연구하기보다 남녀 대중들, 특히 서양이 기술적·경제적·사회적·정치적·종교적·지적·예술적으로 대대적인 발전을 했던 11세기부터 14세기까지의 남녀 대중들의 심리적 반응과 행동, 이를테면 망탈리테mentalité를 연구하는 새로운 형태의 역사학에 중점을 두었다.

나는 먼저 중세 사회의 시·공간적 구조에 대해 언급했다. 시간과 공간은 사회와 그 발전의 성격을 규정할 뿐만 아니라 역사의 토대이기 때문이다. 나는 역사적 시간과 역사적 공간이 물질적인 실재인 동시에, 표상을 포함하는 정신적 실재라는 것을 보여주려 노력했다.

나는 또한 사회구조들, 사회적·직업적 범주들, 더 나아가서 사회가 자신을 이해시키고 스스로에게 작용하기 위해 구축한 표상체계에도 관심을 두었다. 나는 마르크 블로크로부터 모든 참된 역사란 사회사라고 배웠다.

나는 상징 세계의 역사와 상상 세계의 역사에 대한 윤곽을 제시했다—나는 이 책을 쓰고 난 후 이 문제들에 천착해왔다. 내가 상징 세계의 역사를 시도한 것은 그럴 만한 이유가 있어서다. 역사 속에서의 사회들은 스스로의 존속을 위해 상징들을 필요로 하며, 가시적인 세계를 비가시적인 세계와 연접시켜주는 몸짓·이미지·의례 등과 같은 온갖 상징적인 세계를 만들어냈기 때문이다. 서양 중세 사회처럼 심층에서 종교가 지배했던 사회의 경우, 특히 그렇다. 내가 상상 세계에 대한 연구를 시도한 것 또한 그 나름의 이유가 있다. 사회란 그것을 이루는 인간들의 행동 못지않게 꿈을 통해서도 이해될 수 있으며, 물질적 실재 못지않게 상상적 세계(정신적 실재) 속에서 작동하기 때문이다.

내가 바라는 것은 문화인류학에 근접한 역사학, 즉 모든 인간을 추상성 속에서가 아니라 그들의 구체성과 그들 존재의 총체성(그들의 영혼뿐만 아니라 그들의 육체·필요·열망·정신·마음·강박관념·신앙과 그들이 살고 느끼고 생각하는 방식을 포함한 총체성) 속에서 포착하고 이해하려 노력하는 역사학이다. 서양 중세는 인간이 여러 가지 공포, 즉 기근에 대한 공포, 전쟁에 대한 공포, 역병에 대한 공포, 악마에 대한 공포에 시달렸던 기나긴 시련기일 뿐만 아니라, 근대 유럽을 탄생시키고 그 성공의 토대가 되었던 창조적인 시기이기도 하다.

나는 이러한 시기와 이러한 사회를 어느 단 한 나라의 틀 속에서가 아니라 기독교 세계 전체의 틀 속에서 다루려 노력했다. 그도 그럴 것이 기독교 세계는 (근본에는 기독교적인) 동일한 가치·문명·문제를 공유하고, 신과 인간, 사회와 대두하는 개인, 신앙과 이성, 빈곤과 돈, 폭력과 평화에 대한 갈망, 덕과 악덕 사이의 동일한 갈등을 공유한 하나의 전체였기 때문이다. 나는 오늘과 내일의 유럽의 청춘기요, 내가 간절히 바라는 통합된 유럽의 건설을 위해 매우 중요한 유산인 중세 기독교 세계를 보여주고 싶었다. 나는 이 책이 한국의 독자들에게 오늘날의 유럽 또한 이해하는 열쇠를 가져다줄 수 있기를 희망한다.

   그 자신도 유구한 전통과 고급한 문명을 갖고 있고 오늘날에는 주목할 만한 발전을 이룩한 나라에 살고 있는 한국의 독자들에게 몇 가지 바람이 있다. 나는 그들이 역사가와 역사 애호가들의 본질적인 임무인 서로 다른 문명과 역사를 비교하는 일을 더 잘 수행할 수 있기를 바란다. 나는 또한 그들이 세계 곳곳에 있는 개개 인간의 임무, 즉 타자를 이해하는 임무를 더 잘 완수할 수 있기를 희망한다. 나는 한국의 독자들이 이 책에 관심을 가져준 것에 대해 감사하며, 그들에게 나의 우의를 전한다. 그리고 그들과 그들의 아름답고 위대한 나라를 위해 기도하고, 서로의 사회 간에 유익한 대화가 있기를 기원한다.

1992년 9월 14일
자크 르고프

옮긴이의 말
── 개정판을 내면서

    이 책은 자크 르고프가 지은 『서양 중세 문명 *La civilisation de l'Occident médiéval*』(Arthaud, 1984, rééd.)을 우리말로 옮긴 것이다. 1984년판은 원래 1964년에 같은 출판사에서 본문 외에 수많은 도상 자료, 지도, 연표, 용어해설 등 방대한 분량을 800여 쪽의 크라운판으로 출판한 것을 본문과 용어해설만으로 축약한 포켓판(510쪽)이다. 지은이는 1984년판에서 서론을 새로 쓰고 1964년판에 수록했던 에필로그를 삭제했다. 나는 1984년판을 대본으로 삼아 번역했지만, 한국어판에 이 에필로그를 수록했다. 또한 중세를 장기 지속적 구조의 차원에서 새롭게 시대구분하는 그의 시론 「장기 중세를 위하여 Pour un long Moyen Âge」(1983년)를 옮겨 실었다.
    이 책은 아날학파의 역사학, 특히 심성사 세대 또는 역사인류학 세대라 일컬어지는 '아날학파 제3세대' 역사학의 정수를 보여준다. 지은이는 중세인의 삶의 실제가 무엇인지, 그러한 삶을 지탱하면서 제약하는 장기 지속적 구조란 무엇인가를, 육체와 영혼, 물질과 정신, 현실과 상상, 지상과 천상을 넓게 관련지으면서 깊이 탐색하고, 중세인의 삶의 실제와 구조를 총체적인 모습으로 복원해낸다. 이를 위해 역사적 '사실'의 범위를 상상 세계까지 확대하고 문학·이미지·구전·꿈까지도 사료로 이용한다. 어쩌면 중세의 두터운 상상적 구조와도 공명할 수 있는 문학적 서술과 아름다운 문장 또한 책 읽기의 감칠맛을 더해주면서 우리를 중세의 낯선 세계로 빠져들게 한다. 그래서 이 책을 다 읽고 나면 한 편의 소설을 읽은 것처럼 중세에 대한 전체적이면서도 생생한 이미지가 긴 여운으로 남는다.

초기 저작에 해당하는 이 책은 지은이가 가장 애착을 갖는 저술 가운데 하나다. 그의 '미리 쓰는 유언'에 따르면 그는 가치 있는 책을 쓰기 위해, 즉 이 책을 쓰기 위해 국가박사학위를 포기했을 정도로 책의 집필에 열정을 쏟았다고 한다. 또한 레몽 블로크는 1984년판 권두사에서 이 책이 프랑스에서 이미 고전이 되었다고 평가했다. 프랑스의 중세사가 크리스티앙 아말비는 아날의 새로운 중세사학을 상징하는 작품으로 조르주 뒤비의 『부빈의 일요일』(1973년)(동문선, 2002), 에마뉘엘 르루아 라뒤리의 『몽타이유』(1975년)(길, 2006), 자크 르고프의 『연옥의 탄생』(1981년)(문학과지성사, 1995)을 꼽으면서, 이 세 작품은 자크 르고프의 『서양 중세 문명』이 성공시킨 '또 다른 중세 autre Moyen Âge' (심층·토대·구조의 중세)를 계승한 것이라 평가한다. 이 책이 중세 역사학의 새로운 지평을 열었다는 말이다.

* * *

　이 책이 한국어판으로 처음 출판된 것이 1992년 가을이었으니 초판이 나온 지 어느덧 15년이 넘는 세월이 흘렀다. 그동안 독자들이 보내주신 분에 넘치는 관심과 사랑 덕택에 10쇄를 찍게 될 즈음, 출판사에서 잘못된 부분을 고치고 새로 편집하여 개정판을 내자는 제안을 해왔다. 나는 두 가지 이유에서 기꺼이 동의했다. 하나는 전공자가 보기에 이 책이 최근의 연구 성과에 비춰 낡은 부분도 없지 않지만, 이만한 중세사 개설서가 국내에서는 물론이려니와 유럽에서도 당분간 나오기 힘들다고 판단했기 때문이다. 다른 하나는 지명과 인명 등 고유명사 가운데 소속 국가를 고려하지 않고 프랑스어 음으로 표기된 곳들과 오늘날 기준으로 낡아 보이는 표기들을 고칠 필요가 있었기 때문이다. 나는 이 기회에 잘못 번역되거나 어색하게 번역된 곳을 모두 바로잡고, 부연설명이 필요한 곳에는 옮긴이 설명을 추가하기로 했다.
　수정을 하는 과정에서 제일 난감했던 일은 인명과 지명을 어떤 원칙에 따라 표기할 것인가 하는 문제였다. 최근에 한국서양사학회는 서양사 학술용어 표준화 작업의 일환으로 학술용어 표기 원칙을 확정했는데, 나는 이 원칙을 따르기로 했다. 이 가운데 중요한 것 두 가지만 일러두기로 한다. 첫째, 지명은 현재 속해 있는 국가의 언어 음으로 표기한다. 둘째, 인명은 중세 초(5~10세기)와 중세 중·후기(11~15세기)로 나누어 달리 표기한다. 중세 초에는 각 국어가 아직 완전하게 성립되지 않고 라틴어를 공용어로 사용했으므로 인명과 왕조명을 라틴어 음으로 표기한다. 예컨대 클로비스Clovis와 샤를마뉴Charlemagne를 클로도베우스Clodoveus와 카롤루스 마그누스(대제)Carolus Magnus로, 메로빙 왕조와 카롤링 왕조를 메로베우스Meroveus 왕조와 카롤루스Carolus 왕조로 표기한다. 중세 중·후기에 살았던 사람의 이름은 프랑스어 표기를 그가 속했던 국가의 언어 음으로 바꾸어 표기한다. 예컨대 Jean de Salisbury는 잉글랜드 사람이므로 '존 솔즈베리'로, Alain de Lille은 프랑스 사람이므로 '알랭 드 릴'로, Hildegarde de Bingen은 독일 사람이므로 '힐데가르트 폰 빙엔'으로, Joachim de Flore는 이탈리아 사람이므로 '조아키노 다 피오레'로 표기한다.

 이런 원칙에 따라 수정 작업을 했음에도 소속 국가가 확인 불가능하거나 애매한 사람은 프랑스어 음으로 표기했다. 또한 메로베우스(메로빙) 왕조, 클로도베우스(클로비스), 도밍고(도미니쿠스) 수도회처럼 새 표기의 낯섦과 충격을 완화하기 위해 옛 표기를 괄호 안에 병기하기도 했다.

 책의 초판에는 눈에 거슬리는 곳이 적지 않아 독자들과 출판사에 늘 미안한 마음을 갖고 있었는데, 고쳐서 출판하게 되니 무거운 짐을 벗은 것처럼 홀가분하다. 초판 교열을 보듯 문장 하나하나를 꼼꼼하게 고치고 다듬어 더 알찬 책으로 만들어주신 문학과지성사 편집부의 박지현 씨께 깊은 감사를 드린다.

2008년 10월
안암골에서 유희수

차례

한국어판 서문 5
옮긴이의 말 9

장기 중세를 위하여 17
프롤로그 27

제1부 중세사의 전개

제1장 게르만족의 정착(5~7세기)
1. 로마 세계의 위기(2~4세기) 39
2. 로마인들과 게르만족들 42
3. 게르만의 침략과 서양의 새로운 지도 60
4. 중세 초의 서양: 새로운 구조 68
5. 결론——고대에서 중세로의 이행: 연속인가 단절인가? 82

제2장 게르만적 재편의 시도(8~10세기)
1. 카롤루스 왕조 치하의 서양 91
2. 9~10세기 위기: 새로운 침략자들 99
3. 카롤루스 왕조의 위기: 내분 103
4. 오토 황제들에 의한 제국의 부활 110
5. 10세기 르네상스 112
6. 결론——중세적 '도약': 외적 자극인가 내적 발전인가? 114

제3장 기독교 세계의 형성(11~13세기)
1. 기독교 세계의 발전: 건축과 농업의 발전, 인구 증가 116
2. 기독교 세계의 팽창: 북유럽과 동유럽의 기독교화, 에스파냐 재정복, 십자군 원정 121
3. 도시의 부활 134
4. 상업의 부활 140

5. 지적·예술적 발전 144
  6. 기독교 세계의 발전에서 교회와 종교 146
  7. 서양의 봉건제 156
  8. 정치적 사건: 교권과 제권 165
  9. 정치적 사건: 국가 168
  10. 결론——중세 공간의 조직: 도시인가 국가인가? 176

제4장 기독교 세계의 위기(14~15세기)
  1. 중세적 프런티어의 종말 178
  2. 14세기 위기 179
  3. 위기의 의미: 총체적 침체인가 진보의 조건인가? 182

제2부 중세 문명

제5장 탄생(5~9세기)
  1. 이교 문화와 기독교 정신 187
  2. 전통적 지식의 분해 191
  3. 퇴보와 적응 193
  4. 문명의 외딴섬들: 도시·궁정·수도원 197
  5. 중세의 '기초자들' 206
  6. 카롤루스 왕조의 르네상스 208

제6장 공간과 시간의 구조(10~13세기)
  1. 숲과 숲 속의 빈터 212
  2. 중세의 유동성: 여행 217
  3. 자연과 우주 224
  4. 기독교 세계와 비잔티움: 분리주의자 227
  5. 기독교 세계와 이슬람교도: 이교도 235
  6. 기독교 세계와 이교도: 개종 문제 239
  7. 기독교 세계와 몽골 신화 243
  8. 기독교 세계는 개방적인가 폐쇄적인가? 245
  9. 지상 세계의 저편: 신 248
  10. 지상 세계의 저편: 악마 261
  11. 천상과 지상 사이: 천사들 267
  12. 시간·영원·역사 270

13. 시간에 관심이 있는가 없는가? 288
14. 사회적 시간: 자연적 시간과 농촌적 시간 293
15. 사회적 시간: 영주적 시간 299
16. 사회적 시간: 종교적·성직자적 시간 300
17. 세속으로부터의 도피 305
18. 천년왕국의 꿈: 적그리스도와 황금시대 311

제7장 물질생활(10~13세기)
 1. '중세의 발명' 325
 2. 중세적 '기계'의 빈약 331
 3. 목재와 철 336
 4. 농촌의 기술 344
 5. 동력원 350
 6. 선박 356
 7. 기술의 발전 358
 8. 생존의 경제 366
 9. 경제적 망탈리테 373
 10. 극한 상황의 세계: 기근 378
 11. 생리적 재난과 전염병 393
 12. 고갈과 불안 399
 13. 경제적 성장: 중세적 주기 변동 404
 14. 자연경제와 화폐경제 407
 15. 경제적 성장: 사회적 반향 414

제8장 기독교 사회(10~13세기)
 1. 세 위계의 사회 421
 2. 세 위계의 사회에서 신분사회로 430
 3. 쌍두마차의 사회: 교황과 황제 437
 4. 갈라진 사회: 바벨탑 453
 5. 개인과 공동체 460
 6. 가족 공동체 463
 7. 여자와 어린이 467
 8. 장원 공동체 472
 9. 촌락 공동체와 도시 공동체 474
 10. 도시와 도시사회 479
 11. 계급투쟁: 도시사회와 봉건사회 486

12. 농촌사회에서의 계급투쟁 490
 13. 도시사회에서의 계급투쟁 498
 14. 계급투쟁에서의 여성 500
 15. 계급 내 투쟁 503
 16. 계급투쟁에서의 교회와 왕권 506
 17. 사교 공동체: 신도회와 동년배층 511
 18. 사교 중심지: 교회·성채·방앗간·선술집 514
 19. 이단과 계급투쟁 516
 20. 소외 집단들: 이단자·나환자·유대인·마법사·남색가·불구자·이방인·낙오자 518

제9장 망탈리테·감수성·태도(10~13세기)
 1. 불안감 535
 2. 오래된 것(권위)에 대한 의존 536
 3. 신적 개입(기적과 신명재판)에 대한 의존 542
 4. 상징적 망탈리테와 상징적 감수성 545
 5. 추상과 구체의 의미: 색과 빛, 미와 힘 553
 6. 도피와 꿈 562
 7. 사실주의와 합리주의로의 발전 564
 8. 스콜라 정신 569
 9. 내향화와 도덕주의 573
 10. 근대적 사랑으로서의 궁정식 사랑 576
 11. 자연의 탈신성화 579
 12. 거짓과 위선 580
 13. 외관의 문명: 음식과 음식의 사치, 육체와 몸짓 582
 14. 옷과 옷의 사치 588
 15. 집과 집의 사치 590
 16. 놀이의 문명 592

에필로그—지속되는 것과 새로운 것(14~15세기)
 1. 지속되는 것 595
 2. 격동과 격분 597
 3. 인문주의 600

찾아보기 603

장기 중세를 위하여

15세기 중엽 이탈리아 인문주의자들이 '중세'라는 말을 만들어냈을 때(1469년 교황청 도서관 사서인 조반니 안드레아Giovanni Andrea가 만듦), 이 말은 중세의 "낡은 사람들anciens"을 "우리 시대의 '근대적인 사람들modernes,'" 즉 르네상스 인간들과 대비하기 위한 것이었다. 이를 통해 순전히 지상적·세속적 시대 구분의 윤곽이 제시되었지만, 천지창조를 기점으로 6시대로 시대를 구분하는 유서 깊은 기독교적 시대 구분법은 그대로 존속했다. 이러한 세속적 시대 구분이 취한 낡은 것과 근대적인 것 사이의 대립 형태가 그것이 등장했던 중세 초에는 본시 가치중립적이었으나 시간이 지남에 따라 점차 가치개입적이 되었다.

이러한 대립 쌍 속에서 "근대적"이란 말은 오랫동안 아주 단순하게 "현재의actuel" 또는 "오늘의aujourd'hui"란 의미를 지니고 있었다. 13세기 말부터 진보 이념과 과거에 대한 투쟁 이념이 점차 등장하기 시작했다. '새로운 예술ars nova'은 14세기 이전의 음악보다는 새로운 음악을 높이 평가했다. '근대적인 논리학자들logici moderni'과 '근대적인 신학자들theologi moderni'은 13세기 대학에서 만발한 스콜라 철학의 효모 역할을 했던 아리스토텔레스주의를 거부할 것을 천명했다. 마르실리오는 종교·국가·교회로부터 분리된 정치학의 토대를 세운『평화의 수호자 Defensor pacis』(1324년)에서 '근대'란 말을 혁신이라는 의미로 사용했다. 조토Giotto는 치마부에와 비잔티움 화가들에 맞서 자신이 '근대적'임을 느끼고 또 그렇게 자임했다. '근대적인 신앙devotio moderna'은, 한편으로는 미신이 침투하고 다른 한편으로는 12~13세기 종교적 실천을 고무했던 스콜라적 합리주의가 스며든 종교와 결별했다. 인문주의자들은 중세, 달리 말하면 과학과 예술과 문학을 통해 빛을 발하던 찬란한 두 시대 사이의 일종의 어두운 터널인 중세를 창조했다. 그런데 그들이 이러한 중세를 창조한 것은 그리스·로마·성경의 시대(이 점을 잊지 말자) 등 참된 고대로 복귀하는 것이 근대적이라는 주장을 통해서다. 그것은 하나의 문화혁명이었다.

독일 지식인들이 인류의 역사를 고대·중세·근대의 3시대로 구분한 것은 17세기에 이르러서였다. 게오르크 호른Georg Horn은 1666년『노아의 방주Arca Noe』에서 '중세medium aevum'를 막간기entretemps라는 개념으로 300년과 1500년 사이에 배치했다. 프랑스의 대학자 뒤 캉주Du Cange는 1678년 대작『고어사전Glossaire』을 펴내면서 "중세의 저질 라틴어"라는 개념을 수록했다. 여기서 라틴어는 두 가지로 분류되었다. 하나는 고대 라틴어고 다른 하나는 타락의 언어인 중세 라틴어다.

18세기에는 고급 라틴어가 세속어 속에 전파되고 3시대 구분법이 널리 보급되었다. 중세는 계몽주의 시대의 인간들에게 해로운 시대, 암흑의 시대였다. 낭만주의가 중세를 '복권'시키려 했지만 소용이 없었고, 실증주의는 중세를 특이한 시기, 아니 진보의 휴식기로 보았다. 그리하여 '중세' '중세적' '중세인'이라는 말은 경멸을 의미했다. 오늘날 선진사회가 중세에 대해 갖고 있는 복합적이고 양면적인 관심은 경멸의 오랜 토대를 어설프게 숨겨버린다. 중세는 흑인 예술처럼 원시적이고 매혹적이지만 야만적이다. 그것은 기원으로 되돌아가려는 도착적 쾌락의 대상이다. 중세를 경험하지 못한 민족들과 문명들은 중세를 경멸하는 말로 쓴다. 최근에 샤들리Chadli 알제리 대통령이 알제리 국민은 종교적 보수주의자들에 의해 구현된 중세로 되돌아가서는 안 된다고 선언하기도 했다.

따라서 애초부터 중세라는 개념의 근저에는 르네상스가 도입한 단절이라는 의미가 깔려 있다. 나는 중세와 르네상스 사이의 그칠 줄 모르는 오랜 싸움을 재연하고 싶지는 않다. 나는 이러한 단절을 본래의 차원으로, 즉 화려하긴 하지만 피상적인 하나의 에피소드로 축소시킬 것을 제의한다. 역사에서 르네상스란 없다. 다만 고대로의 복귀라는 가면 아래 오랫동안 숨겨져 왔던 변화만 있을 뿐이다. 일련의 르네상스란, 정확하게 말하면 고대에서부터 근대가 완전한 형태를 취한 19세기 중엽에 이르기까지의 시대적 특징이다. 서양사에는 8~9세기 카롤루스 왕조 르네상스, 12세기 르네상스, 이탈리아에서는 12~15세기에 시작되고 여타 유럽에서는 15~16세기에 꽃핀 '대grande' 르네상스, 예술과 문학과 신학에 국한된 18~19세기 르네상스(신고전주의, 중세가 고대를 대체한 신고딕주의, 신토마스주의 등)와 같은 여러 르네상스가 있었다.

르네상스(또는 르네상스들)란 중세의 종말을 나타내는 것이 아니라, 장기 중세long Moyen Âge, 아니 항시 권위를 과거에서 찾고 황금시대를 옛날에서 추구하는 중세를 특징짓는 현상이다. '대' 르네상스만이 비교적 뚜렷한 연대적 기원을 갖는 것이 아니다―그것은 유럽에서 4세기가 아닌 3세기 동안 걸쳐 있다. 그것에는 또한 수많은 중요한 역사적 현상들이 앞뒤로 걸쳐 있다. 점차 유럽사가들은 1347~1348년 사이에 등장한 흑사병을 큰 단절의 계기로 인정하고 있다. 그것은 흑사병 이전의 시대와 이후의 시대, 성장의 시대와 위기의 시대, 확실성의 시대와 불확실성의 시대를 가르는 분기점이다. 그러나 흑사병은 1720년 마르세유에서 마지막으로 등장하여 창궐하기까지 3세기 반 동안 르네상스에 아랑곳하지 않고 서양의 인구통계학적·생물학적·심리적 역사를 무겁게 짓눌러 온 장기 지속적 현상이었다.

마르크 블로크는 현상의 탄생부터 종말까지 장기 지속을 탐구했다. 그는 그러한 탐구의 하나로 왕이 수행한 기적을 택했다. 다시 말해 그는 연주창(결핵성 임파선염 또는 목 임파선의 부기)에 걸린 환자들을 프랑스와 잉글랜드의 왕들이 기적으로 치료할 수 있다는 것에 대한 믿음을 연구했다. 왕의 안수의 시대, '마법사로서의 왕'의 시대는 11세기부터(아마도 12세기부터) 18세기까지 지속되었다. 프랑스에서는 루이 6세(1108~1137년)에 의해 시작된 이러한 왕의 안수가 1825년에 대관된 샤를 10세에 의해 마지막으로 실행되었다. 마르크 블로크는 이러한 '신성한 왕권'이 망탈리테를 구성하는 신앙, 즉 기적의 실재와 예외적인 세속인인 왕의 기적적 힘에 대한 전폭적인 믿음까지는 아니더라도 적어도 (엘리트와 민중에게) '공통된' 믿음에 토대를 두고 있음을 밝혀냈다.

여기에는 왕의 기적뿐만 아니라 프랑스 왕들의 신성함에 대한 본질적 요소가 있다. 그것은 하늘에서 내려온 기름으로 도유(塗油)를 하는 의식이다. 이것은 프랑스 왕에게 기독교 세계의 다른 군주와의 차별성을 부여해주고, 그를 엄밀한 의미의 '매우 기독교적인 왕roi très chrétien'으로 만들어주는 요소였다. 랭스 대성당에서 대관식이 거행될 때 왕을 도유하는 기름은 대관식을 집전하는 고위 성직자의 축도를 통해 축성되는 기름만은 아니다. 그것은 불가사의한 기적의 액체다. 프랑스 왕은 진정으로 신으로부터 도유받은 왕이다. 이렇듯 9세기부터 17세기까지 '신성한 왕권'의 기독교적 개념에 대한 중요한 전설이 효력을 발휘한 것은 바로 이러한 모델에 근거해서다. 랭스의 대주교 힌크마루스는 대관식을 할 때 통용될 수 있는 성유병 전설을 9세기에 수집했다. 이 전설에 따르면, 성 르미가 클로도베우스(클로비스)를 세례 했던 성유를 담은 유리병을 6세기 말에 비둘기(성령Saint-Esprit) 한 마리가 가져다주었다고 한다. 그리하여 성유병을 보존하고 있던 랭스 대성당은 이 성유로 프랑스 왕들을 축성했다.

프랑스 왕과의 동등함을 추구하던 잉글랜드 왕들도 14세기 초에 하나의 전설을 전파했다. 이 전설에 따르면, 12세기 후반 프랑스로 추방된 토마스 베켓Thomas Becket이 초자연적인 기름이 들어 있는 유리병을 성모 마리아에게 받았는데, 이 기름은 당시의 잉글랜드 왕인 헨리 이후 다섯번째 왕인 에드워드를 도유할 예정이었다고 한다. 결국 1594년 헨리 5세는 랭스가 동맹군에 점령되어 있어서 샤르트르에서 대관하게 되자, 그는 투르 인근에 있는 마르무티에 수도원에서 성유(이 성유는 4세기 말 악마 때문에 넘어져 다친 상처를 치료하도록 한 천사가 성 마르티누스에게 가져다준 것이다)를 가져오게 했다. 그러나 마르무티에의 성유는 이미 임종을 맞이하던 루이 9세의 침대맡으로 보내지고 없었다.

최근에 출판된 빼어난 저서 『14~15세기 프랑스의 좋은 도시들 Les Bonnes Villes de France du XIVe au XVe siècle』(Aubier, 1982)에서 베르나르

슈발리에Bernard Chevalier는 프랑스의 '좋은 도시들'을 연구했다. 이 도시들은 프랑스에서 성직자와 귀족뿐만 아니라 제3'신분'을 대표하기에 충분할 정도로 강력하고 풍요로웠던 도시들이다. 또한 이 도시들은 프랑스 왕이 특별히 상대했던 도시들이기도 하다. 왕은 이 도시들에 군사적·재정적 원조를 구했고, 그의 도시 정책은 도시 특권의 존중과 몰수 시도 사이를 왔다 갔다 했다. 국왕이 다시 제시한 조건과 도시망은 13세기에 이미 등장했던 것들이고, 17세기 초부터는 더 이상 새로운 것이 아니었다.

이 모든 것 어디에 르네상스의 단절성이 있는가?

보다 일반적으로 말하면 근본적인 구조들은 4세기부터 19세기까지 유럽 사회에서 지속되었으며, 이를 통해 우리는 이러한 1,500년 동안의 단일성을 파악할 수 있다.

이러한 지속과 단일성에 대한 판독의 틀은 봉건적 생산양식을 중심으로 마르크스에 의해 제시되었다. 공업 기술을 경제체제·사회구조와 결부시키고 영주와 그를 먹여 살리는 사람들(특히 농민들) 사이의 불평등 계약을 통해 규명될 수 있는 봉건적 생산양식이라는 개념에 대해 상세히 논하지 않더라도, 그 힘을 인식할 필요가 있다. 봉건적 생산양식에서 잉여가치의 요체는 봉건 지대(地代)로 흡수되고, 봉건제 생산양식의 궁극적 목적은 확대 생산보다는 단순 재생산을 지향한다. 이러한 관점에서 봉건제도에 흡수된 중세는 노예제 생산양식으로 특징지을 수 있는 고대와 자본주의적 생산양식으로 규정될 수 있는 근대 사이에 전개되었다. 어떤 의미에서 중세는 로마 제국 말기부터 산업혁명까지의 기간에 해당한다.

뿐만 아니라 어떤 의미에서 중세는 물질적 하부구조의 단순한 반영도 아니요 역사의 관념론적 원동력도 아니지만, 그러나 역사를 움직이는 본질적 부분 중의 하나인 지배 이데올로기에 크게 영향받았다. 이러한 장기 중세는 기독교가 지배하는 시대였다. 기독교는 종교인 동시에 이데올로기요, 따라서 봉건 세계를 거부하면서도 정당화하는 등 봉건사회와 매우 복합적인 관계를 유지했다. 이것은 기독교가 오늘날 종언을 고했다거나 죽어가고 있음을 의미하는 것이 아니라, 4세기부터 19세기 사이에 차지했던 지배적 기능과 이데올로기적 준(準)독점을 19세기 이후의 현대 사회에서는 상실했음을 의미한다. 이 때문에 교회와 종교를 고려하지 않고는 중세에 대한 가치 있는 연구가 불가능하다. 특히 이러한 장기 중세는 인간 속에서 또는 인간을 중심으로 사탄과 신이라는 거의 동등하게(물론 이론상으로는 사탄이 신에게 종속되었지만) 큰 힘을 지닌 두 권능 사이의 투쟁으로 점철되었다. 봉건제도가 지배했던 장기 중세는 악마와 선한 신의 투쟁의 역사다. 사탄은 장기 중세의 초기에 태어나서 말기에 죽었다.

이러한 장기 중세는 우리가 방금 살폈던 두 가지 문제보다 좁은 관점에 입각해서도 파악될 수 있다.

이 장기 중세는 조르주 뒤메질 Georges Dumézil이 밝힌 3분 기능체계가 서양에 등장(또는 재등장)했던 시기라고도 할 수 있다. 이것은 '기도하는 자' '싸우는 자' '일하는 자'라는 상투 어구와 더불어 잉글랜드에서는 9세기에 나타나서 11세기에 번성했으며, 프랑스 혁명기의 3신분제까지 지속되었다. 한편 산업혁명 이후에는 이와는 전혀 다른 3분 기능체계, 즉 경제학자들과 사회학자들이 정의한 1차 산업 활동, 2차 산업 활동 그리고 3차 산업 활동 등의 3분 기능체계가 자리잡았다.

또한 장기 중세는 수송과 공간 정복의 분야에서 인력과 동물력으로 짐을 끌던 고대와 철도가 등장하는 19세기 사이에 짐수레와 말이 장기간 이용되었던 시기다.

질병 분야에서의 장기 중세는 고대 위생법(공동 목욕탕)의 파괴와 근대 병원의 탄생 사이에 주술사가 의사로 행세했던 시대요, 육체가 학대받고 경멸받던 시대요, 경기장도 스포츠도 없던 시대요, 처음에는 수용소였다가 나중에는 치료소라기보다는 감금소 기능을 한 병원이 탄생했던 시기였다.

문화적 관점에서의 장기 중세는 고대 학교의 종말과 19세기 보통 교육의 보급 사이에 점진적으로 문자 해독력이 증가했던 시대요, 기적을 믿던 시대요, 엘리트 문화와 민중 문화 사이의 투쟁과 차용이 뒤섞인 기나긴 대화의 시대였다. 그것은 또한 문자로나 구어로나 이야기의 시대였다. 동방의 수도사들이 4세기에 서양에 물려준 교화적 '예화(例話)exemplum'는 한편으로는 사막의 교부들의 경구와, 다른 한편으로는 '죽음의 아름다움'에 매료된 19세기 민속학자들의 콩트 모음 사이에 12세기부터 18세기까지 만개했다. 예컨대 '천사와 은둔자L'Ange et l'ermite' 같은 '예화'의 주제는 12세기 우화시부터 볼테르의 콩트 『자디그Zadig』에까지 등장한다.

물론 이러한 장기 중세는 몇 개의 과도기로 세분될 수 있고, 또 그래야만 한다. 이를테면 4세기부터 9세기까지의 중세 초기는 '지체된 고대Antiquité tardive'이면서 봉건제도의 발생기다. 10세기부터 14세기까지의 중세 중기는 대(大)비약의 시대다. 중세를 좁은 의미로 받아들인다면 본래적 의미의 중세는 이 시기로 국한되어야 한다. 14세기부터 16세기까지 걸쳐 있는 중세 말기는 위기의 시대다. 영국 혁명에서 프랑스 혁명에 이르기까지, 피에르 쇼뉘의 표현을 빌리면 "한정된 세계monde fini"(유럽이 선박과 기업가와 군인과 선교사로 공략하려 했던 세계)의 시대로부터 산업혁명에 이르기까지 앙시앵레짐은 봉건성이 최후 발악을 했던 시대다.

그런데 각 시대는 역사적 현상들의 다양한 계열들이 항시 서로 들쭉날쭉 어긋나 있으므로, 비톨드 쿨라Witold Kula의 멋진 표현처럼 '비공시성(非共時性)의 공존Coexistence d'asynchronismes'을 보이고 있다. 이런 이유로 우리가 크쉬슈토프 포미안Krzysztof Pomian의 견해를 따라 시대구분을 하려는 어떠한 시도도 거부하고 역사적 해석의 지주로서의 '모델들'을 이용할 수 있을 것이다. 그렇다면 이러한 모델 중에서도 (봉건제도가 아닌) '봉건성féodalité'이라는 주요한 모델이 이러한 장기 중세의 내부에서 작용하지 않았겠는가?

이러한 장기 중세라는 개념은 오늘날 현대인들, 특히 서양인들과 어떤 관계가 있는가?

우선, 이러한 장기 중세는 단기 중세에 대한 두 잘못된 이미지 사이의 대조를 해소시킨다. 한편으로는 중세를 '암흑시대âge de ténèbres'와 동일시하는 어두운 이미지와, 다른 한편으로는 종교적 신앙, 조합들에서 실현된 사회 집단들의 조화, 민중들 속에서 태어난 불가사의한 예술의 만개 등으로 중세를 아름다운 시대로 보는 찬란한 이미지 사이의 대조를 해소시킨다. 게르만족과 더불어 시작된 중세를 누가 감히 이상적인 시대로 보겠는가? 그리고 계몽주의 시대와 더불어 끝난 중세가 대대적인 진보의 시기였음을 누가 부정할 수 있겠는가? 이러한 장기 중세는 한 시대의 포부를 더 잘 이해할 수 있게 해준다. 그것은 기근과 전염병과 빈곤과 장작의 시대일 뿐만 아니라, 성당과 성채의 시대이자 도시·대학·노동·포크·모피·태양계·피의 순환·관용 등을 만들어

냈거나 발견했던 시대다.

다음으로, 장기 중세는 새로운 묵시록의 위협과 핵에 의한 자기 파멸의 위협에도 불구하고, 노르베르트 엘리아스Norbert Elias가 기술한 바와 같은 "문명화 과정"이 이제 시작 단계에 있음을 우리에게 환기시킨다. 이렇듯 매우 긴 관점에서 본 이러한 긴 여행은 높은 곳에서 내려다본 시간에 더 적합한 것으로 생각된다. 그것은 또한 빠르지만 피상적인 사건들의 전개보다는 물질적이건 정신적이건 심층적 구조들의 전개가 더 중시되는 비교적 완만한 역사에 적합한 것으로 보인다.

마지막으로, 이러한 장기 중세는 우리의 뿌리이자 출처이며 어린 시절이다. 뿐만 아니라 그것은 우리가 방금 떠나왔던 원시적이고 행복한 삶에 대한 꿈의 시대인 중세에 대해 애착을 가진 모든 사람들의 기대에 더 잘 부응한다. 그것은 피터 래슬릿Peter Laslett이 말한 것처럼 "우리가 잃어버린 세계"지만, 그러나 우리가 아직까지도 향수 어린 기억을 간직한 시대요, 할아버지의 시대다. 그것은 또한 아직도 끊기지 않고 구전으로 전해지는 옛날이야기를 여전히 결부시키고 있는 중세인 것이다.

프롤로그

 '위대한 문명' 총서 기획위원회는 이 책의 연대적 구획과 체제를 제시해왔다. 나는 이것을 흔쾌히 받아들였다. 나는 레몽 블로크Raymond Bloch, 실뱅 콩투Sylvain Contou와 장 들뤼모Jean Delumeau의 의견에 전적으로 동의하면서, 이 책의 중심을 10세기에서 13세기까지의 시기에 두기로 했다. 이 중세 중기에 기독교 세계는 발전—비록 자급자족적인 망탈리테에 매여 이것을 그때까지도 의식하지는 못했지만—을 택할 것인가, 아니면 구조—결국 근대 서양의 토대가 되었던 구조—를 정착시킬 것인가 하는 두 모델을 앞에 놓고 주저했다.

 그럼에도 이 중세 중기는 보다 넓은 관점에서 볼 때, 서양이 닫힌 세계에서 열린 세계로 나아가는 결정적 시기였다. 이때는 도시(중세 도시는 고대 도시와는 별개의 것이며 또한 산업혁명기의 도시와도 다르다)와 촌락*이 탄생하고, 화폐경제가 본격적으로 시작되고, 토지의 정복과 전(前)산업적 가내공업을 확보하는 데 없어서는 안 될 기술적 발명이 일어난 시기였다. 뿐만 아니라 그것은 바퀴와 볏versoir이 달린 비대칭식 쟁기, 철제 도구, 물레방아와 이것을 응용한 각종 설비, 풍력 방아, 운동 전환체계, 직조기, 기중기, '근대식' 계가(繫駕)attelage(수레나 쟁기와 연결된 마소의 어깨띠나 멍에의 한 세트를 일컬음──옮긴이) 등과 같은 각종 도구가 발명된 시기이기도 했다. (놀이용이나 군사용 기계뿐만 아니라) 실용 기계의 출현과 더불어 시·공간을 정복하는 새로운 방식들 또한 한층 더 발전했다. 특히 해상 공간의 정복은 방향타와 선미재의 발명, 나침반과 새로운 항해술의 채택, 계측 정밀도의 진보, 균일한 시간 단위의 개념과 그것을 계측하고 알려주는 회중시계의 제작 등과 더불어 큰 진척을 보였다.

교회가 지적·이념적 통제력을 유지하고 때로는 강화하기도 했지만, 사람들의 문자 해독력은 점차 증가했다. 문자 해독자-문맹자(식자-무식자, 라틴어 사용자와 세속어만 쓰는 자)의 대립 관계는 더 이상 성직자-세속인의 대립 관계를 포괄하지 못했다. 교육과 학문의 새로운 형태인 스콜라 철학은 새로운 교육기관인 대학에서 여전히 성직자 중심으로 전개되었지만, 그래도 비판정신을 발전시키고 그 여파로 법률과 의학 분야에서의 지식과 전문가의 발전을 촉진시켰다. 특히 법률과 의학 분야는 곧바로 교회의 지배를 벗어났다. 기독교적 국제주의에도 불구하고 사람들은 군주국이나 제후령을 본보기로 하여 세속 지도자를 중심으로 점차 민족과 국가에 통합되었다.

사회·정신적 구조는 기도하는 사람, 싸우는 사람, 일하는 사람과 같은 '인도-유럽어계'의 3분 체계, 혹은 중간 개념의 확증과 더불어 형성

---

* Jean Chapelot·Robert Fossier, 『중세의 촌락과 가옥 *Le Village et la maison au Moyen Âge*』 (Paris, 1980)에서 촌락의 출현을 밝힌 바 있다.

된 대·중·소의 3부 체계에 특권적 지위를 부여했다. 그것은 또한 세속 신분들이나 덕과 악덕 등과 같은 다원적 조직 형태에도 특권적 지위를 부여했다. 망탈리테들도 변했다. 물론 아랍의 영향과 '민속적' 사고를 통해 전파된 농민적 전통의 압력이 여전히 작용했다. 그리고 엄밀히 말해 서양 최초의 예절 규범인 궁정적 이상이 형성되면서부터 더욱 강화된 귀족적 모델이 끈질긴 힘을 발휘했다. 그러나 이러한 관성의 힘에도 불구하고 시간과 화폐와 노동과 가족에 대한 새로운 태도들이 등장했다. 교회도 이러한 새로운 사회에 대해 기독교적 인간주의를 발전시켰다. 이것은 하느님의 모습을 준거로 하여 겸양한 인간을 욥에게서 재발견하고, 마리아 숭배의 발전과 기독교 교리학적 모델의 인간주의화 덕택으로 경건의 형태를 변화시켰다. 뿐만 아니라 그것은 천국과 지옥 사이에 연옥을 끼워 넣어 저승의 지리를 뒤바꾸어놓고, 죽음과 개인적 심판에 우월한 자리를 부여했다.

혹자가 주장하는 것처럼 이 같은 중세 중기의 발전 과정에서 모든 것이 장밋빛을 띤 것은 아니었다. 기근이 항시 위협하고 있었고 폭력이 팽배해 있었다. 비록 장인조합 사회에서 나타난 파업처럼 피지배계급과 집단들이 보다 평화적이고 조직적인 형태로 저항하기도 했지만, 계급투쟁은 항시 첨예한 형태를 띠었다. 수도원 교단들과 새로운 종교 교단들, 시토 교단과 탁발 교단들, 교황권이 권장한 종교회의 등에도 불구하고, 현실개혁을 불안해하고 또 그럴 만한 능력도 없었던 교회는 민중들에게 지옥의 무서운 이미지를 주입시키고, 13세기 이후의 시기에 대해 장 들뤼모가 멋지게 규명한 바 있는 '공포의 이미지'를 가지고 기독교 세계를 조직했다. 그러나 분명한 것은 16~19세기에 그랬던 것처럼 적어도 11세기 이후의 중세에 대해 암흑시대란 말을 사용할 수 없다는 점이다. 중세 사회가 수용한 유대-기독교적, 그리스-로마적, 게르만적 유산의 비중이 어떠하든, 오늘날에는 중세가 현대 서양 문명의 유아기이자 현대 서양의 진정한 출발기라는 사실을 인정하고 있다. 일상생활의 여러 부문에서 중세가 실제로 잔인한 시대였음에도, 중세적이라는 말이 후진적이라거나 야만적이라는 말과 동의어라고 인정하기가 점점 더 어려워지고 있다. 오히려 중세가 원시적인 것에 가까웠다고 한다면 보다 쉽게 수긍할 수 있을 것이다. 그도 그럴 것이 현대인들은 원시주의primitivisme에 매료되기 때문이다. 중요한 것은 중세의 창조력을 부인할 수 없다는 사실이다.

중세의 심장부에 해당하는 시기가 1000년부터 흑사병 시대에 이르는 3세기 반 동안이라는 주장에 변함은 없지만, 이 같은 단기 중세를 장기 중세 속에서 제자리를 찾게 하려는 마음이 근래 들어 더욱 강해졌는지도 모르겠다. 대략 3세기부터 19세기 중엽까지 1,500년에 해당하는 이 장기 중세의 본질적 체제는, 때로는 뚜렷이 대조되는 몇 단계로 세분되기도 하는 봉건체제였다. 내가 보는 성장기의 이 '찬란한beau' 중세는 두 쇠퇴기 혹은 침체기 사이에 끼워져 있다. 이러한 쇠퇴기나 침체기는 에마뉘엘 르루아 라뒤리Emmanuel Le Roy Ladurie로 하여금 (거의) 움직이지 않는 역사의 개념을 불러일으키도록 자극했을 것이다—물론 르루아 라뒤리 자신은 역사를 정지한 것으로 보는 것은 역사를 부정하는 꼴이 되므로 다른 모든 역사가처럼 역사를 정지한 것으로 보기를 분명히 거부하긴 했지만 말이다. 그러나 요즈음 '지체된 고대'라 부르는 시기까지 거슬러 올라갈 수 있는 중세 초기도, 학계에서 '근대'라 부르는 시기에 대해서 르루아 라뒤리가 생태계écosystème라는 개념을 적용했던 시기도 나에게는 역사의 단순한 침체기나 숨 가쁜 시기로 보이지 않는다. 비록 사람들이 여러 르네상스들(예컨대 인문주의자들의 르네상스와 카롤루스 왕조 르네상스)의 찬연함을 지나치게 강조하긴 했지만, 사실 9세기 르네상스와 16세기 르네상스, 볼테르가 불렀던 방식으로 표현하면 카롤루스 마그누스 르네상스와 카를 5세Charles Quint 르네상스는 혁신의 시대였다. 그러나 라틴 기독교 세계에서 본질적인 것은 봉건적 생산양식이 기독교적 이데올로기의 뒷받침을 받아 장기간 평형 상태를 유지했다는 점인데, 이 같은 평형은 간헐적인 위기나 혁신에도 불구하고 고전 고대Antiquité classique 말기부터 산업혁명기까지 지속되었다.

따라서 내가 보는 중세는, 비록 외견상으로는 역설로 보일지 모르겠지만, 어느 시대보다도 더 장기 지속에 매여 있으면서도 활발한 운동으로 활기를 띠었던 시대다. 이 책은 사실상 생존에서 성장으로의 이행을 서술상의 특징으로 삼았다. 중세는 잉여를 생산했지만 그것을 재투자하지는 않았다. 중세는 후한 인심이라는 표시로 수확물과 기념물들(이것은 좋은 일이지만)과 인간들(이것은 슬픈 일이지만)을 소모하고 탕진했다. 교회가 자발적 빈곤의 신봉자들을 경멸하면서도 고리대금을 비난하는 이중적 입장의 틈바구니에서 중세인들은 돈을 가지고 어찌할 바를 몰랐다.

그렇지만 서양은 11세기와 14세기 사이에 본질적으로 변했다. 그전에는 세계 종말이 임박했음을 믿고 있었기 때문에 그럭저럭 살아남는 것만으로 만족했다. 이제 세계는 늙었다. 적그리스도에 대한 공포는 성인들이 지상에서 치세하는 천년왕국에 대한 희망에 의해서 상쇄되었다. 아니 교회의 정통 교리에 따르면, 최후 심판의 기다림은 천국에 대한 희망과 동시에 지옥에 대한 공포를 품게 했다. 차후 서양 세계는,

언제나 한정된 시간이긴 하지만 그전보다 더 오랫동안 지상에 자리를 잡았고, 천국이나 원시 교회의 원초적 순수성을 꿈꾼다거나 세계 종말 시의 개벽을 꿈꾸기보다는 세속 세계와 영원 사이를 장기간 구획하는 과도적인 시기를 꿈꾸었다. 이 과도기는 오래 계속될 것이다. 서양은 점차 자신의 지상적 거처를 정리하고, 개인적 죽음과 영원한 부활 사이에 기다림과 희망의 왕국인 한 영역, 즉 연옥을 확보하는 꿈을 꾸었다.

* * *

지난 15년 동안 특히 프랑스 역사학파에서는 사회학 및 인류학과의 분명한 경계를 인정치 않은 역사학, 특히 역사인류학의 개념을 수용하는 경향이 확립되었다. 이 같은 15년이란 세월이 지난 오늘에 이르러 나는 이 책의 핵심 골격이 이론적·방법론적 선택에 따라 달라질 수 있다는 것을 알고 있지만, 그것을 수정할 필요를 느끼지 않는다.

이 책은 시·공간적 구조의 고찰로부터 시작된다. 그 이유는 그러한 구조가 모든 사회의 기본 골격을 이루고 있을 뿐만 아니라, 그것에 대한 연구는 역사에서 포착되고 작동되는 것이 모두 물질적 현실과 상징적 현실의 혼합 구조라는 것을 밝혀주고 있기 때문이다. 중세에서 공간은 영역과 여정과 장소를 정복한 결과인 동시에 그러한 공간들에 대한 표상의 정련된 형태다. 가치개입적인 공간은 고대의 좌-우의 대립 쌍을 종속적 위치로 추방하고 대신에 상-하, 내-외의 대립 쌍에 특권적 지위를 부여했다. 어떤 공간은 집단적 정체성의 구현으로서 구축되기도 했다. 그러나 이 같은 집단적 정체성은 또한 그 한가운데 이단자들과 유대인들을 위한 소외 공간을 낳게 했다. 그것은 더 나아가서 빗나간 이상만을 가지고 있다고 지배계층으로부터 비난받던 기독교도들, 방랑자가 된 여행자들, 건장한 거지로 변신한 빈자들, 해독자로 드러난 나환자들, 사육제의 가면 뒤에 숨겨진 진짜 얼굴인 사탄의 얼굴을 드러내는 민속 등등을 위한 소외 공간도 낳게 했다.

시간은 성직자의 성무 일과에 맞춰진 종소리와 세속인의 망루의 종소리 사이의 투쟁의 대상이었다. 그것은 또한 개종, 기적, 신적인 것과 악마적인 것 사이의 투쟁으로 점철된 종말론의 단절적 시간과 연대기 작가들이 힘들여 편찬한 역사의 연속적 시간 사이의 투쟁의 대상이었다. 뿐만 아니라 그것은 제의력의 순환적 시간과 역사 및 민담의 직선적 시간 사이의, 노동 및 여가의 시간과 균등하게 분할되고 역학적으로 측정 가능한 회중시계의 시간(이것 또한 통일 과정에 있던 권력인 국가의 시간이었다)의 점진적인 출현 사이의 투쟁의 대상이기도 했다. 이렇듯 심층적 구조에서는 현실적인 것과 상상적인 것 사이의 통일성이 드러난다. 우리가 이 점을 이해하게 되면 하부-상부 구조의 문제를 받아들이기 곤란하다는 것을 알게 될 것이다. 그도 그럴 것이 이 하부-상부 구조의 문제는 그동안 아무것도 비춰준 바 없는 기운 달(月)에 다름 아니기 때문이다.

결국 물질문화와 망탈리테는, 최근의 연구에서 그 중요성이 드러난 바와 같이 역사적 연쇄의 두 끝인 동시에 두 분야인데, 나는 이것을 반드시 강조해야 한다고 믿는다. 그렇지만 물질문화라고 해서 순전히 물질적인 것만은 아니다. 인류학자들은 영양과 의복상의 암호로서의 음식과 복식 문화를 해독하는 방법을 우리에게 가르쳐주었고, 중세인들은 그러한 암호에 많은 상징을 부여했다. 사냥을 하고 사냥물 요리를 즐기는 상류사회는 농업과 밀가루죽의 세계를 위에서 내려다보고 있었다. 그렇지만 중세인들은 모두가, 비록 수준은 다양하지만, 한편으로는 채식자이면서 다른 한편으로는 육식자였다. 복식 분야에서 최근 로베르 들로르Robert Delort가 대가답게 연구한 모피에 대한 대단한 인기, 털을 바깥쪽으로 나오게 한 것이 아니라 안쪽으로 댄 모피의 혁명 등은 주목할 만한 현상이다.

다음으로 망탈리테에 대해 말하자면, 그것은 역사가들이 아직까지도 유치한 단계에 있던 역사학에 집단심리학을 도입하려는 오래된 계획에 대한 어설픈 응답일 것이다. 그러면서도 이 같은 응답은 그리 인상주의적이라거나 주관적이지 않은 형태를 띠면서 정신적 구조에 그 자체의 유연함과 모호함을 유지시키고 있다. 망탈리테는 특히 역사의 다른 측면, 즉 방법상으로 판에 박히고 빈곤한 신실증주의나 유사 마르크스주의적 역사학과는 다른 측면을 밝혀주는 방법이다.

물질적인 것과 상징적인 것의 교차점으로서의 육체는 중세 문화사가들의 특권적 관측소가 되었다. 제의적 몸짓과 금욕주의, 육체적 힘과 신체적 풍채, 구어를 통한 의사소통과 점증하는 노동의 가치 등이 그렇게도 중시되던 이러한 중세 세계에서, 우리는 기록된 언어 이외에도 말parole과 몸짓에 큰 비중을 두지 않으면 안 된다.

어느 누구보다도 나는 중세 사회의 움직임이, 비록 계급이라는 개념이 중세 사회구조에 딱 들어맞지는 않겠지만, 주로 사회적 적대감이나 계급투쟁을 통해서 밝혀질 수 있다고 생각한다. 그러나 중세 사회구조에는 또한 정신적 표상들과 상징들이 침투되어 있다. 그래서 사회 '현실réalité'을 분석하려면 거기에 사회적 '상상 세계imaginaire'의 분석이 보충되어야 할 필요가 있는 것도 바로 이 때문이다. 이 같은 사례 중의 하나로, 중세의 가장 독창적인 창조물 중의 하나는 중세가 인도-유럽어계 사회에서 나타나는 3분 기능체계에 의존했다는 점이다. 조르주 뒤메질은 이러한 3분 체계의 중요성을 밝혀냈고, 조르주 뒤비Georges Duby는 근년에 이 문제만을 다룬 『세 위계: 봉건제의 상상 세계 Les Trois Ordres ou l'imaginaire du féodalisme』라는 대작을 내놓은 바 있다.

마지막으로 나는 중세 문명을 기술하고 해명하려면 두 가지 본질적인 현실을 지나쳐서는 안 된다고 생각한다.

첫째는 중세의 시대적 성격 자체와 관련된 것이다. 이 점에서 교회는 기본적이면서도 핵심적인 역할을 담당했다. 그렇지만 여기서 기독교가 제구실을 다한 것은 두 가지 차원에서다. 하나는 막강한 세속 권력에 기반을 둔 지배 이데올로기 차원이고, 다른 하나는 본래적 의미에서의 종교 차원이다. 이 같은 역할 중 어느 하나를 무시하면 오해와 오류를 낳을 것이다. 이 점은 내가 흑사병 이후부터 시작된다고 보고 있는 중세 말기에 대해서 특히 그렇다. 중세 말기에 이르면, 교회는 자신의 이데올로기적 독점 역할에 대한 항의를 어느 정도 의식하게 되자 스스로가 경직되었으며, 이 경직성은 마녀를 추방하고 보다 일반적으로는 공포의 기독교를 전파하는 등의 방법으로 표현되었다. 그렇다고 해서 기독교가 그러한 이데올로기의 역할과 기존 사회의 파수꾼으로서의 역할에 한정되어서는 결코 안 된다. 중세에서는 특히 더 그렇다. 중세가 평화와 빛과 영웅적 고양을 향한 비약적 발전을 이룬 것이라든지, 신의 형상을 본떠 만들어진 순례자로서의 중세인들이 과거의 영원이 아니라 미래의 영원을 향해 분발토록 했던 인간주의로의 발전을 이룩한 것은 기독교 덕택이기 때문이다.

둘째는 학문적·지적인 부류에 속한 것이다. 특히 프랑스뿐만 아니라 다른 나라들에서도 대체로 그렇지만, 전통적 대학 교육에서 역사학보다 더 세분화된 학문 분야는 아마도 없을 것이다. 일반적 의미에서나 엄밀한 의미에서의 역사학은 예술사니 고고학(한창 만개하고 있는)이니 문학사(성직자들이 쓰는 라틴어 말고도 세속어들이 널리 병용된 2개 언어의 세계에서는 문학들의 역사)니 법제사(여기서도 부활되고 있던 로마법 이외에 종교법이 제정될 때는 다양한 법제들의 역사)니 하는 등으로 세분되어왔다. 그런데 다른 어떤 사회와 문명도 총체성과 전체에 대한 열망을 중세보다 더 강하게 가져본 적은 아마도 없을 것이다. 중세는 가장 좋은 의미에서건 가장 나쁜 의미에서건 전체주의적이었다. 중세의 통일성을 인식하는 것, 그것은 바로 중세에 그 자체의 총체성을 되돌려주는 일이 될 것이다.

제 1 부

중세사의 전개

제1장
게르만족의 정착(5~7세기)

1. 로마 세계의 위기(2~4세기)

 중세 서양은 로마 세계의 폐허 위에 탄생했다. 로마 세계는 서양 중세의 초석인 동시에 장애물이기도 했다. 로마는 서양 중세의 자양분이자 마비제였던 것이다.

 우선 로마가 중세 유럽에 유산으로 남겨준 것은 로마의 기원 전설이 상징하는 극적인 교체다. 로마의 기원 전설에서는 성벽*pomerium*과 신전*templum*으로 둘러싸인 폐쇄적인 로마가 불운한 레무스Remus가 세우려 계획했다가 수포로 돌아간 경계나 성벽이 없는 로마에 승리했다.

 이렇듯 폐쇄적 분위기에서 로물루스Romulus를 시조로 개창한 로마사는 전성기 때조차도 큰 성벽 안의 역사에 불과했다. 영원한 도시 로마는 1세기 서양 세계에서 중국의 만리장성과 같은 역할을 했던 변경 장성*limes*의 최적 방어선까지 정복 전쟁을 통해 영토를 확장했다. 성벽 내에서 로마는 생산은 하지 않고 소비만 했다. 헬레니즘 시대 이래로 기술혁신은 전혀 없었고, 경제는 약탈에 의해 운용되었으며, 전쟁에서 승리함으로써 동방의 비축된 보고에서 귀금속과 노동력을 공급받을 수 있었다. 로마는 현상유지 기술에서는 탁월했다. 다시 말해 전쟁은 정복의 외피를 입고 있었지만 항시 방어적이었고, 법률은 전례를 기초로 하여 수립되었으며, 개혁은 미연에 방지되었고, 국가의 의미는 제도의 안정성을 보장하는 데 있었으며, 건축은 거주의 탁월한 예술품이었다.

이러한 보수주의의 걸작품인 로마 문명은 2세기 후반 파괴와 개혁의 힘이 폭발함으로써 위기를 맞았다.

3세기 대(大)위기는 로마의 근본을 약화시켰다. 로마 세계의 통일성이 와해되었고, 로마 세계의 심장부인 로마 시와 이탈리아 반도가 침체 상태에 빠졌으며, 겨우 연명하던 주민들에게 더 이상 식량이 공급되지 않았다. 속주민들은 해방되어 정복자들로 바뀌었다. 에스파냐인, 갈리아인, 동방인들이 원로원에 진출했다. 황제 트라야누스와 하드리아누스는 에스파냐 출신이었고, 안토니우스는 갈리아인의 후예였다. 세베루스가의 황제들은 아프리카 출신이었고, 황후들은 시리아 출신이었다. 212년 카라칼라 황제의 칙령을 계기로 제국 내의 모든 주민에게 로마 시민권이 부여되었다. 로마 세계의 로마화가 성공을 거두었던 것 못지않게 이러한 속주민들의 지위 상승은 원심력을 높이는 결과를 낳았다. 이러한 와중에서 중세 서양이 물려받을 것은 통일성unité인가 아니면 다양성diversité인가? 기독교 세계인가 아니면 민족국가들인가?

보다 심대한 불균형은 서방이 재원을 상실한 반면, 동방이 그 혜택을 받았다는 사실이다. 사치품 수입 대금이 금으로 결제되었다. 이로 인해 동방으로 금이 유출되었는데, 그 당시 동방은 수입 사치품의 생산지이자 중계지로서 유대 상인들과 시리아 상인들이 상업의 대부분을 독점하고 있었다. 서방의 도시들이 피폐해진 대신 동방의 도시들은 번창했다.

콘스탄티누스 대제의 새로운 로마 콘스탄티노플의 창건(324~330년)은 로마 세계의 동방으로의 편향을 구체적으로 보여준 것이었다. 이러한 동서의 분리가 중세의 한 특징이 될 것이다. 동서 통합 노력은 차후 전개되는 분리적인 발전을 결코 막을 수 없었다. 분리주의는 4세기 현실에 뿌리를 내렸다. 비잔티움은 로마를 연장시키는 가운데 외견상 번영과 위세를 보이면서 성벽 내에서 로마의 단말마적 고통을 1453년까지 지속시키게 된다. 헐벗고 야만화한 서방은 중세 말에 전 세계에 이르는 길을 열어줄 비약적 발전을 향해 한 걸음씩 나아가지 않으면 안 되었다.

더욱더 심각한 문제는 로마 군단이 포로와 전리품을 획득하기 위한 본거지로 이용했던 요새지들까지도 포위되어 곧 함락당했다는 사실이다. 최후의 대(大)승전은 트라야누스 황제 때 있었고, 107년 이후 유입된 다키아Dacia(오늘날 루마니아에 해당하는 지역 ― 옮긴이)의 황금은 로마의 번영을 가져온 최후의 자양분이었다. 이와 같이 외부로부터의 공급이 단절됨과 동시에, 노예 노동력의 극심한 공급 부족을 가져온 인구 위기와 국내 경기침체가 발생했다. 마르쿠스 아우렐리우스는 다뉴브 강 연변에서 야만족의 침입을 저지하다가 180년 사망했다. 3세기에는 변경 요새 지역에서 게르만족의 총공세가 있었는데, 이 공세가 약화된 것은 3세기 말 일리리쿰 지방에서 황제들이 군사적 성공을 거두어서라기보다는 제국의 국경 지역 안이나 군대로 들어온 게르만족을 동맹시민이나 동맹군으로 받아들임으로써 생긴 소강상태에서 기인한 것이었다. 이것은 중세를 특징지을 로마와 게르만 융합의 초기 조짐이 었다.

    황제들은 이제 파산한 수호신들을 버리고 기독교도들의 새로운 신을 받아들임으로써 자신의 운명을 바꿀 수 있으리라 생각했다. 콘스탄티누스 대제 때의 부흥은 모든 희망을 정당화시켜주는 듯했다. 그리스도의 보호 아래 평화와 번영이 다시 찾아오는 듯 보였다. 그러나 그것은 짧은 휴식에 불과했다. 더군다나 기독교는 로마의 가짜 동맹자였다. 교회에 로마적 구조들은 단지 자신을 주조하는 주형, 자신이 의지하는 받침대, 자신을 강화하는 도구에 불과했다. 보편적 소명을 지닌 종교인 기독교는 기존 문명의 한계 내에 유폐되기를 주저했다. 물론 그것이 로마 문화를 중세 서양에 전달한 주요한 매개였음에는 틀림없다. 그리고 기독교가 로마와 자신의 역사적 기원으로부터 스스로를 성찰하는 경향을 물려받은 것도 틀림없는 사실이다. 그러나 중세 서양은 보다 개방된 종교를 경험하게 되며, 기독교의 이 같은 두 얼굴 사이의 대화가 중세를 시종 지배하게 된다.

    폐쇄경제냐 아니면 개방경제냐, 농촌세계냐 아니면 도시세계냐, 단 하나의 성채냐 아니면 다양한 저택들이냐의 양자택일의 문제를 중세가 해결하는 데는 10세기라는 세월이 소요될 것이다.

2. 로마인들과 게르만족들

    설사 중세 서양을 탄생시킨 동요의 시작을 3세기 로마 세계의 위기까지 소급할 수 있다 하더라도, 로마 세계의 변형을 재촉하고 재앙의 형세를 띠게 했으며 그 모습을 심대하게 변형시킨 사건은 5세기 게르만족의 침입이라고 보는 것이 타당하다.

5세기 로마 세계에서 게르만족의 침입은 새로운 일이 아니었다. 기원전 2세기 초 마리우스에게 패배한 킴브리족과 튜턴족의 침입까지 거슬러 올라가지 않더라도, 마르쿠스 아우렐리우스 치세기(161~180년) 이래 게르만족의 위협이 지속적으로 제국을 압박했다는 사실을 염두에 두어야 할 것이다. 게르만족의 침입은 3세기 위기를 초래한 주요 요인들 중 하나였다. 3세기 말 갈리아와 일리리쿰 지방에서 로마 황제들은 한동안 침략의 위험을 피했다. 그러나 제국의 서방 부분만 하더라도, 276년 갈리아·에스파냐·북이탈리아를 휩쓴 알라만족·프랑크족과 여타 게르만족의 대(大)침공은 5세기 게르만족의 대이동을 예고하는 것이었다. 그것은 농촌의 초토화와 도시의 폐허화와 같은 상처를 잘 아물지 못하게 했고, 농업의 몰락과 도시의 위축 등과 같이 경제적 발전을 저해했으며, 인구 감소와 사회 변화를 재촉했다. 농민들은 사병을 거느린 우두머리가 되는 경향이 있던 대토지 소유자들의 강력한 보호 아래 들어가지 않으면 안 되었고, 소규모 차지농인 콜로누스 *colonus*의 상황은 노예와 흡사했다. 그리고 때때로 농민의 참상은, 4~5세기에 만성적으로 일어난 아프리카의 키르쿰켈리오 *Circumcellio*(4~5세기 아프리카 유랑민의 반란을 말함—옮긴이) 운동과 갈리아와 에스파냐의 바가우다이 *Bagaudae*(4~5세기 에스파냐와 갈리아의 유랑민의 반란을 말함—옮긴이) 운동 등과 같은 농민 봉기로 바뀌기도 했다.

동방에서도 이와 비슷하게 앞으로 서양에서 중요한 역할을 담당할 이들인 고트족이 출현했다. 269년 그들은 니쉬 Nisch에서 클라우디우스 황제에 의해 저지되었으나, 이후 다키아를 정복하고 378년 8월 9일 아드리노플에서 그라티아누스 황제에게 빛나는 승리를 거두었다. 이것은, 설사 '친로마적인' 많은 역사가들이 공포에 떨면서 묘사한 것과 같은 결정적 사건(빅토르 뒤뤼이Victor Duruy는 "우리는 여기서 그쳐야 한다. 로마에는 아무것도 남아 있지 않기 때문이다. 신앙이며 제도며 민회며 군사조직이며 예술이며 문학 등 모든 것이 사라졌다"고 썼다)은 아니었다 하더라도, 로마 세계를 물에 잠기게 할 폭풍우를 예고하는 청천벽력과 같은 것이었다.

우리는 요르다네스Jordanès가 쓴 역사를 통해, 특히 고트족에 대해 더 많은 정보를 얻을 수 있다. 사실 그는 야만족 출신으로 친고트적 경향이 있었다. 그의 책이 6세기 중반에 쓰였던 터라 시간적 거리가 있긴 하지만, 믿을 만한 구전과 문헌 방증, 특히 현존하지 않는 카시오도루스의 『고트족의 역사*Histoire des Goths*』를 이용했다. 역사학자들과 고고학자들은 요르다네스의 기술에 따라 메클렌부르그·포메라니아·프리퍄치 늪지대를 거쳐 스칸디나비아에서 아조프 해에 이르기까지 고트족이 "대대적으로 이동"했음을 대체로 긍정하고 있다. 230년경 그들은 남부 러시아에 국가를 세웠다. 요르다네스는 그것을 다음과 같이 기술했다. "고트족의 본거지는 스칸지아scanzia(스웨덴) 섬이었다. 그들은 거기서 일종의 주민 군집체, 아니 더 좋게 표현하면 초기 국가 형태를 하고 있었다. 그들은 베르그Berg라 불리는 왕과 함께 울메뤼쥐족Ulmeruges의 거주 지역(동부 포메라니아)까지 진출했다. 그 후 이곳에 인구가 증가하자, 그들은 베르그 이후 다섯번째 왕인 필리머Filimer 치세기에 더 넓은 주거지와 충분한 토지를 찾아 가족들을 데리고 대대적으로 이동하기로 결정했다. 이후 고트족은 스키티아에 도달했다. 이곳에서 고트족은 비할 데 없이 비옥한 토지에 매료되었다. 그러나 고트족의 절반가량이 통과한 후 다리가 붕괴되어 더 이상 전진할 수도 후퇴할 수도 없게 되었는데, 그 지방은 마치 구렁텅이처럼 한번 빠지면 헤어나기 힘든 무른 늪으로 둘러싸여 있었기 때문이다."

침략의 원인들은 우리에게 그리 중요하지 않다. 아마도 요르다네스가 원인으로 지적한 인구의 비약적 증가와 보다 풍부한 토지에 대한 매력 등이 작용했을 것이다. 그러나 그것은 시베리아에서 스칸디나비아에 이르기까지 야만인들의 경작지와 목양지를 감소시킨 기후 변화와 이상 냉기후 같은 최초의 자극이 있었던 이후의 일이다. 아무튼 이 같은 기후 변화로 말미암아 그들은 한 부족이 다른 부족을 밀어내면서 프랑스 서부의 땅끝 피니스테르Finistère까지 남쪽과 서쪽으로 이동했을 것이다. 그들은 브리타니아(나중에 잉글랜드가 됨), 갈리아(후일 프랑스가 됨), 에스파냐(남부에만 반달족에서 유래한 안달루시아란 이름으로 그 흔적을 남기게 된다)와 이탈리아(뒤늦게 침입해온 롬바르드족이 북부에만 롬바르디아란 이름을 남기게 된다)로 이동했다.

이러한 침입에서 나타난 몇몇 양태들은 더욱 중요하다. 우선 그들은 거의 언제나 적 전방으로 달아나는 탈주병들이었다. 따라서 침략자들이란 자신들보다도 더 잔인하고 강한 자들에게 쫓겨 달아나는 탈주병들이었던 것이다. 그들의 잔인성은 특히 자신들이 평화적으로 요구하는 피난처를 로마인들이 거절할 경우 필사적 성격을 띠기 일쑤였다.

4세기 말 성 암브로시우스는 이 같은 침략들이 일종의 연쇄반응이었음을 분명히 알고 있었다. "훈족은 알라니족에게로, 알라니족은 고트족에게로, 고트족은 타이팔족Taïfales과 사르마샤족에게로 덤벼들었다. 본거지에서 쫓겨난 고트족들은 일리리쿰에서 우리 로마인들을 밀어냈다. 그리고 그것은 끝이 없었다!"

요르다네스가 강조하듯이 고트족이 378년 로마인들에게 무기를 든 것은 로마인들이 그들을 먹을 것도 없는 협소한 지역에 숙영시키고, 개나 혐오동물의 고기를 금값으로 팔았으며, 약간의 음식을 주고 그들의 자식들을 노예로 삼았기 때문이다. 그들이 로마에 침입한 것은 기근 때문이었다. 이러한 게르만족에 대해 로마인들은 전통적으로 이중적인 태도를 취했다. 종족과 상황에 따라, 로마인들은 문을 두드리는 게르만족을 받아들이기도 하고, 동맹시민으로서 그들의 법과 풍습과 고유성을 존중해주기도 했다. 그리하여 로마인들은 그들의 공격성을 완화시키는 한편, 그들을 병사나 농민으로 활용함으로써 군사와 농업 분야에서 나타난 노동력 위기를 완화할 수 있었다.

이러한 정책을 실시하는 황제들은, 게르만족을 인간보다는 동물에 더 가깝다고 보는 전통주의자들에게 그리 인기가 없었다. 이러한 태도는 아주 흔한 것이었다. 그리스 출신의 역사가 조시무스Zosimus는 "콘스탄티누스 대제가 야만인들에게 문을 열어주었다. 〔……〕 이것이 제국의 멸망 원인이었다"고 썼다.

아미아누스 마르켈리누스는 376년 고트족의 다뉴브 강 도강을 도운 발렌티아누스 황제의 맹목성을 비난했다. "이러한 목적으로 저 야만인들을 수송할 장비와 함께 여러 명의 관리들이 파견되었다. 비록 로마 제국은 치명적인 질병에 걸려 있긴 했지만, 그들은 이 로마 제국을 파멸시킬 사람들이 강 건너에 한 사람도 남아 있지 않도록 각별한 주의를 기울였다. 〔……〕 그런데 그러한 소란법석은 로마 세계의 파멸로 귀착되었던 것이다!" 마찬가지로 요르다네스가 '고트족의 위대한 친구'라고 불렀던 테오도시우스 황제도 비난을 받았다.

야만적인 이방인들 중에는 추악함과 잔인성으로 악명 높은 부족들이 있었다. 아미아누스 마르켈리누스는 훈족을 다음과 같이 잘 묘사했다. "그들의 잔인성은 다른 모든 종족을 능가한다. 그들은 쇠붙이로 갓 태어난 아기의 얼굴에 깊은 상처를 내어 솜털의 싹을 모두 없애버린다. 그래서 그들은 수염도 매력도 없이 마치 내시처럼 늙어 보인다. 그들은 몸이 땅딸막하고 사지는 건장하며 목덜미는 두텁다. 그들의 육중한 몸매는 공포감을 자아낸다. 그들은 마치 두 발 달린 동물 같거나 다리의 난간 가장자리에 있는 나무통처럼 그리 세련되지 못한 모습을 하고 있다. 〔……〕 훈족들은 음식을 조리하지도 않고 양념도 넣지 않은 채 먹는다. 그들은 갓 태어난 동물의 날고기로 영양을 보충하고는 말 등에 누워서 한동안 휴식을 취한다. 그들은 묘지를 사용하지 않듯이 주택도 이용하지 않는다. 그들은 삼베나 쥐털을 나뭇가지로 꿰매서 입는다. 그들에게는 실내복이나 외출복이 따로 없다. 그들은 한번 빛바랜 옷을 입기만 하면 해질 때까지 벗는 법이 없다. 〔……〕 그들은 말 위에서 떠나는 법도 없다. 식사할 때도 음료를 마실 때도 땅에 발을 대지 않는다. 그들은 말을 탄 채 말목에 기대어 잠을 자며, 이런 자세로 편안히 갖가지 꿈을 꾼다."

그리고 6세기에 롬바르드족들이 갖은 만행을 저질렀을 때, 그들은 "보통 게르만적 야만성에 비할 수 없는 가장 야만적인 잔인성으로" 악명을 떨치기에 이르렀다.

물론, 바로 앞의 인용글을 쓴 이들은 그리스-로마 문화의 상속자로서 로마 제국 내외에서 로마 문명을 파괴한 게르만족들을 증오하는 이교도임에는 틀림없다. 그러나 로마 제국을 기독교의 천만다행한 요람으로 보는 다수 기독교도들도 침략자들에 대해 전통적인 로마인들과 똑같은 혐오감을 갖고 있었다.

야만인들에게서 인간성을 결여한 적을 발견한 성 암브로시우스는 기독교도들에게 무기를 들고 "야만인의 침입으로부터 조국을" 수호할 것을 권고했다. 키레네의 주교 시네시우스Synesius는 모든 침략자를 야만의 상징인 "스키티아놈들"이라 부르고, 그들에게 『일리아드』에 나오는 호메로스의 "운명의 신이 가져온 저주받은 저 개 같은 사람들을 추방하라"는 시구를 적용했다.

그러나 글에 따라서는 야만인들에 대한 기독교도들의 태도가 달리 나타난다. 성 아우구스티누스는 로마인들의 불행을 개탄하면서도 410년 알라리쿠스의 로마 침공을 로마사에서 흔히 경험했던 여러 고통스러운 사실과 다를 바 없다고 생각했다. 그는 도시를 공략하고 주민을 몰살하여 정복하는 것으로 이름 난 대부분의 로마 장군들과는 달리, 알라리쿠스가 교회를 피난처로 여겨 해치지 않았다는 사실을 강조했다. "최근 로마의 저 재앙에서 보인 초토화·살인·약탈·방화, 비인간적 대우 등에 의해 저질러진 범죄 행위는 전쟁 때 으레 있는 일들이다. 그러나 여기서 새로운 방식으로 일어난 현상은 저 게르만적 야만성이 형세의 큰 변화로 인해 거대한 교회를 선택·지정하여 그곳에 사람들을 수용할 수 있게 할 정도로까지 순화되었다는 점이다. 교회 안에서는 구타와 강탈이 없었고, 많은 사람들이 인정 많은 적들에 의해 해방되기 위해 모여들었으며, 잔인한 적에 의해서조차 포로로 잡혀가는 사람이 결코 없었다. 이것은 바로 그리스도의 이름으로 이루어졌으며, 그것이 가능했던 것 또한 기독교 시대였기 때문이다."

그러나 가장 놀라운 글은 귀족적인 주교들과 달리 로마적 사회질서를 수호할 하등의 이유가 없었던 한 소박한 수도사의 것이다. 440년경

자칭 '마르세유의 사제'라는 레랭스Lérins 섬의 수도사 살비아누스가 『신정론Du Gouvernement de Dieu』이라는 글을 썼는데, 이것은 신의 섭리를 변호하면서 대침략을 해명하는 내용으로 이루어져 있다.

대파국의 원인은 제국 내부에 있다. 제국을 파괴한 것은 기독교도를 포함한 로마인들의 죄악 때문이다. 이 죄악으로 인해 제국이 야만인들의 수중으로 들어갔다. "로마인들은 밖에 있는 적보다도 더욱더 사악한 적을 자신의 내부에 갖고 있었다. 비록 야만인들이 이미 그들을 멸망시키긴 했지만, 그들은 오히려 그들 자신에 의해 파멸되었기 때문이다."

그렇다면 왜 야만인들을 비난하는가? 그들은 종교를 모른다. 그들은 죄를 지어도 그것을 의식하지 못한다. 그들의 문화와 도덕은 로마인들의 것과는 다르다. 이렇게 다른 것을 어찌하여 비난하는가? "물론 작센족은 잔인하고 프랑크족은 신의가 없고 제피드족은 비인간적이고 훈족은 파렴치하다. 그렇지만 그들의 사악함이 우리와 마찬가지로 종교적인 죄인가? 훈족의 파렴치가 우리처럼 형사상의 범죄인가? 프랑크족의 배신은 우리와 똑같은 비난을 받아야 하는가? 술 취한 알라만인이 술 취한 기독교도와 똑같은 비난을 받아야 하는가? 탐욕스런 알라니인이 탐욕스런 기독교도처럼 비난받아 마땅한 것인가? 훈족이나 제피드족이 간악한 짓을 한 것은 그들이 그것이 죄인 줄 몰랐기 때문이라고 한다면 놀라운 일인가? 프랑크족의 거짓 맹세가 그들 사이에서는 일상적인 담화에 지나지 않는 것으로 여겨졌다면, 그것은 언어도단인가?"

특히 사람들이 이론을 제기할 수도 있는 그의 개인적 입장을 별도로 한다면, 살비아누스는 야만인들의 성공에는 깊은 이유가 있음을 알고 있었다. 그것은 바로 군사적 우월성이었다. 야만인들의 기병대가 우월하다는 것은 그들의 무기가 모두 우월함을 의미했다. 침략의 무기는 뾰쪽하고 예리한 장검이었다. 이 예리한 무기의 가공스런 효율성이 중세의 문학적 과장을 탄생시켰다. 문학작품들은 이 칼로 투구를 두 쪽으로 동강 내고, 머리와 몸통을 (때로는 심지어 말〔馬〕까지도) 두 토막으로 잘라내었다고 과장해서 묘사했다. 아미아누스 마르켈리누스는 로마인들에게는 잘 알려지지 않은 이러한 무기의 실상을 두려움에 떨면서 기록했다. 그러나 로마군 안에도 야만인들이 섞여 있었다. 양쪽 군대 사이에 초기의 충격이 약화되자 로마인들도 곧바로 군사적 우월성을 나누어 갖기 시작했다.

사실 야만인들은 대다수 로마 민중들의 적극적 혹은 소극적 방조로부터 혜택을 입었다. 야만인들의 침략이 성공했던 것은 제국 내부에서 소수의 부자들과 유력자들이 하층민들을 점점 더 압박했던 사회구조 때문이었다. 살비아누스의 말을 들어보자. "가난한 자들은 헐벗고 과부들은 신음하며 고아들은 맨발로 떠돌아다닌다. 이 중에는 훌륭한 가문 출신과 상당한 교육을 받은 자들도 포함되어 있다. 이들 중 다수는 적들에게로 피신했다. 그들은 로마 정부의 박해 아래서 죽음을 당하느니보다는 야만인들에게서 로마적 인간애를 찾아 나섰다. 그들은 로마인들의 야만적 비인간성을 더 이상 참을 수 없었기 때문이다. 피난자들은 자신들을 받아준 사람들과는 달랐다. 그들은 야만인들의 예절도 언어도 갖고 있지 않았다. 더욱이 그들은 야만인들의 복식도 체취도 갖고 있지 않았다. 그러나 그들은 로마인들 사이에서 불공평과 잔악성을 당하고 사느니 차라리 그런 낯선 관습을 따를 것을 선택했다. 그래서 그들은 고트족이나 바가우다이들 혹은 도처에서 지배하는 다른 야만족들한테로 망명했다. 그리고 그들은 그러한 선택을 조금도 후회하지 않았다. 그들은 외견상 자유롭게 보이지만 실제로는 노예로 사는 것보다 외견상 노예 같지만 실제로는 자유롭게 살기를 원했기 때문이다. 얼마 전만 해도 매우 가치 있게 평가받고 비싼 값을 주고 사야 했던 로마 시민이란 자격이 이제는 값어치도 없고 혐오스러울 따름이었다. 〔……〕 야만인들에게 피신하지 않은 로마 시민들조차 부득이 야만인이 될 수밖에 없었던 것도 바로 이 때문이었다. 이런 현상은 에스파냐와 갈리아 지방의 대다수 주민들과 전국에 걸쳐 로마 제국의 불의에 못 이겨 로마인으로 남기를 거부하는 모든 사람에게도 나타났다. 이제 유랑 농민들인 바가우다이들에 대해 얘기하자. 이들은 사악하고 무자비한 로마 재판관들에 의해 로마 시민권을 박탈당한 후 구타·살해되었을 뿐 아니라 로마 시민의 명예도 잃어버렸다. 그리고 우리가 그들을 강제로 형사범이 되게 만들었을 때, 그들은 폭도들, 미치광이들이 되었다."

　모든 상황을 잘 설명해주는 것은 야만족들이 도착하기 전에 야만인들과 반란자들 사이에, 즉 고트족과 바가우다이 사이에 공모가 있었고, 로마의 많은 민중들이 이미 야만인화했다는 사실이다. "로마 문명은 자연사한 것이 아니라 암살되었다"고 지적하는 앙드레 피가뇰André Piganiol 같은 학자의 주장에는 사실과 배치되는 것이 세 가지가 있다. 로마 문명은 사실 자살했기 때문이다. 그 자살에 아름다운 것이란 전혀 없다. 그러나 로마 문명은 그로 인해 죽은 것이 아니다. 문명이란 죽는 법이 없고, 따라서 로마 문명은 야만인들을 통해 중세 내내 그리고 그 이후에도 살아남았기 때문이다.

　사실 야만인들은 일반적 동의 아래 로마 영토에 정착했다. 4세기 초 콘스탄티우스 클로루스Constantius Chlorus 황제에 대한 송덕문을 쓴 한 작가는 다음과 같이 갈파했다. "약탈 행위를 통해 오랫동안 우리를 괴롭히던 샤마브인들이 우리를 위해 일을 한다. 그들은 이제 우리를 부자가 되게 하는 데 부심하고 있다. 여기 농부 차림을 한 사람이 열심히 일을 하고 우리 시장을 자주 방문하기도 하고 짐승들을 팔러 이곳으로 가져오기도 한다. 아미앵·보베·트루아·랑그르 지방에 있는 광활한 미개척지들이 야만인들 덕분에 다시 푸르러지고 있다." 389년 로마에 온 갈리아 출신의 웅변가 파카투스Pacatus가 테오도시우스 황제의 덕을 찬양하는 말투도 이와 비슷하다. 그는 황제가 로마의 적인 고트족을 농민과 병사로 만들어 자기에게 봉사토록 한 것을 찬양했다.

시련의 와중에서도 통찰력을 지닌 사람들은 야만인과 로마인 사이의 융합을 미리 꿰뚫어보았다. 4세기 말 웅변가 테미스티우스Themistius는 다음과 같이 예언했다. "현재 고트족들이 우리에게 입힌 상처는 아직도 아물지 않고 있다. 그러나 곧 우리는 연회나 전투에서 그들의 동료가 될 것이고, 그들과 함께 공적 직무에 참여할 것이다."

이것은 지나치게 낙관주의적인 견해다. 설사 현실이 테미스티우스가 그린 약간 목가적인 모습과 결국에는 흡사해진다 하더라도, 정복자로서의 야만인들이 피정복민으로서의 로마인들을 자기들 편으로 흡수하는 데는 이 두 족속 사이의 현격한 차별을 수반했기 때문이다. 그렇다 하더라도 애초부터 이 두 집단 사이의 문화 접변을 촉진시킬 어떤 상황들이 존재하고 있었다.

5세기 게르만족들이 로마 제국에 정착할 당시, 그들은 젊긴 했지만 야만인들은 아니었다. 당시에 그들을 왜곡하거나 근대에 그들을 찬양한 사람들이 묘사했듯이, 그들은 숲이나 초원지대에서 막 떠나온 사람들이었다. 사실 그들이 퓌스텔 드 쿨랑주Fustel de Coulanges가 과장한 것처럼 "장기간의 내분으로 분열되고 일련의 사회혁명으로 기진맥진하여 자기들의 제도마저 상실한" 연약한 인종의 잉여 인간들은 아니었다. 그들은 수세기에 걸친 이동을 한 다음, 최종적으로 로마 세계에 정착할 당시 많은 것을 발전시켜오고 있었다. 그들은 이미 견문이 넓어 상당한 지식을 갖고 있었다. 그들은 자신들의 교통망을 통해 여러 문화·문명과 접촉하고, 이로부터 관습이며 기술이며 예술 등을 들여왔다. 그들 중 대부분은 직·간접적으로 아시아 문화·이란 문화·그리스-로마 문화며, 특히 그 당시 비잔티움화하는 과정에서 가장 풍성하고 찬란했던 그리스 문화의 영향을 받고 있었다.

그들은 금은 상감·세공과 같은 정교한 금속 기술, 가죽 가공술, 경탄할 만한 초원 예술, 동물을 주제로 한 예술양식 등을 가져왔다. 그들은 때때로 인근 제국들의 문화에 매력을 느끼고, 그들의 지식과 사치에 대한 흠모감(물론 치졸하고 피상적이지만 존경심이 결여되지는 않은 흠모감)을 품고 있었다.

아틸라 휘하의 훈족들은 아미아누스 마르켈리누스가 묘사한 것과 같은 야만족이 전혀 아니었다. 철학자들이 본 아틸라 궁정의 이미지에 관한 전설에 따르면, 448년 갈리아의 저명한 의사인 에우독시우스Eudoxius가 바가우다이 운동과 연루되어 쫓기게 되자 훈족에게로 피신했다는 것은 놀라운 일이다. 같은 해, 아틸라궁 주재 동로마 대사인 프리스쿠스Priscus가 새로운 지배자들과 거류하면서 야만인 여자와 결혼한 뫼시아Moesia 출신의 한 로마인 인질을 만났다. 그는 프리스쿠스에게 로마 세계의 사회조직과 비교하면서 훈족의 사회조직을 자랑했다.

사실 고트족에 대해 편견을 품고 있던 요르다네스조차 6세기에 고트족에 관해 다음과 같이 썼다. "그들의 제2의 고향인 다키아, 트라키아와 뫼시아에서는, 많은 연대기 작가들이 이구동성으로 학문의 탁월성

제1장 게르만족의 정착(5~7세기) 53

을 찬양하는 철학자 잘목세스Zalmoxes라는 왕이 있었다. 이미 그전에도 그들에게는 제우타스Zeutas와 디키네우스Dicineus 같은 위대한 지식인들이 있었다. 이렇듯 고트족에게는 철학 선생이 많았던 것이다. 그들은 또한 다른 야만인들보다 더 개명했다. 그리스어로 고트족의 역사를 쓴 디온Dion에 따르면 그들은 그리스인들과 어깨를 견줄 정도였다."

야만적인 침략자들의 모습을 바꾸어놓은 또 다른 중요한 사실은, 비록 그들 중 일부가 이교도로 남아 있긴 했지만, 대부분이 기독교로 개종했다는 점이다. 그러나 중대한 결과를 초래할 기이한 우연으로 인해 이 야만인들(동고트족·서고트족·부르군드족·반달족, 맨 나중에 롬바르드족)은 니케아 공의회 이후 이단으로 규정된 아리우스파Arianisme(성부와 성자의 같은 실체를 인정하지 않는 반 3위일체적 이단——옮긴이)로 개종했다. 사실 그들은 카포도키아인들의 후손으로서 264년 고트족의 인질이 된 '고트족의 사도'인 울필라의 추종자들에 의해 기독교로 개종했다. "고트족화한" 울필라는 어릴 때 콘스탄티노플로 보내졌는데, 그는 거기에서 아리우스파에 심취했다. 그는 사도적인 주교로서의 임무를 띠고 고트족에게 돌아와, 그들을 교화하기 위해 고트어로 성경을 번역했으며, 그들을 이단 신봉자로 만들었다. 그리하여 옛날에는 종교적 유대 관계였던 것이 이제는 반대로 불화의 씨앗이 되었으며 아리우스파적인 야만인들과 가톨릭적인 로마인들 사이의 격렬한 투쟁의 불꽃이 되었다.

로마 문명은 야만인들에게 여전히 매혹거리였다. 야만인의 우두머리들은 로마인들에게 자문역을 부탁하고 로마의 관습을 흉내 내는가 하면, 로마의 관직명(집정관consul, 귀족patricius 등)을 갖추려고 노력하기도 했다. 그들은 적이 아니라 로마 제도의 흠모자처럼 보였다. 사람들은 기껏해야 그들을 찬탈자로 생각했다. 그들은 점차 고위 관직과 황실에 접근해오고 있던 에스파냐인·갈리아인·아프리카인·일리리아인·동방인 같은 이방인들의 마지막 세대에 불과했다. 더욱 인상적인 것은 야만인들 중 어떤 우두머리도 스스로 황제가 되려고 하지 않았다는 사실이다. 오도아케르가 476년 서로마 황제 로물루스 아우구스툴루스를 폐위시켰을 때 그는 동로마 황제 제논에게 황제의 휘장을 돌려보내며, 황제는 하나만으로도 충분하다고 통고했다. 야만족 왕은 황제에게 "우리는 우리가 수여한 관직보다도 황제가 수여한 관직을 더 흠모할 것이다"라고 말했다. 그들 중에서 가장 권력이 강한 테오도리쿠스 왕은 플라비우스라는 로마인 이름을 택하고, 황제에게 보낸 편지에서 "나는 당신의 종이며 아들"이라고 피력하면서, 자신의 유일한 희망은 "당신을 모방한 왕국, 경쟁자가 없는 당신의 제국을 복제한 제국을" 만드는 것이라고 말했다. 야만족의 우두머리가 스스로 감히 황제가 되었던 것은 800년 카롤루스 마그누스에 이르러서다.

이와 같이 양 진영은 상대방을 맞이하기 위해 길을 닦았던 듯하다. 내면적으로 야만화하면서 타락한 로마인들은, 외면적으로 다듬어지고 세련되었던 야만인들의 수준으로 전락했다.

그러나 야만인들의 침략을 평화적 정착으로, 익살스런 표현을 쓴다면 '관광여행'의 폭발로 보는 것은 실제와 거리가 있다.

당시가 다른 어느 시대보다도 혼란기였다는 것은 틀림없는 사실이다. 혼란은 무엇보다도 잡다한 침략자들의 혼합에 기인했다. 그들은 이동 중 부족들끼리 서로 싸우고 포로를 노예로 삼았다. 어떤 부족들은 일시적인 연맹체를 형성하기도 했는데, 한 예로 훈족은 정복당한 동고트족·알라니족·사르마샤족의 잔류민들을 자신들의 군대에 흡수했다. 로마는 부족들을 서로 이간하려 노력했고, 또 선착민들을 서둘러 로마화시킴으로써 아직도 야만족으로 남아 있는 후착민들에 대한 대항 수단으로 삼으려 했다. 황제 호노리우스의 후원자인 반달족의 스틸리코는 에우게니우스와 그의 동맹자 프랑크족의 아르보가스트의 침략에 대항하기 위해 고트족·알라니족·코카서스인들의 군대를 이용했다.

에우기피우스Eugippius가 쓴 독특한 사료인 『성 세베리누스 전기La Vie de St. Severinus』에는 5세기 후반에 파사우에서 클로스터노이부르크Klosterneuburg에 이르는 다뉴브 강 중류의 주요 변경 지대에서 일어났던 사소하면서도 의미 있는 사건들이 많이 기록되어 있다. 동방 출신의 라틴인인 세베리누스는 게르만족의 일파인 뤼그인들Rugues과 그들 왕의 도움으로 리푸아리 프랑크족의 지배 아래 있던 노리쿰 지방의 잔류 로마인들을 규합하여, 다뉴브 강을 건널 채비를 하던 다른 침략자들(알라만족·고트족·헤룰리족·튀링기아족)의 압박에 대항했다. 수도사이자 은둔자였던 그는 로마-뤼그Romano-rugue인들이 피신해 있는 요새지를 두루 돌아다니면서 이단과 이교를 추방하고 기근을 퇴치하는 데 주력했다. 그는 물질적 무기가 부족했으므로 영적 무기로 야만족들에 맞섰다. 그는 주민들이 경솔한 행동을 삼가도록 경각심을 불어넣었다. 열매를 채취하거나 수확을 하러 가기 위해 숙영지를 벗어나기만 하면 곧 적의 화살에 맞아 죽거나 포로가 되었기 때문이다. 설교와 기적과 성인 유골의 힘을 빌려서 그는 야만족들을 위협하거나 그들의 의기를 꺾었다. 그는 일말의 환상도 갖고 있지 않았다. 낙천적이거나 무모한 사람들이 뤼그 족장으로부터 통상권을 얻어달라고 그에게 요청하면, 그는 "상인들이 더 이상 드나들 수도 없는 곳에서 장사를 해봤자 무슨 소용이 있겠는가?"라고 대답 대신 질문을 했다. 에우기피우스는 이러한 혼잡스런 사건들을 매우 훌륭하게 기술하면서, 다뉴브 강 변경 지대는 영속적으로 혼란과 모호한 상황 속에 빠져 있다고 썼다. 모든 군사·행정·경제 조직이 와해되었다. 기근이 닥쳐왔다. 심성과 감성은 날이 갈수록 거칠고 미신적이 되었다. 점점 피할 길 없는 일들이 발생했다. 여러 요새가 연달아 야만인의 수중으로 넘어갔다. 결국 저 방황하는 집단들의 모든 잡일을 돌보던 그들의 지도자 세베리누스가 죽고 난 후, 오도아케르가 잔류민들을 이탈리아로 강제 이주시켰다. 이 주민들은 세베리누스의 유해를 나폴리 근처 한 수도원에 안장했다. 이런 예는 수십 년 동안 침략의 애매모호한 상황이 가져온 흔한 결말이었다.

혼란은 공포로 인해 더욱 가중되었다. 침소봉대를 감안한다 하더라도, 5세기 문헌에 자주 나타나는 대량 살육과 초토화에 관한 이야기들은 야만인들의 '이동promenade'에 수반된 잔인성과 파괴에 대해 의심의 여지를 남겨놓지 않는다.

417년 대침략 이후 갈리아의 상황을 오슈Auch의 주교 오랑Orens은 다음과 같이 기술하고 있다.

너무나도 갑자기 죽음이 전 세계를 짓누르고, 전쟁의 폭력이 얼마나 많은 사람에게 가해졌는지를 보라. 울창한 숲이나 높은 산의 거친 흙도, 빠르게 소용돌이치는 하천의 물줄기도, 도시나 성채를 보호하기 위해 설치한 참호도, 바다에 의해 형성된 장벽도, 저 쓸쓸하고 황량한 사막도, 협곡들도, 침침한 바위 밑에 있는 동굴들도 야만인들의 손을 피할 수 없었다. 속임수와 배신과 동료 시민의 밀고 등으로 죽어간 사람들이 많았다. 복병들이 갖은 만행을 저지르고, 민중들의 폭력 또한 기승을 부렸다. 무력으로 정복되지 않은 것은 기근에 의해 정복되었다. 어머니는 자녀와 남편과 함께 비참하게 살해되었으며, 주인은 노예와 함께 노예 상태로 전락했다. 어떤 사람들은 개의 먹이가 되었다. 많은 사람들이 화염에 싸인 자신들의 집이 잿더미로 바뀌는 것을 바라보고 있었다. 도시·영지·농촌·사거리, 모든 진지·도로상에는 죽음·고통·파괴·방화·비통만이 가득했다. 하나의 방화만으로도 갈리아 전체가 화염에 휩싸였다.

주교 히다티우스Hydatius는 에스파냐에 관해 다음과 같이 기술했다.

  야만인들이 에스파냐에서 광기를 터뜨렸다. 전염병의 재앙 역시 맹위를 떨쳤다. 포악한 착취자들이 도시에 숨겨둔 재화를 약탈하고, 그들의 오합지졸들이 그것을 탕진했다. 이로 말미암아 기근이 더욱 심해졌기 때문에 기아의 제국 치하에서 사람들은 인육으로 배를 채웠다. 어머니들은 자식을 죽여서 요리해 먹었다. 기근·칼·전염병 등으로 죽은 사람들의 시체를 먹는 데 익숙해진 야수들은 산 사람까지도 필사적으로 잡아먹었다. 이 야수들은 시체의 살로 배를 채우는 것으로 그치지 않고 사람들을 공격했다. 이처럼 기근·칼·전염병·야수 등 네 가지 재난은 세계 도처에서 맹위를 떨쳤고, 하느님이 선지자를 통해 한 예언이 현실로 나타났다.

이것이 바로 서양 중세사의 벽두에 있었던 끔찍한 모습이다. 이런 모습은 10여 세기 동안 변치 않고 계속된다. 기근·칼·전염병·야수 등은 중세사의 사악한 주역들이다. 물론 야만인들만이 그러한 재난을 가져온 것은 아니다. 고대 세계에서도 그것을 경험했다. 그러나 이 재난은 야만인들이 그 고삐를 푸는 순간 더 맹위를 떨치는 경향이 있었다. 야만인들은 그러한 폭력의 분출에 전례 없는 추진력을 부여했다. 대침략 시에 차고 다니던 긴 칼(이것은 나중에 기사들의 필수품이 된다)은 서양에 살인적인 그림자를 늘어뜨렸다. 복구 작업이 재개되기도 전에 서양은 오랫동안 파괴의 광란에 사로잡혀 있었다. 중세 서양인들은 아미아누스 마르켈리누스가 묘사한 알라니인들과 유사한 야만인들의 후예였다. "조용하고 평화 애호적인 사람들이 망중한 속에서 추구하던 기쁨을 그들은 전쟁과 죽음에서 찾았다. 그들이 보기에 최고의 행복은 전쟁터에서 생명을 잃는 것이었다. 나이가 차거나 우연으로 죽는 것은 치욕스럽고 비겁한 것이었고, 따라서 그들은 끔찍하고 과도한 행동으로 이 치욕을 은폐했다. 살인 행위는 아무리 찬양해도 지나치지 않는 영웅적 행위였다. 가장 영광스러운 전리품은 적의 머리가죽에서 벗겨낸 머리털이었다. 그것은 군마의 장식에 쓰였다. 그들에게는 신전도, 성소도, 심지어는 밀짚으로 덮은 개집조차 없었다. 야만적 의식에 따라 칼을 칼집에서 빼내어 땅에 내던지는 것이 바로 전쟁의 표시였다. 그들은 그들이 정복한 지역의 군주처럼 전쟁을 숭앙했던 것이다."

  이와 같은 파괴에 대한 열망은 7세기 연대기 작가 프레데가리우스Fredegarius가 기록한 한 야만족 왕의 어머니가 자기 아들에게 충고하는 말에 잘 나타나 있다. "네가 공명을 세우고 싶거든, 다른 사람들이 세워놓은 건물을 모두 다 파괴해버리고 네가 정복한 사람들을 모조리 죽여버려라. 너는 너의 전임자들이 세운 건물보다 더 훌륭한 건물을 세울 수 없기 때문이며, 또한 네가 이름을 떨치는 데는 이보다 더 좋은 것이 없기 때문이다."

3. 게르만의 침략과 서양의 새로운 지도

때로는 완만한 침투와 다소 평화적인 전진의 리듬과, 때로는 전투와 대량 살육을 동반한 갑작스런 공격의 리듬에 따라 야만인들의 침략은 명목상 비잔티움 황제의 지배 아래 있던 서유럽의 정치적 지도를 5세기 초에서 8세기 말 사이에 크게 바꾸어놓았다.

407년에서 429년까지 일련의 기습으로 이탈리아, 갈리아, 에스파냐가 유린되었다. 가장 구경거리가 될 만한 일화는 410년 알라리쿠스와 그 휘하의 고트족이 로마를 포위·점령하고 약탈한 사건이었다. 많은 로마인이 저 영원한 도시의 몰락에 망연자실했다. 팔레스타인에서 성 제롬은 이렇게 탄식했다. "내가 내 말을 받아쓰게 하는 동안 나의 목소리가 죽어가더니 흐느끼느라 말을 잇지 못했다. 세계를 정복한 저 도시 로마가 정복되다니!" 이교도들은 기독교도들이 로마의 수호신들을 로마에서 추방한 데 재앙의 원인이 있다고 비난했다. 성 아우구스티누스는 『신국론』에서 이 사건을 계기로 지상 사회와 천상 사회의 관계를 해명했다. 그는 기독교도들을 변호하고 그 사건을 본래의 몫, 즉 비극적이지만 우연한 사실로 환원시켰다. 그와 같은 사건이 이번에는 출혈 없이 455년 가이세릭Geiseric과 그 휘하의 반달족에 의해 다시 발생했다.

반달족, 알라니족과 수에비족들이 이베리아반도를 짓밟았다. 반달족이 에스파냐 남부 지방에 잠시 체류한 것이 안달루시아라는 지명을 남기는 계기가 되었다. 일찍이 429년에 그 당시 함대를 갖춘 유일한 게르만족인 반달족이 북아프리카를 경유하여 튀니지와 동부 알제리 등 로마의 아프리카 속주를 정복했다.

알라리쿠스가 사망하고 난 후 서고트족은 412년 이탈리아에서 갈리아로, 그다음 414년에는 에스파냐로 이동했다가, 418년 아키텐으로 철수하여 그곳에 정착했다. 여기서 로마는 각 단계마다 외교적 조치를 취했다. 황제 호노리우스는 서고트족의 왕 아톨프Ataulf를 갈리아로 방향을 틀도록 조종했으며, 후자는 414년 1월 1일 나르본에서 황제의 딸 갈라 플라키디아Galla Placidia와 결혼했다. 또다시 호노리우스는 415년 아톨프를 암살한 다음 서고트족이 에스파냐를 놓고 반달족·수에비족과 싸우도록 조종하고 서고트족을 아키텐으로 철수시켰다.

5세기 후반에는 결정적인 변화가 일어났다. 북쪽에서는 앵글족, 주트족, 색슨족(작센족) 등 스칸디나비아 인근의 야만인들이 일련의 침략을 시도한 후 441년과 443년 사이 브리타니아를 정복했다. 피정복민들 중 일부가 바다를 건너 프랑스 서부의 아르모리크 지방에 정착했는데, 이곳은 이후 브르타뉴Bretagne라 불리게 된다.

그러나 가장 주요한 사건은, 비록 잠정적이긴 했지만, 아틸라 휘하의 훈족이 제국을 세운 일이었다. 그것은 서양의 모든 것을 뒤흔들어 놓았다. 8세기가 더 지난 다음 칭기즈칸이 그랬던 것처럼, 아틸라는 434년경 서양에 들어온 몽골족을 규합하고 다른 야만인들을 정복·흡수했다. 그는 한동안 비잔티움과 모호한 관계를 유지했는데, 비잔티움 문명과 접촉하는 동안 틈틈이 정복할 기회를 엿보고 있었다(칭기즈칸이 중국에 대해 그랬던 것처럼). 그는 결국 448년 발칸반도를 공격한 다음 갈리아로 진격했다. 갈리아에서는 로마 장군 아에티우스Aetius가 서고트족 분견대의 도움을 받아 샹파뉴 평원에서 아틸라군을 격퇴했다. 훈 제국은 와해되어 453년 아틸라가 죽은 뒤 동쪽으로 필사적으로 퇴각했다. 이름이 알려지지 않은 9세기의 한 연대기 작가는 이에 대해

'신의 징벌'이라는 표현을 역사에 남겼다.

때는 바야흐로 이방인들과 기이한 상황들이 뒤섞인 혼잡한 시대였다. 황제 발렌티아누스 3세의 여동생 호노리아가 그녀의 종을 애인으로 맞아들였다. 이에 엄격한 오빠가 화가 나서 그녀를 콘스탄티노플로 유배시켰다. 원래 기질적으로 끼가 있던 그녀는 화가 난 김에 여자들을 후리는 재주가 있던 아틸라에게 반지를 전달했다. 아틸라가 그녀를 자신의 약혼녀라고 주장하고 그녀와 함께 결혼 지참금으로 제국의 절반을 달라고 요구하기 전에, 발렌티아누스는 서둘러 여동생을 출가시켜버렸다.

한편, 아틸라는 452년 갈리아에서 북이탈리아를 공격하고 아퀼레이아Aquileia를 장악했을 뿐만 아니라 주민 일부를 포로로 데려갔다. 살해되었으리라 생각했던 포로들이 6년 뒤 다시 돌아왔다. 이들의 부인들 중 다수가 훈족한테 재가한 경험이 있었다. 이에 당황한 주교는 교황 레오에게 그녀들의 문제를 상의했다. 이 문제는 귀환자들에게 그들의 아내와 노예와 재산이 환원되어야 한다는 것으로 결론이 났다. 재가한 부인네들은 전남편에게로 돌아가기를 거절하는 경우를 제외하고는 처벌받지 않았다. 그리고 전남편에게 돌아가기를 거절하는 경우에는 추방되었다.

한편 황제는 새로운 주민들인 부르군드족을 제국에 정착시켰다. 그들은 보름스에 정착하고 그곳에서 갈리아를 공격하려 했으나 로마 장군 아에티우스가 이끄는 훈족 용병군에게 결정적으로 패배했다. 그들의 왕 군터Gunther가 사망한 436년의 일화는 서사시 『니벨룽겐의 노래』의 출발점이 되었다. 443년 로마인들은 점령지 사부아를 그들에게 넘겼다.

468년 에우리쿠스 휘하의 서고트족은 10년에 걸쳐 에스파냐 재정복을 완료했다.

클로도베우스(클로비스)와 테오도리쿠스가 등장한 것은 바로 그때였다. 클로도베우스는 5세기 중에 벨지움과 북갈리아로 잠입해 들어온 살리 프랑크족의 우두머리였다. 그는 프랑크족 대부분을 규합하고, 486년 수아송(클로도베우스의 수도가 되었음)에서 로마 장군 시아그리우스Syagrius에게 승리함으로써 북갈리아를 복속시켰다. 그는 톨비악 전투에서 알라만족의 침략을 격퇴하고, 507년 아키텐 지방을 서고트족으로부터 탈환했으며, 그들의 왕 알라리쿠스 2세를 부이예Vouillé에서 격퇴·살해했다. 511년 클로도베우스가 사망할 당시 프랑크족은 프로방스를 제외한 갈리아 지방 전역을 지배하고 있었다.

이제 동고트족도 제국에 파도처럼 밀려왔다. 테오도리쿠스의 지휘 아래 그들은 487년 콘스탄티노플을 공격하고 493년 이탈리아로 방향 전환하여 그곳을 정복했다. 라벤나에 정착한 테오도리쿠스는 거기서 약 30년 동안 통치했다. 송덕문 작가들이 그다지 과장하지 않았다면, 그는 리베리우스, 심마쿠스, 카시오도루스, 보에티우스 등과 같은 로마 출신의 자문위원들과 함께 통치하면서 이탈리아에 제2의 황금시대를 열어주었다. 콘스탄티노플 궁정에서 8세부터 18세까지 볼모로 살았던 경험이 있는 그는 로마화한 야만인들 가운데 가장 크게 성공하고 인기도 있던 사람이었다. 이탈리아에 '로마의 평화 pax romana'를 부활시킨 그는 507년에 가서야 클로도베우스에게 개입했는데, 그는 클로도베우스가 서고트족으로부터 탈취했던 아키텐 지방에 프로방스를 합병하는 것을 막았다. 그는 프랑크족이 지중해 연안으로 접근하는 것을 원치 않았던 것이다.

6세기 초에는 게르만족들 사이에 서유럽의 분할이 확정되었던 듯하다. 앵글로-색슨족은 대륙과의 모든 관계를 차단한 채 브리타니아에, 프랑크족은 갈리아에, 부르군드족은 사부아에, 서고트족은 에스파냐에, 반달족은 아프리카에, 동고트족은 이탈리아에 정착했다.

476년 변화무쌍한 한 사건이 거의 주목받지 못한 채 지나가버렸다. 아틸라의 측근으로서 파노니아 출신의 로마인인 오레스트는 아틸라가 사망하고 난 다음 그의 잔류병들(스키르인Skyres, 헤룰리인Hérules, 투르킬린지인Turkilinges, 뤼그인)을 규합하여 이탈리아 주둔 로마군에 복무케 했다. 그는 스스로 사령관이 되어 황제 율리우스 네포스를 폐위시키고, 475년 자신의 어린 아들 로물루스를 황제로 옹립했다. 그러나 이듬해 아틸라의 애첩 소생인 오도아케르가 오레스트를 살해한 다음 로물루스를 폐위시키고 콘스탄티노플에 있는 동로마 황제 제논에게 서로마 황제의 휘장을 보냈다. 이 사건이 당대인들을 그리 동요시키지는 않은 듯하다. 그 후 50년이 지난 뒤 동로마 황제를 보필하고 있던 일리리쿰인인 변경백 마르켈리누스는 그의 연대기에 이렇게 썼다. "고트족의 왕 오도아케르가 로마를 손에 넣었다. 〔……〕 첫번째 황제인 옥타비아누스 아우구스투스가 로마력 709년에 통치하기 시작했던 서로마 제국은 어린 황제 로물루스와 함께 끝났다."

5세기에는 서로마 제국을 위해 일하던 최후의 거물들이 사라졌다. '최후의 로마인'인 아에티우스가 454년 암살되었다. 서고트족에 의해 클로도베우스에게 인도된 시아그리우스가 486년 참수형을 당했다. 황제 호노리우스의 후원자이자 반달족 출신 귀족인 스틸리코는 408년 그의 피후견인인 황제 호노리우스의 명령으로 처형되었으며, 귀족 작위를 가진 수에비족 출신 리키메르Ricimer 또한 서로마 제국을 통치하다 472년 사망했다. 마지막으로 오도아케르가 테오도리쿠스의 함정에 빠져 493년 동고트족에 의해 살해되었다.

　그 당시까지 동로마 황제들의 정책은 최악의 사태를 피하려는 것이었다. 다시 말해 야만인들의 퇴각을 비싼 값으로 매수함으로써 그들이 콘스탄티노플을 점령하는 것을 미연에 방지하고 그들을 서로마 제국 방면으로 우회시키는 동시에, 야만인들에게 귀족 작위나 집정관직을 주어 어정쩡하게 예속시키는 것으로 만족하고 침략자들을 지중해에 접근하지 못하게 하려 힘썼다. '우리의 바다 mare nostrum'인 지중해는 로마 세계의 중심지일 뿐만 아니라 상업과 보급의 요충지이기도 했다. 419년 콘스탄티노플에서 반포된 한 법령은 야만인들에게 '지중해 사정'을 가르쳐준 사람은 누구나 사형에 처했다. 이미 살폈듯이 테오도리쿠스는 그런 전통을 중시하여 클로도베우스가 프로방스를 탈취하면서 지중해에 접근하는 것을 막았다. 그러나 반달족은 함대를 건조하여 비잔티움에 제동을 걸었고, 함대를 이용하여 아프리카를 정복하고 455년에는 로마를 약탈할 수 있었다.

　비잔티움의 정책은 라벤나에서 테오도리쿠스가 죽은 지 1년 후인 527년 유스티니아누스 황제의 즉위와 함께 바뀌었다. 제국의 정책은 수동적인 자세를 버리고 공세적으로 나아갔다. 그는 서로마 제국 전체는 아니더라도 적어도 지중해 요충지를 재정복하고자 했다. 그는 한동안 성공하는 듯했다. 비잔티움 장군들은 아프리카의 반달 왕국(533~534년)을 멸망시키고 이탈리아에서 고트족의 지배권을 536년에서 555년에 걸쳐 가까스로 일소했으며, 554년에는 에스파냐에 있는 서고트족으로부터 베티카를 탈취했다. 이러한 성공은 일시적인 것에 불과했다. 그것은 동방으로부터의 위협에 직면한 비잔티움을 조금 더 약화시키고, 543년부터 전쟁과 기근에다 흑사병으로 손실이 가중된 서방을 더욱 쇠잔케 했다. 568년에서 572년 사이에 라벤나·로마와 그 인근 지역, 남부의 총독령을 제외한 이탈리아반도의 대부분이 새로운 침략자들의 수중으로 넘어갔는데, 이것은 롬바르드족이 아시아계 유목민인 아바르족의 침입을 받고 남쪽으로 밀려 새로이 침입해왔기 때문이다. 서고트족은 6세기 말에 베티카를 재정복했다. 결국 북아프리카는 660년 이후 아랍인들에 의해 정복되었다.

서양에서도 7세기의 대사건은 이슬람의 등장과 정복이다. 이슬람 세계의 형성이 기독교 세계에 미친 영향에 대해서는 나중에 살필 것이다. 여기서는 다만 이슬람이 서양의 정치 판도에 끼친 여파만을 살피기로 하자.

이슬람교도들은 우선 서양 기독교 세계로부터 마그렙Maghreb(모로코·알제리·튀니지의 옛 아랍어 지역명——옮긴이)을 탈취했고, 다음으로 기독교도들이 독립을 유지하고 있던 북서부 지방을 제외한 에스파냐 전역을 711년에서 719년 사이에 서고트족으로부터 쉽게 빼앗았다. 그리고 그들은 한동안 아키텐과 특히 프로방스까지 지배했는데, 이것은 732년 카롤루스 망치공이 푸아티에에서 그들의 진출을 막고 프랑크족이 피레네 산맥 남쪽에서 그들을 격퇴할 때까지 계속되었다. 결국 그들은 759년 나르본을 빼앗긴 후 피레네 산맥 너머로 퇴각했다.

8세기는 사실상 프랑크족의 세기였다. 프랑크족의 등장은, 이를테면 테오도리쿠스의 견제로 한동안 좌절을 겪기도 했지만, 클로도베우스 때부터 지속적인 것이었다. 클로도베우스의 업적은 다른 야만족 왕들처럼 아리우스파로 개종한 것이 아니라, 주민들과 함께 정통 가톨릭으로 개종한 것이다. 따라서 그는 종교적 카드를 이용할 수 있었고, 아직

그 세력이 미약했던 교황권으로부터는 아니더라도 적어도 강력한 기독교적 계서조직과 또한 강력한 군주권으로부터 지지를 받을 수 있었다. 6세기에 프랑크족은 부르고뉴(부르군디) 왕국을 523년부터 534년 사이에, 그리고 프로방스를 536년에 정복했다.

클로도베우스 계승자들 사이의 분할과 투쟁은 프랑크족의 발전을 지연시켰는데, 이것은 8세기 초 메로베우스(메로빙) 왕실과 프랑크족 성직자의 퇴폐—이것은 무위왕(無爲王)roi féneant들에 대한 이미지와 함께 전설이 되었다—와 관계가 있는 듯하다. 그 당시 프랑크족만이 서양 기독교 세계에서 정통 가톨릭을 신봉했던 것은 아니다. 서고트족과 롬바르드족들도 아리우스파를 버리고 정통 가톨릭으로 개종했던 것이다. 그레고리우스 대교황(590~604년)은 수도사 아우구스티누스와 그의 동료들을 통해 앵글로-색슨족을 개종시켰다. 8세기 전반에 윌리브로드Willibrod와 보니파키우스 덕택에 가톨릭이 프리슬란트와 게르만 세계로 침투해 들어갔다.

그러나 이와 동시에 프랑크족은 모든 기회를 다시 포착했다. 성직자 제도가 보니파키우스의 지도 아래 개혁되었고, 젊고 모험적인 카롤루스 왕조가 쇠약한 메로베우스 왕조를 대신했다.

카롤루스가의 궁재(宮宰)들이 몇십 년 동안 프랑크 왕국의 권력을 사실상 장악하고 있었다. 그러나 카롤루스 망치공의 아들인 피피누스(피핀)Pépin le Bref는 가톨릭교회에서 프랑크족이 주도권을 갖도록 영향력을 부여하는 결정적인 조치를 취했다. 그는 교황과 쌍방에 유리한 협정을 체결했다. 그는 로마 교황에게 로마 인근 이탈리아 일부 지역에 대한 세속적 권력을 인정해주었다. 756년과 760년 사이에 교황청 상서국이 꾸민 허위 문서인 이른바 「콘스탄티누스 기진장」에 근거하여 교황령 국가 혹은 성 베드로의 세습령이 탄생했고, 차후 이것은 서양 중세 정치사와 도덕사에서 매우 주요한 역할을 담당할 교황권의 세속적 권력의 토대가 되었다. 그 대가로 교황은 피피누스에게 751년 왕권을 인정해주었고, 754년에는 그를 축성하기 위해 프랑크 왕국으로 왔다. 754년은 바로 교황령 국가가 출범한 해다. 이러한 기초들이 세워짐으로써, 반세기가 지난 뒤 카롤루스 왕국은 서양 기독교 세계의 대부분을 자신의 지배 아래로 규합하고 서로마 제국을 부활시킬 수 있었다.

그러나 테오도시우스 황제의 사망(395년)으로부터 카롤루스 마그누스의 대관(800년)에 이르는 4세기 동안, 서양에서는 게르만 세계와 로마 세계가 서서히 융합하는 과정에서 새로운 세계가 탄생했다. 그리하여 중세가 드디어 형체를 드러내기 시작했다.

4. 중세 초의 서양: 새로운 구조

이 같은 중세 세계는 서로에게로 발전해가고 있던 두 세계의 만남과 융합의 결과요, 변형 중에 있던 로마적 구조와 야만적 구조 사이의 수렴의 결과이기도 했다.

적어도 3세기 이후 로마 세계는 그 자신과도 멀리 떨어져 있었다. 통일적 구조는 계속해서 와해되고 있었다. 서로마와 동로마 사이의 대대적인 분리뿐만 아니라, 서로마 제국 내부에서도 분리가 발생했다. 주로 제국 내에서 속주들 간에 이루어지고 있던 상업도 쇠퇴하고 있었다. 지중해의 올리브유, 라인 강 연안의 유리 제품, 갈리아 지방의 도자기 등처럼 로마 세계 밖의 다른 지역으로 수출할 목적으로 생산되던 농업과 수공업 제품들의 수요가 감소했고, 통화도 희귀했을 뿐만 아니라 금속 함량이 악화하였으며, 경작지들이 유기되어 '버려진 토지들 agri deserti'이 늘어났다. 그리하여 점차 중세 서양의 윤곽이 드러나기 시작했다.

중세 서양은 세포의 원자처럼 '사막들(산림·들판·황무지 등)'로 고립되어 있었다. 5세기 초 오로시우스는 "대도시가 남긴 잔해들의 한가운데에 뿔뿔이 흩어진 비참한 주민들의 무리와 지나간 재난의 증거만이 우리에게 아직까지도 옛 이름들을 증언해주고 있다"고 썼다. 다른 어떤 증언보다도 고고학자들에 의해 확증되고 있는 이 증언은 야만족의 침략으로 인해 도시의 쇠퇴가 가속화되었다는 중요한 사실을 강조해주고 있다. 물론 그것은, 파괴하고 폐허화시키고 빈곤하게 만들고 고립시키고 축소시키는 침략자들의 폭력이 가져온 전반적인 결과들의 한 측면에 불과하다. 또한 도시들의 축적된 부가 침략자들에게 유혹과 미끼로 작용했으므로 단골 공격 목표가 되었다. 도시는 인명이 가장 심하게 희생당한 곳이었다. 그러나 도시가 그러한 시련으로부터 다시 일어설 수 없었던 것은 살아남은 주민들이 불가피한 상황으로 인해 도시에서 탈주했기 때문이다. 그러한 상황은 상품 거래가 도시 시장에 더 이상 식량을 공급하지 못한 데서 비롯되었다. 도시민은 수입으로 식량을 공급받는 소비 집단이었다. 도시민들이 화폐 부족으로 구매력을 잃게 되고 상업로가 도시 중심지에 생활필수품을 공급하지 못하게 되자 도시민들은 부득이 생산지 근처로 도피하지 않을 수 없었다. 부자들이 생산지로 탈주하고 빈민들이 부자들의 토지로 달아난 현상을 무엇보다도 잘 설명해주는 것은 생존의 필요성 때문이었다. 여기서도 야만인들의 침략이 경제조직을 와해시키고 상업망을 파괴하면서 농촌화를 재촉하긴 했지만, 농촌화의 직접적 원인은 아니었다.

농촌화 현상은 경제적 사실, 인구통계학적 사실인 동시에 무엇보다도 중세 사회의 외양을 형성시킨 사회적 사실이었다. 그러한 발전의 재정적 측면은 특히나 동시대인들과 그 후 제국 말기의 많은 역사가들을 놀라게 했다. 도시민들은 징세관들의 가렴주구를 피해 농촌으로 도주하고, 도시 빈민들은 부득이 대토지 소유자들의 지배 아래에 들어가서 농노가 되었던 것으로 생각된다.

살비아누스는 다음과 같이 썼다. "여기에 보다 심각하고 차마 눈뜨고는 볼 수 없는 사람들이 있다. 이 사람들은 약탈당하고 나서 집과 토지를 잃어버리거나 징세관의 착취에 못 이겨 쫓겨나게 되자, 유력자들의 부속 영지로 피하여 부자들의 콜로누스가 되었다. 아주 힘이 세고 악의에 차 있으며 남편을 맹수로 만드는 것으로 명성을 떨치는 부인네들처럼, 부자들의 영지에 정착한 사람들은 모두가 마술사 키르케의 묘약을 마신 것처럼 변신을 경험했는데, 부자들은 그들을 손님으로 환대한 다음 곧 자신들의 재산으로 여기기 시작했기 때문이다. 그리하여 참된 의미의 자유민들이 노예로 변했다." 여기에는 우리가 주의해야 할 사실이 있다. 살비아누스의 해설은 진리를 일부 내포하고 있긴 하지만, 특히 재정적 혼란—이러한 망탈리테는 주지하듯이 중세적 정신에만 있는 것은 아니다—을 왜곡시키고 보다 더 깊고 현실적인 이유들을 지나치게 은폐하고 있다는 점이다. 상업조직의 와해가 기아 상태를 증대시키고, 이 후자가 대다수 주민들을 농촌으로 몰아내었으며, 빵의 공급자인 대토지 소유자들의 예속 아래 들어가게 했던 것이다.

이러한 고대 상업망의 붕괴 중에서 첫번째로 희생된 것이 로마의 도로였다. 사실 차라리 오솔길이라고 해야 할 중세의 도로는 로마 도로와는 다른 형태로 후대에 나타난다. 그동안 도로가 개설되기 곤란했던 '사막들' 사이의 지역은 천연적 교통로, 즉 항해 가능한 수로만이 유일한 교통로로 남아 있었다. 따라서 중세 초 마비 상태에 빠진 교통망을 수로망 중심으로 수정하는 것이 불가피해졌고, 동시에 도시의 지도도 수정되었다. 이 점을 장 동Jean Dhondt은 잘 묘사하고 있다. "로마 제국 말기부터 도시 생활이 상대적으로 위축되면서 육상 교통이 수로 교통에 자리를 양보했다. 〔……〕 몰락해가고 있던 도시들은 수로 중심지에 있던 도시가 아니라 육로 중심지에 위치했던 도시들이었다." 예컨대 로마 제국 시대 육상 교통의 요충지였던 카셀Cassel과 바베Bavai가 쇠퇴했고, 통헤렌Tongeren 역시 5세기 중에 서서히 쇠퇴하다가 뫼즈 강 연안의 마스트리히트Maastricht에 그 자리를 양보했다.

그러나 여기서 부언해야 할 것은 모든 수로망이 교통망의 대열로 승진되지는 않았다는 점이다. 유럽 중·동부로부터의 지속적인 침략, 특히 아바르족과 슬라브족의 침략, 기독교화에 맞선 작센족과 여타 게르만족의 저항 등으로 말미암아, 다뉴브 강·비수튈라 강·오데르 강·엘베 강 등이 그 가치를 상실했고, 라인 강마저도 그 역할이 제한되었다. 대수로는 론 강·손 강·모젤 강·뫼즈 강처럼 지중해를 영불해협과 북해로 연결하는 수로망들이었다. 7세기 중 잉글랜드가 기독교화하고 아바르족의 침입으로 인해 스칸디나비아 교통망이 서쪽으로 우회하게 되자, 라인 강과 센 강 연안 지방이 여행객들(특히 로마 순례자들)과 상인들에게 단골 교통로가 되었다. 이런 맥락에서 7세기에서 9세기 사이에, 캉쉬Canche 강 하구에 있는 캉토빅 같은 항구들과 라인 강 하구에 위치한 두르스테드Duurstede 같은 항구들이 번창했던 것은 쉽게 이해할 수 있다.

메로베우스 왕조 시대에 활기찼던 마르세유와 아를 등은 670년 이후 쇠퇴했는데, 롬바르드족이 정착한 이후 북이탈리아에 평화가 찾아옴과 더불어 포 강 유역이 활기를 되찾음에 따라 알프스 산맥 인근 지역의 육상 교통로가 새로운 위치를 차지했기 때문이다. 센 강, 루아르 강, 가론 강 등도 루앙과 파리, 오를레앙과 투르, 툴루즈와 보르도에 물을 공급하면서 사람들이 자주 이용하는 수로가 되었다. 물론 사람들이 대서양으로의 모험적 항해를 점점 더 두려워함에 따라 이러한 강들의 해상 출구로서의 기능은 부차적이 되었지만 말이다. 반면 아랍인의 침입으로 엘브로 강과 두로 강이 변경으로 밀려나고 주민들이 없는 이 강들의 계곡은 '사막'이 되었다.

그러나 이러한 교통망, 특히 수로망들이 주요 상로였다고 믿어서는 안 된다. 소금과 같은 일부 생활필수품의 경우, 투르의 주교 그레고리우스에 따르면 그것을 건장한 뱃사공이 메스에서 트리어까지 모젤 강을 통해 운송하는 데는 성 마르티누스(마르탱)의 기적적인 도움이 필요하거나 대륙으로 운송하는 데는 누아르무티에의 수도사들의 도움을 받아야만 했다. 7세기 말 쥐미에주 수도원장인 성 필리베르투스가 보르도에 있는 친구들로부터 받은 포도주나 올리브유 같은 산물은 반(半) 사치품이 되었다. 귀중품, 값비싼 직물과 향신료는 '시리아 상인들'이라 불리는 동방 상인들과 특히 유대 상인들이 직접 서유럽으로 가져오거나 일단 기독교 세계에 들어온 다음에는 같은 나라 상인들이 재공급하기도 했다. 그 당시 화폐의 역사는 교환의 극소화와 국지화 현상을 증언해준다. 금화가 더 이상 유통되지 않았으며, 이것이 메로베우스 왕조 군주들에 의해 주조된 경우에도 경제적 필요보다는 군주의 대권을 행사하고자 하는 의지와 위신의 표지와 관련이 있었다. 활발한 교환 활동과는 전혀 관계없이 화폐 주조소가 많이 늘어난 것은, 말하자면 단편화한 경제생활에 긴요한 다른 물품들처럼 화폐를 현지에서 만들지 않으면 안 되었다는 점, 또 화폐의 전파 중심지가 미약했다는 점을 강하게 보여준다.

사회적 사실로서의 농촌화 현상은 서양 중세 사회의 발전에서 나타난 가장 두드러진 측면 가운데 하나로 직업적·사회적 칸막이 경향을 초래했는데, 이것은 물질적 현실보다는 망탈리테에 더 오랫동안 고착되어 있을 것이다. 몇몇 직업에 대한 회피와 농촌 노동력의 유동성 등으로 말미암아 제국 말기의 황제들은 일부 직업을 부득이 세습시키지 않을 수 없었고, 대토지 소유자들은 수적으로 점점 줄어드는 노예 대신에 콜로누스들을 토지에 묶어놓지 않을 수 없었다. 외부에서 들어오는 물품으로는 더 이상 생존하기도 힘들었을 뿐만 아니라 현장 생산에 얽매인 경제에 필수 불가결한 인력을 생산지 현지에 매어놓지 않으면 안 되었다. 서로마 제국의 마지막 황제들 중 하나인 마요리아누스(457~461년)는 "고향에 머물러 살기를 원하지 않는 그런 모든 사람이 꾀한 술수"를 개탄했다. 중세 기독교 세계는 자기 고향을 떠나고자 하는 욕구를 중죄로 여겼다. 제국 말기부터 물려받은 '대대손손의 계승'이 서양 중세에서는 하나의 법이 되었다. 한곳에 머물러 사는 것은 거처의 변화, 특히 이동 생활과는 대립되는 것이었다. 바람직한 사회는 '머물러 사는 사람들manants'의 사회, '붙박아 사는manere' 사회일 것이다. 그것은 수직적으로는 성층(成層)화하고 수평적으로는 칸막이화한 사회였다.

게르만 침략자들은 이렇게 성층화된 사회로 슬그머니 들어오거나 무력으로 별 어려움 없이 정착했다. 이것은 우선 그들이 오래전부터 더는 유목민이 아니었기 때문이다. 그들은 때로는 이동을 중단하기도 하고 때로는 재개하기도 했는데, 이것은 내적 발전에 의한 압박뿐만 아니라 기후 변화와 다른 민족으로부터의 압박 등 외부로부터의 압력을 받았기 때문이다. 다시 반복하거니와 침략자들은 탈주한 정착민들이었다. 그들은 아마도 비교적 최근의 유목적 관습을 지니고 있었을 것이고, 이것의 반향이 중세 내내 실제로 울릴 것이다. 마르크 블로크의 적절한 표현을 빌리면, 그들은 "인간들 자체가 유랑하는 유목 생활 nomadisme des hommes"을 했던 것이 아니라 "토지를 찾아 나서는 유목 생활 nomadisme des champs," 달리 말하면 변경 지역 황무지의 개간이나 산림 개간·화전 농법·윤작 등을 통해 어떤 지역으로 일시적으로 문화를 이동시키면서 반(半)유목적 농업에 종사했다. 타키투스가 1세기 게르만인에 대해 기술한 "경작지들이 매년 바뀌고 토지가 남아 있다 *Arva per annos mutant et superest ager*"라는 저 유명한 구절을 어떻게 해석하든, 이 구절은 경작지의 교체와 토지의 부동성이 공존하고 있음을 분명히 의미한다 하겠다.

아마도 목축 역시 게르만인들의 경제에서 특권적인 자리를 차지했을 것이다. 그것은 그들이 이동할 때 가지고 다니던 재산이었을 뿐만 아니라 부의 가시적 표시였고 때로는 교환의 수단이기도 했다. 6세기 초 살리 프랑크 부족법이 예시한 150여 절도 조항 중 74개 항이 가축 절도와 관련되었음은 많은 주목을 받아왔다. 중세에 이르러 토지가 재산의 기초가 되었을 때조차도 농민들은 경제적 효용성 이외에 지속적 망탈리테의 특징을 보여주는 전통의 압박 때문에 여전히 암소·돼지·염소 등의 가축에 애착을 갖고 있었다. 어떤 지방에서는 암소가 오랫동안 여전히 명목 화폐, 재산과 교환의 평가 단위 구실을 했다.

농촌에서의 개인 재산에 대한 애착이 게르만 침입 직후 로마인들보다는 게르만인들에게 더 강했다고 강조되어오기도 했다. 살리 프랑크 부족법 중 절도를 규정한 제27장('여러 절도에 대한 장')은 타인의 수확기에 가축의 방목, 타인의 초지에서 건초 베기, 타인의 포도원에서 포도 채취, 타인의 토지에서의 경작 등과 같은 재산권 침해에 대해 매우 상세하고도 극히 엄하게 규정하고 있다. 개인 재산과 개인 소유지에 대한 게르만 농민들의 애착심은 확실히 매우 큰 것이었다. 왜냐하면 피정복지에 정착한 이주민들의 일반적 태도가 대토지 소유자들에게 예속된 토착 예농들에 비해 자신들의 상대적 우월성을 입증해보이고 싶어하듯이, 게르만 소농들도 자신의 독립성을 확실히 하고자 했기 때문이다. 물론 소유지들의 대부분(정복민들 못지않게 피정복민들이 소유한 토지도 있을 것이다)이 중세사를 특징짓는 봉건적 대영지에 점차적으로 흡수되었다. 그러나 소유권이 아니라 용익권 차원에서의 농업 범죄와 비행들이 중세 전체를 통틀어 관습법과 참회 고행 지침서에서 매우 심각하게 다루어졌다. 사실 영주들이 사냥 무리를 이끌고 자신의 농노나 차지농의 땅을 마구 짓밟고 다닐 때 농민들은 영주의 횡포를 더는 수수방관하지 않았다. 그들이 영주들에게 겸손을 보이면 물질적 손실이 더욱 증가할 것이기 때문이었다.

 결국 평화적으로든 무력으로든 로마 영토에 정착한 게르만 집단들이 과거에는 한때 그랬을는지 모르지만, 더는 평등 사회가 아니었다는 사실은 분명하다. 게르만인들은 자신들이 소농이었기 때문에 소농에게 더욱 소중하게 여겨지는 자유민 신분을 피정복민들에게 자랑하려고 했을 것이다. 그러나 사실은 침입 이전에 이미 사회적 분화가 진척되고 있었으므로 게르만인들 사이에 비록 사회계급까지는 아니더라도 적어도 사회적 범주가 상당히 형성되어 있었다. 유력자들과 무력자들, 부자들과 빈자들이 정복지에서 대토지 소유자들과 보유농들로 바뀌었다. 중세 초의 법전들에서 나타나는 법률상의 차별은 완전히 자유로운 게르만인들(이들 중 노예들은 이방인들이었다)과, 자유민과 비자유민의 위계 서열 속에 있는 로마인의 후예들 사이의 분절을 암시하고 있다. 사회적 현실은 이보다 더 가혹했던 탓으로, 게르만 출신이든 로마 출신이든, 유력자들 *potentiores*과 무력자들 *humiliores*의 두 집단으로 급속히 분화되었다.

이와 같이 지역에 따라서는 3세기부터 시작된 이 두 민족 사이의 공존 전통에 힘입어, 어느 정도 완벽한 융합이 게르만인들의 정착에 뒤이어 상당히 빠른 속도로 이루어질 수 있었다. 우리가 알고 있는 중세 초 경작의 형태에서 민족적 흔적을 찾는다는 것은, 소수의 경우를 제외하고는 어려운 일이다. 다른 어떤 영역에서보다도 장기 지속적 특성이 강한 그러한 경작의 형태에서 다양성의 원인을 로마적 전통과 게르만적 관습 사이의 대립으로 환원시키는 것이 어리석은 일임을 특히 유의해야 한다. 신석기 시대에서부터 시작된 역사의 다양화와 함께 지리적 요인들이 아마도 더 큰 결정적인 유산을 이루었을 것이다. 우리가 분명히 알고 있는 중요한 사실은 주민 전체를 흡수하는 대영지와 농촌화가 진척되었다는 점이다.

여기서 지명이 하나의 증거로 이용될 수 있다. 프랑스를 예로 들어보자. 우선 주목해야 할 것은 고유명사들이 혼동을 일으킨다는 점이다. 갈리아-로마인들 사이에서는 당시의 유행을 따라서 자식들에게 게르만식 이름을 붙여주는 풍습이 급속도로 전파되었다. 뿐만 아니라 침략자들은, 비록 어휘와 경우에 따라서는 어구 배열 — 예를 들어 'Pontoise

(Ponte+Isarae)'와 같이 라틴어적 역순이 아니라 'Carlepont(Carli+Ponte)'처럼 한정사가 앞에 오는 게르만어적 어순으로—에 영향을 끼치긴 했지만, 자신들의 언어를 강요하지 않고 라틴어를 사용했다. 오히려 그들은 경제가 농촌화하고 있었듯이 당시 세속화의 길을 걷고 있던 라틴어, 특히 제국 말기 라틴어Bas-latin를 채택했다.

지명에 나타난 중요한 사실은 갈리아-로마적 혹은 게르만적 명칭과 상관없이 나타난 대토지제의 진척을 보여주는 'court'(특히 로렌과 아르투아와 피카르디에서는 'curtis')나 'ville'(앞의 지역과 일드프랑스와 보스에서는 'villa')란 말이 붙은 지명들이 증가한다는 점이다. 'Martinville'(Martini+Villa, 다른 명칭으로 'Vosges')이나 'Bouzonville'(Bosoni+Villa, 다른 명칭으로는 'Moselle' 'Meurthe-et-Moselle' 'Loiret' 등)의 어원에서 중요한 것은 갈리아-로마적 영향이나 게르만적 영향을 받은 'Martin'이나 'Boson'이 아니라 대장원을 의미하는 'villa'란 말이 부가된 점이다.

물론 게르만인들의 로마화는 그 과정에서 여러 장애에 직면했는데, 그중 가장 심각했던 것은 아마도 그들이 정통 기독교인 가톨릭으로 개종하지 않고 이단이나 아리우스파를 신봉했다는 점과 수적으로 열세였다는 점일 것이다. 물론 마르크 블로크의 지적처럼 "다른 문명에 대한 한 문명의 영향은 반드시 거기에 참여한 사람들의 숫자의 비율에 따라서 가늠되는 것은 아니다." 그러나 게르만족들이 특히 로마의 영토에 소집단으로 분산·정착하고 난 다음, 그들은 자신들이 애착을 갖고 있었던 전통과 관습을 버리지 않으려는 강한 욕구를 지니고 있었고, 이 욕구는 원주민들에 의해 수적으로 흡수되지 않을까 하는 두려움으로 더욱 강화되었다. 우리가 대략 인구수를 추산할 수 있는 유일한 주민은 429년 아프리카에 상륙할 당시 가이세릭 휘하에 있던 반달족이다. 그들은 8만 명 정도였다. 서고트족도, 프랑크족도, 그리고 여타 어떠한 침략 집단들도 10만 명을 초과하지 않았을 것이다. 게르만족들이 서로마 제국에 정착한 후의 총수가 전체 주민 수의 5퍼센트였다는 추측은 사실에 가까울 것이다.

또한 게르만족들은 적어도 초기에는 도시에 흡수되지 않을까 우려하여 도시를 회피하는 경향이 있었다. 물론 게르만족 왕들의 '수도들,' 예컨대 최초로 가톨릭을 신봉한 수에비족 왕 레키아루스le Suève Rechiarus(448~456년)의 수도 브라가Braga(오늘날 포르투갈에 있는 도시—옮긴이), 서고트족 왕들의 수도인 툴루즈·바르셀로나·메리다·톨레도, 프랑크 왕국의 수도인 투르네·수아송·파리, 부르고뉴 왕국의 수도인 리옹, 동고트족의 왕 테오도리쿠스의 수도인 라벤나, 롬바르디아 왕국의 수도인 파비아와 몬차 등에는 상당한 비율의 게르만인들이 거주했을 테지만 말이다. 더욱이 게르만족 가운데, 특히 프랑크족의 왕들은 도시 '궁정'보다는 장원에 거주하기를 더 좋아했다. 그들 역시 농촌화했고 대지주로서의 삶을 택했다. 농촌에서는 새로운 점유자들이 마을에 떼 지어 정착했는데, 지명은 그 흔적을 보존하고 있다. 예컨대 'Aumenancourt'(오늘날 Marne)는 알라만족을, 'Sermaise'(오늘날 Seine-et-Oise)는 사마르샤족을, 'Franconville'(오늘날 Seine-et-Oise)는 프랑크족을, 'Goudourville'(오늘날 Tarn-et-Garonne)나 'Villegoudou' (오늘날 Tarn)는 고트족을 상기시킨다. 더욱더 흥미로운 것은 아마도 플랑드르·로렌·알자스·프랑슈콩테 지방에 있는 지명들인데, 여기에서는 대지주가 된 프랑크족, 알라만족이나 부르군드족 수장의 '가문'이나 측근들을 의미하는 집합명사 어미 '-ing'가 발견된다. 'Racher'의 주민을 의미하는 'Racheringa'에서 파생된 'Racrange'(오늘날 Moselle)를 그 예로 들 수 있다. 특히 많이 발견되는 'fère'(라틴어로는 'Fara')란 말은 프랑크족·부르군드족·서고트족과 롬바르드족들에서는 결속력을 유지하기 위해 집단 정착했음이 분명한 게르만 씨족명을 의미한다. 그 예로 'La Fère'(오늘날 Aisne), 'Fère-Champagne'(오늘날 Marne), 'La favre'(오늘날 Isère), 'La Fare'(오늘날 Bouches-du Rhêne, Hautes-Alpes, Vaucluse)와 'fara'라는 말이 포함된 이탈리아 지명들을 들 수 있다.

마찬가지로 게르만족들이 정체성을 유지하고자 하는 의지가 중세 초의 법률에서 발견되는데, 여기서는 로마의 법률적 전통과는 상반되는 '법의 속인성(屬人性)personalité des lois'이라는 원리가 나타난다. 게르만 왕국에서 주민들은 왕국 내의 모든 주민에게 동일하게 적용되는 법의 지배를 받은 것이 아니라, 그가 속한 민족 집단의 관습에 따라 재판을 받았다. 프랑크족은 프랑크족의 전통, 특히 살리 프랑크 부족의 전통에 따라서, 부르군드족은 부르군드족의 관습에 따라서, 로마인은 로마법에 따라서 재판을 받았다. 여기에는 놀랄 만큼 이질적인 요소들이 있다. 예컨대 처녀에게 범한 강간죄의 경우 로마인에게는 사형을, 부르군드인에게는 벌금형을 내렸다. 반대로 노예와 결혼한 여성은 로마법에서는 자유민 신분을 상실하지 않은 채 소실로 여겨졌지만, 살리 프랑크 부족법에서는 노예로 전락했다. 이로 인해 신생 국가들에서는 법률상 혼동의 우려가 있었으므로 5세기 초부터 법률 편찬 사업이 활발하게 일어났다. 그중 후에 편찬되어 남아 있는 편린들은 매우 다양한 성격을 띠고 있다.

테오도리쿠스의 칙령은 실제로 '법의 속인성'에 근거하지 않은 독특한 성격을 지니고 있다. 그는 자신의 지배 아래 살고 있는 모든 '민족,' 즉 로마인들과 게르만인들에게 같은 법률을 적용하려고 했다. 그는 서양에서 로마적 전통을 물려받은 사실상 최후 상속자다.

원래 클로도베우스 치하에서 라틴어로 편찬된 살리 프랑크 부족법은, 후에 첨가 수정된 법들이 많이 수록된 8세기 말 판본을 통해서만 우리에게 전해지고 있다. 그것은 살리 프랑크족의 관습을 법전화한 것이다.

516년에 사망한 부르군드족의 왕 군도바드Gundobad가 공포하고 라틴어로 쓰인 유명한 '군도바드법Lex Gundobada'은 부르군드족들의 관계뿐만 아니라, 부르군드족들과 로마인들의 관계를 규정했다. 서고트족의 관습은 처음에는 에우리쿠스(446~485년)에 의해, 후에는 레오비질드Léovigilde(568~586년)에 의해 법전화되었다. 에우리쿠스 법전의 단편들이 파리 국립도서관 '재사용 양피지palimpsestos'(썩어 있던 글자를 지우고 다시 글자를 써넣는 양피지—옮긴이)에서 발견되었으며, 반면에 레오비질드 법전은, 이것을 '옛날 법'이라는 이름으로 인용했던 후대의 법전에 근거해서 복원되었다.

롬바르드인들을 위한 로타리스Rotharis 칙령(643년)은 여러 계승자들에 의해 증보되었다.

알라만 부족법에 대해 말하자면, '바이에른법(바바리아법)'이 보호자인 프랑크족에 의해 8세기 중엽에 바이에른인(바바리아인)들에게 부과되었듯이, 프랑크 부족법의 영향을 받아 편찬된 7세기의 '협정'과 8세기 초의 '알라만 부족법'이 전해지고 있다.

게르만인들을 위해 법을 체계화하고 편찬해야 할 필요성이 매우 컸음에도, 게르만족의 왕들은 로마인들에게 새로운 법을 제공해야 한다고 생각했다. 이들은 보통 438년의 테오도시우스 황제의 법을 번안·단순화했다. 그리하여 서고트족은 『알라리쿠스 법전』(506년)을, 부르군드족은 『부르군드 부족의 로마법』을 편찬했다.

법률적 다양성이 생각만큼 많은 것은 아니었다. 첫째로 게르만법들이 서로 비슷했기 때문이고, 둘째로 각 왕국에 하나의 법전이 최고법을 띠는 경향이 있었기 때문이며, 마지막으로 서고트족에서처럼 일단 로마법의 우월성이 인정되기만 하면 애초부터 로마법의 강력한 영향이 명료해지는 경향이 있었기 때문이다. 특히 아리우스파를 신봉하던 왕들이 정통 가톨릭으로 개종한 이후 교회의 영향력, 그리고 8세기 말과 9세기 초 카롤루스 왕조의 통일적인 경향은 '법의 속지성(屬地性)territorialité des lois'을 강화시키고 법의 속인성을 퇴조 또는 소멸시키는 데 기여했다. 예컨대 일찍이 서고트족의 왕 레스빈트Receswinthe(649~672년) 때 성직자들은 로마인들은 물론 서고트족에게도 적용 가능한 새 법을 편찬하도록 군주에게 종용했다.

그러나 중세 초 지방주의적 법률은 중세사 전체를 통틀어 칸막이화 경향을 더욱 강화시켰다. 이미 살폈듯이 이것은 주민의 분열, 토지의 점유와 관리의 단편화, 그리고 경제의 단편화에 뿌리를 두고 있다. 이것은 중세의 고유한 특징인 지방주의와 '동족애의 망탈리테'를 강화시켰다. 사실 당대인들은 중세 초의 법률적 지방주의를 터놓고 주장하곤 했다. 뒤늦게 10~11세기까지도 군도바르법이 사실상 지방 관습에 근거를 둔 개별적 지위를 합리화하기 위해 클뤼니 수도원 헌장에서 원용되기도 했다. 12세기 모데나 지방의 법률에서는 두 부류 주민들 사이의 대립을 볼 수 있는데, 한 주민은 "로마법의 지배 아래서 사는" 토착민들이고, 다른 주민은 "살리 프랑크 부족법의 지배 아래서 사는" 주민으로 규정되고 아마도 로마네스크 양식 성당의 조각에 묘사된 아서왕 전설의 단초가 되는 듯 보이는 프랑스 또는 노르만 거류민들이었다.

5. 결론——고대에서 중세로의 이행: 연속인가 단절인가?

물론 게르만족은 로마 제국이 남긴 유산 중 특히 문화——앞으로 살필 것이다——와 정치조직의 분야에서 우수한 것이면 무엇이든지 받아들였다.

그러나 여기에서도 그들은 제국 말기에 시작된 쇠퇴를 재촉하고 심화하며 조장했다. 그들은 쇠락하고 있는 문명을 더욱더 퇴보시켰다. 그들은 세 개의 야만성, 즉 자신들의 야만성, 해묵은 로마 세계의 야만성, 이전에는 로마적인 외관을 띠고 있다가 그들의 침략을 받아 그 외관이 파괴됨으로써 나타난 전통적이고 원시적인 힘들의 야만성을 혼합시켰다. 우선 눈에 띄는 것이 양적 퇴보다. 그들은 인간 생활과 기념비들과 경제조직들을 파괴했다. 인구의 격감, 귀중한 예술품의 상실, 도로망·작업장·창고·관개조직·문화 등의 파괴도 무시 못 할 정도였다. 파괴는 이것으로 그치지 않았다. 폐허가 된 고대의 기념비적 건물들이 채석장으로 바뀌어 사람들은 거기서 돌이며 기둥이며 장식품들을 뜯어갔기 때문이다. 야만인들은 새로운 것을 창조하고 생산할 수 없었으므로 "기존 자재를 다시 사용했다." 빈곤과 영양실조에 짓눌린 그런 세계에서 천재(天災)는 야만인들이 불러온 재앙을 더욱 부채질했다.

543년부터 동방에서 전파된 흑사병이 반세기 넘도록 이탈리아와 에스파냐와 갈리아의 대부분을 휩쓸었다. 그 후 서양은 파멸의 심연에 빠지고 말았는데, 이 비극적인 7세기는 '암흑시대'라는 낡은 표현이 제격일 것이다. 2세기가 더 지난 다음에 파울루스 디아코누스는 문학적 과장법을 써서 이탈리아에서 일어난 재난에 대한 공포를 환기시켰다. "그 당시까지 사람들로 가득 찼던 농촌과 도시들이 어느 날 깊은 침묵 속에 빠졌다. 어린아이들은 부모의 시체를 매장하지 않은 채 버리고 달아났으며, 부모들은 배에서 김이 나는 아기를 유기했다. 만약 우연히 어떤 사람이 이웃 사람을 매장하기 위해 남아 있다가 죽기라도 하면, 그의 시체를 매장해줄 사람은 하나도 없었다. 〔……〕 세계는 인간에게 인도되기 전에 침묵 속으로 인도되었다. 들판에서는 인기척이 전혀 없었고, 더욱이 양치기들의 휘파람 소리도 들리지 않았다. 〔……〕 농작물들이 주인의 수확을 기다렸으나 헛수고였다. 포도송이들이 겨울이 다가와도 여전히 포도나무에 매달려 있었다. 들판은 묘지로 바뀌고, 주택은 야수들의 소굴로 변했다."

기술적 퇴보로 말미암아 중세 서양은 오랫동안 결핍 상태에 놓여 있었다. 돌이 더는 채굴되지도 운송되지도 가공되지도 않았으므로 대신 목재가 다시 요긴한 재료로 사용되었다. 라인란트Rheinland의 유리 가공술은 천연 탄산소다가 6세기 이후 지중해로부터 수입이 중단됨과 더불어 사라졌거나, 쾰른 부근 숲 속의 오두막집에서 만든 조악한 제품들로 전락했다.

앞으로 살피겠지만 예술적 취향도 퇴보했고, 도덕도 마찬가지였다. 중세 초의 참회 고행 지침서들이 서가의 '지옥부'에 꽂혀 있었을 것이다. 농민적 미신의 유서 깊은 토대들이 드러났을 뿐만 아니라, 모든 성적 탈선이 분출되기도 했으며, 구타·상해·폭식·폭음 등과 같은 폭력 행위가 격화되기도 했다. 많은 기록들, 그중에서도 특히 투르의 주교 그레고리우스에 의거해 그것을 정교하게 문학적으로 연출해낸 오귀스탱 티에리의 걸작품인 『메로베우스 왕조 시대의 설화*Récits des temps mérovingiens*』는 지난 1세기 반여 동안 우리에게 야만적 폭력의 고삐 풀림을 얘기해주고 있다. 폭력은, 가해자들 중 상층계급에게는 처벌의 상대적 완화나 면제가 보장되었기 때문에, 더욱더 야만적인 경향을 띠었다. 투옥과 사형만이 군주들과 왕비들의 감정 폭발에 제동을 걸 수 있었는데, 퓌스텔 드 쿨랑주는 그들의 정체를 "암살에 의해 순화된 전제 군주제"라고 규정했다.

투르의 주교 그레고리우스는 "그 당시 많은 범죄가 발생했다. 〔……〕 각 개인은 자신의 욕망 속에서 정의를 발견했다"고 썼다.

여기에 이용된 체형(體刑)의 정교한 형태가 장기간에 걸쳐 중세 도상(圖像)iconographie의 주제가 되었다. 이교적인 로마인들이 기독교 순교자들에게조차 가하지 않았던 형벌을 정통 가톨릭을 신봉하는 프랑크인들은 그들 자신에게 가했다. "오늘날 사람들은 손과 발, 콧구멍에 체형을 가했다. 그들은 눈을 빼내고 붉게 달군 쇠붙이로 얼굴을 상하게 했다. 그들은 뾰족한 막대기를 손톱과 발톱에 꽂았다. 〔……〕 상처가 고름이 난 다음 아물기 시작하면, 사람들은 다시 상처를 내었다. 필요한 경우에는 의사에게 치료를 받게 했는데, 그것은 체형을 받은 사람을 치유하여 그에게 더 오랫동안 체형을 가하기 위한 것이었다." 오툉의 주교 성 레오데가리우스Saint Leodegarius가 677년 네우스트라시아의 궁재이자 그의 적인 에브로인한테 잡혔다. 그는 혀를 잘리고 뺨과 입술마저 난도질을 당했다. 그는 못처럼 예리하게 깎은, 돌로 된 세례반 위를 맨발로 걸어가도록 강요받았다. 그리고 그는 눈을 잃었다. 브뤼노Brunehaut도 역시 3일 동안 고문을 받고 난 다음, 채찍을 맞고 미친 듯이 달리는 말꼬리에 매달려서 결국 죽고 말았다.

법전들에서 보이는 무감각한 어투는 매우 인상적이다. 살리 프랑크 부족법에서 몇 가지를 발췌해보자. "타인의 팔이나 발·눈·코를 자른 경우 100수sou의 벌금을 물어야 한다. 그러나 팔이 매달려 있는 경우 벌금은 63수다. 엄지손가락을 자른 경우는 50수지만, 그것이 아직 매달려 있는 경우에는 30수만 물면 된다. 인지(활을 쏘는 데 사용되는 손가락)를 잘랐을 경우에는 35수, 나머지 한 손가락을 잘랐을 경우에는 30수, 나머지 두 손가락을 잘랐을 경우는 35수, 나머지 세 손가락을 모두 잘랐을 경우에는 50수의 벌금을 내야 한다."

정부의 행정과 위엄도 퇴보했다. 큰 방패 위에 추어올려져서 추대된 프랑크 국왕은 휘장으로 홀이나 왕관 대신에 창을 가지고 다녔으며, 타인과 구별하는 표지로서 장발을 하고 다녔다. '긴 머리칼을 가진 왕rex crinitus'은 영지를 순방할 때 몇 사람의 서기, 가내 노예, 가신들antrustiones로 구성된 호위대를 대동했다. 이 모든 수행원은 제국 말기의 관직명에서 차용한 희한한 직함으로 장식되었다. 마부의 우두머리는 '말관리 대신'으로, 호위대는 '궁내 대신'으로, 술취한 병사들과 거친 사제들의 떼거리는 '위인들'이나 '명사들'로 표현되었다. 세금이 국고로 들어오지 않기 때문에 왕의 재부는 금·유리 세공품·보석 몇 상자에 불과했는데, 왕이 죽으면 부인·첩·적자·서자들 사이에서 이것을 분배받으려고 싸움이 벌어지기도 했다. 마치 왕의 영지, 심지어는 왕국을 서로 분할했듯이 말이다.

그러면 교회는 어떠했는가?

침략의 와중에서 성 세베리누스 같은 주교들과 수도사들은 혼란한 세계에서 다양한 기능을 담당하는 지도자가 되었다. 그들은 종교적 역할 이외에도 여러 가지 임무를 담당했는데, 야만인들과 협상하는 정치적 임무, 식량을 분배하고 자선을 베푸는 경제적 임무, 강자들로부터 빈자들을 보호하는 사회적 임무, 더는 물질적 무기가 존재하지 않는 상황에서 '영적인 무기로' 저항을 조직하거나 투쟁하는 군사적 임무까지도 맡았던 것이다. 이렇듯 부득이한 상황 속에서 그들은 세속 권력과 영적 권력이 뒤얽힌 이 같은 통치를 교권주의의 수련기간으로 삼았다. 그들은 참회적 기율과 교회법의 실천을 통해(6세기 초는 특히 시민법의 법제화와 동시에 종교회의의 시대였다) 폭력에 대처하거나 풍기를 순화하려 했다. 579년 수에비 왕국 수도의 대주교가 된 성 마르티누스 드 브라가Saint Martinus de Braga는 농민들의 풍습을 교정하기 위한 강령인 『농민 교화론 De Correctione rusticorum』과 기독교 군주의 도덕적 이상을 밝혀 수에비 국왕 미르Mir에게 헌정한 『고결한 삶의 형식 Formula vitae honestae』을 저술한 바 있다. 이 작품들은 중세 내내 계속해서 성공을 거두었다.

그러나 스스로가 야만화했든 지배계급과 민중의 야만화를 막을 수 없었든, 교회의 지도자들은 영성과 종교적 관행의 퇴보를 자인했다. 그 증거로 신명재판, 성물 숭배의 유례없는 발전, 가장 원시적인 성서적 전통과 야만적 관습이 결합된 성과 음식상의 금기의 강화 등을 들 수 있다. 아일랜드 참회 고행 지침서는 "삶은 것이건 날것이건 거머리가 오염시킨 음식은 모두 거부하라"고 요구했다.

교회는 특히 자신의 잇속만을 추구했는데, 교회가 로마 제국의 국가적 이익에 관심을 두지 않았듯이 야만족 국가의 이익에도 관심을 두지 않았다. 교회는 왕들과 유력자들뿐만 아니라 하층민들로부터 기증을 받아 토지와 세입과 면속권(免屬權) 등을 축적했고, 한쪽의 재산 축적이 항시 경제생활을 더욱 피폐케 했던 그런 세계에서 교회는 생산을 최저 수준으로 떨어지게 만들었다. 거의 대부분이 대토지 소유 귀족에 속했던 주교들은 도시에서나 주교 관구에서 절대권력을 행사했고 왕국 전체에 대해서도 그렇게 하려고 했다. 6세기 초부터 부르고뉴 왕국에서 사실상의 수석 대주교직을 행사한 비엔의 주교 성 아비투스St. Avitus는, 가톨릭으로 개종한 프랑크 왕 클로도베우스가 아리우스파적인 부르고뉴 왕들에 대해 팽창주의적 야심을 품자, 이것을 지지했다. 505년 알라리쿠스에 의해 체포된 아를의 주교 케사리우스는 아리우스파를 신봉하는 왕에 대한 자신의 투쟁 활동을 변호하도록 512년 테오도리쿠스에 의해 라벤나로 소환되었다. 성 르미가 클로도베우스에게 세례를 하면서 "오만한 시캉브르인이여, 머리를 숙이시오"라고 그에게 말을 했건 안 했건, 그것은 성 르미가 클로도베우스와 그의 계승자들을 신의 지배와 쉽사리 동일시되는 교회의 지배 아래 두고자 했음을 의미한다. 성 엘루아는 자신이 지닌 위세와 금은 세공인으로서의 효용성을 다고베르투스 왕의 총애를 얻어내는 데 활용했다. 이미 살펴봤듯이 성 레오데가리우스가 너무나도 큰 정치적 야심을 드러냈기 때문에 에브로인이 그를 살해할 정도였다. 특히 투르의 주교 그레고리우스를 정점으로 한 주교단들은 교회의 부를 축낼 수 있는 왕국의 징세를 거부하라고 설파했다. 이렇듯 그들은 국왕들로부터 통치 수단을 강탈하고, 그것을 더욱 보강하여 교회와 종교를 위해 사용하도록 했다.

  결국 국왕과 주교들은 서로를 이용하려고 하면서 상대방을 무력화시키고 마비시켜버렸다. 교회는 국가를 조종하려 하고 국왕은 교회를 지배하려 했다. 주교들은 종교회의에서 제정한 종교법을 시민법으로 바꿀 것을 강요하면서 모든 지역에서 군주들의 조언자이자 감독자로 자처했다. 반면에 왕들은 일단 가톨릭교도가 되자 주교들을 임명하고 종교회의까지도 주재했다.

에스파냐에서는 7세기에 종교회의가 서고트 왕국의 사실상의 의회가 되었다. 종교회의에서는 경제적 곤란과 주민의 불만을 가중시키는 반유대적인 법을 강요했고, 이로 인해 주민들이 이슬람교도들을 열렬하게는 아니더라도 적어도 아무런 적대감 없이 받아들이게 되었다. 갈리아 지방에서는 프랑크 왕들이 왕실과 왕국의 정무를 세속인에게 맡기려 노력하고 카롤루스 망치공이 방대한 교회 영지의 일부를 무력으로 몰수했음에도, 교회와 세속 권력 사이의 삼투가 너무나 심했던 나머지 메로베우스 왕실의 타락과 성직자의 타락은 한 짝을 이루었다. 성 보니파키우스는 게르만 세계를 전도하기에 앞서서 프랑크 왕국 성직자들을 개혁하지 않으면 안 되었다. 이것이 바로 카롤루스 왕조 르네상스의 발단이 되었다.

교회는 이 기간 중에 적어도 지역에 따라서는 사실상 퇴보했다. (5~6세기 잉글랜드에서 볼 수 있듯) 주민들이 이교로 되돌아갔고, 주교좌에 장기간 주교가 공석이었다. 교구 목록을 보면, 페리괴Périgueux에서는 675년에서 10세기까지, 보르도에서는 675년에서 814년까지, 샬롱Châlons에서는 675년에서 779년까지, 제네바에서는 650년에서 833년까지, 아를에서는 683년에서 794년까지, 툴롱에서는 679년에서 879년까지, 엑스에서는 596년에서 794년까지, 앙브랭Embrun에서는 677년에서 828년까지, 베지에Béziers · 님 · 위제스Uzès · 아그드Agde · 마그론 · 카르카손 · 엘른Elne에서는 7세기 말에서 788년까지 주교가 없었다.

이교로의 복귀, 사제계급과 전사계급 사이의 투쟁, 성직자 권력과 국왕 권력의 상호 마비 등은 중세의 전도(前途)를 예고하는 것이었다.

또한 오직 세속 문제로부터 초연할 목적으로만 기독교 세계를 지배한다는 의미에서의 교권주의cléricalisme를 정착시키려는 경향이 교회에는 특히 강했다. 그 당시 가장 영광스러운 교황인 그레고리우스 대교황(590~604년)은 각별한 의미를 지닌다. 전 수도사로서 로마에서 흑사병의 위기가 고조되던 시기에 교황으로 선출된 그레고리우스는 이 재앙이 세계 종말을 예고하는 것이라 생각했다. 그가 생각하는 모든 기독교도의 임무는 다가오는 세계를 준비하기 위해 참회를 하고 현세로부터 초연하는 것이었다. 그는 최후 심판의 그리스도가 자신의 양들에 대한 책임을 한없이 물을까 염려하여 목자로서의 역할을 충실히 수행하기 위한 일념으로 기독교 세계를 확장하고 야만인들(그것이 앵글로-색슨족이든 롬바르드족이든)을 개종시키는 데 부심했다. 그가 영적 교화 사업에서 제시한 전형적 모형은 세속에 대한 수도원적 포기를 상징하는 성 베네딕투스와 완전한 궁핍과 포기를 대표하는 욥이었다. "수확하는 사람이 살아남기가 힘들 때에도 계속 수확하는 이유는 무엇인가? 각자로 하여금 그의 삶의 행로를 성찰케 하라, 그러면 그는 그가 가지고 있는 약간의 식량만으로 충분하다는 것을 알게 될 것이니라." 중세 정신에 너무나 큰 영향을 미치게 될 교황의 이 말은 세속에 대한 경멸의 시대인 동시에 지상에 대한 거부의 시대인 중세를 이해하는 지름길이다.

중세 초가 고대 세계의 종말인가, 아니면 새로운 시대의 시작인가—그러나 모든 시대, 아니 거의 모든 시대가 과도기가 아니겠는가?—를 알기 위한 역사가들의 고전적 논쟁에서 연속이 종종 단절보다 우세해 보일 정도로 서양이 로마 제국 말기 이래로 연속으로 기운 것처럼 보인다. 그러나 여기서 중세의 끝이 시작과 너무나도 멀리 떨어져 있던 나머지 중세인들 스스로도 8세기부터 16세기까지 로마로 복귀할 필요를 느꼈다. 이것은 그들이 실제로 고대와 떨어져 있다고 느꼈기 때문일 것이다. 중세의 여러 르네상스에서 성직자들은 고대로 복귀하고 싶은 향수 이면에서 자신들이 다른 시대에 살고 있다는 감정을 갖고 있음을 확인했던 것이다. 그러나 그들은 로마로의 복귀를 그리 심각하게 고려하지는 않았다. 그들이 꿈꾸고 생각한 복귀는 자신들을 아브라함의 품, 지상낙원, 하느님의 집으로 인도해줄 사람에게로의 복귀였다. 세속 문제에서 로마로의 복귀는 그들에게 단순히 '제국의 전이' '학문의 전이'를 의미했다. 중세 초 로마를 중심으로 전개되던 권력과 학문이 새로운 중심지로 이전되지 않으면 안 되었다. 마치 그것이 옛날에 바빌로니아에서 아테네로, 그다음에는 로마로 이전되었듯이 말이다. 르네상스, 그것은 복귀가 아니라 재출발을 의미하는 것이다. 그러한 재출발의 첫번째는 8세기 말 카롤루스 왕조에서 일어났다.

제2장
게르만적 재편의 시도(8~10세기)

1. 카롤루스 왕조 치하의 서양

새로운 출발은 우선 공간적 차원에서 이루어졌다. 함대가 없었던 카롤루스 왕조는 잉글랜드 정복을 꿈도 꾸지 못했다. 머시아Mercia 왕국이 험버Humber 강 하구와 영불해협 사이에 있는 앵글로-색슨의 군소 왕국들을 8세기 말에 통합하는 데 성공했기 때문이다. 머시아 왕국의 오파Offa 왕(757~796년)은 대관하기 전의 카롤루스와 비견되는 인물이었고, 이들은 상호 승인의 표시로 선물을 교환하기도 했다. 더욱이 카롤루스조의 왕들은 이슬람교 지배 아래 있는 에스파냐를 공격할 수도 없었다. 또한 그들은 자신들의 큰 기여에 힘입어서 창건되었던 신생 교황령 국가에서의 교황의 세속적 권력을 당분간 존중하지 않으면 안 되었다.

이러한 한계 내에서 카롤루스조의 왕들은 서양의 재통일 과업을 세

방향에서, 즉 남동쪽으로는 이탈리아에서, 남서쪽으로는 에스파냐에서, 동쪽으로는 독일에서 추구했다.

교황의 동맹자인 피피누스 단구왕은 카롤루스 왕조의 정치를 이탈리아로 끌어들였다. 그는 754년과 756년 두 차례에 걸쳐 롬바르드족 원정에 나섰다. 카롤루스 마그누스는 결국 774년 파비아에서 데시데리우스Desiderius 왕을 나포하여 이탈리아 왕관을 탈취한 다음 그 자신이 썼다. 그러나 그는 이탈리아반도 북부 지방에서 자신의 지배를 강화하기 위해 전쟁을 계속 하지 않으면 안 되었고, 그동안 스폴레토와 베네벤토 등과 같은 롬바르디아 공국들이 사실상 그의 침략을 피할 수 있었다.

남서쪽으로의 진출에 대해 말하자면, 759년 이슬람교도들로부터 나르본을 탈환하면서 그들에게 자극을 준 것은 피피누스였다. 그러나 전설에 따르면, 여전히 상당한 활기를 띠고 있던 이 항구도시를 재정복하고 그 도시에 이름을 붙인 사람은 카롤루스 마그누스였다. 무훈시 『기욤 도랑주Guillaume d'Orange』는 이것을 반영하고 있다. "카롤루스는 그 소식을 듣자 피가 들끓었다. '전하, 이 도시의 이름이 무어냐고요? 전하, 이 도시는 나르본이라 합니다. 〔……〕 이 세상에서 그렇게 강력한 성채는 없습니다. 해자는 폭이 40미터나 되고 깊이도 그 정도 됩니다. 바닷물이 해자로 흘러들어오고, 오드Aude라는 큰 강이 성채 주위를 돕니다. 도시 주민을 풍요롭게 하는 재물과 철을 실은 선박과 갤리선이 이 강을 통해 왕래합니다'라고 기욤은 말했다. 카롤루스는 그 말을 듣고 웃기 시작했다. '오! 하느님! 얼마나 입지가 좋습니까! 이게 내가 수없이 들어온 도시, 에스파냐에서 가장 훌륭한 도시 나르본이란 말입니까?'라고 왕은 힘 있게 외쳤다." 그리고 카롤루스를 위해 이 도시를 탈취했던 청년 에메리의 이름은 나르본의 에메리Aimeri가 되었다.

그 후 801년 카롤루스 마그누스는 이슬람교도들의 내란을 틈타 바르셀로나를 탈취했다. 이로써 에스파냐 변경은 카탈루냐에서 나바라로 그어졌는데, 이것은 특히 후일 시리즈로 된 기욤 도랑주 무훈시들의 주인공 툴루즈의 기욤 백작 덕택이었다. 806년 그는 자신이 세운 젤론Gellone 수도원으로 은거했다. 그 후 그는 '사막의 기욤 백작'이라고 불렸다. 이것은 무훈시 『모니아주 기욤Moniage Guillaume』의 주제가 되었다.

카롤루스 마그누스가 이슬람교도들과 피레네 산맥의 산악인들과의 싸움에서 항시 행운을 잡은 것은 아니었다. 778년 카롤루스는 팜플로나Pamplona를 장악했으나, 사라고사를 섣불리 공격하지는 않았다. 그는 위에스카Huesca, 바르셀로나와 게로나Gerona를 정복한 다음 그가 파괴했던 팜플로나를 포기하고 북쪽으로 이동했다. 바스크 산악인들이 카롤루스군 후위대를 매복으로 잡아 프랑크군의 군수품을 탈취했다. 778년 8월 15일 바스크인들은, 궁정 집사 에지하르Eggihard, 궁중 백작 안셀무스, 브르타뉴 변경백 롤랑 등이 지휘하는 프랑크군을 롱스보 협로에서 대량 학살했다. 이 참패에 대해 『카롤루스 왕조 연보Annales royales』는 침묵하고 있으나, 한 연대기 작가는 다음과 같이 썼다. "그해 주군 카롤루스는 에스파냐 원정에 나섰다가 쓰디쓴 패배를 당했다." 패자들은 순교자들이 되었고, 그들의 이름은 영원히 남아 있다. 이에 대한 보상이 바로 무훈시 『롤랑의 노래Chanson de Roland』다.

카롤루스 마그누스는 동쪽으로 살육과 개종이 혼합된 정복 전통을 세우기 시작했는데, 무력을 통한 기독교로의 개종은 이후로도 오랫동안 시도될 것이다. 북해 연안에서 최초의 대표적인 무력 개종 사례가 되는 작센족의 정복은 외견상의 승리와 피정복민의 저항이 교차하는 가운데 일련의 전투를 통해 772년부터 803년까지 가까스로 이루어진 것이었다. 이 저항 중에서 가장 장엄했던 것은 778년 쥔탈Süntal에서 프랑크군을 참패시킨 비두킨트Widukind 봉기였다. 이 쓰라린 패배에 대해 카롤루스 마그누스는 페르덴Verden에서 4,500명의 반항적인 작센인을 처형하는 가혹한 응징으로 응답했다.

그는 선교사들의 도움을 받았다—이들에게 상해를 입히거나 기독교를 모욕하는 자는 정복 촉진령에 따라 사형에 처해졌다. 그는 매년 병사들을 이 지방으로 파견하여 이들 중 일부는 개종을 돕고 나머지는 주민들을 대량으로 약탈·방화·학살·유형케 했다. 결국 카롤루스 마그누스는 작센족을 복속시켰다. 그 결과로 브레멘, 뮌스터, 파더본, 페르덴과 민덴에 교구가 세워졌다.

카롤루스 마그누스는 동쪽 게르만 지역, 특히 작센 지방에 관심을 갖고 있었다. 그는 메로베우스 왕조가 자리잡았던 파리와 그 인근 지역의 센 강 계곡을 버리고, 뫼즈 강·모젤 강·라인 강 유역으로 이동했다. 그는 항시 원정을 하면서도 곧잘 헤리스탈·티옹빌·보름스와 특히 네이메헌·인겔하임·아헨—이 마지막 세 곳에다 그는 각각 왕궁을 건축케 했다—에 소재한 왕실 영지를 방문하곤 했다. 이 중 아헨 궁정은 건축양식의 독특함, 그곳에 거주한 횟수, 그곳을 중심으로 일어난 사건들의 비중 등으로 인해 어느 궁정보다 각별한 우위를 확보하고 있었다.

남부 독일 역시 카롤루스 마그누스의 주목을 끌었다. 그는 매년 여름마다 전투를 치르지 않으면 안 되었다—그래서 여름에 "적이 없는" 경우를 연대기 작가들은 이례적인 사건으로 볼 정도였다. 아니 더 정확히 말해 그는 군대를 조직하지도 지휘하지도 못했는데, 그것은 그가 전투에 직접 참가하는 경우가 거의 없었기 때문이다. 그는 조부와 부왕의 정책을 계승하여, 말과 검, 전투 지역에 대한 지식에 기초를 둔 기병대의 효율성을 증진시키고 있었다. 카롤루스 마그누스에게 군사적 성공의 토대는 말의 사육, 지리학자의 활용, 노천 광석의 대량 이용을 통한 연금술의 발전 등이었다—"철을 함유한"이라는 의미를 지닌 '프리에르Ferrière'라는 많은 지명은 카롤루스 왕조 때부터 기원한다.

바이에른은 이미 기독교화한 지역이었고, 이론적으로도 메로베우스 왕조 이래 프랑크 왕국의 속령이었다. 748년 이후 바이에른 공이 된 타실롱Tassilon은 롬바르드족을 프랑크 왕국의 대항세력으로 이용했으며, 레겐스부르크를 게르만 세계에서 가장 화려한 수도 중 하나로 만들었다. 롬바르드족의 정복자이자 작센족의 정복자인 카롤루스 마그누스는 787년 바이에른으로 진격했다. 타실롱을 파문시킨 교황의 지원과 바이에른에서 매수한 다수 성직자들의 협조 덕택으로 카롤루스 마그누스는 큰 저항 없이 788년에 타실롱의 완전한 항복을 받아냈다. 카롤루스 마그누스는 타실롱의 가족을 해체시켰는데, 처음에는 타실롱을 쥐미에주에, 나중에는 보름스에 삭발시켜 감금케 하고 그의 아내와 두 딸을 수녀로 만들었으며 두 아들은 수도원으로 보냈다. 바이에른 지방과 교회를 프랑크 왕국과 교회에 통합하는 데 카롤루스 마그누스를 도왔던 잘츠부르크의 주교 아르노Arno가 798년에 대주교가 되었다.

그러나 새로 편입된 바이에른 지방은 훈족처럼 아시아 초원 지대에서 이동한 터키-타타르계 아바르족의 침략에 노출되어 있었다. 아바르족은 다수의 슬라브족을 흡수하고 카린티아Carinthia에서 파노니아에 이르기까지 다뉴브 강 중류 양안에 제국을 건설했던 터였다. 전문적인 약탈자인 이들은 막대한 전리품을 노획하여 원형의 몽골식 천막 형태로 된 사령부에 비축했다. 이러한 재보는 프랑크인들에게 무시할 수 없는 미끼였는데, 프랑크 왕국은 언제나 로마인들처럼 보고를 정복함으로써 수입의 상당 부분을 보충했기 때문이다. 서쪽에서 온 2개 군대의 지원을 받은 프랑크 군대가 주도면밀하게 전투를 준비하고 다뉴브 강 양안을 따라 집중 투입되었다. 그리고 791년 카롤루스 마그누스의 아들 피피누스가 이탈리아에서 이끌고 온 다른 군대는, 가축병이 돌아 기병대 대부분을 잃음으로써 차질을 빚었다. 796년 카롤루스 마그누스가 아바르족 사령부를 점령하자, 아바르족군 사령관인 투둔Tudun이 항복하고 기독교로 개종했다. 그는 아헨에서 세례를 받을 때 카롤루스 마그누스를 대부로 모셨다. 프랑크 국왕은 다뉴브 강과 드라브 강 사이에 있는 아바르 제국의 서쪽 부분을 흡수했다.

카롤루스 제국은 슬라브 세계를 거의 공격하지 못했다. 작센 지방을 정복한 후 엘베 강 중하류 지방을 따라 전개된 원정을 통해 일부 슬라브족을 격퇴하거나 병합했을 뿐이다. 아바르족에게 거둔 승리 덕에 슬로베니아족과 크로아티아족이 프랑크 세계로 편입되었다.

마지막으로 카롤루스 마그누스는 그리스를 공격했다. 그러나 이 전투는 매우 색다른 데가 있다. 이 전투가 지니는 각별한 의미는 800년 카롤루스 마그누스의 모험에 새로운 차원을 부여해준 사건, 즉 프랑크 왕이 로마 교황에 의해 황제로 대관되었다는 사실에 있다.

서유럽에서 제국의 부활은 카롤루스 왕조의 생각이었다기보다는 교황의 생각이었던 듯하다. 카롤루스는 고대 로마 제국이 서방과 동방으로 분할된 것을 고착시키는 데 특히 관심이 많았다. 그는 서방의 수장이 되고, 동방에 대해서는 비잔티움 황제와 싸우고 싶지 않았지만 상실된 통일성을 환기시키는 황제 칭호를 인정해주지 않았다. 792년에 쓴『카롤루스의 반론Libri Karolini』에서 그가 "갈리아, 게르만 세계, 이탈리아와 그 인근 지역의 왕"으로 소개되는 데 반해 동로마 황제는 "콘스탄티노플에 거주하는 왕"으로 소개되었다. 비잔티움에서 성상 파괴적 열기가 고조됨에 따라 프랑크인들이 서양에서 클로도베우스 때처럼 다시 정통 기독교의 수호자가 되었기 때문에, 카롤루스 마그누스는 동로마 제국과의 평등 관계와 자신의 독립성을 보여주는 것이 더욱 절실한 것처럼 보였다. 그는 또한 교회의 통일을 위해 성상 문제의 해결을 주장한 787년의 제2차 니케아 공의회에 반기를 들고 싶었다.

반면 교황 레오 3세는 카롤루스 마그누스에게 제관을 수여함으로써 생기는 세 가지 이점을 799년에 생각하고 있었다. 로마의 적들로부터 투옥되고 박해받은 바 있는 그는 모든 사람으로부터 이의 없이 그 권위를 인정받는 어떤 사람, 즉 황제에 의해 실질적으로나 법률적으로 자신의 권위가 부활될 필요를 느꼈다. 성 베드로의 세습령인 교황령 국가의 수장으로서 그는 그러한 세속적 주권의 승인이 실제상으로나 명목상으로나 다른 모든 사람보다도 우월한 왕에 의해 인준되기를 바랐던 것이다. 마지막으로, 그는 성상 파괴적인 이단과 투쟁하고 모든 교회에 대해 로마 교황권의 우위를 확립하기 위해 카롤루스 마그누스를 비잔티움을 포함한 기독교 세계 전체의 황제로 만들려는 생각을 일부 로마 성직자들과 더불어 갖고 있었다.

카롤루스 마그누스는 선뜻 내키지는 않았지만 교황의 뜻에 맡겨버렸다. 그는 자신을 "신으로부터 대관된 왕"으로 생각하면서도, 모든 사람으로부터 신의 대리자로 인정받지 못하는 교황의 처사를 쓸모없는 짓이라고 생각했는지도 모르겠다. 무엇보다도 프랑크족의 왕으로서 그는, 자신을 일차적으로는 로마인들의 왕으로, 매우 구체적으로는 고대 로마의 영광은 이제 완전히 사라져버린 800년대의 로마 시민들의 왕으로 즉위하는 대관식에는 거의 마음이 없었다. 하지만 그는 결국 설득을 당해 800년 12월 25일에 대관식을 치렀다. 그러나 그는 자신의 칭호와 평등성을 인정받기 위한 고려에서 비잔티움을 공격했을 뿐이다. 동로마 여제 이렌과의 결혼 계획을 포함한 외교적 교섭이 실패로 돌아가자, 그는 두 제국의 변경에 위치한 아드리아 해 북쪽에서 일련의 전투를 전개했다. 여기서도 또다시 그는 함대를 갖추지 못해 그리스 함대와 대적하는 데 실패했다. 그러나 그는 육상에서의 군사적 우위를 이용하여 프리울리Friuli, 카르니올라Carniola, 이스트리아Istria와 특히 베네치아(부활된 상업을 중립을 지키면서 보호하려 애썼지만 이미 헛수고였다)를 장악했다. 결국 814년 카롤루스 마그누스가 사망하기 몇 달 전에 화해가 이루어졌다. 프랑크 왕국은 베네치아를 양보하고 아드리아 해 북쪽 지방을 차지한 반면, 동로마 황제는 카롤루스 마그누스의 황제 칭호를 승인했다.

카롤루스 마그누스는 거대한 영토를 효율적으로 관리하고 통치하는 데 관심을 두었다. 비록 황실 궁정을 구성했던 고관·고문·비서들이 메로베우스 왕조의 그들과 거의 동일했지만, 이들은 수적으로 훨씬 더 많았을 뿐만 아니라 더 뛰어난 교양을 갖추고 있었다. 여전히 행정명령이 주로 구두로 이루어지고 있었지만, 문서의 사용이 권장되었다. 차후 살피게 될 문화적 르네상스의 주요 목적 중 하나는 왕실 관리들의 전문적 자질을 높이는 것이었다. 주지하다시피 카롤루스 마그누스는 무엇보다도 행정과 사법 문서를 발전시키고, 중앙권력의 대리인인 개인적인 특사를 늘려서 자신의 권위가 프랑크 왕국 전체에서 행사될 수 있도록 하기 위해 힘썼다.

문서적 도구, 그것은 바로 칙령집이었는데, 때로는 작센 칙령집처럼 한 지역에 국한된 특수한 것도 있고, 때로는 국가의 재편(779년)에 관한 헤리스탈 칙령집이나 왕실 영지 관리에 관한 장원 칙령, 교육개혁에 관한 문학 교육 칙령 같은 전국적인 것도 있다. 인적 도구, 그것은 고위 세속인들과 성직자들로 구성된 순찰사들 missi dominici이었다. 이들은 방백과 변경 지방에 있는 변경백 같은 왕의 대리인에 대한 감독이나 행정개편에 대한 연례적인 감독 임무를 띠고 파견된 관리들이었다. 체제의 정점에는 귀족회의가 있었는데, 이것은 국왕을 중심으로 왕국 내의 교회 귀족과 세속 귀족 가운데 주요 인물들로 구성되었으며 매년 겨울이 끝날 무렵 열렸다. 이 같은 종류의 귀족회의—이 같은 회의를 지칭하는 데 사용된 'populus(인민)'란 말을 오해해서는 안 된다—가 카롤루스 마그누스에게 신민의 순종을 보장해주었을 것이다. 반면 그의 연약한 후계자들은 이로 인해 고위 귀족의 의지에 좌우되지 않으면 안 되었다.

카롤루스 왕조의 장엄한 구조는 새로운 침략자인 외부의 적들과 내부의 여러 분열적 요인의 복합적 공격을 받고 사실상 9세기 중에 급속히 와해되었다.

2. 9~10세기 위기: 새로운 침략자들

침략자들은 모든 방면에서 왔다. 그중 가장 위험한 침략자들은 남쪽과 북쪽 바다를 통해 도착했다.

북쪽 바다로부터는 우리가 아주 단순하게 노르만 혹은 바이킹이라 부르는 스칸디나비아인들이 왔다. 그들의 목적은 무엇보다도 약탈이었다. 그들은 해안 지방을 약탈하고 강을 거슬러 올라가 부유한 수도원을 습격했으며, 때로는 도시를 포위하기도 했다. 스칸디나비아인들이 서쪽으로는 물론이려니와 동쪽으로도 진출했음을 잊어서는 안 된다. 스웨덴인들, 즉 바레그인Varègue들이, 분명히 경제적으로는 러시아의 주요 상로를 지배하고 아마 정치적으로는 초기 국가적 형태를 자극시키면서 러시아에서 식민 활동을 벌였다. 서쪽으로는 노르웨이인들이 아일랜드를 집중적으로 공격했고, 덴마크인들이 북해와 영국해협의 인근 지역을 공격했다.

일찍이 809년 이후 영국해협을 통과하는 일은 더 이상 안전하지 못했다. 834년 이후부터 캉토빅과 두르스테드 같은 항구들에 집중되고, 스켈트(에스코) 강·뫼즈 강·라인 강 등 상업적 수로에서 자행되었던 노르만인들의 약탈은 연례적인 일이 되었다. 이와 더불어 정착 단계가 시작되었다. 이것은 기습적인 약탈을 하기에 보다 더 적합한 인근 거점을 확보하기 위한 것이었다. 839년 노르만의 우두머리가 아일랜드에 왕국을 세우고 아르마그Armagh를 수도로 삼았다. 838년 덴마크 왕은 카롤루스 제국의 황제에게 프리슬란트 지방을 양여할 것을 요청했다. 루도비쿠스(루이) 경건황제가 거절을 했음에도, 노르만인들은 두르스테드를 점령했다. 특히 중요한 사건 몇 가지를 꼽아보면, 841년 루앙이 약탈되었고, 842년 캉토빅이 파괴되었으며, 843년 낭트가 포위되었고, 844년 라코루나La Coruna·리스본·세비야까지 위협받았으며, 845년 함부르크와 파리가 라그나르Ragnar(사가saga에 등장하는 라그나르 로드브로크Ragnar Lodbrok)의 지휘 아래 120척의 선박을 타고 온 노르만인들에게 약탈당했다. 859년 그들은 이탈리아의 피사까지 진출했다. 이것은 그들이 지리적으로 가장 멀리까지 약탈한 예다. 그들의 무수한 약탈에 희생당한 곳들 중 하나인 아헨에서는 881년 카롤루스 마그누스의 무덤이 불에 타기도 했다. 그러나 다른 시대 다른 침략자들처럼 그들도 이제는 정착해서 평화를 찾고, 약탈 대신에 농경과 상업에 종사하기를 원했다.

878년 웨드모어Wedmore 강화를 통해 그들은 알프레드 대왕으로부터 잉글랜드의 일부 점령을 인정받고, 980년부터는 스벤트 왕과 그 아들 크누트 대왕(1019~1035년) 치하에서 잉글랜드의 지배자가 되었다. 다른 노르만들은 갈리아 북쪽에 정착했다. 이 지역은 카롤루스 단순왕이 911년 생클레르쉬르엡트Saint-Clair-sur-Epte 조약에 따라 그들의 우두머리 롤롱Rollon에게 양여한 땅으로서 그들이 여기에 자신들의 이름(노르망디)을 붙였다. 노르만인들은 서유럽을 떼 지어 휩쓸고 다니면서 지속적인 흔적을 남겼다. 그들은 1066년 잉글랜드를 완전 정복했고, 1029년부터는 남부 이탈리아와 시칠리아에 정착하기 시작하여 시칠리아에 중세 서양에서 가장 독창적인 국가들 중 하나를 세웠다. 그들은 비잔티움 제국까지, 십자군 원정 시에는 성지 예루살렘까지 진출했다.

남쪽으로는 이프리키야Ifrīqiya(오늘날 튀니지와 알제리 동부 지역의 옛 아랍 지명—옮긴이)를 통치하던 아글랍 수장emir 가문의 아랍인들이 칼리프의 지배로부터 사실상 독립하고 함대를 건설한 다음 쳐들어왔다. 이프리키야 해적들이 806년부터 코르시카에 출현했고 827년부터는 시칠리아 정복을 시도했다. 그 후 한 세기도 채 못 되어서 그들은 비잔티움과 토착민들의 지배 아래 있던 일부 지역을 제외하고, 시칠리아 전체를 완전 정복했다. 팔레르모(831년)·메시나(843년)·에나Enna(859년)·시라쿠스(878년)·타오르미나(902년) 같은 요충지들도 모두 그들의 수중으로 들어갔다. 그들은 시칠리아에서 이탈리아반도로 진격했다. 이것은 한편으로는 약탈이 목적으로 846년 로마의 성 베드로 성당의 약탈이 대표적이고, 다른 한편으로는 타렌툼이나 바리 같은 교두보를 확보하기 위한 것으로 880년 비잔티움 황제 바질 1세가 여기에서 퇴각했다. 아글랍 아랍인들의 공격에 맞춰 지중해 극서부 지방에서도 에스파냐 거주 이슬람교도들이 프로방스·리구리아·토스카나 지방으로 다시 공격해왔다. 여기서도 생트로페 근처 프락시네툼 Fraxinetum에 교두보를 확보했다.

이와 같이 카롤루스 왕조가 대륙에 대한 지배권은 수립했지만, 바다에서는 그렇지 못했던 듯하다. 그리고 육지에서도 아시아에서 온 새로운 침략자들, 즉 헝가리족이 한동안 그들을 위협했던 듯하다. 헝가리족의 침입은 관례적인 구도를 따라 전개되었다. 7세기에 이들은 카자르 제국에 정착했는데, 여기서 카자르인들은 볼가 강 하류 지방에서 이루어지고 있던 스칸디나비아·러시아·이슬람 세계 사이의 번창하는 상업을 장악하고 그곳에 정착하여 유대교로 개종한 터키족을 이른다. 그러나 9세기 중엽 또 다른 터키족인 페체네그Petchenègue인들이 카자르 제국을 붕괴시키고 헝가리족을 서쪽으로 쫓아버렸다. 서양인들에게 헝가리족은 훈족을 상기시킨다. 그들은 마상 생활이나 궁수들의 군사적 탁월성이나 잔인성에서 훈족과 흡사했다. 그들은 카롤루스 마그누스에 의한 아바르 제국의 멸망으로 부분적으로 공백이 생긴 다뉴브 강 중류 지방의 평원과 초원 지대로 진격해왔다. 899년부터 그들은 베네치아·롬바르디아·바이에른·슈바벤 지방을 살인적이고도 파괴적으로 약탈했다. 10세기 초 그들은 대(大)모라비아 제국을 멸망시키고, 즉시 알자스·로렌·부르고뉴·랑그독 지방으로 진출했다. 그들에게 희생된 주요 지역 중에서도 파비아는 924년에 점령되어 44개의 교회가 방화된 것으로 추측되며, 베르됭은 926년에 방화되었다. 몇몇 해의 경우 특히 더 파괴적이었다. 그들이 아르덴에서 로마까지를 약탈했던 926년, 독일·프랑스·이탈리아 대부분을 초토화시킨 937년, 서쪽으로는 캉브레, 남쪽으로는 롬바르디아까지 진출했던 954년이 그 대표적인 예들이다. 그러나 955년 독일 왕 오토가 아우크스부르크 근교 레히펠트 전투에서 그들을 분쇄했다. 그들의 힘은 분산되었다. 그리고 그들은 약탈의 포기·정착·기독교화라는 야만적 침략자들의 역사의 운명을 겪었다. 그리하여 10세기 말에 헝가리가 탄생되었다.

그러나 헝가리족의 침입은 서양 세계에 새로운 권력이 탄생하는 데 기여했다. 오토 왕조는, 카롤루스 왕조가 포기했고 그 후 외침보다는 내분에 의해 약화된 제권을 962년에 부활시켰던 것이다.

3. 카롤루스 왕조의 위기: 내분

프랑크인들은 정치적·행정적 유산을 로마로부터 차용하려 노력했음에도 국가 개념을 확보하지는 못했다. 프랑크 왕들은 왕국을 마치 자신의 영지나 보물창고처럼 개인 재산으로 생각했다. 그들은 자신의 왕국을 쉽게 분할·양도했다. 힐페리쿠스가 서고트족의 왕 아타나질드Athanagild의 딸 갈스빈타Galswintha와 결혼할 때, 그는 '결혼 이튿날 아침 선물Morgengabe'(게르만 사회에서 신부의 처녀성에 대한 대가로 신랑이 합방 이튿날 아침에 신부에게 주는 선물—옮긴이)로 보르도를 포함한 남부 갈리아 지방의 5개 도시를 젊은 아내에게 선사했다. 프랑크 왕들은 자신의 왕국을 상속자들에게 분할했다. 때로는 우연·유아 사망·

정신박약 등으로 프랑크 왕국이 한두 명의 상속자에게 넘어가는 경우도 있었다. 그 예로 다고베르투스는 정신박약아인 그의 사촌 카리베르투스를 제거하고 629년부터 639년까지 단독 통치했다. 또한 피피누스 단구왕의 총애를 받던 카를로마누스가 요절함으로써 카롤루스 마그누스가 771년 프랑크 왕국의 단독 통치자가 되었다.

 제국이 부할 되었음에도 카롤루스 마그누스 역시 806년 티옹빌Thionville 분할 협약에 따라 왕국을 세 아들에게 분할했다. 그러나 그는 제권에 대해서는 아무런 언질을 주지 않았다. 814년 루도비쿠스가 카롤루스 마그누스의 사망으로 왕국의 단독 통치자가 된 것도 우연이었다. 다른 아들들인 피피누스와 카롤루스가 부왕보다 먼저 죽었기 때문이다. 카롤루스 마그누스의 조카 베르나르두스는 삼촌으로부터 이탈리아 왕국을 할양받아 한동안 왕국을 보유하고 있었지만, 아헨에서 루도비쿠스 경건황제에게 충성 선서를 하지 않으면 안 되었다. 일찍이 817년부터 루도비쿠스 경건황제는 분할의 전통과 제국적 통일성의 희망을 조화시킴으로써 협약을 통해 상속 문제를 해결하려 했다. 다시 말해 그는 자신의 왕국을 세 아들에게 분할했지만, 장자 로타리우스에게 제권의 우위를 보장해주었던 것이다. 그러나 루도비쿠스는 뒤늦게 얻은 넷째아들 카롤루스에게 왕국의 일부를 할양해주고 싶은 나머지 817년의 분할 협약을 수정코자 했다. 루도비쿠스 경건황제의 치세기는 부왕에 대한 아들들의 반란, 아들들 사이의 투쟁, 새로운 분할 등과 같은 많은 위기들로 점철되었고, 이 와중에 왕은 모든 권위를 상실했다. 840년 그가 죽고 난 후 분할과 투쟁이 계속되었다. 843년 베르됭 분할 협약이 체결되었다. 장자인 로타리우스는 프랑크 제국의 상징인 아헨과 로마의 후원자인 이탈리아를 포함하여 북해에서 지중해에 이르는 긴 통로 같은 지역을 차지했다. 루도비쿠스는 동부 지역을 받고 난 다음 루도비쿠스 '독일 왕'이 되었다. '대머리왕'이라 불리는 카롤루스는 서부 지역을 할양받았다. 870년 메르센 분할 협약에 따라 카롤루스 대머리왕과 루도비쿠스 독일 왕은 로타리우스 1세의 아들이자 명목상의 황제인 루도비쿠스 2세의 소유로 남아 있는 이탈리아를 제외하고 로타링기아를 분할했다. 리브몽Ribemont 분할 협약(880년)에 따라 로타링기아의 국경선이 동프랑키아 쪽으로 이동했다.

사실 제국의 통일성은 카롤루스 비대왕 치하에서 한동안 확립되었던 것처럼 보였다. 그는 루도비쿠스 독일 왕의 3남으로서 이탈리아의 왕인 동시에 황제(881년)요, 독일의 단독왕(882년)이요, 마지막으로는 서프랑키아의 왕(884년)이었다. 그러나 그가 사망(888년)하고 난 다음 카롤루스 왕조의 통일성은 급속히 와해되었다. 황제 칭호는 카롤루스가의 아르눌푸스(896~899년)와 이탈리아의 소영주들에 의해서만 사용되다가 924년 결국 사라지게 되었다. 서프랑키아에서는 왕위 계승이 선거제로 바뀌면서 왕권이 카롤루스가와 오도Odo가 사이에서 번갈아 계승되었다—오도는 프랑스의 방백, 달리 말하면 일드프랑스의 방백이자, 885~886년 사이에 노르만의 침입에 저항했던 파리의 영웅이었다. 독일에서는 카롤루스 왕조가 루도비쿠스 유아왕(911년)과 더불어 단절되었다. 왕관은 여기서도 역시 선거를 통해 대공들에 의해 수여되었다. 왕위가 먼저 프랑켄공 콘라두스에게 주어졌다가 작센공 헤인리쿠스(하인리히) 1세에게로 넘어갔다. 그의 아들이 새로운 제국을 건설한 오토 1세다.

비록 이 모든 분할과 투쟁과 혼란 등이 빠르게 일어났지만, 이것들은 지도와 역사에 지속적인 흔적을 남겨놓았다.

우선, 843년 120명의 전문가들이 민족적이거나 자연적인 경계를 무시하고 그어놓은 왕국의 분할은, 로제 디옹Roger Dion이 지적했듯이, 그것이 경제적 현실을 고려했음을 암시한다. 이 분할의 의도는 "마르셴Marschen 대초원 지대로부터 카탈루냐·프로방스·이스트리아 염전과 올리브 지대에 이르기까지" 유럽을 구성하는 위도상의 식물과 경제 지구대를 각각 세 형제에게 확보해주는 것이었다. 플랑드르와 이탈리아, 한자Hansa동맹 도시와 지중해 연안 도시들 같은 남북 관계의 문제, 알프스 육로, 라인 강 수로, 론 강 수로와 같은 남-북 축들의 비중이 형성 과정에 있던 유럽에서 제기되었다—이 새로운 유럽은 지중해에 중심을 두지 않았으며, 동서로 뻗어 있는 "초원 지대에 대해 수직으로" 순환이 이루어지도록 배치되었다.

그리고 프랑스·독일·이탈리아 등과 같은 현재와 같은 국가의 윤곽이 형성되었다. 서프랑키아는 후일 프랑스가 되었고, 여기에 프랑크 왕국 내에서 그렇게도 이질적이고 개별적이었던 아키텐이 병합되기 시작했다. 동프랑키아는 후일 독일이 되었다. 동프랑키아는 북쪽을 제외하고 국경을 갖고 있지 않았으므로 분쟁의 씨를 내포하고 있었다. 독일은 로타링기아를 넘어 서쪽으로 세력을 확장하고픈 유혹을 느꼈다. 이 지역은 카롤루스 마그누스 손자들 사이의 경쟁 관계의 상속자들인 프랑스와 독일 사이의 분쟁의 불씨로 수세기 동안 남게 된다. 독일의 지배자들은 또한 남쪽으로 세력을 확장하고픈 유혹도 느꼈다. 이탈리아적·제국적 환상은 앞으로 오랫동안 자체의 매력을 지니게 된다. 이러한 '남쪽에 대한 갈망Sehnsucht nach Süden'이 슬라브족과의 접경 지역에서도 나타나기 시작한 '동쪽에 대한 충동Drang nach Osten'과 교대되거나 결합되었다. 이탈리아 왕국은 이 같은 변화무쌍함 속에서 독일의 제국적 열망과 교황의 세속적 야심으로 말미암아 계속 위협받게 되었다.

뿐만 아니라 중간적 규모의 정치 구성체도 미약했다. 프로방스 왕국, 부르고뉴 왕국, 로타링기아 등은 보다 큰 왕국에 흡수될 운명에 처해 있었다—이 소왕국들이 중세 중에 몇 번 부활하여 결국 프로방스의 앙주가와 부르고뉴 대공들에게 흡수되었다.

더군다나 그러한 정치적 위기들은 침략 못지않게 제국의 권위와 권력의 분해를 재촉했는데, 이 같은 분해는 왕국의 정치적 와해보다도 더 계시적이고 적어도 당장 더 중요한 의미를 지닌다. 대신 유력자들은 경제력인 토지를 독점하고 그것을 기초로 하여 공권력을 장악했다.

카롤루스 마그누스 치세 말기에 투르 종교회의는 다음과 같이 지적했다. "여러 가지 이유로 빈자들의 토지가 도처에서 크게 감소했다. 자유민으로 여겨졌지만 유력한 토호들의 지배 아래 살고 있던 사람들의 토지가 말이다." 여기에서 교회의 유력자들과 세속의 유력자들이 점차 새로운 지배자들이 되었다. 대토호 가문 출신이 원장으로 있던 수도원들은 막대한 토지를 소유하고 있었는데, 이러한 사실은 성직자들에 의해 훌륭하게 처리된 수도원 행정 문서 덕택에 (왕실 영지를 제외한) 세속 영지보다 더 잘 알려져 있다. 9세기 초 생제르맹데프레 수도원장인 이르미농Irminon은 수도원 장원의 재산 목록, 차지인들이 부담해야 할 세금 등에 관한 영지 명세장을 작성케 했다. 여기에는 24개 장원이 기록되어 있고(문서의 일부가 망실되었기 때문에 이것이 전부는 아니다), 이 중 19개 장원이 망트와 샤토티에리 사이의 파리 근교에 자리해 있다. 이러한 장원들이 때로는 오늘날의 도시와 일치하기도 했지만, 그 면적은 다양할 수도 있었다(팔레조Palaiseau 장원의 경우 경작지가 398헥타르였고, 노장 라르토Nogent l'Artaud 장원의 경우에는 겨우 76헥타르였다. 노장 라르토 장원에서는 1,000마리의 돼지를 사육했지만, 팔레조 장원에서는 50마리만을 사육했던 것이 사실이다).

이러한 대토지 소유자들의 경제적 힘이 공권력을 독점하는 것을 가능케 했다. 이것은 카롤루스 마그누스와 그 계승자들이 제도화했거나 적어도 촉진시킨 것이긴 하지만 그들의 기대와는 정반대의 결과를 가져왔다. 사실 프랑크 왕국의 토대를 공고히 하기 위해 카롤루스 마그누스는 사람들의 충성을 확보할 목적으로 그들에게 토지(은대지)의 증여를 확대했고, 그 대가로 충성을 서약하고 주종 관계에 가입할 것을 의무화했다. 그는 이러한 개인적 유대를 통해 국가의 공고함을 확보할 수 있으리라 믿었다. 사회 전체, 즉 모든 사람이 가능한 한 빈틈없는 개인적 예속망을 통해 왕이나 황제에게 연계되도록 하기 위해서 그는 왕실 봉신들에게 그들의 예민들을 주종 관계에 편입시킬 것을 권장했다. 일련의 외침이 이 같은 주종 관계를 강화시켰다. 외침의 위협이 약자들로 하여금 유력자들의 보호 아래 들어가도록 만들었고, 왕들은 봉의 양여에 대한 대가로 봉신들로부터 군사적 부조를 요구했기 때문이다. 9세기 중엽부터 전사 혹은 기사를 의미하는 'miles'란 말이 봉신을 의미하는 'vassus'를 대신하는 경우도 있었다. 이와 동시에 봉의 상속을 유도했던 하나의 주요한 발전이 있었다. 하나의 관습이 관례로 정착되었다. 그러한 관습은 877년 키에르지쉬르우아즈Quierzy-sur-Oise 칙령에 의해 강화되었다. 이 칙령에 따르면 이탈리아 원정 준비를 마친 카롤루스 대머리왕은 봉신들에게 그들이 사망할 경우 그들의 어린 아들들이 부친의 봉에 대한 상속권을 갖는다는 점을 보장해주었던 것이다. 봉신들은 봉의 상속을 통해 보다 확고한 사회계급이 되었다.

이와 동시에 군사적·경제적 필요에 따라 특히 백작·공작·후작 등과 같은 대토지 소유자들이 주도권을 장악할 수 있었고, 영주는 그의 봉신들과 왕 사이의 칸막이 구실을 하기 시작했다. 일찍이 811년 카롤루스 마그누스는, 일부 봉신들이 그들의 영주가 호출되지도 않았고 자신들도 그들의 영주 곁에 머물러 있어야 한다는 이유를 내세워 군복무를 거절하는 것을 개탄했다. 백작들처럼 그들의 공적 직능으로부터 나온 공권력을 부여받은 공작들 중에는 이 같은 권력을 그들이 영주로서 그들의 봉신들에 대해 갖는 권리와 혼동하는 경향이 있던 사람들이 있었는가 하면, 한편으로는 이들을 본받아 그러한 공권력을 탈취하는 사람들이 늘어났다. 물론 카롤루스 왕조의 계산이 전혀 빗나간 것은 아니었다. 10세기와 13세기 사이에 왕과 황제들이 일부 대권을 유지하게 되었던 것은 무엇보다도 그들의 봉신이 된 고관들이 충성 서약을 통해 맹세한 자신들의 의무를 회피할 수 없었기 때문이다.

그러나 우리는 중세 세계에서 결정적이 될 사건이 카롤루스 왕조 때 일어났음을 알고 있다. 차후 각각의 인간은 점점 더 그의 영주에게 의존하게 되었고, 이처럼 영주와 보다 근접한 지평에서의 속박은 그것이 보다 좁은 사회에서 행사되었기 때문에 더욱더 무거워졌으며, 이것이 장차 법률에 근거를 두게 될 것이다. 토지의 소유가 점차 권력의 토대가 되었으며, 그리스-로마의 시민적 덕목을 장기간에 걸쳐 대체하게 될 충성이 도덕의 토대가 되었다. 고대인은 정의롭지 않으면 안 되었던 데 반해, 중세인은 충성스럽지 않으면 안 되었다. 차후 악인은 불충한 사람이었다.

4. 오토 황제들에 의한 제국의 부활

936년 왕위에 등극한 독일 왕 오토 1세는 자신의 권력을 확고히 할 생각을 갖고 있었으나 국가 개념이 존재하지 않았기 때문에 모든 공을 자신의 봉신으로 만들어 예속시키는 것 이외에 별다른 수가 없었다. 연대기 작가 비두킨트는 "그들은 그에게 신서를 하고 충성을 맹세했으며 모든 적을 물리치는 데 협조했다"고 썼다.

이것이 그들이 오토에게 등을 돌리는 것을 막지는 못했는데, 오토는 안데르나흐에서 그들 사이의 제휴를 와해시켰다(939년). 그는 로렌에 자신의 지배를 강요했고(944년), 인겔하임 종교회의(948년)에서 프랑스 왕위를 위한 로베르가와 카롤루스가 사이의 투쟁을 중간에서 조정했으며(948년), 이탈리아 왕으로 자처했다(951년). 결국 그는 레히펠트에서 헝가리족에 대한 승리와 레크니츠 강 유역에서 슬라브족에 대한 승리(955년)에 힘입어 962년 2월 2일 로마에 있는 성 베드로 성당에서 교황 요한 12세로부터 제관을 받았다.

오토 1세는 카롤루스 마그누스와 루도비쿠스 경건황제 등 카롤루스 왕조의 정책을 계승했다. 962년 황제와 교황 사이의 관계가 한 조약에 의해 재조정되었다. 황제는 성 베드로의 세습령에 대한 교황의 세속적 권력을 다시 보증해주는 대가로 어떤 교황이든지 자신의 동의 없이 선출될 수 없다고 요구했다. 그리하여 한 세기 동안 오토와 그의 계승자들은 그 권리를 이용하여, 자신의 마음에 들지 않는 교황을 폐위시키기까지 했다. 그러나 오토 1세는 카롤루스 마그누스처럼 그의 제국을, 자신을 왕으로 인정했던 지역에 국한된 프랑크인들의 제국으로 간주했다. 그가 비잔티움과 치렀던 전쟁은 황제 칭호에 대한 승인을 획득하는 것만을 목표로 했는데, 이것은 972년 그의 장남과 비잔티움의 공주 테오파노Théophano와의 결혼을 통해 이루어졌다. 오토 1세는 또한 서프랑키아 왕국의 독립을 존중해주었다.

그의 두 계승자들이 이룩한 발전은 황제 칭호를 직접 지배 형태로 바꾸지 않고 그것을 이상화시키는 것만을 목표로 했다.

오토 2세(973~983년)는 선왕이 의례적으로 가지고 있던 '황제 아우구스투스Imperator Augustus'라는 칭호를 '로마인들의 황제 Imperator Romanorum'라는 칭호로 대체했다. 비잔티움 출신인 어머니로부터 교육받은 오토 3세는 998년 로마에 정착하고 난 다음, 한쪽에는 카롤루스 마그누스의 두상과 다른 쪽에는 창과 방패를 든 여인상을 그린 칙서에서 로마 제국의 부활을 선언했다. 그의 꿈에는 보편주의의 색조가 가미되었다. 한 세밀화는 그가 제관을 쓰고, 로마·독일·갈리아·슬라브로부터 진상품을 받는 모습을 보여주고 있다. 그러나 동쪽 인근 국가들에 대한 그의 태도는 그의 생각이 유연함을 보여준다. 1000년에 그는 폴란드의 독립을 승인했다. 그니에즈노Gniezno가 폴란드 대교구가 되고, 볼레스와프Boleslaw 용맹왕이 제국의 '협력자'라는 칭호를 받았다. 그는 헝가리의 독립도 승인했다. 이슈트반István 공작이 세례를 받고 왕위에 즉위했다.

짧은 밀월 기간 동안 오토 3세의 꿈은 젊은 황제 자신과 로마 제국의 부활을 지지했던 현인 제르베르Gerbert, 즉 교황 실베스테르 2세 사이의 견해의 일치 덕택으로 거의 실현되는 듯했다. 그러나 그 꿈은 금방 사라지고 말았다. 로마인들은 오토 3세에게 반기를 들었다. 오토 3세는 1002년 1월에, 실베스테르 2세는 1003년 5월에 각각 사망했다. 황제 하인리히 2세는 프랑크인들의 왕국으로, 즉 후에 독일이 될 프랑크 왕국에 토대를 둔 제국으로 돌아가는 것에 만족했다.

그러나 일련의 오토 황제들은 그들의 계승자들에게 로마 제국에 대한 향수와 교황을 황제에게 예속시키는 전통을 유산으로 남겨주었다. 이로부터 전사와 사제 사이의 유서 깊은 투쟁의 재현인 제권과 교권의 투쟁이 탄생하게 된다. 카롤루스 왕조 치하에서 추진되었던 교권주의의 강화(오를레앙의 요나스, 리옹의 아고바르두스, 랭스의 힌크마루스 같은 주교들이 9세기에 지배했다)와, 오토 황제들 치하에서 달성되었던 평형 상태도 이 같은 투쟁을 불식시키는 데는 성공하지 못했다.

5. 10세기 르네상스

1000년경 로마 제국의 꿈이 끝났을 때, 서양 세계 전체에 하나의 혁신이 드러날 준비가 되어 있었다. 그러한 갑작스런 탄생으로 말미암아 11세기는 서양 기독교 세계의 진정한 출발점이 되었다.

그러한 비약적 발전은 경제적 토대들에서 이루어졌을 뿐이고, 이 토대들은 종종 생각보다도 더 일찍이 구축되었던 것으로 보인다. 카롤루스 왕조 르네상스가 문화적 르네상스였다면, 이번의 르네상스는 무엇보다도 경제적 르네상스였다고 할 수 있겠다. 문화적 르네상스처럼 이 르네상스도 제한적이고 피상적이며 빈약한 것임은 물론이려니와, 9세기와 10세기 초 노르만·헝가리·사라센의 침략과 약탈로 인해 어느 르네상스보다도 더 파괴되었다. 이러한 침략과 약탈은 4~5세기 침략이 로마 세계의 몰락을 재촉했듯이 서양 세계의 르네상스를 1~2세기가량

지연시켰음에 틀림없다.

  8~9세기 상업의 부활에 대한 어떤 흔적들을 포착하기는 비교적 쉽다. 프리슬란트의 상업과 항구 두르스테드의 융성, 후에 언급할 카롤루스 마그누스의 화폐개혁, 카롤루스 마그누스가 칼리프 하룬-알-라쉬드Haroun-al-Rachid에게 선물한 '프리슬란트 모직물' 등이 그것이다.

  그러나 본질적으로 농촌적인 성격을 지닌 이러한 경제체제 아래서 농업 생산력이 향상되었다고 결론지을 수 있는 몇 가지 지표들이 있다. 아마도 개간의 결과로 보이는 새로운 농민 보유지manse의 증가, 800년경 트리어 필사본에서 최초로 묘사된 새로운 계가체계의 등장, 경작 기술의 향상을 환기시키는 월별 명칭들을 수록한 카롤루스 마그누스의 새로운 달력 등을 그 예로 들 수 있다. 월별 노동을 묘사한 세밀화가 급격히 변화하는데, 여기에는 고대의 상징들을 포기하고 대신에 인간의 기술적 솜씨를 보여주는 구체적인 광경을 담고 있다. 즉, "인간과 자연은 이제 두 개의 사물이고, 인간은 그 지배자다."

  보다 분명히 말할 수 있는 것은, 9세기의 침입들이 새로운 퇴보나 경제적 침체에 책임이 있건 없건, 10세기에는 진보가 보다 명확하게 드러난다는 사실이다. 10세기를 주제로 열린 미국 중세사학회에서는 10세기를 특히 경작과 식량 생산 분야에서 결정적 혁신의 시기로 보았다. 린 화이트Lynn White의 지적처럼 단백질 함유량이 풍부하고 고도의 에너지를 낼 수 있는 잠두콩·렌즈콩·완두콩 같은 두류 작물의 대량 도입이 서양인들에게 성당을 건설하고 넓은 미간지를 개척하게 하는 에너지를 제공했던 것으로 생각된다. 린 화이트는 "10세기는 콩으로 가득했다"고 익살스럽게 결론짓는다. 한편 로페즈Robert S. Lopez 는 10세기 르네상스를 받아들여야 하지 않을까 하고 자문했다. 10세기는 여러 지역에서 상업의 발전을 보여주는 징후들이 나타났다. 유틀란트반도 이스트무스에 있는 하이트하부Haithabu 같은 '성읍 도시들wiks'이 덴마크의 세란트 섬에 있는 트렐레보르크 같은 군 주둔지를 대체할 정도로 스칸디나비아 상업이 발전하고 있었다. 슬라브 권 경제가, 동유럽을 경유하여 코르도바에서 키예프에 이르는 상로를 따라 형성된 노르만 상업과 유대 - 아랍 상업에 자극을 받았다. 뫼즈 강과 라인 강 연안 지방이 융성하기 시작했다. 특히 북부 이탈리아는 이미 번창하고 있었고 파비아 시장은 국제적 성격을 띠고 있었다. 밀라노는 킨치오 비올란테 Cinzio Violante가 대가답게 분석한 것처럼 "사회·경제적 삶의 소생을 알리는" 인플레이션을 경험했던 것이다.

6. 결론——중세적 '도약': 외적 자극인가 내적 발전인가?

중세 서양의 그러한 각성은 누구에 의해 무엇 때문에 일어났는가? 모리스 롱바르Maurice Lombard가 주장하는 것처럼 그것은 목재·철(프랑크의 검)·주석·꿀 그리고 인간 상품인 노예들(카롤루스 왕조 치하에서 베르됭은 가장 큰 노예 시장이었다)과 같은 원료들을 더 많이 생산하여 코르도바·카이르완·카이로·다마스커스·바그다드 등지로 수출하도록 야만적인 서양 세계에 자극을 준 소비 중심적인 대도시의 세계인 이슬람 세계의 형성에 대한 반작용인가? 이것이 사실이라면 이것은 바로 외적 자극의 가설인데, 이 가설은 지중해의 폐쇄와 서방 상업의 쇠퇴를 이슬람 정복 탓으로 돌리는 앙리 피렌Henri Pirenne의 유명한 이론을 뒤집어놓는다. 다시 말하면 이슬람 정복이 오히려 서양 기독교 세계의 경제적 부활의 원동력이 되었다는 것이다. 그렇지 않다면 그것은 린 화이트가 설명하는 것처럼 서양 세계 자체에서 일어난 일련의 기술적 진보 때문인가? 다시 말해 바퀴와 볏이 달린 쟁기, 특히 단백질이 풍부한 양질 채소의 봄 파종을 가능케 한 3포제의 발전, 근대식 계가의 전파 등과 더불어 경지 면적과 생산고를 증가시킨 농업상의 진보 때문인가? 그렇지 않다면 등자(鐙子)의 등장과 더불어 말을 자유자재로 다룰 수 있게 되고 새로운 농기구와 기술을 자신들의 영지에 도입할 능력이 있는 대토지 소유자인 동시에 전사계급인 기사들을 탄생시킨 군사적 진보 때문인가? 이것이 사실이라면 내적 발전에 의한 설명은 깊이갈이와 숨 가쁠 정도로 빠른 기마 여행이 가능하게 된 초원과 대평원 지대인 북부 지방으로 서양의 중심이 이동되었음을 증거한다.

아마도 사실로 볼 수 있는 것은 토지 소유자들인 동시에 기사들인 유력자들의 등장이 주어진 경제적 기회들(토지의 개선된 경작, 아직까지도 제한되어 있긴 하지만 증가하는 판로들의 장악 등)을 포착할 수 있는 한 계급을 창출했다는 점이다. 다시 말해 지주계급들은 기독교 세계가 이러한 경제적 기회들로부터 얻어낼 수 있는 이익들 중 일부를 일부 전문 계층들인 초기 서양 상인들에게 양도했던 것이다. 작센과 바이에른에서, 다뉴브 강 연변에서, 북이탈리아와 베네치아 부근에서, 피레네 산맥 너머에서의 카롤루스 마그누스의 정복과 그의 군사적 모험들은 교환 중심지들과의 접촉을 초래했고, 부활되고 있던 상로들을 흡수하려 했다고 생각할 수 있다. 그리하여 베르됭 분할 협약은 상로들을 경작 지대처럼 분할했으리라 추측된다. 그러나 1000년 이후 사태가 심상치 않았다. 진정한 중세 기독교 세계가 무대에 등장했던 것이다.

제3장
기독교 세계의 형성(11~13세기)

1. 기독교 세계의 발전: 건축과 농업의 발전, 인구 증가

    부르고뉴의 연대기 작가인 라울 글라베Raoul Glaber가 쓴 다음 구절은 유명하다. "1000년에 뒤이은 세번째 해가 다가옴에 따라, 거의 모든 지방에서, 그중에서도 특히 이탈리아와 갈리아에서 교회 건물을 개축하는 것을 볼 수 있다. 대부분의 교회당들이 옛날에 매우 튼튼하게 지어져 개축할 필요가 전혀 없었음에도, 각각의 기독교 공동체들은 치열한 경쟁심에서 인근 교회보다 더 호화스러운 교회를 갖고 싶어했다. 세계 자체가 자신의 노후함을 벗겨내기 위해 진동하고 있었고, 도처에서 '교회의 창백한 외관'에 옷을 입히고 있었다. 그리하여 주교좌에 위치한 거의 모든 교회들, 온갖 부류의 성인들에게 바쳐진 수도원 교회들, 그리고 마을의 조그만 예배당조차도 신자들에 의해 전보다 더 보기 좋게 중수되고 있었다."

이것은 바로 1000년경에 확인할 수 있는 기독교 세계의 발전에 대한 가장 두드러진 외적 징후다. 이와 같은 대대적인 건축 운동이 10세기에서 14세기 사이 중세 서양의 발전에서 매우 중요한 역할을 담당했음에 틀림없다. 우선 그것은 경제적 자극제로 작용했다. 돌·목재·철 등과 같은 원료들이 대량 생산되었고, 기술혁신이 일어났으며, 길고 무거운 원자재를 채취하고 수송하고 들어 올리는 데 필요한 도구가 제작되었고, 노동력이 충원되었으며, 건축 노동에 재정적 뒷받침이 이루어졌다. 이로 인해 대성당뿐만 아니라 크고 작은 수많은 교회들, 교량·창고·시장 등과 같은 경제적 목적을 지닌 건물들, 점차 돌로 지은 경우가 많아지는 부자들의 저택 등과 같은 건축 작업장들이 중세 산업의 최초이자 거의 유일한 중심지가 되었다.

그러나 이와 같은 건축의 비약적 발전이 근본적인 현상은 아니었다. 그것의 주된 원인은 더욱 증가된 인구 문제를 해결할 필요에 대한 대응이었다. 물론 교회의 크기와 신자의 수효 사이에 직접적인 관계가 있었던 것은 아니다. 명예와 경건성의 추구 같은 동기들이 또한 장엄함에 대한 추구를 고무하도록 작용했다. 그렇다 하더라도 늘어난 신자들을 종교적인 건물에 완전히 수용할 수 있도록 하고자 하는 동기들도 매우 중요하게 작용했음에 틀림없다.

기독교 세계의 이와 같은 발전 과정에서 원인과 결과를 구별하는 것은 힘든 일인데, 대부분의 국면들이 서로에 대해 원인인 동시에 결과이기 때문이다. 그러한 과정의 우선적이고도 결정적인 원인을 지적하기는 더더욱 어렵다. 우리는 서양 문명의 출범을 해명하는 데 종종 제시되는 여러 요인들에 그러한 역할을 부여하지 않을 수도 있다. 예컨대 인구 증가는 그러한 진보의 최초이자 가장 두드러진 결과에 불과하다. 10세기에 시작된 상대적인 평화의 회복도 마찬가지다. 외침이 종식되고 평화제도가 발전했다. 이것은 일정 기간 군사적 활동을 제한하고 어떤 부류의 비전투원들(성직자·부녀자·어린이·농민·상인과 간혹 역축 등)을 기사들이 서약한 안전보장 아래 두도록 함으로써 전투를 규제했다. 신의 평화를 준수하도록 하기 위해 최초로 이런 제도를 제정한 것은 989년에 열린 샤루 종교회의에서다. 이와 같은 불안의 감소 역시 갓 시작된 진보를 지키고자 했던 많은 기독교 사회계층들의 열망의 결과에 다름 아니다. 라울 글라베는 11세기 초 프랑스에서 자신이 참여했던 평화운동을 설명하기 위해 다음과 같이 지적했다. "모두가 앞 시대의 재앙의 공포에 사로잡혀 있었고, 미래의 순탄한 풍요로움을 빼앗길지 모른다는 두려움에 시달리고 있었다." 농민·상인·가축·짐바리 동물과 짐수레 동물에 대한 각별한 보호는 그 전형적인 예다. 경제적 발전의 압력이 자연스럽게 무기의 퇴조로 이어졌고 무장의 제한과 통제를 강요했던 것이다.

그러나 이러한 발전의 기원은 중세에서 모든 것의 기반이었던 토지에서 찾을 수 있다. 토지 귀족이 농업 생산력의 증진을 자극했던 것은, 지배계급이 농촌에 정착하여 대토지 소유계급이 되고, 바수스*vassus*(봉신)의 신분이 하층민에서 특권계급으로 변화하면서부터다. 이제 봉신들은 거의 언제나 토지 형태의 봉을 점점 더 많이 수수하게 되었다. 일부 교회 영주들과 카롤루스 왕조의 고위 관리들을 제외하고는 토지 귀족이 영지 경영에 직접 관여했던 것은 아니다. 그러나 토지 귀족이 농민들에게 지대와 부역을 요구하게 되자 농민들은 이 같은 지대를 납부하기 위해 경작 방법을 어느 정도 개선하지 않으면 안 되었을 것이다. 10~13세기 이른바 '농업혁명'을 이루게 될 결정적 개선들은 미약

하나마 카롤루스 왕조 때 시작되어 비약적 가속력을 경험했던 1000년경까지 완만하게 이루어졌던 것으로 생각된다.

그런데 야만인들의 정착과 더불어 이들 새로운 지배자들이 토지개발을 위한 참된 정책을 취하게 되었던 점을 지나쳐서는 안 된다. 11세기 성당 참사회원 뒤동 드 생캉탱Dudon de Saint-Quentin이 기술한 초기 노르망디 공들의 역사는, 노르만인들이 노르망디에 정착한 후 한 세기 동안 철제 농기구, 특히 쟁기를 후원했던 공들의 주도 아래 그들이 어떻게 농업 경영자들로 변신했는지를 보여준다.

3포제의 점진적인 전파는 경작지의 2분의 1이 아니라 3분의 1을 휴경지로 만들었으므로 경작 면적이 증가되었고, 작물 또한 다양화할 수 있었음을 의미한다. 가을 파종 곡식이 흉작이 되었을 때 봄 파종을 이용함으로써(혹은 그 반대의 경우에도) 일기불순을 극복할 수 있게 되었다. 또한 농기구의 측면에서 바퀴와 볏이 달린 비대칭식 쟁기를 채택하고 농기구에 철을 더 많이 이용하게 됨으로써, 이전에는 여러 번 갈아야 했던 경작지를 단번에 더욱 깊게 갈 수 있었다. 경작지의 개량, 생산성의 향상, 작물의 다양화와 더불어 영양 상태도 개선되었다.

이러한 개선들이 가져온 첫번째 결과들 중 하나가 인구 증가였는데, 아마 10세기에서 14세기 사이에 인구가 두 배로 증가했을 것이다. 러셀J. C. Russell에 따르면 서유럽의 인구는 600년경 1,470만에서 950년에는 2,260만으로, 1348년 흑사병 직전에는 5,440만으로 증가했다. 베넷M. K. Bennett에 따르면 유럽 전체 인구가 700년경 2,700만에서 1000년에는 4,200만으로, 1300년에는 7,300만으로 증가했을 것이다.

이와 같은 인구의 비약적 증가는 다음으로 기독교 세계의 팽창에 결정적 역할을 했다. 봉건적 생산양식이 갖고 있는 조건들은 기술발전을 어느 정도 자극했을 수도 있겠지만 기술향상이 낮은 수준을 넘어서지 못하도록 억제했음이 분명하다. 따라서 이 같은 봉건적 조건하에서는 인구 증가가 초래한 필요들을 충족시키기에 충분한 농업 생산의 질적 향상이 불가능할 수밖에 없었다. 생산성의 향상과 수확물의 영양 단가는 여전히 낮았다. 후에 다시 살피겠지만, 봉건적 토지 경영으로 말미암아 진정한 의미에서의 집약 농법은 사실상 불가능했다. 아직도 경작지를 확대하지 않으면 안 될 판이었다. 10~14세기에 기독교 세계 팽창의 주된 모습은 대대적인 개간 운동이었다. 개간 운동의 연대를 확정하기는 어렵다. 12세기 이전에는 이에 관한 문헌기록이 많지도 않고 농촌 고고학이 미숙하여 그것을 적용하기도 힘들거니와 중세 농촌 풍경이 후대에 자주 변형되거나 파괴되어 그 결과에 대한 해석도 수월치 않기 때문이다. 조르주 뒤비의 지적처럼 "2세기 동안 미미하고도 간헐적이며 여기저기 분산되었던 개척자들의 활동이 1150년에 이르러 보다 왕성하고 협동적이 되었다." 곡물과 같은 주요 부문에서 경작지 정복의 결정적 시기는 화분학이 밝혀주는 것처럼 1100년에서 1150년 사이다. 꽃가루 화석에서 추출된 밀의 화분 함량이 12세기 전반부에 급증했던 것이다.

새로운 농경지들이란 옛날 농경지의 확장, 다시 말해 황무지와 목초지 부근에 있는 "숲 속 빈터의 점진적 확장"에 불과한 경우가 허다했다. 화전에 의한 개간으로 관목 지대는 줄어들었으나 큰 나무가 많은 산림은 거의 영향을 받지 않았다. 이것은 개간 도구가 빈약하기도 했을뿐더러(중세의 주요한 개간 도구는 큰 도끼가 아니라 손도끼였다) 영주들이 자신들의 사냥터를 보호하고 싶어했고 촌락 공동체들도 중세 경제에 매우 긴요했던 산림 자원을 지나치게 손상시키고 싶어하지 않았기 때문이다. 토지의 정복은 또한 늪지를 건조시키고 간척지를 매립하는 방식으로 이루어지기도 했다. 일찍이 비약적 인구 증가를 경험했던 플랑드르 지방에서는 그러한 방식의 토지 정복이 1100년경 도처에 작은 방파제를 구축하면서 시작되었다.

그렇지만 간혹 전혀 새로운 토지가 개간을 통해 획득되었고 거기에 새로운 촌락이 건설되기도 했다. 사회적 국면에서 각별한 중요성을 띠는 그런 현상은 후에 다시 살필 것이다.

2. 기독교 세계의 팽창: 북유럽과 동유럽의 기독교화, 에스파냐 재정복, 십자군 원정

이와 같은 내적 팽창과 동시에 기독교 세계는 외적 팽창에 의존했다. 토지의 개간과 같은 평화적 해결책보다 군사적 해결책이 더 수월해 보였기 때문에 기독교 세계는 먼저 외적 팽창에 더 큰 관심을 두었던 듯하다.

따라서 한편으로는 기독교 세계의 변경을 확대하고, 다른 한편으로는 십자군 원정을 통해 이슬람 치하에 있는 국가들을 공격하는 이중적인 정복 운동이 일어났다. 유럽에서 기독교 세계의 팽창은 8세기에 활발하게 재개되어 9~10세기까지 지속되었다. 그렇게 해서 확장된 대부분의 영역은 유럽 북부와 동부의 이교도들과 접경하고 있는 기독교 세계 변경 지방들을 차지하고 있던 독일인들의 영지가 되었다. 결과적으로 9세기부터 그러한 팽창 운동은 종교적·인구적·경제적·민족적인 동기들이 뒤섞여 매우 독특한 성격을 띠게 되었다. 이에 대한 두드러진 양상은 결국 게르만족과 슬라브족 사이의 대결로 나타났는데, 여기서 게르만족은 인근 부족들이 기독교로 개종했을 때조차도 그들을 가차 없이 공격했던 것을 보면 종교적 동기가 일차적인 것은 아니었던 듯하다. 이미 9세기에 모라비아 국왕 로스티슬라프Rostislav가 독일 선교사들의 영향력을 상쇄하기 위해 자신의 제국으로 키릴로스Kyrillos〔827~892년, 그리스 출신으로 성경을 고(古) 슬라브어로 번역함──옮긴이〕와 메토디오스Methodios(825~885년, 그리스 출신의 사도로서 슬라브 교회를 세움──옮긴이) 등과 같은 성인들을 불러들인 바 있다.

기독교화는 갑작스런 것이 아니라 완만하게 이루어졌다. 10세기 말 프라하의 대주교 성 아달베르투스는 체코인들이 다시 이교화하고, 특히 일부다처제적인 경향이 있다고 지적했다. 그리고 미에슈코Mieszko 2세가 사망하고(1034년) 난 후 폴란드 하층계급들이 주도한 격렬한 봉기가 일어나자 이교로 회귀하는 현상이 나타났다. 1060년 스웨덴의 국왕 슈타인켈Steinkel은, 자신이 기독교도임에도 웁스탈Upstal에 있는 옛 이교 성소의 파괴를 허락지 않았고, 또한 국왕 스웨인Sweyne은 자신에게 블로츠웨인Blotsweyn이라는 별명을 안겨준 피의 봉헌 관습에 일시적으로 복귀하는 것을 권장했다. 리투아니아는 1251년에 세례를 받은 민도프Mindovg가 사망하고(1263년) 난 후 우상 숭배로 복귀했다.

그러나 1000년경 일련의 신생 기독교 국가들이 북유럽과 동유럽에서 기독교 세계를 확장했다. 예컨대 폴란드는 미에슈코 치하의 966년에, 헝가리는 후에 성 이슈트반이 되고 1001년 왕에 즉위한 바이크Vâik 치하에서, 덴마크는 하랄드Harald 청색 치아왕(950~986년) 치하에서, 노르웨이에서는 올라프 트리그베손Olaf Tryggveson 치하에서 그리고 스웨덴은 올라프 스코르코눙Olaf Skorkonung 치하에서 기독교로 개종했다.

이와 동시에 키예프 공국의 군주 블라드미르Vladmir가, 한 세기 전 불가리아의 제후 보리스Boris와 세르비아인들이 그랬듯이, 비잔티움 세계로부터 세례를 받았다. 1054년 동서 교회의 분리를 계기로 발칸과 동부 유럽 전체가 로마 기독교 세계로부터 분리될 운명이었다.

프로이센인들은 13세기에 가서야 비로소 개종했으며, 이들의 개종은 마조프셰와 쿠야비를 지배한 폴란드 공 콘라트Conrad de Mazovie et Cujavie가 1226년 무모하게 소집한 '독일 기사단Chevaliers Teutoniques'이 독일 국가를 이루는 토대가 되었다. 리투아니아인들이 기독교로 개종한 것은 폴란드와 리투아니아가 1385년 통합되고, 리투아니아 대공 요가일라Jogaila가 폴란드 여왕 야드비가Jadwiga와 결혼하고 폴란드와 리투아니아의 친기독교적인 왕 브와디스와프Wladyslaw로 즉위하여 1386년 2월 15일 크라쿠프Kraków에서 세례를 받고 난 후부터다.

이와 같이 이교 지역들이 주민들의 개종을 통해 기독교 공화국*Respublica Christiana*에 통합되었을 뿐만 아니라 기독교 세계 내부에서도 주민들이 대규모로 이동했기 때문에 서양의 지도가 대폭 수정되지 않으면 안 되었다. 그러한 이동 가운데 가장 규모가 컸던 것은 독일인들의 동부 식민 활동이었을 것이다. 이러한 식민 활동은 새로운 지역들을 개발하는 데 기여하고, 도시망을 조밀하게 변형시키기도 했다. 우리는 나중에 이 문제를 다시 언급할 것이다. 독일의 팽창은 또한 정치적인 동기를 내포하고 있었다. 정치적 관점에서 가장 눈부신 성공을 거둔 팽창은 알브레히트 곰백Albert l'Ours의 팽창과 독일 기사들의 팽창이었는데, 전자는 1150년 새로운 변경 군관구 브란덴부르크의 변경백이 되었고 후자는 1226년과 1283년 사이에 프로이센을 정복했다.

스칸디나비아에서 나타난 기독교의 팽창은 이 못지않게 인상적이다.

그러한 팽창은 10세기 중에 아이슬란드·그린란드와 아마도 아메리카에까지 뻗치게 되었는데, '노르만인들'이 1000년경 아메리카에 있는 빈란드Vinland에 상륙했을 것으로 추측된다. 이 팽창은 스벤트Svend 왕 주도 아래 10세기 말 처음으로 잉글랜드에서 큰 성공을 거두었다. 그가 사망한(1014년) 뒤, 아들 크누트 대왕이 잉글랜드·덴마크·노르웨이와 스웨덴을 통치했다. 그러나 크누트 대왕이 1035년 사망하자 앵글로-색슨계의 에드워드 고해왕이 잉글랜드를 덴마크의 지배로부터 분리시켰다. 잉글랜드는 스칸디나비아인들의 또 다른 거점인 노르망디로부터 공격을 받아 다시 정복되었다. 1066년 노르망디 공 윌리엄은 헤이스팅스에서 단 한 차례의 전투로 잉글랜드를 정복했다.

그러나 또 다른 노르만인들이 북유럽 이외의 다른 지역으로 더 멀리 진출하여 지중해에 정착하기도 했다. 11세기 초부터 노르만 공국들이 남부 이탈리아에 생겨났다. 로베르 기스카르Robert Guiscard는 캄파니아를 탈취하고 교황 군대를 격파하여 1059년 교황 니콜라우스 5세로부터 승인을 받았으며, 1060~1061년에는 이슬람교도들로부터 시칠리아를 탈환하고, 비잔티움의 최후 거점인 레지오Reggio와 바리Bari를 수복하여(1071년) 이들을 이탈리아에서 내몰았다. 그는 1081~1083년에 아들 보에몽Bohémont을 보내 에피루스와 테살리를 초토화시켰다. 이로써 중세에서 가장 독창적인 정치적 창조물들 중 하나인 시칠리아의 노르만 왕국이 건설되었다. 에스파냐 출신의 이슬람 여행가 이븐 조베르Ibn Jobair는 12세기 후반에 노르만인·시칠리아인·이슬람교도가 팔레르모 궁정에 함께 뒤섞여 있는 모습을 보고 대경실색했다. 뿐만 아니라 라틴어·그리스어·아랍어 등 3개 언어가 왕실 상서국의 공용어로 사용되었다. 노르만 왕국은 기독교 세계에 대해 정치적·문화적인 모범이 되었다. 정치적 차원에서는 노르만 왕국을 통해 봉건적이면서도 근대적인 군주국이 형성되었다. 문화적 차원에서는 노르만 왕국이 그리스어나 아랍어로 된 고전을 라틴어로 번역하는 중심지였을 뿐 아니라 다양한 예술양식을 통합하는 본산지였다. 이 후자의 예를 기독교적인 로마네스크적-고딕적 예술과, 비잔티움과 이슬람 전통을 독창적으로 결합·종합한 세팔루Cefalù · 팔레르모 · 몽레알 대성당들에서 볼 수 있다. 중세 기독교 세계에서 가장 비범하고 매력 있는 인물인 황제 프리드리히 2세가 배출될 수 있었던 것도 그러한 분위기에서였다.

프랑스에서의 팽창은 이 못지않게 활발한 것이었다. 그러한 팽창의 중심지는 인구의 압력이 가장 심하고 농업혁명이 가장 실질적인 결실을 낳았던 북프랑스 평원 지대였다. 이 북프랑스 지방은 '알비 카타르파Albigeois'(12~13세기 남프랑스 알비Albi를 중심으로 번성했던 남프랑스 카타르파를 말함──옮긴이) 십자군을 지원하기 위해 남프랑스 지방을 식민지로 만들었는데, 이 십자군은 파리 조약(1229년)으로 종식되고 이 조약은 1271년 루이 성왕의 동생인 알퐁스 드 푸아티에의 사망과 함께 랑그독 지방이 카페 왕조 치하의 프랑스에 통합되는 계기를 마련해주었다. 프랑스인들은 루이 성왕의 또 다른 동생인 샤를 당주Charles d'Anjou를 배후에서 지원하여 노르만의 시칠리아 왕국을 정복·병합했는데, 이 왕국을 프리드리히 3세의 서자 만프레트로부터 1266년 베네벤토에서, 그리고 프리드리히의 손자 콘라딘으로부터 1268년 탈리아코초Tagliacozzo에서 탈취했다. 그러나 시칠리아는 1282년 이른바 '시칠리아 만도 종소리Vêpres siciliennes'(1282년 부활절 월요일 만도 종소리를 신호로 행해진 프랑스 병사 학살 사건──옮긴이) 이후 샤를 당주의 지배를 벗어나 아라곤의 지배하에 들어갔다.

프랑스인들은 특히 에스파냐로 이민했다. 10세기에서 14세기 사이 기독교 팽창에서 가장 성공을 거둔 것들 중 하나는 이슬람 치하의 거의 모든 에스파냐를 사실상 재정복한 것인데, 이것은 대다수가 프랑스에서 피레네 산맥을 넘어온 용병들과 기사들의 지원을 받은 기독교 왕들에 의해 이루어졌다. 재정복에 투입된 보조 세력들 가운데, 산티아고데콤포스텔라(800년경 사도 야고보의 유골이 발견되었다는 소문으로 유명해진 이베리아반도 서북단에 있는 국제적 순례지—옮긴이)에 대한 순례의 발전을 지원하기도 했던 프랑스 클뤼니 수도원 수도사들이 가장 중요한 역할을 담당했다.

그러나 재정복 과정에서 성공만을 거둔 것은 아니었다. 재정복은 패배를 경험하기도 했다. 산티아고데콤포스텔라 성당이 무훈시에서는 알만조르Almanzor로 등장하는 저 유명한 알만수르Al-Mansour에 의해 997년에 파괴된 것이라든가, 카스티야의 왕이 알라르코스Alarcos에서 1195년 또 다른 알만수르에 패한 것이 그 대표적 예다. 그것은 또한 일시적인 성공을 거두기도 했다. 예컨대 발렌시아 지방은 1065년 페르난도 1세가, 그다음에는 1094년 엘 시드라는 별명으로 불리는 로드리게즈 디아즈 데 비바르Rodriguez Diaz de Vivar가 일시적으로 재정복하고 난 다음 장기간 소강상태에 있기도 했다. 그러나 카스티야의 알폰소 6세가 톨레도를 장악하고, 1093년 산타렘Santarem · 킨트라Cintra · 리스본마저 정복함으로써 사실상 두로 강과 타구스 강 사이의 모든 지역이 장악되자 결정적인 조치들이 취해졌다. 이 지역들은 상실되었다가 1147년 재정복되었다. 위대한 날은 1212년 7월 16일이었다. 그날 카스티야 · 아라곤 · 나바라의 왕들이 라스나바스 데 톨로사Las Navas de Tolosa에서 코르도바의 칼리프와 싸워 찬란한 승리를 거두었다. 이슬람의 저항을 분쇄한 라스나바스 승리의 결실들은 후일에 가서야 얻어질 것이다. 아라곤의 하이메 1세는 1229년에 마요르카Majorca를, 1238년에는 발렌시아를, 1265년에는 무르시아Murcia를 정복했다. 차후 아라곤인들과 카탈루냐인들은 해상에서의 임무를 갖게 되었다. 1282년 시칠리아 점령은 그것을 확증해준다. 1248년 카탈루냐인들은 세비야를 장악했다. 13세기 말 이슬람교도들은 에스파냐에 있는 소왕국 그라나다에 갇혀 있게 되었는데, 이 왕국은 알함브라Alhambra 궁의 장식물들과 함께 14세기에 한 차례 찬란함을 자랑할 것이다.

에스파냐 재정복에는 재식민이라는 조직적인 사업과 황폐화된 지역의 재개발이라는 사업이 동시에 이루어졌다. '식민지población'가 정복 단계별로 등장했다. 이를 통해 정착하기 가장 좋은 토지가 북부 에스파냐인들과 기독교 이방인들, 그리고 무엇보다도 프랑스인들에게 제공되었다.

11세기 중엽부터 에스파냐 재정복은 유례없는 종교전쟁의 성격을 띠게 되었는데, 이것은 차후 십자군 원정의 군사적·정신적 실재에 접근하는 길을 열어주었다. 그 후 남프랑스와 시칠리아 왕국에서 프랑스인들의 식민 활동, 프로이센에서 독일인들의 식민 활동이 공식적으로는 십자군이라는 미명을 쓰고 있었다.

그러나 이러한 십자군의 팽창(과 변질) 현상은 외견상 고립되어 이질적으로 보이는 활동들을 11세기 중엽부터 13세기 말까지 서양의 전반적인 팽창의 맥락 속에서 파악할 수 있게 해줌에도 불구하고, 전형적인 십자군이 성지에 대한 십자군이었다는 것은 사실이다. 십자군 원정이 보잘것없는 결과를 가져오고, 더군다나 서양에는 상서롭기보다는 불운한 결과를 가져다주었을는지도 모른다. 그럼에도 십자군 원정은 그것이 끼친 심리적 영향으로 인해 중세 기독교 세계 팽창 운동의 핵심이었다.

그러므로 십자군 원정을 촉발시키는 데 있어서 물질적 요인들, 특히 곧바로 경제적인 요인들보다는 인구적 요인들이 담당한 본질적인 역할들을 잊어서는 안 되겠지만, 폴 알팡데리Paul Alphandéry와 알퐁스 뒤프롱Alphonse Dupront이 근사하게 분석한 것처럼 십자군 원정의 정신적·감성적 맥락에 각별한 주의를 기울이지 않으면 안 된다.

물론 십자군 원정에 참여했던 사람들이 그런 충동을 명시적으로 표명하지도 않았고 느끼지도 않았지만, 아마도 11세기 기사들과 농민들로서는 십자군 원정을 서양의 과잉 인구에 대한 해결책으로 보았을 뿐만 아니라, 토지·부·해외 기사 봉지 등에 대한 욕구가 주요 미끼였다. 하지만 십자군 원정은, 비록 그것이 완전한 실패로 끝나기 전에조차도, 서양인들의 토지에 대한 갈증을 해결해주지 못했다. 따라서 서양인들은 해외 식민에 대한 환상이 그들에게 가져다주지 못했던 해결책을 유럽에서, 그것도 주로 농업 발전에서 직접 찾지 않으면 안 되었다. 싸움터였던 성지 예루살렘은 도를 지나치고 때로는 억지가 많은 역사가들이 긍정적으로 기술해놓은 것과 같은 그러한 문화적 차용의 중심지—좋은 의미든 나쁜 의미든—가 아니었다. 십자군 원정은 이슬람 세계와의 전통적 관계와 내적 발전에 기인한 상업적 발전 같은 것도, 다른 통로를 통해 들어온 기술과 산물 같은 것도 기독교 세계에 가져다주지 못했다. 또한 팔레스타인과는 달리 교류가 밀접하고 생산적이었던 그리스·이탈리아(특히 시칠리아)·에스파냐의 번역 중심지들과 도서관들이 제공하는 지적 도구도 가져다주지 못했다. 뿐만 아니라 동방의 사치에 대한 취향과 유순한 관습을 가져다주지도 못했는데, 서양의 침울한 도덕주의자들은 이것을 동방의 마법과 마녀들 앞에 아무런 방어 준비가 되어 있지 않은 순진한 십자군에게는 독약과 같은 이교도의 선물인 동시에 동방의 속성이라고 생각했다. 아마도 이탈리아의 몇몇 도시들, 그중에서도 특히 제노바와 베네치아는 십자군에게 선박 임대와 대부를 해서 얻은 이익으로 부유해질 수 있었다. 그러나 진지한 역사가들은 더 이상 십자군 원정이 중세 기독교 세계의 상업의 각성과 발전을 자극했다고는 생각하지 않는다.

이와 반대로 십자군 원정은 서유럽, 특히 기사계급을 빈곤하게 하는 데 기여했다. 그것은 기독교 세계의 도덕적 통일성을 창조하기는커녕 갓 생성된 민족적 적대감을 더욱 격화시켰다. 이를 보여주는 여러 증언이 있지만, 우리는 생드니 수도원의 수도사이자 카페왕 루이 7세의 전속 사제인 외드 드 되유Eudes de Deuil가 제2차 십자군 원정 때 독일인과 프랑스인 사이의 증오감이 격화되었음을 기록해놓은 것을 읽어볼 필요가 있다. 또한 성지에서 리처드 사자심왕과 필리프 존엄왕과의 갈등 관계, 또는 리처드 사자심왕과 성지에서 귀환하는 그를 투옥케 했던 오스트리아 공과의 갈등 관계를 생각해보는 것만으로도 충분하다. 그것은 또한 서유럽인과 비잔티움인을 결정적으로 갈라놓았다. 십자군 원정이 횟수를 더해감에 따라 나타난 라틴인과 그리스인 사이의 적대감은 1204년 제4차 십자군에 의한 콘스탄티노플 점령에 즈음하여 더욱 격화되었다. 성전에 대한 열정은, 관습을 순화시키기는커녕, 중도에서 유대인 학대로부터 대량 학살과 약탈에 이르기까지 십자군을 극도로 포악하게 행동하도록 부추겼다. 1099년의 예루살렘 사건과 1204년 콘스탄티노플 사건을 예로 들 수 있는데, 우리는 이런 사실을 이슬람이나 비잔티움 연대기 작가들은 물론 기독교 연대기 작가들의 기록에서도 읽을 수 있다. 십자군의 재정 문제가 교황청의 과중한 과세와 면벌부 판매라는 경솔한 관행의 동기이자 구실이 되었다. 마지막으로 들 수 있는 것은 성지를 방어·유지할 수 없었던 기사단이 서양으로 철수하여 갖은 수단을 다 써 재정적·군사적 착취를 감행했다는 점이다. 이것이 바로 십자군 원정의 부정적 측면이다. 나는 기독교도들이 십자군 원정에서 얻은 결실은 빛 좋은 개살구였다고 생각한다.

그럼에도 십자군이 팔레스타인에 일시적으로 정착했던 것은 유럽 식민 운동의 최초 예이며, 그것은 하나의 전례로서 역사가에게 많은 교훈을 준다. 아마도 푸셰 드 샤르트르Foucher de Chartres는 그의 연대기에서 해외 식민 운동의 규모에 대해 약간 과장했던 듯하다. 그러나 그가 기독교 식민인들의 심리와 행동에 대해 언급해놓은 기술은 역시 주목할 만하다.

오늘날 하느님께서 서양을 동방으로 바꾸어놓은 방식에 대해 스스로 고찰하고 반성해보십시오. 서구인이었던 우리는 동방인이 되었습니다. 로마인이거나 프랑스인이었던 사람들이 갈릴리인이 되거나 팔레스타인인이 되었습니다. 랭스나 샤르트르에 거주했던 사람들이 이제는 튀루스나 안티오크 시민이 되었습니다. 사람들은 이미 자신의 고향을 잊어버렸습니다. 이미 그들은 우리 중 몇몇 사람에게는 낯선 사람이 되었거나 적어도 말을 하려 하지 않습니다. 일부는 이미 그 지방의 상속법에 따라 그들에게 귀속된 듯한 저택과 하인들을 소유하고 있습니다. 어떤 사람들은 동향인이 전혀 아닌 여자들, 즉 시리아 여인이나 아르메니아 여인 혹은 심지어는 세례를 통해 은총을 받은 사라센 여인과 결혼했습니다. 어떤 사람은 자기 집에 사위나 며느리 혹은 의붓아버지나 의붓아들과 같이 살았으며, 이들은 손자들이나 심지어는 증손자들에 둘러싸이기도 했습니다. 어떤 사람은 포도원을 가지고 있고 어떤 사람은 밭을 경작합니다. 그들은 여러 가지 언어를 사용하고 이미 모두가 서로 알아듣습니다. 가장 상이한 방언들조차 이제는 서로 다른 민족에게도 공용어가 되었습니다. 그리고 상호 신뢰가 출생을 알 수 없는 사람들을 결합시킵니다. 사실 이것은 "사자와 소가 똑같이 지푸라기를 먹는다"(「이사야」 62:25)는 말과 같습니다. 이방인이었던 자가 이제는 토착인이 되었으며 순례자가 주민이 되었습니다. 날마다 우리의 부모와 친척이 서양에서 그들이 소유했던 재산을 포기하고 우리와 합류하기 위해 이곳으로 왔습니다. 하느님이 고국에서는 가난했던 사람을 이곳에서는 부자로 만들었습니다. 약간의 돈밖에는 아무것도 없던 사람들도 이곳에서는 막대한 비잔티움 금화를 소유했습니다. 이곳에서 하느님은 소작지만을 가지고 있던 사람들에게 도시를 선물로 주셨습니다. 그러므로 동방이 이토록 좋다는 것을 발견한 사람들이 뭣 하러 다시 서양으로 돌아가겠습니까? 하느님은 십자가를 지고 자신을 따르는 데 헌신한 사람들이 이곳에서 가난해지는 것을 원치 않습니다. 잘 아시다시피 그것은 전 세계가 경탄해 마지않는 커다란 기적입니다. 이와 같은 것을 말하고 싶지 않은 사람이 어디 있겠습니까? 하느님은 우리 모두를 풍요롭게 하고 가장 소중한 친구로 대하고 싶어합니다. 하느님은 우리의 의지가 그의 의지와 일치하기를 원하기 때문입니다. 그러니 하느님과 함께 행복하게 지배하기 위해서는 부드럽고 겸양한 마음을 가지고 그의 마음에 들도록 합시다.

우르바누스 2세가 1095년 클레르몽에서 십자군 원정의 열정에 불을 댕겼을 때, 그리고 성 베르나르가 1146년 베즐레에서 그것에 부채질을 했을 때, 그들은 서양에서의 풍토병적인 전투를 하나의 정당한 대의명분, 즉 이교도에 대한 투쟁으로 바꾸어놓으려 생각하고 있었다. 그들은 같은 종교를 가진 사람들끼리 싸우는 추잡함을 기독교 세계로부터 추방하고 봉건 세계의 호전적 열정에 바람직한 출구를 제공하기를 원했다. 그들은 이제까지 결여되었던 정신과 행동의 통일을 형성하는 데 필요한 원대한 목표와 계획을 기독교 세계에 제시하고 싶었던 것이다. 물론 그 당시 '기독교 공화국'은 승리를 거두었지만 서로 싸워 분열되고 혼란스러웠으며 그 자체로는 활력을 유지할 수 없었던 터라, 교회와 교황권은 자신들이 영적으로 지도해온 십자군 원정에 힘입어 서방 세계에서도 그러한 기독교 공화국을 통제하는 수단을 공급받을 수 있으리라 생각했다.

결국 그들의 원대한 계획은 실패로 돌아갔다. 그러나 교회는 어떤 기대에 부응할 줄 알았고, 십자군 정신을 서양의 모호한 욕구와 어렴풋한 불안을 구체화하는 수단으로 만드는 데 성공했다. 장기간에 걸쳐 준비된 감수성과 망탈리테가 천상의 예루살렘을 추구하는 서양적 정신을 길러냈다. 그러한 이상적 이미지가 실현되었고 교회는 기독교도들에게 지상의 예루살렘을 통해 천상의 예루살렘에 도달할 수 있다고 가르쳤다. 세속적 현실들 때문에 토지에 발이 매여 있기는 불가능했던 그러한 기독교도들을 사로잡았던 방랑에 대한 갈증이, 사람들로 하여금 모험이며 부며 영원한 구원 등과 같은 모든 것을 기대케 하는 순례로 한순간에 채워지지는 않았다. 서양에서는 십자가가 여전히 고통의 표지가 아니라 승리의 표지였다. 따라서 교회는 십자군의 가슴에 십자가 표지를 달고 다니게 함으로써 그 표지에 십자가의 진정한 의미를 부여했고 십자가가 콘스탄티누스 대제(312년 황제 막센티우스Maxentius와의 정권 투쟁에서 "십자가의 표지를 따르라"는 계시를 받고 승리함──옮긴이)와 초기 기독교도들에게 담당했던 기능을 부활시켰던 것이다.

사회적 균열 현상이 십자군 원정에서 다시 나타났지만, 그것은 유사하고도 격렬한 열정들에 생기를 불어넣었다. 기사로 구성된 군대가 빈자로 구성된 군대에 압도당하는 형편이었다. 제1차 십자군 원정 때 가장 크게 고무된 빈자들의 십자군이 먼저 출정했다. 이들은 도중에 다수의 유대인을 학살하고 점차 패주하여 결국에는 목적지인 성도에 이르지도 못하고 기아와 질병과 터키족의 공격을 받아 괴멸하고 말았다. 그 후 십자군 정신은 십자군의 영성과 신화를 가장 강렬하게 체험했던 최하층 계급에서 오랫동안 유지되었다. 13세기 초 소년 십자군(젊은 농부들의 십자군)은 그러한 성향이 얼마나 지속적이었는지를 감동적으로 보여준다.

십자군 원정이 잇따라 실패하고 십자군의 신화가 정치로 그리고 뒤이어 사회적 물의로 급격히 변질되었음에도, 원정에 대한 강한 열망은 오랫동안 진정되지 않았다. 해외와 '여행passage'에 대한 매력은 고향에서 집단적·개인적 운명의 의미를 발견할 수 없었던 서양인들의 상상력과 감수성을 12세기에는 물론 그 이후까지도 자극했다.

1099년에는 예루살렘이 정복되고 라틴 제국이 성지에 세워졌으나, 곧바로 위협을 받았다. 루이 7세와 콘라트 3세가 1148년 그것을 구출하기는 역부족이었고, 차후 팔레스타인에서의 기독교의 판도는 끊임없이 쭈그러드는 상어가죽 같았다. 살라딘Saladin이 1187년 예루살렘을 재정복했다. 필리프 존엄왕이 자신의 왕국을 재정복하느라 여념이 없는 동안, 리처드 사자심왕은 제3차 십자군 원정(1189~1192년)에서 많은 무공을 세웠다. 베네치아 상인들이 콘스탄티노플로 방향을 바꾼

제4차 십자군은 콘스탄티노플과 그리스에 또 다른 잠정적인 라틴 제국(1204~1261년)을 세웠다. 교황에 의해 파문된 프리드리히 2세가 1229년 협상을 통해 예루살렘을 반환받았다가 1244년 이슬람교도들이 다시 점령했다. 그 당시 몇몇 이상주의자만이 십자군 정신을 간직하고 있었다. 루이 성왕이 바로 그런 사람들 중 하나다. 그의 모친 블랑슈 드 카스티야Blanche de Castille를 위시하여 대부분의 가족과 측근들이 보기에는 매우 놀라운 일이었지만, 그는 십자군 병사들의 마음을 사로잡는 데 성공했는데, 이들 중 대부분은 신에 대한 사랑보다는 루이 성왕에 대한 사랑 때문에 그를 따랐다. 그는 1248년부터 1254년까지 첫번째 원정을 시도했으나 이집트에서 이교도들의 포로가 되고 말았으며, 1270년 두번째 원정에서는 튀니지에 도달하기도 전에 사망했다.

14세기까지는 물론 그 이후에도 사람들은 여전히 십자군 출정에 대해서 말하곤 했다. 그러나 더 이상 출정하지는 않았다.

3. 도시의 부활

예루살렘이 서양인의 상상력을 사로잡고 있던 바로 그때, 보다 현실적이고 보다 세속적인 미래를 갖게 될 다른 도시들이 서양에서 발전하고 있었다.

그러한 도시들의 대부분은 1000년 이전에 존재했었고, 그것은 고대 혹은 그 이전으로까지 거슬러 올라간다. 스칸디나비아, 게르만 혹은 슬라브와 같이 뒤늦게 기독교로 개종한 야만 국가들에서조차도 중세 도시란 슬라브의 'grod'나 노르만의 'wik' 같은 원시 도시들을 연속시켰던 것이다. 중세에 무에서 *ex nihilo* 도시적 토대들이 형성된 경우는 거의 없었다. 뤼벡 같은 도시조차도 1143년 아돌프 Adolf von Schauenburg 와 1158년 하인리히 사자공한테 도시 특허장을 받기 이전에 이미 존재하고 있었다. 그렇지만 매우 흔히 나타나는 그러한 연속성의 경우에조차 중세 도시가 선대 도시와 동일한 것이라고 말할 수 있을까?

로마 세계에서 도시의 주요 기능은 정치적·행정적·군사적인 것이었고, 경제적인 기능은 부차적이었다. 중세 초에는 도시들이 그 규모가 옛날의 거대했던 성벽의 한 모퉁이로 줄어들었고, 그 기능은 정치적·행정적인 기능, 그것도 한결 위축된 기능으로 한정되었다. 그런 도시들 가운데 가장 보잘것없는 도시들조차 비교적 큰 중요성을 띠었던 것은 일반적으로 거기에 왕(물론 그는 한곳에 정착하지 않고 순회하기를 좋아하며 '촌티'가 났다)이나 고관들(이들은 숫자가 많지도 않았고 그들의 대궐 같은 궁정 밖에서는 많은 측근을 거느리지도 못했다)이 상주한 것보다는 주교가 거주한 데 그 원인이 있다. 기독교는 원래 도시의 종교였던 관계로 서양에서 도시적 연속성을 유지시켜주었다. 그리고 주교 도시가 약간의 경제적 기능을 유지시켜주었다면, 그것은 단순화하면 주교들이나 수도원들의 곡식창고가 담당했던 역할 때문이었다. 이 창고들은 인근 농촌에서 나온 식량을 비축하기 위해 도시에 세워졌으며, 이 식량은 도시민들 중 소집단의 대부분에게 돈을 받고 분배한 것이 아니라 봉사에 대한 대가로 분배하기도 하고 기근 시에는 무료로 나누어주기도 했다.

앙리 피렌은 중세 도시가 그러한 경제적 기능에서부터 탄생하여 발전했음을 멋지게 증명했다. 중세 도시는 교환의 재개로 탄생했으며 상인들에 의해 만들어졌다. 1000년경 중세 도시의 연속성이 사실이 아니라고 주장하는 것은 중세 도시가 고대 도시 중심지 주변에 세워졌기 때문이다. 중세 도시는 슬라브의 '포드그로지podgrozie'나 서양의 '포르투스portus' 같은 성곽 도시다. 더욱이 연속성이 지배한 지방에 있는 중세의 대도시들은 일반적으로 고대 도시나 중세 초 도시를 계승한 것들이다. 베네치아·피렌체·제노바·피사·밀라노(밀라노는 4세기까지는 초라했다가 7~11세기 중에는 파비아 때문에 완전히 빛을 잃고 말았다)·함부르크나 뤼벡은 말할 것도 없고, 파리·브뤼헤(브뤼주)·헨트(강)·런던 등은 본질적으로 중세에 성립된 도시들이다. 쾰른과 마인츠 같은 라인 강 연안 도시들과 특히 로마(그러나 로마는 상주인구가 더 많은 산티아고데콤포스텔라 같은 종교적 중심지에 불과했다)를 별도로 한다면, 가장 비중 있는 로마 시대의 도시들이 중세 중에 사라지거나 아류 도시로 전락했다.

중세 도시의 탄생은 상업의 부활에 기인했을 뿐만 아니라, 도시 중심지들에 인력과 식량을 더 많이 공급하기 시작했던 서양의 농업 발전에 기인하기도 했다. 그러므로 중세 도시의 탄생과 발전을 불가피하게 만든 복합적인 자극 요인들과 특히 다양한 사회집단들에 그 원인을 돌리지 않으면 안 된다. "그것은 새로운 부인가 아니면 부의 산물인가?" 이것은 앙리 피렌을 계승하여 뤼시앵 페브르가 주도한 유명한 논쟁에서 제기된 질문이다. 물론 도시들은 토지와 수도원 '공동체 familiae'를 떠나 아무런 편견 없이 단시간에 모험생활로 돈을 번 벼락부자 같은 '신인들 homines novi'을 유인했다. 그러나 이들에게 합세하거나 이들을 지지해주면서 도시의 발전에 주도적인 역할을 했던 사람들은 토지 귀족과 성직자 같은 지배계급이었다—특히 이들은 처음부터 자신들이 소유했던 돈을 신인들에게 대부해주기도 했다. 흔히 노예와 농노 신분

출신으로서 장원의 집사였지만 봉건적 위계 서열의 상층부로 어느 정도 빠르게 상승했던 미니스테리알레스*ministeriales* 같은 계층이 분명히 도시 발전에 중요한 역할을 담당했다. 이탈리아·프로방스·랑그독·에스파냐와 같이 그리스-로마적·비잔티움적·이슬람적 전통이 그 토대에 보다 확고하게 남아 있던 도시들을 제외한다면, 중세 서양에서 강력하게 도시화된 지역들은 분명히 대상로가 맞닿는 지역들이었다. 북부 이탈리아는 알프스 육로와 지중해 해로의 종착점이고, 북부 독일과 플랑드르는 동부 상로가 다다르는 곳이며, 북동 프랑스는 특히 12~13세기에 샹파뉴 지방의 정기 시장을 중심으로 북프랑스와 남프랑스의 상인과 산물이 교류되던 곳이었다.

그러나 이러한 지방들은 가장 풍요로운 평야 지대요, 3포제가 가장 확실하게 실시된 지역이요, 바퀴 달린 쟁기와 역마(役馬)가 가장 널리 보급된 지역이기도 했다. 물론 여기서도 중세 도시와 농촌 사이의 밀접한 관계 속에서 결과에 대한 원인이 무엇인지를 결정하기는 쉽지 않다. 도시가 탄생하기 위해서는 그에 유리한 농촌적 환경이 필요하다. 그러나 도시는 그 자체의 발전과 요구에 따라 확장되는 주변 농촌에 대해 항시 더 큰 흡입력을 행사했다. 도시민들은 부업으로만 경작에 참여한 소비자 집단이었으므로 외부로부터 식량을 공급받지 않으면 안 되었다—중세 도시 내부에 진정한 의미의 농토는 존재하지 않았지만, 도시민의 영양 공급에 무시 못 할 역할을 담당했던 채소밭과 포도밭은 존재했다. 도시는 인근 농촌에서 식량을 공급받았을 뿐만 아니라 농촌의 인구 증가에 영향을 미쳤으므로 도시 근교에서는 개간이 많아지고 생산성이 높아졌다. 10세기에서 14세기 사이에 도시로의 인구 이동은 기독교 세계의 두드러진 현상 중 하나였다. 아무튼 확실한 것은 도시는 그 자체가 받아들인 여러 가지 인적 요소들로 새로운 사회를 건설했다는 사실이다.

물론 그러한 도시사회도 흔히 전적으로 농촌적이라고 묘사되는 '봉건적'인 사회에 속했다. 도시는 대체로 장원으로 조직되었다. 달리 말하면, 장원이 '공권력ban'의 정교한 행사에 근거한 이른바 '공권 장원 seigneurie banale'으로 발전했듯이, 도시가 봉건적 형태의 권력인 '공권력'을 부과해가면서 형성했던 근교 농촌도 '공권 장원'으로 발전했다. 도시들은 이탈리아에서처럼 간혹 도시에 거주한 봉건 영주들의 영향력 아래 있기도 했다. 도시 부호들은 귀족적 생활방식을 모방하고 돌로 저택을 지었으며, 식량의 방어와 비축에도 도움이 됐지만 무엇보다도 위세의 표지로 자신의 성탑을 축조하기도 했다. 아마도 도시사회는 여전히 압도적으로 농촌적인 상태에 머물러 있던 세계에서 소수에 불과했을 것이다. 다니엘 토르너Daniel Thorner는 중세 서양에 적용한 농촌 경제 모델에서 전체 인구 중 적어도 5퍼센트가 도시민이었으며, 전체 노동 인구의 50퍼센트 이상이 농업에 종사했을 것이라고 추측했다.

그러나 점차 이 같은 도시사회는 농촌에서 온 슬로건 대신 자체의 고유한 충동을 수용하는 데 성공했고, 교회는 도시의 이 같은 기대를 저버리지 않았다. 12세기에도 여전히 기독교 세계에 방향을 제시해준 것은 클뤼니 수도원의 피에르 가경자(可敬者)Pierre le Vénérable와 시토 수도원의 성 베르나르 같은 수도사들의 목소리였다. 특히 성 베르나르는 수도원 가까이에 있는 혼잡스럽고도 새로운 도시인 베즐레에 가서 십자군 원정을 촉구하는 설교를 하고, 파리에서는 학생들을 도시적 유혹에서 떨어뜨려 사막과 수도원 학교로 돌려보내려 했으나 헛수고였다. 13세기에는 도밍고(도미니쿠스)회 수도사들과 프란체스코회 수도사들

같은 영적 지도자들이 도시에 거주하고, 교회나 대학의 강단에서 영혼을 관리했다.

차후 도시는 기독교 세계를 지도하고 고무하고 발전시키는 역할을 담당할 것인데, 그런 역할은 우선 경제 분야에서 나타났다. 비록 초기 도시는 무엇보다도 교환의 장소요 상업의 중심지요 시장이었지만, 그 본질적 기능은 생산 활동이었다. 도시는 하나의 작업장이었다. 그리고 가장 중요한 것은 그러한 작업장에서 분업이 시작되었다는 점이다. 중세 초 농촌에서는 일부 숙련된 장인적 기술을 포함한 모든 생산기능이 장원에 집중되어 있었다. 중간 단계가 폴란드나 특히 보헤미아 같은 슬라브 권 국가에서 나타났을 수도 있다. 이 지방에서는 10~13세기에 대토지 소유자가 마구 제조공·대장장이·도공·마차 제조공 등과 같은 전문가들을 특정 촌락에 분할·배치했다—이에 대한 지명은 오늘날에도 그 흔적을 남기고 있는데, 예컨대 폴란드에 있는 'Szewce'는 '제화공 마을'을 의미한다. 알렉산데르 기예슈토르Aleksander Gieysztor에 따르면 "그것은 공작-성주 권위의 지배 아래 있던 장인들이 거주하는 촌락들을 말하는바, 여기서 장인들은 그들의 본질적 생존을 농업에 의존하면서도 전문적인 수공품의 형태로 세금을 납부하지 않으면 안 되었다." 그러나 도시에서의 그러한 전문화는 극단으로 치달았다. 장인은 이제 더 이상 농민이 아니었으며, '부르주아'는 이제 우선 토지 소유자가 아니었던 것이다.

그러나 새로운 직업의 역동성과 자율성을 과장해서는 안 되겠다. 봉건 영주들은 여러 가지 방식으로 경제 활동을 제한하고 통제했다. 경제적인 차원에서는 대부분의 원료가 장원에서 산출된 데다 제도적인 차원에서는 도시들이 자치권을 획득했음에도, 영주들은 봉건적 관습,

특히 세금을 통해 생산과 교환을 억제했다. 신종 직업들을 가입시킨 동업조합은, 구나르 미크비츠Gunnar Mickwitz가 밝힌 것처럼 무엇보다도 경쟁을 제한하고 생산을 억제하는 '카르텔'이었다. 지나친 전문화는 새로운 경제의 취약성의 원인은 아니더라도 적어도 표지였다. 루이 성왕 치세 말기인 1260~1270년에 파리의 조합들을 규제하는 법규를 담은 에티엔 부알로Etienne Boileau의 『직업 규약서 Livre des métiers』를 살펴보면, 철을 다루는 직종 수가 전체 130개 직종 가운데 22개나 된다는 사실에 놀랄 것이다. 그러한 경제는 특히 지방적 필요를 충족시키는 것으로 그쳤다. 수출용으로 상품을 생산하는 도시들은 매우 적었다. 거의 산업 수준에 도달한 유일한 직종은 북서 유럽, 특히 플랑드르와 북부 이탈리아에서 성행한 직물업이었다. 이 직물업은 양질의 모직물과 견직물 같은 호화스런 옷감과 거의 사치스런 직물을 생산했고 관련 상품의 생산을 자극했다. 관련 상품으로는 특히 염료 식물의 생산을 들 수 있는데, 그중에서도 대청이 13세기부터 각별한 위치를 차지했다. 특별한 경우에 해당하는 건축업은 다음에 다루기로 한다.

4. 상업의 부활

도시는 상업적 교환의 중심지 역할도 담당했다. 이것을 특히 앙리 피렌 이래의 전통 역사학은, 비록 이 같은 상업적 교환에서 도시의 비중을 약간 과장하긴 했지만, 당연히 인정하고 있다. 이 같은 상업은 직물·대청·향료 같은 사치품이나 소금 같은 생활필수품의 거래를 중심으로 오랫동안 유지되었다. 곡물이나 목재 같은 무거운 상품은 뒤늦게야 원거리 무역 상품이 될 수 있었다. 몇몇 중심지만이 그러한 상품의 판매와 그에 따라오는 초보적인 거래 관행, 특히 환전을 실행할 수 있었다. 그중에서도 12~13세기 샹파뉴 지방의 정기 시장은 주요 상업 중심지였다. 이탈리아와 북부 독일에서는 항구와 도시가 출현했다. 베네치아·제노바·피사·아말피타니·아스티·밀라노·시에나·피렌체 등지의 이탈리아 상인들은 아미앵이나 아라스의 상인들처럼 도시 내에서 따로따로 활동했다.

그러나 북부에서는 원격지 무역이 거대한 상업동맹에 의해 지배되었고, 이들은 곧바로 정치권력도 획득하게 되었다. 이것이 한자동맹이다. 우리는 한자동맹의 기원을 1161년 하인리히 사자공의 후원 아래 독일 상인과 고트란트 주민 간에 체결된 조약에서 확실하게 찾을 수 있다. 이 조약에는 "고트란트를 철 따라 왕래하는 독일 상인조합"이 언급되어 있다. 13세기 말 이 조합은 그 세력을 플랑드르와 잉글랜드에서부터 북부 러시아까지 확장했다. "독일 상인들은 어디에서나, 특히 발트 해와 북해에서 자신들 사이의 경쟁을 제한하고 고트란트 상인들에게는 덴마크 해협을 거쳐 서쪽으로 통과하는 것을 금지시키고, 프리슬란트 상인·플랑드르 상인·잉글랜드 상인에게는 덴마크 해협을 거쳐 동쪽으로 통과하는 것을 금지시켰다. 그들은 노르웨이와 잉글랜드 사이의 상업을 장악하기도 했다." 이 인용문은 역사가 필리프 돌랭제Philippe Dollinger가 1300년경의 독일 상인에 대해 묘사한 것이다.

이와 동시에 대규모 상업을 지배하고 있던 두 집단, 즉 북쪽의 한자동맹 상인들과 남쪽의 이탈리아 상인들의 관계가 전환점을 맞이했다. 그들은 여정이 길고 경비가 많이 들며 항시 위험했던 육로를 따라서 샹파뉴 정기 시장에서 만나 거래하지 않고, 대신 해로를 통해 직접적이고도 정규적인 관계를 맺었다. 상선들은 제노바와 베네치아를 런던과 브뤼헤에 연결시켰고, 더 나아가 발트 해 연안과 그 배후지까지 연결시켰다. 중세 초에는 수로를 중심으로 전개되었던 보잘것없는 중세 상업이 10~14세기에는 육로를 따라 점차 발전했다. 이와 동시에 중세 상업은 지중해·대서양·영불해협·북해·발트 해 등 해로를 따라서 알렉산드리아로부터 리가Riga(발트 해 동부에 있는 항구로서 오늘날에는 라트비아 공화국의 수도임— 옮긴이)에 이르기까지 해상에서 모험적으로 활동하기 시작함으로써 근대 유럽의 상업적 팽창에 길을 닦아주었다.

도시에 의존하면서 태어난 이 같은 원격지 무역은 매우 중요한 의미를 지닌 두 가지 현상을 조장했다.

원격지에 은행의 설립과 함께 중세 기독교 세계의 팽창이 완료되었다. 지중해에서의 제노바와 베네치아 상인들의 팽창은 상업적 식민의 범주를 넘어선 것이었다. 콘스탄티노플 황제(992년과 1082년)로부터 점점 더 일련의 엄청난 특권을 획득하고 있던 베네치아 상인들은 제4차 십자군 원정(1204년) 이후 아드리아 해 연안·크레타·에게 해와 이오니아 해 연안 도서들(특히 에우보에아)에 사실상의 상업 제국을 건설했다. 또한 14~15세기에는 코르푸Corfu와 키프로스를 병합하기에 이르렀다. 제노바 상인들은 소아시아 연안, 특히 직물 공업에서 매염제로서 매우 중요한 명반(백반)의 대규모 생산지인 포카이아Phocaea와 흑해 북안의 카파Kaffa에 있는 식민지들을 식료품과 인력(남녀 가내 노예)의 공급을 위한 확실한 거점으로 삼았다.

북쪽에서는 한자동맹이 브뤼헤·런던·베르겐·스톡홀름(1251년에 세워짐) 등과 같은 서양 기독교 영역뿐만 아니라, 더 멀리 동쪽으로는 이교 지역(리가, 1201년)이나 그리스 정교 지역(노브고로드)에도 상인들을 정착시켰다. 상인의 식민은 독일의 도시와 농촌 식민의 범위를 넘어섰고, 때로는 평화적으로, 때로는 무력을 통해 경제적 이익 이외에 사실상의 민족적 우월성을 보증해주는 특권을 획득했다. 1229년 스몰렌스크Smolensk 공과 독일 상인들 사이에 체결된 상업조약에서 다음과 같은 구절을 볼 수 있다. "한 러시아 상인이 다른 러시아 상인의 채무자이면서 독일 상인으로부터 외상으로 물품을 구입했을 경우, 독일 상인이 채무를 변제받는 데서 우선권을 갖는다." 만약 어떤 러시아 상인과 독일 상인이 함께 상품 선적에서 포화점에 다다를 경우 독일 상인이 러시아 상인보다 우선권을 갖는다— 단, 러시아 상인이 스몰렌스크 출신이 아니어야 한다. 그러나 그가 스몰렌스크 출신일 경우 추첨으로 우선권을 가린다. 상업적 식민 형태는 또한 서양인들로 하여금 식민주의에 익숙해지도록 만들었는데, 이것이 그들에게 처음에는 성공을, 나중에는 실망을 맛보도록 했다.

또한 지리적 팽창의 원동력인 원격지 무역은 도시를 중심으로 해서 나타나는 현상인 화폐경제의 확장에 있어서 주요 역할을 담당했다. 소비와 교환의 중심지인 도시들은 결제를 위해 점차 화폐를 이용했을 것이다. 이 점에서 13세기는 결정적인 단계다. 피렌체·제노바·베네치아와 에스파냐·프랑스·독일·잉글랜드 등지의 군주들은 그들의 필요에 대응하기 위해 먼저 고가의 은화(gros화)를, 다음에는 금화를 주조했다—피렌체의 피오리노fiorino화는 1252년에, 루이 성왕의 에큐écu화는 1263~1265년에, 베네치아의 두카토ducato화는 1284년에 주조되었다. 로페즈는 13세기를 '금화로 복귀하는 세기'라 불렀다.

우리는 자연경제에 대한 화폐경제의 그러한 점진적 우위의 결과를 나중에 다시 살필 것이다. 화폐경제가 농촌에 도입되고 장원의 지대를 변화시킴으로써, 그것은 서양 중세를 변형시키는 데 결정적 요소가 되었을 것이다. 카롤루스 마그누스의 화폐개혁은 소수 왕실 집단을 제외하고는 일반의 무관심과 무지 속에서 수행된 바 있다. 그러나 13세기 말과 14세기 초 사이에 실행된 필리프 미남왕의 화폐개혁, 즉 서양에서의 최초의 평가절하는 거의 모든 사회계층으로부터 빈축을 샀고, 도시에서는 민중 소요와 폭동을 자극했다. 많은 농민들은 금화는 말할 것도 없고 은화조차 구경하지 못했다. 그러나 그들은 점차적으로 수sou화를 사용하기 시작했다. 비록 시기는 늦었지만 농민들은 서양인들의 일상생활에 화폐가 등장하게 되는 그러한 주요 발전에 참여하고 있었던 것이다.

5. 지적·예술적 발전

도시적 특징은 무엇보다도 지적·예술적 분야에서 현저하게 나타났다. 아마도 수도원적 환경은 11세기와, 정도는 덜하지만 12세기에도 여전히 문화와 예술이 발전하기에 가장 적합한 환경으로 남아 있었다. 신비적 영성의 표현인 로마네스크 예술은 수도원에서 만개했다. 위그가 수도원장(1049~1109년)으로 있던 클뤼니 수도원과 대성당은 새로운 시대의 여명기에 그러한 수도원적 우위를 상징한다. 시토 수도원과 거기에서 파생된 수도원들은 다른 방법을 통해 그러한 경향을 유지했다. 그러나 문화의 우위를 수도원에서 도시로 이동케 한 문화적 전이 *translatio*는 교육과 건축 두 분야에서 강하게 감지되었다.

13세기에는 도시 학교가 수도원 학교보다 우위를 차지했다. 비록 주교 학교에서 파생되기는 했지만, 새로운 학교 중심지들은 자체적으로 교수와 학생을 모집하고 자체의 학사일정과 방법으로 주교 학교에서 해방되었다. 스콜라 철학은 도시의 산물이었다. 그것은 새로운 제도, 즉 지식인 조합인 대학에서 발전했다. 학문과 교육은 도시 일터에서 전문화된 여러 활동 중 하나로서 직업이 되었다. 더욱이 그 명칭은 의미심장하다. 즉 '대학universitas,' 그것은 하나의 조합이었다. 대학은 교수들과 학생들의 조합에 불과한 것으로, 학생들이 지배한 볼로냐 대학에서부터 교수가 지배한 파리 대학에 이르기까지 다양성과 함께 미묘한 차이를 지니고 있었다. 책은 이제 도구가 되었고 더 이상 숭배 대상이 아니었다. 그것은 모든 도구처럼 대량으로 생산되는 경향이 있었으며 생산과 교환의 대상이 되었다.

1000년 이후 기독교 세계의 발전의 산물이자 표현인 로마네스크 예술이 12세기 중에 변화했다. 로마네스크 예술의 새로운 양태인 고딕 예술은 도시 예술이었다. 대성당cathédrale은 도시적 구조에서 나온 성당 예술로서의 고딕 예술을 승화하고 지배했다. 대성당의 도상은 도시 문화의 표현이다. 다시 말해 도시에서는 활동적 삶과 명상적 삶이 불안정한 조화를 추구했고, 조합들이 유리창 그림으로 교회를 장식했으며, 스콜라적 지식이 발전했다. 도시 주변의 농촌 교회들은, 비록 예술적 성공 면에서는 뒤지고 물질적 재원 면에서는 훨씬 제약을 받았지만, 모델로서 도시 성당의 평면도나 종탑·탑·박공같이 훨씬 더 의미가 깊은 요소들 중 하나를 모방했다. 더 수가 많고 인간적이며 현실적인 새로운 주민들을 수용하기 위해 지어진 대성당은 인근 농촌생활의 고마움을 그들에게 환기시켜주는 것을 잊지 않았다. 농업 노동의 기본 틀이 되고 있는 연중 월별 주제가 여전히 도시 교회에서 전통적 장식물 중 하나로 남아 있었던 것이다.

6. 기독교 세계의 발전에서 교회와 종교

기독교 세계의 그러한 발전에 교회가 주도적으로 참여했다. 그러나 몽탈랑베르Montalembert와 그를 추종하는 역사가들이 종종 과도하게 주장한 것과는 달리 교회는 본질적 역할을 직접 담당하지는 않았다.

조르주 뒤비가 강조한 것처럼 수도사들은 개간사업에서 매우 사소한 역할밖에 하지 않았다. "전통적 관례를 준수해온 베네딕투스회 수도사들과 클뤼니 수도사들은 영주적인, 따라서 유한적인 형태의 생활을 했고," 또한 12세기의 새로운 교단들도 "적어도 부분적으로는 이미 구획 정리된 개간지에 정착했기" 때문이다. 또 이들은 목축에 각별한 관심을 갖고 있어서 "경작지를 확대하는 일에 별로 관심을 기울이지 않았다." 결국 "새로운 형태의 수도원들은 사막-숲을 보호하고 농민들과는 거리를 유지하는 데 주의를 기울이면서 개간 사업으로부터 일부 숲 속의 빈터를 보호하는 데 기여했다. 만일 이 수도원들이 없었더라면 개간으로 말미암아 숲 속의 빈터도 감소했을 것이다."

그러나 경제 차원에서는 교회가 능력을 발휘했다. 교회는 자신만이 소유하고 있는 재원을 초기 단계에서 투자했다. 경제적 축적 단계에서 교회는 어느 단체보다도 더 많은 재원을 축적했다. 교회는 경제적 발전, 특히 건축의 발전으로 말미암아 정상적 생산 활동으로는 감당할 수 없을 정도의 재원이 필요했던 1000년부터, 말하자면 "자금을 풀고" 축적된 재원을 유통시켰다. 물론 그것은 그 마술적 외양으로 인해 경제적 실체가 은폐되어서는 안 되는 기적의 분위기에서 이루어졌다. 주교와 수도원장이 자신의 성당과 수도원을 확대·증축하고자 할 경우, 그들은 사업의 완성까지는 아니더라도 적어도 그것을 착수할 수 있을 만한 재보를 기적을 통해 발굴할 수 있었다. 예컨대 1000년이 되기 몇 해 전에 오를레앙의 주교 아르눌Arnoul은 생트크루아 교회를 "거창하게" 개축할 생각이었다. 라울 글라베는 다음과 같이 썼다. "그에게 분명한 신적인 격려가 베풀어졌다. 어느 날 석공들이 교회 담터를 물색하려고 토질의 견고성을 조사하다가 다량의 금을 발견했다. 그들은 이 교회당이 매우 큼에도 그 금이 교회의 개축에 드는 모든 비용을 충당하고도 남겠다고 생각했다. 그들은 우연히 발견한 그 금을 가져다 고스란히 주교에게 바쳤다. 주교는 자신에게 베풀어진 선물에 대해 전지전능한 하느님께 감사하고 그것을 교회의 개축에 전부 쓰라는 주문과 함께 십장에게 건네주었다. 그 금은 그러한 개축에 대비해 그곳에 금을 묻어두었을지도 모를 같은 교회의 선대 고위 성직자인 성 에바르스가 대비해둔 것이라고 한다."

수도원들은 11~12세기에 유대인들이 그 당시까지 수행했던 채권자의 역할을 담당하기에는 더 이상 충분치 못했고 기독교 상인들이 유대인들을 아직까지 대신하지는 못했던 상황에서 로베르 제네스탈Robert Génestal이 잘 지적한 것처럼 '신용거래 기관' 역할을 했다.

이 기간 동안 교회는 줄곧 상인들을 보호하고, 이들을 경멸했던 유한적인 영주계급의 편견을 극복하는 데 협조했다. 교회는 경제적 발전을 가져왔던 노동을 복권시키려 시도했고, 따라서 「창세기」 편에서 정의된 노동-책벌(타락한 인간은 벌로 이마에 땀을 흘려 빵을 구해야 한다)은 구원의 가치를 갖게 되었다.

특히 교회는 사회발전에 적응하고 자체적으로 필요한 영적인 구호를 제공해주었다. 우리는 십자군 원정에서 그것을 경험한 바 있다. 교회는 거친 현실의 필수적인 평형추인 꿈을 제공해주었다. 11~12세기는 점차적으로 번영을 하고 화폐의 사용이 확대되며 부가 차츰 매혹적인 유혹거리가 되었던 시기였다. 이때 교회는 성공을 거두었으면서도 그것을 불안해하는 사람들과 아직도 짓밟혀 있는 자들에게 이념적 안전판, 즉 빈곤의 정당성을 제공해주었다—복음서에서는 부자가 천국에 갈 가능성에 대해 심각한 의문을 제기하고 있다.

그러한 움직임은 개혁과 '참된 사도적 삶 *vita vere apostolica*'으로 복귀하는 것에 대한 여러 접근 방법이 구체화되기에 이르렀던 11세기에 일기 시작했다. 그것은 성직자들에게 공동체적 삶을 권장하면서 성직자의 개혁을 고무시켰다. 이것이 성직자들에게 이른바 '성 아우구스티누스 계율'을 강요하면서 그들의 제도를 개혁하는 종규 운동으로 나타났다. 사도적 가난의 추구는 11세기 말과 12세기 초에는 더 널리 퍼졌다. 그것은 또한 새로운 교단들을 탄생시켰다. 이 교단들은 서양 세계가 끊임없이 등을 돌리는 참된 가치들을 '사막'에 가서 고독한 생활 속에서 되찾을 필요가 있음을 역설했다. 그러나 이 교단들은 베네딕투스 수도원 전통과 그 경제적 본보기를 약간 변형시켜 계승했다. 이들은 육체노동을 격찬하고 경제 활동의 새로운 형태들, 예컨대 새로운 경작 방식인 3포제, 양모를 생산하고 직물공업에 원료를 공급하는 목축에 대한 의존 증대, 물레방아와 철공소 같은 기술혁신의 수용 등이 결합된 형태들을 조직했던 것이다.

그 모형은 이탈리아에서 왔으며, 아마도 라티움·칼라브리아·시칠리아의 그리스정교회 수도사들을 통해 비잔티움적·동방적 수도원 제도로부터 자양분의 대부분을 얻어왔을 것이다. 일찍이 10세기 그로타페라타Grottaferrata 수도원을 세운 성 닐루스St. Nilus, 1012년 라벤나 인근 카말돌리Camaldoli 수도원을 세운 성 로무알드St. Romuald, 마지막으로 1020년경 토스카나에 발롬브로사Vallombrosa 수도원을 설립한 성 귀알베르티St. Gualberti 등은 1150년을 전후해서 새로운 교단을 세운 위대한 설립자들에게 영감을 제공한 동시에, 전통적인 '검은 제복의 수도사'인 베네딕투스 수도사들에 맞서 '흰 제복의 수도사moine blanc'를 창시한 사람들이다. 에티엔 드 뮈레Etienne de Muret는 1074년 그랑몽 교단을, 성 부르노는 1084년에 그랑드샤르트뢰즈Grande-Chartreuse 교단을, 로베르 드 몰렘Robert de Molesme은 1098년 시토 교단을, 로베르 다르브리셀Robert d'Arbrissel은 1101년 퐁트브로Fontevrault 교단을, 성 노르베르St. Norbert는 1120년 프레몽트레Prémontré 교단을 각각 세웠다. 신구 수도원 사이의 대립은 클뤼니 수도원장(1122~1156년)이었던 피에르 가경자와 클레르보 수도원장(1115~1154년)이었던 시토 수도원 수도사 성 베르나르 사이의 뜨거운 논쟁으로 상징되었다. 한쪽에는 많은 농노들 덕택에 시간적 여유가 많아 '미사와 성무 일과Opus Dei'를 본질적 내용으로 하는 영성을 지지하는 사람들이 있었고, 반면 다른 한쪽에는 평수도사들과 함께 수도사들이 수행하는 육체노동과 기도를 결합시킨 신비주의의 열광자들이 있었다. 또한 한쪽에는 교회당의 웅장함이며 의례의 장려함이며 예배의 화려함 등으로 함양된 종교적 감수성에 고무된 수도사들이 있었던 반면, 다른 한쪽에는 소박성과 장식이 없는 순수 노선을 정열적으로 추구하는 수도사들이 대치하고 있었다. 화려한 치장과 뒤틀린 듯한 기이한 장식을 좋아하는 로마네스크적 바로크 양식—로마네스크 예술이 소박하다는 생각은 매혹적이긴 하지만 20세기의 시대착오적인 허구다—대신에, 시토 교단은 본질을 위해 세세한 점을 무시하면서 보다 엄격하고 보다 질서 있는, 막 탄생 중에 있던 고딕 양식을 채택했다.

그 당시 순결성에 대한 민중들의 포부를 고취시켰던 것은 무엇보다도 종교적 삶의 주변부에 있었던 무정부주의적 인물들이었다. 이들이 바로 아직까지도 제대로 밝혀지지 않은 은둔자들이었다. 이들은 간혹 방문객들로 방해받는 숲 속에 칩거하거나 여행객들이 여울목이나 다리를 건너가는 데 도움을 주기에 안성맞춤인 지점에 사는 개간자들로서 기독교 세계 도처에 존재하고 있었다. 이들은 조직화된 성직자 정치에 물들지 않은 행동의 모범으로 여겨졌고, 부자와 빈자, 고통받는 영혼과 연인 모두에게 양심의 지도자로 행동했다. 이들은 마술적 힘과 편력의 상징인 단장을 짚고 맨발에 짐승 가죽으로 된 옷을 입은 모습으로 예술과 문학에 자주 등장한다. 이들은 경제적 발전과 그 모순에 맞서 고독의 도피처를 찾아 나섰지만, 세속과 그 문제들에 참여했던 한 사회의 불안의 구현체였다.

그러나 도시의 발전과 성공은 농촌적인 봉건사회와 연관되어 있는 수도원적·은둔적인 공동체들을 뒷전으로 밀어내버렸다. 이 공동체들은, 오래된 것이든 새로운 것이든, 시대착오적이었다. 교회는 다시 새로운 환경에 적응하면서 탁발 교단이라는 새로운 교단을 전파시켰다. 여기에 곤란과 위기가 없었던 것은 아니다. 1170년경 리옹의 상인 피에르 발도Pierre Valdo와 리옹의 빈자들인 그의 추종자들—이들을 발도파라 한다—이 교회를 너무나도 혹독하게 비난한 나머지 그들은 결국 교회를 떠나고 말았다. 1206년 아시시의 한 부유한 상인의 아들인 프란체스코가 같은 노선을 걸었던 듯이 보인다. 원래 그의 주변에 모인

12명의 수도사들은 탁발 생활이 추구했던 겸양과 절대적 빈곤의 실천을 통해 썩은 세계에서 순결의 효소가 되는 것을 유일한 관심사로 삼았다. 교회는 그러한 극단주의에 대해 불안해했다.

이노켄티우스 3세·호노리우스 3세·그레고리우스 9세 같은 교황들과 로마 교황청 그리고 주교들은 프란체스코와 그의 동료들에게 하나의 계율을 강요하고 그들을 교회의 대(大)교단 중 하나로 만들고자 했다. 한편으로는 그의 무리한 이상과 다른 한편으로는 교회와 정통주의를 향한 열정적인 애착 사이에서 고뇌하는 프란체스코의 비통함은 그야말로 극적이었다. 그는 교회 측 요구를 받아들였으나 은퇴하고 말았다. 그가 죽기(1226년) 직전 라베르나La Verna에서 고독하게 생활하면서 받은 성흔은 그의 번민에 대한 귀결이자 보상이었다. 그가 사망하자 교단은 절대적 빈곤의 지지자와 세속과 화해하고자 하는 파당들 사이에 내분이 일어나 분열되고 말았다. 교황 측은 결국 교회를 떠나고 말았던 청빈형제파Fraticelles나 청빈영성파Spirituels 등과 같은 극단주의자들 대신에 온건파를 지지했다.

마지못해서이긴 하지만 성 프란체스코의 주도로 이른바 프란체스코 교단이 탄생된 것과 같은 시기에, 에스파냐 귀족 태생으로 성당 참사회원인 도밍고는 설교나 빈곤의 실천을 통해 이단자들을 정통 교회의 노선으로 복귀시키기 위해 조직되었던 일군의 설교가들에게 교황이 계율을 부여해주어야 한다는 데 쾌히 승낙했다. 수도사와 설교가들로 구성된 이 교단, 즉 도밍고(도미니쿠스) 교단은 프란체스코 교단과 거의 같은 시기에 설립되었다. 그들은 13세기 교회의 새로운 무리를 이루었던 탁발 교단의 핵심이었다. 그들의 독창성과 장점은 도시 대중들에게 의도적으로 설교를 했다는 점이다. 그들은 설교와 고백과 모범적 생활을 통해 새로운 사회 속에서 새로운 문제에 대한 해결책을 강구하고자 했다. 그들은 사막의 회중들을 도시 대중 속으로 데려왔다. 13세기 말 프란체스코 교단과 도밍고 교단 건물의 지도는 바로 기독교 세계의 도시 지도에 다름 아니었다. 그러한 활동 과정에서 난관이 없었던 바는 아니었지만, 그들은 자신들이 정착해서 눈부신 활동을 했던 수도원 교회에서 강좌 자리뿐만 아니라 대학에서의 교수직도 획득했다. 둘 다 파리 대학교수였던 토마스 아퀴나스와 보나벤투라Bonaventura는 각각 도밍고 교단과 프란체스코 교단 출신이었다.

그러나 교회는 이러한 적응과 성공에도 불구하고 중세 초에 이룩했던 것보다도 한층 더 큰 기독교의 발전을 추진했다. 일찍이 12세기 말부터 시토 교단과 프레몽트레 교단과 같은 '새로운 교단들'이 배척받고 압박을 받았다. 탁발 교단들도 전폭적인 지지만을 받은 것은 아니었다. 노동이 새로운 사회의 기본적 가치가 되었던 시대에 사람들에게 걸식 생활을 받아들이라고 권유하는 것은 쉬운 일이 아니었다. 아마도 폭넓은 대중의 느낌을 전해준 것으로 생각되는 대학교수들과 작가들도 탁발 수도사들의 걸식 생활을 혹독하게 비난했다. 기욤 드 생타무르Guillaume de Saint-Amour 같은 파리 대학 교수나, 『장미 이야기Roman de la Rose』의 제2부에서 장 드 묑Jean de Meung 같은 작가는 새로운 교단들의 걸식 생활을 맹렬히 비난했다. 토마스 아퀴나스와 보나벤투라도 갖은 수단을 동원해 이들 교단을 반박하지 않으면 안 되었다. 도밍고회 교단과 프란체스코회 교단은 민중들이 보기에 위선의 상징이 되었고, 특히 도밍고회 교단은 그들의 이단 탄압 방식과 이단 재판inquisition에서 행한 역할 때문에 더욱더 미움을 샀다. 1252년 성 피에르Saint Pierre Martyr가 민중 폭동의 와중에 암살되어 도밍고회 교단의 최초 '순교자'가 되었는데, 교단은 비수가 박힌 그의 두개골을 그린 그림을 선전용으로 대량 배포했다.

중세 초의 종교회의는 기독교 사회에 모범을 보여주었다. 12~13세기 종교회의가 그러한 발전을 추구했다. 그중에서도 교육을 조직화하고 부활절 성체배령을 의무화한 것으로 가장 유명하고 중요했던 제4차 라테라노 공의회(1215년)는 이미 하나의 개혁이자 지지부진함의 만회책이었다. 13세기는 수도원과 신학적 대전의 시대라기보다는 세속화의 시기였다. 1277년 파리의 주교인 에티엔 탕피에Etienne Tempier는 그가 217개 항을 비난한 회칙 요목에서 지적 발전을 억제하려 했다. 캔터베리 대주교이자 도밍고회 수도사인 로버트 킬워드비Robert Kilwardby도 이와 비슷한 문서를 발표했다. 그들은 궁정식 사랑이라든지 도덕적 기강의 이완이라든지 신학에서 이성을 과도하게 사용하는 것이라든지 실험적·합리적 과학의 출범 등등을 싸잡아 비난했다. 이러한 반격은, 그것이 매우 확고한 토대를 결여한 전위적 경향을 지향하는 한에 있어서는, 효율성을 지니고 있었다. 이렇듯 비록 모든 성직자가 그러한 비난에 동의하지는 않았지만, 그것은 교회가 단순히 시대에 뒤처졌다기보다는 '반동적'이 되어가고 있음을 여실히 보여주었다.

교회의 이념적 독점이 심각하게 위협을 받았던 것은 사실이다. 1000년경 서양의 발전이 처음으로 확연히 드러나면서부터 교회의 주도권 쟁탈전이 공공연히 벌어지기 시작했다. 우선 이단들이 탄압을 받았다. 베르튀Vertus의 주민들과 인근 주민들에게 비정통적인 복음을 설교했던 샹파뉴의 농민 뢰타르Leutard, 몽포르트의 이탈리아 이단들, 도시 운동과 밀접하게 관련되어 파타리아Pataria 파를 형성했던 밀라노의 주민들뿐만 아니라 다른 많은 이단들도 한동안 일부 도시나 지방을 선동했다.

마찬가지로 로셀린, 아벨라르(만약 그가 이단자라면)와 그의 제자 아르노 드 브레시아Arnaud de Brescia 같은 지식인 이단자들은 이설을 학교 밖으로 끄집어내어 로마 시내에서 주민들에게 교황권에 대항하도록 선동함으로써 소수 사람들이나마 곤경에 빠뜨렸다. 세속 군주들로부터 그들의 '세속 재판권bras séculier'의 기꺼운 지원을 받은 교회는 더욱더 신속하고도 강력하게 대처했다. 1022년 오를레앙에서 초기 이단자들이 화형에 처해졌다.

그러나 곧바로 보다 광범위하고도 위험한 운동이 일어나 확산되었다. 그것은 발칸반도의 보고밀파Bogomiles와 관련을 맺은 동방 이단의 영향을 받아 육로를 따라 이탈리아에서 프랑스와 중부 유럽으로 유입되었다. 그것은 일부 귀족, 신흥 부르주아, 장인들, 특히 도시계급들이 다양한 이름 아래 형성된 사회집단의 이질적인 연합체를 이루었다. 그중에서도 가장 큰 성공을 누렸던 것은 카타르파Cathares였다. 카타르파는 마니교도들이다. 그들이 보기에는 동등한 힘을 가진 두 개의 원리, 즉 선과 악이 존재했다. 악한 신이 선한 신과 동등한 신이든 아니면 그보다는 열등하지만 그래도 성공적으로 저항하는 악마든, 선한 신은 악한 신 앞에서 무기력했다. 지상 세계와 그것을 구성하는 물질은 악한 신의 피조물이다. 정통 교회는 악의 교회다. 세속과 그 사회적 조직체인 봉건사회, 그리고 그 지도자인 로마 교회에 맞서 인간은 완전한 거부의 태도만 보여줄 수 있을 따름이다. 카타르파는 즉각 '완덕자(完德者)parfait'인 자체의 주교와 사제를 갖춘 교회를 조직하고 신봉자들에게는 특별한 의례를 강요했다. 그것은 반교회적이며 반정통적이었다. 그것이 13세기의 발도파, 프란체스코 교단의 청빈영성파와 같은 다른 이단 운동 그리고 특히 정통과 이단의 경계선상에 더욱 널리 퍼진 운동, 즉 이 운동에 영향을 준 칼라브리아 수도사 조아키노 다 피오레의 이름을 따서 조아키노파라 불리는 운동과 유사성이나 연계가 없는 것은 아니었다.

조아키노파는 세 시대를 믿는다. 첫번째는 율법의 시대 또는 구약의 시대다. 이 시대는 의로움의 시대와 그다음 신약의 시대로 대체된다. 이 마지막 신약의 시대는 현실 교회에 의해 더욱 타락하고 지배당하지만 결국 소멸하여 사랑과 영원한 복음의 지배에 자리를 양보할 것이다. 천년왕국설은 사회와 타락한 교회의 종말, 새로운 질서의 도래를 구획하는 어떤 한 시기(1260년)에 대한 기대감 속에서 나타났다. 많은 사람들은 그날이 지나면 그들의 이상을 나누어 가진 피에르 드 모론Pierre de Morone이 교황 켈레스티누스Célestin 5세로 등극함과 더불어 조아키노 시대가 도래한다고 믿었다. 켈레스티누스의 교황 재위는 단명했다. 그는 몇 달 후 퇴위하여 한 수도원에 유폐되었다가 곧 사망했다. 후임자 보니파키우스 8세가 그의 죽음에 관련되었다는 혐의를 받았다. 단테의 표현대로 "위대한 거부 le grand refus"를 했던 그의 죽음은 1277년 이후부터 기독교사에 있어서 전환의 상징이 되었다.

13세기 말에는 교회가 우위를 차지했다. 카타르파와 이와 유사한 이단들 앞에서 전통적인 평화 수단이 무기력했기 때문에 교회는 무력에, 무엇보다도 전쟁에 호소했다. 이것이 바로 알비 카타르파 십자군으로 나타났다. 이것은 북프랑스 귀족의 지원과 결국 많은 망설임 끝에 프랑스 왕의 중재로 맺어진 파리 조약(1229년)의 도움을 받은 교회 측의 승리로 종결되었다. 그다음 교회는 새로운 제도인 이단재판이라는 억압책에 호소했다. 외형적인 면에서 큰 곤란에 직면했음에도, 교회는 14세기 초 승리를 거두는 듯했다. 그러나 역사의 심판 앞에서는 실패했다.

7. 서양의 봉건제

12~13세기 대규모 이단 운동은 이따금 '반봉건적인' 것으로 규정되어왔다. 이 같은 표현은 역사적 사실을 상세히 분석해볼 때는 이론의 여지가 있을 수 있겠지만, 대략적 설명의 차원에서는 맞는 말이다.

이러한 이단 운동들은 사회구조 자체와 투쟁하면서 사회의 기본적 구성체인 봉건제도를 공격했다.

봉건제도와 도시 발전은 종종 대립되는 것으로 보아왔다. 도시 운동의 정치적 형태인 코뮌 운동은 사실상 영주들, 특히 교회 영주들에게 맞선 운동인 경우가 많았다. 일부 주교들이 코뮌 반란의 희생자들이었는데, 예컨대 1112년 랑의 주교가 기베르 드 노장Guibert de Nogent이 흥미롭게 기술한 바 있는 한 폭동에서 살해되었다. 봉건제도가 장원과 토지에 기생한 반면, 도시 생활은 수공업과 상업 활동으로부터 자양분을 얻어왔다. 도시적 망탈리테가 적어도 초기에는 평등적이었는데, 이것은 서약을 통해 서로를 평등하게 결합시킨 수평적 연대에서 유래했다. 그러나 이와는 반대로 봉건적 망탈리테는 하급자들의 상급자들에 대한 충성 선서를 통해 결합된 수직적 연대의 위계 서열 의식에 근거를 두고 있다.

그럼에도 봉건화와 도시 운동은 동시적으로 사회 공간을 조직화한 동일한 발전의 두 측면이었다. 다니엘 토르너의 지적처럼 서양 중세 사회는 농촌사회였는데, 이것은 다른 모든 농촌사회들처럼 어느 정도 도시들(소수파)을 포함하고 있었으며, 서양 기독교 사회에서는 특별한 경우로서 봉건제도라는 술어에 의해 정의될 수 있는 상부구조의 지배를 받았다.

 이미 살폈듯이 봉건제도의 맹아는 카롤루스 왕조 때부터다. 그러나 그것이 만개했던 것은 1000년경이다. 봉건제도는 지역에 따라서, 각 국가의 발전의 연대적 차이에 따라서 다양성을 띠고 있다. 그것이 다른 지역보다 프랑스와 독일에서 더 발전했다. 그러나 이탈리아에서는 완전한 발전을 하지 못했는데, 여기에서는 고대적 전통의 집요한 잔존과 영주들의 도시 생활에의 때 이른 참여로 봉건제도의 발전이 억제되었기 때문이다. 에스파냐에서는 봉건제도가 이보다도 훨씬 미숙했다. 재정복이라는 특수한 조건 때문에, 정복의 우두머리인 왕들이 봉건 영주들의 권력을 제한하는 권위를 갖게 되었고, 클라우디오 산체스 알보르노즈 Claudio Sanchez Albornoz가 대가답게 연구했듯이 재식민지repoblación의 전사들과 콜로누스들이 해방증서를 받고 자유를 획득했기 때문이다. 잉글랜드와 시칠리아의 노르만 왕국, 그리고 성지로 봉건제도가 "이식되었다." 이 지역에서의 봉건제도는 다른 지역에 비해 종종 더 경직되고 어떤 이론적 모델에 더 근접했지만 더 허약하기도 했다. 슬라브와 스칸디나비아 국가들에서는 특수한 전통으로 말미암아 이와는 다른 봉건적 형태를 지니고 있었다.

 우리는 이 같은 봉건제도를 10~14세기 사이의 서양의 발전 과정 속에서 개관하고자 한다. 그러므로 여기서 우리는 프랑수아 강쇼프François Ganshof가 기술한 봉건제도의 정착, 조르주 뒤비가 연구한 마코네 지방에서의 봉건제도의 발전, 마르크 블로크가 시도한 봉건제도의 시대 구분 등을 요약하는 것으로 그칠 것이다.

 봉건제도란 무엇보다도 사회 지배계층의 구성원들을 위계 서열로 결합시킨 개인적 유대 관계의 총체다. 그러한 유대 관계는 '물적' 토대에 의해서 유지되었다. 이것이 바로 영주가 봉신에게 봉사와 충성 선서의 대가로 양여한 봉이다. 엄격한 의미에서의 봉건제도란 신서(臣誓)hommage와 봉fief을 의미한다.

영주와 그의 봉신은 주종 관계 계약으로 결합되었다. 봉신은 그의 영주에게 신서를 한다. 신서란 말이 등장하는 가장 오래된 문서들은 바르셀로나 방백령(1020년), 세르다뉴 방백령(1035년), 동부 랑그독(1033년)과 앙주(1037년)의 문서들이다. 프랑스에서는 11세기 후반에 널리 전파되었으며, 독일에서는 1077년 처음으로 등장했다. 봉신이 자신의 두 손을 모아 영주의 손에 넣으면 영주는 이 손을 감싼다. 그러고 나서 봉신은 관례적인 법도에 따라서 자신을 영주에게 맡기겠다는 의지—"주인님, 저는 주인님의 봉신이 되겠습니다"(13세기 프랑스에서 사용된 구절)—를 선언한다. 그러고 나서 충성 선서를 하고 영주에게 서약을 한 다음 프랑스에서처럼 키스가 덧붙여질 수도 있는데, 이 키스를 통해 그는 "키스와 손잡기를 통해 맺은 봉신 homme de bouche et de mains"이 된다. 주종 관계 계약에 따라 봉신은 영주에게 자문 *consilium* 과 부조 *auxilium*의 의무를 진다. 자문은 일반적으로 영주가 소집하는 회의에 참석할 의무와, 각별하게는 영주의 이름으로 열린 재판에 참석할 의무로 구성되며, 부조는 본질적으로 군사적인 것이며, 부수적으로는 재정적 성격을 띤다. 그러므로 봉신은 영주의 행정·재판·군사 문제에 기여할 의무가 있는 것이다. 이에 대한 반대급부로 영주는 자신의 봉신에 대해 보호의 의무를 진다. 영주는 불충한 봉신, 즉 '배반자'에 대해 보통 자문회의 의견을 물어 봉의 몰수를 골자로 한 제재를 선언할 수 있다. 역으로 봉신은 계약을 이행하지 못한 영주로부터 충성 선서를 철회할 수 있는 '저항권 défi'을 가지고 있었다. 11세기 말 로타링기아에서 처음 등장한 이 '저항' 행위는 이론적으로는 엄숙한 선언과 봉의 포기를 수반했다.

봉건제도의 본질은 '봉'과 관련된 것으로 보인다. '봉'이란 말은 11세기 초 서부 독일에서 나타나서 11세기 말에는 기술적 의미로 전파되었는데, 이때만 해도 정확한 의미로 모든 곳에서 반드시 사용된 것은 아니었다. 그것은 그 당시의 용어라기보다는 근대 법률학자와 역사가들이 만들어낸 말이다. 매우 중요한 사실은 봉이 무엇보다도 토지인 경우가 가장 많았다는 점이다. 이런 사실로 말미암아 봉건제도는 농촌을 토대로 했으며, 무엇보다도 토지의 보유와 경영체계였던 것으로 보인다.

영주가 봉신에게 봉을 양여하는 것은 분봉 서임이라는 의식을 통해서 이루어지는데, 이 의식은 깃발·홀·반지·막대기·단도·장갑·지푸라기 등과 같은 물건을 건네는 상징적 행위로 구성되었다. 그것은 일반적으로 신서와 충성 선서 다음에 이루어지는 의식이며, 13세기 이전에는 예외적인 경우를 제외하고는 문서로 기록되지 않았다. 봉건 세계, 그것은 문서의 세계가 아니라 몸짓의 세계였기 때문이다.

봉은 중요한 발전을 경험했다. 봉건제의 초창기에는 영주가 로마 시대의 허유권(虛有權) nue-propriété에 비견하는 권리를 가지고 있었고 봉신은 용익권과 유사한 권리를 가지고 있었지만, 11세기부터는 봉신의 권리가 용익권자의 권리를 훨씬 능가했다. 비록 12~13세기에 소유권 *proprietas*이란 말이 사용되었지만, 봉신의 권리가 실제로는 소유권에 미치지는 못하고 다만 근접했을 따름이다. 반면 영주의 권리는 약해져서 지배권 *dominium*이란 용어로 표현되었다. 그러므로 봉건제도는 이용하고 처분하는 권리로 정의되는 소유 개념을 다소간 배제했다. 이 점에서 화폐경제와, 보다 일반적으로 도시적 소유 제도는, 특히 부동산을 압도하는 경향이 있던 동산에 관한 한, 봉건제도와 대립되고 있었다. 그러나 토지가 중세 경제의 토대로 남게 됨에 따라서, 영지를 획득하고자 했던 부르주아들은 중세 말 영지가 봉으로부터 분리되기 전까지는 난처한 입장에 놓여 있었다.

봉에 대한 봉신의 지배력을 더욱 보장해준 것은 무엇보다도 봉건제도의 본질 중 일부인 봉의 상속이다. 그것이 프랑스에서는 일찍이 10세기와 11세기 초에 나타났고, 독일과 북부 이탈리아에서는 이보다는 뒤늦게 1037년 콘라트 2세에 의해 촉진되었으며, 잉글랜드에서는 12세기에 가서야 일반화되었다.

주종 관계 계약이 파기되는 경우를 제외하고 봉건제도에서 정치적 도박이라 할 수 있는 것은 한 봉신이 복수로 계약을 맺는 경우다. 거의 모든 봉신이 동시에 여러 영주의 봉신이 됨으로써 봉건제도가 복잡한 관계에 휩싸이게 되었다. 그러한 상황에서 봉신은 그의 영주들 중에서 가장 유리한 조건을 제시하는 이에게 우선적인 충성을 바치곤 했다. 이로 인해 발생할 수 있는 무정부 상태를 미연에 방지하기 위해 가장 유력한 영주들은, 반드시 성공을 거둔 것은 아니지만, 그들의 봉신들로 하여금 다른 영주에게 바치는 신서보다 더 우선적이고 우월한 신서, 즉 '최우선 신서lige'를 하게 했다. 장차 군주들이 왕국의 모든 봉신으로부터 심혈을 기울여 얻어내고자 한 것이 바로 이것이었다. 그러나 여기서 우리는 봉건제도와는 다른 체제인 군주체제—후에 다시 다룰 것이다—를 만나게 된다.

11~12세기 마코네 지방에 관한 조르주 뒤비의 연구처럼, 한 지역의 봉건제도의 발전에 관한 간명한 연구는 여러 가지 이점을 가질 수 있다. 그것은 우리가 방금 추상적이고도 도식적으로 개관한 봉건제도가

농민에 대한 영주와 봉신의 봉건적·위계 서열적 지배체제를 통해 얼마나 구체적으로 토지 경영에 토대를 두고 있는가, 또한 그것이 주종 관계 계약의 범위를 넘어 대영주건 소영주건 각각의 영주에게 자신의 영지 또는 봉에서의 매우 많은 권리들을 얼마나 구체적으로 확보해주고 있는지를 보여준다는 점이다. 장원을 통한 토지 경영이 정치적·사회적 조직인 영주권의 토대였다.

조르주 뒤비는 마코네 지방에만 한정되지 않는 중요한 사실을 주장한다. 봉건제도의 핵심은 성(城)château이었다. 10세기에서 13세기에 이르는 기간 동안 서양사에서 큰 사건 중 하나는 성이 많이 세워졌다는 사실이다. 여기서 주의해야 할 것은 성은 군사적 측면 외에도 보다 광범위한 의미를 지니고 있다는 점이다.

10세기 말 마코네 지방의 사회구조는 외견상으로는 여전히 카롤루스 왕조의 사회구조에 불과했다. 두 시대 사이의 주요 경계는 자유민을 농노로부터 분리시킨 것이었고 많은 농민들이 여전히 자유민이었다는 점이다. 공권력의 표현인 방백의 권력은 아직까지도 존중되고 있었던 것처럼 보인다. 그러나 상황이 급변하여 봉건제도가 정착했다. 봉이 이 지역에 많이 보급된 것이 아니라 성이 점차 경제적·법률적·사법적인 모든 권력을 흡수하면서 장원의 중심이 되었다. 기사라는 칭호가 971년에 처음 나타나고 986년에는 최초의 사설 재판소인 클뤼니 수도원 재판소가 등장했다. 998년에는 샬롱의 방백인 한 영주가 처음으로 농노에게는 물론 자유민에게도 세금을 부과했다. 영주로부터 독립된 대리 재판소에 대해 마지막으로 언급한 것은 1004년이고, 방백 재판소가 성주에 대해 마지막으로 판결을 내린 것은 1019년이었다. 1030년부터 주종 관계 계약이 이 지방에 도입되었고 1032년에 'nobilis(귀족)'

란 말이 사라지고 대신 'miles(기사)'란 말이 등장했다. 자유 보유지 소유자와 미니스테리알레스 등 일부 농민을 제외하고 모든 농민의 신분이 '영민(領民)manant'이라는 거대한 계급을 중심으로 통일되었던 반면, 지배계급에서는 하나의 위계 서열이 조직되었다. 1075년경 "무엇보다도 재산과 우아한 생활양식을 가진 계층"인 기사계급 chevalerie이 "세습적인 카스트이자 진정한 귀족"이 되었다. 그러나 그것은 "약자에 대한 지배권력의 분포"에 따라서 두 층으로 나뉜다. 상위계층은 어느 정도 큰 지역에 모든 공권력(옛날 왕의 재판권)을 행사하는 성주계급이고, 하위계층은 밑에 "소수 개인적 예속자들만을 거느리고 있는" 단순한 기사계급이다. 영주는 그의 성 때문에 한 지역의 지배자가 되었고, 그 지역에서 그는 사권과 공권이 결합된 모든 권력을 행사했다. 이것이 바로 '공권 장원'이다— 물론 'bannus(공권력)'란 말이 그 당시에는 아주 희귀하게 사용되긴 했지만 말이다.

1160년경 새로운 변화들이 윤곽을 드러내고 1230년과 1250년 사이에 또 다른 봉건사회가 형성되었다. "성주권이 공권력의 조직에 있어서 결정적 요인이기를 그쳤던 것이다." 우선 성주권이 다소 몰락하여 귀족의 평준화가 이루어졌고, 이에 따라 촌락의 소기사들도 둔덕에 '요새화한 저택'을 세울 수 있게 되었다. 13세기 초 성의 수는 11~12세기에 비해 두 배로 증가했다. 성주권은 위아래로부터 공격을 받았다. 아래로부터는 영주의 농노에 대한 통제력이 점진적으로 약화됨으로써, 위로부터는 성주 권력의 일부가 대영주와 제후 그리고 특히 왕 등 소수 신진 권력자들에게로 넘어감으로써 위협을 받았다. 1239년 마코네 지방이 왕령지에 병합되었고, 이와 더불어 고전적 봉건제도도 종말을 고했다.

마르크 블로크는 봉건사회를 두 시기로 구분했다. 11세기 중엽까지 제1차 봉건 시대는 교환이 미미하고 불규칙적이며 화폐가 희귀하고 임금 노동자가 거의 존재하지 않았던 대체로 안정된 농촌 공간의 조직과 일치한다. 제2차 봉건 시대는 대대적인 개간 운동, 상업의 부활, 화폐 경제의 확산, 생산자에 대한 상인의 점증하는 우위성의 산물이다.

조르주 뒤비는 그러한 시대 구분이 마코네 지방에서도 가능함을 보여준다. 그러나 그는 이보다 한 세기가 더 늦은 1160년경 "독립적인 성주 시대에 뒤이어 봉·면역조, 봉건적 제후령의 시대가 등장하는 시기를" 두 시기 사이의 경계로 삼는다.

역사가들이 중세 봉건제도의 발전과 제단계를 기술하는 것은 경제적 발전에 준거해서다. 조르주 뒤비는 "11세기 중엽부터 사회의 발전과 경제의 발전이 서로 반대 방향으로 나아갔다. 전자는 지체하면서 계급 구조들을 폐쇄적인 집단으로 조이는 경향이 있었던 반면, 후자는 더 가속화하면서 모든 제약의 해방과 완화를 준비했다"고 보았다. 이 같은 주장은 마르크 블로크의 견해에 근거하고 있다. 그러나 내가 보기에는 이 두 과정이 오히려 오랫동안 같은 방향으로 진행되었던 것으로 생각된다. 봉건적 장원은 생산을 조직하고, 싫건 좋건 오랫동안 장원에 의존했던 도시민과 상인과 부르주아들에게 생산물을 공급했다. 물론 급기야는 도시 부르주아의 비약적 발전이 봉건제도의 토대를 약화시키긴 했지만, 그것이 13세기 말 경제적 차원에서조차도 봉건제도를 결코 지배하지는 못했다. 도시 상층계급들의 경제적 힘과 사회적·정치적 허약함 사이의 점증하는 격차가 17~18세기 부르주아 혁명을 초래하기까지는 수세기를 더 기다리지 않으면 안 되었다.

그럼에도 경제적 발전이 대다수 농민층의 운명을 향상시키는 데 기여한 것은 사실이다. 농업 '정착민들hôtes'이 새로 개간된 땅에서 자치와 자유를 획득했다. 이러한 현상은 프랑스어 용어로 한정해보면 '신도시villeneuve' '해방도시villefranche' '신촌락 요새지bastide' 등과 같이 도시적 혹은 준도시적 지역에서 특히 두드러지게 일어났다. 13세기 서양 전역에서는 농민의 물질적 상황은 아니더라도 적어도 법률적 조건을 향상시키는 해방 운동이 보편화되었다. 영주제적 착취가 부역을 종종 고정된 액수의 면역조로 대체함으로써 억제되었고, 고정된 액수의 농민 세금인 '정기적 타이유세taille abonnée'가 문서로 결정되었다—몸짓 언어를 퇴조케 했던 문자 언어는 적어도 초기에는 사회해방을 촉진시켰다. 이 같은 과정은 농민층, 그중에서도 특히 가장 부유한 농민층인 '라부뢰르laboureur'의 일정한 상승의 징표이자 도구였는데, 이들은 맨손으로 품팔아 먹고사는 '날품팔이 빈농manouvrier, brassier' 대중과는 대조적으로 자신의 쟁기와 농기구를 가지고 있던 토지 소유층이었다.

    그렇지만 경제적 발전이 특히 13세기부터는 중소 기사들에게 유리하게 작용하지 않았다. 이들은 과거에 부자가 되었던 속도보다 빚을 지는 속도가 더 빨라져서 토지의 일부를 매각하지 않으면 안 되었다. 마코네 지방에서 기사들이 하급 기사들에게 대부를 해준 마지막 예는 1206년에 발생했으며, 1230년부터 자유 보유지를 가지고 있던 소기사들이 스스로 신서를 하고 그의 땅을 봉으로 바꾸었다. 그들은 일반적으로 직영지를 제외한 세습지를 조금씩 팔았다. 이로 인해 덕을 본 사람들은, 많은 화폐를 가지고 있지는 못했지만 손쉽게 차금을 할 수 있는 매우 유력한 영주들, 자선 헌금을 통해 유통되는 화폐의 일부를 맨 먼저 흡수한 교회들, 그중에서도 특히 도시 교회들, 마지막으로 비귀족 태생으로서 소수 농민들과 특히 부르주아 같은 부자들이었다. 영주의 수입원인 '봉건 지대'에 영향을 끼치기 시작한 위기가 14세기에는 총체적 위기로 바뀌었는데, 이 위기는 본질적으로는 사실상 봉건제도의 위기였던 것이다.

8. 정치적 사건: 교권과 제권

정치사적 발전의 차원에서 볼 때 어떤 현상들은 종종 복잡해 보인다. 특정 인간과 사건에 관한 세부사항에서, 그리고 그러한 외양과 표피적인 현상에 곧잘 매료되곤 하는 역사가들의 기록에서 어떤 가닥을 잡기란 쉽지 않다. 서양 중세 정치사는 유별나게도 복잡하게 얽혀 있었다. 그것은 경제와 사회의 단편화에 기인한, 그리고 어느 정도 고립된 집단의 우두머리에 의한 공권력의 장악 등에 기인한 극단적인 분화를 반영하고 있기 때문이다. 이것은 주지하듯이 봉건제도의 특징 중 하나다. 서양 중세 현실은 이와 같이 사회와 정부가 원자화했을 뿐만 아니라 권력이 수평적으로나 수직적으로도 복잡하게 얽혀 있었다. 중세인들은 그들이 많은 영주, 로마 가톨릭 교회와 개별 교회, 도시, 제후와 왕 중에 어느 누구에게 의존해 있는지를 반드시 알고 있었던 것은 아니다. 행정과 사법의 차원에서조차도 중세사에서 빈번히 나타나는 사법적 투쟁은 그러한 복잡성을 드러내준다.

우리는 중세사의 결과를 알고 있기에 국가의 발전을 여기서의 실마리로 삼을 수 있을 것이다.

1000년 직후에 교황과 황제라는 두 인물이 기독교 세계를 이끈 것처럼 보인다. 그들 사이의 투쟁이 줄곧 무대의 전면을 차지했다. 그러나 그것은 그림자놀이였을 뿐이고 심각한 사건들은 무대 뒤에서 벌어지고 있었다.

실베스테르 2세가 사망하고(1003년)난 후 교황권은 두각을 나타내지 못했다. 교황권은 라티움 영주들과 1046년 이후에는 독일 황제들의 영향력 아래 들어갔다. 하지만 교황권은 황제권에서 곧 해방되었고, 더 나아가서 모든 교회를 세속 영주들의 영향권에서 해방시키기도 했다. 이 같은 움직임은 그레고리우스 7세(1073~1085년)의 이름을 따서 그레고리우스 개혁이라 불린다. 이것은 가톨릭교회를 원시 교회로 복귀시키고자 하는 대대적인 운동의 가장 외면적인 국면에 불과하다. 그것은 전사계급에 맞서 사제계급의 자율과 힘을 되찾자는 것과 관계된다. 사제계급은 자기 혁신을 하고 자신을 분명히 하지 않으면 안 되었다. 따라서 성직 매매에 대한 투쟁과 성직자의 독신 생활의 때늦은 정착이 시작되었고, 교황 선출을 추기경들에게 일임하면서(1059년 니콜라우스 2세의 칙령) 교황권의 독립을 세우기 위한 시도가 나타났다. 또한 무엇보다도 성직자들을 세속 귀족의 영향권에서 해방시키고, 황제뿐 아니라 더 나아가서 영주들로부터 주교의 지명권과 서임권을 박탈하려는 노력들이 나타났다. 뿐만 아니라 세속적인 검을 영적인 검에 굴복시키든가, 아니면 이 양자의 검을 교황에게 되돌려주면서 차제에 세속 권력을 영적 권력에 종속시키려는 시도들이 일어났다.

그레고리우스 7세가 (1077년) 카노사에서 황제 하인리히 4세를 굴복시켰을 때만 해도 이 같은 시도는 성공을 거두는 듯했다. 그러나 참회를 한 황제가 즉시 복수를 했다. 그레고리우스보다 더 용의주도했던 우르바누스 2세는 자신의 권위 아래 기독교 세계를 결집시키기 위해 십자군 원정이라는 술책을 쓰면서 일을 심도 있게 추진해나갔다. 1122년 보름스에서 타협이 이루어졌다. 이에 따라 황제는 "홀장과 반지를 통한" 서임을 교황에게 양보하고 선거와 축성의 자유를 존중할 것을 약속했으나, "왕홀에 의한" 세속 권력의 주교 서임권은 계속 보유했다.

프리드리히 바르바로사(1152~1190년) 때 교권과 제권 사이의 투쟁이 약간 다른 형태로 재발했다. 그도 1077년 카노사의 굴욕 이후 한 세기가 지난 다음 베네치아에서 교황 알렉산데르 3세에게 굴복하지 않을 수 없었다. 그 후 그는 콘스탄츠 강화회의(1183년)에서 이탈리아에 대한 자신의 지배권의 핵심뿐 아니라 교황권에 대한 주요 억압 수단의 하나를 다시 장악했다. 교권과 제권 사이의 투쟁은 13세기 전반 프리드리히 2세와 더불어 절정에 다다르게 되었다. 이노켄티우스 3세(1216년에 사망), 그레고리우스 9세(1227~1241년), 특히 이노켄티우스 4세(1243~1254년) 등과 같은 교황들이, 성공의 정도에서 차이가 있기는 했지만, 황제를 공격했다. 결국 교황권이 결정적으로 승리한 듯했다. 프리드리히 2세가 리옹 종교회의에서 파문·폐위되고(1245년) 독일과 이탈리아에서는 거의 모든 사람에게서 공격을 받는 가운데 제국을 대공위(大空位)(1250~1273년)라는 무정부 상태에 빠뜨린 채 1250년 사망하고 말았다. 그러나 교황은, 시대착오적 권력인 '진흙 발의 우상'에 불과한 황제를 집요하게 공격하면서도 왕이라는 새로운 권력의 출현에 주의를 기울이지 않았다—오히려 때로는 그것을 조장하기까지 했다.

이 같은 왕들 중에서 가장 강력한 왕인 프랑스의 필리프 미남왕과 교황 보니파키우스 8세 사이의 투쟁은 1303년 아나니에서 모욕을 당한 교황의 굴복과 교황의 아비뇽 '유수'(1305~1376년)로 끝나고 말았다. 14세기 전반 교황 요한 22세와 황제 루드비히 4세 사이의 대결은 선대의 투쟁의 잔재에 불과했다. 이를 계기로 루드비히의 지지자들, 그중에서도 특히 1324년의 『평화의 수호자Defensor pacis』에서 마르실리오는 세속 권력과 영적 권력이 완전히 분리된 새로운 기독교 세계를 규정할 기회를 갖게 되었다. 그에게 있어서 세속화, 즉 교회로부터의 분리는 하나의 정치적 이념이었다. 두 권력의 혼합에 대한 최후의 위대한 지지자는 그의 천재적인 작품에서 요약하고 있듯이 중세 최후의 위인이었던 단테였다. 그는 과거로 눈을 돌린 채 1321년 죽었다.

9. 정치적 사건: 국가

11세기에서 14세기 사이에 수립된 정치권력을 이어받은 왕국과 민족국가들 중 가장 강력한 국가들조차도 왕조적으로 안정된 것도 아니고 영역적으로 경계가 확정된 것도 아니었다. 그 한 예로, 오늘날 프랑스의 서부 전역은 15세기까지도 여전히 잉글랜드와 프랑스 사이의 세력 균형 아래 있었다. 그러나 진전과 퇴보, 변형을 통해 중세적인 작은 영역들을 통합하는 가운데 미래의 윤곽이 드러났다. 군주들은 중세 기독교 세계의 서사시인들이었다.

3개의 성공이 주요한 위치를 차지한다.

잉글랜드는 노르만 정복(1066년) 이후 헨리 1세(1110~1135년)와 특히 플란타지네트 왕조의 헨리 2세(1154~1189년) 치하에서 처음으로 중앙집권화된 군주국의 이미지를 보여주었다. '최후의 심판서'를 뜻하는 『둠즈데이북Domesday Book』은 1085년부터 왕의 권위에 매우 중요한 기초가 되는 왕실 소유 재산과 권리들을 조사한 기록을 담고 있다. 이 같은 임무는 견실한 재정제도(재무청), 왕권에 밀접하게 의존해 있던 관리들(주지사)에 의해 완수되었다. 중대한 위기가 13세기 초에 발생하여 몇십 년 동안 계속되었다. 존 실지왕(失地王)은 1215년의 대헌장에 의해 왕권이 제한되는 것을 수락하지 않으면 안 되었고, 시몽 드 몽포르가 주도한 소귀족의 반란 이후 '옥스퍼드 협약 Provisions d'Oxford'에 의해 왕권이 더욱더 엄격한 감시를 받게 되었다. 그러나 에드워드 1세 (1272~1307년)와 에드워드 2세(1307~1327년)는 귀족과 성직자와 도시 부르주아들이 참여하는 의회의 감시를 받으면서도 왕권을 강화할 수 있었다. 웨일즈인들과의 투쟁에서는 성공했지만 스코틀랜드인들과의 싸움에서는 실패한 일련의 전쟁을 계기로 잉글랜드인들은 새로운 병기 제조술과 전략을 배우게 되었고, 일부 평민들이 지방과 중앙 정부뿐만 아니라 군사 활동에도 참여하게 되었다. 14세기 초 잉글랜드는 기독교 국가 중 가장 근대화되고 안정된 국가였다. 이것이 인구가 대략 400만에 불과했던 그러한 소국가가 백년전쟁 초기 1,400만 인구를 가진 대국 프랑스에 빛나는 승리를 거둘 수 있게 한 요인이었다.

그렇다고 해서 14세기 초 프랑스가 가만히 있었던 것은 아니다. 카페 왕조 아래서 프랑스의 발전은 전보다 느리긴 했지만 아마도 분명했던 듯하다. 위그 카페의 선출(987년)로부터 루이 7세의 등극(1137년)에 이르기까지 카페가의 힘없는 왕들은 일드프랑스에서 진을 치고 약탈하는 소영주들과의 끝없는 싸움에 자신들의 힘을 무의미하게 소모했다. 프랑스 왕들은, 1066년 잉글랜드 왕국과 12세기 중엽 플란타지네트 왕국의 대영지들을 자신의 왕국에 복속시킨 가장 강력한 노르망디 공을 비롯한 대봉신들에 비해 보잘것없는 존재들이었다. 그러나 1124년 이후 프랑스는 독일 황제의 위협에 직면했을 때 국왕을 중심으로 응집력을 보여주었고, 이에 독일 황제는 뒤로 물러서지 않을 수 없었다. 카페 왕조의 국왕들이 점차 큰 힘을 다진 것은 말썽꾸러기들인 봉건 영주들로부터 탈취한 왕령지의 확대에 기초한 것이었다. 루이 7세(1137~1180년) 치하에서 두드러지게 이루어진 진보들이 필리프 존엄왕(1180~1223년) 치하에서는 더욱 두드러졌으며, 루이 8세(1223~1226년), 루이 9세(루이 성왕, 1226~1270년), 필리프 용맹왕(1270~1285년), 필리프 4세 미남왕(1285~1314년) 치하에서 더욱 확대되고 공고해졌다.

프랑스 왕권의 재정적 기반은 여전히 빈약했고, 왕은 여전히 자신의 영지를 통해 재정의 주요 부분을 충당했다. 말하자면 왕은 "자신의 재산으로 먹고살았다." 그러나 프랑스 국왕은 필리프 존엄왕 치하에서 '바이이bailli' '세네샬sénéchal' '프레보prévôt' 같은 행정관 제도를 만들고 궁정 자문관을 확대·전문화하면서 재정 분야에서의 통제권을 장악했다. 특히 1303년 필리프 미남왕이 '고등법원parlement'을 조직하여 점점 늘어나는 송사를 국왕에게 직접 호소케 하는 '상소appel' 제도가 지속적 성공을 거둠에 따라서 사법 분야에서의 통제권을 장악할 수 있었다. 고위 성직자·귀족·'좋은 도시'의 부유한 부르주아로 구성되고 필리프 미남왕에 의해 소집된 신분회États généraux는 잉글랜드에서처럼 국왕과 그의 측근들의 권력을 제한하기보다는 오히려 그들을 지원하는 기구였다. 이들 국왕의 측근들은 대학에서 교육받고 로마법을 터득하여 '왕국의 최고 황제'인 군주에게 고용된 '법률가들'이었다.

필리프 미남왕이 사망한 1315년 이후에 봉건적 반동이 일어났지만, 1328년 카페 왕조에서 발루아 왕조로의 교체는 순조롭게 이루어졌다. 기껏해야 새 왕조는 파리 궁정에서 여전히 강력한 영향력을 행사하고 있던 봉건 세력들에게 전보다 더 개방적이었던 것처럼 보인다.

세번째로 성공한 중앙집권적인 군주국은 교황 국가였다. 교황 국가의 성공이 성 베드로의 보잘것없는 세습령으로부터 물려받은 영토적 토대나 교황의 세속 권력에 힘입은 것은 아니었다. 교황권이 12세기와 특히 13세기에 초국가적인 힘을 가진 군주국으로 발전하게 된 것은 주교에 대한 교황의 지배권을 확립하고, 특히 교회로부터 재정을 염출하고—이것이 예컨대 잉글랜드와 프랑스에서 강력한 저항을 불러일으키지 않은 바는 아니지만—교회법의 법전화를 주도하면서부터다. 교황은 아비뇽 유수에 저항했을 뿐만 아니라 사실상 교회에 대한 지배권을 강화했다. 그렇지만 이브 르누아르Yves Renouard가 옳게 지적했듯이 주변부로 밀려난 로마보다는 아비뇽이 교황 군주국에게는 지리적으로 더 유리한 중심지였다.

일시적으로 통일을 이루기는 했지만 여전히 여러 왕국으로 분할되어 있던 이베리아반도에서는 다른 지역보다 왕국의 통일이 쉽지 않았다. 1140년 이후 왕국이 된 포르투갈, 나바라, 1230년 이후 레온을 병합한 카스티야, 아라곤(1137년 이후 정치적 통일이 이루어진 상태에서 아라곤-카탈루냐라는 이원적 구성의 집요한 잔존을 별도로 한다면) 등의 왕국은 지속적인 구성체인 것처럼 보인다. 그러나 각 왕국은, 재정복과 왕조적 연합의 진척 정도에 따라 편차가 있긴 했지만, 중앙집권 쪽으로 두드러지게 발전해나갔다. 카스티야 왕국에서 알폰소 10세 현왕(1252~1284년)의 치세기는 『7부법Siete Partidas』이라는 대법전이 편찬되고, 왕의 호의 덕택에 살라망카 대학이 비약적으로 발전한 시기이기도 했다. 아라곤 왕국은 카탈루냐인들로부터 자극을 받아 지중해 진출에 대한 열정을 갖게 되었다. 그것은 하이메 정복왕(1213~1276년) 치하에서 강력한 세력이 되었다. 1262년 왕국이 분할된 이후로는 마요르카 왕국이 수도 페르피냥Perpignan과 국왕의 단골 거처였던 몽펠리에와 마요르카 같은 도시를 중심으로 번창했다. 특히 재정복과 이베리아반도로의 식민 등과 같은 특수 상황으로 인해 사람들은 매우 활기 있는 지방의회와 13세기 중엽 이후 모든 왕국에서 가동하기 시작한 의회 Cortes를 통해 정치에 대거 참여할 수 있게 되었다.

왕권 집중화의 실패는 이탈리아와 독일에서 더욱 심했다. 이탈리아에서는 반도 중부에 있는 교황의 세속 권력과 북쪽에 있는 황제의 권위가 영토적 통합을 방해했다. 도시와 도시 사이의 투쟁과 도시 내부에서의 당파와 파당 투쟁의 대오가 수많은 일화를 지닌 겔프파(교황파)와 기벨린파(황제파) 사이의 투쟁으로 대략 정돈되었다. 남쪽에서는 노르만 왕들과 독일 왕들—프리드리히 2세는 1224년 최초의 제국대학을 나폴리에 세우고 1231년 '멜피 헌장 Constitution de Melfi'으로 봉건 제도를 억압했다—과 앙주 왕들의 노력에도 불구하고, 나폴리(또는 시칠리아) 왕국은 너무나 많은 외세의 지배를 받았던 터라 견고한 통치 체제를 구축할 수 없었다.

독일에서는 황제들이 이탈리아에 대한 환상에 사로잡혀 독일적 현실에 눈이 어두웠다. 프리드리히 바르바로사는, 특히 그가 1181년 독일의 가장 강력한 영주인 작센과 바이에른 제후인 하인리히 사자공을 제압한 후, 봉건 영주들에게 황제의 권위를 강요했던 듯하다. 그러나 가문 사이의 투쟁, 황제 지망자들 사이의 투쟁, 더욱더 끝없이 반항적인 이탈리아에 대한 관심의 증대 등은 대공위 시대(1250~1273년)와 더불어 군주권의 중앙집권화의 실패를 가져왔다. 13세기 말 독일의 강력한 정치세력들은 북부와 동부의 식민 변경 지대에 있는 한자도시들과 전통적으로 내려오거나 새로 등장한 제후 가문들이었다. 1273년 알자스의 소제후인 루돌프 폰 합스부르크가 제위에 등극하고, 특히 이를 이용하여 오스트리아·스티리아·카린티아 등 제국 남동부에서 왕조의 상서로운 미래를 위한 기초를 닦았다.

동북부에서는 왕권 투쟁, 봉건적 분할, 불확실한 국경선 등이 중앙 권력의 권위에 불리하게 작용했고, 이것은 설상가상으로 독일 식민 운동으로 더욱 심해졌다.

덴마크에서는 흥망성쇠를 거듭한 끝에 14세기 초 왕권이 봉건 세력을 압도했던 것 같다. 그러나 너무나도 가난했던 왕은 1329년 홀스타인백에게 왕국을 저당 잡히지 않으면 안 되었다. 스웨덴에서는 왕이 13세기에 선거로 선출되었으나, 폴쿤가르Folkungar가가 마그누스 라뒤슬라스Mangus Laduslas(1274~1290년)와 그 후 특히 마그누스 에릭센Mangus Eriksen(1319~1363년)의 통치 아래 한동안 왕권을 수립하는 데 성공했다. 노르웨이는 가장 혜택받은 왕국이었다. 하콘Haakon(1217~1263년) 5세 노인왕은 교회와 세속 귀족 모두를 분쇄하고 세습 군주국으로 만들었다.

폴란드에서는 1076년 크리스마스에 그니에즈노에서 대관된 볼레스와프 대담왕Boleslaw le Hardi을 끝으로 더는 왕이 존재하지 않았다. 그러나 제후들 중 볼레스와프 입삐뚤이공Boleslaw Bouche-Torse(1102~1138년)과 1173년 이후 미에슈코 노인공Mieszko le Vieux과 같은 제후들이 통일에 끊임없이 관심을 기울이는 가운데 피아스트 왕조가 계속 존속하고 있었다. 그러나 독일뿐 아니라 체코와 헝가리로부터 직·간접적으로 지원을 받은 교회 귀족과 세속 귀족들의 반란으로 인해 폴란드는 13세기 중에 그 수가 증가한 여러 독립된 공국들의 집합체로 바뀌었다. 1295년 프셰미슬Przemysl de Grand Pologne이 자신을 위해 폴란드 왕국을 부활시켰으나, 그 후 보헤미아의 두 왕이 폴란드 왕의 칭호를 탈취했다. '폴란드 왕국의 왕위'가 수립되기까지는 1320년 쿠야비의 소영주인 브와디스와프 난쟁이공Wladyslaw le Bref이 이번에는 크라쿠프에서 대관되는 것을 기다리지 않으면 안 되었다. 브와디스와프의 아들이 카지미에시 대왕Casimir le Grand(1333~1370년)이 되었다. 그러나 그동안 마조프셰의 콘라트는 프로이센인들에 대항하기 위해 독일 기사단을 불러들였고, 이 기사들은 토른·쿨름·마리엔베르더 같은 새로운 교구에 기반을 두면서 독일 국가를 세웠다. 이들은 프로이센을 정복한 후 1309년 포메라니아를 공격하여 그단스크Gdansk를 탈취했으며, 그들의 요새 도시 마리엔부르크Marienburg를 사실상의 수도로 만들었다.

보헤미아의 경우는 이보다 더 복잡하다. 12세기 말 오타카르Otakar 1세(1192~1230년)가 1198년 스스로 왕이 되어 프셰미슬 왕조 Przemyslides 때 왕위를 세습화했다. 그러나 보헤미아의 왕들은 독일 제국의 제후로도 행세를 하면서 독일에서 위험한 도박을 했다. 궁정의 화려함 때문에 '황금왕'이라는 별명을 갖게 된 오타카르 2세(1253~1278년)는 제국의 선제후로 만족하지 않고 황제에 오르기 위해 술수를 부렸다. 그는 오스트리아·스티리아·카린티아·카르니올라를 무력으로 보헤미아와 모라비아에 합병했으나, 루돌프 폰 합스부르크와 충돌했다. 루돌프가 황제에 선출되어 1278년 뒤른크루트Dürnkrut 전투에서 오타카르를 격파했다. 대(大)보헤미아에 대한 꿈은 사라졌지만 독일의 꿈은 끝나지 않았다. 이 꿈은 새로운 외래 왕조 출신의 황제 카를 4세(카를 폰 룩셈부르크)에 의해 14세기에 실현되었다. 그렇지만 사실상 보헤미아는 독일 이주민들에 의해 점차 식민화되었다.

헝가리에서는 무수한 왕위 계승 전쟁으로 말미암아 이슈트반 왕의 후예들인 아르파드Arpad 왕조가 11~12세기 중에 기울었다. 그러나 이들은 한때 헝가리 병합에 군침을 삼키던 독일과 특히 비잔티움 사이의 틈바구니에서 트란실바니아·슬로베니아·크로아티아 등지로 왕국을 확장할 수 있었다. 필리프 존엄왕의 여동생과 결혼한 벨라Béla 2세 (1173~1196년)는 왕국을 반석 위에 올려놓은 듯했지만, 봉건 영주들 중 상승하는 계급들이 1222년 그의 아들 엔드레 2세에게 '금인(金印) 칙서Bulle d'Or'(귀족들에게 연례 집회와 면세 특권을 보장해준 문서——옮긴이)를 반포하도록 강요했다. 이 문서가 헝가리의 '대헌장'이라고 잘못 불리고 있는데, 그도 그럴 것이 그것은 국민적 자유를 확립해주기보다는 귀족들의 지배권을 보장하여 곧바로 왕국을 무정부 상태에 빠뜨렸기 때문이다. 설상가상으로 1301년 아르파드 왕조의 마지막 왕의 사망을 계기로 외국 태생의 군주들을 헝가리로 끌어들이지 않으면 안 되는 위기를 맞게 되었다.

1291년 8월 1일 우리Uri 계곡인들, 쉬비즈Schwyz 계곡의 자유 공동체와 니트발덴Nidwalden 저지대 계곡인들의 연합체가 독일 합스부르크 왕조의 위협에 대처하기 위해 영구 동맹을 선언했다. 이 동맹은 도시 공동체들이나 산간 거주민들끼리 맺은 다른 동맹과 흡사했다. 이것이 새로운 형태의 정치조직인 '스위스 연방'의 핵이었다고 예단하기는 힘들 것이다. 1325년 11월 15일 이 동맹이 모르가르텐에서 레오폴트 폰 합스부르크Leopold von Habsburg에게 빛나는 승리를 거두었다. 이로써 스위스인들의 군사적인 성공과 정치적인 미래가 동시에 예고되었다.

10. 결론——중세 공간의 조직: 도시인가 국가인가?

서양 기독교 세계가 절정에 도달했다가 위기를 맞아 심각하게 변모하기 시작했을 때, 경제적으로나 사회적으로는 여전히 강력했지만 정치적으로는 몰락해가고 있던 봉건제도를 대체하게 될 제도와 세력이 어떤 것일까에 대해서 우리들은 잠시 생각해볼 수 있을 것이다. 혹자는 번영이 계속되고 문화적 영향력이 비할 데 없으며 경제적·예술적·지적·정치적 성공뿐만 아니라 군사적 승리까지도 경험했던 도시를 머리에 떠올릴 것이다. 1176년 이래 그중에서도 가장 번창했던 북부 이탈리아 도시들은 레냐노Legnano에서 봉건 세계를 깜짝 놀라게 한 대패배를 프리드리히 바르바로사에게 안겨주었다. 그리고 1302년 쿠르트레Courtrai에서 플랑드르 지방 도시들의 보병들이 프랑스의 정예 기사 부대를 박살내었는데, 이 기사들이 남겨놓은 500개의 황금 박차가 이 전투를 기억하게 해줄 것이다. 미래는 제노바·피렌체·밀라노·시에나·베네치아·바르셀로나·브뤼헤·헨트·이페르(이프르)·브레멘·함부르크·뤼벡 같은 도시들의 세상인 것처럼 보였다.

그러나 근대 유럽은 도시가 아니라 국가를 중심으로 형성되었다. 도시의 경제적 기초는 최고의 정치권력을 세우는 데도, 심지어는 대규모 경제적 세력의 기반이 되는 데도 충분치 못했다. 원격지 무역이 사치품뿐 아니라 무거운 물건(특히 곡물)도 거래하지 않음에 따라서 도시 중심지는 그 당시에 요구된 차원들을 더 이상 갖추지 못했다. 이미 13세기 말에 도시들은 도시동맹의 한계 내에서만 힘을 발휘했다. 그것이 바로 한자동맹 도시의 귀결이었다. 그렇지 않으면 도시들은 주변에 끝없이 팽창하는 대규모 농촌적 근교를 형성했다. 이것은 원격지 무역뿐 아니라 그들의 '프랑화'로 권력을 키웠던 브뤼헤와 헨트 같은 플랑드르 도시들의 해결책인 동시에, 특히 핵심적인 '근교 농촌contado'으로 이루어진 리구리아·롬바르디아·토스카나·베네치아·움브리아 등과 같은 지방의 이탈리아 도시들의 해결책이기도 했다.

이 중에서도 13세기에 금융업이 가장 번성하고 가장 도시화되었던 것으로 생각되는 시에나는 이와 같이 도시가 농촌을 필요로 함을 예술에서 가장 잘 표현해주고 있다. 1337년과 1339년 사이 암브로조 로렌체티Ambrogio Lorenzetti가 시에나 시민들을 찬양하기 위해 시에나 시청사 벽에 그린 프레스코화 「선정과 악정Le Bon et le Mauvais Gouvernement」에서는 도시가 비록 성벽으로 둘러싸이고 성탑과 주요 건물들이 뾰죽뾰죽 솟아 있지만, 주변의 필수 불가결한 '근교 농촌'과 구분되지 않았다. 베네치아는 인근의 '견고한 땅Terra Ferma'을 통해서만 살아남을 수 있었을 것이지만, 1300년경의 그러한 관계를 밝히는 작업은 아마도 어려운 일일 것이다.

그러나 인간이 고립된 섬이나 변경 거점 혹은 작은 세포 같은 지역에 흩어져 살던 시대는 봉건제도와 함께 사라지고 있었다. 공간을 다른 방식으로 조직한 영방(領邦)국가 형태가 위세를 보이기 시작했다. 그 당시 통찰력 있는 사람들은 인구의 측면에서 그런 현실을 간파했다. 피에르 뒤부아Pierre Dubois의 고찰처럼 가장 많은 신민을 거느리고 있던 프랑스 왕은 기독교 세계에서 가장 강력한 군주였다. 파도바 출신 마르실리오도 인구를 근대 국가의 주요 힘들 중 하나로 보았다. 그러나 그러한 많은 인구는 넓은 공간에서만 존재할 수 있었으며, 진보는 소규모 영역이 아닌 대규모 영방으로의 통일을 요구하기 시작했던 것이다.

제4장
기독교 세계의 위기(14~15세기)

1. 중세적 프런티어의 종말

비록 14세기 초 기독교 국가의 대부분이 국경 지역에서는 아직까지 불안정하게 요동하고 있었지만, 기독교 세계는 대체로 안정되어 있었다. 그것은 루이스A. Lewis가 지적했듯이 '프런티어의 종말fin de la frontière'을 뜻했다. 중세의 팽창은 끝났다. 15세기 팽창이 다시 시작되었을 때, 그것은 이와는 다른 현상이었다. 오히려 대침략의 시대는 끝난 것처럼 보였다. 1241~1243년 사이에 이루어진 몽골족의 침입은 폴란드와 헝가리에 가공할 만한 흔적을 남겨놓았다. 특히 헝가리에서는 몽골족에 밀려 침입해온 쿠만인들Cumans이 무정부 상태를 심화시켰고, 반은 쿠만적이며 반은 이교적인 왕 라디슬라우스Ladislaus(1272~1290년)를 헝가리의 지배자로 옹립했다. 교황 니콜라우스 4세는 이에 대항하는 십자군을 호소했다. 그러나 이들의 침략은 하나의 기습에 불과했고 그

상처도 그 후 곧바로 치유되었다. 소폴란드와 실레지아는 타타르인들이 지나가고 난 다음 새로운 개간 운동을 전개하고 농업과 도시의 비약적 발전을 이룩했다.

그러나 13세기에서 14세기로 넘어가는 세기 전환기에 기독교 세계는 정체되었을 뿐만 아니라 축소되었다. 더 이상 토지를 개간하고 정복하는 일도 없었다. 증가하는 인구 압력과 개간의 열기에 휩싸여 경작되던 변경의 토지들도 그야말로 수확량이 매우 낮았기 때문에 유기되지 않으면 안 되었다. 산림의 황폐화 조짐이 여러 곳에서 나타났다. 토지와 심지어는 촌락의 폐기(빌헬름 아벨Wilhelm Abel과 제자들이 연구한 '촌락의 유기Wüstungen')가 시작되었다. 대성당 건축 공사가 미완성된 채 중단되었다. 인구 곡선이 상승을 멈추고 하강하기 시작했다. 인플레이션도 정지되고 경기침체가 시작되었다.

2. 14세기 위기

이러한 대규모의 일반적 현상 외에도 어떤 사건들은 기독교 세계가 이제 위기에 접어들었음을 예고했다. 이 중에는 당대인들이 감지한 사건도 있고, 근대 역사가들의 눈에만 의미를 지니는 사건도 있다.

일련의 파업, 도시 봉기와 반란이 13세기 마지막 30년 동안 특히 플랑드르 지방에서 발생했다. 1280년에는 브뤼헤·두에·투르네·프로뱅·루앙·캉·오를레앙·베지에, 1288년에는 툴루즈, 1292년에는 랭스, 1306년에는 파리가 이에 영향을 받았다. 이 같은 소요가 오늘날 벨지움에 해당하는 지역에서는 1302년 전면적 폭동으로 치달았다. 이에 대해 리에주의 연대기 작가 옥상Hocsem은 다음과 같이 썼다. "올해 거의 어디서나 민중파가 귀족들에게 반란을 일으켰다. 브라반트에서는 반란이 진압되었으나, 플랑드르와 리에주에서는 민중이 오랫동안 지배했다."

1284년 48미터까지 쌓아올렸던 보베 성당의 천장이 붕괴되었다. 고딕적 꿈은 더 이상 높이 올라갈 수 없었다. 성당 건축이 나르본에서는 1286년에, 쾰른에서는 1322년에 중단되었다. 시에나가 1366년에 그러한 가능성의 한계점에 도달했다.

화폐의 평가절하와 교체가 시작되었다. 필리프 미남왕(1285~1314년) 치하의 프랑스의 경우 중세에서는 처음으로 그것을 여러 번 경험했다. 이탈리아, 특히 피렌체 은행들이 1343년 결정적으로 파산했다. 바르디·페루치·아키아이우올리·보나코르시·코치·안텔레시·코르시니·다 우차노·페렌돌리 같은 은행들과, 피렌체 연대기 작가 조반니 빌라니가 기록한 "이외에도 많은 소규모 회사들과 개개 장인들"도 파산을 피할 수 없었다.

물론 위기의 징후는 경제적으로 가장 취약한 부문들에서 나타났다. 예컨대 그것은 한때 번영을 구가하다가도 부유한 고객들이 몰락하면 위기를 맞았던 도시의 직물경제뿐 아니라, 노동력·원료·자본 등이 보다 이득이 많은 다른 분야에 투자되어 대규모 공사에 점점 더 많은 자금의 압박을 받았던 건축업 분야에서도 나타났다. 그것은 또한 화폐경제 분야에서도 나타났다. 특히 이 분야에서는 전문가들조차도 익숙지 못한 경제 형태에 으레 있게 마련인 어려움이 증가했다. 그 이유는 금화 주조의 재개에 따른 양본위제(兩本位制) 통화관리가 미숙했고, 점점 더 대부금을 탐내고 부채를 지게 된 제후들의 청탁을 받은 금융업자들이 무모하게 대출을 했기 때문이다. 14세기 초 투르네의 생마르탱 수도원장인 질 르뮈이시Gilles Le Muisit가 다음과 같이 썼다.

> 화폐 분야에서는 도무지 알 수 없는 일이 일어난다.
> 그것이 등귀하기도 하고 하락하기도 하니 사람들이 어찌할 바를 모른다.
> 이득을 보았다고 믿지만 알고 보면 정반대다.

위기는 그것이 농촌경제의 기본적 수준에 충격을 주었을 때 광범위하게 나타났다. 1315~1317년의 일련의 일기불순은 흉작, 곡물가 등귀, 그리고 13세기에 서유럽, 적어도 극서(極西) 유럽에서는 거의 사라졌던 총체적 기근의 재발을 가져왔다. 브뤼헤에서는 인구 3만 5천 명 중에 2천 명이 기아로 죽었다.

영양실조의 재창궐에 뒤이어 나타난 육체적 저항력의 감소는 1348년 이후 흑사병이 결정적으로 초래한 참상에 어떤 역할을 담당했음에 틀림없다. 이 흑사병은 하강하던 인구 곡선을 더욱 가파르게 하고 위기를 대파국으로 바꾸어놓았다.

그러나 분명한 것은 그러한 위기가 흑사병 이전에 나타난 것이며 흑사병은 그것을 재촉했을 뿐이라는 점이다. 위기의 원인은 기독교 세계의 사회·경제적 구조의 토대에서 찾지 않으면 안 된다.

봉건 지대의 격감, 농민의 세금 중 화폐 비중의 증가에 기인한 혼란 등이 봉건 영주의 권력기반을 흔들어놓았던 것이다.

3. 위기의 의미: 총체적 침체인가 진보의 조건인가?

비록 위기가 근본적인 것이었다 하더라도, 그것이 서양 경제 전반의 침체를 가져온 것은 아니며, 또한 모든 계층이나 모든 개인에게 동일하게 영향을 준 것도 아니었다.

지리적이거나 경제적인 분야가 타격을 받았던 반면에, 그 외 분야에서는 새로운 비약적 발전이 이루어져서 인접 분야의 손실을 대체하고 벌충했다. 전통적으로 사치스런 직물업인 '전통 직물업'은 위기로부터 심한 타격을 받았으며, 그것을 주로 취급하던 중심지들도 몰락했다. 그러나 그 대신 보다 덜 부유하고 덜 까다로운 고객을 상대로 한 보다 싼 직물을 제조하는 중심지들이 새로이 등장했다. 이것이 바로 면을 주성분으로 한 무명이 섞인 마직물과 세루 같은 '새로운 직물업'의 승리를 의미한다. 어떤 가문은 파산했지만, 다른 가문이 그것을 대신했다.

한동안의 혼란이 지나자 영주계급이 이에 적응을 하고, 토지 경작 대신에 보다 수지가 맞는 목축을 광범위하게 채택했으며, 그 후 울타리치기를 확대하면서 농촌 풍경을 바꾸어놓았다. 영주계급은 농민의 토지 경작 계약, 부과조redevance와 이의 납부의 성격을 변경하고, 실질화폐와 명목화폐를 다루는 법을 배웠으며, 이 같은 능숙한 기술을 이용해 화폐 교체에 대처할 수 있게 되었다. 그러나 물론 힘깨나 있는 사람들이나 수완이 뛰어난 사람들 또는 절호의 행운을 잡은 사람들만이 다른 사람들이 타격을 입은 것으로부터 이익을 볼 수 있었다.

아마도 흑사병으로 말미암아 줄어든 인구 역시 노동력과 소비자를 감소시키긴 했지만, 임금은 상승하고 생존자들은 대체로 더 부유해졌다.

결국 그러한 위기로부터 타격을 받은 봉건제도는 위협을 느낀 지배계급들의 손쉬운 해결책인 전쟁에 호소했다. 이에 대한 가장 두드러진 예가 백년전쟁이었는데, 이는 프랑스 귀족이나 잉글랜드 귀족이 다 같이 자신들의 곤경에 대한 돌파구로서 추구했던 전쟁이었다. 그러나 으레 그렇듯이 이 전쟁도 위기의 과정을 가속시키고 죽음과 폐허—이 경우에 지나친 과장은 삼가야 한다—를 통해 새로운 경제와 사회를 탄생시켰다.

그러므로 14세기 초의 위기는 기독교 세계에서 사회·경제적 지도의 수정으로 귀착되고 말았다.

그것은 이미 전개되고 있던 국가의 중앙집권화를 촉진하거나 가속화시켰다. 그것은 샤를 7세와 루이 11세 때의 프랑스 왕국, 튜더 왕조 하의 잉글랜드 왕국, 가톨릭 국왕 치하의 에스파냐의 통일, 특히 이탈리아와 어느 정도는 어디에서나 '제후'의 등장을 위한 길을 마련해주었다. 그것은 부르주아를 중심으로 하는 새로운 고객들에게 제품과 예술을 애호하도록 자극했다. 제품과 예술은 아마도 대량 생산적인 경향을 보이고 있었던 것으로 생각되는데, 인쇄술은 지적인 분야에서의 이 같은 대량 생산을 가능케 했을 것이다. 그러나 이 같은 제품과 예술은 질적 수준이 대체로 여전히 꽤 높은 상태에 있었다. 이것은 또한 새로운 계층의 생활수준 향상, 이들의 안락함과 취향의 증대에 대한 응답이었다.

14세기 초의 위기는 숨 막힐듯한 봉건사회보다 더 개방적이고 사람들에게 더 많은 행복을 가져다줄 르네상스와 근대를 탄생시켰던 것이다.

제 2 부

중세 문명

제5장
탄생(5~9세기)

1. 이교 문화와 기독교 정신

개인의 역사에서처럼 문명사에서도 유년기는 결정적이다. 그리고 전부는 아니더라도 많은 것들이 그때 좌우된다. 5세기에서 10세기 사이에 새로이 생각하고 느끼는 습관들이 태어나고, 중세적 망탈리테와 감수성의 미래구조들을 형성하고 예고하는 주제들과 작품들이 등장했다.

먼저 그러한 새로운 구조들이 형성되는 방식부터 살피기로 하자. 각각의 문명에서 한편으로는 사회집단과 다른 한편으로는 역사적 퇴적에 따라서 서로 다른 문화층을 형성한다는 것은 잘 알려진 사실이다. 이같은 성층화와 동시에 서로 다른 것들의 결합과 집합과 혼합을 통해 새로운 종합이 이루어진다.

이러한 현상은 특히 중세 초 유럽에서 분명하게 나타났다. 이교적 유산과 기독교적 전통이 각각 자체의 논리 정연한 총체성을 이루고 있다고 가정할 때(그러나 이것은 주지하듯이 결코 사실이 아니다), 문화와 관련하여 가장 두드러진 새로움은 이 양자 사이에 수립되고 있던 관계들이다. 그러나 적어도 식자층 수준에서 이 양자는 동반자로 간주되기에 부족함이 없을 정도로 동질성을 띠고 있었다.

우리는 이 양자의 관계를 적대적인 것으로 보아야 할 것인가?

이교 문화와 기독교적 정신 사이의 갈등은 초기에는 원시 기독교적 문헌에, 다음에는 중세의 문헌에, 그다음에는 중세 문명사에 관한 근대의 수많은 저작들에서 다루어지고 있다. 그리고 사실 이 양자의 사상과 감수성은 오늘날 마르크스주의적 이념과 부르주아적 이념처럼 서로 대립하고 있었다. 이교 문헌들이 대체로 기독교적인 중세에 문젯거리였으나, 5세기에 이르면 그 문제는 사실상 이미 해결된 것이나 다를 바 없었다. 14세기까지도 극단적으로 상호 대립되는 두 경향이 존재할 것인데, 하나는 고대 저작들을 이용하고 심지어는 읽는 것조차도 금하는 경향이고, 다른 하나는 어느 정도 순진하게 고대 저작들을 활용하는 경향이다. 그리고 상황에 따라서는 이 두 경향이 번갈아가면서 권장되기도 했다.

그러나 기본적 태도는 교회의 교부들, 그중에서도 특히 성 아우구스티누스에 의해 규정되었다. 그는 유대인들이 이집트인들의 전리품을 이용했듯이 기독교도들도 고대 문화를 활용할 것을 이렇게 권했다. "만일 (이교) 철학자들, 특히 플라톤주의자들이 어쩌다가 우리의 신앙에 유익한 진리를 말한다면, 우리는 그러한 진리를 경원시해서는 안 될뿐더러 그러한 비합법적인 지식의 보유자들로부터 진리를 간취(看取)해서 활용해야 한다." 마치 이스라엘 사람들이 이집트에서 금병과 은병 그리고 귀중품을 가져다가 나중에 이것들을 가지고 성막(聖幕)을 세웠듯이 말이다.

중세에 이르러 진부한 이론이 되어버린 『기독교 교의론 De doctrina christiana』에서의 성 아우구스티누스의 이 같은 권유는 어떤 영역에서든 그리스-로마 문화를 활용할 수 있는 길을 사실상 열어주었다. 종종 중세인들은 그의 저작 원문을 축어적으로 해석하는 것으로 만족했다. 그들은 파괴된 신전의 돌처럼 고대의 단편적인 재료들만을 이용했다. 그러나 그러한 재료들이, 때로는 마치 신전의 주랑이 그대로 성당의 기둥으로 쓰였던 것처럼 완전한 것일 경우도 있었고, 때로는 로마의 범신전이 7세기 초 그대로 교회로 바뀌었듯이 신전 그 자체가 약간 변형·치장되어 교회 건물이 되는 경우도 있었다.

어휘·개념·방법 등과 같은 고대의 정신적 기재(器材)들이 어느 정도까지 중세로 전이되었는지를 가늠하기는 무척 힘들다. 흡수와 변형과 변성의 정도는 저자에 따라 다르며, 때로는 동일한 저자라 하더라도 중세 문화의 한계를 특징짓는 양극단, 즉 이교 문헌에 대한 배타적인 태도와 그것을 대량으로 차용하려는 열정적 태도 사이에서 주저하기도 했다. 이미 성 제롬은 이 같은 태도의 전형을 보여준 바 있다. 대체로 이교적 저작들을 성경에 버금갈 정도로 많이 인용했던 탓으로 그는 어느 날 꿈속에서 하느님으로부터 질책을 들었다. "그대는 기독교도가 아니라 키케로주의자니라." 알퀸도 성모 마리아로부터 이와 동일한 질책을 받는 꿈을 꾸었다. 그러나 제롬 역시 성 아우구스티누스처럼 타협안을 내놓는다. 즉, 기독교적 저자들은 「신명기」에 나오는 유대인들이 전쟁 포로인 여성들과 결혼하기에 앞서 이들의 머리를 면도칼로 밀고 손톱을 깎고 이들에게 새 옷을 입혔던 것처럼, 이교적 모델에 대해서도 이와 똑같이 대해야 한다는 것이다.

사실상 중세의 성직자들은 별 힘 안 들이고 그들의 양심을 충족시키면서 '이교' 문헌들을 이용하는 방법을 많이 발견할 수 있었다. 그 한 예로 클뤼니 수도원의 한 서고에서 고대 저자의 필사본을 뒤지던 한 수도사가 개가 발로 머리를 긁듯이 손가락으로 귀를 긁적이지 않으면 안 되었다. "이교도가 이 같은 동물과 비교되는 것은 당연하기 때문이다."

그렇지만 이러한 타협이, 비록 고대적 전통의 연속성을 어느 정도 유지시켜주긴 했지만 사실은 고대적 전통을 너무나 왜곡했으므로 지식인 엘리트들이 고대적 원천으로 참으로 복귀해야 할 필요를 자주 느낄 정도였다. 이것이 바로 중세에 여러 차례 일어났던 르네상스들, 즉 카롤루스 왕조 르네상스, 12세기 르네상스, 근대 여명기의 대르네상스다.

특히 중세 초의 지식인들은 그리스-로마 세계의 대체 불가능한 지적 도구를 이용하면서도 동시에 그것을 기독교적 사고에 맞게 재주조해야 한다는 이중적 임무를 띠고 있었다. 이로 말미암아 고대 지식인들의 사상을 조직적으로 왜곡한다든지 만성적인 시대착오를 범한다든지 문맥을 고려하지 않은 인용을 통해 사고하는 것과 같은 매우 잘못된 지적 습관—물론 이것을 창출하지는 않았지만—을 조장했다. 고대 사상은 기독교 사상에 의해 원자화되고 왜곡되고 굴욕당하면서 중세에 살아남을 수 있었다. 기독교는 정복된 적들의 봉사에 의존할 수밖에 없었으므로 포로 노예들에게 그들의 기억과 전통을 잊게 함으로써 그들을 기독교를 위해 봉사하도록 하지 않으면 안 될 처지에 놓여 있었다. 그러나 이와 동시에 기독교가 사상의 초시간성 속에 빠져들어갔다. 모든 진리는 영원해야만 했다. 토마스 아퀴나스가 13세기까지 계속해서 말한 것처럼 고대 저자들이 의도했던 바가 무엇인지는 중요하지 않다. 요는 그들이 말했던 것을 중세 지식인들이 제멋대로 이용했기 때문이다. 로마는 더 이상 로마의 맥락 속에 있지 않았다. 고대 문명의 '전이'는 중세에 큰 혼란을 가져왔다. 그렇지만 이러한 혼란은 새 질서의 전제 조건이었다.

2. 전통적 지식의 분해

여기서도 또다시, 몰락하고 있던 고대는 중세 초 몇 세기 동안 기독교 성직자들의 작업을 용이하게 해주었다. 고대 문화에 대해 중세가 알고 있었던 지식은 로마 제국 말기를 통해 전달되었는데, 제국 말기는 그리스-로마의 문학과 사상과 예술 등을 반추·요약·분해하여 야만적인 중세 초의 사회가 그것들을 보다 쉽게 소화할 수 있도록 해주었다.

중세 초의 성직자들이 그들의 지식과 교육제도를 차용한 것은 키케로나 퀸틸리아누스로부터가 아니라, 카르타고의 수사학자 마르티아누스 카펠라로부터였다. 그는 5세기 초에 『수사학과 언어학의 결혼 Les Noces de Mercure et de la Philologie』이라는 시에서 7개 교양과목을 규정했다. 그들이 지리적 지식을 얻어온 것은 키케로나 스트라보(이들은 아무튼 프톨레마이오스보다 떨어진다)가 아니라 3세기(퇴보가 시작되는 시기)의 보잘것없는 편집자인 율리아누스 솔리누스 Julianus Solinus로부터였다. 그는 기적과 괴물의 세계, 즉 동방의 불가사의들을 중세에 전해주었다. 이를 통해 상상과 예술은 과학이 상실한 것을 차지했다. 중세의 동물학은 『자연과학자 Physiologus』에 나오는 동물학에 불과했을 것이다. 2세기 알렉산드리아에서 쓰여 5세기에는 라틴어로 번역된 이 작품은 동물학을 우화와 도덕적 교훈으로 가득한 시의 형태로 용해시켜버렸다. 동물들은 상징들로 바뀌었다. 그러나 중세의 동물 우화집은 이 같은 상징들에서 유래했으며, 또한 동물에 대한 중세적 감수성도 과학적 무지로부터 자양분을 얻어왔다. 특히 수사학자들과 편집자들은 중세인들에게 단편화된 지식을 제공했다. 로마 제국 말기는 기본적인 지적·정신적 기재로서의 어휘, 기억에 용이한 시구, (가짜) 어원, 문집 등을 중세에 전달했다. 그것은 인용과 단편적 선별 등 '요약digest'의 문화다.

또한 중세 문화의 기독교적 측면에서도 사정은 이와 다를 바 없었다. 기독교 교의doctrina christiana는 무엇보다도 본질적으로 성서에 기초를 두고 있으며, '성서sacra pagina'는 모든 중세 문화의 기초가 되었다. 그러나 성서 원전과 해독자 사이에는 이중적 장막이 드리워져 있었다.

원전은 난해한 것으로 여겨졌으며, 특히 그 내용이 너무나 풍부하고 신비적인 나머지 함축하는 의미에 따라서 여러 차원으로 해석되지 않으면 안 되었다. 이로부터 일련의 온갖 단서, 주석과 용어해설이 번성하게 되고, 원전은 이것들 뒤로 사라지기 시작했다. 성경 원전은 주석 앞에 굴복했다. 16세기의 종교개혁은 원전을 되찾자는 당연한 감정의 표출일 것이다.

그리고 성경 원전은 너무나 상세하기 때문에 인용과 부연을 통해 모든 사람이 이용할 수 있도록 발췌되지 않으면 안 되었다. 성경은 경구와 삽화의 모음집으로 변해버렸다.

교부 철학자들의 저작 자체가 일차 자료로 되어버렸기 때문에 사람들은 가까스로 성경 원전의 핵심을 끄집어낼 수 있었다. 중세 기독교 사상의 참된 출처는 제3류 또는 제4류의 논저와 시다. 예컨대 역사를 통속적 호교론으로 변형시킨 아우구스티누스의 제자이자 친구인 오로시우스의 『이교도 투쟁사Histoire contre les païens』라든지, 도덕적 삶을 선과 악의 투쟁으로 해석한 아우렐리우스 프루덴티우스 클레멘스의 『영혼의 투쟁Psychomachie』이라든지, 세속 세계와 세속적 활동에 대한 경멸을 갈파한 율리아누스 포메리우스의 『명상 생활론Traité de la vie contemplative』 등이 그것이다.

3. 퇴보와 적응

이러한 지적 퇴보를 관찰하는 것만으로는 충분치 못하다. 그러한 퇴보가 당시의 상황에 적응하는 데 필요한 조건이었다는 점을 분명히 인식하는 것이 중요하다. 일부 이교도들이나 시도니우스 아폴리나리우스 같은 기독교적 귀족들은, 세련되긴 했지만 몰락해가는 사회계층에 국한되었던 문화적 유희에 만족하고 있었다. 야만화된 작가들은 새로운 대중을 위해 글을 썼다. 볼가R. R. Bolgar가 아우구스티누스, 마르티아누스 카펠라와 카시오도루스의 교육제도에 관해 다음과 같이 지적한 것은 옳다. "새로운 이론들의 가장 큰 장점은 퀸틸리아누스의 체계에 대한 합리적인 대안을 제공한 점일 것이다. 웅변이 번창했던 세계는 이제 죽어가고 있으며, 그것을 대신하게 될 새로운 문명은 민회와 포럼의 승리를 전혀 모르기 때문이다. 장원과 수도원을 삶의 터전으로 삼아야만 하는 장차의 인간들은, 만약에 전통적 교육이 그들이 이해하지도 못할 이상을 제시했다면, 그리고 만약 카펠라와 아우구스티누스가 퀸틸리아누스를 대신하지 않았다면, 큰 불이익을 당했을 것이다."

새로운 기독교 엘리트 중에는 과거 순수주의자들에 비해 자신들의 문화가 조잡함을 인식한 매우 세련되고 탁월한 대변인들이 있었는데, 이들조차도 일반 신자들이 쉽게 이해할 수 있도록 하기 위해 자신의 지적 세련을 포기했던 것은 놀라운 일이다. 승리를 쟁취하기 위해 일시적으로 바보짓을 하는 것, 그것이 바로 그들의 선택이었다. 그것은 비록 우리에게는 불만스럽지만, 그럼에도 매우 감동적이다. 그들이 모든 사정을 감안하면서 종종 표명한 고대 학문과의 그런 결별은 중세 초 기독교 지도자들의 자기 헌신의 가장 감동적인 모습이다. 비엔의 주교 아비투스Avitus는 6세기 초 그의 시집 신판 서문에서 "음절의 운율을 이해할 수 있는 사람이 너무나도 없기 때문에" 그러한 양식을 포기한다고 말했다. 같은 시대에 에우기피우스는 『성 세베리누스 전기』의 출판을 주저했는데, "세베리누스 연설의 모호함으로 말미암아 많은 사람들이 그가 말하는 경이로운 사실들을 이해할 수 없을까 봐" 염려했기 때문이다.

아를의 주교 케사리우스Caesarius는 그러한 태도를 더욱 발전시켰다. "본인은 주님의 모든 양이 쉬운 속어로 하늘의 자양분을 받을 수 있도록 지식인들이 거친 표현을 개탄하지 말고 만족스럽게 들어줄 것을 엎드려 부탁합니다. 무식한 사람들과 우둔한 사람들은 지식인의 높은 경지에까지 올라갈 수 없으므로, 지식인들은 자신을 무식할 정도로까지 낮추어주시기 바랍니다. 유식한 사람들은 무식한 사람들에게 하는 말을 이해할 수 있지만, 반대로 무식한 사람들은 유식한 사람들에게 하는 말을 전혀 이해하지 못합니다." 그리고 그는 "설교가는 박수보다는 비명을 자아내야 한다"는 성 제롬의 말을 되풀이했다. 물론 이 두 설교가는 사람의 마음을 사로잡아 지배하는 것을 중시하고 있다. 그러나 수단과 방법이 변했다. 고대에서 중세로 넘어가는 전환기에 감수성과 전도 방법의 그러한 변화는 새로운 사회를 규정했다.

또한 지적인 변화도 일어났다. 그것은 야만화의 저편에서 그리스-로마 세계의 가치들에 못지않은 중요한 가치들을 획득했거나 획득하려 힘썼다. 성 아우구스티누스가 "문법학자들한테 비난받는 한이 있더라도 사람들을 납득시키는 것"이 더 바람직하며, 또한 말 *verba*보다는 사물 *res*, 즉 실재를 더 중시해야 한다고 갈파했을 때, 사실 그는 다행스럽게도 말에 관한 고대적 논쟁으로부터 중세인들을 해방시킨 중세적 공리주의 또는 물질주의를 토로한 것이다. 그들은 도로가 목적지로 연결되기만 한다면 도로 상태에 대해서는 더 이상 문제 삼지 않을 것임을 선언했다. 그리하여 중세의 여정은 먼지와 진흙탕 속에서도 우여곡절을 극복하고 항구로 이어졌다.

이제 해야 할 일들이 산적해 있었다. 기독교 사회의 지도자들은 중세 초의 법률 원전들, 종교회의에서 결정한 종규들과 참회 고행 지침서들을 살펴보고, 그들이 감당해야 할 임무가 많음에 놀랐다. 물질적 생활의 불안정, 정신의 야만화, 모든 경제적·영적 자산의 결핍 등 이같은 모든 대대적인 결핍은, 번거로운 이론과 세련을 경멸하면서도 성공을 갈망하는 강력한 영혼을 요구했다.

이때는 또한 사람들이 흔히 잊어버리는 경향이 있지만, 이단이 번성했던 시기이자 교리상의 망설임이 컸던 시기였다. 정통 가톨릭은 회고적 착각의 차원에서만 정립된 것처럼 보였지 사실은 아직까지도 명확히 규정되지 않았기 때문이다. 5~6세기 서유럽 세계에 활력을 불어넣어준 종교 운동 중 가장 두드러진 것으로서 그 당시 크게 만연해 있던 아리우스파, 마니교, 펠라기우스파, 프리스킬리아누스파의 성공이 어떤 결과를 가져왔는지를 여기에서 논할 수는 없다. 대략적으로 말한다면 정통 가톨릭의 성공은 아리우스파적 혹은 마니교적 단순성과 펠라기우스적 혹은 프리스킬리아누스적 정교성 사이의 중도 노선을 취한 데 있다. 모든 문제는 자유의지와 은총에 대한 태도로 요약될 수 있을 것이다. 만약 기독교가 마니교도들이 원하는 것처럼 엄격한 예정설로 기울었다면, 신적 결정론의 무게가 서유럽을 무겁게 짓눌렀을 것이고 이 서유럽은 별 저항 없이 지배계급의 수중으로 들어가 이들이 이 같은 신적 전능함의 해석자가 되는 데 성공했을 것이다. 반면 펠라기우스파가 득세하여 개개 인간의 선택의 우위성을 정착시켰다면, 그렇게도 큰 위험에 처했던 서유럽이 무정부 상태에 빠졌을 것이다. 그러나 중세인들은 서유럽이 선택의 여지가 없음을 잘 알고 있었다. 노예 숫자가 줄어들어 대중들에게 일을 시키지 않을 수 없었다. 기술적 장비들은 초라하나마 개량의 여지가 있었다. 사람들은 미약하나마 자연을 어느 정도 극복할 수 있으리라고 생각했다. 이 같은 상황을 잘 표현해주는 수도원 제도는 세속으로부터의 도피를 경제적·영적 삶의 조직과 결합시켰다. 그 당시 수립되고 있던 자연과 은총의 균형은 중세 초 인간들의 유능함과 무능함의 한계를 드러내준다. 무엇보다도 이것은 향후 발전을 위한 문을 열어주었다.

　세계의 종말을 기다리기 위해 건설된 중세 초의 사회는 서유럽인의 비약적 발전을 제때에 받아들이기에 적합한 구조—비록 그들이 이것을 깨닫지는 못했지만—를 갖추게 되었던 것이다.

4. 문명의 외딴섬들: 도시·궁정·수도원

문명의 외관이 게르만족의 대대적인 침략과 더불어 갑작스럽게 변한 것은 아니다. 약탈과 파괴에도 불구하고 문화의 전통적 중심지들은 존속했고 순식간에 사방으로 영향을 끼쳤다. 새 시대의 가장 큰 희생물인 도시들조차도 장기간 살아남아 약간의 번영을 누리기도 했다.

도시가 어느 정도 활력을 유지했던 것은 일부는 경제적 기능(그것이 고대적이든 새로운 것이든)의 지속 덕택이었는데, 이것은 사치품의 수입, 시리아 상인들과 특히 유대 상인들 같은 동방 상인들의 존속이나 순례자 집단의 잦은 왕래와 연관이 있었다. 이와 관련하여 로마·마르세유·아를·나르본·오를레앙 등은 여전히 동방 상인들을 위한 출입구였다. 그러나 가장 영향력 있는 도시들조차도 새로운 게르만 왕들의 거처로 이용되는 도시들이 아니면, 특히 교구 본부가 있는 도시들이거나 이름난 순례 중심지들이었다.

게르만족 왕들의 궁정은 돌 가공, 직조, 특히 금은 세공과 같은 사치품 제조소들을 끌어들였다. 왕실과 교황청이 소유한 대부분의 재보가 주로 수입품, 특히 비잔티움 수입품으로 채워졌던 것은 말할 나위없다. 그러나 롬바르드의 왕 리우트프란트Liutprand(712~744년) 치하에서는 파비아가, 6세기에서 7세기로 넘어가는 세기 전환기 롬바르드 왕국의 왕비 테오델린드Théodelinde 치하에서는 몬차가, 서고트 왕국의 왕 레카레드Récarède(586~601년) 치세기부터 이슬람교도의 정복기(711년)까지에는 톨레도가, 메로베우스 왕조 치하에서는 파리와 수아송이 예술가들을 유혹했다. 그렇지만 예술, 경제적 수단, 취향 등의 퇴보는 어디서나 느낄 수 있었다. 모든 것이 위축되었다. 건축은 나무를 재료로 쓰기 일쑤였다. 석조 건축물들도 대개는 파괴된 고대 건물들에서 가져온 돌을 재료로 썼기 때문에 한층 더 초라해졌다. 심미적 노력들은 건축 기술의 형편없음을 위장해주는 외양의 장식에 주로 바쳐졌다. 석공술이라든지 환조 조각이라든지 인간 형상의 묘사 등은 거의 완전히 사라졌다. 그러나 모자이크 장식, 상아 세공품, 직물과 특히 번쩍거리는 금은 세공품들은 장식을 좋아하는 게르만인들의 취향을 만족시켰다. 예술품은 종종 궁정과 교회의 재물창고에 사장되거나 묘지에까지 매장되었다. 그런 가운데서도 소수 예술가들의 노력에 힘입어 게르만 장인들과 예술가들의 연금술과 초원 예술양식의 매력이 잘 표현된 걸작들이 나오기도 했다. 이 걸작품들은 부서지기 쉬워 오늘날까지 전해지는 것은 거의 없지만, 우리는 브로치며 허리띠의 버클이며 칼자루 등 이에 대한 값지고 경이로운 증거들을 가지고 있다. 서고트족 왕들의 왕관, 전면을 구리로 만든 아지룰프Agilulfe 왕의 왕관, 주아르에 있는 메로베우스조 왕들의 석관 등은 현재까지 보존되어온 귀중한 유물들 중 일부다.

    그러나 군주들, 특히 메로베우스조의 군주들은 농촌의 장원을 점점 더 좋아하게 되었고, 따라서 대부분의 활동이 여기에서 이루어졌다. 교회의 기록을 살펴보면 많은 도시에는 상당 기간 동안 주교가 없었다. 투르의 주교 그레고리우스에 따르면 6세기의 갈리아 지방은 수아송·파리·상스·투르·오를레앙·클레르몽·푸아티에·보르도·툴루즈·리옹·비엔·아를 등과 같은 부유한 주교좌 도시들에 의해 더욱 강력하게 도시화되고 지배되었던 듯하다. 서고트족 지배하의 에스파냐에서 레안데르(579~600년)와 이시도루스(600~636년) 형제가 주교직에 있을 당시의 세비야는 활기에 찬 문화 중심지였다. 그러나 중세 초 문명의 큰 중심지는 수도원이었고, 수도원은 점차 도시와는 고립된 채 농촌에 소재하게 되었다. 수도원은 작업장을 가지고 있어 장인들과 예술가들의 기술학교가 되었고, 필사본 보관소 덕택으로 지적 문화의 지탱자가 되었다. 그것은 또한 영지와 작업 도구, 수도사들과 온갖 예속자들의 노동 덕택으로 생산과 경제적 모형의 중심지가 되었을 뿐만 아니라, 종종 성인의 유골을 토대로 한 영적 생활의 중심지가 되기도 했다.

그러한 수도원 중심지들의 매력과 영향력을 무시하는 것은 어리석은 짓일 것이다. 물론 새로운 기독교적 도시사회가 주교좌 부근에, 특히 교구diocèse 내에 서서히 설립되고 있던 본당구paroisse(이 두 용어는 아마도 한동안 동의어였을 것이다) 주변에 많이 형성되었다. 종교 생활도 사설 예배당을 세워서 이것을 후에 봉건적 '사유 교회Eigenkirche'로 만들었던 군사적 지주 귀족의 장원에서 이루어지기도 했다. 그렇지만 당시까지 새로운 종교에 접해보지 못했던 농촌 세계에 기독교와 그것이 전하는 가치들을 서서히 침투시킨 것은 무엇보다도 수도원이었다는 점을 강조하지 않으면 안 된다.

변화가 거의 없는 유구한 전통을 지닌 이 농촌 세계는 중세 사회의 토대였다. 성인의 전기와 도상(종종 후대에 만들어진 도상)은 우리에게 수도원 활동의 실상을 전해준다. 도시에 복음을 전파할 때 포교적 임무를 띤 성인의 본질적 활동은 우상 파괴, 즉 사원에 있는 우상을 파괴하는 것이었다. 5세기에서 9세기 중에 성인의 활동은 농촌 세계에서의 자연 숭배물들을 파괴하는 것, 예컨대 신성시된 수목을 잘라버린다든지 샘물을 세례 한다든지 농촌 제단에 십자가를 설치하는 것 등이었다. 그러나 수도원의 득세는 중세 서양 문명의 불안정을 증거하는 것이라고 생각할 수 있다. 중세 문명이란 상호 고립된 중심 거점들, 주위가 황무지로 둘러싸인 숲과 들판, 수도원 문화를 접해보지 못한 농촌들처럼 마치 '사막' 한가운데 문화의 오아시스 같은 성격을 띠고 있었기 때문이다. 고대 교통망과 연락망이 붕괴되어 대부분의 서유럽 지역들은 선사시대에 뿌리박은, 기독교적 외관을 접해보지도 못한 원시 세계의 전통적 농촌 문명으로 전락했다. 이베리아인, 켈트족, 리구리아인의 유서 깊은 관습과 전통적 예술이 다시 표면으로 드러났다. 이곳에서 수도사들은 그리스-로마의 이교를 정복했다고 믿고 있었지만, 그들은 음흉한 악마들의 매우 오래된 심층 토양을 다시 노출시키는 데 기여했다—사실 이 악마들이 교회법에 복종한 것은 외견상에 불과했다. 서유럽은 야만 상태로 전락해버렸고, 그러한 야만 상태는 중세 내내 빈번히 표출되어 폭발했다. 이 점에서 우리는 수도원 활동의 한계에 주목할 필요가 있으며, 이와 더불어 수도원의 영향력과 효과를 환기시키는 것 또한 매우 중요하다.

성인 전기와 역사서에 나타나는 그 많은 수도원 이름으로부터 우리는 이에 대한 몇몇 증거를 얻을 수 있다. 도시에 기독교가 전파될 당시에는 레랭스 수도원이, 농촌에 본격적 전도 활동이 시작될 때는 몬테카시노 수도원과 모험적인 베네딕투스 수도원이 큰 영향을 끼쳤다. 중세 초 기독교가 취한 노선을 밝히기 위해서는 아일랜드 수도원의 왕성한 활동에 주목해야 한다. 변경 지방에서 기독교 개종 운동이 재개될 당시인 8~9세기에 복음 전파 운동에서 수도원들이 담당한 역할은 무엇보다도 아일랜드 수도원적 경향의 연장이었다.

레랭스 수도원은 5~6세기 기독교 전파의 큰 중심지인 프로방스 지방의 발전과 밀접한 관련이 있다. 최근에 피에르 리셰 Pierre Riché가 잘 지적한 것처럼 레랭스 수도원은 지적 수련 기관이 아니라 무엇보다도 고행 기관이었다. 장기 방문을 목적으로 이곳에 온 저명한 사제들은 성서 연구, 특히 "성서에 대한 현학적 주석보다는 성서에 대한 영적 묵상"을 수도원 측에 요구했다. 갈리아 출신으로서 동방에서 수련을 쌓고 레랭스 수도원에 온 초대 수도원장 호노라투스Honoratus는, 마르세유의 생빅토르 수도원의 설립자이며 동방 출신인 카시아누스와 친교를 맺으면서 이곳 수도원의 분위기를 조성했다. 사실 430년에서 500년 사이에 살비아누스, 리옹의 주교 유케르, 아를의 주교 케사리우스, 리즈의 주교 파우스투스 등과 같은 프로방스 지방의 저명인사들이 모두 이 수도원을 거쳐 갔는데, 이들은 대대적인 프로방스 종교회의를 열어 서유럽 기독교에 심대한 영향을 끼친 교회법을 만들도록 고무했던 것이다.

누르시아 출신의 베네딕투스는 529년경부터 몬테카시노 수도원으로부터 각지에 이르기까지 누구보다도 더 큰 영향을 끼쳤다. 그것은 우선 『대화*Dialogues*』라는 저서를 온통 성인들의 기적으로 채웠던 그레고리우스 대교황 덕택에 베네딕투스라는 인물 자체가 중세인들에게 매우 친숙해졌기 때문이다. 그레고리우스가 전하는 베네딕투스의 기적담은 중세 내내 각별한 인기를 누렸다. 베네딕투스의 일화를 구성하는 활동적 삶, 일상생활, 영적 삶에 관한 사소한 기적들은 모든 사람이 초자연적인 현상을 쉽게 이해할 수 있도록 했다.

베네딕투스의 영향력은 무엇보다도 그가 서유럽 수도원 제도의 진정한 창시자였다는 사실에 기인한다. 그것은 또한 그가 직접 썼는지는 확실치 않지만 적어도 고무시킨 것만은 거의 확실하고 7세기부터는 그의 이름이 덧붙여 불리는 베네딕투스 계율에 힘입은 바가 크다. 그는 동방의 수도원 전통을 무시하거나 경멸하지는 않았지만, 그렇다고 동방 수도원의 과도한 금욕주의를 수용하지도 않았다. 그의 계율과 이것에 힘입어서 형성된 행동양식과 영성, 감수성 등은 온건과 균형의 모범이다. 베네딕투스는 수도사의 일과를 육체노동, 지적 작업, 보다 고유한 임무인 영적 활동 등으로 균형 있게 안배했다. 이와 같이 그는 경제적 활동, 지적·예술적 활동, 영적 수행 등 3중 방향을 베네딕투스 수도원에 도입했는데, 이것은 6세기에서 11세기에 이르는 동안 서유럽에서 커다란 성공을 거두었을 뿐 아니라 그 후 다른 수도원에서도 공유되었다. 이에 따라 수도원은 생산의 중심지요, 필사본의 복사와 채색의 본거지요, 종교적 영향력의 중심지가 되었다.

그는, 한편으로는 수도원장으로서 갖추어야 할 권위와, 다른 한편으로는 순종을 고무하는 부드러움과 형제애를 조화시켰다. 그는 검소함을 요구했지만, 그렇다고 극단적인 고행이나 청빈을 요구하지는 않았다. 베네딕투스 계율에 따르면, "한 수도사에게 어려운 일이나 힘에 부치는 일들이 부과되더라도 그는 상급자의 명령을 고분고분히 받아들여야 한다. 그러나 만일 부과된 임무의 무게가 능력의 한계를 완전히 넘어설 경우 그는 상급자에게 그에 대한 사유를 밝혀야 한다. 그러나 해명을 할 때는 오만이나 고집을 부린다거나 논쟁을 벌여서는 안 되고 부드럽고 시의적절해야 한다." 그리고 계속해서 "'필요에 따라서는 다른 사람에게 분담시킬 수도 있다'(제4장 제35조)라는 규정에 의거해서 처리할 수 있다. 이 규정은 사람을 차별하라는 것(이것은 하느님의 뜻에 어긋난다)이 아니라 약자를 배려해야 한다는 것을 의미한다. 부족함이 적은 자는 하느님께 감사하고 신세를 한탄하지 말아야 하며, 부족함이 많은 자는 자신의 결함에 대해 불만을 품지 말고 자기에게 베풀어진 긍휼에 우쭐대서는 안 된다. 이렇게 해서 모두가 화목하게 지내야 한다." 특히 그는 무엇보다도 "덕의 어머니인 신중함"을 권고했다. 고대적 절제 temperantia인 온건함은 성 베네딕투스와 더불어 기독교적 모습을 띠었다. 그리고 이 온건함은 6세기에 자주 거론되었다. 야만적인 중세에 폭력이 고삐 풀린 듯이 휘둘러진 것을 감안해볼 때, 베네딕투스의 교시가 전혀 먹혀들어가지 않았다고 생각하기 쉽다. 그렇지만 만약 중세 초 몇 세기 동안 베네딕투스의 저 부드러운 권고가 아무런 반향을 일으키지 못했더라면, 중세인들이 어느 정도로까지 극단으로 치닫도록 방치되었을까를 자문해보아야 한다.

아일랜드 수도원 제도의 정신은 이와는 전혀 달랐다. 5세기 초 어려서 해적들에게 잡혀 노예로 아일랜드로 팔려간 성 패트릭 St. Patrick이 양을 돌보면서 기독교로 개종하고 그곳에 복음을 전파한 이래, 아일랜드는 성인들의 섬이 되었다. 그곳에 수도원들이 증가했다. 이 수도원들은 사실 동방 수도원, 즉 수도원장의 움막을 중심으로 많은 은둔자의 움막으로 형성된 수도원을 모방했다. 아일랜드 수도원은 선교사 양성소였다. 5세기에서 8세기 사이에 그들이 인근 잉글랜드와 스코틀랜드로, 그다음에는 대륙으로 진출하면서, 독특한 삭발례와 독창적인 부활절력(후에 교황청은 이것을 로마력으로 대체하고자 무진 애를 썼다) 같은 그들 나름의 관습과 의례를 가지고 갔다. 그들은 또한 수도원을 설립하고자 하는 지칠 줄 모르는 열정을 가지고 갔으며, 이로부터 우상과 이교적 관습을 타파하고 농촌을 개종시키는 데 투신했다. 성 브렌다누스 St. Brendanus처럼 대양 한가운데 무인도를 찾아가는 수도사들도 있었고, "해난의 위험을 무릅쓰고" 황량한 작은 섬이나 암초에 정착한 은둔자들도 있었다. 브렌다누스의 전설적인 모험담은 모든 중세인의 상상력을 떠난 적이 없을 것이다.

6~7세기 사이에 아일랜드 수도원들은 성인 115명을 독일로, 45명을 프랑스로, 44명을 잉글랜드로, 36명을 벨지움으로, 25명을 스코틀랜드로, 13명을 이탈리아로 방출했던 것으로 생각된다. 그들 대부분이 전설 수집가였고 그들의 회고록이 민속과 밀접하게 뒤섞여 있다는 사실은 베르나르 기유맹Bernard Guillemain이 지적한 것처럼 망탈리테와 감수성의 보다 깊숙한 곳에 원시적 토대와 비슷한 이 같은 수도원 제도가 남겨놓은 그들의 흔적을 가장 잘 보여준다.

그러한 성인들 중에서 가장 저명한 성인은 콜롬바누스Colombanus였는데, 그는 590년에서 615년 사이에 뤽쇠유Luxeuil 수도원과 보비오Bobbio 수도원을 설립했다. 그의 제자 갈Gall이 자신의 이름을 따서 세운 수도원은 장차 큰 영향을 미치게 된다. 이 모든 수도원과 다른 수도원에도 콜롬바누스는 한동안 성 베네딕투스 계율에 버금갈 만한 독창적인 계율을 부과했다.

아일랜드 수도원 정신에는 베네딕투스적 온건이라는 성격이 전혀 없었다. 북유럽적 혹독함에 의해 극단적으로 조장된 아일랜드 수도원의 고행주의는 동방 수도원의 고행주의에 비견되었다. 물론 콜롬바누스의 계율도 기도와 육체노동과 연구 등을 기본으로 하고 있다. 그렇지만 여기에 금식과 고행적 관행이 가혹하게 덧붙여졌다. 그 당시 중세인들을 가장 놀라게 했던 관행은 다음과 같다. "팔을 열십자로 뻗은 자세로 장기간에 걸쳐 하는 기도crosfigill"(성 케빈 글렌달로그St. Kevin of Glendalough는 새들이 그의 손에 보금자리를 틀 수 있을 만큼 이 같은 부동자세로 밤낮으로 뜬눈으로 지새우면서 판때기에 기대어 7년을 보냈다), 얼음처럼 차디찬 강이나 시내에서 찬송가를 읊조리면서 하는 목욕, 음식을 먹지 않고 지내기(콜롬바누스 수도원에서는 고기가 들어 있지 않은 한 끼의 식사만이 허용되었다) 등이다.

이러한 기이한 관행과 고문과도 같은 혹독함들은 여러 참회 고행 지침서에서도 나타나는데, 가브리엘 르브라Gabriel Le Bras에 따르면 이것은 "사도적 수도사들에게서 고행적 이상을 찾는 아직까지 준이교적인 중세인들의 도덕적·사회적 상태를 증언해준다." 이 참회 고행 지침서들은 유서 깊은 켈트적 금기와 유사한 성경상의 금기를 보다 혹독한 형태로 부활시켰다. 또한 다른 예술양식의 영향을 받기 이전에 돌로 만든 십자가와 세밀화 같은 아일랜드 예술은 프랑수아즈 앙리Françoise Henry가 밝힌 것처럼 "표면을 덮어버리는 것에 대한 선사 시대적 취향, 모든 사실주의에 대한 거부, 인간이나 동물 형상에 대한 엄격한 추상적 처리" 등을 보여준다. 이것은 로마네스크 예술양식과 이것의 기이함의 원천 중 하나가 되었다. 이 같은 경향들이 뒤얽힌 예술양식은 중세의 미의식과 취향에 있어서 가장 끈질긴 경향 가운데 하나를 고무시킬 것이다.

아일랜드 수도사들은 결국 7~8세기에 대대적으로 벌어진 독일과 그 인근 변경 지방의 기독교화 운동에 참여했는데, 이것은 때로는 수도원 건립 운동을 중심으로 전개되었다. 그리하여 장크트갈렌(생갈) 수도원(610년경 수도사 갈이 설립)을 필두로, 헨트에 생바봉Saint-Bavon 수도원(630년경 성자 아만두스가 설립)이, 레겐스부르크에 장크테메람 수도원(650년경에 에메람이 설립)이, 에흐테르나흐 수도원(700년경에 빌리브로드가 설립)이, 라이헤나우 수도원(724년 피르맹이 설립)이, 풀다Fulda 수도원(744년에 성 보니파키우스의 교시로 스투르미가 설립)이, 코르비 수도원(원래 657년에 설립된 베네딕투스 수도원 계열의 코르비 수도원을 822년에 새로 개축함) 등이 세워졌다. 5세기에서 11세기까지의 기독교 변경 밖에 있는 도시와 농촌에 복음을 전파하는 모든 대열에서 수도원은 중요한 역할을 담당했다.

5. 중세의 '기초자들'

중세적 어둠을 오랫동안 비춰줄 횃불을 든 지식인들이 5세기에서 8세기 사이에 등장했다. 랑K. Rand은 이들을 '중세의 기초자들 fondateurs'이라고 불렀다. 이들의 역할은 모두가, 아니 거의 모두가 고대 문화의 정수를 찾아내고 그것을 중세 정신이 흡수 가능한 형태로 정리하여 그것에 기독교적인 옷을 입히는 것이었다. 그들 중 누구보다도 탁월했던 이들로 보에티우스Boethius(480~524년), 카시오도루스Cassiodorus(480~573년), 이시도루스Isidorus(560~636년), 베다Beda(673~735년)의 4명을 들 수 있다.

아리스토텔레스가 12세기 중엽 이전의 중세에 알려지게 된 것은 전적으로 보에티우스 덕택이다. 이것이 바로 그의 『구논리학 Logicus vetus』이며, "중세에 흡수 가능한 형태로 해석한 그의 개념적·언어적 범주론은 스콜라 철학의 최초 토대가 되었다." 그는 이에 근거하여 '본성 natura'과 '인격 persona'의 개념을 정의했다. "본성이란 개개 사물을 상이한 종으로써 밝혀주는 것 natura est unam quamque rem informans specificia differentia"이며, 따라서 "인격이란 이성적 본성을 가진 개별적 실체라고 정의된다 reperta personae est definitio: naturae rationabilis individua substantia." 아벨라르는 보에티우스에 대해, "그는 우리의 신앙과 그 자신의 신앙을 확립했다"고 말한다. 중세 문화에 있어서 음악에 각별한 지위를 부여하고, 이를 통해 '음악적 인간mousikos anēr'에 대한 그리스적 이상에 애착심을 보여준 것도 보에티우스였다.

중세인들은 『성직자와 세속인들의 문학 교육론Institutiones divinarum et saecularium litterarum』을 통해 기독교적 교육학과 문학에 라틴 웅변가들의 구도를 도입한 것을 카시오도루스의 덕택으로 돌렸다. 그리고 그는 비바리움 수녀원의 수녀들에게 중세가 더 이상 등한히 해서는 안 되는 임무, 즉 고대 저작을 필사하는 임무를 부과했다. 고대의 주요 작품들을 보존하고 계승하는 이 같은 중요한 활동은 수도원에서의 필경 작업에 활기를 불어넣었다.

"중세의 가장 저명한 교육학자"인 이시도루스의 유산은 무엇보다도 그의 『어원학Etymologiae』을 통해 전해지고 있다. 그것은 7개 교양과목의 교과과정, 지식에 대한 어휘, 이름은 사물의 본성을 아는 열쇠라는 믿음, 세속 문화는 성서의 정확한 이해를 위해 필요하다는 거듭된 주장 등으로 되어 있다. 중세 성직자들의 뇌리를 사로잡고 있었던 것은 바로 이시도루스의 백과사전적인 열정이었다.

마지막으로, 베다는 앙리 드 뤼박Henri de Lubac이 멋지게 해설한 것처럼 성서 의미의 복수성, 모든 중세 성서 주석의 기초를 이루는 4개 의미론 등을 가장 완벽하게 제시한 사람이다. 그는 또한 성서의 주석과 교회의 역산법에 대한 필요성 때문에 천문학과 우주학의 새로운 방향을 제시한 사람이기도 하다. 그러나 베다는 중세 초 대부분의 앵글로-색슨 지식인들과 마찬가지로, 고전 문화에 대해서는 단호하게 등을 돌렸다. 그는 중세를 고대와는 독립된 방향으로 이끌어갔던 것이다.

6. 카롤루스 왕조의 르네상스

피에르 리셰가 밝힌 것처럼 카롤루스 왕조의 르네상스는 680년 이래로 코르비·투르의 생마르탱·장크트갈렌·홀다·보비오·요크·파비아·로마 등지에서 전개되었던 일련의 작은 르네상스 운동의 귀결에 불과했다. 피에르 리셰는, 과대평가된 카롤루스 왕조의 르네상스를 사실 그대로의 차원으로 환원시키는 데 큰 역할을 했다.

우선 그것은 혁신적인 것이 아니었다. "카롤루스 왕조의 교과과정은 이전의 여러 종교 학교의 교과과정에 불과했다. 다시 말하면 각각의 주교 학교와 수도원에서는 성시·속기술·성가·역산법·문법 등을 가르쳤으며, 사람들은 교재를 조심스럽게 교정하지 않으면 안 되었다."

카롤루스 왕조의 궁정 문화는 게르만족 왕들, 예컨대 테오도리쿠스나 시제부트Sisebut 같은 왕들의 문화였다. 그것은 종종 게르만인들의 구미에 맞는 유치한 놀이로 전락했다. 어휘 자랑 놀이, 수수께끼, 지적인 '퀴즈' 놀이 등은 오늘날 라디오 방송에 흔히 나오는 퀴즈나 잡지의 퍼즐 놀이와 비슷했다. 왕립 학교라는 것도 사교적 오락 수준을 넘지 못했다. 그것은 사실 왕을 추종하는 지방 동호인 집단이었으며, 이 추종자들은 왕을 다윗이나 호메로스라고 부르며 즐거워했다. 황제들은 글을 읽을 줄은 알지만(이것은 세속인에게 대단히 중요한 것이었다) 쓸 줄 몰랐기 때문에 큰 알파벳 글자체를 가지고 있는 것에 대해 아이들처럼 기뻐했다. 그들은 밤에 베개맡에서 이것을 손으로 더듬어서 해독하는 놀이를 했다. 고전 고대에 대한 열정은 종종 카시오도루스와 이시도루스의 작품에서 그것을 발견하는 것으로 그치기 일쑤였다.

알렉산데르 기예슈토르가 지적한 것처럼 카롤루스 왕조 르네상스의 한계는 무엇보다도 그것이 소규모 사회집단의 천박한 필요에 대한 대응에서 비롯되었다는 점에 있다.

그것은 또한 일부 고위 관리들에게 최소한의 문화를 확보해주지 않으면 안 되었다. 카롤루스 왕조는 본시 각각의 교구와 수도원에 학교를 설립하고자 하는 입법 의도를 갖고 있었다. 그러나 루도비쿠스 경건황제는 외부의 타락으로부터 수도사들을 보호하기 위해, 달리 말하면 성직자의 문화적 독점을 유지하기 위해, 수도원에 부속된 외부 학교를 폐쇄시키고자 원했던 아니안의 수도원장 베네딕투스Benoît d'Aniane의 주장을 단호하게 거부하지 못했다.

더욱이 이 같은 소규모 집단에게 문화란 교육과 행정을 위한 수단이라기보다는 오락과 심미적 쾌락의 대상을 의미했을 뿐만 아니라 지위를 과시하는 수단을 의미했다. 비록 문화가 통치에 이바지하는 경우에 조차도 그것은 민중들을 계몽시키기 위한 것이 아니라 그들에게 지배자의 위신을 심어주기 위한 것이었다.

필사본들도 점점 더 지적인 효용성을 포함한 모든 공리적인 효용성을 벗어나 사치의 대상이 되었다. 사람들은 필사본을 읽기보다는 바라보기만 했다. 카롤루스 왕조의 세밀화를 확립시킨 서체의 개혁은 비지식인, 사실 비교양인의 관심사인 서예의 발전을 가져왔다.

카롤루스 왕조의 문화는 향신료나 비싼 옷감에 대한 취향처럼 하나의 사치품이었다. 그럼에도 카롤루스 왕조의 르네상스가 서양 중세의 지적·심미적 기재의 형성에서 한 단계를 이루고 있음은 자명한 사실이다.

일부 카롤루스 왕조 르네상스의 작품들은 중세인들의 문화적 도구를 확대시켰다. 고대 작가들의 필사본에 대한 교정과 수정은 후대에 고전 고대 작가들의 원작을 새로이 전파하는 데 기여했다. 고전 고대의 원작들은 중세 초 지식의 지층에 새로운 지층을 덧붙였고, 성직자들은 그다음 여러 세기에 걸쳐 이를 활용했다.

알퀸은 교양과목 과정의 완성에 중개 역할을 했다. 알퀸의 정신적인 아들이자 훌다 수도원장과 마인츠대주교를 역임하면서 '독일의 스승'으로 추앙받은 라바누스 마우루스는 백과사전 『만물론 De universo』과 교육학 논고 『성직자 교육론 De institutione clericorum』을 중세에 제공했다. 후자는 성 아우구스티누스의 『기독교 교의론』을 표절하여 번안한 것으로 대다수 중세 독자들에게는 이것의 대용품이 되었다. 그의 이 두 작품은 카시오도루스와 이시도루스의 작품과 함께 중세 성직자들의 필독 기본도서 목록에 들어 있었다. 그다음, 천재였지만 당시에는 잘 알려져 있지 않았던 요하네스 스코투스 에리우게나가 있는데, 그는 12세기에 이르러 주목받게 된다.

중세의 위인들 중에서 가장 인기 있었던 카롤루스 마그누스의 후광에 힘입어서 카롤루스 왕조의 작가들은 지적 '권위'의 외피를 갖추게 되었다. 이것은 그 당시 가장 유명했던 아헨 궁정 교회와 같은 기념비적 건물들이 종종 모방의 전형이 되었던 것과 흡사했다.

비록 카롤루스 왕조 르네상스의 실제 업적들이 그것이 바라고 주장했던 것과는 매우 거리가 멀었다 하더라도, 이 르네상스는 피상적인 구호들을 통해서나마 중세인들에게 양질에 대한 취향, 원전 교정에 대한 취향, 비록 천박하긴 했지만 인문주의적 문화에 대한 감식력, 교육이 국가와 제왕들의 본질적 의무이자 주요 힘 중 하나라는 이념 등과 같은 건강한 열정들을 전해주었다.

그리고 카롤루스 왕조 르네상스가 또한 참된 걸작품들—사실주의, 구체적인 것에 대한 감식력, 표현 기법상의 자유로움, 색채의 현란함 등 이 모두가 재등장했던 세밀화와 같은 걸작품들—을 낳았다는 것을 우리가 인정하지 못할 이유가 어디 있는가?

그런 작품들을 바라보고 있노라면, 우리가 지금까지는 카롤루스 왕조 르네상스에 대해 지나치게 관대했지만 그렇다고 지나치게 인색해서도 안 된다는 생각이 든다. 8~9세기의 경제적 발전과 마찬가지로 그것도 틀림없이 조기에 변질되거나 좌절된 하나의 실패한 출발에 다름 아니었다. 그렇지만 그것은 사실에 있어서 10세기에서 14세기까지 나타난 보다 장구하고 깊은 르네상스의 첫번째 표현이었던 것이다.

제6장
공간과 시간의 구조(10~13세기)

1. 숲과 숲 속의 빈터

젊은 트리스탄이 노르웨이 해적 상인들로부터 탈출하여 콘월(잉글랜드 남서 지방—옮긴이) 해안에 상륙했을 때, "그는 온힘을 다해 해안 절벽을 기어올라서 황량하고 울퉁불퉁한 무인 지대 너머에 숲이 끝없이 펼쳐져 있는 것을 보았다." 그러다 숲 속에서 한 무리의 사냥꾼들이 빠져나오자 트리스탄은 이 무리에 가담했다. "그러고 나서 그들은 잡담을 나누며 길을 따라가다가 거대한 성채를 발견했다. 그것은 초원이며 과원이며 흐르는 물이며 어장이며 농경지 등으로 둘러싸여 있었다."

마르크Marc('트리스탄과 이졸데의 전설'에 등장하는 왕으로, 트리스탄은 외숙부이자 주군인 마르크 왕의 부인 이졸데를 사랑함—옮긴이) 왕국은 음유시인이 상상하는 전설의 땅이 아니라 서양 중세의 구체적 현실이었다. 숲과 그 사이에 다소 비옥한 빈터들이 섞여 있는 황무지로 온통 뒤덮인 세계, 이것이 바로 서유럽 기독교 세계의 얼굴이었다. 이 것은 사막 한가운데 오아시스가 있는 동방 이슬람 세계에 대한 사진의 음화(陰畵)와 흡사했다. 동방에서는 목재가 희귀했지만 서양에서는 풍부했다. 동방에서는 나무가 문명을 의미했지만 서양에서는 그것이 야만을 의미했다. 동방에서는 종려나무의 보호를 받으며 탄생한 종교가 서양에서는 나무를 희생시켰다. 숲은 이교적 정신의 소유자들의 도피처였을 뿐만 아니라 수도사·성인·선교사들로부터 무자비하게 공격을 받았기 때문이다. 서양 중세에서 모든 진보는 가시덤불과 소관목, 또는 만일 불가피하거나 기술과 장비가 허용한다면 거목과 처녀림, 퍼시발이 활동했던 '황량한 숲,' 단테의 작품에 등장하는 '침침한 숲'에 대한 개간과 투쟁과 승리의 결과다.

그러나 중세의 공간 구성에서 약동하는 현실은 크고 작은 개간지들의 집합체였으며, 이것이 경제적·사회적·문화적 폐쇄 공간을 이루고 있었다. 오랫동안 중세 서양은 전인미답의 황량한 평지 한가운데 솟아오른 장원과 성채와 도시가 병렬된 집합체였다. 특히 그 당시 '사막'이란 말은 숲을 의미했다. 자의에 의해서건 타의에 의해서건 '세속으로부터의 도피'를 신봉하는 자들, 이를테면 은둔자·연인·방랑 기사·산적·무법자들이 도피했던 곳이 바로 '사막'이었다. 그리하여 성 브루노 St. Bruno와 그 무리들은 그랑드 샤르트뢰즈Grande Chartreuse '사막'으로, 성 로베르 드 몰렘과 그 제자들은 시토 '사막'으로, 트리스탄과 이졸데는 모루아Morois 숲(우리를 보호해주고 지켜주는 숲으로 돌아가자. "내 사랑 이졸데여!" 그들은 울창한 수목과 히드나무 우거진 숲으로 들어갔다. 나무들은 자신의 나뭇가지로 숨겨져 있었고, 가지들은 잎사귀 속에 숨겨져 있었다)으로, 이와 비슷하게 로빈 후드의 선구자이자 아마도 모범이었을 모험가 외스타슈Eustache le Moine는 13세기 초 불로네Boulon-nais 숲으로 도피했다.

도피의 세계인 숲은 그 나름의 매력을 지니고 있었다. 기사에게 그곳은 사냥과 모험의 세계였다. 퍼시발은 "세상에서 가장 아름다운 것들"을 그곳에서 발견했고, 한 영주는 니콜레트Nicolette에 대한 사랑의 열병에 걸린 오카생Aucassin에게 이렇게 충고했다. "말을 타고 숲 속을 거닐다 보면 기분전환이 될 걸세. 수목과 꽃을 보게 될 것이고, 새들의 노랫소리를 들을 수 있을 것이네. 아마도 그런 소리가 자네에게 도움이 될 걸세."

농민과 가난한 노동자에게 숲은 수익의 원천이었다. 그들은 그곳에서 양떼를 키우곤 했다. 특히 빈농의 재산의 원천이었던 돼지는 가을이면 그곳에 가서 살을 찌웠다. 그들은 돼지에게 도토리를 먹이고 난 다음 도살했으며, 월동 식량이 부족한 경우에는 이로써 겨울을 지낼 수 있었다. 돌·철·석탄 등이 오랫동안 부족했던 그 같은 경제구조 아래서 없어서는 안 될 목재가 숲에서 벌채되었다. 가옥·도구·벽난로·화덕·대장간 등은 목재와 숯을 통해서만 존재하거나 가동될 수 있었다.

숲에서 채취할 수 있었던 야생 열매는 농촌의 원시적 영양 상태에 주요한 영양원으로 기여하고, 기근 시에는 주요 생존수단이었다. 부두질용의 떡갈나무 껍데기, 세탁과 염색용의 덤불재, 특히 횃불과 양초용의 수지, 설탕이 오랫동안 부재했던 세계가 그처럼 찾아 나섰던 벌꿀 등이 숲에서 채취되었다. 12세기 초, 폴란드에 정착한 익명의 프랑스 연대기 작가——흔히 '갈루스 아노니무스Gallus Anonymus' (익명의 프랑스인)라 불리는 연대기 작가——는 그 지방의 이점들을 열거하면서 맑은 공기와 비옥한 토지 다음에 꿀이 풍부한 숲을 꼽았다. 양치기, 나무꾼, 숯쟁이('산적'인 외스타슈는 숯쟁이로 위장하여 가장 성공적인 산적 무리 중 하나를 형성했다), 야생 꿀 채취자들은 모두가 숲을 통해 살아남을 수 있었으며, 그것으로 다른 사람들을 먹여 살리기도 했다. 또한 빈민들은 밀렵을 하고 싶었지만, 사냥은 우선 영주에게만 허용되었다.

이와 같이 소영주에서 대영주에 이르기까지 모든 영주는 산림 자원에 대한 자신들의 권리를 보호하는 데 열성적이었다. "산지기들"이 도처에서 촌락민들의 밀렵을 감시했다. 왕들은 왕국에서 숲을 가장 많이 소유한 지주였으며, 또 그런 지주로 남고자 온 힘을 기울였다. 이런 이유로 반항적인 잉글랜드의 성주들은 1215년 존 실지왕(失地王)에게 정치적 대헌장 이외에 별도로 산림 헌장을 강요했다. 1332년 프랑스 국왕 필리프 4세가 왕비 잔 드 부르고뉴에게 가티네Gâtinais 지방에 과부산을 만들어주고자 자신의 권리와 재산 목록을 작성하도록 지시했을 때 '산림 재산'을 별도로 작성케 했다. 이 산림 수입이 그의 전체 영지 수입의 3분의 1을 차지하고 있었다.

그러나 숲은 또한 상상적 혹은 현실적인 위협과 위험으로 가득했다. 그것은 중세 세계의 불안한 지평이었다. 그것은 중세 세계를 폐쇄시키고 고립시키고 압박했다. 그것은 장원과 장원, 지방과 지방 사이의 변경 지대였으며, 특히 "전혀 사람이 없는 곳"이었다. 그러한 가공할 만한 '어둠'으로부터 굶주린 늑대, 산적, 약탈적인 기사들이 갑자기 출현했던 것이다.

13세기 초 실레지아 공국에서는 두 형제가 수년 동안 사들노Sadlno 숲을 장악하고 있었는데, 그들은 주기적으로 이 숲에서 빠져나와 인근 빈농을 강탈했고, 헨리크 수염공Henryk Brodaty이 그곳에 촌락을 건설하는 것을 방해했다. 1114년 산티아고데콤포스텔라 종교회의에서는 늑대 사냥을 조직하기 위한 법을 반포하지 않으면 안 되었다. 부활절과 성령 강림절 전야를 제외한 매주 토요일마다 사제와 기사와 일거리가 없는 농민들에게는 길 잃은 늑대를 잡고 올가미를 설치할 의무가 부과되었다. 이것을 거부하는 자에게는 벌금이 부과되었다.

태곳적 민담에서 유래하는 중세적 상상력은 별 어려움 없이 그러한 탐욕스런 늑대를 괴물로 변신시켰다. 성 프란체스코가 구비오Gubbio의 야수를 굴복시킨 일화처럼 늑대가 길들여지는 기적들이 얼마나 많은 성인 전기에서 언급되고 있는가! 모든 숲에서 늑대-인간들loups-garous(밤에는 늑대로 있다가 낮에는 인간 모습으로 돌아오는 악인(惡人)——옮긴이)이 출현했고, 중세적 미개 상태로 말미암아 야수와 반야만인이 그런 형상으로 혼동되었던 것이다. 가끔 숲은 피투성이가 된 괴물들까지도 숨겨주었는데, 이것은 이교적 전통이 중세에 물려준 것이다. 예를 들면 성녀 마르트Sainte Marthe가 정복한 프로방스 지방의 괴수가 그러하다. 이와 같이 숲은 매우 현실적인 공포의 세계였기 때문에 경이롭고 가공할 만한 전설의 세계가 되었다. 괴물 형태의 멧돼지가 있는 아르덴 숲은 에몽Aymon의 네 아들의 도피처였고, 사냥꾼 성 위베르St. Hubert의 은둔지였으며, 기사 성 티보 드 프로뱅St. Thibault de Provins의 피난처요 숯 굽는 곳이었다. 브로셀리앙드Brocéliande 숲은 마법사 메를랭과 요정 비비안의 활동 무대였으며, 오베롱 숲의 전설에는 위옹 드 보르도가 난쟁이의 마법에 걸려든다. 오덴발트Odenwald 숲의 전설에서는 지그프리트Siegfried가 하겐Hagen의 공격을 받아 사냥을 비극적으로 끝마친다. 르망의 숲에서는 베르트Berthe가 장거리 여행 중에 가엾게도 길을 잃어버리고, 프랑스의 불행한 왕 샤를 6세가 미쳐버린다.

2. 중세의 유동성: 여행

그러나 대부분의 중세 서양인들이 숲의 기슭을 종종 삶의 터전으로 삼았다 하더라도, 중세 사회를 정체의 사회요, 부동의 세계요, 숲 속의 한 모퉁이에 얽매인 세계로 상상해서는 안 될 것이다. 중세인들의 유동성은 엄청나게 큰 것이었다.

그것은 쉽게 설명될 수 있다. 물질적 현실로서든 심리적 실재로서든 소유권은 중세에는 거의 알려지지 않았다. 농민으로부터 영주에 이르기까지 각 개인과 가문은 다소간 광범위한 임시적 점유권이나 용익권만을 갖고 있었다. 각각의 중세인들은 주인을 모시거나 자신의 토지(농민 보유지나 영주의 봉)를 폭력으로 강탈할 수 있는 보다 강력한 권한을 가진 자를 윗사람으로 섬겼지만, 법률 자체도 농노나 봉신으로부터 그들의 소유지를 강탈하고 그 대신 그들에게 이와 동등한 등가물이나 때로는 원래의 가치보다 훨씬 떨어지는 등가물을 양도할 수 있는 합법적인 권한을 영주에게만 인정하고 있었다. 잉글랜드로 건너간 노르만의 영주들, 동부 지방에 정착한 독일의 기사들, 알비 카타르파 십자군을 이용하여 남프랑스에서 또는 이슬람교도 재정복 기간 동안 에스파냐에서 봉을 차지한 일드프랑스의 봉신들, 모레 지방이나 성지에 있는 영지를 서로 분할·점령한 온갖 부류의 십자군 병사 등 이 모든 사람이 그들의 고향을 쉽게 떠났는데, 그들은 거의가 고향을 갖지 못했기 때문이다. 농민의 토지는 영주의 몰수 가능한 양여물에 불과했다. 토지도 윤작 순서에 따라서 촌락 공동체에 의해 재분배되기 일쑤였다. 이와 같이 농민들은 영주의 의지에 따라서만 토지에 정착할 수 있었고,

따라서 농민들은 처음에는 탈주라는 수단을 통해, 나중에는 법률적 해방을 통해 영주로부터 쉽게 벗어날 수 있게 되었다. 개인적으로건 집단적으로건 농민의 이주는 중세 사회와 인구통계학상의 두드러진 현상 중 하나였다. 기사와 농민들은 정규적 여행을 하거나 수도원을 탈출한 성직자들(종교회의에서는 수도사들의 탈출을 막기 위해 탈출 금지법을 제정했지만 아무 소용이 없었다)이며, 저명한 학교와 대학을 찾아가는 학생들(12세기의 한 시구는 타향으로 가는 것이 학생들의 필수적인 몫이라고 하지 않았던가?)이며, 순례자와 온갖 부류의 방랑자를 길에서 만날 수 있었다.

대부분의 경우에 그들을 고향에 붙들어 매어놓을 수 있는 물질적 혜택이 전혀 없었을 뿐만 아니라, 기독교 정신 자체도 그들을 길 위로 내몰았던 것이다. 그러한 유배지에서 인간은 영원한 순례자에 불과했으니, 이것은 "모든 것을 버리고 나를 따르라"라는 그리스도의 말씀을 반복할 필요도 없이 바로 교회의 가르침이었다. 가진 것이라고는 거의 또는 전혀 없는 사람들이 너무 많았기 때문에 그들은 쉽게 고향을 떠났다. 순례자들의 배낭 속에 들어 있는 물품은 초라했다. 오랫동안 화폐가 희귀했던 시대에 극빈자들은 호주머니에 동전 몇 닢만을 지니고 있었다. 거부들은 그들 재산의 대부분을 담은 금고와 약간의 귀금속을 가지고 여행을 했다. 후일 여행자와 순례자들에게 짐이 거추장스러워질 때(주앵빌과 그의 동료 사르브뤼크Sarrebruck 백작이 금고를 가지고 1248년에 십자군 원정에 나섰을 때, 그들은 금고를 오손Auxonne까지는 마차로, 거기서 아를까지는 손 강과 론 강을 통해 배로 운반했다), 십자군 정신뿐만 아니라 여행의 취향도 약화되었다. 이와 더불어 중세 사회도 정착 사회가 되었으며 도보 여행과 기마 여행의 시대인 중세가 곧 종말을 고할 것이다.

중세 말까지도 중세인들의 방랑벽이 없어진 것은 아니지만 14세기부터는 떠돌이나 저주받은 자만이 방랑했다. 중세 초에는 방랑자들이 정상적 인간이었으나 후대로 갈수록 정착민들이 정상적 인간으로 여겨졌다. 그러나 방랑에 대한 이러한 싫증이 보편화되기 전까지 중세는 여행자들로 가득했고 그때마다 도상에 묘사되었다. 이 같은 방랑자들이 사용하는 도구는 홀장이나 그리스어 τ자형의 단장이었다—이것은 곧 상징적인 것이 되었다. 은둔자, 순례자, 거지, 병자들이 이것을 짚고 다녔다. 떠돌이들은 또한 맹인으로 상징되었는데, 우화시에 등장하는 자들이 그러했다. "어느 날 콩피에뉴Compiègne 근처의 한 도로에 세 명의 맹인이 안내자도 없이 여행하게 되었다. 그들은 모두 나무로 만든 동냥 그릇을 들고 있었다. 의복은 초라해 보였다. 그들은 이렇게 상리스로 가는 길을 따라 거닐고 있었다."

교회와 도덕주의자들은 이 같은 떠돌이들을 경멸했다. 종종 그런 단순한 방랑벽이나 공허한 호기심을 포함한 순례(중세적 여행의 한 형태) 그 자체가 의심받기가 쉬웠다. 호노리우스 아우구스토두넨시스는 일찍이 12세기에 그런 순례를 비난하고 만류하는 경향이 있었다. 그의 저서 『교리 문답』에서 한 학생이 "예루살렘이나 다른 성지에 가는 것이 무슨 소용이 있나요?"라고 묻자 선생이 "여행에 드는 비용을 가난한 사람들에게 주는 것이 더 낫다"고 대답한다. 그가 인정한 유일한 순례는 참회를 명분과 목적으로 하는 순례였다. 사실 애초부터 참된 순례란 욕망 충족의 행위가 아니라 참회 행위였다. 순례는 종교상의 중죄를 저지른 모든 사람을 징계하는 것이었고, 따라서 그것은 보상이 아니라 책벌이었던 것이다. "호기심이나 허영심"에서 순례를 하는 사람들에 대해 『교리 문답』의 한 선생이 말한 것처럼, "그들이 순례에서 얻을 수 있는 유일한 이득은 마음에 드는 곳이나 아름다운 건물을 관광하는 것 아니면 그들이 바라는 허영심을 채우는 것이다." 방랑자들은 불행한 사람들이었고, 여행은 허영에 불과했다.

순례의 가엾은 현실은, 비록 여행 중에 굶어죽거나 이교도한테 학살당한 십자군들의 그런 비극적인 경우까지는 가지 않는다 하더라도, 『성인 전기』에서 언급되는 그런 불쌍한 사람들의 이야기이기 십상이었다. "1100년경 한 프랑스인이 고향을 휩쓰는 전염병을 피하고 성인의 묘지를 참배할 겸 부인과 자녀들과 함께 산티아고데콤포스텔라를 향해 떠났다. 팜플로나 시에서 그의 부인이 죽고 여관 주인이 모든 돈과 아이들을 태우고 다니던 말까지 강탈해갔다. 그때 저 가엾은 아버지는 자녀들 중에 둘은 목말을 태우고 나머지 아이들은 손으로 끌고 다녔다. 당나귀를 갖고 있던 어떤 사람이 그를 불쌍하게 여겨 아이들을 태우고 다닐 수 있도록 그에게 당나귀를 건네주었다. 그가 산티아고데콤포스텔라에 도착해서 성인을 다시 만났을 때, 성인은 그 프랑스인에게 자기를 알아보겠느냐고 묻고는 다음과 같이 말했다. '나는 사도 야고보다. 여기까지 올 수 있도록 그대에게 당나귀를 준 것은 나였고, 또 그대가 돌아갈 수 있도록 당나귀를 다시 주겠다.'" 그러나 저 기적 같은 당나귀의 도움조차 받지도 못하고 뒤처져버린 순례자들이 얼마나 많았겠는가[……].

사실 여행에는 시련과 장애물이 없지 않았다. 물론 이용 가능한 곳이면 어디서든지 수로가 이용되었다. 그러나 육지에서는 넘어야 할 장애물이 한둘이 아니었다. 로마 시대의 훌륭한 도로들은 게르만의 침략으로 거의 사라지거나 황폐화되어 존재하지도 않았고, 더욱이 중세 사회의 필요에 적합하지도 않았다. 수송은 특히 짐바리 동물이나 고풍스런 마차에 의해 이루어졌고, 급할 것이 없었던 도보 여행자들과 기사들에게 로마의 쭉 뻗은 포장도로는 군사·행정 도로였던 관계로 그리 도움이 되지도 못했다—그들은 강탈적인 기사가 있는 성채를 피하거나 아니면 성소를 방문하기 위해 일부러 우회로를 택했다. 그들은 시장이 열리는 도시, 순례지, 다리, 걸어서 건널 수 있는 얕은 시내, 고개 등과 같은 몇몇 지점으로 빠지는 통로나 작은 길 또는 오솔길을 따라 여행했다. 넘어야 할 장애물들이 얼마나 많았는가. 숲 속에는 비록 발자국이 나 있긴 했지만 위험하고 두려운 분위기가 감돌고 있었다.

니콜레트가 "울창한 숲 속에 있는 오래된 오솔길을 따라 내려가다가 그 지방을 관통하는 7개의 작은 길이 교차하는 도로에 도달했다." 그때 숲의 모퉁이나 바위 꼭대기에는 산적이나 기사 혹은 농노들이 매복하고 있었다. 주앵빌이 론 강을 따라 내려가다가 '글룅Glun의 암석'이라 불리는 한 성채를 발견했는데, 이곳은 로제Roger라 불리는 성주가 순례자와 상인들을 강탈한 혐의를 받고 있던 터라 왕으로부터 파괴 명령을 받은 성채였다. 모든 상품과 때로는 단순한 여행자들에게 각종 세금이 부과되었고, 다리·언덕·강에는 통행세가 징수되었다. 마지막으로, 도로 상태가 좋지 못해 여행자들이 진창에 빠지기 십상이었기 때문에 달구지를 끌고 가려면 전문적인 기술이 필요했다. 기욤 도랑주의 조카이자 무훈시 『님의 마차』에 나오는 베르트랑 같은 주인공은 마차꾼으로 행세하려고 했을 때 바보 취급을 받았다.

중세의 여로는 절망적으로 길고 느린 것이었다. 여행자들 중 가장 시간을 다투는 상인들의 경우에도 하루에 갈 수 있는 거리는 도로 사정에 따라서 25~60킬로미터 정도였다. 볼로냐에서 아비뇽까지는 2주가, 샹파뉴 정기시장에서 님까지는 22일이, 피렌체에서 나폴리까지는 11~12일이 소요되었다. 그러나 중세 사회는 마르크 블로크가 지적했듯이 "영속적인 동시에 불규칙적인 일종의 브라운 운동 mouvement brownien"에 의해 끊임없이 움직이고 있었다. 중세인들은 거의 모두가 상호 대조되는 두 종류의 지평 사이를 움직였다. 하나는 중세인들의 삶의 터전이었던 개간지들의 제한된 지평이고, 다른 하나는 전체 기독교 세계의 머나먼 지평이다. 기독교 세계의 지평에서 중세인들은, 아랍 문화를 탐내는 12세기 잉글랜드의 성직자들처럼 갑작스럽게 잉글랜드에서 산티아고데콤포스텔라나 톨레도로 갔다. 10세기 말 제르베르 Gerbert는 오리악 Aurillac에서 랭스나 카탈루냐 지방의 비쉬, 혹은 라벤나나 로마로 여행할 수 있었다. 사람들은 그토록 많은 십자군처럼 플랑드르에서 아코(아크르) Akko(갈릴리에 있는 작은 항구 도시——옮긴이)로 갔고, 많은 독일 이주민처럼 라인 강 유역에서 오데르 강이나 비스툴라 강 유역으로 이동했던 것이다. 중세 기독교도들이 보기에 진짜 모험가들은 기독교 세계의 변경을 넘어가는 사람들, 즉 아프리카나 크리미아 지방으로 상륙하거나 저 멀리 아시아에까지 침투해간 선교사와 상인들뿐이었다.

해로는 육로보다는 빨랐다. 순풍이 불 때는 하루에 300킬로미터까지 항해할 수 있었다. 그러나 여기서 부딪힐 수 있는 위험은 육지에서 맞닥뜨리는 위험보다 훨씬 컸다. 어쩌다가 만나게 되는 빠른 항해의 행운은 절망적인 적막감이나 역풍과 역류 등에 의해 상쇄되기도 했다.

이집트를 항해하던 주앵빌의 경우를 보자. "바다에서 기이한 일이 벌어졌다. 저녁 만도 시간 즈음 북아프리카의 바르바리 해안을 따라 항해하고 있을 때 우리는 꼭 공처럼 생긴 둥근 산에 이르렀다. 우리는 밤

새 항해를 했으므로 500리는 족히 갔을 것으로 생각했다. 그러나 날이 샜을 때 우리는 어제 보았던 그 산 앞에 되돌아와 있음을 발견했다. 이와 똑같은 일이 두세 번 반복하여 일어났다."

이러한 지연은 해적과 폭풍우에 비한다면 그리 대수롭지 않은 일이었다. 주앵빌은 '모험 상인들'이 어리석을 정도로 무모하다는 사실을 곧 깨달았다. "나는 다른 사람의 상품을 갖고 있거나 대죄를 지은 상태에서 무모하게 그런 위험한 지경에 뛰어드는 자들을 얼빠진 놈들이라고 생각한다. 그들은 다음 날 아침에는 심해 속에 빠져 있을지 모른다는 것도 깨닫지 못한 채 저녁이면 잠이 들기 때문이다."

진부하긴 하지만 생동감 있는 중세의 여행담 중에서 폭풍우에 휩싸인 범선의 성공담보다 더 큰 인기를 끈 것은 없을 것이다. 상징적이건 현실적이건 항해에 관한 일화는 성인 전기에서 가장 꾸준하게 등장했다. 우리는 이 여행담이 세밀화나 유리창 그림에 묘사된 것을 많이 볼 수 있다. 가장 널리 퍼진 기적담은 성인이 개입하여 폭풍우를 진무하거나 조난자를 구출하는 성인의 기적에 관한 것이다. 야코포 다 바라체Iacopo da Varazze의 『성인 전기』에 등장하는 성 니콜라는 그러한 예의 전형이다. "어느 날 선원들이 바다에서 조난당해 눈물을 흘리며 이렇게 기도했다. '하느님의 종 니콜라시여, 우리가 당신에 관해서 들은 이야기가 정말이라면 그것을 지금 실행해보십시오.' 그러자 성인 모습을 한 어떤 사람이 그들 앞에 나타나서 다음과 같이 말했다. '그대들이 불러 지금 내가 여기 와 있느니라!' 그리고 그가 돛과 밧줄과 그 밖의 선구들을 가지고 그들을 돕기 시작하자 즉각 폭풍우가 그쳤다."

그러나 이제부터 우리는 숲·도로·바다 등이 중세인들의 감수성을 어떤 방식으로 움직였는지를 파악해야 한다. 그것들은 현실적인 면모나 실제적 위험을 통해서라기보다는 자신들이 표상하는 상징을 통해 중세인들의 감수성을 움직였다. 숲은 어둠의 상징이거나, 방랑하는 음유시인이었던 알렉산더('황야의 알렉산더')의 『유년기의 노래』에서처럼 환상이 깃든 속계였다. 바다는 우주이자 그것으로 이끄는 유혹물이었으며, 도로는 탐구와 순례의 상징이었다.

3. 자연과 우주

뿐만 아니라 중세인들은 신비적·유사-과학적 추상을 매개로 하여 물리적 세계와 접촉하고 있었다.

중세인들에게 자연은 우주와 인간―인간은 축소된 우주, 즉 소우주다―을 이루는 네 가지 요소들로 구성되었다. 『교리 문답』에서 설명하고 있듯이, 육체적 인간은 네 가지 요소들로 구성되었으니, "그렇기 때문에 인간은 소우주, 즉 축소된 세계라 불리는 것이다. 실로 소우주/인간은 흙/살, 물/피, 공기/숨, 불/온기로 되어 있다."

이 같은 우주관은 모든 중세인이 공유한 것이지만, 지식인들로부터 무식한 사람들에게로 내려가면서 변질되었다. 전통적 상징과 이교적 신화를 다소 정교하게 기독교화한 이 같은 우주관은 자연의 힘을 기이한 우주학의 형태로 의인화했다. 즉, 위에서 언급한 네 가지 요소들을 모방하여 천국에 있는 네 개의 하천, 필사본에 등장하는 나침반의 무수한 방위 중 네 개의 바람과 같은 이미지는 자연적 현실과 인간적 감수성 사이에 놓여 있었다. 후에 살피겠지만 중세인들이 상징의 은폐막을 넘어 그들이 사는 세계의 물리적 실재와 만나는 데는 기나긴 우회로를 필요로 했다.

 위에서 살핀 이동과 이주, 소란스런 여행의 범위는 사실 매우 제한된 것이었다. 지리적 지평은 영적 지평, 즉 기독교 세계의 지평이었다. 우주학에 관한 지식인들의 지식은 정확지 못했다. 그들은 보통 지구가 둥글고 부동적이며 우주의 중심이라고 믿었으며, 아리스토텔레스를 따라서 동심적인 구체들의 체계를 상상하거나 13세기부터는 점점 더 프톨레마이오스를 따라서 행성 운동의 실제에 더 가까운 복잡한 체계를 상상하고 있었다. 그러나 이보다 더 우리를 놀라게 하는 것은 유럽과 지중해 밖에 있는 세계에 대한 중세 지리학의 환상이다. 또한 주목할 만한 것은 13세기까지 기독교적 지리학과 지도 제작법에 영향을 준 신학적 개념이다. 대체로 지구를 배치하는 방식은 지구의 중심이 예루살렘이며, 지도상에서는 오늘날의 북쪽 대신에 상단에 종종 표시되는 오리엔트가 어떤 산에서 끝난다는 믿음에 근거하고 있다. 이곳은 오늘날 아제르바이잔에 있는 탁트이쉴레이만Takt-i-Sulayman 산으로 최근에 밝혀졌는데, 이 산에 지상 낙원이 있으며 거기에서부터 네 개의 강, 즉 티그리스 강, 유프라테스 강, 대체로 갠지스 강으로 생각되는 비손 강, 오늘날 나일 강인 기혼 강이 흘러나온다고 믿었다. 기독교도들이 그러한 강들에 대해 갖고 있던 애매모호한 지식은 몇 가지 난제를 제기했지만, 그들은 이것을 쉽게 피해갔다. 그들은 티그리스 강과 유프라테스 강에 대해 이미 알려진 원류들이 에덴 산허리에 위치한 원류들이 아니라 그 강물이 먼 길을 사막의 모래 속에 스며 흐르다가 다시 솟아오르는 것으로 이해했다. 주앵빌은 이집트에서의 제7차 십자군의 활동을 기록하면서 나일 강에 대해 기술했다. 그는 폭포 때문에 멈춰선 이슬람교도들이 불가사의하지만 실재하는 그 원천까지 거슬러 올라갈 수 없었다고 주장한다.

이제 지상 낙원에서 흘러나와 이집트를 가로질러 흐르는 강에 대해 언급하는 것이 좋겠다. 〔……〕 나일 강이 이집트로 접어드는 길목에서 사람들은 그들이 하던 습관대로 저녁이면 강물에 그물을 던져 펼쳐놓았다. 아침이 돌아오자 이집트로 수입된 생강, 대황, 알로에, 계피 등과 같은 귀중품들이 그물에 걸려 있는 것을 보았다. 이러한 물건들이 지상 낙원에서 온 것이라고 하는데, 숲 속에서 바람에 마른나무가 쓰러지듯 그러한 향신료들이 지상 낙원의 나무에서 바람에 떨어졌다고 한다. 〔……〕 이 지방 사람들은 카이로의 군주들이 수차례에 걸쳐 그 강물이 어디서 발원하는지 알려고 애썼다고 말했다. 그들은 이러한 목적을 위해 사람들을 보냈다. 〔……〕 이들은 강을 따라 상당히 먼 길을 거슬러 올라갔을 때 너무나 높고 가팔라서 도저히 올라갈 수 없는 큰 바윗덩이에 도달했다. 이 바위에서 강물이 떨어져 흘러내렸고, 저 위에 있는 산꼭대기에는 대단히 많은 나무로 뒤덮여 있는 듯했다.

중세인들이 폐쇄되었다고 믿던 인도양은 가난하고 억압받던 기독교 세계의 채울 길 없는 욕망을 펼칠 수 있는 꿈의 보고였다. 인도양에 대해서는 귀금속, 희귀한 나무, 향신료 등과 같은 풍요에 대한 꿈이 서려 있다. 마르코 폴로는 거기에서 발가벗은 한 왕이 보석으로 치장한 것을 보았다. 그것은 신비적인 인간과 동물과 괴물로 가득 찬 환상적인 꿈, 가난하고 속박된 사람들이 품는 풍요와 사치에 대한 꿈, 교회가 부과한 엄격한 도덕에 비해 금기가 파괴되고 자유가 있는 이국적인 삶에 대한 꿈의 세계였다. 그것은 또한 똥과 인육을 먹는 것과 같은 음식상의 탈선, 나체주의, 성적 자유와 방종이 허용되는 매혹적인 세계였다. 가장 호기심을 끄는 것은 한 기독교도가 예외적으로 위험을 무릅쓰고 저 멀리 인도양에 도달했을 때, 그가 여러 가지 경이로운 것들을 발견했다는 점이다. 즉, 마르코 폴로는 그곳에서 "개꼬리처럼" 꼬리가 달린 사람들과 일각수를 발견했는데, 아마도 그가 코뿔소를 일각수로 착각했던 것으로 보인다. "그것은 내가 본 것들 중에서 가장 흉하고 혐오스런 동물이다. 그것은, 우리가 말하고 기술한 것과는 전혀 다르게, 한 처녀가 가슴팍을 잡아도 가만히 있었다."

물론 중세인들은 고대 지리학의 전통을 이어받아 지구가 유럽·아시아·아프리카의 세 부분으로 나뉘어 있다고 보았다. 그러나 이 각각의 세 부분은 하나의 종교적인 영역과 동일시되는 경향이 있었고, 그리하여 『제3차 십자군 원정기 Itinéraire de la IIIe Croisade』를 쓴 잉글랜드의 한 순례자는 다음과 같이 말했다. "따라서 세계의 두 부분은 나머지 세번째 부분을 공격했고, 같은 유럽이면서도 그리스도라는 이름을 전혀 인정하지 않는 유럽은 나머지 두 부분과 싸우지 않으면 안 되었다." 이 유럽이란 에스파냐를 이슬람교도가 지배하고 있어서 기독교 세계와 동일시될 수 없었기 때문에 서유럽인들에게는 어색하고 공론적이고 모호한 개념으로 남아 있었다.

4. 기독교 세계와 비잔티움: 분리주의자

현실, 그것은 기독교 세계였다. 중세 기독교 신자들이 다른 인간들을 규정하고 다른 인간들과의 관련에서 자신들의 입지를 세운 것은 기독교에 입각해서다. 기독교도들은 무엇보다도 비잔티움인들과 관계를 맺고 있었다.

비잔티움인들은 1054년부터 분리주의자가 되었다. 그러나 서유럽인들은 그러한 분리와 이탈에 대한 이유가 매우 본질적인 문제였음에도 그것을 규명하거나 어쨌든 그것에 적절한 이름을 붙이지도 못했다. 특히 '성령의 성부·성자 발출 Filioque' 문제에서 비잔티움인들이 성령의 이중적 발출설을 부정하고 그것이 성자에게서가 아니라 성부에게서 비롯된다고 주장하는 신학 이론상의 차이, 콘스탄티노플 총대주교가 교황권의 우월성을 인정하기를 거부하는 제도상의 갈등에도 불구하고 비잔티움인들 역시 기독교도들이었다. 제2차 십자군 원정이 있었던 12세기 중엽에 콘스탄티노플 정복을 꿈꾸고 이를 위해 프랑스 왕 루이 7세에게 압력을 가했던 서양의 한 광신자인 랑그르의 주교는 비잔티움인들이 "사실은 기독교도가 아니라 명목상으로만 기독교도"이며 그들이 이단의 죄가 있다고 선언했다. 그리고 십자군의 대부분이 "그리스인들은 전혀 기독교도가 아니며, 프랑크인들이 그들을 죽이는 것은 대수롭지 않은 일"이라고 생각했다. 그러한 적대감은 4세기 이래 심화되고 있던 소원함의 결과다. 양측은 서로를 이해하지 못했는데, 특히 서유럽인들 중 최고의 지식인들조차도 그리스어를 몰랐다—"그리스어는 존재하지만 읽히지는 않는다 Graecum est, non legitur."

이 같은 몰이해는 무지의 소산인 증오감으로 점점 바뀌어갔다. 라틴인들은 그리스인들에 대해 어느 정도 억압된 감정인 열등의식에서 비롯된 선망과 경멸이 뒤섞인 복합 감정을 느꼈다. 라틴인들은 그리스인들이 부자연스럽고 소심하며 기만적이라고 비난했다. 그들은 특히 그리스인들이 부유한 점을 비난했다. 그것은 문명화된 부자에 대한 야만적이고 가난한 전사의 반사심리였다.

일찍이 968년에 크레모나의 주교이며 콘스탄티노플 주재 독일 황제 오토 1세의 대사였던 롬바르드인인 리우트프란트는 자기가 당한 모욕에서 비롯된 증오심을 품고 귀국했다. 비잔티움 황제 니케포루스Nicephorus가 "그대는 과연 로마인이 아니라 롬바르드인이군요!"라고 고압적으로 그에게 말했다. 이에 대해 리우트프란트는 다음과 같이 응수했다. "로물루스는 역사가 증명하듯 형제 살해자였다. 그리고 그는 피난처를 열어놓고서 지불 능력이 없는 채무자라든지 탈주 노예와 암살자며 사형수를 받아들였으며, 그의 주변에는 '로마인들'이라 불리는 그런 족속들로 가득 차 있었다 한다. 우리 롬바르드인·작센인·로타링기아인·바이에른인·슈바벤인·부르군드인들은 모두가 이 같은 족속을 경멸하는데, 그것은 우리가 화가 났을 때 적들에게 가장 모욕적인 말로 '로마놈들'이라는 표현을 사용할 정도다. '로마놈들'이라는 말에는 온갖 비천함·소심함·탐욕·방탕·거짓말, 더 사악하게도 모든 악의 축소판이라는 의미가 내포되어 있는 것이다."

그리고 교회의 분리 이전에도 종교적 불만이 있었다. "모든 이단은 당신들한테서 태어나서 성공을 했지만, 우리 서유럽인들은 그들을 교살했다." 리우트프란트가 콘스탄티노플을 떠나려고 할 때 수출 금지 품목이었던 자주색 망토 5벌을 비잔티움 세관원한테 압수당한 것은 그의 굴욕감을 극에 달하게 했다. 이것은 초보적인 경제조직 아래서 생활했던 한 이방인에게는 이해할 수 없는 체제였다. 이로부터 또다시 모욕적 언사가 나왔다. "무기력하고 나약하며, 큰 소매가 달린 옷을 입고 3중관과 터번을 쓰고 있으며, 거짓말 잘하고 거세되었으며, 무사안일한 그런 족속이 자주색 옷을 입고 다닌다. 그러나 정력이 넘치고 전쟁 경험이 많고 신앙과 자비로 충만해 있으며 신에 복종하고 덕으로 가득한 사람들인 우리 영웅들은 그렇지 않다!"

서유럽의 제4차 십자군 원정대가 1203년 콘스탄티노플을 점령할 채비를 갖추었을 때, 공식적 구실은 황제 알렉시스 3세가 황위를 찬탈했다는 이유였다. 그러나 성직자들은 비잔티움인들의 분리주의적 성격을 강조함으로써 일부 세속인들의 종교적 양심의 가책을 면해주었다. 연대기 작가 로베르 드 클라리Robert de Clari는 이렇게 썼다. "주교들과 군사 전문가들은 이구동성으로 전쟁은 합당하며 옛날에는 그들이 로마법을 따랐으나 이제는 더 이상 로마법을 따르지 않으니 그들을 공격해도 무방하다고 판단했다. 그리하여 주교들은 그들을 공격하는 것은 죄가 아니라 오히려 신앙심의 위대한 발로라고 말했다."

물론 교회의 통일, 달리 말하면 비잔티움이 로마와 화해하는 문제는 거의 언제나 국가정책상의 토론 의제였다. 1089년 알렉시스 1세 때, 1141년 요한 2세 때, 1198년 알렉시스 3세 때, 그리고 13세기 중엽부터 1453년까지 거의 모든 황제 치하에서 협상이 시도되었다. 1274년 리옹 종교회의와 마지막으로 1439년 피렌체 종교회의에서 통일이 실현되는 듯했다.

그러나 1081년 로베르 기스카르Robert Guiscard와 1185년 보에몽 Bohémond 같은 노르만인들에 의한 비잔티움 제국의 공격, 1204년 4월 13일 서유럽인들의 콘스탄티노플 점령, 교회 통일의 실패 등은 서로 욕설 투로 (기독교도가 아니라) 라틴인이라 불리는 사람들과 (로마인이 아니라) 그리스인이라 불리는 사람들 사이의 근본적인 적대감에서 기인했다. 비잔티움인들은 자신들의 이같이 문명화된 의례상의 정교함, 엄격한 예의범절을 갖춘 세속적 세련됨을 라틴인들의 단순성과 대비하면서 버릇없는 야만인들을 이해하지 못했다. 1097년 알렉시스 1세가 로타링기아 십자군을 영접했을 때, 한 십자군 병사가 "수많은 용감한 전사들이 서 있는 가운데 한 사람만이 자리에 앉는 것은 적절치 못하다고 판단하고" 이 같은 예의범절에 화를 내며 그만 황제의 옥좌에 앉아 버렸다.

제2차 십자군 원정 때 프랑스인들도 이와 동일한 반응을 보였다. 루이 7세와 그의 측근들은 비잔티움 사절단의 딱딱한 예의범절과 그들의 연설에 나타난 과장된 어법에 화가 났다. "국왕에게는 안됐다는 마음을 느끼며 연사들과 통역자들의 장황한 어투를 참을 수 없었던" 랑그르의 주교가 그들에게 다음과 같이 말했다. "나의 형제들이여, 국왕의 '영광'이니 '위엄'이니 '현명함'이니 '독실함'이니 하는 따위의 말들을 너무 많이 쓰지 말아주십시오. 국왕께서도 자신을 잘 알고 있고 우리도 그를 잘 알고 있습니다. 그러니 당신들이 할 말이 있으면 그렇게 돌리지 말고 빨리 국왕께 직언하십시오."

동서 간의 적대 관계는 정치적 전통에서도 나타났다. 봉신의 신의(충성)를 주요한 정치적 덕목으로 삼는 서유럽인들은 '국가적 이유 raison d'État'로 온통 충만해 있는 비잔티움적 방식을 위선이라고 비난했다. 제2차 십자군 원정을 수행했던 프랑스 연대기 작가인 외드 드 되유 Eudes de Deuil는 다음과 같이 썼다. "신성한 제국을 위해 행한 것이라면 어떤 것이든 위선으로 여겨질 수 없다는 것이 비잔티움인들이 일반적으로 받아들인 견해다."

라틴인들의 그러한 증오심에 대해 그리스인들도 증오감으로 대응했다. 제1차 십자군 원정대를 목격한 알렉시스 황제의 공주 안나 콤네나 Anna Comnena는 이들을 거칠고 수다스러우며 허영심이 강하고 변덕스러운 야만인들로 묘사했다. 이들은 전사들이었다. 반면 상인인 그리스인들은 전쟁을 혐오하고 성전의 이념에 동조치 않았으며, 전쟁에 직접 참여하는 주교와 사제 등 모든 성직자에 대해 안나처럼 질겁했다. 어찌 사람이 신의 대리인이면서 동시에 "살인을 교사하는 살인자"가 될 수 있단 말인가? 게다가 "동전 한 닢 받고 자기 아내와 자식들을 팔아먹으려 하는" 서유럽인들의 탐욕에 비잔티움인들은 아연실색했다.

비잔티움의 부는 라틴인들의 최대 비난거리이자 최대의 질투 대상이었다. 초기 십자군 원정 때 콘스탄티노플을 경유했던 연대기 작가들은 그곳을 황홀하게 묘사했다. 원시적인 성채나 빈한한 촌락에서 비참하게 살고 있고 '도시'라고 해봐야 주민이 수천 명에 불과했으며 도시 계획은 아직 요원했던 서유럽의 야만인들에게는 어림잡아 수백만의 주민과 거대한 부와 상점들을 가지고 있던 콘스탄티노플은 도시가 어떤 것인가를 알려주는 하나의 계시였다. 이에 감격하여 십자군들이 쇼핑을 하거나 숙영지에까지 그리스 상인들을 받아들이는 상황을 연대기 작가 외드 드 되유는 이렇게 묘사했다. "그리하여 우리 병사들은 2드니에도 안 되는 돈으로 내의 한 벌을 사거나 3수로 30벌의 내의를 사곤 했다." 누구보다도 푸셰 드 샤르트르는 1097년 콘스탄티노플에 매료되어 다음과 같이 기술했다. "콘스탄티노플은 얼마나 고상하고 아름다운 도시인가! 이곳에는 경탄할 만한 예술품으로 장식된 수도원과 궁정이 얼마나 많은가! 감상해보면 놀랄 만한 작품들이 광장과 거리에 얼마나 많이 진열되어 있는가! 항시 수많은 선박이 사람들에게 필요한 갖가지 물품을 싣고 이 도시로 들어오고 있다. 금이며 은이며 수천 가지의 옷감이며 성스런 유물 등 갖가지 부가 얼마나 풍부한가[……]."

그중에서도 특히 성유물이 서유럽인들을 사로잡았다. 로베르 드 클라리는 1204년의 십자군들이 비에르주 드 파르Vierge de Phare 교회 한 곳에서만 발견할 수 있었던 유물의 목록을 다음과 같이 기록했다. "굵기가 사람 장딴지만 하고 길이가 약 1야드 되는 진짜 십자가가 두 점, 예수의 허리를 관통했던 창의 쇠붙이, 예수의 손과 발에 박혔던 못 두 개, 크리스털 병 속에 들어 있는 예수의 피 대부분, 예수가 입고 있다가 골고다 언덕으로 끌려갔을 때 벗겨진 옷, 송곳처럼 뾰쪽한 등나무로 만들어서 그가 쓰고 있던 축성된 왕관, 성모 마리아와 세례자 성 요한의 옷과 그 밖에 두루 다 열거할 수 없을 정도로 많은 유물이 눈에 띄었다." 이러한 최고급의 물건들이 신심 있는 도둑의 수중에 들어갔다면 하나의 노획물로 보관되었을 것이고, 욕심 많은 강탈자의 수중으로 들어갔다면 비싼 값으로 팔렸을 것이다.

이런 경이로운 유물을 구경조차 할 수 없었던 서유럽인들에게 비잔티움은 거의 모든 부의 출처로 보였다. 라틴인들의 최고급 수입품은, 그것이 비잔티움에서 생산된 것이든 그곳에서 중개된 것이든, 비잔티움에서 수입되었다. 값비싼 옷감(비단은 오랫동안 신비스런 물품이었으나 그 제조술을 6세기에 중국에서 훔쳐왔다)도 그랬고, 11세기 말까지도 여전히 서유럽인들이 그저 '브장besant화(貨)'('중세의 달러'에 해당함)라 불렀던 비잔티움 금화도 그랬다.

이러한 풍요로움에 마주쳤을 때 얼마나 유혹이 심했을까!

정신적인 분야에서도 서유럽인들은 간혹 동방 사상을 경외감과 감사하는 마음으로 기꺼이 차용했다. 12세기 서유럽 신학자들은 그리스 사상을 발견하거나 재발견했으며, 그중에는 '동방의 빛orientale lumen'에 경의를 표했던 신학자들도 있었다. 알랭 드 릴Alain de Lille은 비굴하게도 "라틴 문화는 빈약하기 때문에〔……〕"라는 말을 덧붙이기도 했다.

서유럽인들 또한 비잔티움과의 경쟁을 추구하기도 했다. 비잔티움의 현실과 신화에서 벗어나고자 하는 서양 중세의 가장 흥미로운 태도 중 하나는 11세기 후반부에 쓰인 대무훈시 『카롤루스 마그누스의 순례기 Pèlerinage de Charlemagne』에서 표현된 것처럼 비잔티움의 가상적 굴복이다. 카롤루스는 12명의 종자와 함께 예루살렘에서 돌아오던 중 콘스탄티노플에 들렀는데, 이곳에서 국왕 위공Hugon으로부터 융숭한 대접을 받는다. 풍성한 향연이 끝난 다음 카롤루스와 그의 종자들은 거나하게 취한 상태에서 '농담실'에서 쉬고 있었다. '농담gaber'이란 기사도적 해학의 조잡한 형태였기 때문에 이 농담실은 각자가 자신의 비상한 무용을 뽐내려고 가상적 이야기를 겨루는 방이었다. 프랑크인들의 농담은 능히 짐작할 수 있듯이 국왕 위공과 그리스인들을 비꼬는 것이었다. 롤랑은 위공의 수염을 불태울 수 있을 정도로 아주 강하게 뿔나팔을 불 수 있다고 호언장담했다. 만약 기둥 뒤에 숨어 이 이야기를 엿들은 밀정이 곧장 국왕 위공에게 일러바치지만 않았더라면, 이것은 대수롭지 않은 농담으로 끝났을 것이다. 국왕 위공은 이 이야기를 듣고 노발대발하며 손님들의 호언장담이 말도 안 된다고 화를 냈다. 이때 신이 개입하여 프랑크인들은 그 농담을 실현할 수 있게 되었다. 이에 패배한 위공은 스스로가 카롤루스의 봉신이라고 선언하고 두 황제가 각각 대관을 하는 대대적인 축제를 열도록 명령했다.

그러나 이 같은 시적 본능 표출이 그동안 쌓여온 선망과 원한을 해소하기에는 충분치 못했다. 비잔티움에 대한 라틴인들의 시기심은 1204년 4월 13일의 공격으로 절정에 달했는데, 남자·부녀자·어린이를 가릴 것 없이 무참하게 대량 학살하고 약탈함으로써 결국 라틴인들의 시기심과 증오심이 충족되었던 것이다. 십자군 역사가 빌아르두앵Villehardouin

은 "천지창조 이래 이에 버금가는 약탈이 한 도시에서 일어난 적은 결코 없었다"라고 썼다. 그리고 비잔티움 연대기 작가 니케타스 코니아테스Nicètas Choniatès는 "어깨에 그리스도의 십자가를 메고 다니는 그런 사람들에 비해 오히려 사라센인들이 더 착하고 관대하다"라고 썼다.

5. 기독교 세계와 이슬람교도: 이교도

비잔티움인들에 대한 적대감은 이들과 직접 접하고 있던 중세 기독교도들에게는 의식의 위기였다. 그러나 이들이 이슬람교도들과 맞부딪쳤을 때는 별 문제가 없는 듯했다. 이슬람교도들은 타협해도 큰 문제가 없는 이교도들이자 선택된 적들이었다. 기독교도들과 이슬람교도들 사이에는 적대 관계가 명료했다. 1095년 교황 우르바누스 2세가 클레르몽에서 제1차 십자군 원정을 권고하면서 그것을 다음과 같이 지적했다. "그렇게도 경멸받아 마땅하고 인간적 존엄성이 결여되었으며 악마의 천한 노예인 저 불경한 족속이 전지전능한 주님의 선민을 압도한다면, 그것은 우리에게 얼마나 큰 수치인가. 〔……〕 한쪽에는 참된 행복을 박탈당한 비참한 사람들이 있을 것이고, 다른 한쪽에는 참된 부로 가득 찬 사람들이 있을 것이다. 한쪽에는 주님의 적들이 싸울 것이고, 다른 한쪽에는 주님의 친구들이 싸울 것이다." 교황이 언급했듯이 기독교도들은 이슬람교도들에게서 "저급한 인간들"을 보았다. 무훈시 『알리스캉Aliscans』에서 시인은 죽어가는 비비앵을 언급하면서 다음과 같이 소리쳤다.

딱 벌어진 몸에 열다섯 군데의 상처가 나 있고,
사라센인들 같았으면 조그만 상처에도 죽었으리니.

무함마드는 중세 기독교 세계에서 가장 사악하고 가공스런 인물 중 하나였다. 그는 묵시록적 환영 속에서 기독교도들의 뇌리를 떠난 적이 없었다. 그는 적그리스도와 관련되어서만 등장한다. 12세기 중엽 클뤼니 수도원장인 피에르 가경자는 그를 그리스도의 적들의 위계 서열에서 아리우스와 적그리스도 사이에 배치했다. 12세기 말 조아키노 다 피오레는 "모세가 예수를 준비했듯이 무함마드가 적그리스도를 준비했다"고 보았다. 1162년 코란의 라틴어역 필사본의 여백에 그려진 풍자화는 무함마드를 괴물 모습으로 묘사했다.

그러나 이슬람교도들에 대한 중세 기독교도들의 태도는 다양하고 불분명했다. 물론 9세기 코르도바의 알바르는 무함마드에게서 요한계시록에 나오는 동물 같은 모습을 보았다. 그러나 파샤시우스 라드베르투스Paschasius Radbertus는 전 세계로 팽창해야 할 기독교 세계와 기독교 세계로부터 넓은 지역을 탈취한 이슬람 세계 사이의 지리적 대치 상황에서 그가 잘 파악하고 있었던 근본적 적대감에 주목하면서 하느님으로부터 인정을 받는 이슬람교도와 하느님을 전혀 모르는 이교도를 조심스럽게 구분했다. 11세기까지만 해도 이슬람이 정복한 팔레스타인에서 기독교도들이 평화스럽게 순례를 했다. 일부 신학자들만이 이슬람교를 묵시록적 형태로 묘사했다. 이 같은 모든 상황이 11세기 중에 변했으니, 이때는 무함마드 추종자들에 대한 기독교적 증오감을 극대화시킨 일련의 설교를 통해 십자군 원정이 준비되고 조직되던 때였다. 무훈시들은 두 세계의 변경 지역에서 이슬람교와 기독교 사이의 공생의 추억과 이젠 가차 없는 적대감의 확연함이 뒤섞인 시대를 증언하고 있다. 어린 시절의 카롤루스 마그누스에 대한 무훈시 『메네 Mainet』에서 우리는 주인공들이 톨레도의 사라센 왕을 섬기고 그로부터 기사 칭호를 받는 것을 보게 되는데, 이것은 엘 시드가 구현한 역사적-전설적인 에스파냐의 현실을 반영한다. 그러나 한편으로 카롤루스 마그누스와, 무훈시에 등장하는 대부분의 주인공은 오로지 사라센과 싸워 이기는 욕망에 사로잡힌 사람으로 묘사된다. 그 후 기독교 기사와 이슬람교도들 사이의 투쟁으로 요약된 신화들이 온통 지배한다. 불신자들에 대한 투쟁은 기사도적 이상의 궁극적 목표가 되었다. 더욱이 이제부터 불신자는 진실과 개종을 단호히 거절하는 완고한 이교도로 여겨졌다. 1215년 제4차 라테라노 공의회 소집 칙서에서 교황 이노켄티우스 3세는 기독교도들에게 이교도로 간주되는 사라센에 대항하는 십자군에 참여하라고 호소했고, 주앵빌은 항시 이슬람 세계를 '이교 세계'라 불렀다.

그러면서도 기독교와 이슬람교 사이에 저 장막—이 장막은 싸움을 할 때만 치는 듯했다—이 낮아짐으로써, 그리고 이 같은 군사적 대치 상황에서도 평화적 이동과 교류가 계속되고 더욱 증가하기까지 했다.

우선 상업적 교류가 지속 또는 증가했다. 교황권이 기독교 세계 상품의 대 이슬람 수출을 금지시키려 했지만 소용이 없었고 오히려 밀수입이 성행했다. 이러한 금수 조치가 이슬람교도들보다는 기독교도들에게 더 타격을 주었다. 결국 교황은 그러한 전면적 통상 금지 조치에 대해서 탈법과 예외를 인정하고 심지어는 허가해주기까지 이르렀다. 이런 상황에서 베네치아 상인들은 주인 행세를 했다. 예컨대 이들은 농업적 수익원을 탈취당한 이상 장사로밖에 살아나갈 방도가 없다는 것을 교황에게 설득한 다음, 1198년 교황 이노켄티우스 3세로부터 '알렉산드리아의 이슬람 군주'와의 통상권을 획득했다. 물론 교황권이 기독교 세계의 수출 금지 품목으로 규정한 전략적 비중이 큰 상품들, 예컨대 철·무기·송진·타르, 건축용 목재, 선박 등과 같은 상품은 예외적으로 여전히 수출 금지 품목이었다.

다음으로 지적 교류가 빈번해졌다. 많은 기독교 지식인이 이슬람 세계로 가고 싶은 마음을 가졌던 것은 아니다. 악착스런 반대자들에 의해 마법 추적의 표적이 되어 의기소침해 있던 아벨라르만이 한때 그런 꿈을 가졌던 것처럼 보인다. 그는 이렇게 고백했다. "나는 매우 절망적인 상태에 빠져 있으므로 기독교 세계를 탈출하여 이교도들에게 가서 어떠한 대가를 치르더라도 그리스도의 적들 한가운데서 조용하게 기독교 신자로 살고 싶다." 그러나 십자군 전쟁의 와중에서 아랍 과학이 기독교 세계로 물밀듯이 들어왔고, 12세기 르네상스는 이로 인해 일어난 것은 아니지만 적어도 자양분을 제공받았다. 아랍인들이 기독교 지식인들에게 가져다준 것은 사실 무엇보다도 이슬람 지식인들이 동방 도서관에 보관했다가 유포시킨 아랍 과학이었다. 이들은, '재정복'이 진전됨에 따라 기독교 성직자들이 아랍 과학을 흡수하기 위해 갔던 서유럽의 이슬람 변경 지역인 에스파냐까지 그것을 전파시켰던 것이다. 1085년 기독교도들이 재정복한 톨레도는 아랍 과학 숭배자들(이들은 초기에는 주로 번역자들이었다)의 관심 어린 중심지가 되었다. 아랍 과학이 기독교적 유럽에서 크게 유행했는데, 심지어 아델라르드 바스Adelard of Bath가 개인적 사상을 전파하기 위해 자신의 사상이 때로는 아랍 과학에서 나왔다고 공언할 정도였다.

더욱이 기독교도와 이슬람교도 사이의 주요 군사적 대치 지역이었던 성지에서 평화적 공존 관계가 급속히 수립되었다. 에스파냐 출신의 이슬람 연대기 작가인 이븐 조베르Ibn Jobair가 1184년 팔레스타인을 여행하면서 몹시 경악스런 심정으로 다음과 같은 상황을 증언했다. "기독교도들은, 바르게 적용된 세금을 그들의 구역 내에 있는 이슬람교도들로부터 징수했다. 이번에는 기독교 상인들이 이슬람교도 구역에서는 자신들의 상품에 대한 세금을 납부했다. 이들 사이의 화합은 완벽했고 어떤 상황에서도 공정성이 지켜졌다. 전사들이 전쟁에 열중하는 가운데 주민들은 평화롭게 지내고 있었다. 〔……〕 이 점에서 이 지방의 상황은 너무나도 예외적인 것이어서 그것에 대한 얘기를 하면 그 소재가 무궁무진할 것이다. 주여, 그대의 은총으로 이슬람이라는 말을 찬양하소서!"

6. 기독교 세계와 이교도: 개종 문제

기독교의 공식적 입장을 성전으로밖에 달리 표명할 수 없었던 특이한 '이교도'인 이슬람교도 이외에도 이와는 전혀 다르게 여겨졌던 이교도들이 또 있었다. 이들은 여전히 우상을 숭배하고 있었지만 기독교로 개종할 가능성이 있었다. 정통 기독교가 러시아·우크라이나·발칸반도 서부 등지에서 완전하게 확립되었던 13세기 말에 이르면, 기독교 세계는 끊임없는 선교 활동을 통해 크게 신장되어 있었다. 아리우스파를 신봉하는 침략자들, 특히 서고트족과 롬바르드족이, 그다음 7세기 초에는 앵글로-색슨족이 일단 정통 기독교로 개종하자 이 같은 복음 전파의 전면은 이미 살핀 바처럼 유럽 동부와 북부에 형성되었고 독일의 팽창 지역을 통합하는 경향을 보이고 있었다.

성 보니파키우스(또는 '빈프리드'라 불림)를 대표적인 예로 하는 앵글로-색슨족의 선교사들이 독일 서부 지역을 평화적으로 개종시켰다. 그러나 작센인들에 대한 태도에서 그 전형을 보여준 카롤루스 마그누스를 위시한 카롤루스조의 왕들은 호전적인 방법과 무력으로 기독교 개종의 전통을 세웠다. 카롤루스조의 군주들은, 오토 1세가 마자르족과 동부 슬라브족에 맞서 이중적 승리를 거두었던 해인 955년까지는 이교도들에 대해 방어적 태도를 견지했으나, 이후부터는 이교도를 무력으로 개종시키는 장기 공세 정책을 시작했다. 11세기 초 브루노 폰 크베르푸르트Bruno von Querfurt는 아직 황제로 대관되지 않은 독일 왕 하인리히 2세가 기독교도인 폴란드인과 전쟁을 하고 있으면서도 이교도인 리우티지아인들을 등한시하고 있다고 비난했다. 복음서의 계율에 따르면 무력을 써서라도 당연히 리우티지아인들을 기독교로 개종시켜야 했기 때문이다.

이제 "강제로 개종시켜라compelle intrare"란 말은 이교도에 대한 슬로건이 되었다. 더욱이 사람들은 그런 이교도들에게 곧잘 야만인이라는 별명을 붙였다. 12세기 연대기 작가 갈루스 아노니무스는 폴란드의 지리적 상황을 묘사하면서 다음과 같이 썼다. "폴란드는 북쪽 바다 방면으로 셀레우키아(리우티지아인들의 땅), 포메라니아와 프로이센 등 3개의 가장 난폭한 야만 국가를 이웃으로 하고 있다. 폴란드 공은 이 국가들을 동시에 개종시키기 위해 끊임없이 이들과 싸우지 않으면 안 되었다. 그러나 그가 설교라는 무기로도 그들의 마음으로부터 불경을 퇴치하는 데 실패하고, 학살이라는 무기로도 저 음험한 족속의 씨를 말리는 데 실패했다."

사실 이러한 고압적인 개종 권유에 맞서 강력한 저항이 일어났으며,

이교도의 각성 또한 매우 크고도 강렬한 것이었다. 973년 엘베 강과 오데르 강 사이 지역에 있는 벨베티인과 오보드리트인 등 슬라브족들이 일으킨 대규모 폭동으로 교회조직이 마비 상태에 빠졌다. 1038년 폴란드에서는 이교를 지지하는 민중 봉기가 발생했고, 1040년 헝가리에서는 기독교 배척 운동이 일어났다. 갈루스 아노니무스는 이 상황을 다음과 같이 지적했다. "폴란드 공에 의해 무력으로 정복된 저 야만 국가의 군주들은 때로는 임시방편으로 세례를 받기도 했다. 그러나 그들이 세력을 회복하자 기독교 신앙을 버리고 기독교도에 대한 전쟁을 재개했다." 기독교 측의 설교는 그것이 이교도에게 행해지거나 민중들을 설득하려고 할 때는 거의 언제나 실패했다. 그것은 이교도의 우두머리와 사회 지배집단을 설득했을 때만 대체로 성공을 거두었다.

비잔티움인들과 이슬람교도들에게 로마 기독교로의 개종은 은총의 상실과 열등한 문명으로의 전락을 의미했다. 이와는 반대로 이교도들의 기독교로의 개종이 사회적 상승을 의미하는 경우도 있었다. 이것은 바로 6세기 초 프랑크족의 클로도베우스가, 911년 노르만족의 롤롱이, 966년 폴란드의 미에슈코가, 985년 헝가리의 바이크(성 이슈트반)가, 덴마크의 하랄드 청색 치아왕(950~986년)이, 노르웨이의 올라프 트리그베손(997~1000년)이 익히 체험했던 바였다. 더욱이 대규모 무력을 갖추고 있어 민중 반란을 신속히 진압했던 기독교화한 지도자들에 대한 적대감에서 민중들이 이교로 복귀하고자 할 때는 이교도 반란이 동시에 사회적 폭동의 성격을 띠기 일쑤였다. 이와 같이 중세의 '새로운 기독교 세계'는, 수세기 동안 기독교 신앙이 황제와 일부 지배계급 등 보다 소수에게만 부과되었던 초기 기독교 세계와는 달리, 무력을 통해 위로부터 개종된 기독교 세계였다. 중세 기독교의 이 같은 변천을 결코 지나쳐서는 안 된다. 그렇게도 폭력이 난무했던 세계에서 으뜸가는 폭력 형태는 개종이었다.

기독교가 갖고 있는 지위 상승의 힘을 인식하고 있던 신중한 우두머리들은 때때로 로마 가톨릭과 비잔티움 교회 사이에서 어디로 개종할 것인지의 문제를 놓고 머뭇거렸다. 폴란드와 헝가리의 지도자들은 직접적이건 간접적이건 로마 가톨릭에 가담한 반면, 러시아·불가리아·세르비아의 지도자들은 비잔티움 교회로 기울었다. 이 두 교회의 영향력 획득을 위한 기이한 투쟁이 9세기 대(大)모라비아 제국에서 발생했다. 이것이 바로 키릴로스와 메토디오스의 일화이며, 슬라브 의식을 가미해서 로마 가톨릭을 수립하고자 했던 최초의 시도였다. 그러한 시도는 대모라비아 제국이 그랬던 것처럼 단명했다. 로마 가톨릭 교회는 결국 프셰미슬 봉건 국가의 도움으로 모라비아와 보헤미아에서 승리하게 된다.

서유럽 기독교 세계가 비잔티움 제국과 이슬람교를 시칠리아, 남부 이탈리아, 에스파냐 등지에서 무력으로 축출하는 데는 성공했지만, 13세기 그리스와 팔레스타인에서는 실패했다. 그렇지만 서유럽 기독교 세계가 지중해 연안 북쪽 지방에서 안정을 이룸으로써 13세기에는 리투아니아로부터 크로아티아에 이르는 넓은 지역에 걸쳐서 확립되었던 것이다.

7. 기독교 세계와 몽골 신화

기독교도들이 이슬람교도들과 야만족들 사이에서 제3의 이교도인 몽골족을 보았던 것도 바로 이때였다. 몽골 신화는 중세 기독교 세계에서 가장 호기심 가는 것 가운데 하나였다. 세 차례에 걸쳐 이들의 파괴적인 침략을 받았던 소폴란드, 실레지아, 헝가리 등 중부 유럽의 기독교도들은 타타르인이라 불리는 이 같은 족속을 주저 없이 순전한 이교도로 인정했다.

사실 이들은 동쪽으로부터 서유럽 쪽으로 침략해왔던 세력 중 가장 잔인했다. 연대기 작가인 마티외 파리Mathieu Paris는 기독교도들의 공포감을 반영하면서 다음과 같이 썼다. "그들은 인간이라기보다는 괴물로 불려 마땅하고 피를 탐내어 마시며 개고기와 심지어는 인육을 찾아 탐식하는 야수와 비슷한 비인간적 존재다." 하지만 여타 기독교 세계에서 제후와 성직자와 상인들에게는 몽골족이 기이한 꿈을 자아내게 했다. 그들은 몽골족이 기독교로 개종할 준비가 되어 있을 뿐만 아니라 개종을 선언할 기회만을 엿보면서 비밀리에 이미 개종했다고 믿었다. 신비스러운 기독교 군주로 '사제'라는 별명을 가진 요한Jean le Prêtre은 (14세기 에티오피아에서 활동하기 이전에) 13세기에는 아시아에서 활동했다. 그에 대한 신화는 아시아에 잔존하고 있던 일단의 네스토리우스파 기독교도들에 대한 모호한 풍문을 근거로 하여 중세적 상상 속에서 형성되었고, 이 신화는 그에 의해 이미 기독교로 기울었던 몽골족의 것이 되었다. 그런 환상에 입각하여 하나의 거창한 꿈이 전개되었는데, 그것은 기독교도와 몽골족이 연합해 이슬람교도들을 압박하여 파멸시키거나 개종시켜 온 누리에 참된 신앙이 꽃피는 꿈이었다. 그리하여 13세기 중엽에는 몽골족에게 선교사들이 파견되었다. 1245년 교황 이노켄티우스 4세가 도밍고회 선교사와 프란체스코회 선교사 각각 2명씩을, 1249년 루이 성왕은 사절을, 1253년 또다시 도밍고회 선교사 1명과 플랑드르 출신 프란체스코회 수도사 기욤 드 뤼브루크Guillaume de Rubrouk를 파견했다. 그러한 모험에 대한 두 개의 소중한 여행담이 전해지고 있는데, 하나는 기욤 드 뤼브루크의 것이고 다른 하나는 프란체스코회 수도사인 이탈리아인 조반니 플라노 카르피니의 것이다. 큰 희망을 품고 떠났던 사절들은 결국 크게 실망하고 말았다. 주앵빌은 루이 성왕의 실망을 다음과 같이 전해주고 있다. "국왕은 사절과 선물을 보낸 데 대해 크게 후회했다."

마르코 폴로도 13세기 말 몽골족의 개종에 거는 기대를 정당화하고 개종의 실패를 해명하려 노력했으나, 결국 실망하고 말았다. "만약 교황이 우리의 신앙을 칸(大汗)에게 능란하게 설교할 수 있는 사람들을 파견했더라면, 그는 기독교도가 되었을 것이다. 그가 기독교도가 되려는 마음을 크게 갖고 있었다는 것을 웬만한 사람은 다 알고 있기 때문이다."

개종의 실패를 선교사 개인들의 변변치 못함으로 설명하는 것은 개종의 꿈에 여지를 남겨놓을 수 있을지는 몰라도 현실을 기만할 수는 없었을 것이다. 같은 페이지에서 마르코 폴로는 쿠빌라이 칸의 말을 전하고 있는데, 이 몽골 군주는 타타르족의 사회·정치적 체제와 기독교 세계 사이의 양립 불가능성을 분명하게 설명하고 있다.

몽골 신화에 자극을 받아 1,300여 개의 모험대가 출발했다. 조반니 데 몬테 코르비노Giovanni de Monte Corvino와 프란체스코회 수도사 오도릭 데 포르데노네Odoric de Pordenone를 중심으로 한 일련의 선교사가 아시아에 잠정적으로나마 소규모의 기독교 국가를 형성하는 결과를 가져왔다. 중세 기독교 세계는 여전히 유럽 중심적이었지만, 세계의 끝까지 모험을 했다. 주앵빌은 다음과 같이 썼다. "타타르족은 본시 황량한 사막으로 이루어진 거대한 평원 출신들이다. 이 평원은 동쪽으로 세계의 끝을 이루는 전인미답의 불가사의한 일련의 바위에서 시작된다. 타타르족의 증언에 따르면 아무도 이 바위들을 지나가본 적이 없다. 적그리스도가 모든 것을 파괴하러 오는 세계 종말 때 등장할 곡족과 마곡족들이 이 바위에 갇혀 있다고 한다."

이와 같이 기독교는 아시아와 아프리카(이 지역에서는 프란체스코회의 초기 선교사들이 이슬람교도들한테 학살되었다)에서 실패하는 동안 성경에 나타나는 상상적 세계의 변경을 쓰라린 경험을 통해 발견했던 것이다.

8. 기독교 세계는 개방적인가 폐쇄적인가?

13세기 기독교 세계는 자신의 변경을 벗어나고 싶었던 듯하다. 기독교 세계는 이미 십자군 원정 이념 대신에 선교 이념을 채택하기 시작했고 세계를 향해 스스로를 열어놓았던 듯하다.

그러나 기독교 세계는 새로운 신자를 무력으로 받아들였지만("강제로 개종시켜라"), 비신도들을 배척했고 사실상의 종교적 인종주의에 입각해서 스스로를 규정하는 폐쇄된 사회였다. 기독교에 소속되었는지 여부가 그들의 가치와 행동을 판별하는 기준이었다. 기독교도들 사이에서는 악으로 통하는 전쟁이 비기독교도들에 대해서는 하나의 의무였다. 기독교도들 사이에서는 금지되었던 고리대금업이 비신자들, 즉 유대인들에게는 허용되었다. 기독교 세계가 변경 밖으로 몰아내거나 배척했던 이 모든 비기독교적 이교도들이 한데 뒤섞인 채 기독교 세계 한가운데 존재했고, 또 우리가 후에 살피게 될 배척의 대상이 되었기 때문이다.

여기서 우리는 그 공간적 지평의 범위 내에서 중세 기독교 세계를 규정하고자 할 따름이다. 기독교 세계는 기독교의 두 방향, 즉 한편으로는 구약성서에서 유래한 선민의 전유물로서의 폐쇄 종교와, 다른 한편으로는 복음서에서 찾아볼 수 있는 보편적 소명에 충실한 개방 종교의 두 방향 중에서 배타주의에 매몰되었다. 12세기 일반 기독교도의 성무 일과서인 『교리 문답』을 예로 삼아보자. 여기서 한 학생은 사도 바울로의 두 말씀에 입각하여 기독교가 개방 종교인가 아니면 폐쇄 종교인가의 문제를 제기한다. "'그리스도는 불신자를 위해 죽었다'(「로마서」 5:6)와 '주님의 은총으로 그는 모든 이를 위하여 죽음을 마다하지 않았다'(「히브리서」 2:9)라고 씌어 있듯이 그의 죽음은 신을 섬기지 않는 자에게 유익합니까?" 이에 대해 선생은 "그리스도는 선민만을 위해 죽었다"고 답하고 "모든 이를 위하여" 그리스도가 죽었을 가능성이 없는 인용 구절만을 모은다.

기독교 세계의 폐쇄적 경향은 이교도에 대한 태도에서 잘 나타난다. 일찍이 그레고리우스 대교황 이전에 아일랜드 수도사들은 이웃하고 있는 혐오스런 앵글로-색슨족들에게 복음을 전파하기를 거부하고 그들을 지옥으로 보낼 궁리만 했지 천국으로 보내려고 하지는 않았다. 오랫동안 이교 세계는 기독교도들이 보기에 노예무역의 거대한 집적소였다. 노예무역은 기독교 영역 내에서 기독교 상인들이나 유대 상인들에 의해 이루어졌다. 그렇게도 수지맞는 장사를 고갈시키게 될 개종이 아무런 주저 없이 이루어진 것은 아니다. 앵글로-색슨족, 작센인, 슬라브족(중세 기독교 세계에서 짐승 취급을 받는 사람들에게 주어진 '노예 slave'란 명칭이 유래한 것은 바로 이 슬라브족이다) 등은, 기독교 세계에 통합되어 노예제로부터 보호받기 이전에는 중세 노예의 공급원이었다. 10세기 말 프라하의 주교 아달베르투스가 이교로 복귀했다는 혐의를 받던 신도들에게 혹독한 비난을 한 것은 그들이 유대 노예 상인들에게 기독교도를 팔아먹었기 때문이었다. 비기독교도는 정말로 사람이 아니었고, 기독교도만이 인권을 누리고 노예제로부터 보호받을 수 있었다. 12~13세기 일련의 종교회의에서는 기독교도들이 노예나 종복으로서 유대인이나 사라센들에게 봉사하는 것을 금하도록 환기시켰다. 노예제에 대한 기독교의 태도는 기독교적 배타주의, 원시적 집단 연대, 외부 집단에 대한 인종차별의 한 표현이었다.

부족의 신에 대한 유대적 개념(「출애굽기」 20)에 충실한 13세기 한 교리 문답은 첫번째 계율로서 다음과 같이 지적한다. "그대의 신은 유일하다. 그대의 신의 이름을 간구하는 일이 쓸모없는 일은 아니다." 자신의 신을 소중히 여기는 중세 기독교 세계는 보편주의와는 거리가 멀었다.

그렇긴 하지만 비신도들이 침투 불가능하고 또 그들에게 적대적인 폐쇄 사회가 이방인들의 유입으로 풍요로워질 여지를 갖고 있었다. 기술적 차원에서는 기독교 사회가 동방에서 유래한 방아(수력방아건 풍력방아건) 같은 차용물을 통해 변형되었다. 경제적 차원에서는 비잔티움과 이슬람에 대해 오랫동안 수세적 입장에 있으면서도 콘스탄티노플이나 알렉산드리아로부터 식용과 의복용으로 향신료와 고급 직물 같은 필수품을 수입했다. 비잔티움 금화인 브장화와 아라비아 화폐인 디나르dinar 금화와 디렘dirhem 은화에 자극을 받아 화폐경제에도 눈을 떴다. 모든 야만적 금은 세공술에 영감을 준 초원 지대 예술의 주제로부터 아르메니아·비잔티움 또는 코르도바에서 유래된 궁륭과 아치에 이르기까지 기독교 세계의 예술과, 아랍인들을 통해 그리스에서 가져온 과학은 동방으로부터의 차용물에서 자양분을 얻어온 것이었다. 기독교 세계가 창조적인 힘과 모형과 지침이 될 수 있는 원천을 그 자체 내에서 발견할 수 있었을는지도 모른다. 그렇지만 기독교 세계는, 자신이 가난하고 야만적이면서도 저 오만한 확실성 속에 안주할 수 있으리라 믿었던 장구한 세월 동안, 그 자신은 경멸하고 비난했지만 자신을 풍요롭게 하고 개화시켜주었던 고대 이교주의의 제자일 뿐만 아니라 기타 세계 이교주의의 제자이자 조공자이지 않으면 안 되었다.

9. 지상 세계의 저편: 신

기독교 세계는 이곳 지상에 갇혀 있으면서도 저 위에 있는 하늘에 대해서는 스스로를 활짝 열어놓았다. 물질적으로나 정신적으로나 지상 세계와 천상 세계 사이를 가로막는 장벽은 없었다. 물론 그런 장벽이 없는 만큼 뛰어넘어야 할 도랑과 비약 등 여러 단계가 있었다. 그러나 우주학이나 신비적 고행 등에서 드러나는 것처럼 영혼 순례의 대행로를 한 걸음씩 따라가다 보면 '여정'(성 보나벤투라의 표현)은 결국 신에 이르게 된다.

우주가 동심적인 천구들의 체계라는 것이 그 당시 일반적으로 받아들여진 개념이었다. 그러나 그러한 천구들의 수효와 본성에 대해서는 의견이 분분했다. 8세기에 베다는 대기천·창공천·올림푸스천·불타는 우주천·항성천·천사천과 3위일체천 등 7개의 하늘(우리는 아직까지도 제7천으로 이동 중에 있다고 말하고 있다)이 지구를 둘러싸고 있다고 생각했다. 용어상에서조차도 그리스적 유산이 베다의 우주학에 분명하게 나타난다. 이 같은 그리스적 개념의 기독교화는, 12세기 호노리우스 아우구스토두넨시스의 『교리 문답』에 나타나는 것처럼, 단순화된 형태로 완성되었다. 그는 3개의 하늘, 달리 말하면 우리가 보고 있는 형체가 있는 하늘, 영적 실체인 천사들이 거주하는 영적인 하늘, 복자(福者)들이 3위일체를 마주보며 명상하는 지성적 하늘로 구분했다. 보다 과학적인 체계들은 우주가 55개 천구의 복합적 배열로 되어 있다고 보았던 아리스토텔레스의 설명 틀을 원용했는데, 스콜라 철학자들은 신이 우주체계 전체를 움직이게 하는 바깥쪽의 보충적인 천구인 '원동천premier moteur'을 여기에 첨가했다. 13세기 전반에 파리 주교 기욤 도베르뉴Guillaume d'Auvergne 같은 사람들은 '원동천' 너머에 또 다른 천구로서 성인들의 거처인 부동하는 지고천(至高天)이 있다고 상상했다.

중요한 문제는, 신학자들과 교회가 신의 영적인 성격을 확증하는 데 많은 주의를 기울였음에도, 기독교도들이 사용한 언어는 그들이 신을 구체적으로 상상할 수 있었음을 보여준다는 점이다. 중세에는 신의 비물질성을 보호하면서도 신의 '실재réalité' 혹은 '실체substantielle'(이 '실체'라는 말은 교의적 정통성과 민중들의 사고 습관을 동시에 만족시키기에는 너무나 모호한 개념이었다)에 대한 순진한 믿음에 충격을 주지 않으려는 이중적 배려가 엿보인다. 호노리우스는 이 양자를 조화시키려는 섬세한 의지를 대표적으로 증언해주고 있다.

— "신은 어디에 거주하십니까?"라고 학생이 묻는다.
— "권능상으로는 도처에 존재하시고, 실체적으로는 지성적 하늘에 거주하신다"라고 선생은 대답한다.

그러나 학생은 되묻는다.

— "신이 어떻게 같은 시간에 항시 도처에 계신다고 할 수 있습니까? 그렇다면 신은 어디에도 거주하지 않으신다는 말씀입니까?"
— "그것은 신이 비물질적이고 따라서 편재적(遍在的) *illocalis* 존재이기 때문이다"라고 선생은 대답한다.

학생은 신이 본질적으로는 지성적 하늘에 존재하고 있다는 것을 알고 있기 때문에 이런 대답에 만족했다.

그러나 민중들은 신이 초기 도상에 묘사된 것처럼 육체적 형태로 존재한다고 생각했다. 신에 대한 이 같은 물질적 이미지는 중세 기독교도들이 유대교로부터 물려받은 것이었다. 물론 그러한 신이 인간에게는 보이지 않는다. 야훼신은 모세에게 "그대는 나의 얼굴을 볼 수 없으리니, 나를 보는 자 살아남지 못하리라"라고 말했다(「출애굽기」 33:20). 그러나 고대 유대인들은 신이 옥좌에 앉아 저 높은 하늘에서 인간을 내려다보고 있다고 상상했다. 그리고 「창세기」 편에서 신이 자신의 모습을 본떠 인간을 만들었다고 했을 때 유대인들과 그 후 중세 기독교도의 대부분은 그러한 유사성이 우선은 육체적인 것이라고 생각했고, 또 신이 인간의 모습을 하고 있는 것으로 묘사했다.

특히 325년 니케아 공의회 이후 기독교는 신도들로 하여금 세 위격으로 구성된 하나의 신을 숭배하도록 했다. 이 3위일체론은 여러 가지 신학적 난제를 불러일으켰다. 이를테면 중세 서양의 많은 신학자가 반 3위일체론적 이단에 빠졌으며, 3위일체론은 비잔티움 정교와 같은 다른 많은 인접 종교가 로마 가톨릭에 대해 적대감을 갖게 하는 요인들 중 하나였다. 더욱이 그것이 민중들에게는 신학적 신비에 해당하는 불가사의를 제기했다. 3위일체론의 문제는 유식한 신학자 사회에서는 각별한 매력을 끌었으나 민중들한테는 제한된 호응밖에 얻지 못했던 듯하다.

마찬가지로 어떤 이유에서든 성령의 보호를 받는 조합과 병원이 증가하는 중세 말 이전까지는 성령 숭배 역시 지식인들에게만 국한된 현상이었다. 1122년 성령 숭배를 위한 수도원인 파라클레 수도원을 설립한 것은 아벨라르였다. 그는 이 때문에 더욱 혹독한 비난을 받았다. "이 수도원 이름을 듣고 많은 사람이 놀랐고 그중 일부는 나를 격렬히 비난했다. 그 이유는 나의 교회를 성부인 신에게 바치는 것이 허용되지 않듯이 성령에게 바치는 것은 허용되지 않으며, 다만 유서 깊은 관습에 따라서 나의 교회를 성자에게만 바치든가 아니면 3위일체에게 바치든가 해야 한다는 것이었다."

대학에서는 개강식 때 교양 과목의 고무자인 성령을 위한 미사를 드렸다. 그러나 여기서도 또한 이러한 숭배는 지식인 사회의 특전인 매우 정통적이고 균형 잡힌 3위일체론적 경건성에만 한정되었다. 예컨대 1350년 이전의 옥스퍼드 대학 학칙은 다음과 같이 규정하고 있다. "만사의 정상적인 전개는 신이 그것의 시작에 부여한 평가에 좌우되고 어떤 훌륭한 건축도 그리스도가 그것의 기초가 되지 못하는 곳에서는 지탱되지 않기 때문에 일반적인 견해에 따라서 교수들이 규정하니, 매년 미가엘절 다음 강의 첫날에는 모든 평교수가 모여 성령 미사를 거행해야 하며 〔……〕 학기 마지막 날에는 3위일체와 신에 대한 감사의 미사를 엄숙히 거행해야 한다."

기욤 드 생티에리 같은 위대한 신비주의자들에게 특히 3위일체는 영적 생활의 핵심이었다. 고행은 인간으로 하여금 원죄로 잃어버린 신의 이미지를 다시 발견하게 해주는 하나의 여행이었다. 3위일체론에서 3위는, 비록 그 운동 방식은 하나지만, 영적 진보의 3개의 통로나 수단과 일치한다. 성부는 기억의 길을, 성자는 이성의 길을, 성령은 사랑의 길을 주관한다. 이와 같이 3위일체론의 신비는 영적 역동성을 신비화하는 동시에 교수들에게 영적인 것을 내면화하도록 주입시켰다.

이와는 반대로 일부 민중 세계에서 성령 숭배는 3위일체에 있어서 제3위격의 화신인 성자로서의 성령이나 성스러운 비둘기 숭배로 전락했다.

민간신앙은 저명한 신학자들이나 신비주의자들이 쉽게 깨달았던 3위일체론이나 성령에 익숙지 못했다. 그래서 민간신앙은 순수 유일신적 신관과 성부에서 성자에 이르는 가상적 이원주의 사이를 오락가락했다.

중세의 감수성과 예술은 신의 사실주의적인 표상, 말하자면 신인(神人) 동형동성적인 표상을 금하는 유대교적 금기를 쉽사리 타파하지는 못했다. 무엇보다도 신은 도상에서, 그리고 아마도 신의 인간적 이미지가 승리하고 난 후에는 오랫동안 잠재의식에서 계속 등장하는 상징들로 표상되었다. 신의 이 같은 상징적 표상들은 아주 초창기부터 신보다는 성부나 성자를 일체성 속에 묘사하려는 경향을 지니고 있다. 이와 같이 하늘에서 내려와 구름으로부터 빠져나온 손은 정확히 말해 성부의 손이다. 그것은 계명의 표시니, 손에 해당하는 히브리어 'iad'는 손과 권력을 의미하기 때문이다. 이러한 손은 어떠한 상황에서는 하나의 웅변적인 것이 될 수도 있고 다정한 몸짓으로 유화되기도 했지만, 그러나 무엇보다도 항시 인간에게 가해진 위협의 구체화된 표현이었다. '손의 드러남chirophanie'은 공포의 분위기가 아니라 항시 성스러운 경외의 분위기를 자아낸다. 이로부터 정의의 손을 물려받은 중세의 왕들은 저 성스러운 손으로부터 가공할 권력을 받는다.

초기 기독교 세계에서는 그리스도가 십자가나 부활의 깃발을 잡은 양의 모습으로 보다 각별하게 묘사되었다. 그러나 이러한 추상적 묘사는 즉각 공격을 받았는데, 그것은 그리스도의 본질적 특성인 인성(人性)을 드러내지 못했기 때문이다. 13세기 의례학자이자 망드의 주교인 기욤 뒤랑은 다음과 같은 의미심장한 태도를 증언한다. "세례자 요한은 손가락으로 그리스도를 가리키며, '여기 신의 양이 있다. 어떤 사람들은 그리스도를 양의 모습으로 묘사하고 있다'라고 말했기 때문이다. 그렇지만 그리스도는 실재하는 인간이기 때문에 교황 아드리아누스는 그를 인간의 형상으로 묘사해야 한다고 선언했던 것이다. 사실 십자가 위에 묘사된 것은 양이 아니다. 그러나 인간의 모습으로 형상화된 후 양을 십자가 아래나 뒤에 있는 것으로 묘사하는 것을 방해하는 것은 아무것도 없다."

우리는 구원적인 인간주의의 토대인 그리스도의 이러한 인성 문제를 후에 다시 검토할 것이다. 그것은 서양의 발전에 있어서 매우 중요한 문제다.

그러나 신인 동형동성론은 성부에게 오랫동안 유리하게 작용했다. 5세기부터 7세기까지 아리우스파에 대한 투쟁에서 그리스도의 신성을 강조하고자 하는 욕구가 성자와 성부를 거의 혼동케 했다. 겸양의 표현보다는 권력의 발현을 더 강하게 보여주는 경향이 있었던 카롤루스 왕조 때는 그리스도에게서 연약함으로 보일 수 있는 것을 모두 숨겨버렸다. 다시 말해 그리스도의 삶에서 사랑스런 일화들, 빈자와 노동자에 대한 그의 친밀함, 그의 수난에 관한 생생하고 고통스런 모습들은 모두 묵과되었다.

성부 아니면 성자고, 성부인 동시에 성자이기도 하며, 발터 폰 데어 포겔바이데Walther von der Vogelweide의 표현을 따르면 "젊은 인간인 동시에 늙은 신"이기도 한 저 신은 군주와 같은 모습을 한 신이 되었다. 후광으로 둘러싸인 군주의 옥좌에 앉은 신의 모습은 기독교가 로마 제국 말기에 승리했을 때 군주에게서 유래한 황실 의식의 유산을 극단적인 형태로 받아들인 것이다. 그것은 하나의 신이었으니, 그 권능은 천지창조(「창세기」편은 기독교 신학과 종교 주석과 예술 분야에서 성경의 다른 모든 서편을 압도한다)와 승리(양과 십자가는 겸양이 아니라 영광의 상징이 되었다)와 심판(입에 칼을 물고 있는 계시록의 그리스도로부터 교회의 박공에 묘사된 로마네스크적·고딕적 도상에 등장하는 재판관의 이미지에 이르기까지)에서 발현되었다.

신은 봉건 영주, 즉 주인Dominus 같은 사람이 되었다. 『카롤루스의 반론』은 신이 기존 사회 상태에 대한 모든 준거 가치를 갖고 있다는 것을 보여주기 위해 성 아우구스티누스의 말을 원용했다. "주인은 그의 예속자들과 관련하여 주인이라 불리듯이 창조주는 그의 피조물과 관련하여 창조주라 불린다."

9세기 시인들은 신을 아헨 궁정과 아주 흡사한 천상 요새의 주인으로 만들었다.

이러한 군주와 같은 신은 봉건사회의 표현인 무훈시에 등장하는 신이다. 그것은 주인으로서의 신, 영주로서의 신이다. 다음은 그것을 더욱 분명하게 보여준다.

> 군주와 같은 신의 이름으로 청하노니 〔……〕
> 당신께서 저를 구원해주시기를 기도하나이다.

라고 오베롱이 위옹 드 보르도에게 말하자 이에 만족하여 그는 다음과 같이 대답한다.

> 구원은 사실상 결코
> 군주와 같은 신에 의해서만 가능하고
> 그대의 의지로는 불가능하다는 것을 신은 알고 있다네!

11세기 말 성 안셀무스의 저작 『신은 왜 인간으로 태어났는가 *Cur Deus Homo*』에서 사용된 모든 언어가 봉건적이다. 여기서 신은 세 부류의 봉신을 지배하는 봉건 영주로 등장한다. 하나는 고정적이며 영속적인 봉사의 대가로 봉을 보유하는 천사들이고, 다른 하나는 그들의 불충한 부모들이 상실한 유산을 만회할 희망으로 봉사하는 수도사들이며, 나머지 하나는 아무런 희망도 없는 예속 관계에 들어간 세속인들이다. 그들 모두가 신에게 바치지 않으면 안 되는 것은 '봉신의 봉사 *servitium debitum*'와 같은 것이었다. 신이 자신의 신민에 대한 태도에서 추구하는 것은 영주로서의 명예에 부합하도록 행동하는 것이었다. 그리스도는 '신의 명예를 위해 *ad bonorem Dei*' 자신의 생명을 바치고, 죄인에 대한 처벌은 신이 '자신의 명예를 위해 *ad bonorem suum*' 원했던 것이다.

사실 신은 봉건 영주라기보다는 왕과 같은 존재였다. 신의 그러한 왕권적 절대권은 전(前)로마네스크 양식과 로마네스크 양식의 교회에 영감을 주었다. 이러한 양식의 교회는 왕궁으로 여겨졌다. 페르시아의 원형 왕궁에서 유래한 이 같은 양식은 전지전능한 창조주가 옥좌에 앉아 있는 후진(後陣)이나 원형 지붕에 집중적으로 묘사되어 있다. 그러한 절대권은 신의 도상을 왕권적 속성—예컨대 옥좌, 태양과 달, 보편적 권력의 표지인 모든 것, 「요한 계시록」에 나타나는 노인이나 천사의 궁정, 때로는 왕관—을 지닌 군주로 묘사하게 했다.

신에 대한 그러한 왕권적인 당당한 이미지가 그리스도를 그냥 두지 않았다. 그것은 자신의 허리를 드러내 보인, 그러나 죽음에 대한 승리의 표지인 수난의 상처를 지닌 심판의 그리스도요, 십자가 위에 있지만 왕관을 쓴 그리스도였다. 그것은 또한 13세기 루이 성왕 시대의 에큐화와 같은 왕국 화폐에 각인된 그리스도였다. 여기에는 정복자이자 왕이자 황제로서의 그리스도라는 의미 있는 전설이 뒤따랐다. 봉신보다는 신민에게 더 적합한 충성의 형태를 고무시킴으로써 서양 중세 사회의 정치적 성격에 큰 영향을 미친 것은 신의 군주적 개념이었다. 신의 현세적 이미지인 지상의 왕과 황제들이 자신들을 무력화시키려는 봉건적 개념에 대해 확실한 승리를 거둠에 있어서 강력한 후원자를 이 같은 신의 군주적 개념에서 발견했다—물론 여기에는 교회의 도움도 받았다. 결국 노먼 콘Norman Cohn처럼 우리는 이러한 권위주의적인 신의 배후에서 성부의 정신분석학적 이미지를 기대해야 하는가? 여기서 성부의 무게는, 그것이 폭군으로서의 무게든 신으로서의 무게든, 아들로서의 중세인들(이들이 고분고분한 아들이든 반항아의 원형인 적그리스도를 추종하는 반항아든)의 수많은 집단적 강박관념을 해명해줄 수 있을지 모른다.

그러나 이러한 군주적인 신 이외에 겸손하고 평범한 인간성을 지닌 인간적인 신이 사람들 마음속에 서서히 나타나고 있었다. 인간과 흡사한 그러한 신은, 비록 선한 신으로서 아버지 같은 모습을 하고 있다 하더라도, 머나먼 성부, 기껏해야 생색만 내는 성부일 수는 없다. 오히려 그것은 성자(聖子)의 이미지였다. 중세 신앙에서 그리스도 이미지의 발전은 단순하지 않다. 그리스도에 대한 초기의 도상조차도 복합적이다. 어린양으로서의 그리스도뿐만 아니라 곧이어 신인 동형동성적 그리스도가 나타났고, 박해의 와중에서도 이끌고 가르칠 임무를 담당한 한 종파의 우두머리로서 목자이자 교육자인 그리스도가 등장했다. 이미 살핀 것처럼 하느님의 어린양을 그리스도-인간의 한 속성으로 환원시키는 경향이 있었고, 선한 목자의 이미지를 약화시키고 교육자의 모습을 간직해주었던 중세 기독교 세계는 기독교적 상징과 비유들을 증대시켰다. 신비적인 물레방아와 포도 압착기는 예수의 생산적 희생을 의미한다. 태양적 상징의 상속자인 우주론적 그리스도는 12세기 샤르트르 성당의 유리창 그림에 묘사된 것처럼 둥근 바퀴의 중심에 등장한다. 그는 포도와 포도송이의 상징일 뿐만 아니라, 힘의 표지인 사자와 독수리, 순수의 표지인 일각수, 희생의 표지인 펠리컨, 부활과 불멸의 표지인 불사조와 같은 동물적 상징이었다.

중세의 경건성과 감수성 속에 그리스도가 출현한 것은 다른 길을 통해서였다. 그 첫번째가 아마도 구원의 길일 것이다. 8~9세기 그리스도의 인성이 약화되었을 때조차도 구세주 숭배가 성행하여 종교의식과 건축에 침투했다. 로마네스크적·고딕적 교회들이 서유럽적 방향으로 발전해나간 것의 출발점으로 볼 수 있는 이른바 카롤루스 왕조 시대 교회 현관은 구세주 숭배의 발전에 대한 응답이었다. 그것은 부활 의례와 이것과 결부된 다른 의례인 계시 의례의 기본 틀이 되었다. 그것은 또한 천상적 현실과 지상적 현실이 혼합되어 있는 중세적 망탈리테와 감수성이 가장 전형적으로 침투된 것들 중 하나로서 천상의 예루살렘을 지상의 예루살렘과 뒤섞어 건축에 묘사한 것이다. 그러나 카롤루스 왕조 시대 구세주로서의 그리스도는 자폐적인 경건성과 여전히 관련되어 있었고, 그 당시 교회의 지배적인 형태는 폐쇄적인 교회였다. 그것은 원형 지붕과 8각형의 평면과 이중 후진을 가진 교회였는데, 이런 교회는 카롤루스 왕조 예술은 물론 오토 제국의 예술과 로마네스크 시대 라인 강 지역 황실의 큰 교회에까지 계속 남아 있었다.

12세기부터 구세주로서의 그리스도는 인간에게 구원의 손길을 더욱 크게 내밀었다. 그리스도는 인간이 계시와 구원에 이르는 문이 되었다. 생드니 교회의 설립자인 쉬제Suger는 "그리스도가 진짜 문이다Christus ianua vera"라고 말했다. 기욤 드 생티에리는 그리스도에게 "'나는 문이니 나를 통해 들어가는 자 구원을 받으리라'고 말씀하신 그리스도여, 당신은 어떤 집에서 얼마만큼 분명하게 드러나는 문인지, 당신은 언제 어떤 사람에게 그 문을 열어주는지 우리에게 보여주십시오. 당신이 문인 집은 〔……〕 성부가 거처하는 하늘입니다"라고 말했다.

이와 같이 천상의 거처의 상징이자 하늘에 이르는 길인 교회는 문을 활짝 열어놓았다. 그 문은 로마네스크 양식 건물의 박공, 산티아고데콤포스텔라 교회의 현관에 묘사된 천국의 문, 고딕 양식 건물의 정면 현관 등에 있다.

인간에 보다 근접한 그러한 그리스도는 어린아이의 모습으로 나타난다. 12세기에 분명히 나타나는 그리스도-어린아이의 유행은 성모 마리아의 유행과 짝을 이룬다. 우리는 이러한 유행을 지탱시키고 그것을 불가항력적인 것으로 만든 상황을 후에 다시 살펴볼 것이다. 인간을 구원한 인간으로서의 그리스도는 새로운 이브인 동정녀와 더불어 새로운 아담이 되었다.

그러나 무엇보다도 그리스도는 점점 더 고통스러운 그리스도, 수난의 그리스도로 바뀌었다. 십자가의 수난이 점점 더 많이 묘사되고 더욱더 사실적이 되었다. 물론 그것은 어떤 상징적인 요소들을 지니고 있었다. 그러나 그런 요소들은 수난자 그리스도 숭배라는 새로운 의미와 같은 시대의 현상이었다. 도상에서 보이는 아담과 그리스도의 수난 사이의 관계가 그런 것이라 할 수 있다. 예컨대 십자가 밑에 묘사된 아담의 머리뼈라든지 아담의 무덤에 심은 나무에서 벤 목재로 만든 성-십자가의 전설 등을 들 수 있다. 우리는 또한 십자가 자체에 대한 숭배의 발전을 추적해보면, 십자가가 11세기 말 십자군 원정대에게 의미했던 승리의 상징에서 어떻게 굴욕과 고통의 상징으로 바뀌었는지를 이해할 수 있을 것이다. 이 같은 상징은 때로는 민중 사회에서, 특히 이단의 집단에서는 강한 저항에 부딪혔다. 이 이단 집단은, 이를테면 보고밀파와 같은 동방 이단들의 직접적인 영향을 받거나 이단적 전통과의 우연한 접촉을 통해, 노예들에만 가해졌던 치욕스런 고통의 상징인 나무 십자가를 숭배하기를 거부했다. 이것은 참기 힘들고 상상하기도 어려운 신에 대한 굴종이었다. 마르코 폴로는 기이한 사태 전환을 통해 몽골의 칭기즈칸에게서 이러한 적대감을 발견했는데, 칭기즈칸은 아시아의 네스토리우스파 기독교의 영향을 받아 누구보다도 먼저 서유럽 가톨릭에서의 그런 신성 모독을 거부했다. "그는 사람들이 그 앞에 십자가를 가져오는 것을 전혀 허락하지 않았다. 그리스도 같은 위인이 십자가 위에서 고통을 받고 죽었기 때문이다." 그것은 민중들이 종종 느끼는 문자 그대로 불경죄였다―이것은 민중들이 전통적 형태의 경건성에 애착을 가지고 있으며 새로운 망탈리테와 감수성에 대한 적응이 매우 느렸었음을 의미한다.

물론 수난받는 그리스도 숭배는 새로운 상징과 새로운 경건의 대상을 낳았다. 13세기부터 그리스도 수난의 유물 이외에도 수난의 도구들에 대한 숭배가 나타났다. 그러한 도구들은 구체적이고도 생생한 모습을 지니고 있을 뿐만 아니라, 각별하게는 전통적인 왕의 상징으로부터 새로운 왕의 상징으로 교체되었음을 보여준다. 그 후로 그리스도의 왕권은 무엇보다도 14세기의 영성과 예술에 침투한 "이 사람을 보라Ecce Homo"(이것은 총독 빌라도가 예수를 십자가에 처형하기 전에 예수를 가리키며 한 말로서 가시 면류관을 쓴 예수의 초상을 의미함.「요한복음」19:5 참조―옮긴이)에 대한 주제를 예고하는 가시관을 쓴 그리스도의 왕권인 것이다.

결국 이와 같은 수난자 그리스도의 부각은 그리스도의 모든 인간적 삶을 전면으로 등장케 하는 발전 속에 통합되었다. 수태 고지에서 승천에 이르기까지 인간으로 태어난 신의 지상적 삶을 추적한 사실주의적 전설이 13세기 예술에 등장했다. 그것들은 또한 '이야기histoire'에 대한 점증하는 취향과 신비적인 종교극의 발전에 크게 기인한 것이었다. 14세기는 또다시 이러한 경향을 강조하게 된다. 1304~1306년 파도바의 아레나Arena 성당에 조토가 그린 그리스도의 삶에 대한 이야기는 도상학적으로 매우 중요하다.

13세기와 특히 14세기에 개인 초상화의 등장이 가져온 새로운 사회의 표현인 새로운 감수성의 결정적 증거들은 나중에 다시 살펴볼 것이다. 중세의 첫번째 초상화는 그리스도의 초상화다. 그것의 원형은 루카Lucca에 있는 「성스러운 얼굴Santo Volto」이었던 듯하다. 성모 마리아의 초상화보다는 그리스도의 초상화를 그린 것으로 더 잘 알려진 성 누가는 15세기에 화가들의 수호성인이 되었다.

10. 지상 세계의 저편: 악마

신에 맞서 천상과 지상에서 권력투쟁을 벌이는 강력한 인물이 있었으니 그가 바로 악마였다.

중세 초에는 사탄이 그리 중요한 역할을 하지도 않았으며 주목받는 인물은 더욱 아니었다. 사탄은 중세 중기에 나타나서 11세기에 분명한 모습으로 자리잡는다. 사탄은 봉건사회의 산물로, 자신의 앞잡이인 타락한 천사들과 더불어 불충한 봉신의 전형 바로 그것이었다. 사탄과 신, 이는 중세 기독교 세계의 삶을 지배하는 한 쌍이었으며, 이 양자 사이의 투쟁은 중세인들에게 모든 사건을 이해하는 열쇠였다.

물론 정통 기독교 교리에 따르면 사탄은 신과 동일한 위계에 있지 않다. 그것은 피조물이며 타락한 천사다. 비록 형태와 명칭은 다양하지만, 중세의 가장 큰 이단은 마니교다. 그런데 마니교의 근본적 신앙은 두 개의 신, 즉 선한 신과 지상을 창조하고 지배하는 악한 신에 대한 신앙이다. 정통 기독교의 입장에서 볼 때 마니교의 최대 약점은 신과 악마를 같은 반열에 놓은 것이다. 성 안셀무스 같은 신학자는 마니교와 닮은 모든 것을 너무나도 꼼꼼하게 피하려고 했던 나머지 전통 신앙, 즉 인간을 지배하는 악마의 정당한 권능('악마의 권리droit du Diable')에 대한 신앙을 단호히 거부했다. 그렇지만 중세인들의 모든 사고와 행동은 아주 명료하고 단순한 마니교의 지배를 받았다. 그들에게는 한편에는 신이, 다른 한편에는 악마가 있을 뿐이었다. 그러한 큰 구분이 그들의 도덕·사회·정치적 생활을 지배했다. 인간은 타협도 상봉도 하지 않는 이 두 권능 사이에서 갈팡질팡했다. 똑같은 행위라도 그것이 신에게서 나온 것인 한 선하고 그것이 악마에게서 유래한 것인 한 악하다. 심판의 날에 천국으로 갈 선한 사람들이 있을 것이고 지옥으로 떨어질 악인들이 있을 것이다. 중세에는 비록 연옥을 알고 있을지라도 그것을 인정하지 않았다. 중세에는 심판의 등급을 위한 본질적 기초가 결여되어 있었다. 중세인들의 사고에 잠재해 있던 마니교가 그들로 하여금 불관용으로 나아가도록 강요했다. 성당 현관 위의 박공에 인간을 두 범주로 분류하여 묘사한 것은 바로 그러한 불관용에 대한 가차 없는 이미지인 것이다.

중간이 없는 흑과 백의 양극단, 이것이 중세인들의 현실이었다. 더욱이 흑은 악마의 색깔이고 백은 신의 충실한 노예인 천사의 색깔이지 않은가?『성인 전기』에서 보시관이라는 별명을 가진 성인 장이 피에르라는 사람을 교화하는 이야기를 한다. "피에르가 병이 들어 환상을 보았다. 그는 자신이 최후 심판의 법정에 출두되어 있는 것을 보았다. 한 영혼의 계량대 위에서 온통 검은 악마들이 자신들의 죄를 털어놓고, 한편 다른 계량대 위에서 흰옷을 입은 천사들이 슬픈 모습으로 서 있다〔……〕."

그러므로 중세인들은 항시 신과 사탄 사이에 놓여 있었다. 사탄은 신 못지않게 현실적이었으며 인간의 모습과 유령의 형태로 자주 등장했다. 물론 도상에서 악마는 상징적 형태로 묘사되었다. 예컨대 그것이 원죄를 초래한 뱀으로 아담과 이브 사이에 나타난다든지, 지적 욕망이나 육체적 욕망의 상징인 육체적 죄악이거나 정신적 죄악(이 양자가 결합되었건 분리되었건)으로 나타난다. 그러나 무엇보다도 그는 어느 정도 신인(神人) 동형동성적인 성격을 띠면서 다양한 형태로 나타난다. 그는 중세인 개개인에게 언제나 나타날 가능성이 있다. 그는 거의 매순간 중세인들을 사로잡았던 저 가공할 만한 번민을 지니고 있었다. 그가 나타나는 모습을 본다는 것은 얼마나 고통스러운 일인가! 중세인 개개인은 '인류의 대천지 원수'에 의해 항시 감시당하고 있음을 알고 있었다.

악마는 두 가지 형태로 나타나는데, 이것은 아마도 이중적 기원의 잔재일 가능성이 높다. 유혹자 악마는 기만적이고도 매력적인 모습을 하고 있다. 반면 박해자 악마는 공포스러운 모습을 하고 있다.

유혹자 악마가 인간에게 가장 빈번히 나타나는데, 그는 술수를 통해서만 인간의 힘을 꺾을 수 있다. 우리는 그런 이미지를 봉건사회에서 발견할 수 있다. 봉건사회에서는 군사적 생활에서처럼 도덕적 생활에서도 술수를 통하지 않고는 용감한 사람을 정복할 수 없다.

악마가 가장 흔하게 이용하는 변장술은 매우 아름다운 소녀의 모습을 하는 것이다. 그러나 『성인 전기』에서는 가짜 성 야고보의 모습을 하고 나타난 악마에게 굴복하는 순진무구하고 지친 순례자들의 이야기가 많이 나온다.

일반적으로 박해자 악마는 변장하기를 꺼린다. 그는 그의 먹이들에게 혐오스런 모습을 하고 나타난다. 수도사 라울 글라베가 11세기 초 생 레제 드 샹포 수도원에서 "새벽 미사를 드리기 전 밤중에" 그를 보았다. "나는 침대 발치에서 보기에도 흉측스러운 작은 사람이 튀어나오는 것을 보았다. 내가 판단키로 그는 체구가 작고 목은 가늘며 얼굴은 야위고 눈은 새까맣고 이마는 찡그리고 꺼칠꺼칠하며 콧구멍은 가늘고 입은 툭 튀어나오고 입술은 두터우며 턱은 뾰족하고 길며 수염은 염소 수염 같고 귀는 털이 보송보송하고 머리는 덤불숲처럼 지저분하고 이는 개 이빨 같고 갈비뼈는 앙상하고 가슴은 부풀어 있었으며 꼽추 등을 하고 궁둥이는 무시무시하고 옷은 누추했다." 이 같은 상세한 기술은 라울 글라베의 환영에 어떤 독창성을 부여해준다. 일반적으로 박해자 악마는 옷을 전혀 걸치지 않기 때문이다. 악마는 부녀자들에게 술수보다는 폭력을 사용하기를 더 좋아한다. 아무튼 그는 술수가 먹혀들지 않으면 폭력을 행사한다. 『성인 전기』에 전해지고 있는 성녀 쥐스틴 Sainte Justine의 경우가 그러하다. "악마가 그때 미소년의 모습으로 그녀가 누워 있는 침대로 다가와서 그녀를 덮쳐 포옹하려고 했다. 그러나 쥐스틴은 그가 악령임을 알아채고 성호를 그어 그를 밀쳐냈다. 그때 악마는 신의 허락을 받고(우리는 이러한 상투적 수법에서 어떻게든지 마니교를 피하려는 고심을 엿볼 수 있다) 흥분하여 그녀를 짓눌렀다 [······]."

사탄의 불행한 남녀 희생자들은 종종 악마, 다시 말하면 잠자고 있는 남녀들과 성교하는 악마들의 성적 광란의 희생물이었다.

엘리트들도 갖은 기만과 위장과 유혹과 고문에 의존하는 사탄의 거듭된 공격을 받고 희생되었다. 그러한 악마의 영웅적 희생자의 대표적인 예가 성 앙투안이다. 그가 유혹당한 얘기는 중세 이후에도 제롬 보쉬로부터 플로베르에 이르는 여러 화가와 문인들의 고삐 풀린 환상을 위한 영감의 원천이 되어왔다.

인간은 이승에서 신과 악마 사이를 갈팡질팡하다가 결국 죽어갈 때는 최후의 결정적 선택 경쟁의 내기거리가 되었다. 중세 예술은 지상적 삶의 최후 장면을 신물 나도록 묘사했는데, 여기에서 망자의 영혼은 정복자에 의해 천국이나 지옥으로 인도되기 전에 사탄과 성 미가엘 사이에서 고통을 받았다. 여기서도 마니교에 빠지지 않도록 하기 위해 악마는 신 그 자체가 아니라 그의 대리인을 적으로 삼았음에 유의해야 한다. 그러나 무엇보다도 중세인의 삶의 종말에 관한 그러한 이미지는 삶의 수동성을 강조하고 있음에 주목해야 한다. 그것은 중세인의 소외에 대한 가장 고차원적이고도 감동적인 표현인 것이다.

신과 사탄이 향유하던 초자연적 힘들이 그들만의 것은 아니다. 어떤 사람들에게는 어느 정도 그런 힘들이 부여되었다. 중세인들 중 상위 계층은 초자연적 힘을 부여받은 개인들로 구성되었다. 서민 대중에게 있어 삶의 비극은 선인과 악인을 명확하게 구분할 수 없었다는 점, 항상 기만당했다는 점, 그리고 중세적인 무대를 구성하고 있던 환상과 모호함과 같은 구경거리의 일원이었다는 점에 있다. 야코포 다 바라체가 『성인 전기』에서 "기적이 성인을 만드는 것이 아니라 다만 그의 징후에 불과하다"라고 한 그레고리우스 대교황의 말을 인용하면서 "사람들은 성령 없이도 기적을 일으킨다. 악인들도 기적을 일으킬 수 있다고 뽐내기 때문이다"라고 기적에 대해 명확히 했다.

중세인들에게 의심할 바 없었던 것은 악마가 신처럼 — 물론 이 경우 악마는 신의 허락을 받았겠지만 그렇다고 이러한 허락이 인간에게 끼치는 영향을 바꾸어놓지는 못한다 — 기적을 행할 수 있을 뿐만 아니라, 이러한 능력이 좋은 의미건 나쁜 의미건 어떤 인간과 관련이 되어 있었다는 점이다. 그것은 보통 그 결과를 세속인이 밝혀낼 수 없는, '흑마술 la magie noire'(상대에게 해를 끼치기 위해 사탄에 의존해서 악의로 행하는 주술 — 옮긴이)과 '백마술 la magie blanche'(하느님의 은총으로 선의로 행하는 기적—옮긴이)이라는 모호한 이중성을 띠고 있다. 그것은 마법사 시몽과 현인 솔로몬이라는 대조적인 한 쌍으로 요약될 수 있다. 한편에는 마법사로 구성된 악한 족속이 있고, 다른 한편에는 성인들의 선한 집단이 있다. 불행한 것은 악한 족속이 보통 성인으로 변장하고 있고 유사-예언자들의 기만적인 대(大)족속에 속해 있다는 점이다. 물론 그들의 정체가 드러났을 때 적절한 기도나 시의에 맞는 기원인 성호로써 그들을 추방할 수 있다.

그러나 어떻게 그들의 정체를 벗길 수 있단 말인가? 허위나 악한 기적을 일삼는 사람들, 악마들과 그들의 지상적 하수인인 마법사를 식별하여 추방하는 일은 진짜 성인의 본질적 임무 중 하나였다. 성 마르티누스는 이 점에서 대가로 통한다. "그는 악마들을 식별하는 능력에서 탁월하다. 그는 그들이 어떤 위장을 했더라도 그 정체를 밝혀낸다"라고 『성인 전기』는 지적하고 있다. 중세인들 가운데는 불행하게도 육체 속에 잠입한 사탄이나 마법사의 주문에 희생된 악마에 홀린 사람들이 많았다. 성인들만이 그들을 구출하고 박해자들에게 그들을 풀어주도록 강요할 수 있었다. 마법 추방은 성인의 본질적 기능이다. 중세인들 중에는 실제적으로 또는 잠재적으로 마법에 홀리고, 소수의 악한 마법사와 정예의 선한 마법사 사이에서 고통을 당하는 사람들이 많았다. 그러나 우리는 대개는 선한 마법사들이 성직자 집단에서 충원되었지만, 일부 탁월한 세속인들도 선한 마법사가 될 수 있었다는 점에 유의해야 한다. 후에 살피겠지만 기적을 행하는 왕, 즉 마법사적인 왕의 경우가 그러하다. 그들은 사제와 전사 간에 벌어진 투쟁의 유서 깊은 모습들을 증언한다. 보다 술수가 좋고 힘이 있고 행운을 잡은 일부 전사들은 마법사의 능력을 갖는 데 성공했다. 이들은 왕-사제로서의 특성을 구현했으니, 중세 사회에서 이런 유형의 인간이 희소하고 비교적 성공을 거두지 못한 것은 중세 사회가 어느 정도 원시성을 벗어난 유형의 사회임을 말해준다 하겠다.

11. 천상과 지상 사이: 천사들

사실 그러한 사회는 인간이 즉시 만나보기 힘든 병자 치료자인 성인이나 왕보다 더 경각심이 높고 항상 대기하고 있는 보호자들을 갖고 있었다. 이와 같이 지칠 줄 모르고 인간을 도와주는 조력자는 바로 천사였다. 천상과 지상 사이에는 끊임없는 왕래가 있었다. 항시 경계를 게을리 하지 않는 천사의 무리가 죄를 지은 인간을 공격하는 악마의 무리와 마주하고 있었다. '야곱의 사다리échelle de Jacob'(「창세기」 28 참조—옮긴이)가 천상과 지상 사이에 세워졌고, 이 위로 천상의 피조물들이 두 개의 기둥을 타고 끊임없이 오르내렸다. 여기서 올라가는 기둥은 명상적 삶을 상징하고 내려오는 기둥은 활동적 삶을 상징한다. 인간은 천사의 도움을 받아 이 사다리를 기어오른다. 그리고 그들의 삶은 오르다 떨어지면 또 오르는 사다리 오르기와 같다. 헤라트 폰 란츠베르크Herrad von Landsberg는 『기쁨의 낙원Hortus Deliciarum』에서 가장 선한 사람들조차도 그러한 삶에서 사다리의 마지막 계단을 넘어서지 못하는 것을 보여준다. 이것은 신비론자들의 매혹적인, 그러나 기만적인 경험을 구체화한 기독교판 시시포스 신화다. 장 드 페캉Jean de Fécamp은 다음과 같이 주장했다. "신을 직접 볼 수는 없다. 이승에서 시작되는 관상적(觀想的)contemplative 삶은 신을 직접 대면할 수 있을 때에야 비로

소 완전함에 이를 수 있다. 부드럽고 소박한 영혼은, 그것이 관상 속에서 고양되고 육체의 구속을 뛰어넘어 천상적인 것들을 관조하지만, 오랫동안 자신을 초극한 상태로 있지는 못한다. 육체의 무게가 다시 영혼을 지상으로 끌어내리기 때문이다. 비록 영혼이 높은 곳으로부터 많은 빛을 받았다 하더라도, 영혼은 즉시 그 자신으로 되돌아오도록 부름을 받는다. 그럼에도 영혼은 자신이 맛볼 수 있었던 얼마간의 신적 달콤함으로부터 큰 혜택을 받는다. 이윽고 격렬한 사랑의 포옹을 받자 영혼은 서둘러 다시 사다리로 기어오르기 시작한다."

중세인들은 각각 자신의 천사를 가지고 있었다. 그리고 중세의 지상 세계는 인간들과 그들의 천상의 동료 등 두 부류의 주민들로 채워졌거나, 아니면 오히려 세 부류의 주민들로 이루어졌다. 인간과 천사에다가 이들의 발목을 지키고 있는 악마 집단이 부가되어 있었기 때문이다.

호노리우스 아우구스토두넨시스의 『교리 문답』은 그러한 환각을 일으키는 사회를 보여준다.

— 인간은 수호천사를 가지고 있습니까?
— 각각의 영혼은 육체 속으로 보내지는 순간 한 천사에 맡겨지는데, 이 천사는 영혼을 항시 선으로 이끌며, 그 행동을 하늘에 있는 신과 천사들에게 모조리 보고함에 틀림없다.
— 천사들은 자신들이 보호하는 사람들과 함께 항시 지상에 있습니까?
— 필요하면, 특히 기도자의 요청이 있으면 그들은 도우러 온다. 그들은 즉각 도착한다. 그들은 즉시 하늘로부터 지상으로 빠져나왔다가 다시 하늘로 올라갈 수 있기 때문이다.
— 그들은 인간에게 어떤 모습으로 나타납니까?

— 인간의 모습을 하고 나타난다. 사실상 육체적인 인간은 영을 볼 수 없다. 그러므로 그들은 인간이 듣고 볼 수 있는 공기 형태를 하고 있다.
— 인간을 엿보는 악마들이 있습니까?
— 각각의 사악을 관장하는 악마들이 있는데, 이들은 다른 수많은 악마들을 다스리면서 끊임없이 영혼을 악으로 부추기고 인간의 죄를 그들의 군주에게 보고한다.

따라서 중세인들은 이처럼 끊임없는 이중적 정탐을 받으면서 살았다. 그들은 결코 혼자가 아니었다. 아무도 독립적이지 못했다. 그들은 모두가 다 지상적·천상적 의존 관계망에 묶여 있었다.

더욱이 천사들의 천상 사회는 지상 사회의 이미지에, 아니 오히려 중세인들이 믿고 있었듯이 지상 사회는 천상 사회의 이미지에 불과했다.

1025년 캉브레와 아라스의 주교인 제라르가 주장했듯이 "왕 중의 왕은 지상적·육체적 사회처럼 천상적·영적인 사회를 명확한 위계에 따라 조직한다. 그는 불가사의한 위계에 따라 천사들과 인간들의 직능을 분배한다. 천상과 지상에 성스러운 위계를 수립했던 것은 신이다."

그 기원을 성 바울로에게서 찾을 수 있는 그러한 천사적 위계 체계는 의사-드니 Pseudo-Denis l'Aréopagite(그의 『천상적 위계론 *De la hiérarchie céleste*』은 9세기 요하네스 스코투스 에리우게나에 의해 라틴어로 번역되었다)가 완성했으나, 12세기 후반에 가서야 서유럽의 신학과 영성에 침투했다. 그것은 크게 성공했다. 알베르투스 마그누스와 토마스 아퀴나스를 필두로 하는 13세기 대학교수들이 그것에 영향을 받았으며, 단테는 그것에 완전히 물들어 있었다. 천상적 위계 체계에 관한 신비 신학은 민속 이미지로 급속히 전락했고, 이것은 그것의 대대적인 성공을 보장해주었다.

그러한 마비적 사상은 인간들로 하여금 지상 사회의 구조를 건드리지 못하게 했을 뿐만 아니라 마찬가지로 천상 사회에 대해서도 거의 손을 대지 못하게 했다. 더욱이 이것은 인간을 천사적 의존 관계망 속에 가둬버리고 지상의 세속 지배자의 속박 아래 있는 인간들의 어깨에 다음과 같은 무거운 천사적 위계 서열의 부담을 얹어놓았다. 치품천사(熾品天使)Séraphin, 지품천사(智品天使)Chérubin, 좌품천사(座品天使)Trône, 주품천사(主品天使)Domination, 역품천사(力品天使)Vertus, 능품천사(能品天使)Puissance, 권품천사(權品天使)Principalité, 천사장Archange, 천사Ange에 이르는 위계 서열의 부담 말이다. 중세인들은 악마들의 발톱과 천사의 압박——천상에서처럼 지상에서 날개 치고 삶을 날개 소리의 악몽으로 만들었던 수많은 천사의 압박——사이에서 발버둥쳤다. 천상계는 지상계처럼 사실적인 것이 아니었지만, 현실은 천상계와 지상계가 하나로 일체화되고 인간을 초자연적인 존재의 올가미 속에 가둬버리는 뒤얽힌 혼합체 속에 있었기 때문이다.

12. 시간 · 영원 · 역사

그러한 천상과 지상의 혼합, 다시 말해 천상과 지상을 뒤섞어 얽어매어놓은 그러한 공간적 연속성에 이와 유사한 시간적 연속성이 조응한다. 시간은 영원의 한순간에 불과하다. 그것은 신에게만 속해 있고 신을 통해서만 느낄 수 있다. 그것을 파악한다든지 가늠한다든지 이용한다든지 하는 것은 죄악이다. 시간의 일부를 횡령하는 것은 도둑질과 같다.

그러한 신의 시간은 연속적이고 직선적이다. 그것은 고대 그리스-로마 철학자들과 지식인들이 본 시간과는 상이하다. 이들은 모두가 동일한 시간관을 공언하지는 않았지만, 항시 다시 시작되는 영원한 회귀의 시간인 순환적 시간 개념에 어느 정도 빠져 있었다. 물론 영원히 새로운 동시에 어떠한 반복도 배제하는—사람들은 같은 강물에서 결코 두 번 다시 수영하지는 않는다—, 따라서 어떠한 인식도 배제하면서, 또 영원히 유사한 시간관이 중세적 망탈리테에 흔적을 남겨놓았다.

모든 순환적 신화 중에서 가장 분명하고 성공적으로 살아남은 시간관은 '운명의 수레바퀴la roue de Fortune'다. 오늘 위대한 것이 내일은 몰락할 것이고 지금 보잘것없는 것이 운명의 순환으로 인해 곧 정상에 이를 것이다. 그것의 변양들은 무수하다. 14세기 이탈리아 세밀화에 묘사된 얘기처럼 모두가 이러저러한 형태로 발언한다. "나는 지금 왕권 없이 존재하고 있다, 나는 앞으로 군림할 것이다, 나는 현재 군림하고 있다, 나는 과거에 군림했다Sum sine regno, regnabo, regno, regnavi." 이러한 이미지는 아마도 보에티우스에게서 온 것으로 보이는데, 그것은 중세 도상에서 놀랄 정도로 큰 인기를 누렸다. 12~13세기에 문자로 해설되었거나 그림으로 설명된 백과사전들은 그러한 이미지의 성공을 보여준다. 예컨대 호노리우스 아우구스토두넨시스의 작품들, 『기쁨의 낙원』, 빌라르 드 온쿠르Villard de Honnecourt의 『화첩Album』『대전의 제왕Somme le Roi』 등이 그러하다. 이 가운데 『대전의 제왕』은 고딕식 교회들의 설계도가 그러한 주제에 대해 보장해준 성공을 강조하고 있다. "이러한 성당들과 왕실 수도원들은 모든 것을 풍차보다 더 빠르게 뒤엎어버리는 운명의 여신이 거처하는 곳이다." 운명의 수레바퀴, 이것은 고딕식 성당의 천장에 묘사된 원화창(圓華窓)rose의 이념적 골격이다. 이것은 아미앵 성당에, 보베의 생테티엔 교회에, 바젤 성당과 다른 교회에 분명히 나타났고, 13세기에는 양식화된 형태로 도처에 등장했다. 우리는 불안이 지배했던 세계, 불안의 실례가 체념과 퇴영주의의 교훈으로 역할을 했던 한 세계의 상징이자 표현으로서의 그 문제를 후에 다시 다룰 것이다.

운명의 수레바퀴라는 실망스러운 반동적 신화가 중세 서양의 정신세계에서 주요한 자리를 차지했다. 그럼에도 중세적 사고는 순환적 시간을 거부하고 시간에 비순환적인 직선적 의미를 부여했다. 역사가 시작과 끝을 갖는다는 것, 이것은 매우 중요한 주장이다. 이러한 시작과 끝은 실증적인 동시에 규범적이고, 역사적인 동시에 신학적이다. 그렇기 때문에 중세 서양의 모든 연대기는 창조, 즉 아담에서 시작된다. 그리고 만일 겸손하게도 그것이 연대기 작가가 서술하던 시대에서 끝나는 경우 그것은 최후의 심판을 사실상의 결론으로 삼는다.

주지하듯이 중세의 모든 연대기는 '보편사에 대한 논고'다. 연대기 작가들의 재능에 따라서는 이러한 구도가 심층적 인과관계나 형식주의적 설명으로 바뀐다. 전자의 경우에조차도 그것은 의식적이건 그렇지 않건 열정의 수단일는지 모른다. 12세기 중엽 오토 폰 프라이징은 신성 로마 제국이 지닌 섭리적 특징을 입증하기 위해 시간의 이러한 연속적 측면을 이용했다. 아무튼 현대의 독자들은 한편으로는 그러한 보편적 준거의 야망과 다른 한편으로는 중세 연대기 작가와 역사가들의 구체적 지평의 초라함 사이의 격차에 놀라게 마련이다. 십여 개의 예 가운데 11세기 초 라울 글라베의 예를 들어보자. 그는 연대기 서두에서 베다와 파울루스 디아코누스가 "자신들의 지방민과 향토의 역사만"을 기술한 것에 대해 비난하고, 자신의 목적은 "세계의 네 부분에서 일어난 사건을 서술하는 것"이라고 주장했다. 그러나 그는 같은 쪽에서 작센가의 하인리히 2세와 카페가의 로베르 경건왕 치세 때부터 '시간의 연속'을 확립하는 것이라고 선언했다. 곧 이은 그의 연대기 서술의 영역은 자신이 생의 대부분을 보냈던 부르고뉴와 연대기의 상당 부분을 차지했던 클뤼니에 대한 것임이 드러난다. 서양 중세가 우리에게 전해주는 모든 이미지는 그러한 모델을 근거로 형성되었다. 그것은 보편과 영원의 차원의 한계 내에서, 광대한 지평에서 좁은 테두리로 줄어들었다가(우리가 앞에서 언급한 숲 속 한 모퉁이의 개간지처럼) 갑자기 팽창하여 눈 깜짝할 사이에 영원의 세계를 여행하는 이미지다. 이와 같이 모든 것을 포괄하려는 보편적 참조의 관습은 중세적 전체주의의 가장 두드러진 국면이다.

그러므로 중세 성직자들과 이들의 청중들에게 시간은 역사이고 이 역사는 하나의 방향을 지닌다. 그러나 역사의 방향은 몰락이라는 하강선을 따른다. 기독교적 역사의 연속적 시간에는 시대 구분의 여러 요인이 개입한다. 가장 유력한 시대 구분 중 하나는 일주일을 근거로 한 것이다. 이러한 유서 깊은 유대적 이론은 성 아우구스티누스, 이시도루스와 베다를 통해 중세에 전달되었는데, 중세는 토마스 아퀴나스의 고등 신학뿐만 아니라 호노리우리스 아우구스토두넨시스의 교의적 대중화 등 모든 사고 차원에서 그것을 수용했다. 1120년경 랑베르 드 생토메르의 『선문집 Liber Floridus』에 수록된 세밀화는 그러한 개념의 성공을 보여준다. 대우주-속세는 소우주-인간처럼 주일의 6일을 본떠서 6시대를 통과한다. 그것은 관례적으로 아담의 창조, 노아의 법, 아브라함의 소명, 다윗 왕국, 바빌론 유수, 그리스도의 강생의 6시대로 구분된다. 여기에 유년기·소년기·청년기·장년기·노년기·노쇠기 등 인생의 6시기가 대응된다(호노리우스에 따르면 인생의 각 시기는 7세· 14세·21세·50세·70세·사망기인 100세에 끝난다).

세계가 마지막으로 도달하는 제6기는 따라서 노쇠기다. 중세적인 모든 사고와 감수성에는 기본적으로 이 같은 비관주의가 스며들어 있다. 세계가 죽어가는 가운데 종말에 이른다. "세계는 늙는다 *Mundus senescit*." 현재는 세계의 노년기다. 로마 제국 말기의 혼란과 게르만의 대침략의 와중에서 원시 기독교적 사고가 물려준 이러한 믿음이 12세기 중에도 여전히 살아 있었다. 오토 폰 프라이징은 『연대기』에서 다음과 같이 썼다. "우리는 세계가 이미 노쇠해서, 말하자면 살 만큼 다 산 노인이 마지막 숨을 헐떡거리는 것을 보고 있다." 이러한 주제는, 일상 언어의 진부한 반복을 뛰어넘어, 영광스럽고 젊고 고결했던 과거의 추억에 비해 현재가 타락했음을 증언한다. 중세는 심성적·문학적 전통에 내맡기기보다는 근본이 되는 신앙을 참조함으로써 "시간 운동을 찬미"한다. 그리하여 『성 알렉시스 전기 *La Vie de saint Alexis*』의 11세기본의 서두는 여전히 효력을 지닌다.

> 고대인들의 시대가 좋은 시절이었네.
> 그때 사람들은 믿음, 정의 그리고 사랑을,
> 또한 지금은 거의 남아 있지 않은 신앙도 갖고 있었다네.
> 모든 것이 변하여 그 색채를 잃어버렸네.
> 우리 조상들에게 있었던 그런 시대가 다시는 돌아오지 않으리니
> 노아와 아브라함의 시대가
> 그리고 하느님이 그토록 소중해했던 다윗의 시대가,

그때가 좋았지, 그만한 때가 더 이상 없을 테지.

이제 늙고 쇠했네, 모든 것이 스러지고,

악화되고, 사람들은 더 이상 선을 행할 수 없다네.

12세기 '봉건화된' 번안본에서도 마찬가지다.

고대인들의 시대가 좋은 시절이었네,

그때 사람들은 믿음, 정의 그리고 사랑을,

또한 지금은 거의 남아 있지 않은 신앙도 갖고 있었다네.

너무나도 많이 변해 그만하지 못하고,

우리 조상들에게 있었던 그런 시대가 다시는 돌아오지 않으리니.

이젠 선도 조금밖에 없고 그나마 힘도 없네.

귀부인은 남편에게 신의를 저버리고

봉신도 최우선 영주에게 신의를 지키지 않네.

일부러 영주를 버린다네.

삶은 덧없이 짧다네.

노아와 아브라함의 시대가,

그리고 하느님이 그토록 소중히 여겼던 다윗의 시대가,

그때가 좋은 시절이었지, 그만한 때가 더 이상 없을 테지.

세상은 험악해지고 선은 죽어가고 있네.

아비는 자식에게 신의가 없고,

대자는 대부에게 신의를 저버리고,

그리고 영주는 부인을 속이고,

서품된 자들은 법을 지키지 않네.

이들은 하느님의 성스러운 명령도

그리고 예루살렘의 후예인 교회의 성스러운 규율도 지키지 않네.

이들은 전혀 힘이 없고.

이제 신앙은 희미해져가고 있네.

삶은 덧없고, 오래가지 않으리니.

  신흥 부자들을 상대로 한 13세기 수정본 역시 보다 더 확실하고 가까운 세계의 종말로 그들을 이끌고 있다.

기쁨과 환희는 점점 스러지고 있네.

하늘 아래 이토록 많은 돈을 가진 자가 없고

돈 가진 자 내일을 두려워하지 않네.

나는 잘 알고 있다네, 종말이 임박했음을.

  골리아스 시인Goliard(Golias라는 전설상의 성직자를 추종하고 노래하는 12~13세기의 방랑 시인이나 떠돌이 성직자를 말함──옮긴이)들 사회에서의 말투도 이와 동일하다. 『카르미나 부라나Carmina Burana』(13세기 골리아스 시인들이 쓴 이 시가집은 1803년 뮌헨 남쪽에 있는 베네딕투스 계열의 보이렌Beuren 수도원에서 필사본 형태로 발견되었다. 이 수도원 이름을 따 '보이렌의 노래,' 라틴어로는 '카르미나 부라나'라 불리는 이 시가집은 독일의 현대 음악 작곡가 카를 오르프Carl Orff가 곡을 붙여 웅장한 극음악으로 되살아났다──옮긴이)에 수록된 유명한 시「옛날에는 학문이 만개했었네Florebat olim studium〔……〕」는 현재에 대한 개탄이다. 쿠르티우스Ernst R. Curtius는 그것을 다음과 같이 번안했다. "젊은이들은 아무것도 배우려 하지 않네! 학문은 타락했네! 온 세상이 거꾸로 돌아가네! 맹인들은 다른 맹인들*을 데려다 구렁텅이에 빠뜨리고, 새들은 날개를 펴기 전에 돌진하고, 당나귀가 리라를 연주하고, 황소들이 춤추고, 머슴이 기사가 된다네. 성 그레고리우스, 성 제롬, 성 아우구스티누스 같은 교부와 성 베네딕투스 같은 수도사가 여인숙과 법정이나 생선 가게에 드나드네. 마리아는 명상적 생활을 더 이상 좋아하지 않고 마르타는 활동적 삶을 싫어하며, 레아는 아기를 밸 수 없고 라헬은 눈에 눈곱이 끼어 앞이 잘 안 보이며, 카토는 갈보 집에 드나들고 루크레티아는 창녀가 된다네. 옛날에 멸시받던 것이 이제는 칭찬을 받는다네. 모든 것이 자기 궤도를 벗어나 있구나."

부르주아가 지배하는 도시화된 역사의 범주도 마찬가지였다. 중세를 요약하는 위대한 보수 반동분자인 단테는 조상 카치아구이다Cacciaguida (『신곡』「천국」편에 등장하는 단테의 고조부——옮긴이)의 입을 통해 도시와 가족의 타락에 대해 개탄했다.

세계가 늙어가면서 더 경직되고 오므라들었다. 단테의 표현대로 "시간이 가위를 가지고 맴돌면 망토가 갑자기 짧아지는 것"처럼 말이다. 인간도 오므라들었다. 『교리 문답』에서 한 학생이 세계의 종말에 관해 세세한 것까지 질문하자 선생은 다음과 같이 대답했다. "앞으로 사람의 체구는 오늘날보다 더 작아질 것이다. 우리의 체구가 옛날 사람들보다 작듯이." 13세기 초 기오 드 프로뱅은 "옛날 사람들은 아름답고 컸

---

* 이것은 브뢰겔Breughel의 유명한 그림의 주제다. 여기서 우리는 중세인들의 주요한 강박관념이 연대적으로 이보다 후대에 속하는 두 예술가, 즉 보쉬Bosch(대략 1450~1516년)와 브뢰겔(대략 1525~1569년)에게서 발견될 수 있음을 지적해두기로 하자. 이들의 그림이 그 당시의 망탈리테와 감수성의 저급한 차원에 빚지고 있다는 것을 모두 인정하고 있기 때문에, 이들의 작품은 중세적 신화와 민속의 축소판임을 특별히 강조하지 않으면 안 된다.

다. 오늘날 사람들은 어린이와 난쟁이 같다"라고 말했다. 이오네스코Ionesco나 베케트Beckett의 희곡에서처럼 중세적 무대의 배우들은 저 '연극의 막장'처럼 임박한 종말에까지 움츠러들어 있다는 느낌을 갖고 있었다.

그렇다 하더라도 이와 같이 돌이킬 수 없는 몰락의 과정에서, 즉 역사의 일방통행에서 비록 단절은 아니더라도 적어도 혜택받은 순간들이 있었다.

직선적 시간은 그리스도의 강생이라는 주요 시점에서 둘로 갈라진다. 6세기에 디오니시우스 엑시구우스Dionysius Exiguus는 예수 그리스도의 출생을 기점으로 이전과 이후, 즉 기원전과 기원후라는 기독교적 연대 구획의 기초를 세웠다. 이 연대 구획은 구원사의 의미로 가득하다. 인간의 운명은 저 중요한 사건을 중심으로 어느 쪽 시대에 살았느냐에 따라 전혀 달라진다. 그리스도 이전에는 이교도들에게 전혀 구원의 희망이 없었다. 아브라함의 품에서 구원을 준비했거나 그리스도가 림보에 강림하면서 구출한 의로운 자들만이 구원을 받을 수 있었다. 더욱이 예수의 림보 강림에 대한 주제가 니코데모Nicodème 복음 위서에만 나타났고, 뒤늦게 13세기에 이르러야 특히 뱅상 드 보베의 『역사의 거울Miroir historique』과 야코포 다 바라체의 『성인 전기』의 영향을 받아 널리 퍼지게 되었다.

구약에 등장하는 의로운 자들을 제외하고 구원을 받을 수 있는 사람이 고대의 인물 가운데는 몇 명에 불과했는데, 이들은 어떤 성스러운 전설을 통해 획득한 인기 때문에 지옥을 벗어날 수 있었다.

고대의 영웅 중에서 가장 인기 있는 영웅은 알렉산드로스 대왕이었다. 그는 로마 문학작품에서 영감의 원천이었을 뿐 아니라 잠수정을 타고 심해를 탐사하거나 독수리 사자를 타고 하늘을 탐사하는 인물이었다. 그 외에 트라야누스는 『성인 전기』에서 묘사되는 자비로운 행적 덕택에 구원을 받았다.

옛날 옛적에 로마에 트라야누스라 불리는 한 이교도 황제가 있었다. 그는 이교도임에도 큰 선행을 베풀었다. 서둘러 전쟁에 출정하려던 어느 날 한 홀어미가 찾아와 눈물을 글썽이며 그에게 말했다. "부당하게 살해된 제 아들의 피를 복수해주십시오." 그러자 트라야누스는 자신이 전쟁에서 살아 돌아오면 젊은이의 죽음을 앙갚음해주겠다고 대답했다. 그러나 홀어미가 "폐하가 전쟁에서 돌아가시면 누가 저를 위해 앙갚음해주겠습니까?"라고 묻자, 트라야누스는 "내 뒤를 이어 황위에 오르는 사람"이라고 대답했다. 그러자 홀어미는 "그러나 다른 황제께서 저를 위해 앙갚음해주신다면 폐하께서는 무슨 득이 있으오리까?"라고 물었다. 트라야누스는 "아무 소득이 없지"라고 대답했다. 그러자 홀어미는 "폐하께서 선행에 대한 보상을 확실히 받을 수 있도록 저를 위해 앙갚음하는 것이 더 낫지 않겠습니까"라고 말했다. 이를 측은히 여긴 트라야누스는 말에서 내려 저 순진무구한 소년의 죽음을 앙갚음하는 일에 착수했다.

또 전해오는 얘기로는 말을 타고 로마 거리를 누비던 트라야누스의 아들이 한 가엾은 부인의 아들을 살해했다고 한다. 이 일로 황제는 자신의 아들을 노예로 삼아 그 희생자의 어머니에게 바치고 보상비를 후하게 주었다고 한다.

그런데 어느 날 그레고리우스(그레고리우스 대교황)가 트라야누스 포룸을 지나가다 저 옛날 황제의 의로움과 선행에 대한 추억이 떠올랐다. 그래서 성 베드로 교회에 이르러 그는 애절한 눈물을 흘리며 트라야누스를 위해 기도했다. 그러자 하늘에서 다음과 같이 대답했다. "그레고리우스야, 나는 너의 요구를 들어주고 트라야누스를 영원한 고통에서 해방시켰느니라. 그러나 앞으로는 저주받은 자를 위해서는 더 이상 기도하지 않도록 조심하여라!" 다마센Damascene에 따르면 그레고리우스에게 한 말은 단순히 "나는 너의 간구를 들어주고 트라야누스를 용서한다"는 뜻이었을 것이다. 이 점은 전혀 의심의 여지가 없다. 그러나 이 이야기에 관한 세세한 점들에 대해서는 의견이 일치하지 않는다. 트라야누스가 기독교도가 되어 용서를 받을 수 있도록 부활했다고 주장하는 사람도 있고, 트라야누스의 영혼은 영원한 책벌로부터 완전히 해방된 것이 아니라 최후의 심판일까지 단순히 유보되었다고 주장하는 사람도 있다. 혹자는 트라야누스의 책벌이 그레고리우스의 요청으로 가벼워졌다고 주장하기도 하고, 혹자는 그레고리우스가 트라야누스를 위해 기도한 것이 아니라 그를 애도했다고 주장하기도 한다. 마지막으로, 트라야누스가 지옥에서 고문을 받는 육체적 책벌은 면했으나 신을 볼 수 없는 고통인 도덕적 책벌로부터는 면제되지 않았다고 생각하는 이도 있다.

이 같은 장황한 이야기는, 이것의 변형태들과 구원에 관한 장황한 궤변의 발전을 통해, 중세에서는 예외적으로 한 인간이 역사의 선한 방향으로 인도되기가 얼마나 어려운지를 보여준다.

제4편 목가시 덕택으로 이러한 구원의 혜택을 받은 베르길리우스는 예언자가 되어 12세기 독일 세밀화에서 '계도(系圖)의 나무l'arbre de Jessé'(다윗의 아버지 이새에서부터 예수까지의 계통도를 나무줄기로 형상

화한 일종의 예수 족보—옮긴이) 속에 있게 되었다.

그러나 고대의 인물들은 보통 '과거에 대한 저주,' 우상의 대량 파괴, 저 역사적 탈선인 이교적인 고대에 대한 억압 과정에서 희생되고 말았다. 중세 기독교 세계는 이것을 가능한 한 철저하게 실현했다. 마치 기독교 세계가 이교적인 건물을 파괴했듯이 말이다. 여기서 이러한 파괴를 제약했던 유일한 요인은 기독교 세계의 무지와 기술적 낙후성이었는데, 보통은 대량으로 파괴되었을 이 같은 이교 신전들의 일부가 기독교 교회용으로 개조된 것도 바로 이 때문이었다. 중세 이단뿐만 아니라 고대 이교주의를 탄압할 때 사용되었던 중세 기독교 세계의 '문화 파괴주의vandalisme'(중세 이단의 책과 건물을 무자비하게 파괴했다)는 역사의 밭에 돋아난 잡초를 모조리 뽑아낸 역사적 전체주의의 한 형태에 불과하다.

물론 고대의 일곱 현인—도나투스(때로는 프리스키아누스로 대체됨), 키케로, 아리스토텔레스, 피타고라스, 프톨레마이오스, 유클리드, 여기에 한 사람 덧붙여 보에티우스인데, 이들의 이름은 상징적인 것이 되었다—은 때로는 교회의 현관(예컨대 샤르트르 성당)에 묘사된 7개 교양과목의 화신이 되었다. 그러나 아리스토텔레스나 베르길리우스(우리가 앞에서 언급한 독일 세밀화를 별도로 한다면)가 그러한 추방을 모면하여 중세 교회의 도상에 묘사될 때, 그들에 관해 유포된 이야기들은 조소거리였다. 아리스토텔레스는 흰 수염을 한 늙은이로 등장하여 캄파스파Campaspa라는 젊은 인도 여자에게 승용말 역할을 하며 굽실거린다. 베르길리우스는 바구니에 매달려 있었는데, 그에게 거짓말로 데이트 약속을 한 로마의 한 귀부인이 그를 놀림거리로 내버려두었다.

마지막으로, 이와 같이 억압받던 고대사로부터 벗어난 유일한 상징적 인물이 있었으니, 그가 바로 시빌라Sibylla다. 그녀는 그리스도를 예언했고, 길 잃은 고대를 원래의 역사적 방향으로 되돌려놓았다.

12세기 후반 피에르 코메스토르Pierre Comestor(일명 Pierre le Manger)는 기독교적 역사에 그 고전적 형태를 부여했는데, 그는 자신의 『스콜라 역사*Historia Scolastica*』에서 의도적으로 성경을 역사의 소산으로 다루었다.

성사(聖史)는 태초의 사건인 창조로부터 시작된다. 성경의 어느 서편도 「창세기」편, 아니 더 정확히 말하면 일주일간의 역사로 꾸며진 「창세기」편의 서두만큼 성공을 거두거나 주석을 자극시킨 것도 없다. 그것은 하늘과 땅, 동물과 식물이 출현하는 자연사요, 무엇보다도 중세 인간주의의 바탕이자 상징이 될 두 주역인 아담과 이브를 중심으로 한 인간사다. 마지막으로, 그것은 그로부터 나머지 모든 역사가 흘러나오는 유혹과 원죄라는 극적인 사건에 의해 결정된 역사로 되어 있다.

그러나 결국 역사는 크게 성사와 세속사로 양분되는데, 각각의 역사는 핵심적 주제의 지배를 받는다. 성사에서의 지배적인 음조는 공명*écho*의 음조다. 구약은 터무니없을 만큼 유비적 관계 속에서 신약을 예고한다. 각 시대 개개 인물은 그에 상응하는 시대와 인물을 예고한다. 이러한 역사는 고딕적인 도상에 스며들어 성당의 입구, 그리스도의 예고자들을 묘사한 성당의 전면 현관, 예언자와 사도들에 해당하는 위대한 인물들에게서 만개했다. 그것은 중세적 망탈리테의 본질적 구조, 즉 유비와 공명의 구조의 세속적 구현이다. 참으로 존재하는 것은 어떤 사물이나 인물을 환기시켜주는 것, 이미 존재했던 것뿐이다.

세속사의 주제는 권력의 전이에 관한 것이다. 세계는 각 시대마다 하나의 심장만을 가지고 있으며, 이후의 세계는 이 심장의 리듬에 맞취 그리고 그것의 충동으로 살아간다. 다니엘의 꿈에 대한 오로시우스의 주석에 근거를 두고 있는 제국의 계승, 즉 바빌로니아로부터 메디아와 페르시아로, 그다음에는 마케도니아로, 그 후 그리스와 로마로의 계승은 중세 역사철학을 이해하는 열쇠다. 그것은 권력과 문명의 이중적 차원으로 전개된다. '권력의 전이'는 무엇보다도 '지식과 문화의 전이'인 것이다.

물론 이렇듯 단순한 주제는 역사를 변형시키는 데만 만족하지 않는다. 그것은 비잔티움·이슬람·아시아 등과 같은 당시의 문명을 거부하면서 기독교 문명을 분리시키는 데 역점을 둔다. 그것은 온통 격정과 선전에 관심을 쏟는다.

오토 폰 프라이징은 신성 로마 제국을 최종 귀착지로 제시한다. 최고의 권력은 "로마에서 그리스로, 그리스에서 프랑크족으로, 프랑크족에서 롬바르드족으로, 롬바르드족에서 독일로" 넘어간다.

크레티앵 드 트루아 Chrétien de Troyes는 유명한 시 『클리제스 Cligès』에서 최고 권력을 프랑스로 옮겨놓는다.

> 우리는 우리가 가지고 있는 책을 통해
> 고대인들의 업적을 안다네
> 그리고 옛날에 있었던 세계에 관한 사실을.
> 또 책들은 우리에게 가르쳐준다네
> 그리스인은 최고의 기사제와
> 학문을 가지고 있었다는 것을,
> 그 후 기사제가 로마로 이전되고
> 최고의 학문과 함께,

이제 모든 것이 프랑스로 전해졌네.

하느님은 그것이 여기서는 인정을 받고,

그리고 큰 환영을 받도록 하셨다네.

그리하여 프랑스를 떠나지 않으리

우리에게로 온 이 영예.

리처드 베리Richard of Bury는 14세기에 그것을 잉글랜드로 이전시켰다. "경외하는 미네르바는 모든 민족에게 헌신하기 위해 여러 민족을 순회하고 세계의 한쪽 끝에서 다른 끝에 이르렀다. 주지하듯이 그녀는 이미 인도인들, 바빌로니아인들, 이집트인들과 그리스인들, 아랍인들과 라틴인들을 거쳐 왔다. 그녀는 이미 아테네인들을 포기하고 로마를 버리고 파리를 잊어버렸다. 그녀는 다행스럽게도 섬 중에 가장 유명한 섬이며 세계의 소우주인 잉글랜드에 도착했다."

민족적 열망의 전달자 역을 하는 '전이 *translatio*' 개념은 특히 중세 역사가들과 신학자들에게 서양의 발전에 대한 믿음을 고취시켰다. 그러한 역사의 진행은 세계의 중심을 동방으로부터 항시 서쪽으로 이동시켰는데, 12세기 노르만의 연대기 작가 오데릭 비탈Oderic Vital은 노르만인들에게 이 같은 개념의 혜택을 받도록 했다. 오토 폰 프라이징은 다음과 같이 썼다. "인간의 모든 권력과 학문은 동방에서 태어나서 서방에서 완성되기 시작했다." 그리고 위그 드 생빅토르Hughes de Saint-Victor는 이렇게 썼다. "신의 섭리가 규정하듯이 태초에는 동방에 있었던 세계의 지배권은 시간의 끝이 가까워짐에 따라서 세계의 종말이 다 가왔음을 우리에게 예고하기 위해 서방으로 이동한다. 사건의 진행 과정은 이미 세계의 끝에 이르렀기 때문이다."

일면적이고 매우 단순한 이러한 개념은 그럼에도 역사와 지리를 상호 관련시키는 장점을 지니고 있다. 위그 드 생빅토르의 표현을 다시 빌리면, "사건이 발생했던 공간과 시간을 함께 고려하는 것이 필요하다." 그것은 또한 문명의 통일성을 부각시키는 장점도 지니고 있다.

보다 협소한 민족사적 차원에서 중세의 성직자들과 신도들은 자신들의 국가가 역사의 보편적 방향으로 나아가도록 하고 본질적인 구원사에 보다 긴밀하게 참여케 하는 사건들을 강조했다. 그리하여 프랑스에 대해서는 세 개의 중요한 사건이 강조된다. 클로도베우스의 개종, 카롤루스 마그누스의 치세, '프랑크족을 통한 신의 공적들 Gesta Dei per Francos'로 여겨진 초기 십자군 원정들이 그것이다. 13세기 루이 성왕은 이 같은 프랑스적 섭리 사관을 계승했다. 그러나 그것은 정신적 맥락이 변화된 가운데의 일이다. 그 당시 루이 성왕은, 의미 있는 순간들을 결합시키기 위해 대수롭지 않은 일화들을 제쳐두는 불연속적인 역사에서 하나의 새로운 계기였다. 그러나 그 역시도 『생드니 왕가실록 Chroniques royales de Saint-Denis』이라는 새롭고 연속적인 역사적 피륙 속에 끼워지게 되었다.

그렇지만 이처럼 기독교화하고 서양화된 역사조차도 중세 서양 기독교 사회에 낙관주의적 환희를 가져다주지는 못했다. 위에서 인용된 바 있는 위그 드 생빅토르의 말은 이 점을 분명히 해준다. "현재의 단계는 하나의 귀착점이요, 역사의 종말이 임박했음을 알려주는 신호다."

사실 중세 기독교 사상가들의 역사적 노력의 요체는 역사를 정지시키거나 완성시키려 힘쓴 데 있다. 크레티앵 드 트루아가 언급한 것처럼 '기사와 성직자'라는 두 지배계급을 가진 봉건사회는 스스로를 역사의 종말 단계로 생각했다. 마치 19세기에 기조 Guizot가 부르주아의 승리 속에서 역사 발전의 정점을 보았듯이 말이다.

스콜라 철학자들은 역사의 이 같은 단절을 확인하고 이를 위한 합리적 토대를 세우려 노력했다. 그들은 이를 위해 역사성이란 허위고 위험하며 오직 중요한 것은 시간 밖에 있는 영원이라고 주장했다. 점진적으로 드러나는 진리―"진리란 시간의 소산이다"라고 베르나르 드 샤르트르가 말한 것으로 생각된다―의 지지자들과 영원한 진리를 고수하는 사람들 사이의 논쟁이 12세기를 달구었다. 위그 드 생빅토르는 아벨라르가 그리스도의 강생에 대한 명료한 지식을, 심지어 구약의 의인들에게서 찾으려 한 데 대해 격렬히 비난했다. 위그는 "역사란 신의 섭리의 시간적 전개"라고 주장한다. 그에게 있어서 섭리적 계획은 시간 속에서 전개된다. 그러나 한 세기 후에 토마스 아퀴나스는 교리의 역사란 무의미하며, 오직 중요한 것은 교리가 포괄할 수 있는 진리의 부분이라고 주장했다. 이러한 주장은 틀림없이 부분적으로는 논박이며, 이를 통해서 그는 자신이 어떻게 이교적 환경에 몰입했는지에 대한 논쟁을 회피하면서 아리스토텔레스를 차용할 수 있었다. 그러나 그것 역시 불변성 속에서의 진리를 탐구하고, 변화하는 역사적 시간을 회피하려 노력하는 뿌리 깊은 경향을 보여준다.

이러한 두 경향에 맞서, 다시 말해 역사적 비관주의로 귀착되는 타락의 역사주의와 영원한 진리에만 관심을 갖는 영원한 낙관주의에 맞서 현재와 미래에 가치를 부여하려는 조심스런 노력들이 나타났다.

이러한 경향들 중 가장 주목받을 만한 것은 세계의 나이 구도와 현재에 적용된 노년기의 진단을 수용하면서 이러한 노년기의 이점을 강조하는 경향이다. 베르나르는 그것을 다음과 같이 표현했다. "우리는 거인들의 어깨에 올라탄 난쟁이지만 그들보다 더 멀리 볼 수 있다." 이 말에서 역사적 수축의 이미지는 현재에 유리하도록 교묘하게 전환되었다. 이와 유사하게 보나벤투라도 나이와 세계의 노년기의 이미지를 받아들여 그로부터 비롯되는 인간 지식의 증대를 강조한다. 파스칼도 후에 이 같은 사상을 받아들였다.

그렇다면 이것은 중세에 있을 수 있었던 진보를 완전하게 느꼈음을 의미하는가?

근대인 modernus · 근대인들 moderni · 근대성 modernitas 등과 같은 말들의 용법을 조사해보면, 12세기에 시간 개념이나 역사의식에서 무언가 변화할 조짐이 있었음을 느낄 수 있다. 물론 이 같은 말들은 대체로 중립적 의미를 지니고 있다. 이 말들은, 그에 앞서 있던 고대인들 antiqui 이란 말과 대비해 볼 때, 월터 맵 Walter Map이 100년이라고 간주했던 현재의 시간 폭 속에 있는 동시대인들을 의미한다. 더욱이 근대성이란 말과 그것의 실체는 빈번히 혐오를 받았는데, 월터 맵이 지적했듯이 "모든 시대는 그 자신의 근대성을 싫어하고 그에 앞서 있던 시대들을 더 좋아했다." 근대성에 대해 중세가 느꼈던 이러한 혐오감은 후에 다시 살펴볼 것이다.

그러나 12세기에 이르면 '근대성' '근대인들'이라는 말에는 과거에 대한 경멸과 미래에 대한 약속이라는 의미가 실리게 됨을 점점 더 확실하게 느낄 수 있다. 이 같은 말들이 하나의 강령과 주장과 기치가 될 그런 시대가 다가오고 있었다. 1215년 제4차 라테라노 공의회는, 비록 자의식적 근대주의는 아니더라도 적어도 자의식적 근대성에 문을 열어줄 기독교적 행동양식과 감수성에 있어서의 '근대화 aggiornamento'를 공인했다. 탁발 교단들은 이 같은 가치 전복의 투사들이었다. 1215년 『노르망디 연보 Annales de Normandie』에서 지적되었듯이 "프란체스코 교단과 도밍고 교단의 두 교단은 규약의 새로움으로 인해 교회에서뿐만 아니라 평신도들에게서도 열광적인 환영을 받았다." 그러나 이와 같이 역사를 다시 작동시키는 것은, 말하자면 역사의 새로운 출발은 시간에 대한 새로운 태도가 등장할 때만 비로소 가능했다. 결국 이 같은 새로운 태도들은 성직자들의 추상적 시간으로부터가 아니라 중세 기독교 세계의 인간들을 새로운 그물 조직 속에 얽어매었던 구체적인 시간의 발전으로부터 탄생했다.

13. 시간에 관심이 있는가 없는가?

마르크 블로크는 "시간에 대한 거대한 무관심"이라는 충격적인 구절로 시간에 대한 중세인들의 태도를 요약했다. 이러한 무관심은 시간에 대해 관대했던 연대기 작가들(나중에 언급하겠지만, 이들은 정밀한 수치에 대한 불감증을 가지고 있었다)의 모호한 표현들, 예컨대 '그 당시' '그 동안' '조금 후에' 등과 같은 표현들에서 나타난다.

특히 집단정신의 차원에서 시간에 대한 근본적인 혼란은 과거와 현재와 미래를 뒤섞어버렸다. 이러한 혼동은 무엇보다도 원시주의가 지속된 분명한 형태인 집단 책임 의식에서 두드러지게 나타난다. 살아 있는 모든 사람은 아담과 이브의 타락에 대해, 동시대의 모든 유대인은 그리스도의 수난에 대해, 모든 이슬람교도는 무함마드의 이설에 대해 공동 책임이 있었다. 이미 지적했듯이 11세기 말의 십자군들은 그들이 그리스도 처형자의 후손들을 책벌하러 간 것이 아니라 처형자들을 처벌하러 간다고 믿었다. 이렇듯 예술과 연극에서의 시대착오적 관습(주지하듯이 이것은 장기간 지속되었다)은 중세인들이 상이한 시대를 혼동했을 뿐만 아니라 무엇보다도 인간에게는 동시대가 중요하다고 그들이 느끼고 믿었음을 보여주는 증거다. 매년 제의를 치를 때마다 수천 년을 뛰어넘는 축소판 성사(聖史)가 재연되었다. 마술적 사고가 과거를 현재로 만드는바, 역사의 본줄기는 영원하기 때문이다.

  그렇지만 그리스도의 강생은 기본적인 연대 구획을 요구한다. 그리스도의 삶은 역사를 양분시키고 기독교는 이 사건에 토대를 두었기 때문에 이로부터 연대 구획에 대한 기본적 취향과 감수성이 탄생했다. 그러나 이러한 연표가, 균등하고 정확하게 계측 가능한 순간들로 분할할 수 있는 시기들을 따라서, 말하자면 객관적이거나 과학적 시간들을 따라서 배열되지는 않았다. 그것은 매우 중요한 계기들만의 연대 구획이다. 중세는 우리와 마찬가지로 연대를 사용하고 싶은 욕심이 많았지만, 우리와 동일한 규준이나 필요에 따라서 연대 구획을 했던 것은 아니다. 연대 구획을 하는 데 있어 중세인들에게 중요했던 것이 오늘날 우리에게 중요한 것과는 다르다. 매우 중요한 이 차이를 인정한다면, 중세인들이 시간에 무관심했던 것이 아니라 기이한 방식으로 시간에 대한 의식을 가졌던 것처럼 보인다. 단순하게 말해 중세인들이 정밀성을 결여했다고 한다면, 그것은 그들이 정밀성에 대한 필요를 느끼지 않았을 뿐만 아니라 문제가 된 사건에 대한 준거가 숫자가 아니었기 때문이다. 그러나 시간에 대한 언급은 심심치 않게 나타나고 있다. 무훈시의 경우가 그러하다. 『메네』에서 주인공 청년 카롤루스는 성 요한절에 적 브레망Braimant을 공격한다.

  주인님, 그날은 성 요한절이었습니다.

메네가 브레망의 천막 가까이로 내려갔던

이 시는 칼자루 속에 성 요한의 이빨이라는 성물이 숨겨져 있는 그 청년의 칼을 암시하는가? 아니면 성 요한절 전야제와 거기서 젊은이들이 담당했던 역할을 어느 정도 의식적으로 환기시키려는 것인가? 어떤 경우든 시인은 날짜를 제시하려 애썼다.

『큰 발의 베르트 Berthe au grand pied』의 앞부분에서 아데네 Adenet le Roi 는 『이야기책 Livre aux histoires』에 등장하는 여주인공의 모험담을 어떻게 읽었는지에 대해 생드니 수도원에서 얘기하고 있다.

나는 금요일 파리에 있었다.
금요일이었기에 퍼뜩 생각이 떠올랐다.
하느님께 구원을 빌기 위해 생드니로 가야 한다고 〔……〕
생드니에서 나는 그 후 화요일까지 머물렀다.

여기서처럼 주일의 형태를 취했던 이 같은 날짜 표기법은 중세인들의 사고 속에 공존했던 다양한 시간 준거체계에 따라 달랐다. 당시에는 통일된 시간이나 연표가 없었다. 중세적 사고는 시간 계산의 복수성을 정상적인 것으로 받아들였다.

그렇다 하더라도 우선 중세인들이 시간 구획에 대해 느꼈던 필요성—비록 성사에서만큼 강력하지는 않았지만—에 관해서 다루기로 하자.

그리스도에 관련된 모든 것의 특징은 시간 계측의 필요성이었다. 그리하여 『교리 문답』에서처럼 예수의 지상적 삶의 연표는 상세하게 제시된다. 예컨대 마리아의 수태에 관해 "예수는 왜 자궁에 9달 동안 갇혀 있었는가?"라든지, 출산 시간에 대해 "그는 몇 시에 태어났는가?" 라든지, 그가 숨어 산 시간에 대해서 "그는 왜 30년 동안 가르치지도 않고 계시도 하지 않고 살았는가?"라든지, 그의 육체적 죽음의 지속 기간에 대해 "그는 몇 시간 동안 죽어 있었는가?—40시간 동안"이라 는 문답들이 그러하다.

마찬가지로 창조의 시간은 일주일간의 창조 시간뿐만 아니라 타락에 관한 정밀한 시간 계산 등 세밀한 시간표를 요구했다.

그들[아담과 이브]은 몇 시간 동안 낙원에 머물러 있었는가?—7시간 동안. 왜 더 머물지 않았는가?—여자가 만들어지자마자 즉시 배반했기 때문에. 제3시과에 남자가 창조된 즉시 동물들에게 이름을 붙였고, 제6 시과에 여자가 빚어지자마자 즉시 금단의 열매를 따먹고 남자에게 죽음 의 열매를 건네주었다. 그는 그녀에 대한 사랑 때문에 그것을 먹었다. 그 후 곧 제9시과에 주님이 그들을 낙원에서 추방했다.

이와 같이 중세인들은 창조의 시간을 구획하고 성경에 나타나는 다 소 상징적인 시기들을 계산하는 연표에 대한 광적인 열정을 가지고 있 었다. 그들은 성경의 비유적 해석을 극단으로 밀고 나가는 한편, 성경 의 연대를 축어적으로 받아들이기도 했다. 특히 성경의 '역사적 서편 들'에 나오는 모든 내용은 연대가 결정된 실제 사실로 여겨졌다. 보편 적 연대기들은 이 같은 연대로부터 시작하는데, 이것은 연대 구획에 대한 중세인들의 사실상의 강박관념을 드러내준다. 그러나 연대 구획 에 대해서는 의견이 일치하지 않는다. 야코포 다 바라체의 다음과 같 은 말은 이 점을 꾸밈없이 보여준다. "주 예수 그리스도가 인간으로 태어난 날짜에 대해 의견이 일치하지 않는다. 어떤 사람들은 그것이 아담 탄생 후 5228년에 일어난 일이라고 하고 어떤 사람들은 5900년의 일이라고 한다." 그리고 나서 그는 신중하게 "그것이 아담 탄생 후 6000년에 일어난 일이라고 연대를 처음 확정한 사람은 메토디우스Méthodius이다. 그러나 그는 연대 계산을 통해서보다는 신비적 영감으로 그 연대를 찾아냈다"고 덧붙인다.

물론 세월을 측정하고 날짜나 시간을 인식하는 수단(연대 측정 도구), 말하자면 중세적 연대 구획은 초보적인 것이었다. 그리스-로마와의 연속성은 여기서도 분명히 나타난다. 시간 계측기들은 여전히 자연의 변덕에 매여 있었다. 예컨대 해시계는 햇볕이 내리쬐는 계절에만 시간을 측정할 수 있다. 그 밖에 다른 시간 계측기들은 연속적 시간을 참조하지 않은 채 부분적 시간들만을 계측했다. 이를테면 모래시계·물시계, 그리고 모든 시계 대용품은 연대의 구획과 계산을 위한 시간을 측정하는 데는 부적합했고, 다만 일정한 범위의 시간을 밝히는 데만 적합했다. 밤을 세 부분으로 표시한 양초라든지, 잠깐 동안일 경우에는 「미제레레 기도Miserere」나 「주기도문Pater noster」을 낭송하는 데 걸린 시간에 이름을 붙여 시간을 표시하는 기도 등이 이 같은 범주에 속한다.

이러한 시간 계측기들은 정밀성이 결여되었고, 구름, 너무 굵은 모래알, 결빙 등과 같은 예측 불가능한 자연적인 우연성에 좌우되었다. 게다가 양초의 길이를 늘이거나 줄이기도 하고 기도의 낭송 시간을 단축하거나 지연시키는 등 인간의 악의가 작용하기도 했다. 뿐만 아니라 시간 계측체계도 천차만별이었다.

한 해를 시작하는 날짜도 지방에 따라서, 그리고 어떤 종교적 전통을 이용하느냐에 따라 달랐다. 후자의 경우 인간 구원과 시대 전환의 날짜를 언제로, 예컨대 예수 탄생일이나 수난일이나 부활일이나, 아니면 성모영보절로 잡느냐에 따라 달랐다. 이와 같이 중세 서양에는 다양한 연표 '양식'이 공존했다. 이 중 가장 널리 보급된 것은 부활절을 새해의 시작으로 삼는 양식이다. 그 당시 거의 이용되지 않았던, 할례일(1월 1일)을 새해의 시작으로 삼는 양식은 주지하듯이 후대에 가서야 시행되었다. 하루의 시작 시간도 일몰, 자정이나 정오 등과 같이 다양했다. 시간 단위들도 길이가 균일하지 않았다. 그것은 옛날 로마의 시간을 약간 기독교화한 형태였다. 하루의 시간 단위도 새벽 기도 matines(자정 무렵) 다음에 오늘날의 시간 척도로 볼 때 세 시간 단위로 구획되었다. 찬과(讚課)laudes(오전 3시), 조과(朝課)prime(오전 6시), 제3시과tierce(오전 9시), 제6시과sixte(정오), 제9시과none(오후 3시), 만도(晩禱)vêpres(오후 6시), 종과(終課)complies(오후 9시) 등의 단위로 하루를 구분했다.

14. 사회적 시간: 자연적 시간과 농촌적 시간

일상생활에서 중세인들이 이용한 시간적 준거들은 다양한 사회·경제 제도에 근거한 다양한 사회적 시간체계로부터 빌려온 것이었다. 사실, 중세의 도량형 체계와 이와 관련해서 일어난 갈등보다 중세 사회구조를 더 잘 설명해주는 것은 없다. 시간과 공간 계측은 매우 중요한 사회적 지배 수단이었다. 그러한 수단을 관장하고 있던 사람들은 사회에 대한 특별한 지배력을 향유했다. 그리고 중세에서 시간체계의 다원성은 그 당시 사회적 갈등을 반영한다. 농촌과 도시에서 사람들은 그들의 식량 할당 몫과 생활수준을 결정하는 용량 계측을 놓고 싸움을 벌였다. 그들은 영주나 도시의 도량형 계측을 지지하거나 반대하는 투쟁을 벌였다. 마찬가지로 시간 계측도 투쟁의 대상이었는데, 이러한 투쟁을 통해 성직자와 귀족 등 지배계급으로부터 그것을 빼앗는 데 성공했다. 글을 쓰는 능력처럼 시간 계측도 중세의 대부분 동안 유력자들의 전유물이자 권력을 이루는 한 요소였다. 민중들은 그들 자신의 고유한 시간을 갖지도 못했고 그것을 계측할 능력도 없었다. 그들은 종소리며 나팔 소리며 각적(角笛) 소리 등의 강요된 시간에 순종했다.

그렇지만 중세의 시간은 무엇보다도 농촌적 시간이다. 토지가 본질적 기초를 이루고, 가난하건 부유하건 대부분의 사회 구성원들이 이를 근거로 살아갔던 그런 세계에서 으뜸가는 시간적 준거는 농촌적 시간이다.

농촌적 시간은 무엇보다도 장기 지속의 시간이다. 농촌적인 동시에 농민적이기도 한 그런 시간은 기다림과 인고의 시간이요, 영속과 재개와 완만의 시간이요, 부동의 시간은 아닐지라도 적어도 변화에 저항하는 시간이다. 이렇다 할 사건이 별로 없었던 농촌적 시간은 날짜와 연대를 필요로 하지 않는 시간이다. 아니 정확히 말하면 그것은 자연의 리듬에 따라 슬그머니 움직이는 시간이다.

왜냐하면 농촌적 시간은 자연적 시간이기 때문이다. 시간의 대략적 구분은 밤과 낮, 그리고 계절이다. 자연적 시간은 중세의 마니교적 편향을 조장하는 대조적 시간, 이를테면 어둠과 빛, 추위와 더위, 노동과 휴식, 삶과 죽음 등의 대조적 시간으로 구성되었다.

인공조명이 거의 없었던 이러한 세계(대낮의 조명기술조차도 13세기

창유리의 도입과 더불어 서서히 발전했다)에서 밤은 위협과 위험으로 가득했다. 더욱이 인공조명은 그것이 중세와 같은 숲의 세계에서는 화재의 원인이 되었기 때문에 위험했다(이에 관한 수많은 얘기 중에서 주앵빌의 얘기를 듣는 것만으로도 충분할 것인데, 그는 루이 성왕과 함께 배를 타고 성지에서 돌아오는 도중 어느 날 밤 왕비의 침실에서 일어났던 화재의 발단을 언급하고 있다). 또한 조명은 유력자들의 독점물이기도 했다. 예컨대 성직자들이 사용하는 큰 초와 영주들이 사용하는 횃불은 주민들의 초라한 양초를 압도했던 것이다.

인간적 위협에 대비해서 문들은 닫혀 있었고, 게다가 교회와 성채와 도시들에서는 보초들이 경계를 서고 있었다. 중세의 법률들은 밤에 저지른 경범죄와 중죄를 예외적으로 엄하게 다스렸다. 중세의 밤은 정의가 가장 최악의 상태로 떨어진 상황이었다.

특히 밤은 초자연적인 위험의 시간이다. 그것은 유혹과 유령과 악마의 시간이다. 독일의 연대기 작가 티트마르Thietmar는 11세기 초 유령 얘기를 많이 기록하고 그것이 신빙할 만한 것임을 주장했다. "신이 산 자에게 낮을 주었듯이 죽은 자에게 밤을 주었다." 밤은 마법사와 악령을 위한 시간이다. 반면에 수도사들과 신비론자들에게 밤은 영적 투쟁에 안성맞춤의 시간이다. 철야와 한밤중의 기도는 영적 수련의 걸출한 형태다. 성 베르나르는 「시편」의 말씀을 인용한다. "나는 한밤중에 일어나 주님을 찬송하리라."

밤은 투쟁과 승리의 시간이다. 그래서 밤마다 크리스마스의 상징적 밤을 상기한다. 『교리 문답』의 그리스도 편을 인용해보자. "그리스도는 몇 시에 태어났습니까?—밤중에. 왜 밤중에 태어났습니까?—죄를 짓고 밤에 헤매고 다니는 사람들을 진리의 빛으로 인도하기 위해."

서사시와 서정시에서 밤은 번민과 모험의 시간이다. 때로 그것은 또 다른 어둠의 공간인 숲을 연상시킨다. 서로 뒤엉켜 있는 숲과 밤은 중세적 번민의 공간이다. 다음은 비탄에 잠긴 베르트의 모습이다.

> 그 부인은 숲에 있었다, 사정없이 울면서 〔……〕
> 밤이 돌아오자 혼자 흐느끼기 시작했다.
> '아! 기나긴 밤이여! 나는 그대가 몹시도 두렵습니다.'

이러한 주제가 약간 완화되어 상투적이 되었을 때, 이에 대해 크레티앵 드 트루아는 『이뱅 Yvain』에서 다음과 같이 응답했다.

> 그리고 밤과 숲은 그녀에게
> 지긋지긋했다 〔……〕

이에 반해 '밝은' 모든 것, 예컨대 빛(이것은 중세 문학과 미학의 암호를 푸는 열쇠다)은 아름답고 선하다. 이를테면 기사들의 갑옷과 칼에 반사되는 햇빛이나 젊은 기사의 푸른 눈과 갈색 머리의 빛이 그렇다. "낮과 같이 아름다운"이란 표현이 중세에서만큼 깊은 감동으로 느껴지는 시대는 없다. 이뱅을 또 보고 싶어 안절부절못하는 로딘 Laudine이 "그대가 밤을 낮으로 바꿔주기를!"이라고 간구했던 말은 흔히 쓰는 표현이었다.

계절 또한 대조를 이루었다. 사실 중세 서양은 겨울과 여름 두 계절만을 알고 있었다. '봄'이란 말이 등장하는 것은 골리아스 시 같은 지적인 라틴 시에서다. 라틴 시 『만물을 애무하는 태양 omnia sol temperat』

은 '봄의 생명력 veris auctoritas'을 찬양한다. 반면 다른 시는 봄과 겨울을 대비시킨다.

생명의 봄은 사라지고,
이제 겨울이 다가온다.

그러나 여기서도 대조는 관례적으로 여름과 겨울 두 계절 사이에서만 나타난다. 아무튼 세속 문학에서의 여름은 소생의 계절인, 라틴 시에서의 봄에 해당한다. 마리 드 프랑스 Marie de France는 『라오스틱 Laostic』이라는 시에서 "숲과 초원이 다시 푸르러지고 과수원에 꽃이 만발하는 여름날 저녁"을 노래한다.

겨울과 여름의 대비는 독일 음유시 Minnesang의 주요한 주제 중 하나다. '여름의 쾌락 Sommerwonne'은 '겨울의 무료함 Wintersorge'과 대비된다. 발터 폰 데어 포겔바이데는 그의 유명한 시에서, 빛깔의 퇴조, 새들의 침묵, 신선한 대기 속에서의 기쁨의 종말 등 "이 세 가지 근심거리가 있는 겨울을 추방해버리는 여름"을 찬미한다. 낮이 밤을 추방하듯 여름은 겨울의 소산인 '번민'을 추방한다. 콘라트 폰 뷔르츠부르크 Conrad von Würzburg는 이것을 노래한다.

여름은
기쁨을 준다.

농민적 사고 습관에 더 접근한 나이트하르트 Neidhart는 어떤 민속 축제 의례에서처럼 겨울이 사라져야 한다고 권고한다. "꺼져라, 겨울아,

너는 해로운 것."

독일 음유시에서 여름의 구현은 5월이다. 5월은 봄의 부재, 더 정확히 말하면 여름에 의한 봄의 흡수를 확인해주는 새로움의 달이다. 초기의 한 독일 음유시는 이렇게 노래한다.

> 5월이여 영광은 너에게
> 겨울이여 저주받으라.

'5월의 느낌'은 중세적 감수성에서 매우 강렬했으므로 독일 음유시들은 해방과 기쁨을 의미하는 '5월이 되다es maiet'라는 동사를 만들었다.
교회의 박공에 부조된 조각품, 프레스코화와 세밀화, 문학과 특별한 양식의 운문 등 도처에서 반복되는 달에 관한 주제들은 중세의 이러한 농촌적 시간을 가장 잘 표현해준다. 열두 달은 벌목으로부터 돼지에게 도토리 먹이기, 초겨울의 돼지 도살, 난롯가에서의 돼지고기 포식에 이르기까지 일련의 농촌적인 일거리로 상징되었다. 이러한 주제를 처리하는 방식에 있어서 도상학적 전통과 농촌 경제의 지리적 차이에 따라 여러 가지 변양들이 나타날 수 있다. 북쪽 지방에서는 수확이 늦기 일쑤고 포도 재배와 관련된 노동이 반드시 등장하는 것은 아니다. 독일 시에서 5월이 차지하는 위치가 프랑스 시에서는 종종 4월에 해당하는 것을 볼 수 있다. 따라서 우리는 4월을 노래한 하인리히 폰 펠데케 Heinrich von Veldeke의 시를 프랑스의 영향으로 돌리지 않을 수 없다.

> 4월이 되면 꽃이 핀다.

이 시에서 4월은 독일 음유시인들이 으레 찬미하는 5월을 대신하고 있다.

어디서나 순환은 여전히 농촌적 노동의 순환에 머물러 있었다. 그렇지만 거의 언제나 4월이나 5월의 이 같은 농촌적 연속과 순환에는 궁정적·영주적 요소가 끼어들거나 중첩되어 있음에 주목해야 한다. 4월과 5월은 영주가, 대체로 젊은 영주가, 그것도 봄처럼 새파랗게 젊은 영주가 기마 여행을 떠나는 계절이요 사냥을 하는 계절이다. 이로써 상층계급적 주제가 농촌적 주제 속으로 슬그머니 끼어들었던 것이다.

15. 사회적 시간: 영주적 시간

이것은 농촌적 시간 옆에, 아니 그와 더불어 영주적 시간과 성직자적 시간이라는 다른 사회적 시간이 부과되었기 때문이다.

영주적 시간, 그것은 무엇보다도 군사적 시간이다. 그것은 전투가 재개되고 봉신의 군역이 요구되는 연중의 어떤 특별한 시간이다. 그것은 봉건적 군대의 시간이다.

영주적 시간은 또한 농민이 세금을 납부하는 시간이기도 하다. 일년의 시간적 준거는 후에 살피겠지만 대축일들이다. 이 중에는 농민 대중의 시간 의식을 촉진시키는 축일도 있다. 이러한 날들은 현물이나 화폐로 지대를 납부하는 봉건적 납세의 날들이다. 납세의 날들은 지역과 장원에 따라 다르다. 그러나 이러한 일련의 납세의 날 중 특별한 때가 있다. 그것은 수확물에 대한 세금의 대부분을 영주에게 납부하는 늦여름이다. 대대적인 '납세'의 날은, 간혹 겨울의 성 마르티누스절(11월

11일)로 대체되는 경우도 있지만, 대체로 성 미가엘절(9월 29일)이다.

16. 사회적 시간: 종교적·성직자적 시간

무엇보다도 중세적 시간은 종교적·성직자적 시간이다.

그것이 종교적 시간인 것은 한 해가 무엇보다도 제의적인 것으로 이루어졌기 때문이다. 제의적 연표는 중세적 사고의 본질적 특징이며, 그것은 그리스도의 강생이라는 극적인 사건과 강림으로부터 승천에 이르기까지 그리스도의 일화를 따른다. 그렇지만 이러한 제의적 연표는 또 다른 시간인 성인들의 시간으로부터 빌려온 의미 있는 순간들과 날들을 점점 더 가미하게 되었다. 위대한 성인들의 축일이 기독교 월력에 삽입되기에 이르렀고, 만성절(萬聖節)Toussaint(11월 1일)은 성탄절·부활절·승천절·성령강림절 등과 더불어 대축일 중 하나가 되었다. 중세인들이 축일에 큰 관심을 갖고 이를 특별한 날로 삼았던 것은 그러한 축일에 각별하고도 때로는 구경거리가 될 만한 종교의식을 치르기 때문이며, 그것이 경제적 생활의 지표가 되는 날이었기 때문이다. 이런 축일들이 농민들에게는 납세의 날이었고, 장인들과 노동자들에게는 휴업일이었다.

중세적 시간이 또한 성직자의 시간인 것은 성직자들이 문자 해독력 덕택으로 시간 계측을 관장하고 있었기 때문이다. 그들만이 제의를 위해 시간을 계측할 필요가 있었고, 그들만이 대략적으로나마 시간 계측을 할 수 있는 능력을 갖추고 있었다. 교회의 역산법과 특히 부활절 날짜의 계산(중세 초기에는 오랫동안 아일랜드 양식과 로마 양식이 대립하고 있었다)은 시간 계측에 있어서 초기 발전의 기원이 되었다. 특히 성직자는 시간적 지표의 관리자였다. 중세적 시간의 구분은 타종에 의해 이루어졌다. 성무 일과를 수행하도록 성직자와 수도사에게 하는 타종이 하루의 유일한 시간적 지표였다. 타종 시간은 중세인들에게 어림으로 측정된 일상적인 유일한 시간, 그들의 삶을 규제하는 종규적 시간을 알려주었다. 농민들이 이 같은 성직자적 시간에 너무나 예속되었던 나머지 13세기 초 대학교수인 장 드 가를랑드Jean de Garlande는 좀 엉뚱하긴 하지만 일리가 있는, '종campana'이란 말에 대한 어원을 제시할 정도였다. 즉, "종이란 말은 농촌에 거주하면서 종소리를 통하지 않고는 시간을 알 수 없는 농민이란 말에서 유래했다."

농촌적 시간, 영주적 시간, 성직자적 시간 등 이 모든 시간의 본질적 특징은 그것들이 자연적 시간에 강하게 매여 있다는 점이다.

농촌적 시간에 적용되는 것은 조금 생각해보면 다른 모든 시간에도 적용된다. 전사적 시간은 자연적 시간과 긴밀하게 연관되어 있다. 전투는 여름에 시작하여 여름에 비로소 끝난다. 주지하듯이 3개월간의 군복무가 끝나면 즉시 봉건적 군대가 해체된다. 자연적 시간에 대한 이러한 의존을 강화시킨 것은 중세의 군대가 기사로 구성되었기 때문이다. 751년 피피누스 단구왕의 한 칙령은 이러한 자연적 시간에 대한 의존이 불가피함을 승인했다. 이때부터 새싹이 돋아나는 초원에서 말들이 풀을 뜯을 수 있도록 봉건적 군대를 4월이 아니라 5월에 소집했다.

기사도에서 그 어법을 빌려온 궁정적 양식의 시는 연인이 귀부인에게 구애하는 시기를 '여름철의 봉사'라 불렀다.

성직자적 시간 역시 이 못지않게 자연적 리듬에 종속되어 있다. 종교적 대축제의 대부분은 자연적 시간과 직접적으로 관련되어 있는 이교 축제를 계승했다(가장 대표적인 예를 들면, 성탄절은 동지 때의 태양 축제를 대신하여 수립되었다). 뿐만 아니라 보다 각별하게는 제의적 연표도 농촌 노동의 자연적 리듬에 맞춰졌다. 예수의 승천부터 성령강림절에 이르기까지 제의적 연표는 농민들의 농한기에 맞춰 짜였다. 농번기인 여름철과 일부 가을철에는 대축일이 없었다. 예외는 8월 15일 마리아의 승천절이다. 그러나 이 축일도 뒤늦게 확정되어 12세기에 가서야 도상에 묘사되었으며, 13세기에 이르러서야 비로소 일반적으로 인정되었던 듯하다. 야코포 다 바라체는 하나의 중요한 사실, 즉 농사 일정에 불편을 주지 않기 위해 본래의 만성절 날짜를 변경했던 사실을 증언하고 있다. 7세기 초 교황 보니파키우스 4세가 서양에서 공인했던 이 축일이 당시에는 5월 13일로 고정되어 있었다. 이 날짜는 기본적으로 도시적 성격을 띤 기독교 세계의 틀 속에서 4세기에 이 축일을 탄생시켰던 시리아의 예를 따른 것이다. 8세기 말에는 이 축제가 11월 1일로 바뀌었는데, 『성인 전기』에 따르면 "교황은 포도와 농작물 수확이 끝나고 순례자들이 쉽게 식량을 구할 수 있는 시기에 이 축제를 여는 것이 더 바람직하다고 판단했기" 때문이다. 8세기에서 9세기로 넘어가는 세기 전환기는 카롤루스 마그누스가 농촌 노동을 전반적으로 환기시켜주는 새로운 명칭을 각 달에 부여했던 시기인 동시에, 이미 살펴본 것처럼 서양 중세의 농촌화가 결정적으로 완성되는 시기였던 듯하다.

중세적 망탈리테(원시적인 농촌사회의 망탈리테)의 시간적 구조가 자연적 시간에 이처럼 의존했던 현상의 근본적 특징은 연대기 작가들의 작품에서 가장 분명하게 드러난다. 그들은 주요 사건들 중에서 자연 질서와 관련이 있는 비상한 사건들, 이를테면 일기불순·전염병·기근 등에 주목했다. 사회경제사가들에게 매우 소중한 자료가 되는 이러한 주목은 자연적 지속이라는 중세적 시간관의 직접적인 소산이다.

중세적 시간이 자연적 시간에 이처럼 의존한 것은 외견상 어느 분야보다도 이러한 의존으로부터 더 벗어난 것처럼 보이는 수공업과 상업의 세계에서도 나타난다. 수공업계에서의 밤과 낮, 겨울과 여름의 대조가 조합의 규약에 나타나고 있다. 야간 노동에 대한 관례적인 금지는 대부분 여기에서 유래한다. 많은 직종이 계절에 따라 조업 시간이 달랐는데, 예컨대 13세기 말의 석공들은 동절기냐 하절기냐에 따라서 급료를 달리 받았다. 상업계에서도 중세 경제의 추진력으로 여겨졌던 상선이 동절기에는 운항이 중단되었다. 그것은 또한 어떤 이유에서든 13세기 말 나침반과 선미 방향키가 보편적으로 이용되기 전까지는 동절기에 운항되지 않았다. 선박들이 지중해에서조차도 12월 초부터 3월 중엽까지 발이 묶여 항구에 정박해 있었고, 북쪽 바다에서는 더 오랫동안 그러기 일쑤였다.

중세적 시간은 14세기 중에 완만하게나마 변화했음에 틀림없다. 도시 운동의 성공, 노동 시간과 상업 활동 시간(특히 환어음의 발전과 더불어 금융 활동의 시간)을 보다 정확하게 계측할 필요를 느꼈던 상인과 고용주 등 부르주아의 발전은 전통적 시간을 파기하고 그것에 통일성을 부여했다. 이미 13세기에 보초들의 외침이나 나팔 소리가 하루의 시작을 알려주었고, 곧이어 노동 시간을 알리는 타종이 상업 도시, 특히 플랑드르와 이탈리아, 독일 등 직물을 생산하는 도시에 등장했다. 무엇보다도 기술적 진보는 전통적 시간을 파기·단절시켰다. 이것은 아리스토텔레스주의적·아퀴나스주의적 물리학을 비판하면서 발전한 과학에 힘입은 것이었다. 과학은 또한 하루를 24시간으로 구분한 현대적 의미의 시간을 계측하는 시계의 출현을 가능케 했다. 1000년경의 제르베르Gerbert의 시계는 분명히 물시계에 불과했는데, 이 시계는 카스티야의 알폰소 현왕Alphonse le Sage이 13세기에 묘사했던 시계(물론 그가 묘사했던 시계는 보다 개량된 모델이긴 하지만)와 흡사했다. 그러나 탈진장치의 발명과 더불어 결정적 진보가 이루어진 것은 13세기 말인데, 이로부터 탄생한 초기 역학 시계가 이탈리아·독일·프랑스 등지로 보급되었고, 그 후 14~15세기에는 기독교 세계 전체로 전파되었다. 이와 더불어 시간이 세속화했다. 망루의 시계가 알려주는 세속적 시간은 교회 종이 알려주는 성직자적 시간에 맞서게 되었다. 그러나 이러한 역학 시계는 쉽게 부서졌고 자주 고장 났으며 여전히 자연적 시간에 종속되어 있었다. 하루의 출발 시점이 도시마다 달랐고, 또 끊임없이 변동하는 일출 시간이나 일몰 시간에 근거를 두기 일쑤였기 때문이다.

그럼에도 시간체계의 변화는 저 '시간적 활동의 찬미자laudator temporis acti'인 단테가 시간을 계측하는 방식이 모두 사라지고 이와 더불어 중세 사회도 두루 사라지고 있다고 느끼기에 충분한 것이었다.

단테가 이와 같이 사라지는 시간을 개탄한 것은 카치아구이다의 입을 통해서다.

> 피렌체는 제3시과와 제9시과를 알려주는 시계가
> 여전히 있던 그 유서 깊은 성벽 내부에서
> 평화롭고 소박하고 덕으로 가득했었네.

17. 세속으로부터의 도피

그러나 이러한 큰 변화가 일어나기 전에 중세인들에게 중요했던 것은 변화하는 것이 아니라 지속되는 것이었다. 흔히 지적되듯이, "중세 기독교도들에게 실존한다고 느끼는 것은 존재하고 있음을 느끼는 것이며, 존재하고 있음을 느끼는 것은 변화하는 것을 느끼는 것이 아니라 〔……〕 영속하고 있음을 느끼는 것을 의미한다." 그것은 특히 영원으로 인도되고 있음을 느끼는 것이다. 그들에게 본질적인 시간은 구원의 시간이었다.

서양 중세에서는 천상과 지상이 서로 밀접하게 연관되어 있고 사실 복잡하게 뒤섞여 있었음에도, 그 사이에는 기이한 긴장이 존재했다. 이곳 지상으로부터 천상에 이르는 것, 이러한 이상은 그들의 정신과 마음과 행동 속에서 지상으로 천상 세계를 끌어내리고 싶다는 이와는 모순되는 격렬한 욕구와 갈등을 빚게 되었다.

도리어 으뜸가는 운동은 '세속으로부터의 도피'였다. 우리는 기독교 사회에서 그것이 언제 시작되었는지 알고 있다. 이론상으로는 그것이 초기 기독교 사회부터 존재하고 있었다. 그러나 그것이 사회적으로 구현된 것은 기독교가 일단 세속 세계에서 성공을 거두자 이에 만족하지 못하는 사람들이 자신과 동료들을 위해 은둔주의를 공언한 때부터다. 이것은 4세기에 시작되어 그 후 끊임없이 재등장했다. 대표적 예가 동방, 특히 이집트의 경우다. 『교부 전기 Vitae Patrum』는 중세 전체를 통해 각별한 인기를 끌었다. '세속에 대한 경멸 contemptus mundi'은 중세적 망탈리테에서 가장 중요한 주제들 중 하나다. 그것은 신비론자들이나 신학자들만의 전유물은 아니다. 예컨대 이노켄티우스 3세는 교황이 되기 전인 12세기 말에 그러한 감정의 이념적 정수인 『세속 경멸론De contemptu mundi』을 저술한 바 있다. 시인들 중에는 발터 폰 데어 포겔바이데와 콘라트 폰 뷔르츠부르크의 시를 들 수 있고, 그 밖에 독일 음유시인들의 작품 가운데는 뒤에서 보면 매력적이지만 앞에서 보면 혐오감을 일으키는 가짜 매력을 지닌 한 부인이 구현한 세계인 『덧없는 세상Frau Welt』을 들 수 있다. 세속에 대한 경멸은 중세 보통 사람들의 감수성에 깊게 뿌리내렸다.

모든 사람이 다 현실생활에서 결국 실현하기 힘든 그러한 경향을 구현하고 모범적인 안내자가 된 사람들이 있었으니, 그들이 바로 은둔자들이었다. 초기부터 이미 이집트에서는 은둔주의가 두 가지 경향을 띠고 있었다. 하나는 성 안토니우스(앙투안)로 대표되는 개인적 은둔이고, 다른 하나는 성 파코미우스로 대표되는 수도원에서의 공동체적 은둔이다. 중세 서양에서는 이 두 경향의 은둔주의가 번성했으나, 진정한 의미에서는 전자만이 인기를 끌었다. 물론 샤르트뢰즈 교단이나 시토 교단같이 은둔주의에서 탄생한 교단들은 세속 사회에 더 물들어 있던 전통적 교단들, 즉 베네딕투스 교단이나 심지어는 클뤼니의 개혁된 베네딕투스 교단보다 더 우월한 영적 명성을 한동안 누렸다. 흰 제복의 수도사들(이들의 흰 옷은 사실 겸양과 순결의 기치이자 상징이었는데, 그것은 염색도 하지 않고 표백도 하지 않은 옷감으로 옷을 지었기 때문이다)은 검은 제복의 수도사들과 대조되었으며, 애초부터 대중들에게 압도적인 매력을 끌었다. 그러나 그 후 곧 그들은 대중들의 의심을 받아 가면서 수도사와 심지어는 재속 사제의 무리들에 뒤섞이고 말았다. 이상적인 모형은 속세에서 떨어져 사는 은둔자들이었다. 이들은 세속 대중들의 눈에 은둔적 이상의 참된 실현자이며 기독교적 이상의 가장 숭고한 구현자로 비쳤다.

물론 은둔주의에도 약간의 상황 변화가 있어서 은둔자들이 특히 많았던 시기가 있었다. 서양 세계가 중세 초의 침체를 벗어나 인구 통계학적·사회 경제적 측면에서 비약적으로 발전하기 시작했던 10세기 말부터 12세기 말까지의 시기에, 비록 이러한 세속적 발전에 항거하기 위한 것은 아니지만 그것에 평형을 이루기 위한 대응세력으로서 대대적인 은둔주의 운동이 일어났다. 이것은 아마도 이탈리아에서 유래했을 것이다. 이탈리아는 비잔티움을 통해 동방의 은둔주의적·고행주의적 전통과 연계되어 있었다. 이러한 전통의 대표자는 성 닐 데 그로타페라타St. Nil de Grottaferrata, 7세기 초 피렌체 근처에 카말돌리Camadules 교단을 세운 성 로무알드St. Romuald, 성 조반니 구알베르티St. Giovanni Gualberti와 그의 발롬브로사Vallombrosa 공동체다.

이 은둔주의 운동은 프레몽트레 교단, 그랑드몽 교단, 샤르트뢰즈 교단, 시토 교단 등에서 절정을 이루었다. 물론 이러한 대대적인 성공을 별도로 한다면 로베르 다브리셀Robert d'Arbrissel의 퐁트브로Fontevrault 교단처럼 그 업적이 보다 초라한 경우도 있었다. 그리고 특히 수많은 은둔자들(은자들, 남녀 은사들)이 있었다. 계율이나 교회제도에도 덜 얽매여 있고 종교 생활에 있어서도 무정부적 이상에 보다 더 근접해 있던 이들은 주민들에 의해 흔히 마술사로 혼동되고, 결국에는 성인으로 여겨졌다. 이들은 서양 기독교 세계의 사막-숲 속에 거주했다. 은둔자는 귀감이요, 믿을 수 있는 사람이요, 특히 선생님이었다. 고통받는 영혼들, 과오 때문에 괴로워하는 기사들과 연인들이 그를 찾았다. 무훈시와 로망에서는 은둔자들이 숲 속 모퉁이마다 불쑥 나타난다. 다음은 트리스탄과 이졸데가 방문했던 늙은 오그랭Ogrin에 대한 묘사다.

> 은둔자 오그랭은 그들에게 많은 훈계를 한다.
> 참회하라고.
> 그 은둔자는 그들에게 종종 얘기해준다
> 성경의 예언들을.
> 그리고 그들에게 자주 환기시킨다
> 신의 심판을.

중세인들에게 교회가 그들을 배반하는 것처럼 보일 때 은둔자는 기독교적 이상의 도피처였다. 우리는 발터 폰 데어 포겔바이데가 본당 신부들을 비난하고 이들을 은둔자와 대비시킨 것을 예로 들 수 있다. 이 은둔자는 로마 교회와 그 교황인 새파랗게 젊은 이노켄티우스 3세를 애달파하여 울며 주님께 기독교 세계를 도와달라고 간청한다.

> 저기 한 은둔자가 울고 있다 〔……〕

은둔자들은 결국 때로는 영적 선동자가 되기도 하고 때로는 민중의 지도자가 되기도 했다. 이들은 방랑 설교가로 변신하여 숲 속의 교차로와 다리 같은 중요한 길목에 있다가 결국에는 '사막'을 버리고 도시의 공공 광장으로 나갔다. 이곳에서 그들의 행위는 큰 물의를 일으켰다. 예컨대 이러한 물의에 대해 12세기 초 샤르트르 성당의 본당 신부 페이앙 볼로탱Payen Bolotin은 '가짜 은둔자들'을 비난하는 원한 맺힌 시를 썼다. 반면 유명한 종교법학자 이브 드 샤르트르는 은둔생활의 지지자인 레노Rainaud를 반박하고 수도자적 생활을 설파했다.

그러나 은둔주의가 크게 유행하고 발전했던 시기 이외에도 중세 전체를 통틀어 은둔주의자들은 어디에나 존재했고 지속적으로 매력을 끌었다. 도상에서 은둔자들은, 발전하고 거기에 안주하고 문명화하고 있던 세속 세계에 맞서 원시성 현시의 선언자들로 생생하게 묘사되었다. 그들은 맨발에다 보통 염소 가죽을 입고 있었다. 손에는 순례자와 방랑자의 단장인 동시에 마법과 구원의 수단이기도 했던 그리스어 τ자형의 단장을 짚고 다녔다. 이 단장이 상징하는 τ자형의 표시는 「에스겔서」(9:6, "τ자형의 단장을 갖고 다니는 자를 가까이하지 말라")와 「요한계시록」(7:3)에 예고된 구원적인 상징을 따라 사람들을 보호해준다. 이 같은 모습을 한 그들은 그들의 수호성인이자 모든 유혹의 위대한 정복자인 성 앙투안과 사막에서의 구도생활의 창시자인 세례자 성 요한을 따라 큰 매력을 끌었던 것이다.

물론 모두가 다 은둔자가 될 수 있는 것은 아니다. 그러나 많은 사람이 그러한 이상을 적어도 상징적으로나마 실현하려고 애썼다. 그것은 구원을 보장해주는 것처럼 보였기 때문이다. 흔히 유력자들에게서 나타난 것이지만, 죽음의 순간에 수도원 복식을 착용하는 관행은 수도원적 완벽함, 더 정확히 말하면 은둔주의적 완벽함의 모범과 자신을 동일시하려는 그러한 욕구를 드러내준다. 기사가 은퇴하여 은둔자가 되는 것은 무훈시의 또 다른 큰 주제다. 여기에는 기사가 죽기 전에 수도사 복장을 착용하는 일화가 종종 나타난다. 그 대표적인 예가 기욤 도랑주다. 거상계층도 이러한 예를 따랐다. 장사를 해서 전설적인 부자가 된 베네치아 총독 세바스티아노 지아니Sebastiano Ziani("지아니처럼 돈 많은"이란 말은 그 당시 흔히 쓰던 표현이다)는 1178년 산 조르조 마조레 수도원으로 은둔했다. 총독을 지냈던 그의 아들도 아버지처럼 1229년 그 수도원으로 은거했다. 시에나의 대금융업자 조반니 톨로메이가 1313년에 몬테 올리베토 마조레 수도원을 세우고, 여기에서 은거하면서 죽음을 준비했다. 11세기 초 성 안셀무스는 토스카나의 마틸다 백작 부인에게 다음과 같이 편지를 썼다. "부인께서 죽음이 임박했음을 느끼면 세상을 뜨기 전에 당신을 완전히 신에게 맡기십시오. 그리고 이를 위해 아무도 모르게 당신 곁에 돛단배를 항시 대기시켜놓으십시오."

간혹 있는 일이지만 어떤 사람들은 모험에 대한 취향, 나아가서는 이국풍에 대한 취향과 뒤섞인 모험에 대한 매력에 사로잡히기도 했다. 예컨대 루이 성왕이 고용한 한 선원이 그러했다. 다음은 주앵빌이 성지에서 귀환하는 도중 루이 성왕의 갑작스런 부름을 받고 기록한 것이다. "우리는 신선한 물과 기타 필수품을 갖추고 키프로스 섬을 출발했다. 람페두사Lampedusa라 불리는 섬에 도착하여 그곳에서 토끼를 많이 잡았다. 우리는 바위 사이에 한 늙은 은둔자가 있는 것을 발견했다. 이 섬에는 그 전에 살았던 은둔자들이 가꾸어놓은 과수원이 있었다. 거기에는 올리브나무며 무화과나무며 포도나무와 기타 여러 가지 나무들이 심어져 있었다. 샘물에서 솟아나는 시냇물이 과수원 한가운데를 가로질러 흐르고 있었다. 왕과 나머지 우리 일행은 과수원 끝까지 갔다. 첫번째 동굴에 들어가자 벽에 흰 석회를 바르고 흙으로 만든 진홍색 십자가가 있는 기도실이 있었다. 두번째 동굴로 들어갔다. 거기서 우리는 살이 완전히 썩어버린 시체 두 구를 발견했다. 갈비뼈는 아직도 그대로 있었고 손뼈는 가슴 위에 모아져 있었다. 시체는 당시의 매장 방식대로 동쪽을 향해 누워 있었다. 우리가 배로 돌아왔을 때 선원 중 한 사람이 사라진 것을 발견했다. 선장은 그가 은둔자가 되기 위해 이 섬에 남기로 했음에 틀림없다고 생각했다. 그래서 왕의 집사장이었던 니콜라 드 수아지는 세 자루의 빵을 해변에 남겨놓아 그 선원이 그것을 찾아다 먹고살 수 있도록 했다."

마지막으로 최후의 참회를 할 수 없는 사람들을 위해 교회는 그들의 구원을 보장하는 다른 수단을 제공했다. 그것은 자선·긍휼 사업·기부 등의 실천이었고, 고리대금업자와 부정하게 돈을 번 사람들에게는 사후에 재산을 반환토록 했다. 이로써 유언은 천국으로 가는 통행증이 되었다.

중세인들을 사로잡았던 구원에 대한 강박관념과 지옥에 대한 공포를 고려하지 않는다면, 우리는 그들의 망탈리테를 전혀 이해하지 못할 것이며, 그들이 모든 탐욕적 삶을 포기하고 권력을 버리고 재산을 반환하는 등의 행동에 아연실색할 것이다. 특히 이러한 재산 포기는 재산의 기이한 유동을 촉발시켰다. 이것은 비록 극단적인 것이긴 하지만, 중세인들 가운데 세속적 재화에 대해 가장 탐욕스런 사람들조차도 결국은 항시 세속을 얼마나 경멸하게 되었는지를 보여준다. 재산 축적과는 상반되는 이러한 정신적 성향은 중세인들을 자본주의가 성장할 수 있는 심리적·물질적 조건과 멀어지게 하는 데 기여했다.

18. 천년왕국의 꿈: 적그리스도와 황금시대

세속으로부터의 이러한 필사적인 도피가 중세인들이 구원의 행복이나 영원한 삶에 이르기 위해 갈망했던 유일한 수단은 아니다.

이와 마찬가지로 강력한 다른 경향이 많은 중세인을 또 다른 욕망과 희망, 즉 지상에서 영원한 행복을 실현한다든지 황금시대나 실낙원으로 복귀하려는 희망을 부추겼다. 이 다른 경향이 바로 천년왕국에 대한 믿음이다. 이것은 천년왕국이 천 년 동안, 그러나 사실은 영원히 지상에 세워진다는, 아니 부활된다는 하나의 꿈이다.
　이러한 믿음의 역사적 현실은 복합적이다. 천년왕국의 꿈은 기독교적 종말론의 한 양태다. 그것은 계시적 전통과 접목되어 있기도 하고 적그리스도 신화와 밀접하게 관련되어 있기도 했다.
　그것은 계시록의 토대 위에서 형성되어 서서히 보강되었다. 물론 계시록은 가공스러운 번민을 환기시키지만, 그러나 이러한 극적인 분위기는 희망의 메시지로 통한다. 계시록은 낙관적 믿음에 자양분을 준다. 그것은 결정적 혁신의 확인이다. 최후의 심판일에 신은 "나는 모든 것을 새롭게 하리라"고 말한다. 특히 천상의 예루살렘이 지상으로 내려오는 계시록 저자의 꿈이 실현될 것이다. "그리고 그는 성도 예루살렘이 천상에서 신으로부터 내려오는 것을 나에게 보여주었다." 그리고 이러한 환영은, 이미 살폈듯이 중세인들에게 대단한 유혹거리였던 모든 찬란한 빛을 수반했다.
　천상의 예루살렘이 "신의 빛과 함께, 벽옥이나 크리스털 같은 보석의 반짝임과 비슷한 신의 빛과 함께" 나타난다. "그리고 거기에는 성도를 비춰줄 태양과 달이 필요 없다. 신의 빛이 성도를 비춰주고, 그의 등불이 바로 그리스도기 때문이다."
　그러나 신의 승리와 인간의 구원으로 귀결되는 이러한 과정에서 예비 단계 동안 지상을 뒤흔드는 재난이 즉각 중세인들의 이목을 사로잡았다. 「마태복음」 제24장, 「마가복음」 제13장, 「누가복음」 제21장 등

복음서에서 빌려온 여러 문헌이 이것을 기술한다. 이것은 그리스도의 재림 이전에 일어날 사건들에 대한 기술이다. 이 가공스런 예고를 「마태복음」에서 들어보자. "한 민족이 일어나 딴 민족을 치고, 한 나라가 일어나 딴 나라를 칠 것이며, 또 곳곳에서 역병과 기근과 지진이 일어날 터인데, 이런 일들은 다만 고통의 시작일 뿐이다."

전쟁·전염병·기근을 통한 세계 종말에 대한 이러한 예고가 중세인들에게는 임박한 것처럼 보였다. 게르만족 침입기의 대량 학살, 6세기의 대역병, 이따금씩 반복되는 가공스러운 기근들은 고통스러운 기다림을 간직케 했다. 이것은 공포와 희망이 뒤섞인 기다림이었으나, 점차 공포로, 까닭 모를 공포로, 집단적 공포로 바뀌었다. 중세 서양은 소망하는 구원을 기다리는 공포의 세계였다. 이론적으로 점차 정교화하고 대대손손 마음속으로 사무치게 느낀 이러한 공포의 기나긴 역사 속에서 몇 가지 이정표를 살펴보자.

6세기 말은 재앙의 창궐로 사람들이 최후의 심판이 임박했다고 믿었던 대역병의 시대였다. 590년에 역병이 창궐하는 가운데 일련의 무능한 교황들(『교황 전기』에 따르면 로마 시민들은 이 교황들 중 한 명을 "그대와 함께 역병과 기근이 사라져라"라고 외치며 추방했다)의 계승자가 된 그레고리우스 대교황은 집단적인 대규모 참회에 대한 매력에서 연유한 세계 종말의 정신을 중세에 남겨놓았다.

그러나 이러한 가공스러운 일련의 사건들 속에서 적그리스도 일화가 점차 대두하게 되었다. 적그리스도는 「다니엘」의 예언에서, 「요한 계시록」에서, 「바울로가 데살로니카인들에게 보낸 두 서한」에서 배태되었다. 2세기 말 성 이레나이우스, 3세기 초 로마의 히폴리투스, 마지막으로 4세기 초 락탄티우스가 적그리스도의 모습과 이야기를 만들어냈다. 이러한 파국적인 모든 예언이 유대 전쟁, 요한계시록의 시대인 1세기 말의 경제 위기, 3세기 로마 세계의 대(大)위기, 6세기의 흑사병과 같은 역사적 시련의 와중에서 형성되었다. 세계 종말 직전에 악마와 같은 작자가 파국의 주역을 담당하게 될 것이며 인류를 영원한 저주로 유혹하려 할 것이다. 그리스도의 대적자인 그가 바로 적그리스도다. 적그리스도와 대적할 또 다른 작자는 자신의 지배 아래 인류를 규합하여 구원으로 인도하려 할 것이다. 그가 바로 세계 종말의 황제로서 결국 지상에 재림한 그리스도에 의해 파멸될 것이다.

적그리스도의 형상은 8세기 베드로라는 한 수도사에 의해 완성되었다. 그는 메토디우스라는 사람이 쓴 것으로 보이는 7세기 그리스의 한 작품에서 적그리스도의 특징을 추려냈다. 그 후 이 문제는 10세기 루도비쿠스 4세 해외왕의 왕비인 게르베르가를 위해 아드슨Adson에 의해 완성되었고, 1000년 이후에는 4~5세기 비잔티움 세계에서 만들어진 시빌라 드 티부르Sibylla de Tibur의 예언을 서양에 이식한 알뷔앵Albuin에 의해 완성되었다.

적그리스도는 그 후 신학자들과 신비론자들에게 등장하는 단골 인물이 되었다. 그는 10세기 초 성 오도St. Odo가 클뤼니 수도원장으로 있을 때, 그리고 12세기 중엽 수도사이며 시인인 베르나르 드 모르발Bernard de Morval이 그곳에 체류하고 있을 때 클뤼니 수도원에 나타났다. 그는 12세기 독일에서 안셀름 폰 하벨베르크Anselm von Havelberg, 게로 폰 라이허스베르크Geroh von Reichersberg, 오토 폰 프라이징, 힐데가르트 폰 빙엔Hildegard von Bingen으로부터 각별히 환영받는 영역을 발견했다. 성 수녀가 꿈속에서 그를 보고 사탄의 모습으로 묘사했다. "괴물 같은 머리에 석탄처럼 새까맣고, 눈빛은 타오르는 듯 이글거리며, 귀는 당나귀의 귀 같고, 떡 벌린 아가리는 쇠 이빨로 장식된 짐승 같다."

가장 중요한 사실은 적그리스도와 그의 적 세계 종말의 황제가 종교적으로나 정치적으로 이용되었고 성직자는 물론 민중의 인기도 끌었다는 점이다. 후에 살피겠지만 적그리스도와의 대결이 영적 생활의 지배적인 이미지였던 그런 사회에서 그리스도의 유일한 적에 대한 이념, 그리고 적그리스도 일화의 현실 상황에의 손쉬운 적응 등은 대중들을 그런 신앙에 쉽게 적응케 해주었다. 결국 일찍이 12세기부터 중세에 주요한 선전 방식인 종교 연극은 적그리스도를 주역으로 등장시켜 만인들에게 친숙하게 만들었다. 『적그리스도 놀이 Ludus de Antichristo』는 기독교 세계 도처에서 상연되었다. 우리는 이 연극이 잉글랜드와 독일에서 매우 재미있게 번안된 대본을 갖고 있는데, 그중 하나는 12세기 후반에 쓰인 바이에른 지방의 테게른제 Tegernsee 수도원의 필사본에서 발견되었다.

그러나 두 주역은 적그리스도와 그의 적인 '의로운 왕'이었다. 중세적 무대의 저명인사들은 이 두 주역과 관련된 이해관계와 열정과 선전에 사로잡혀 있었고, 이들은 어떤 특정한 명분상의 필요에 맞도록 그들의 지지자들에 의해 적그리스도나 '의로운 왕'과 동일시되었다. 민족적 선전들은 독일에서 프리드리히 바르바로사와 프리드리히 2세를 세계 종말의 황제로 삼았는가 하면, 프랑스 왕의 선전자들은 아드손의 글귀에 의존하면서 프랑스 왕의 지배 아래 기독교 세계의 재통일을 예언했다. 이 선전으로 제2차 십자군 원정 때 특히 루이 7세가 혜택을 받았다. 이와는 반대로 교황을 지지하는 겔프파는 프리드리히 2세를 적그리스도로 보았는가 하면, 보니파키우스 8세는 그의 세속적 반대자들에 의해 성 베드로의 옥좌에 앉아 있는 적그리스도 같은 존재로 인식되었다. 우리는 15~16세기에 이러한 선전 수단인 '적그리스도'라는 말이 겪었던 운명을 알고 있다. 사보나롤라는 그의 적들에게, 그리고 로마 교황은 개신교 개혁가들에게 적그리스도와 같은 존재들이었다.

뿐만 아니라 사회적 선전 역시 여러 정치 지도자한테서 세계 종말의 구세주를 찾았다. 그리하여 13세기 초 라틴 출신의 콘스탄티노플 황제인 보두앵 드 플랑드르는 서방 세계에서 "반(半)천사요 반(半)악마적인 초인인 동시에 전설적인 인물"이 되었다.

어떤 역사적 인물에 관해 꾸며진 대부분의 전설은 '숨겨진 태수(太守)'에 관한 동방적 전설의 모방인 '잠자는 황제' 신화에서 유래했다. 천년왕국을 갈망하는 대중들에게 바르바로사, 보두앵, 프리드리히 2세는 죽지 않고 살아 있다. 그들은 잠을 깨거나 계시를 받아 인간을 행복으로 인도할 때를 기다리면서 동굴에서 잠을 자고 있거나 거지로 위장하고 산다. 1110년경 제일란트와 브라반트에서 탄첼름Tanchelm 같은 혁명 지도자들은 이러한 후광으로 치장된다. 수도사 차림을 한 그는 들판 한가운데서 설교를 시작한다. 군중들이 주님의 천사처럼 비상한 언변을 지닌 그의 설교를 들으러 운집했다고 한다. 그는 성인과 아주 흡사했다. 그래서 그와 맞서 있던 위트레히트 성당 참사회 소속의 불구대천의 적들이 "악마가 빛의 천사 모습을 하고 있다"고 개탄한 것도 우연이 아니다.

우리는 위트레히트 성당 참사회의 편지나 노먼 콘의 『천년왕국의 추구 The Pursuit of Millenium』에 묘사된 탄첼름의 일화를 읽어볼 필요가 있다. 또한 이와 동일한 주제를 1251년 프랑스에서 '루이 9세 구출 운동 Pastoureaux' 당시 이 운동의 우두머리였던 메트르 드 옹그리Maître de Hongrie라 불리는 변절한 수도사에게서도 발견할 수 있다. 간혹 순전한 찬탈자들이 예기된 각성의 시기에 지상의 구세주로 둔갑한다. 고난의 시대 러시아의 가짜 드미트리나 19세기 초 프랑스의 가짜 루이 17세들처럼 가짜 황제들이 돌연 등장한다. 가장 유명한 것으로는 13세기 초 플랑드르와 에노의 가짜 보두앵 사건이다. 그는 우리가 알고 있는 인물의 전형에 다름 아니다. 탁발 은둔자인 그는 "민중들이 기나긴 순교 역정의 증표인 그의 상처에 키스를 하고, 그의 머리카락이나 옷자락을 얻으려고 싸우고, 몇 세대 전 탄첼름의 경우처럼 그의 목욕물을 마실 정도로 존경받는 군주이자 성인"이 되었다. 1225년 대기근이 창궐했을 때 그는 신도들로부터 황제 칭호를 받았다.

교회는, 비록 성공을 거두지 못한 경우가 많았지만, 이러한 선동가들을 적그리스도나 가짜 예언자들이라고 비난했다. 이 가짜 예언자들은, 우리가 복음서와 천년왕국에 관한 기록들만 참고해보더라도, 적그리스도를 수행하거나 가짜 기적으로 사람들을 현혹시켰음에 틀림없다.

이러한 천년왕국적 경향은 복합적이다. 우선 그것은 중세적 망탈리테에 매우 중요한 것이 될 어떤 현상들에 관한 당시의 감수성을 양극화시킨다.

『성인 전기』의 서두에서 야코포 다 바라체는 적그리스도의 도래와 세계 종말의 임박을 알리는 징후들을 다음과 같이 열거했다.

최후 심판에 앞서서 나타나는 상황들은 가공스러운 징후들, 적그리스도의 사기 행각과 대화재 등 세 부류로 나뉜다.

우선, 최후의 심판에 앞서서 나타남에 틀림없는 징후들은 다섯 가지다. 성 누가가 "태양과 달과 별들에게서 징후가 나타날 것이고, 지상에서는 나라들이 마비될 것이고, 바다는 요란한 파도로 인해 무서운 소리를 낼 것이다"라고 말했기 때문이다. 우리는 이 모든 사건에 관한 해설을 「요한 계시록」에서 발견할 수 있다. 성 제롬은 그 나름대로 최후 심판에 앞서 나타나는 15가지 징후들을 히브리 연대기에서 발견했다. 1)첫날 바다는 산 위로 약 20미터까지 치솟아 성벽처럼 움직이지 않고 그대로 있을 것이다. 2)이튿날 바다는 너무 낮아져서 바닥이 거의 다 보일 정도가 될 것이다. 3)사흘날 바다 괴물이 파도 위에 나타나서 하늘까지 들리는 노호를 지를 것이다. 4)나흘날 바닷물이 불탈 것이다. 5)닷샛날 나무와 모든 식물이 핏방울을 떨어뜨릴 것이다. 6)엿샛날 건물이 붕괴할 것이다. 7)이렛날 돌들이 네 부분으로 쪼개져서 서로 부딪칠 것이다. 8)여드렛날 세계에 지진이 일어나서 사람과 짐승을 땅 위에 쓰러뜨릴 것이다. 9)아흐렛날 땅이 판판해지고 산과 구릉이 먼지로 바뀔 것이다. 10)열흘날 사람들이 동굴에서 빠져나와 말도 하지 못하는 미치광이처럼 헤맬 것이다. 11)열하룻날 죽은 자의 해골이 무덤에서 튀어나올 것이다. 12)열이튿날 별들이 떨어질 것이다. 13)열사흗날 모든 살아 있는 존재가 결국 죽은 자들과 함께 부활하기 위해 죽을 것이다. 14)열나흗날 하늘과 땅이 불타버릴 것이다. 15)열닷샛날 새로운 하늘과 새로운 땅이 나타나고 모든 사람이 부활할 것이다.

　다음으로 최후의 심판 이전에 적그리스도의 시기가 도래하는데, 그는 네 가지 방식으로 인간을 속이려 할 것이다. 1)성경을 거짓으로 해석하여 자신은 율법이 약속한 구세주임을 증명하려 할 것이다. 2)기적의 수행을 통해, 3)선물의 분배를 통해, 4)고통을 가해 사기를 칠 것이다.

　마지막으로 최후의 심판에 앞서 격심한 화재가 발생할 것인데, 이것은 신이 세계를 갱생케 하고 저주받을 자들에게 고통을 주고 선택된 자들을 빛으로 인도하기 위해 저지른 것이다.

당분간 적그리스도와 관련된 사회적·정치적 사건들을 접어두기로 하고, 대신에 위의 표본적인 묘사에서 최후의 날의 도래와 함께 나타나는 일련의 지리적·기상학적인 기적들에 관해 고찰해보자. 그리스-로마적 전통에서 나타나는 모든 기적도 이 같은 방식으로 지옥의 세계는 물론이려니와 천국의 세계와 연계되어 있다. 자연적 '징조들signes'에 대한 중세인들의 기이한 감수성도 이 같은 방식으로 함양되었다. 이러한 징조들은 그들에게 공포와 희망의 메시지였다. 혜성·진흙 비·유성·지진·해일 등은 집단적 공포를 유발시켰는데, 그들은 이 공포를 자연적 재난 자체보다는 그것이 예고하는 세계 종말 때문에 두려워했다.

그러나 이러한 징조들 또한 시련과 공포를 넘어 결국 부활을 기대케 하는 희망의 메시지다. 그리하여 중세적 시간은 공포의 시간이자 희망의 시간이 되었다.

그것이 희망의 시간인 것은 천년왕국 신화가 보다 명료해지면서 혁명적 꿈을 내포했기 때문이다. 이미 살폈듯이 그것은 일시적으로 민중운동을 고무했다. 13세기 초 칼라브리아의 수도사 조아키노 다 피오레는 13세기 내내 수도회 성직자와 세속인들을 동요시킬 폭발적인 내용을 거기에 부여했다. 조아키노의 교의는 보다 정통적인 6시대 구분에 비견하는 역사의 종교적 시대 구분과 관련되어 있다. 그것은 성부의 시대, 성자의 시대, 성령의 시대 등 3시대를 의미한다. 이것은 이미 완성된 구약의 시대, 현재 완성 중에 있는 신약의 시대, 「요한 계시록」에 예고되어 있고 현재 수행 직전에 있는 '영원한 복음'의 시대와 조응한다. 조아키노는 '영원한 복음'의 시대가 도래하는 날짜(중세인들은 날짜에 얼마나 욕심이 많았던가!)까지도 1260년이라고 제시했다. 요는 조아키노의 가르침이 매우 혁명적이라는 점이다. 사실 조아키노와 그의 제자들이 보기에 교회는 기존 세계와 더불어 타락하고 저주받았다. 기존 교회는 새로운 교회, 즉 부를 버리고 평등과 순수가 지배하는 성인들의 교회에 자리를 양보해야 한다. 여기서 중요한 것은 성직자든 평신도든 그의 추종자들은 많은 신학적 신비와 기본적으로는 매우 보수적인 신비주의를 간과하고, 조아키노의 이론으로부터 반(反)성직적·반(反)봉건적·평등주의적 예언만을 취했다는 점이다. 그의 영향은 너무나도 컸다. 그것은 종교적 동향에 항시 주의를 게을리 하지 않았던 루이 성왕이 성지로 출발하기에 앞서, 이에르Hyères로 은퇴해서 많은 회중을 그러모았던 프란체스코 교단의 조아키노주의자인 위그 드 디뉴 Hughes de Digne와 회담하러 갈 정도였다. 13세기 중 파리 대학을 곤경에 빠뜨렸던 조아키노주의는 주지하다시피 1260년까지 살아남았고, 곧 이단으로 규정된 일단의 프란체스코파, 즉 청빈영성파와 나중에는 청빈형제파를 고무시켰다. 이들 중의 한 사람인 피에르-장 올리브Pierre-Jean Olive는 13세기 말 「요한 계시록」에 관한 해설을 썼다. 또 다른 사람인 자코포네 다 토디Jacopone da Todi는 중세 종교시의 최고봉인 『송가Laudi』를 지었다.

조아키노주의적 천년왕국 신앙은 13세기에 돌연히 재출현한 고대의 한 사상 조류, 즉 정부도 없고 계급도 전혀 모르는 평등주의적인 황금시대에 대한 신앙을 재발견했다. 장 드 묑은 이것을 『장미 이야기』 제2부에서 묘사하고 있다. 그의 길고 상세한 원문을 그대로 읽어야 하겠지만, 여기서는 그중 핵심적 부분만을 상기하도록 하자.

고대인의 저술들에서 증언하고 있듯이 옛날 우리의 아버지들과 어머니들의 시대에는 사람들이 탐욕과 강탈욕에서가 아니라 진실하고 아름다운 사랑의 마음에서 서로를 사랑했으며 행복이 세상을 지배했었다〔……〕.
땅은 그 당시 경작되지 않고 신이 만들어준 그대로 있었으며, 각자가 먹을 양식을 그 자체에 지니고 있었다.

이러한 주제는 평등에 기초를 둔 원초적 행복에 대한 거의 루소적인 표현이다.

왕도 제후도 아직까지는 타인의 재산을 잔인하게 강탈하지 않았다. 모든 사람이 평등하고 자신의 재산을 갖고 있지도 않았다. 그들은 사랑과 권위가 서로 친구가 될 수 없고 함께 살 수도 없으며, 또한 지배하는 자에 의해 분리되어 있다는 것을 잘 알고 있었다.

이로부터 사회적·정치적 질서에 대한 비판이 전개된다.

고대인들은 모든 구속과 제약으로부터 해방되어 평화스럽고 정직하게 서로가 친구가 되었다. 그들은 아라비아나 프리지아phrygia의 황금을 얻기 위해 자신의 자유를 팔지는 않았다. 그 시절에는 순례라는 것도 없었다. 아무도 외국을 답사하러 가기 위해 고향을 떠나는 일이 없었다. 이아손Iasôn은 아직까지 자신의 배를 건조하지도 않았으며 황금 양털을 얻기 위해 바다를 건너지도 않았다.
그러나 넉넉함에도 아랑곳하지 않는 죄악과 불행과 더불어 사기가 안전장치를 한 창을 가지고 나타났다. 마찬가지로 넉넉함을 무시하는 오만이 탐욕과 인색과 시기심과 기타 모든 사악함의 무리를 거느리고 나타났다. 이들은 지옥으로부터 빈곤을 데려왔는데, 빈곤은 지옥에서 너무나 오랫동안 머물러 있어서 모르는 사람이 하나도 없던 터였다. 빈곤이 지상에 나타난 저 비참한 날이여, 저주를 받으라!

곧이어 사람들이 행복한 것을 보고 시기하여 날뛰는 저 가엾은 자들이 온 누리에 침입하여 불화·속임·분쟁·소송·싸움·투쟁·전쟁·중상모략·혐오·원한의 씨를 뿌렸다. 그들은 금을 몹시 좋아했기 때문에 땅을 파게 하여 그 안에 숨겨진 귀금속과 보석 등 보물을 꺼냈다.

인간이 그러한 무리들에게 희생되자, 원래의 삶의 방식이 바뀌었다. 사람들은 악을 저지르기를 그치지 않았다. 그들은 거짓말을 하고 사기를 쳤다. 그들은 자신의 재산에 애착을 가지고 땅을 분할하기까지 했다. 그들은 땅의 분할을 위해 경계를 그었다. 그들은 서로들 싸우고 그들이 가져갈 수 있는 것을 모두 빼앗아갔다. 그리하여 가장 강한 자가 가장 큰 몫을 차지했다.

이로부터 정치 권력이 탄생되었다.

그때 오두막을 지키고 악행자를 체포하고 고소인들에게 정당한 배상을 해주고 아무도 그의 권위에 감히 도전하지 못할 사람을 찾지 않으면 안 되었다. 그래서 그들은 그를 선출하기 위해 모였다. 그들은 그들 중에서 가장 기골이 장대하고 건장하며 강한 자를 선출하여 그를 군주와 영주로 삼았다. 이 지배자는, 주민 각자가 자신의 식량 중 일부를 그에게 몸소 바친다면, 정의를 지키고 그들의 오두막을 지켜주겠다고 서약했다. 그리하여 그들은 이런 조건에 동의했다. 〔……〕 군주에게 종을 제공하고 주민들에게 세금을 부과하기 위해 사람들이 다시 회의를 열지 않으면 안 되었다. 그래서 그들 모두에게 세금이 부과되었다. 그들은 그에게 지대와 조공을 바치고 거대한 영토를 주었다. 이것이 바로 왕, 즉 세속 군주의 기원이다. 〔……〕

그 당시 사람들은 보물을 축적했다. 그들은 금과 은, 탄력성이 있는 귀금속 등으로 선박과 화폐, 창문 장식·반지·허리띠를 만들었고, 강철로는 무기·단검·장검·갈고리창·창과 쇠미늘 갑옷 등을 만들어 이웃들과 싸웠다. 동시에 그들은 직사각형으로 다듬은 돌로 탑과 투기장과 성벽을 세웠다. 그들은 도시와 성채를 요새화하고 커다란 궁전을 세웠다. 이러한 부를 소유한 사람들은 강제로 혹은 남몰래 재산을 빼앗길까 봐 크게 두려워했기 때문이다. 이후부터 사람들은 불행해지기 시작했다. 그들은 얼마 전까지만 해도 공기나 태양처럼 공동으로 소유했던 것을 탐욕스럽게 착복했을 때부터는 더 이상 안전을 확보하지 못했기 때문이다.

이와 같이 황금시대로의 복귀를 꿈꾸는 천년왕국 신앙은 국가가 완전히 사라지고, 국왕도 제후도 영주도 더 이상 존재하지 않는 계급 없는 사회의 도래에 대한 믿음의 중세적 형태다.

천국을 지상으로 끌어내리는 것, 천상의 예루살렘을 이곳 지상으로 가져오는 것은 바로 중세 서양의 많은 사람들의 꿈이었다. 내가 이러한 신화를 환기하는 데, 비록 지나친 단순화를 무릅쓰긴 했지만, 얼마간의 지면을 할애한 것은 그 나름대로 이유가 있기 때문이다. 이 신화는 비록 공식적인 교회에 의해 가려져 있었고 또 논박당했지만 중세인들의 정신과 마음을 뒤흔들어놓았다. 그것은 심층적 차원에서의 중세 민중들, 그들의 영속적인 생활조건(자연의 변덕, 기근, 전염병 등) 앞에서 그들이 겪었던 경제적·생리적 고통을 우리에게 드러내준다. 그것은 약자를 짓누르는 사회질서에 대한 그들의 저항, 그런 질서로부터 혜택을 입고 그것을 지키려 했던 교회에 대한 그들의 반항을 보여줄 뿐만 아니라, 천국을 지상으로 끌어내리고 형언할 수 없는 공포의 극에 이르러서야 희망을 엿보는 그들의 종교적인 꿈을 드러내준다.

이 신화에서 드러나듯이 "새로운 것을 찾기 위해 미지의 끝까지" 가고자 하는 좀 쑤시는 욕망이 참으로 새로운 세상을 상상하는 데까지 이르지는 못했다. 중세인들이 꿈꾸었던 황금시대는 그들의 기원으로의 복귀에 다름 아니다. 그들의 미래는 그들 뒤에 있었다. 그들은 머리를 뒤로 돌린 채 앞으로 걷고 있었던 것이다.

제7장

물질생활(10~13세기)

1. '중세의 발명'

중세 서양은 설비가 빈약했던 세계다. 사람들은 설비가 저급했다고 말하고 싶어한다. 그러나 중세에 대해 설비가 저급했다거나 더군다나 후진적이었다고 말하는 것은 받아들이기 곤란하다. 그도 그럴 것이, 비록 그 당시 비잔티움과 이슬람 세계 그리고 중국 등이 화폐경제와 도시 문명 그리고 사치품 생산의 발전 측면에서는 서양을 앞섰지만, 이곳들 역시도 기술 수준은 낮았기 때문이다. 물론 기술 분야에서 중세 초기는 로마 제국에 비해 약간 퇴보했다. 반면 기술상의 중요한 개선이 11세기부터 진척을 이루었다. 비록 5세기부터 14세기 사이에 이룬 발명이라야 보잘것없었지만, 기본적으로 질적 진보는 아니더라도 양적 진보를 이룬 것은 사실이다. 중세 서양에서 기술 발전의 적극적 측면은, 고전 고대부터 알려져 있었지만 사실은 혁신적이라기보다는 여전히 희소하고 호기심을 끄는 수준에 머물러 있었던 도구와 기계와 기술을 전파시킨 것이다.

'중세의 발명품들' 중에서 가장 찬란하고 혁명적인 두 분야가 고대로부터 연유한다. 그러나 역사가들에게 이것의 출생 연대, 달리 말하면 발명 연대가 아닌 전파 연대는 물론 중세다. 물레방아가 일리리아에서는 기원전 2세기부터, 소아시아에서는 기원전 1세기부터 알려져 있었다. 그리고 그것이 로마 세계에서도 존재했다. 비트루비우스Vitruvius는 이 물레방아를 묘사했다. 그의 묘사에 따르면 로마인들은 초기 물레방아를 크게 개선했다. 이러한 개선은 원래의 수평바퀴를 수직바퀴로 바꾸고, 맷돌의 수직축에 바퀴의 수평축을 톱니바퀴로 연결시킴으로써 가능했다. 그러나 노예나 동물이 돌리는 수동식 방아가 여전히 보편적으로 사용되었다. 9세기에 이르면 물레방아가 이미 서양에 널리 보급되었다. 예컨대, 생제르맹데프레 수도원의 영지 명세장에서는 59개의 물레방아가 언급된다. 그러나 생베르탱 수도원의 『연대기Annales』에 따르면, 수도원장이 생토메르 근처에 설치한 물레방아를, 10세기까지도 여전히 "우리 시대의 경탄할 만한 구경거리"라고 기술했다. 11세기에서 14세기 사이에 물레방아가 급속히 전파되었다. 루앙의 한 지방에서는 10세기에 2기, 12세기에는 새로이 5기가 세워졌고 13세기에는 10기가 추가되었으며 14세기에는 14기가 더 추가되었다.

마찬가지로 중세 쟁기도 1세기에 연로(年老) 플리니우스Caius Plinius Secundus가 기술한 바퀴 달린 쟁기에서 유래되었음이 거의 확실하다. 그것은 중세 초기에 전파되어 서서히 개선되었다. 언어학적 연구들은 바퀴 달린 쟁기가 일찍이 슬라브 지방에 상당히 보급되었을 가능성이 높았음을 시사하고 있다. 모라비아의 경우 10세기 초 헝가리족의 침입이 있기 전에, 슬라브족 국가 전체에는 아마도 568년 아바르족의 침입이 있기 전에 보급되었던 것으로 보인다. 쟁기와 관련된 용어들이 여러 슬라브계 언어에 공통으로 나타나고 있으며, 이 용어들은 슬라브족의 분산을 초래했던 아바르족의 침략 이전에 사용된 것으로 판단되기 때문이다. 그러나 9세기까지도 여전히 카롤루스 왕조의 칙령집과 영지명세장에 언급된 'carrucae'가 어떤 종류의 도구를 지칭하는지를 말하기는 힘들다. 소도구의 분야에서도 중세의 발명품이라 여겨지곤 했던 대패가 1세기부터 알려져 있었다.

한편 그리스-로마 세계로부터 물려받지 않은 '중세의 발명품들'은 동방에서 유래했던 듯하다. 그것을 입증할 수는 없으나 풍력방아의 경우는 사실인 듯하다. 그것이 중국에, 그다음 7세기에는 페르시아에, 10세기에는 에스파냐에 알려져 있었으며, 기독교 세계에는 12세기 말에 가서야 등장했다. 그러나 서양 최초의 풍력방아는 영불해협 인근의 제한된 지역(노르망디·퐁티외·잉글랜드 등)에서 등장했다. 따라서 바람개비는 없지만 꼭대기의 구멍을 통해 바람의 운동을 대형의 수직 바퀴에 집중시킨 동방식 방아, 네 개의 긴 바람개비가 달린 서방식 방아, 동아줄로 팽팽하게 당긴 삼각형의 수많은 바람개비가 달린 지중해식 방아(이 방아는 아직도 미코노스Mykonos와 포르투갈에서 볼 수 있다) 사이의 양식상의 차이점들은 풍력방아가 이 세 지역에서 독자적으로 등장했음을 보여준다.

이러한 기술 발전의 전파가 갖는 중요성이 무엇이든, 특히 중세 서양의 기술 분야를 특징짓는 것은 창의적 재능이 결여된 것보다는 기술이 초보적이었다는 데 있다. 중세 서양은 무엇보다도 기술적 빈약성과 장애와 애로 등 복합적 요인 때문에 원시적인 상태에 묶여 있었다.

이러한 기술적 초라함과 침체는 사회구조와 망탈리테에도 분명히 큰 책임이 있다.

세속 영주와 교회 영주 등 지배자들만이 사치품에 대한 필요를 느끼고 이것을 충족할 수 있었다. 그들은 비잔티움이나 이슬람 세계로부터 비싼 옷감과 향신료 등의 외국 산물을 들여올 수 있었다. 그들은 수공업적 제조나 공업적 제조를 하지 않고도 사냥해서 잡은 동물과 모피를 식료품이나 의류로 이용할 수 있었다. 또한 그들은 소량의 철제품과 금은 세공품을 일부 전문가들(대장장이나 금은 세공업자)에게 부탁하여 소유할 수 있었다. 비록 민중들이 고대 노예들처럼 영주에게 값싸고 착취 가능한 노동력을 제공하지는 않았지만, 그들은 숫자가 아주 많았고 기본적 필요만을 충족시켰기 때문에 초보적인 도구를 이용하여 지배계급을 먹여 살렸고 자신도 다소 비참하게나마 살아갈 수 있었다.

그렇다고 해서 세속 귀족과 교회 귀족의 지배가 기술 분야에서 단지 방해자로서 부정적 측면만을 지녔던 것은 아니다. 어떤 분야에서는 그들의 필요나 취향이 어느 정도 기술 발전을 촉진시켰다. 성직자들, 특히 수도사들은 경제 관계를 포함한 바깥 세계와의 관계를 가능한 한 줄이지 않을 수 없었고, 자신들의 고유한 영적인 소명인 성무 일과와 기도 그리고 자선사업(이것은 그들로 하여금 식량 분배를 통해 수많은 식솔뿐만 아니라 떠돌이 빈자들이나 거지들의 경제적 필요를 충족시켜주었다) 등에 종사하기 위해 물질적인 일로부터 해방되고 싶어했다. 바로 이것이 그들로 하여금 상당한 기술적 수준의 설비를 발전시키도록 자극을 주었다. 우리는 종종 전위적인 종교 교단이 물레방아든 풍력방아든 초기 방아와 농촌 기술의 향상에 기여했다는 사실을 알고 있다. 중세 초 도처에서 어떤 성인이 물레방아를 발명하여 한 지방에 도입했다고 전해지는 얘기는 단순한 우연만은 아니다. 예컨대 오슈의 주교 오랑이 4세기 이자비Isaby 호수에 물레방아를 설치했다느니, 아를의 주교 케사리우스가 6세기 뒤랑콜 지방의 생가브리엘에 물레방아를 세웠다느니 하는 얘기가 그 당시 전해지고 있었다.

전사 귀족에게 매우 중요한 무기와 군사 기술의 발전은 연금술과 탄약 제조술의 발전을 촉진시켰다.

앞에서 살폈듯이 교회는 역산(曆算)의 필요에서 시간 계측 기술의 발전을 촉진시켰다. 중세 최초의 대형 건물인 교회당의 건축은 건축 기술뿐만 아니라 도구 제작과 수송 방법, 유리 제조와 같은 보조 기술 분야의 발전을 자극했다.

그럼에도 지배계급의 태도는 반(反)기술적이었다. 13세기말까지, 더 나아가 어느 정도는 그 이후까지도 거의 중세 전체를 통틀어 기술적 측면에서의 연장·설비·노동 등은 예술이나 문학에서 상징으로만 등장했다. 우리는 12세기『기쁨의 낙원』에 등장하는 방아와 포도 압착기와 달구지의 표상을 신비적인 방아나 포도 압착기 그리고 엘리야Eliyyâh의 마차(기원전 9세기 유대의 예언자로서 마차를 타고 천국에 올라갔음—옮긴이)의 기독교적 비유로 돌리지 않으면 안 된다. 어떤 도구는 성인의 상징적 부속물로만 등장한다. 제화공들이 쓰는 송곳이 도상에 매우 빈번히 묘사되었던 것은, 그것이 디종의 성인 베니그누스나 심지어는 제화공들의 수호성인인 크리스피아누스와 크리스피아나 같은 어떤 순교자들에게 가해졌던 전통적 고문 수단의 일부였기 때문이다. 특히 중요한 예를 들면, 성인 소(小)야고보Jacques le Mineur(12사도 중 두 동명이인 가운데 순교한 예수의 형제—옮긴이)는 14세기까지도 여전히 다듬잇방망이와 함께 묘사되곤 했다. 사형 집행인 중 한 사람이 예루살렘에서 이 방망이로 그의 머리를 내려쳤던 것이다. 중세 말에 이르면 순교자의 도구였던 다듬잇방망이 대신에 장인의 도구인 삼각형 활(일종의 털 빗는 도구)로 교체된다. 이제 사회와 망탈리테가 변한 것이다.

중세적 망탈리테의 또 다른 특징인 '새로움'에 대한 두려움이 기술 분야에서만큼 강하게 반(反)진보적인 힘으로 작용했던 중세적 삶의 영역은 아마도 없을 것이다. 기술상의 혁신은 다른 어떤 것보다도 해괴 망측한 일이요 죄악이었다. 그것은 경제적·사회적·정신적 균형을 위태롭게 했다. 후에 살피겠지만, 기술 발전은 영주들에게만 혜택이 돌아갔기 때문에 대중들로부터의 적극적 혹은 소극적인 저항에 봉착했다.

오랫동안 중세 서양에서는 그 누구도 기술에 관한 글을 쓰지 않았다. 이것은 쓸 만한 가치가 없거나 전수해서는 안 되는 비결에 속했기 때문이다. 12세기 초 독일 수도사 테오필루스Theophilus가 중세 최초의 기술 개론으로 간주되는 『여러 기술론De diversis artibus』을 썼을 때 그는 장인과 예술가들을 가르치려는 것보다는 기술자의 솜씨가 신의 선물이라는 것을 보여주는 데 더 관심이 있었다. 13세기 농업에 관한 잉글랜드의 저작들, 월터 헤늘리Walter of Henly의 『농업론Husbandry』이나 『플레타Fleta』가 가장 유명한 것으로 알려진 장원 경영에 관한 저작들은 아직까지도 실용적 조언을 실은 작품들에 불과했다. 로마 농학자들의 전통이 혁신되려면 14세기 초 볼로녜 피에트로 데 크레셴치Bolognais Pietro de Crescenzi의 『농민적 편의론Ruralium commodorum opus』을 기다리지 않으면 안 된다. 그렇지 않으면 기술적인 책들이라고 하는 것도 잡다한 지식을, 때로는 사이비 과학적인 지식을 모은 것에 불과하여 기술사의 사료적 가치도 거의 없다. 예컨대 장 드 가를랑드의 사전이라든지, 알렉산더 네캄Alexander Neckham의 『도구 명칭론De nominibus utensilium』이라든지, 알베르투스 마그누스의 『식물론*De vegetalibus*』이라든지, 1240년 경 링컨 백작 부인을 위해 썼던 로버트 그로세테스트Robert Grosseteste의 『지력 유지 방법*Regule ad custodiendum terras*』 등이 그러하다.

2. 중세적 '기계'의 빈약

중세의 기술 장비의 빈약성은 기계보다도 도구의 우세, 농기구와 농사 기술의 비효율성과 미흡함(이로 인해 농업 생산성이 매우 낮았다), 동력 장비와 수송 기술의 열악성, 그리고 재정적·상업적 기술의 조악함 등과 같은 기초 분야에서 가장 두드러졌다.

기계류는 중세 중에 사실상 아무런 질적 발전이 없었다. 그 당시 사용되고 있던 거의 모든 기계는 헬레니즘 시대의 학자들, 특히 기계에 대한 과학적 이론의 대강을 밝혔던 알렉산드리아 학자들에 의해 이미 묘사된 것들이다. 특히 중세 서양은 운동의 전달과 변형체계에 있어서는 개량을 한 것이 전혀 없었다. 나사·바퀴·캠cam(회전 운동을 왕복 운동으로 바꾸는 장치—옮긴이)·멈춤쇠·도르래의 5개 '역학 연쇄'들은 고대에 이미 존재했던 것들이다. 그러한 역학 연쇄의 여섯번째인 크랭크crank(왕복 운동을 회전 운동으로 또는 그 반대로 바꾸는 장치—옮긴이)는 중세의 발명품인 듯하다. 그것은 9세기 중엽 위트레히트 성시에서 묘사된 회전 맷돌과 비슷한 단순한 기계로 중세 초에 등장하긴 했으나 중세 말 이전까지는 보편화되지 않았던 것 같다. 아무튼 이러한 크랭크의 가장 효율적 형태인 크랭크 연간(連杆) 체계는 14세기 말에 가서야 등장했다. 이러한 메커니즘 또는 기계의 대부분이 고대에는 종종 호기심의 대상이나 (알렉산드리아의 자동인형처럼) 장난감으로만 알려져 있다가 중세에 이르러서야 널리 보급되고 실제적으로 효율성을 획득한 것이 사실이다. 중세 노동자들은 또한 경험적 숙련으로 그들의 무지를 어느 정도 벌충할 수 있었다. 그리하여 그들은 나무로 만든 캠축과 용수철을 연결시켜 쇠망치나 나무메 같은 충격 장치를 가동시킬 수 있었고, 그 당시에는 아직 알려지지 않았던 크랭크 연간체계를 어느 정도 벌충할 수 있었다.

이러한 운동 변형 기술의 낙후성을 망탈리테를 통해 해명할 수 없다면, 적어도 그것을 어떤 신학적·과학적 개념과 결부시킬 수는 있는가? 13세기 요르다누스 네모라리우스Jordanus Nemorarius와 그의 학파에도 불구하고, 아리스토텔레스 역학이 과학에 큰 결실을 맺을 수 있도록 기여하지는 못했다. 저자가 누군지 아직도 알려지지 않은 『역학론De mechanica』이라는 작품을 중세에서처럼 아리스토텔레스의 것이라고 보아서는 안 된다. 14세기 들어서도 브래드워딘, 오캄, 뷔리당Buridan, 오렘Oresme 같은 '임페투스impetus' 이론가들은 아리스토텔레스의 물리학과 보다 각별하게는 그의 역학을 혹독하게 비난했다. 그렇지만 이들은 아리스토텔레스처럼 자신들의 운동학을 근본에서부터 부정하는 형이상학적 개념의 포로들로 머물러 있었다. '임페투스'는 '외부에서 각인된 덕virtus impressa'처럼 하나의 '덕'이요, '원동력'(운동 과정을 발생케 하는 형이상학적 개념)이었다. 더군다나 이러한 운동 이론의 근본은 항시 신학적 문제에 속했다.

이러한 사고방식의 의미 있는 예를 프랑수아 드 라마르슈François de la Marche가 1320년에 제시한 바 있다. 그는 "성사(聖事)에는 공식적으로 그 자체에 고유한 초자연적 힘이 있는지"를 질문했다. 그에게 있어서 이 질문은 "인공 도구에는 자체에 고유한 힘이 있을 수 있는지, 아니면 외부 동인으로부터 그런 힘을 받을 수도 있는지"를 파악하려는 것이었다. 이를 위해 그는 공중에 세게 던진 돌의 경우를 연구한 다음, 그동안 옳게 평가되어왔듯이 "임페투스 물리학의 기초를 세웠다." 사물을 신학적인 동시에 형이상학적으로 봄으로써 생기는 이러한 장애는 중세적 망탈리테를 특징짓는 운동에 대한 무관심을 가져왔다. 운동에 대한 이러한 무관심은 시간에 대한 무관심보다 더 컸던 것으로 생각된다. 아리스토텔레스처럼 토마스 아퀴나스에게도 "시간은 운동의 수효"이기 때문에 이 둘은 서로 연관이 있기는 하지만 말이다. 중세인들의 관심을 끌었던 것은 움직이는 것이 아니라 정지해 있는 것이다. 그들이 추구한 것은 정지 $quies$ 다. 반면 요동과 탐구를 가져오는 것은 그들에게 공허하고(이 '공허한'이란 형용사는 '요동' '탐구' 등과 같은 단어에 흔히 부가되어 사용된다) 약간은 악마적인 것처럼 보였다.

이러한 이론과 형이상학적 경향이 기술의 침체에 끼친 영향을 과장하는 것은 온당치 않을 것이다. 중세 기계류의 조악함은 무엇보다도 사회·경제 구조와 관련된 전반적인 기술 상태에서 비롯된 것이다.

선반 분야에서처럼 어느 정도 기술 개량이 이루어졌다 하더라도, 이의 이용이 강도가 낮은 재료에 대한 작업에 국한되었거나(이것은 중세에 선반으로 만든 물건이 오늘날 거의 남아 있지 않은 이유를 설명해준다), 그렇지 않으면 기술 개량이 뒤늦게 이루어졌다. 예컨대 크랭크축 체계는 고급 직물 산업의 위기를 맞은 1280년경에야 비로소 물레에 사용되기 시작했으며, 물레는 방적공이 보통 서서 작업하면서 손으로 돌리지 않으면 안 되었다. 이것은 아직까지 페달이 없었기 때문이다— 페달은 크랭크 연간체계와 더불어 나중에 등장할 것이다. 도공용 물레는 선사 시대부터 있었던 것이고, 장대로 돌리는 회전기는 고전 고대에 존재했었다. 13세기 샤르트르 성당 유리창 그림에서 볼 수 있는 2개의 페달과 도르래가 달린 회전기는 아마도 중세의 개량품이었겠지만, 그 시절에는 성능이 좋지 않았을 것이다.

기중기와 동력 기계는 건축의 발전, 특히 교회와 성채의 건축 붐에 자극을 받아 널리 사용되었다. 그렇지만 경사면이 아마도 물체를 들어올리는 데 가장 흔히 사용되는 방법이었을 것이다. 적어도 원리적으로는 고대의 기계들(조정 도르래가 달린 단순한 수동 윈치와 다람쥐 쳇바퀴식 기중기)과 전혀 다를 바 없었던 기중기들은 여전히 제후들이며 도시 부르주아들이며 교회 재산 관리인들만이 사용할 수 있는 호기심의 대상이거나 진귀품이었다. 이러한 한 예는, 오늘날에는 잘 알려져 있지 않지만, 선박을 진수할 때 마르세유에서 사용했던 '바사 *vasa*'라 불리는 기계였다. 12세기 말 수도사 제르베Gervai는 1174년 화재로 파괴된 캔터베리 성당을 재건하기 위해 고급스런 돌을 캉에서 운반해온 건축가 기욤 드 상스Guillaume de Sens의 재능에 감탄했다. "그는 교묘한 기계를 만들어 선적과 하적을 하고 돌과 몰타르를 들어 올리는 데 사용했다." 그러나 이러한 기계들은 무엇이었는가? '다람쥐 쳇바퀴식 기중기 *la grue à cage d'écureuil*'(옛날 죄수들이 그 안에서 밟아 돌리는, 마치 다람쥐 쳇바퀴같이 생긴 바퀴로 조정되는 기중기를 말함 — 옮긴이)도 아직까지 호기심의 대상이었다. 그것은 한 분야에서만 사용되었다. 14세기에 그것은 어떤 항구 장비의 일부였고 몇몇 그림에 묘사될 정도로 하나의 불가사의로 보였다. 브뤼헤에서는 이에 대한 최초의 그림이 있었으며, 뤼네부르크Lüneburg와 그단스크Gdansk에서는 지금도 복원된 그림들을 볼 수 있다. 13세기 전반 빌라르 드 온쿠르의 그림을 통해 우리에게 알려진 최초의 기중기의 일종인 잭도 여전히 호기심의 대상이었다.

총포가 발명되기 전에 중세의 포는 로마인들이 이미 개량해놓은 헬레니즘 시대의 포를 계승한 것에 불과했다. 중세 투석기와 쇠뇌의 선조가 되는 것은 노포(弩砲)라기보다는 4세기에 아미아누스 마르켈리누스가 묘사한 투석기다. 중세 투석기는 높은 성벽 너머로 투사물을 쏘아 넘겼다. 반면 이보다 더 잘 조정되는 중세 쇠뇌는 화살을 투석기보다 높이 쏘지는 못했지만 더 멀리 쏠 수는 있었다. 그러나 원리는 석궁과 같았다.

사실 기계라는 말이('mechanici'란 말이 공병을 의미했던 동로마 제국에서처럼) 서양 중세에서는 보통 기술적 정교함이 결여된 포위 장비에만 적용되었다. 1107년 프랑스 왕 루이 6세가 구르네Gournay 성채를 공격할 때 쉬제는 『루이 6세 비대왕의 전기Vie de Louis VI le Gros』에서 그것을 다음과 같이 기술했다.

즉각 그들은 전투 장비를 이용하여 성채를 공격했다. 전투원들을 조망할 수 있는 3층으로 된 높은 장치가 세워졌다. 이 장치 위에서 성채를 내려다보면 적의 1차 방어선의 궁수와 쇠뇌 사수들이 성안에서 이동하지도 얼씬거리지도 못했다. 그러자 이 장치에 의해 밤낮으로 포위되어 압박받은 포위자들은 더 이상 자신들의 성채를 고수할 수 없었다. 그들은 땅굴 속으로 은밀하게 도피하려 했다. 그들은 적에게 노출되지 않은 채 궁수들로 하여금 활을 쏘게 함으로써 그 장치의 1층 관측구에서 자신들을 내려다보고 있는 적들에게 치명적 위협을 가했다. 하늘 높이 솟아 있는 그 병기에 나무다리가 부착되어 있었다. 이 다리는 높이 세워져 있어서 성벽 쪽으로 약간 낮추기만 하면 쉽게 출입구가 만들어졌으며, 전투원들은 그것을 통해 성안으로 걸어 내려갈 수 있도록 되어 있었다.

수공업용이나 심지어는 대규모 산업용으로 물레방아가 여전히 이용되고 있었다. 중세의 기술에서 가장 두드러진 발전을 이룬 분야는 바로 이 물레방아와 근대적 계가 체계였다.

3. 목재와 철

중세는 목재의 세계다. 목재는 그 당시에 널리 쓰인 재료였다. 그러나 그것은 질이 나쁘기 일쑤였다. 아무튼 목재는 치수가 제한되어 있는 데다 가공하기도 힘들었다. 건축, 선박의 돛대와 나무 지붕에 쓰이는 큰 목재는 자르고 다듬기가 힘들었고, 비록 사치품은 아니더라도 값비싼 자재였다. 12세기 중엽 생드니 수도원 건물 대들보로 적합한 직경이 크고 길이가 긴 나무를 찾고 있던 쉬제는 슈브뢰즈Chevreuse 계곡에서 자기가 원하는 나무를 발견한 것을 기적으로 생각했다.

이와 비슷한 기적을 14세기 초 성 이브St. Yves도 일으켰다. 그에게 나무는 귀중품이었다. 나무를 잘못 절단해서 생긴 나뭇조각을 낭비하지 않도록 하기 위해 기적이 필요할 정도로 긴 나무가 너무나도 희귀했다.

성 이브는 트레귀에Tréguier 성당이 붕괴 위험이 있다는 것을 알고 로스트르낭Rostrenen의 유력한 대영주를 찾아가서 그에게 교회가 필요한 것이 무엇인지를 인식시켰다. 영주는 [……] 다른 무엇보다도 나무와, 숲에서 구할 수 있는 모든 소요 목재를 주었다. 성인은 벌목장이를 시켜 가장 좋고 쓸 만한 나무를 잘라 운송하도록 했다. 그는 경건하고 성스러운 이 사업에 쓰일 목재를 절단해서 운송해왔다. 성인이 임명한 솜씨 있는 대건축가가 교회의 치수를 재고 설계도에 따라 적당한 크기로 대들보를 잘라냈다. 그러나 그는 대들보들이 너무 짧게 잘렸음을 발견했다. 그는 회한의 눈물을 흘리며 머리를 쥐어뜯고 〔……〕 당황하여 얼굴이 빨개진 채 손에 교수형 밧줄을 들고 성인을 찾아가서 그 앞에 무릎을 꿇어앉았다. 그는 눈물과 신음 소리가 뒤범벅이 된 가운데 말했다. "제가 어떻게 하면 좋겠습니까? 제가 어떻게 감히 성인님 앞에 나타날 수가 있겠습니까? 제가 어떻게 이 같은 치욕을 감내하고 트레귀에 교회에 끼친 크나큰 폐해를 갚을 수 있겠습니까? 여기 저의 몸과 목과 밧줄이 있습니다. 성인님께서 힘들여 구하신 대들보를 저의 부주의로 2피트나 짧게 잘라 못 쓰게 만들었으니 저에게 벌을 내려주십시오."

물론 성인은 그를 진정시키고 기적을 통해 대들보를 필요한 크기로 늘였다.

목재는 (토지 산물과 함께) 중세에는 너무나 값비싼 재료였으므로 세속 재산의 상징이 되었다. 『성인 전기』는 연옥에 간 영혼들 중에 죽을 때 '목재와 건초와 턱잎'을 가져간 영혼들, 이를테면 신을 경배하면서도 세속 재산에 여전히 애착을 가지고 있는 영혼들을 언급하고 있다.

비록 줄기가 큰 나무를 찾기는 힘들었지만, 그래도 목재는 서양 중세에서 가장 흔한 산물이었다. 『여우 이야기 Roman de Renart』가 우리에게 보여주듯이 자신들에게 부족한 물질적 재산을 항시 찾고 있던 여우와 동료들은 나무를 진절머리 날 정도로 많이 갖고 있었다. "그들은 장작이 남아돌아 큰불을 놓았다." 목재는 일찍부터 서양 중세의 주요한 수출품이었다. 주지하듯이 서양과는 달리 이슬람 세계에서는 레바논과 마그렙 숲을 제외하고는 나무가 부족했기 때문이다. 목재는 서양 중세에서 가장 위대한 여행자였으며, 또 다른 여행자들처럼 배편으로든 뗏목으로든 바다를 통해 여행을 했다.

카롤루스 왕조 때부터 또 다른 대 동방 수출품은 철, 정확히 말하면 대검이었다. 중세 초의 이슬람 사료(史料)에는 프랑크 왕국의 대검이 많이 나타난다. 그러나 이 대검은 잘 가공된 사치품이었다. 이것은 게르만 출신 대장장이들의 기술의 산물이었는데, 이들은 금속의 고향인 중앙아시아에서 초원길을 경유하여 들어온 연금술 전문가들이었다. 철은 목재와는 달리 중세 서양에 매우 희소했다. 8세기에 철이 매우 희귀했다는 사실에 놀랄 필요는 없다. 롬바르드 왕 데시데리우스가 773년 파비아 성채 꼭대기에서 갑옷을 입은 카롤루스 마그누스의 군대를 보고 공포에 떨며 망연자실하여 "아, 쇠다! 아이쿠, 쇠다!"라고 소리쳤던 것을 장크트갈렌 수도원의 한 수도사가 기록할 정도였다. 13세기까지도 프란체스코회의 수도사 바르톨로마이우스 앙글리쿠스Bartholomaeus Anglicus가 그의 백과사전 『사물의 속성론 De proprietatibus rerum』에서 철을 여전히 귀금속으로 간주했다. "여러 가지 관점에서 볼 때, 비록 탐욕스런 사람들은 철보다 금에 더 욕심을 내지만, 금보다 철이 인간에게 더 유용하다. 철이 없다면 사람들은 적으로부터 자신을 방어할 수 없고 관습법이 지배하도록 할 수도 없다. 무구한 사람들은 쇠(뜨거운 쇠붙이를 통한 신명재판) 덕분에 자신의 무구함에 대한 변호를 확실하게 할 수 있고 악인들의 후안무치는 쇠 때문에 처벌을 받는다. 또한 모든 육체노동은 철의 이용을 요구하며, 만약 철이 없다면 아무도 땅을 경작할 수도 없고 집을 지을 수도 없을 것이다."

중세의 정신생활이나 물질생활의 지도자인 성 베네딕투스가 철에 두었던 관심보다 중세에서 철의 가치를 더 잘 입증해주는 것은 없다. 그는 규약에서 수도원이 소유한 철기 *ferramenta*에 대해 수도사들이 지켜야 할 주의사항에 제27장 전체를 할애했다. 수도원장은 "모든 생명과 수고를 철기의 안전에 바치는" 수도사들에게만 철기를 맡겼음에 틀림없다. 이걸 망가뜨리거나 잃는 것은 심각한 규약 위반이었으며 가혹한 처벌을 받았다.

성 베네딕투스의 기적들은, 그레고리우스 대교황이 기본적인 훈육지침으로 물려준 이래, 중세인들의 마음을 떠난 적이 없었다. 이 기적들은 전승을 통해 야코포 다 바라체에게까지 전달되었으며 그중에는 중세 세계에서의 철의 가치를 강조하는 기적도 하나 있다. 이 기적이 때로는 솔로몬의 것으로 돌려지기도 하는데, 이것은 전혀 놀랄 만한 일이 못 된다. 중세에는 솔로몬이 기술적·과학적 비법의 거장으로 여겨졌기 때문이다. 이것이 구약 성경에서는 엘리사에 의해 이미 실행된 바 있다(「열왕기 하」 6:5~7). 『성인 전기』에 기록된 베네딕투스의 일화를 들어보자. "어느 날 어떤 사람이 수도원 근처에서 가시덤불을 낫으로 베고 있었다. 그때 낫날이 손잡이에서 떨어져나가 깊이를 알 수 없는 연못의 심연 속으로 빠졌다. 그는 이 때문에 매우 낙심했다. 그러나 성 베네딕투스가 낫의 손잡이를 못 깊숙이 넣자 낫날이 바위에서 빠져나와 손잡이까지 헤엄쳐왔다."

11세기 초에 쓰인 초기 노르망디 공들에 대한 연대기에서 뒤동 드 생캉탱 Dudon de Saint-Quentin은 공들이 쟁기에 부여했던 가치와 쟁기 절도에 대해 규정했던 전형적인 처벌을 언급하고 있다. 12세기 말 아라스의 시인 제앙 보델 Jehan Bodel은 우화시 『파르뷔의 농부 *Le Vilain de*

Farbu』에서 한 대장장이가 순진한 사람들을 골탕 먹일 의도로 문 앞에 뜨겁게 달궈진 쇠붙이를 가져다놓은 얘기를 기록하고 있다. 그 시절에는 쇠붙이가 횡재 감이었으므로 한 농부가 자기 아들에게 그 쇠붙이를 집어오라고 시켰다. 더욱이 중세에는 얼마 생산되지도 않은 철이나마 대부분 무기와 군용으로 쓰였다. 쟁기 보습, 반월형의 낫날, 큰 낫의 날, 가래의 받침 부분, 기타 도구에 쓰인 철은 비록 9세기부터 점차적으로 증가하긴 했지만 전체 철 생산량 중 극히 일부에 지나지 않았다.

그러나 카롤루스 왕조의 재산목록에 나타난 상황은 대체로 중세 전체에도 해당한다. 이 목록에서는 몇 가지 철기를 열거하고 나서, "노동하기에 충분한 수효의 목재기구"라는 표제 아래 농기구의 대부분을 언급하고 있다. 그런데 완전 철제기구나 철을 부품으로 쓴 기구의 대부분, 예컨대 자귀·도끼·천공기, 작은 낫 등이 목재노동에 이용되었다는 사실에 주목해야 한다. 또한 그러한 철기 중의 대부분은 크기가 작고 효율성이 적었다는 사실도 잊어서는 안 된다. 중세에 목공의 조수나 목수뿐만 아니라 숯쟁이들의 핵심적 도구는 아주 고대적이고 단순한 손도끼였다. 거의 모든 개간에 사용된 이 손도끼는 관목림과 잡목림 개간에만 이용되었을 뿐이고 거목림 개간에는 속수무책이었다.

따라서 철이 기적을 펴 보일 호기가 될 정도로까지 주목의 대상이 되었다 해서 하나도 놀랄 것이 없다. 대장장이가 중세 초부터 마술사와 비슷한 비범한 인물로 여겨졌던 것도 놀랄 일이 아니다. 아마도 이러한 후광은 무엇보다도 무기와 대검 제조공으로서의 그의 활동에 기인했을 뿐만 아니라, 게르만적·스칸디나비아적인 야만적 전통이 중세 서양에 물려준, 금은 세공인과 더불어 그를 성스런 존재로 간주했던 전통에 기인했다. 사가saga (북유럽의 전설과 무용담을 말함 — 옮긴이)

들은 탁월한 능력을 지닌 그런 대장장이들을 찬미한다. 예컨대 알베릭 Albéric과 미메Mime, 노둥Nothung이라는 비길 데 없는 검을 주조한 지그프리트Siegfried, 그리고 빌란트Wieland 등이 그런 사람들이다. 디드레크Thidrek의 사가는 빌란트가 칼을 만드는 모습을 보여준다. "왕은 '그 칼 참 멋있다'라고 말하면서 갖고 싶어했다. 빌란트는 '별로 좋지 않습니다. 손을 좀 봐야 합니다. 더 손을 보고 나서 드리겠습니다'라고 대답했다. 빌란트는 작업장으로 돌아가서 줄로 칼을 아주 잘게 토막 내어 밀가루를 섞었다. 그러고 나서 그는 새장에 갇혀 있던 새들을 3일 동안 굶기고 그 혼합물을 먹이로 주었다. 그는 용광로에 새 똥을 넣고 녹여 그때까지 철 속에 들어 있던 찌꺼기를 모두 제거했다. 그러고 나서 그는 새 칼을 만들었다. 이 칼은 먼저 것보다 더 작았다. 〔……〕 손으로 잡기에 적당했다. 빌란트가 만들었던 초기의 칼들은 보통보다 더 컸었다. 왕은 다시 빌란트의 칼을 얻으려 했다. 왕은 그 칼을 찬찬히 바라보고는 이제까지 보아온 어떤 칼보다도 예리하고 훌륭하다고 단언했다. 그들은 강가로 내려갔다. 빌란트는 폭과 길이가 3피트 되는 양털 뭉치를 들고 가서 강에다 던졌다. 그는 칼을 잡고 물속에 가만히 있었다. 양털 뭉치가 칼날에 와서 부딪치니, 칼은 물의 흐름처럼 부드럽게 양털 뭉치를 잘라버렸다."

우리는 요셉이란 인물의 변신 속에서 재료에 대한 이 같은 중세적 느낌을 알 수 있을 것이다. 그가 중세 초에는 대장장이의 전형으로 여겨지는 경향이 있었고, 그다음에는 나무로 둘러싸인 중세에서의 인간적 운명의 구현으로서 목수가 되었다. 결국 여기서도 또한 종교적 상징과 관련된 망탈리테가 기술 발전에 어떤 영향을 끼쳤는지를 살펴보지 않으면 안 된다. 유대적 전통에서 나무는 선하고 철은 악하다. 나무는 생명을 가져오는 말(言)이고 철은 생명을 짓누르는 살(肉)이다. 철만 사용되어서는 안 된다. 철은 그 해독을 제거하고 좋은 목적으로 사용될 수 있도록 나무와 결합되어야 한다. 그래서 쟁기는 밭가는 농부로서의 그리스도의 상징이다. 중세의 도구는 본질적으로 나무로 만들어졌고, 따라서 내구력과 저항력이 약했다.

더욱이 중세에 나무와 경쟁했던 재료는 보통 소규모로 이용되었던 철(도구의 날, 못·편자, 벽을 보강하는 이음보와 죔쇠)이 아니라 돌이었다.

나무와 돌, 그것은 중세 기술에서 한 쌍의 기본 재료였다. 사실 건축가는 '목수인 동시에 석공'이었으며, 건축 노동자들은 '목재와 석재 노동자들'이라고 불리기 일쑤였다. 그런데 돌은 나무에 비해 오랫동안 사치품으로 여겨졌다. 11세기부터 중세 경제 발전에서 매우 중요한 현상인 대대적인 건축 경기 붐은 거의 대부분이 목조 건물을 석조 건물로 대체하는 것을 내용으로 했다. 이런 현상은 교회, 교량, 저택 등에서 나타났다. 돌은 나무에 비해 귀한 재료였다. 석조 저택을 소유하는 것은 부와 권력의 표지였다. 신과 교회, 성채를 가진 영주들은 석조 저택을 가질 수 있는 우선적인 존재들이다. 그다음에 석조 건물을 소유한다는 것은 매우 부유한 부르주아의 지위 상승의 표지가 되었다. 도시 연대기들은 도시의 발전으로 도시의 지배계급에서 나타나는 이런 현상들을 꼼꼼하게 언급하고 있다.

아우구스투스가 벽돌로 지어진 로마를 물려받아 대리석으로 지어진 로마를 물려주었던 것을 자랑했다고 전하는 수에토니우스의 말은 중세의 여러 연대기 작가들에 의해 원용되었는데, 이들은 이 말을 11~12세기에 벽돌과 대리석 대신에 나무와 돌로 대대적인 건축을 했던 수도원장들에게 적용했다. 목조 교회를 물려받아 석조 교회를 물려주는 것은 중세의 발전이요 영광이요 업적이었다. 그리고 중세에서 기술적 진보의 가장 큰 형태 중 하나는 돌로 둥근 천장을 짓는 방법을 재발견하고 새로운 둥근 천장 체제를 발명한 것이다.

오늘날 폐허가 된 11세기의 건물 중 일부에 대해 하나의 의문이 제기되는데, 그것은 목재 지붕에서 석조 지붕으로 발전이 있었는가 하는 점이다. 이 점에서 쥐미에주Jumiéges 수도원은 기술사가들과 예술사가들에게 수수께끼로 남아 있다. 돌로 집을 짓고 천장을 올린 건물조차도 나무의 비중(특히 서까래 같은 경우)은 여전히 상당했다. 이 때문에 화재에 매우 취약했다. 1174년 캔터베리 성당을 파괴한 것은 바로 지붕에서 시작된 화재였다. 수도사 제르베는 지붕의 서까래에서 붙기 시작한 화재가 어떻게 갑자기 발생했는지를 언급하고 있다. "아아! 교회가 불탄다." 지붕의 동판이 녹아떨어지고 불타는 대들보가 내진으로 떨어져서 성직자석까지 불이 붙었다. "이 나뭇더미에서부터 타오른 화염이 20여 미터까지 치솟아 교회의 벽과 기둥을 삼켜버렸다." 지식인들은 목조 지붕 때문에 불타버린 중세 교회의 목록을 상세히 작성했다. 예컨대 쥘 키셰라Jules Quicherat는 북프랑스에서만도 바이외·르망·샤르트르·캉브레 대성당 등을 언급하고 있으며, 몽생미셸, 투르의 성 마르티누스, 아라스의 성 바스트, 그리고 코르비의 성 리퀘르 수도원 교회 등을 언급하고 있다.

세월은 내구력이 있는 부분만을 살아남게 하고 쉽게 부서지는 부분(대부분이 그렇다)을 소멸시킴으로써 모든 것, 특히 물질적 과거를 미화시킨다.

우리에게 중세는 대성당과 성채처럼 돌의 찬란한 집적체인 것처럼 보인다. 그러나 돌은 그 당시 존재했던 것들 가운데 아주 작은 부분만을 대표한다. 나무와 이보다 더 초라하고 더 쉽게 사라지는 짚과 진흙과 벽토와 같은 재료로 만들어진 육체의 해골들만이 그 일부가 아직까지 남아 있다. 영혼이 육체로부터 분리되고 영혼만이 살아남는다고 믿는 중세의 기본적인 신앙을 이보다 더 잘 보여주는 것은 없다. 중세가 우리에게 남겨놓은 것은 중세의 육체는 일찌감치 먼지로 사라져버리고 내구력이 강한 돌 속에 육화된 영혼뿐이다. 그렇지만 우리는 시간이 초래한 이러한 환상에 속아서는 안 된다.

4. 농촌의 기술

이러한 초라한 기술이 가장 심각했던 것은 농촌이다. 토지와 농촌경제는 사실상 중세에서 물질생활과 이것에 의해서 제약되는 모든 것, 즉 부와 정치적·사회적 권력의 토대이자 핵심이었다. 그러나 사람들이 그로부터 많은 수확을 얻어낼 수 없었기 때문에 중세의 토지 생산성은 매우 낮았다.

우선 그것은 농기구가 원시적이었기 때문이다. 땅을 제대로 갈지 못했다. 깊이갈이가 힘들었다. 더욱이 표층이 얕은 토지와 지중해 연안 지역의 구릉지에 적합한 고대의 쟁기가 여러 곳에서 오랫동안 계속 사용되었다. 간혹 쇠로 만들기도 했지만 대개는 불에 달구어 강도를 높인 나무로 만든 고대 쟁기의 대칭식 보습이 땅을 갈기보다는 생채기를 낼 정도였다. 중세 동안 널리 보급된 바퀴 달린 쟁기가 어느 정도 상당한 발전을 보여주었다. 이 쟁기는 술바닥 위에 보습과 비대칭형 볏이 붙여졌고, 바퀴 달린 차대(車臺)가 장착되어 있었으며, 강력한 계가에 의해 견인되었다.

그럼에도 잘 갈면 생산성이 매우 높은 점토질 흙은 중세의 농기구로는 잘 갈아지지 않았다. 중세에 깊이같이는 농기구를 개선하기보다는 반복해서 쟁기질함으로써 가능했다. 3경의 관례가 보편화되었고 13세기에서 14세기로 넘어가는 세기 전환기에는 4경이 보편화되었다. 그러나 별 효과는 없었지만, 여기에 덧손질이 필요했다. 초경을 하고 난 다음 흙덩이를 손으로 부수기 일쑤였다. 우리는 이것을 14세기 초 잉글랜드의 러트렐 성가집의 세밀화에서 볼 수 있다. 비록 제초가 보편적으로 시행되지는 않았지만, 이 그림에 따르면 엉겅퀴와 잡초를 제거하기 위해 막대기에 끼운 반월형 낫과 쇠스랑 같은 초보적인 도구를 이용했음을 알 수 있다. '바이외 타피스리 tapisserie de Bayeux'라 불리는 11세기 말 자수품에 묘사된 쇠스랑은 12~13세기에 보편화되었다. 아직까지도 이따금 삽으로 땅을 더 깊게 파지 않으면 안 되었다. 그렇지만 잘 파지지도 않고 잘 뒤집히지도 않으며 통풍도 잘 안 된 토지가 단시간 내에 비옥한 땅으로 바뀌지는 않았다.

이러한 농기구의 결함은 거름으로 토질을 높임으로써 어느 정도 보완되었을 것이다. 그러나 거름 부문에서 중세 농업의 취약성은 다른 어느 부문보다도 컸다.

물론 인조 화학비료는 있지도 않았다. 천연비료가 여전히 이용되었지만, 이것마저도 턱없이 부족했다. 이에 대한 가장 큰 이유는 가축 수의 부족이다. 가축 돌림병으로 인한 가축의 손실도 부차적 이유가 될 것이다. 그러나 무엇보다도 큰 이유는 곡물 재배와 식용 채소 재배를 위한 농경지에 밀려 목초지로 할애할 여지가 별로 없었기 때문이다. 고기는 사냥을 통해 부분적으로 제공되기도 했다. 더욱이 사람들은 돼지와 염소처럼 숲에서 풀을 뜯어먹고 사는 동물을 사육하기를 더 좋아했기 때문에 가축의 분뇨는 대부분 채취가 불가능했다. 때로는 세심한 신경을 써서 가축의 분뇨를 채취하기도 했다. 그것은 가축 떼를 방목하여 대부분의 시간을 바깥에서 보내게 하다가 간혹 우리에 가둠으로써 가능했다. 비둘기 집에서 나오는 분뇨는 매우 긴요하게 활용되었다. '한 통의 똥'은 간혹 차지인이 영주에게 바치는 무거운 세금이었다. 반면 특권적인 영주 대리인, 예컨대 12세기 독일의 뮌흐바일러Münch-weiler에서처럼 장원을 관리하는 어떤 집사들은 자신의 보유지에 사용할 수 있도록 "암소의 똥과 그에 딸린 송아지 똥, 그리고 영주 집에서 나온 쓰레기"를 봉급으로 받았다.

객토용으로 사용된 점토질 흙을 제외한다면, 퇴비가 큰 기여를 했다. 예컨대 썩은 잡초와 나뭇잎, 수확한 후에 동물들이 먹고 남은 그루터기 등이 그런 것이다. 수많은 세밀화와 조각에서 볼 수 있듯이 반월형 낫으로 밀의 이삭 근처나 어떤 경우에는 줄기의 중간 부분을 잘라서 우선 되도록 거의 모든 부분을 가축이 뜯어먹도록 하고 나머지를 퇴비로 썼기 때문이다. 결국 거름은 포도밭, 과수원과 채원 같은 까다로운 재배나 투기성 재배에만 종종 이용되었다. 중세에는 정교한 농사 기술의 정수를 독차지한 원예 재배를 한 텃밭과 원시적 기술에 그대로 방치된 드넓은 토지 사이의 대조가 너무나 확연했다.

이와 같은 빈약한 농기구와 비료의 부족이 가져온 결과는 무엇보다도 집약 농법 대신에 대체로 조방(粗放) 농법을 실시한 것이다. 인구의 비약적 증가가 농경지의 증가를 초래했던 11~13세기가 아니더라도, 중세 농업은 대체로 이동식이었다. 예컨대 1116년 일드프랑스 촌락민들이 왕실 임야의 일부에 대한 개간권을 허락받았지만 "그들은 결국 그 숲의 다른 지역으로 이동할 것이기 때문에 이곳에서 두 번만 경작해서 수확을 본다"라는 단서가 붙어 있었다. 어떤 의미에서는 농경적 유목 생활을 의미하는, 즉 잡초를 태워서 거름을 만드는 화전 농법이 척박한 토지에서 널리 이용되었다. 개간지 자체가 일시적인 경작지이기 일쑤였다. 이런 의미의 'essart'란 말이 중세의 지명과 농촌 문학에서 자주 발견된다. 예컨대 "여우가 essart로 도망쳤다"란 표현에서처럼 말이다.

그 결과 깊이 갈지도 못하고 비료도 충분히 주지 못해 지력이 급격히 떨어졌다. 그리하여 토지를 쉬게 해서 지력을 회복시킬 필요가 있었으므로 휴경을 광범위하게 실시했다. 아마도 9세기에서 14세기 사이의 진보는 도처에서 2포제가 3포제로 교체된 것에 있을 것이다. 3포제는 척박한 토지를 2년에 한 해씩 쉬게 하는 것이 아니라 3년에 한 해씩 쉬게 하는 것, 달리 말해 경작지의 반이 아니라 3분의 2를 농사짓는 것을 말한다. 그러나 3포제가 흔히 말하는 것보다 빠르게 전파되지도 않았으며 그리 보편화되지도 않았던 것 같다. 지중해 연안과 척박한 토지에서는 2포제가 계속 이용되었다. 『플레타』라는 농업서를 쓴 13세기 잉글랜드의 한 농서 저술가는 독자들에게 3년 중 2년 동안 빈약한 수확을 얻기보다는 2년 중 1년 동안만이라도 좋은 수확을 얻을 방법을 택하라고 신중히 권했다. 링컨셔 같은 지역에서는 14세기 이전까지만 해도 3포제에 관한 어떠한 예도 찾아볼 수가 없다. 13세기 말 포레 지방에서는 30년 동안 세 번만 수확을 했던 토지도 있었다.

중세에 토지의 낮은 생산성에 작용한 다른 요인들이 있을 수 있음을 부언하지 않을 수 없다. 예컨대 중세 장원의 자급자족적 경향이 그러하다. 이것은 경제적 현실의 결과인 동시에 사고방식의 특징이기도 하다. 바깥 세계에 의존하는 것, 필요한 모든 물품을 자체 생산하지 않는 것은 정신적 취약함일 뿐만 아니라 치욕이었다. 수도원 장원의 경우 바깥 세계와의 어떤 접촉도 피하는 것은 고립에 대한 영적 이상에서 직접 연유하며, 영적 순결을 위한 조건이었다. 온건한 성 베네딕투스 규약조차도 이것을 권장했다. 제64장은 다음과 같이 규정했다. "수도사들이 수도원 밖으로 나가 돌아다니는 것은 그들의 영혼을 파멸시키는 것이므로 그들이 그럴 필요가 없도록 수도원은 물이며 방아며 채원이며 여러 기술 등 필요한 모든 것을 가능한 한 수도원 안에 갖출 수 있도록 조직되어야 한다."

시토 수도회 수도사들이 방앗간을 자체적으로 세웠을 때, 성 베르나르는 그곳이 사회적 교류와 접촉과 회합, 심지어는 매춘의 장소로 이용되고 있으므로 그것을 파괴하겠다고 위협했다. 그렇지만 이러한 도덕적 편견들은 물질적 기초를 갖고 있다. 수송에는 비용이 많이 들고 위험이 뒤따랐으며 교환에 필요한 화폐경제가 별로 발달하지 못했던 그런 세계에서는 필수품을 모두 자체 생산하는 것이 경제적으로 타산이 맞는 것이었다. 따라서 중세 농촌경제는 다양한 작물을 재배하는 관례가 지배했다. 이것은 생산의 지리적·기후적·토양적 조건들이 극도로 가혹했음을 의미한다. 예컨대 포도가 현대의 재배 한계선 북방을 훨씬 넘어 매우 불리한 기후 조건에서 재배되었다. 포도가 잉글랜드에서 재배되기도 했고, 파리 지역에도 큰 포도밭이 있었다. 랑Laon(파리에서 동북 방향으로 약 100킬로미터 떨어진 도시—옮긴이)은 중세에서 '포도의 수도'라 불릴 만할 정도였다. 극히 척박한 토지들이 경작되고 있었으며 토질에 맞지 않는 작물들이 재배되기도 했다.

이 모든 것의 결과는 농업 생산성의 저조다. 카롤루스 왕조 시대에는 수확량이 파종량의 2배 정도였다. 9세기 초 안나프Annapes(프랑스 노르Nord 도)에 있는 왕실 영지에서는 2.7배 정도였다. 때로는 1배가 넘을까 말까 한 경우도 있었다 — 이것은 씨앗의 단순한 회수에 지나지 않았음을 의미한다. 주목할 만한 생산성의 향상이 11세기에서 14세기 사이에 이루어졌지만, 그것은 여전히 저조했다. 13세기 잉글랜드의 농학자들에 따르면 정상적인 생산성은 보리는 8, 호밀은 7, 콩은 6, 밀은 5, 귀리는 4였다. 실제로는 이보다도 못했던 것 같다. 윈체스터 교회의 비옥한 토지에서의 생산성이 밀과 보리는 3.8, 귀리는 2.4였다. 밀의 경우 3~4가 보통이었던 듯하다.

또한 생산성의 편차도 매우 심했다. 이러한 편차는 지역에 따라 많이 나타난다. 산간 지방에서는 생산성이 카롤루스 왕조 시대의 일반적 비율인 씨앗의 2배 정도였다. 프로방스 지방에는 3배나 4배로 올라간다. 예컨대 아르투아같이 찰흙이 많은 평원 지대는 10배에서 18배까지 올라갔는데, 이것은 오늘날 하급 토지의 생산성에 근접한 것이다. 이와 같이 지역에 따른 편차가 큰 데다 해마다의 편차가 겹쳐 생산성의 편차는 더욱더 심했다. 아르투아 지방에 있는 로크투아르에서는 밀의 생산성이 1319년에는 7.5였다가 1321년에는 11.6이 되었다. 결국 같은 영지 내에서도 생산성은 산물에 따라서 많은 편차를 보이고 있다. 람시 수도원의 한 장원에서는 보리의 생산성이 6~11이었으나 귀리의 생산성은 겨우 씨앗을 건질 정도였다.

5. 동력원

비록 제조기(특히 물레방아와 축융기, 대마직조기, 무두질기, 맥주제조기, 제분기 등과 같은 수력을 응용한 다양한 설비들)의 보급과 더불어 동력원의 분야에서 상당한 발전이 이루어졌지만, 이러한 기계가 등장하고 전파된 연대는 조심스럽게 다루지 않으면 안 된다. 예컨대 축융기에 관한 한, 프랑스에서는 13세기에 퇴조를 보인 반면 잉글랜드에서는 13세기 말에 가서야 사실상 발전이 있었다. 잉글랜드에서는 이때서야 비로소 축융기가 진정한 '산업혁명'의 도구가 되었던 것이다. 또한 이탈리아에서는 축융기가 서서히 보급되었다. 피렌체의 경우 13~14세기에도 직물을 축융하기 위해 그것을 프라토로 보낼 정도였다. 독일에서는 슈파이어Speyer 지방에서 1223년부터 비로소 축융기에 대한 최초의 언급이 나타난다.

산업 발전에 매우 중요한 방아는 13세기 말에 가서야 등장했다. 제철기가 13세기 이전에는 희귀품이었다. 1104년 카탈루냐 지방의 카르데데우Cardedeu에 있었다고 알려져 있는 방아가 제철기인지는 명확하지 않다—비록 12세기 전반부에 이른바 카탈루냐 대장간의 발전이 제철기의 보급과 아마도 관련이 있을지 모르지만 말이다. 제철기에 대해 최초로 명확하게 언급한 것은 스웨덴의 소로에Soroë 수도원에서 1197년부터다. 1238년 이후 에스파냐의 하티바Jativa에서 처음 있었던 것으로 확인되는 제지기(製紙機)가 13세기 말 이전에는 이탈리아에 전파되지 않았다(파브리아노에는 1268년에 보급되었다). 프랑스에서는 제지기가 1338년 트루아에서 최초로 등장했고, 독일에서는 1390년 뉘른베르크에서 처음 등장했다. 수력 제재소는 빌라르 드 온쿠르가 1240년경 그의 화첩에 소묘했을 당시만 해도 여전히 진귀품이었다. 물레방아는 아직까지도 대체로 곡식을 빻는 데 이용되었다. 1086년에 쓰인 『둠즈데이북』은 11세기 말부터 그것이 잉글랜드에 5,624기가 있었음을 전해주고 있다.

12~13세기에 수력과 풍력을 응용한 기계가 발전했음에도, 중세 서양에서 동력원의 핵심은 주로 인간과 동물에서 나왔다.

물론 이 분야에서도 중요한 발전이 있었다. 그중에서도 가장 두드러진 발전을 이룬 것은 사령관 르페브르 데 노에트Lefebvre des Noëttes와 오드리쿠르M. Haudricourt가 이름 붙인 '근대식 계가attelage moderne'일 것이다. 그것은 1000년경 동물력을 더 잘 활용하게 하고 동물의 노동생산성을 제고시킨 기술 발전의 총화다. 특히 이러한 기술혁신을 통해 황소보다 더 빠른 말을 역축으로 이용할 수 있게 되었고, 이것은 밭갈이와 써레질 같은 일들을 보다 자주, 또 빠르게 할 수 있게 되었음을 의미한다.

목으로 짐을 끌게 하는 재래식 계가는 역축의 가슴을 압박했으므로 호흡을 어렵게 하고 빨리 지치게 했다. 근대식 계가의 본질적 핵심은 무거운 짐을 어깨로 끌게 한 점이다. 어깨에 거는 멍에 이외에, 역축의 전진을 도와주고 발을 보호해주는 편자가 도입되었다. 또한 역축에 일렬로 계가를 착용시킨 것은 무거운 짐을 끌 수 있게 해주었고, 이는 대규모 교회 건축과 민간 건축 공사에 매우 유용했다.

근대식 계가의 결정적 요소인 멍에에 대해 우리가 입수할 수 있는 가장 최초의 확실한 묘사는 800년경으로 추측되는 트리어Trier 시 문서고의 한 필사본에서 찾아볼 수 있다. 그러나 새로운 계가체계는 11~12세기에 이르러서야 널리 보급되었다.

그렇지만 우리가 우선적으로 염두에 두어야 할 것은 중세 역축의 덩치와 힘이 오늘날 역축에 비해 월등히 떨어졌다는 점이다. 역축용 말은 보통 군마보다 종자가 작았다. 군마는 마갑(馬甲)뿐만 아니라 전체 하중에서 상당 부분을 차지하는 중무장 기병을 태워야 했기 때문이다. 여기서 우리는 경제적인 것과 생산적인 것보다는 군사적인 것과 전사적인 것을 더 우선시했음을 다시 한번 확인할 수 있다. 말 때문에 소가 퇴조하는 것이 일반적 경향은 아니었다. 말의 이점은 매우 컸다. 그것은 교황 우르바누스 2세가 제1차 십자군 원정에 앞서 1095년 클레르몽에서 '신의 평화'를 선언하면서 땅을 갈고 써레질을 하는 말을 신의 보호를 받도록 했을 정도였다. 말의 우월함은 12세기부터 슬라브족들도 인정했다. 헬몰트Helmold의 연대기에 따르면, 하루에 소 한 쌍과 말 한 필이 밭을 가는 단위가 같고, 폴란드에서는 같은 시기에 말 한 필 값이 소 두 마리 값과 같다고 할 정도였다. 더욱이 근대의 농학자들은, 중세에 소의 생산성이 낮았다는 사실을 고려하더라도, 소의 1일 노동량은 말의 30퍼센트에 지나지 않는다고 추정했다.

그러나 이러한 사실에도 불구하고 많은 농민이나 영주들은 두 가지 단점 때문에 말을 피했다. 값이 비싼 데다 귀리로 말을 사육하기가 힘들었기 때문이다. 13세기 월터 헤늘리는 『농업론』에서 소가 사육비가 덜 들고 노동력 이외에 고기를 제공한다는 점에서 말보다는 소를 이용할 것을 권고했다. 잉글랜드에서는 말의 이용에서 두드러진 발전이 있었던 12세기 말이 지나고부터 말을 이용하지 않았던 듯하다. 영주에 의한 토지의 직접 경영과 농민 부역으로의 복귀로 인해 13세기에는 특히 동부 앙글리아와 동부 미들랜드 지방에서도 그러했다. 반면에 노르망디에서는 루앙의 대주교 외드 리고Eudes Rigaud가 1260년 그의 방문기에서 생마티아스 축일에 말이 일하고 있음을 증언했던 것처럼 말로 밭을 가는 것은 13세기에 관례화되었던 듯하다. 1275년경 『늙은 소작인 Vieil Rentier』의 삽화에서 말만 묘사된 것을 보면 플랑드르의 지방 영주들의 토지에도 말이 이용되었음에 틀림없다. 그러나 귀리 재배가 어려웠던 남프랑스와 지중해 연안 지방에는 소가 밭의 왕자였을 뿐만 아니라, 13세기 중엽에는 부르고뉴에서도, 1274년에는 파리 인근의 브리Brie에서도 여전히 역축용 소가 발견되었다. (1200년경 아르투아같이 혜택받은 지역에서조차) 농민들에게 말 값이 얼마나 비쌌는지를 알고자 한다면, 제앙 보데르의 우화시 『두 필의 말Les deux Chevaux』을 읽어볼 필요가 있다. 여기서 "밭을 갈고 써레질을 하기 위해 계가가 착용된 값비싼bon en charrue et en erce" 말이 "삐쩍 마르고 말을 잘 안 듣는maigre roncin" 말과 대비되고 있다.

말과 소 이외에도, 서양 중세에서는 지중해 연안을 비롯한 여러 지역에서 당나귀가 농촌 노동에 상당한 기여를 했음을 잊어서는 안 될 것이다. 오를레앙의 한 문서는 역축을 열거하면서 "소라든지 말이라든지 당나귀라든지"라는 표현을 쓰고 있다. 위에서 언급한 바 있는 1274년의 브리 지방의 한 문서는 부역의 의무가 있는 농민들에게 "소와 말과 당나귀"에게 계가를 씌우라고 요구했다. 사실 중세에 역축의 비참하고도 통상적인 현실은 '그리스도의 구유Crèche'에서처럼 소와 당나귀가 존재했음을 의미한다.

그 무엇보다 인력은 여전히 기본적인 동력원이었다. 농촌에서나 수공업 분야에서, 심지어는 돛이 노의 힘(인력)에 미미한 보조 역할밖에 하지 못했던 선박 분야에서조차 인간의 육체노동은 여전히 주요 동력원이었다.

또한 이러한 인간 동력원, 달리 말해 카를로 치폴라Carlo Cipolla의 표현을 빌리면 '살아 있는 제분기들'의 생산성은 매우 낮았다. 앞으로 살펴보겠지만 생산계급이 영양실조에 걸리지는 않았다 하더라도 충분한 영양을 공급받지 못했던 사회계층과 거의 정확하게 일치했기 때문이다. 치폴라와 마테르K. M. Mather에 따르면, '살아 있는 제분기들'은 전(前)산업적인 중세 사회에서 동력원의 적어도 80퍼센트를 제공했으며, 이들로부터 착취할 수 있는 에너지량은 하루 1인당 약 10,000칼로리(오늘날 산업사회에서는 100,000칼로리)로 낮은 것이었다. 인적 자본이 중세 영주들에게 매우 소중한 것이었다고 해서 놀랄 필요는 없다. 예컨대 잉글랜드에서는 어떤 영주가 젊은 미혼 농부들에게 특별세를 부과할 정도였다. 교회는 독신을 권장하는 전통에도 불구하고 "많이 낳아 길러라Croissez et multipliez"라는 슬로건에 점점 더 역점을 두기 시작했다. 이 구호는 중세 세계의 기술적 한계에 대한 대응이었다.

수송 영역에서의 애로점도 마찬가지였다. 이 분야에서 또한 인력의 비중을 무시해서는 안 된다. 분명히 고대 노예제의 잔재인 짐 나르는 부역은 점차 그 횟수가 줄어들어 12세기 이후에는 사라졌던 듯하다. 그러나 예컨대 11세기까지도 생반St.-Vanne 수도원 수도사들은 로렌 지방의 라우메스펠트Laumesfeld에 거주하고 있는 농노들에게 "어깨에 메어," 아니 라틴 문헌에서 말하는 것처럼 "목으로 *cum collo*" 메어 "6마일 떨어진 곳까지 보리를 날라야 하는 의무"를 요구했다.

짐 나르는 일은 참회 행위로서나 성당 건축을 위한 경건한 행위로서 사회의 다양한 계층에게 요구되기도 했다. 이것은 심리적·영적인 측면뿐만 아니라 기술적·경제적 의미도 지니고 있었다.

노르망디에서는 1145년에 특별한 형태의 경건성이 폭발했다. 수많은 증언 중에서 샤르트르 성당 건축에 관한 로베르 드 토리니Robert de Torigny의 증언이 유명하다. "그해에 사람들이, 특히 샤르트르에서 교회의 건축에 필요한 돌과 나무, 식량과 기타 물품을 실은 수레를 어깨로 끌기 시작했다. 그러나 이런 일이 여기서만 일어난 것이 아니다. 일드프랑스의 모든 거리에서, 노르망디에서, 그리고 그 밖에 도처에서 일어났다." 같은 해 수도원장 에몽Haimon은 노르망디에 있는 생피에르 쉬르디브에서 일어난 이와 비슷한 광경을 기술했다. "세속 세계에서 부와 명예를 갖춘 왕과 제후, 유력자와 귀족 태생의 남녀들이 그들의 오만스럽고 우쭐거리는 목덜미를 숙여 동물처럼 수레를 어깨에 메고 끌고 있었다. 이 수레에는 생계유지와 그리스도의 거처인 교회의 건축에 필요한 포도주·밀가루·기름·석회·돌·나무와 기타 물품들이 실려 있었다." 몽생미셸 지방과 루앙 지방의 연대기와 그 밖의 연대기에서도 똑같은 광경을 목격할 수 있다. 아마도 그해 1145년의 짐 나르기 운동은 그 규모에서 보거나 모든 사회계층이 참여했던 점으로 보아 이례적인 일이었을 것이다. 로베르 드 토리니는 "그런 광경을 구경하지 못한 사람은 앞으로도 그와 유사한 광경을 결코 구경하지 못할 것이다"라고 썼다. 그러나 이보다 규모는 작지만 마찬가지로 고위층들이 참가했던 짐 나르는 광경이 13세기 루이 9세 치하에서 왕과 그의 형제들(이들이 이것을 좋아했건 말건)이 자재를 날랐던 성지와 루아이오몽Royaumont 수도원에서 목격되었다.

인력에 의한 짐 나르기가 여전히 본질적 수송 형태였다는 것은 사실이다. 도로 상태는 좋지 않았고, 수레와 이륜 달구지가 비쌌던 데다 그리 많지도 않았으며, 쓸 만한 수송기가 있지도 않았다. 예컨대 외바퀴

손수레는 아마도 13세기 건축 공사장에 처음 등장하긴 했으나 14세기 말에 가서야 보급되었고 다루기도 힘들었던 듯하다. 이 같은 사정으로 인력은 수송 분야에서도 여전히 첫번째 자리를 지키고 있었다. 세밀화들은 망태기며 바구니며 채롱을 메거나 지고 짐 나르는 광경을 보여주고 있다.

동물들 또한 큰 비중을 차지했다. 랑 성당의 종탑의 돌에 조각된 소처럼 짐을 나르고 나서 사람들한테 종종 칭찬을 받았던 짐수레 동물 이외에도, 짐바리 동물들이 중세의 수송 분야에서 주요한 역할을 담당했다. 지중해 연안 지방에서 산을 넘는 데는 노새나 당나귀가 꼭 필요했을 뿐만 아니라, 울퉁불퉁한 산간 지방 이외의 지역에서도 짐바리 동물이 흔히 이용되었다. 1296년 샹파뉴 정기 시장에서 직물과 아마를 구입한 이탈리아 상인과 짐바리꾼 사이에 맺어진 계약서에서 후자는 "이 짐을 수레 없이 자신의 짐바리 역축으로 22일 안에 님까지 날라다 주겠다"고 계약했다. 또한 "그는 프랑스 왕 폐하와 샤를 왕 폐하의 왕도와 제노바의 리비에라 연안을 통해 사보나Savona까지 프랑스산 직물 10뭉치를 앞으로 35일 안에 수레 없이 매일 걸어서 운송하겠다고 약속했다."

도량형 용어는 우리에게 짐바리 동물의 비중을 알려준다. 예컨대 소금의 경우 기본 척도는 짐바리 동물이 실어 나를 수 있는 적하량이었다.

6. 선박

해상 수송의 분야에서도 상당한 기술 향상이 있었지만, 여전히 미흡하기는 마찬가지였다. 그 이유는 이러한 기술 향상이 14세기 이전이나 이후에도 충분한 결실을 맺지 못했거나 활용 영역이 제한되었기 때문일 것이다.

우선 서양 중세에는 선박의 총 톤수가 빈약했다. 개개 선박 톤수도 마찬가지였다. 특히 배들이 곡물과 목재같이 덩치가 큰 짐을 수송해야 했던 북해 지방에서는 12~13세기 들어 선박 톤수가 증가했지만 사정은 여기서도 마찬가지였다. 북해에서는 '톱니가 달린 선박kogge'이 등장했고, 반면에 지중해에서는 베네치아인들이 치수가 큰 '상업용 갤리선galee da mercato'을 건조했다. 선박 톤수를 알 수 있는가? 200톤이 넘는 선박은 예외적이었던 것 같다. 선박 숫자도 모두 해보았자 얼마 안 되었다. '대'선박 숫자는 매우 적었다. 그 당시 제일의 해상세력이었던 베네치아가 14세기 초 1년에 한두 차례씩 잉글랜드와 플랑드르 지방으로 운항했던 무장 호송 선단도 갤리선 두세 척으로 되어 있었다. 1320년대에 3개의 주요 상로로 운항했던 '상업용 갤리선'의 총 숫자는 약 25척이었다. 이를테면 1328년에는 8척이 키프로스와 아르메니아 등 해외로, 4척이 플랑드르로, 10척이 비잔티움 제국과 흑해 등 로마 세계로 운항했다. 1315년 8월 불길한 긴급 소식을 접한 대상선 연합회가 지중해 연안을 항해하는 선박들에게 호송 선단을 형성하라고 명령했을 때, 속도가 느려서 호송 선단에 끼어 항해하기 부적합한 대선박들은 여기서 제외되었다. 그때 대선박은 9척이었다. 더욱이 이러한 대선박의 크기를 법으로 규제했다. 이 선박들이 군용으로 전환될 수 있도록 해야 하며, 이 경우 큰 덩치로 인해 속도가 느려서는 안 되었기 때문이다. 레인Frederic C. Lane이 추산한 바와 같이 1335년 베네치아 호송 선단을 이루고 있던 평균 톤수 150톤 선박 26척은 총 톤수가 3,900

톤이었고, 이 숫자에 승수 10(16세기와 거의 비슷한 값인)을 곱하면 베네치아의 선박 총 톤수는 약 40,000톤까지 올라간다.

13세기 중에 발전하여 선박을 더 쉽게 조종할 수 있게 해준 선미 조종키의 도입은 생각보다 중요했던 것 같지는 않다. 보다 정확한 지도를 제작할 수 있게 하고 동절기에도 항해를 가능케 했던 나침반이 보편적으로 사용된 것은 1280년 이후다. 마지막으로, 중세에는 사분의(四分儀)와 야간 관측의를 알지 못했다. 이 기구들은 르네상스 시대에야 도입되었다.

7. 기술의 발전

마지막으로 채광 분야의 발전도 미흡했다. 채굴기와 기중기의 취약성, 배수 기술의 제약 등으로 말미암아 노천 광석이나 그리 깊지 않은 지층에 있는 광석만 채굴할 수 있었다. 철광석의 채굴이 12세기부터 어느 정도 발전했던 것은 사실이다. 동광석도 채굴되었다. 이탈리아의 마사 마리티마 Massa Marittima 지방에 대한 13세기 초의 채광 규약을 통해 잘 알려진 바와 같이 아연광도 채굴되었다. 석탄이 잉글랜드에서는 9세기부터 알려져 있었던 것 같고, 포레 지방에서는 1095년 확실하게 언급되고는 있지만 13세기가 돼서야 비로소 이용되기 시작했다. 소금에 대해 말하자면, 독일의 할레 지방과 폴란드의 빌리카 Wielicka나 보크니아 Bochnia 지방에서처럼 염수와 광염이 존재하고 있었으나 13세기 이전에는 이용되지 않았던 듯하다. 주로 잉글랜드의 콘월에서 생산되었던 주석도 주석광의 채굴에 대해서는 알려진 것이 전혀 없다. 금광석과 은광석은 점점 늘어나는 화폐 수요를 공급하기에 역부족이었고, 이 때문에 (예컨대 특히 보헤미아의 쿠트나 호라 지방 같은 중부 유럽에서) 광산 개발에 박차를 가했음에도 공급이 달려 중세 말에 화폐 부족 사태가 일어났다(이로 인해 16세기에는 아메리카의 금속이 유입되었다). 이 모든 광석들은 생산량이 충분치 못했고, 대개 이 광석을 처리하는 장비와 기술도 초보적이었다. 풀무 용광로(풀무는 수력으로 가동되었음)가 스티리아Styria 지방에서는 13세기 말에, 리에주 지방에서는 1340년경에 등장했다. 그러나 중세 말의 용광로가 즉각적으로 제철혁명을 가져온 것은 아니다. 주지하듯이 제련에 코크스를 이용하고 지하수를 끌어올리는 데 증기력을 이용함으로써 결정적인 발전을 이룩한 것은 17세기였으며, 이러한 방식의 야금술이 널리 보급된 것은 18세기에 이르러서였다.

'산업' 분야에서 가장 두드러진 기술상의 발전은 기간산업 분야가 아니라 주변적인 특수 분야에서만 일어났으며, 이 분야에서의 기술조차도 중세 말에 가서야 전파되기 시작했다. 물론 가장 눈부신 발전은 화약과 총포류의 발명일 것이다. 그러나 이것의 군사적 효율성은 뒤늦게 나타났다. 14세기 이후조차도 초창기의 대포가 적들한테 공포감을 자아냈던 것은 살상 능력 때문이라기보다는 굉음 때문이었다. 이러한 초창기 대포의 중요성은 대체로 총포류의 발전이 15세기 이후 야금 산업의 발전에 자극을 주었다는 사실에 있을 것이다.

유화는 12세기부터 알려졌으나 14세기 말과 15세기 초에 이르러서야 결정적 발전을 했다. 전해지는 얘기에 따르면, 그것은 반 아이크 Van Eyck 형제와 안토넬로 다 메시나Antonello da Messina 등과 더불어 확립되었다. 그러나 그것이 원근법의 발견만큼 회화에 혁명적인 영향을 미친 것은 아니다.

고대부터 전해진 유리가 13세기에 특히 베네치아에서는 산업으로 발전했고, 16세기 이탈리아에서는 공장제 수공업의 형태를 띠었다. 이와 동시에 인쇄술의 발전과 함께 종이가 사용되었다. 중세의 유리란 본질적으로 그림 유리창이었으며, 12세기 초 테오필루스의 『여러 기술론』은 그것이 기독교 세계에서 얼마만큼 발전 도중에 있었는지를 보여준다. 그의 기술 개론은 중세 기술의 한계를 드러내고 있다.

우선, 그것은 본질적으로 신에 봉사하는 기술이었다. 테오필루스가 묘사한 방법은 수도원 작업장에서 이용되었던 것들이고, 그것은 특히 교회를 짓고 장식하는 데 쓰도록 되어 있었다. 그의 기술 개론 제1편은 필사본의 삽화와 프레스코화에 쓰이는 물감의 제조, 제2편은 유리창 그림, 제3편은 야금술, 특히 금은 세공술에 할애되었다.

다음으로 그것은, 기본적인 의류는 가내에서 생산하고 사치품은 공장에서 생산했던 직물 공업 분야에서처럼, 사치품 생산을 위한 기술이었다.

마지막으로, 그것은 초보적인 도구로 개인 작품을 만드는 데 전통적 비결을 실행했던 기예가−장인artiste-artisan의 기술이었다. 중세의 기술자와 발명가들은 사실 장인들이었다. 지식인 엘리트가 섬세한 기술의 대가로 인정받고자 하는 경우가 그랬다. 예컨대 이탈리아 상인이나 한자 상인들은 '지적 탁월함'을 지닌 사람들로 묘사되었다. 그러나 상인들의 주요한 활동이란 오랫동안 돌아다니는 것이고, 이 때문에 특별한 자격이 요구되지 않았다. 상인이란 중세의 노상을 방랑하는 그런 사람들 중 하나에 불과했다. 그래서 잉글랜드에서는 그들을 도로의 먼지로 뒤덮인 사람, 이를테면 "발에 먼지투성이인 사람"이라 불렀다. 그들은 문학에서, 예컨대 12세기 말 제앙 보데르의 우화시 『황당무계한 꿈 Le soubait fou』에서처럼 "물건을 뜨러" 몇 달 동안 집을 떠나 있는 사람으로, 그리고 오랫동안 "고향을 떠나" 있다가 "명랑하고 기분 좋게" 돌아오는 사람으로 묘사되었다. 간혹 그러한 방랑자가 매우 부자인 경우 상파뉴 정기 시장에서 일의 대부분을 처리하기도 했다.

그러나 그러한 일에 어떤 '지식인'이 개입하는 경우(남부 유럽에서만 그러했다) 계약서를 대신 작성하는 사람은 공증인이었다. 보통 이것은 봉건적 특허장을 본떠 증거 역할을 하는 것을 주요한 기능으로 하는 아주 단순한 계약서였다. 교회는 모든 신용거래를 고리대금이라는 이름 아래 비난함으로써 상인들이 부득이 복잡하고 까다로운 방식을 이용하지 않을 수 없게 만들었기 때문에 상인들의 기술이 크게 발전하지 못했다. 아무튼 상거래에 있어서, 비록 기술적 차원에서는 한계가 있었지만, 그래도 어느 정도 발전을 보였던 두 분야가 있다. 바로 14세기에 이르러 비로소 보편화되었던 환어음과 복식 부기다. 상업과 재정의 운용 기술은 중세의 다른 어떤 기술과 마찬가지로 초보적이었다. 가장 중요한 것은 거래가 동전을 통한 교환, 다시 말하면 '손을 접촉하는' 거래에 한정되었다는 점이다.

아마도 유일하게 상당한 수준에 이르렀을 기술자가 하나 있었으니, 그것은 바로 건축가였다. 확실히 건축 분야만이 중세에서 부인할 수 없는 산업적 측면을 지닌 유일한 분야다. 사실 건축 기술이 과학이 되고 건축가가 지식인이 된 것은 기독교 시대 전체가 아니라 고딕 시대에만 해당한다. 건축가들은 다른 사람들이 스스로를 '예술의 대가' 혹은 '법률의 대가'라 불렀듯이, 스스로를 '거장'이나 심지어는 '돌의 대가'라 부르고 규칙에 따라 측량을 했다. 이 같은 유식한 건축가들은 스스로를 전수된 비법을 실행하는 장인적인 건축가나 석공과는 다른 사람으로 자임했다. 이러한 두 유형의 건축가들이 중세 말까지 계속 공존했고, 주지하듯이 서로 맞서 있었다. "과학 없이는 기술도 없다"고 보는 프랑스 건축가와 "과학은 기술에 불과하다"고 보는 롬바르디아 석공 사이의 일리 있는 논쟁이 일어났던 것은 14세기에서 15세기로 넘어가는 세기 전환기에 밀라노 성당 건축 공사장에서였다.

중세 장인들이 예술가적 재능과 기술과 대담성(이것을 입증해주는 것으로는 성당들이 있고, 이외에도 주앵빌은 시토 수도회 수도원을 본떠 세운 소뮈르Saumur의 실내 시장을 보고 깜짝 놀랐다)을 보여주었지만, 중세의 건물이 생각했던 것과는 달리 보통 기술적으로 초라했다는 것을 환기할 필요가 있다. 중세는 끊임없이 보수하고 교체하고 복원하지 않으면 안 되었다. 교회의 종들은 항시 재주조되지 않으면 안 될 판국이었다. 건물, 특히 교회의 붕괴는 흔한 일이었다. 1284년 보베 성당 내진의 붕괴는 이중적인 상징을 지닌다. 그것은 고딕식 건물의 발전이 중단되었음을 보여주는 신호일 뿐만 아니라 중세의 여러 건축에 공통되는 운명을 알리는 신호였다. 교회, 특히 대성당의 보수에 대한 견적이 13세기 말 건축가들의 주요한 수입원 중 하나가 되었으며, 중세의 대표적 건축의 대부분이 아직까지 온전하게 서 있는 것은 후대의 보수와 복원 덕택이다.

중세에는 발명한 것이 거의 없었고 식용 작물의 수효도 그리 증가시키지 못했다(중세의 주요한 식량원이었던 호밀은 일시적으로 농산물 목록에 들어 있다가 서양에서 거의 사라져버렸다). 그럼에도 중세가 인간 기술에 의한 자연 정복의 역사에서 한 단계를 차지했다는 것은 사실이다. 물론 중세의 주요한 '발명품'인 방아(아니, 본질적으로 말하면 중세는 방아를 전파시켰다)조차도 바람의 정지, 남부 지방에서의 하천의 건조, 북부 지방에서의 빙하의 엄습 등과 같은 자연의 변덕에 매여 있었다. 그러나 마르크 블로크가 지적한 것처럼 "수력 기계나 풍력 기계, 제분기 · 무두질기 · 축융기와 수력 제재소, 대장간의 해머 · 멍에 · 역축의 편자 · 근대식 계가와 방적기의 발명 등 이 모든 것은 자연력(활성적인 자연력이든 그렇지 않든)을 보다 효율적으로 이용하는 데 있어서 발전적 단계를 나타내며, 따라서 인간의 노동력을 절약시키고, (결국 같은 얘기지만) 보다 나은 생산성을 가져다주었다. 그 이유는 무엇인가? 그것은 아마도 사람이 적었기 때문일 것이고, 보다 각별하게는 주인들에게 노예들이 거의 없었기 때문일 것이다."

비록 중세는 기술적 진보를 하나의 덕으로 간주하지는 않았지만, 그 시절 일부 사람들은 인간의 진보와 기술적 진보 사이의 이러한 관계를 인식하고 있었다. 기술적 발전을 개탄하는 사람도 있었다. 예컨대 13세기 초 기오 드 프로뱅은 그 당시 군사 분야에서 '기예가들'이 '기술자들'에게, '기사들'이 '쇠뇌 사수나 투석기 사수, 참호병이나 공병들'에게 자리를 넘겨주지 않으며 안 되었던 상황을 개탄했다. 이와는 반대로 그런 것에 기뻐한 사람들도 있었다. 특히 13세기 클레르보 수도원의 어떤 수도사는 기계의 해방적인 힘에 진심으로 찬사를 보냈다.

초기에 물레방아가 등장했을 때 어떤 문집의 한 구절이 이러한 발전을 이미 찬미했다는 것을 우리는 기억하고 있다. "맷돌로 밀을 빻는 부인네들이여, 오랫동안 익숙했던 그대들의 손을 거두시오. 이제 새벽을 알리는 닭의 울음소리가 들리더라도 늦잠을 자도록 하시오. 데메테르가 그대들이 할 일을 님프에게 맡겼으니까요." 일찍이 5세기에 로슈 Loches 수도원 원장은 "수도원의 방아가 한 수도사만으로도 여러 사람몫의 일을 할 수 있도록 하고" 많은 수도사를 일에서 해방시킨 것을 기뻐했다. 그렇지만 클레르보 수도원의 한 수도사는 기계 소리를 산업적 응용의 맥락에서 찬송했다. 실제로 그는 이 기계 소리에 매료되어 기계의 영광을 기리는 그의 초기의 찬가 속에 다음과 같은 글을 수록했다.

    오브 강의 한 지류가 수도원의 수많은 작업장을 지나면서 일한 수고 덕택에 어디서나 칭찬을 받는다. 오브 강은 큰일을 한 덕택에 여기서도 칭송을 받는다. 강물이 전혀 닿지 않는 곳에 대해서도 그 강은 등한시되는 법이 없다. 하상의 굴곡 때문에 계곡에서 강물이 둘로 갈라지는 것은 자연적으로 된 것이 아니라 수도사들이 땀을 흘려 하상을 파냈기 때문이다. 오브 강은 이 수로를 통해 자신의 반을 수도원으로 보낸다. 마치 자신을 다 수용할 만큼 큰 수로가 없어서 모두 다 오지 못한 것에 대해 수도사들에게 인사하고 사과하기라도 하는 것처럼 하면서 말이다.
    가끔 강이 범람하고 정상 수위를 넘어 너무나 많은 물을 내려 보낼 경우, 강물은 그걸 막는 수문에 부딪혀 어쩔 수 없이 그 아래로 흐른다. 그러면 이 강물은 소용돌이치게 되고, 옛날의 물줄기를 따라 흐르던 강물이 역류하는 이 소용돌이를 포용하듯 감싼다. 그러나 문지기 역할을 하는 수문이 허용하는 대로 수도원으로 들어간 그는 물레방아로 맹렬하게 돌진한다. 이 물레방아에서 그는 분주하게 요동침으로써 맷돌 무게에 눌려 밀을 빻게 하고 분말과 기울을 분리하는 섬세한 선별기를 움직이게 한다.
    이제 이웃 건물에 들어선 강물을 보라. 간혹 포도 농사가 흉년이 들고 포도주가 없어 곡주로 이것을 보충해야 될 경우, 그는 수도사들이 끓여서 음료수로 쓸 수 있도록 가마솥을 가득 채우고 자신을 불 속에 내던진다. 그러나 그는 짐을 벗을 날이 없다. 물레방아 근처의 축융기가 그를 부른다. 그는 물레방아 속에서도 수도사들의 음식 장만에 여념이 없다. 그러므로 이제는 그가 수도사들의 옷에 신경을 써야 한다고 주장하는 것은 맞는 말이다. 그는 이에 반발하지 않고 자신에게 요구된 일을 거절하지 않는다. 그는 무거운 공이 혹은 나무메, 아니 더 좋게 표현하면 '목발〔木足〕'(이것은 보다 정확하게 말하면 축융기가 직물을 때리는 일을 의미한다)을 번갈아가며 들었다 내리쳤다 하면서 축융공의 수고를 크게 덜어준다. 자비로우신 하느님이시여! 당신의 가엾은 종들이 큰 슬픔으로 고통을 당하지 않도록 하시니 당신은 그들에게 얼마나 큰 위안을 주십니까! 당신은 참회하는 어린양들의 어려움을 얼마나 많이 덜어주십니까! 그리고 당신은 그들의 가외 짐을 얼마나 덜어주십니까! 우리에게 입을 것과 먹을 것을 만들어주는 이 고마운 강물이 우리를 대신하여 일해주지 않았다면, 이 일로 얼마나 많은 말이 지치고 얼마나 많은 사람이 피곤했겠습니까! 그는 자신의 수고를 우리의 수고와 결합한다. 그는 하루의 땀과 고통을 견디고 나서 노동의 대가로 단 한 가지만을 기다린다. 그것은 자신에게 요구된 모든 일을 정성껏 완수하고 나서 자유롭게 떠나갈 수 있도록 허락받는 것이다. 그가 빙빙 돌아가는 수많은 바퀴를 현기증이 날 정도로 가속시킬 때는 마치 그가 자신을 빻아 녹초가 된 것처럼 거품을 내뿜는다.

여기를 떠나 그는 피혁공장으로 들어간다. 그는 거기서 수도사들의 신발에 필요한 재료를 마련하기 위해 힘껏 일을 한다. 그러고 나서 그는 수많은 작은 지류로 나뉘어 각자의 일터로 가면서도 도와줄 것이 없나 항시 신경을 쓴다. 그는 무슨 목적으로든 자신의 도움이 필요한 일(요리하는 일, 거르는 일, 돌리는 일, 으깨는 일, 적시는 일, 닦는 일이나 빠는 일 등)이라면 어디서나 열심히 찾는다. 그는 도움을 주었으면 주었지, 한 번도 거절하는 법이 없다〔……〕.

8. 생존의 경제

중세 서양 경제의 목표는 인간의 생존이었으며, 결코 이것을 넘어서지 않았다. 만약 서양 중세 경제가 이러한 최소한의 필요를 만족시키고도 남음이 있었던 것처럼 보인다면, 그것은 물론 생존이라는 것이 순전히 물질적인 개념이 아니라 사회·경제적인 개념이기 때문이다. 생존 개념은 사회계층에 따라 다르다. 대중들에게 엄격한 의미에서의 생존이란, 말하자면 우선 먹고 다음으로 입고 자는 것과 같은 육체적 필요를 충족시키는 것으로 충분했다. 그러므로 중세 경제는 본질적으로 필수품을 제공해주는 토지에 기초를 둔 농업 중심적인 경제다. 중세 경제의 기초에는 생존에 대한 이 같은 필요가 놓여 있었으므로, 이 기초가 세워졌던 중세 초에 표준적인 한 가족을 부양하는 데 필요한 일정한 구획의 토지에 농민 가족 각각을 정착시키려 노력했다. 이 토지가 바로 '농민 보유지 *mansus: manse*'로, 베다의 표현을 빌리면 '한 가족의 토지 *terra unius familiae*'다.

상층계급에게 생존이란 이보다 더 큰 필요의 충족을 포함한다. 그들의 지위에 걸맞은 체면을 유지할 수 있도록 해주어야 하는 것이다. 그들의 생존 중 일부는 외국 수입품을 통해, 나머지는 대중들의 노동을 통해 제공된다.

노동의 목적은 (개인적인 것이든 집단적인 것이든) 경제적 발전에 있지 않았다. 노동은 악마의 개입 여지가 있는 나태를 피하고, 땀을 통해 참회를 하거나 육체를 멸시하는 것과 같은 종교적·도덕적 목적뿐만 아니라, 스스로의 생존을 보장하고 재산을 획득할 능력이 없는 빈자들의 생존을 확보해주는 것과 같은 경제적 목적도 지니고 있었다. 토마스 아퀴나스는 『신학 대전』에서 다음과 같이 설파한다. "노동은 네 가지 목적이 있다. 그것은 우선 식량을 제공해야 하고, 둘째 수많은 악의 원천인 나태를 추방해야 하며, 셋째 육체를 괴롭혀 육욕을 억제해야 하며, 넷째 보시를 가능케 해야 한다[……]."

중세 서양의 경제적 목표는 '필수적인 것necessitas'을 제공하는 것이었다. '필수적인 것'은 노동을 정당화하고 어떤 종교적 계율에 대한 면제도 가능케 한다. 보통 금지되어 있는 주일의 노동도 '필수적인 것'을 위한 것이면 용인되었다. 여러 가지 직업적 금기 규제에 묶여 있던 성직자들도 생존을 위한 노동이라면 때로는 승인되었다. 불가피하게 도둑질을 할 수밖에 없었던 사람들조차도 어떤 교회법 학자들에 의해 '용서되었다.' 라몬 데 페냐포르트Ramon de Peñafort는 1230년대에 쓴 『대전』에서 다음과 같이 말했다. "어떤 사람이 배고프고 목마르고 추워서 어쩔 수 없이 먹고 마실 것이나 입을 것을 훔쳤다면, 그가 정말 도둑질을 한 것일까? 그가 필수적인 것 때문에 그런 짓을 했다면 그는 절도도 죄도 범한 것이 아니다."

그러나 필요한 것 이상으로 획득하려고 하는 것은 죄악이다. 그것은 경제적 형태의 교만죄superbia(중죄의 한 형태)다. 경제적 활동의 영적 목적(십일조와 보시)을 모든 노동자에게 환기시키고자 했던 테오둘프가 카롤루스 왕조 시대에 세웠던 경제적 이상은 중세 중기에도 여전히 유효하다. "사업과 장사에 종사하는 사람들에게 그들이 영원한 삶보다 현세적 이익을 더 탐해서는 안 된다는 것을 환기시켜야 한다. 밭일을 하는 사람들과 먹을 것이며 입을 것이며 기타 필수품을 획득하기 위해 일하는 노동자들이 십일조를 납부하고 보시를 해야 하는 것처럼, 필수품을 공급하기 위해 장사를 하는 사람들도 마찬가지로 십일조를 내고 보시를 해야 한다. 신은 사실 먹고살 수 있는 직업을 각자에게 주었으며, 각자는 육체에 필요한 것을 제공해주는 자신의 직업에서 영혼을 위한 식량, 아니 육체를 위한 식량보다 훨씬 더 필수적인 식량을 끌어내야 한다."

필수품을 제공하는 것 이외의 모든 경제적 수지타산은 혹독한 비난을 받았다. 물론 영주들은 그들의 토지 생산고를 파악하고 예상하고 개선하려 노력했다. 특히 교회 영주들, 그중에서도 상당한 교육을 받은 관리인을 두고 있던 수도원 영주들이 그랬다. 카롤루스 왕조 때부터 경제에 대한 이러한 관심이 칙령집, 영지 명세장과 왕실이나 교회의 재산목록(이 중에서 가장 유명한 것은 생제르맹데프레 수도원장 이르미농이 9세기 초 작성했던 영지 명세장이다) 등에서 나타난다. 12세기 중엽 생드니 수도원 장원 행정에 대한 쉬제의 논문이 그의 장원 관리에 계속 경험에 의존하는 특징을 보이자, 12세기 말부터는 전문가들이 대장원의 행정, 특히 교회 장원의 행정을 장악했다. 잉글랜드의 주요한 수도원 장원에서는 장원 관리의 책임을 맡은 관리인이 소속 성직자들에게 수지 계산서를 제출해야 했고, 후자는 이것을 감사들로부터 검증을 받기 전에 생미셸 수도원에 기록했다. 그렇지만 이것은 다가오는 위기에 맞서 장원을 더 잘 관리하고 수지타산을 맞춤으로써 필수품을 계속 생산하려는 것을 의미할 뿐만 아니라, 더 나아가서 화폐경제의 발전에 대응하려는 것을 의미한다. 수지타산에 대한 혐오감은 오랫동안 계속됐다. 비록 정밀하지는 않았지만 조반니 빌라니가 작성한 피렌체 경제 통계처럼 계량적 수지 계산에 대한 진정한 관심이 나타나는 것은 14세기다. 여기서도 마찬가지로 수에 대한 이러한 관심은 경제적 발전을 일으키려는 계산적 욕구에서보다는 위기가 도시를 강타하여 부득이 수지 계산을 하지 않을 수 없었던 데서 연유했다. 13세기 중에도 여전히 이탈리아의 유명한 정보 모음집인 『새 소식 Novellino』은 셈과 수를 적대시하는 정신 상태를 증언하고 있다.

주님의 은총으로 양치기에서 영주가 되었다가 나중에 왕이 된 다윗은 어느 날 백성 수가 얼마인지 알고 싶어졌다. 그런데 이것은 주제 넘는 짓이었기 때문에 하느님께서 노여워하셨다. 주님은 그에게 천사를 보내 이렇게 이르도록 당부했다. "다윗아, 너는 죄를 지었느니라. 또 너의 주님께서는 이렇게 전하라고 당부하셨느니라. '너는 3년 동안 지옥에 있기를 원하느냐, 석 달 동안 적의 손아귀에 있기를 원하느냐, 그것도 아니면 주님의 손 안에서 심판받기를 원하느냐?' 다윗이 대답했다. '저는 주님의 손 안에 있기를 원합니다. 주님의 처분에 맡기겠습니다.'" 그런데 하느님은 어떻게 하셨는가? 주님은 그의 죄에 대해 벌을 내렸다. 그가 백성 수가 많은 것을 뽐냈기 때문이다. 〔……〕 어느 날 다윗이 말을 타고 가다가 천사가 칼을 빼들고 죽이러 오고 있는 것을 보았다. 〔……〕 다윗은 즉시 말에서 내려 말했다. "오 자비로운 하느님! 순진무고한 자들을 죽이지 마십시오, 그러려면 죄투성이인 저를 죽여주십시오." 그때 하느님은 이 말에 감동하여 그의 백성들에게 자비를 베풀고 대량 학살을 중단했다.

이미 살펴본 11~12세기에 그랬듯이 중세 서양에서 경제적 발전이 일어났을 때 이러한 발전은 인구 증가의 결과에 다름 아니다. 그것은 더 많은 사람을 먹이고 입히고 재우고 하는 것에 대한 대응과 관계가 있다. 인구 과잉에 대한 주요 조치는 경작지의 개간과 확장이다. 집약 농법(3포제·시비·농기구 개량)에 의한 생산성 증대는 부차적인 조치에 지나지 않는다. 로마네스크 양식과 고딕 양식을 한 큰 교회당의 건축도 대체로 증가된 기독교 신자들을 수용해야 하는 불가피함에 대한 대응에 불과했다. 또한 경제를 주도적으로 이끌고 경제의 척도 역할을 했던 수도원의 토지 경영도 수도사 숫자의 변화에 따라 생산고 증감을 조절했다. 12세기 후반 캔터베리 수도원에서는 농민들의 현물 납세가 수도사 숫자의 감소와 함께 줄어들었다.

화폐경제 분야에서도 경제적 발전에 대한 이러한 무관심 또는 적대감이 나타났으며, 전자본주의적 이윤추구 정신의 발전에 강한 저항을 했던 것은 흔히 있는 일이었다.

중세에는 고대에서처럼 소비를 위한 대부가, 비록 유일한 형태는 아니었지만, 주요한 형태로 오랫동안 알려져 있었다. 그러나 생산을 위한 대부는 여전히 거의 존재하지 않았다. 소비를 위한 대부에 이자를 붙이는 것은 기독교도들 사이에서는 금지되었으며, 이것은 교회가 비난했던 순수한 고리대금과 같은 것으로 여겨졌다. 성경의 3서(「출애굽기」22:25, 「레위기」25:35~37, 「신명기」23:19~20)는 곡물 대부가 크게 성행했던 아시리아와 바빌로니아의 영향을 막기 위해 유대인들 사이에 이자를 붙여 대부하는 행위를 비난했다. 비록 고대 유대인들은 별로 지키지 않았지만 이러한 조치가 "아무런 대가를 바라지 말고 빌려주어라, 그러면 너는 큰 보상을 받으리라"(「누가복음」6:34~35)라는 그리스도의 말씀을 따라 교회에 의해 취해졌다. 이 구절에서 그리스도는 제자들 중 가장 깨끗한 제자를 위한 이상을 지적하려고 했을 뿐이었지만, 교회는 이 구절을 강조했다. 그러면서도 교회는 그리스도가 당시의 재정적 관례(이것을 후일 중세 교회는 고리대금이라고 비난했다)를 결코 비난하지 않고 설파했던 모든 구절을 무시해버렸다. 세금을 걷었건 돈놀이를 했건, 아무튼 이재에 밝은 제자였던 마태에 대한 그리스도의 모든 태도는 기독교 세계가 재정에 관대할 수 있다는 측면을 보여준다. 그리스도의 이러한 관대함이 중세에 와서는 거의 완전히 무시되거나 주목받지 못했다. 오히려 중세 교회는 기독교 신자들 사이의 소비를 위한 대부를 금지시키고(이것은 기독교 사회가 스스로를 폐쇄 집단으로 규정하는 방식에 대한 또 다른 증거다) 유대인들에게 고리대금업자의 역할을 떠맡겼다—이것이 중세 초 수도원이 어느 정도 '신용 기관établissements de crédit' 역할을 하는 것을 막지는 못했다.

또한 교회는 오랫동안 생산을 위한 대부도 반대했다. 보다 일반적으로 말하면 교회는 (경제적 발전의 전제조건은 아니더라도 적어도 자극제가 될 수 있는) 모든 형태의 신용거래를 고리대금이라고 비난했다. 토마스 아퀴나스 같은 스콜라 철학자들도 아리스토텔레스에게 구조 요청을 했다. 아퀴나스는, 흔히 주장되는 것과는 반대로 상인 사회에 대해 매우 무지했으며 그가 출생했던 소규모 토지 귀족 사회에 대한 경제적 이상에 물들어 있었다. 그리고 일반적으로 스콜라 철학자들도, 가정에 기반을 둔 자급자족적 형태의 경제와 상업적 형태의 이재학 사이를, 아니 재화의 단순한 이용(생존)을 목표로 하는 칭찬받는 자연적인 이재학과 자연과 대립되는 비난받는 화폐 이재학 사이를 구별했던 아리스토텔레스의 견해를 수용했다. 이들은 화폐가 저절로 만들어지는 것이 아니며 "돈은 돈을 낳지 않는다 *Nummus non parit nummos*"는 주장을 아리스토텔레스에게서 차용했다. 이자를 치는 모든 신용거래는 이러한 이론과 오랫동안 대립하고 있었다.

사실, 중세의 모든 사회계층이 경제적으로나 심리적으로 심한 압박을 받고 있었고, 이러한 압박의 목적은 아니더라도 그 결과는 경제적 진보를 가져오는 데 필요한 모든 축적과는 거리가 먼 것이었다. 농민 대중들의 생활수준은 그들의 노동 결실에 대한 착취 때문에 최저 수준으로 떨어졌다. 영주는 봉건 지대의 형태로, 교회는 십일조와 보시의 형태로 그들에게 세금을 부과했다. 교회 자체도 자신의 막대한 부의 일부는 구성원들(주교, 수도원장, 성당 참사회원 등과 같은 고위 성직자들)의 편의를 위해 사용했고, 다른 일부는 교회의 건축과 장식 그리고 화려한 의례 등과 같이 신의 영광을 위해 지출했으며, 나머지는 빈자들의 생존을 위해 사용했다.

세속 귀족들도 그들의 잉여 재산을 증여와 보시 그리고 후덕의 표시로 사용하도록 권유받았다. 이것은 자선이라는 기독교적 이상과 아랫것들에 대한 후덕이라는 기사도적 이상을 미명으로 쓰고 있었다. 영주의 위엄과 명예는 손익을 계산하지 않고 아낌없이 쓰는 데 있다. 원시 사회의 고유한 특성인 소비와 낭비가 그들 수입의 거의 전부를 삼켜버렸다. 장 드 묑이 『장미 이야기』에서 '후덕'과 '빈곤'을 싸잡아 비난한 것은 아주 정당하다. 이 둘이 중세 경제를 마비시킨 데 대해 공동 책임이 있다. 어쩌다 축적이라도 있게 되면, 그것은 축장(蓄藏)의 형태에 불과했다. 축장은 귀중품을 쓸모없게 만들고 체면을 세워주는 기능 이외에는 경제적인 창조 기능을 전혀 갖고 있지 않았다. 대파국이나 위기가 닥쳤을 때 녹이거나 유통시켜 사용했던 고가의 집기들과 화폐 뭉치들은 비상시에 살아남는 데 쓰였을 뿐, 정규적이고 지속적인 생산수단이 되지는 못했다.

9. 경제적 망탈리테

생산기술의 취약성뿐만 아니라 정신적 습관도 중세 경제를 침체케 하고, 오로지 생존과 소수의 체면 유지에만 만족케 하는 데 기여했다. 경제 발전에 대한 장애는 낮은 기술 수준의 큰 원인이었던 봉건제도 그 자체에서 비롯되었다. 물론 봉건제도가 장원제와 동일시될 수는 없지만, 그러나 그것은 지리적·시기적 차이에도 불구하고 그 기본 유형은 근본적으로 동일한 하나의 경제적 착취 양식에 근거를 두고 있다. 봉건제도는 본질적으로 교회 영주든 세속 영주든 영주계급이 농민 대중의 모든 잉여 생산물을 착취하는 체제다. 이러한 착취는 이 제도의 수혜자들이 생산적 투자는 거의 하지 않으면서 농민들로부터는 경제적 진보에 도움이 될 수 있는 수단을 빼앗아가는 조건에서 일어났다.

물론 주지하듯이 봉건적 수입이, 즉 영주계급이 농민의 수확물로부터 거두어들인 수입의 총화가 그 내용이나 가치에 있어서 항시 동일한 것은 아니었다. 영주의 장원의 두 부분 사이의 관계가, 즉 한편에는 주로 농민들의 부역을 이용하여 영주가 직접 경작하는 직영지와 다른 한편에는 부역과 부과조를 대가로 농민에게 양여한 보유지 사이의 관계가 시대에 따라 달랐다. 마찬가지로 부역과 부과조 사이의, 현물납과 화폐납 사이의 비율도 달랐다.

대부분의 영주가 '부유'했지만, 달리 말해 생존을 하는 것 이외에 체면을 유지하는 데 필요한 부를 가지고 있었지만, '가난한 기사들'도 있었다. 주앵빌은 자신과 가족을 부양할 수조차 없었던 것으로 보이는 한 기사를 언급하고 있다. "그때 네 명의 자식이 딸린 한 가난한 기사가 부인과 함께 배를 타고 도착했다. 나는 숙소에서 그들에게 먹을 것을 줬다. 식사가 끝나자 나는 거기 있던 귀족들을 불러놓고 말했다. '자선을 베풉시다. 저 가난한 사람으로부터 자식의 부양 부담을 덜어 줍시다. 각자 아이를 한 명씩 책임지십시오. 저도 한 명을 데려가겠습니다.'" 역사가 에두아르 페루아Edouard Perroy가 발굴해낸 14세기 초 포레 지방의 기사 뒤 클뤼젤Du Clusel은 너무나 가난하여 호구지책으로 마을의 본당 신부와 공증인이 되었다. 반면 대부분의 농민들은 최저 생활을 하면서 어렵게 살아갔지만, 상당히 여유 있게 살았던 농민들도 있었다. 이 점에 대해서는 후에 살필 것이다.

영주에 의한 착취 형태의 변화가 모두 일방통행식으로 나아간 것은 아니다. 물론 부역이 감소 추세에 있었고 12~13세기에는 도처에서 소멸되기도 하는 경향이 있었다. 그러나 그것이 보편적 현상은 아니었다. 주지하듯이 프로이센과 폴란드와 저 멀리 러시아 등 엘베 강 동쪽에서는 '재판(再版) 농노제'가 중세 말에 형성되어 19세기까지 지속되었다. 물론 지대의 화폐납은 현물납에 비해 12~13세기 중에 점점 큰 비중을 차지했다. 한 예로 1279년 버킹엄셔에서는 봉건적 수입 중 화폐납의 비중이 76퍼센트에 달할 정도였다. 그렇지만 조르주 뒤비는 클뤼니 수도원에서 특히 1150년부터 수도원 부속 장원의 세입 중 현물납의 비율이 증가했음을 보여주고 있다.

그러나 중세의 어느 지역과 어느 시기를 막론하고(적어도 14세기까지는) 영주계급은 수입의 대부분을 비생산적 지출에 탕진했고, 반면 농민 대중들은 영주의 수입을 확보하느라 스스로는 거의 기본적 필요를 충족시키는 수준으로 전락했다.

물론 영주나 농민의 표준적인 가계부를 확인하기란 매우 어려운 일이다. 이에 대한 자료가 수적으로 많지 않을뿐더러 그나마 상세하지도 않고, 부의 수준도 천차만별이었으며, 가계부의 여러 항목에 대한 수치적 평가 방법을 정하기도 어렵다. 그렇지만 13세기 말과 14세기 초 잉글랜드의 일부 대영주들의 가계부를 근사치로 확인할 수는 있다. 이들 중 일부 부유한 영주들은 수입과 지출(생계유지·군장비·건축·사치품 비용 등의 지출)의 균형으로 수입의 3~6퍼센트를 가까스로 투자할 수 있었다. 영주의 수입에 대해 말하면, 그것은 거의 전적으로 봉건적 지대, 즉 농민들의 노동과 노동 생산물에 부과된 세금으로 충당되었다. 살펴본 바 있듯이 봉건적 수입의 위기로 인해 영주가 장원적 착취체제 조직 이외에서, 예컨대 토지 대신 화폐로 지급되는 '화폐봉fiefs de bourse, fiefs-rentes'에서 혹은 전쟁 수입(몸값 보상)에서, 아니면 좀 드문 경우지만, 잉여 농산물을 거래하는 보다 선진적인 시장에서나 소작권의 구입으로 가계비를 충당했던 것은 13세기 말과 14세기에 이르러서다.

결국 그들이 경제적 진보를 촉진시켰던 것처럼 보이는 경우조차도, 그것은 그들이 의도했던 바는 아니다. 봉건제도의 논리에 집착했던 그들이 경제 발전을 촉진시킨 것은 경제적 이윤을 목적으로 한 것이 아니라 재정적 착취나 봉건적 권리를 목적으로 한 것이기 때문이다. 그들이 제분소며 포도 압착기며 빵 가마를 설치한 것은 장원에 거주하는 농민들에게 이런 시설을 강제로 이용케 하고 사용료를 받거나, 이런 의무를 면제해주고 대신 벌금을 받기 위한 것이었다. 또 영주들이 도로나 교량의 건설을 지원하거나 상설 시장이나 정기 시장의 개설을 후원한 것도 이로부터 통행세나 시장세 등을 징수하기 위한 것이었다.

반면 농민 대중은 봉건지대라는 착취를 통해 자신의 잉여 생산물과 때로는 그들의 필수적인 생존수단을 빼앗겼다. 그들은 자신들의 노동 산물 중 상당한 몫을 부과조의 현물납이나 화폐납 형태로 영주에게 바쳐야 했을 뿐만 아니라, 농민들의 생산 능력도 영주들이 요구하는 부역이나 면역조의 납부 등으로 저하되었다. 뿐만 아니라 영주들은 양질의 토지와 거름의 대부분을 독점했으며, 심지어는 농민들이 기분전환에 쓰는 비용, 이를테면 선술집(이것도 포도 압착기며 제분소며 빵 가마처럼 영주만이 소유할 수 있었다)에 드나드는 얼마 안 되는 비용도 수입으로 챙겼다. 포스탄Postan은 13세기 후반 잉글랜드에서 봉건지대가 농민 수입의 50퍼센트 이상을 차지했으며, 이를 제외하고 나면 비자유민 계급은 자신과 가족의 생존을 겨우 유지할 수밖에 없었다고 추정했다.

또한 어떤 농민이 자신의 보유지를 늘리게 되는 경우, 이것이 보통 곧바로 자신의 수입이 증가되는 것을 의미하지는 않았다. 그것은 자신이 먹고살 식량을 충분히 마련하고 봉건적 세금을 납부할 수 있도록 하기 위한 것이었다. 더 나아가서, 그것은 영주에게 밀린 세금을 갚기 위해 자기 수확물의 일부를 부득이 염가로 넘겨줄 수밖에 없는 상황을 미연에 줄여 시장에 대한 자신의 종속을 가급적 피하기 위한 것이었다.

앞으로 살피겠지만 설사 농민사회에 보다 부유한 사회계급이 존재했다 하더라도, 농민들 중 일부가, 즉 부역도 세금도 부과되지 않은 이른바 '자유민 보유농들'이 봉건적 경제체제를 벗어났다고 믿어서는 안 될 것이다. 이 자유민 보유농들(이들의 토지는 보통 작았기 때문에 영세한 토지 소유자들이라 할 수 있다)이 흔히 추정되는 것보다도 중세에 더 많았던 것은 사실이다. 우선 과거에 생각했던 것보다 더 많은 자유민 보유지들이 봉건화 과정을 피했던 듯하다. 더욱이 자유민 보유농('자유민 지주들free-holders'이 자유민 보유농과 별로 다를 바 없었던 잉글랜드를 제외하고)이 다음과 같은 여러 가지 방식으로 11~12세기에 부분적으로 다시 형성되었다. 첫째는 농민이 영주와 '임대 재배complant' 계약을 맺어 자유민 보유지적 성격의 포도밭을 만드는 경우다. 둘째는 몇 년 동안 세금이 없는 토지로 경작하고 난 다음 자유민 보유지로 바뀐 토지의 일부를 영주와 그의 관리인들의 방심을 틈타 몰래 착복하는 방법을 통해서다. 셋째는 일부 농민들이 영주의 개간지 가장자리에 임자 없는 유휴지를 개간하는 약삭빠름을 통해서다.

따라서 법률학자들이 만들어낸 "영주 없는 토지 없다"라는 경구가 현실이라기보다는 이론에 가깝고 심지어 프랑스에서조차 적용하기 힘들다면, 이 말이 다른 지역에 적용되기는 더욱더 힘들다. 지노 루자토Gino Luzzatto의 표현대로 '독립된 오아시스'인 도시의 직접적인 영향권 안에서 도시적 연속성을 유지했던 이탈리아와 같은 지역이 그렇다. '재정복'이라는 특수한 조건들로 인해, 재정복된 토지의 점유자들 중 상당수가 영주제적 종속으로부터 벗어나 있던 에스파냐도 마찬가지다. 또한 1240~1243년 타타르족의 침입으로 인한 혼란을 틈타 일부 농민들이 해방되었던 헝가리와 폴란드 일부 지역도 그렇다. 이러한 혼란이 지나고 난 후 시토파 수도원들은 가까스로 그들의 영주권을 되찾았다. 실레지아에 있는 헨리코프Henrykow 수도원에 부속된 스코네발드Sconewalde 장원을 표트르Pierre de Piotrowice라는 한 폴란드 귀족이 이와 같은 방법으로 차지했었다. 그는 이곳에 시보도Sibodo라는 집사 한 사람을 정착시켰다. 헨리코프 수도원 원장은 볼레스와프 공에게 이 땅을 되찾게 해달라고 5년 동안 간청했으나 헛수고였다. 결국 표트르가 굴복했지만, 이번에는 시보도가 반대했다. 그래서 수도원장은 그에게 4마르크를 주고서야 그를 내보낼 수 있었다. 이것이 가능했던 것은 시보도가 아직 숲을 개간하지 않았기 때문이었다.

그러나 이러한 자유민 보유농들의 독립성에 대해 착각해서는 안 된다. 경제적으로 그들은 영주에게 예속되었다. 관할 구역의 영주들은 자신들이 보유한 '공권력ban'을 매개로 하여 직접적으로든 간접적으로든 그들에게 세금을 부과했고, 농민들은 자신의 토지 생산물을 세금으로 바쳐야 했기 때문이다. 영주가 지방 시장과 더욱이 지역 경제 전체를 장악하고 있었기 때문에 그들은 보다 확실하게 영주에게 종속되었다.

따라서 자유민 보유농들이 영주계급의 경제적 착취를 면했던 것은 아니다. 이들은, 봉건적 세금으로 착취되어 빈곤과 때로는 결핍, 심지어 호구도 불가능한 기아에 노출되어 있던 대다수의 농민 대중들과 경제적으로 구별하기가 거의 힘들었다.

10. 극한 상황의 세계: 기근

경제 발전에 장애가 되었던 사회구조와 결부되어 있는 기술상의 조악한 설비는 중세 서양을 극한 상황으로 몰아넣었다. 그것은 생존조차 보장받을 수 없을 정도로 끊임없는 위협을 받았던 한계 상황의 세계였다.

우선 중세 서양은 기아의 세계다. 그것은 기아에 대한 공포와 보다 빈번하게는 기아 그 자체에 시달렸던 세계다. 농민 속요에서 포식 신화들이 각별한 매력을 끌었다. '풍요의 나라'에 대한 꿈은 13세기에 하나의 문학적 주제가 되었다. 잉글랜드의 시 『풍요의 나라 *The Land of*

Cockaygne』와 프랑스 우화시 『풍요 Cocaigne』가 그것이다. 후자는 후일 브뢰겔에게 영감을 주게 된다. 사막에서의 만나로부터 빵의 증식에 이르기까지 성경에 나타나는 음식의 기적은 중세인들의 상상력을 사로잡았다. 그들은 『성인 전기』의 거의 모든 곳에서 볼 수 있는 것처럼, 거의 모든 성인의 생활 속에서 이러한 기적들을 발견할 수 있었다.

성 베네딕투스는 이러한 기적을 분명히 보여준다. "대기근이 캄파냐 전역을 휩쓸었다. 성 베네딕투스 수도원 수도사들은 어느 날 빵이 다섯 개밖에 없다는 것을 알았다. 그러나 그들이 고통받고 있는 것을 본 성 베네딕투스는 그들의 소심함을 바로잡기 위해 부드러운 어조로 충고했다. 그러고 나서 그들을 안심시켰다. '그렇게 사소한 일 가지고 뭘 걱정하고 있느냐? 오늘은 빵이 부족하지만, 내일도 빵이 없으란 법이 어디 있느냐?' 그런데 그 다음 날 성 베네딕투스의 방문 앞에는 밀가루 열 포대가 있었다. 이것은 오늘도 사람들이 알아채지 못하게 하느님의 배려로 천사가 몰래 갖다놓은 것이다. 수도사들은 이러한 기적을 보고 하느님께 감사를 드리고 궁핍한 가운데서도 결코 절망하지 않는 법을 배웠다."

다음은 가난한 순례자들에게 음식을 주지 않을 수 없었던 성 야고보의 기적이다. "베즐레 출신의 한 순례자가 어느 날 돈이 떨어졌다. 그는 구걸하는 것을 창피스럽게 생각했으므로 나무 밑에서 잠을 자다가 재 속에서 잘 구워진 빵을 발견했다. 더욱이 그는 자는 동안 성 야고보가 그에게 먹을 것을 갖다 주는 꿈을 꾸었다. 그러고 나서 그는 그 빵으로 고향에 돌아올 때까지 15일 동안 살았다. 그가 하루에 두 번씩 실컷 먹었음에도 다음 날이면 언제나 배낭 속에 빵이 가득 차 있었다."

다음은 성 도밍고의 기적이다. "40명의 수도사가 한자리에 모였을 때, 그들은 먹을 것이 빵 한 덩이밖에 없다는 것을 알았다. 성 도밍고는 그들에게 그 빵을 40조각 내라고 명령했다. 그리고 수도사들이 각자 빵을 한 입씩 맛있게 먹고 있을 때, 쌍둥이같이 생긴 두 젊은이가 망토 속에 빵을 숨겨 식당으로 들어왔다. 그들은 아무 말도 하지 않고 그 빵을 식탁 머리에 놓고는 어디서 와서 어떻게 가는지 아무도 모르게 사라졌다. 그때 성 도밍고가 그들에게 손을 뻗으며 말했다. '자! 나의 형제들이여, 그대들이 먹을 식량이 여기 있다네!'"

이러한 모든 기적은 빵을 대상으로 한다. 이것은 그리스도의 기적을 환기시켜줄 뿐만 아니라 빵이 대중들의 기본 음식이었기 때문이다. 비록 '가나의 결혼식 Noces de Cana'(물을 포도주로 변화시킨 예수의 최초 기적, 「요한복음」 11:1~10 참조——옮긴이)에서의 기적 또한 예수의 권위를 지니고 있지만, 이 기적은 상류계급만이 오랫동안 포도주를 많이 마셨던 중세 사회에서는 크게 인기를 끌지 못했다.

그렇지만 음식의 기적들은, 가난한 농민들이 한 마리밖에 가지고 있지 않던 소처럼, 경제적으로 상징성을 띠는 다른 음식들과도 관련이 있다. "성 게르마누스가 잉글랜드에서 설교를 하고 있는 동안, 왕은 그는 물론 그의 수행원들도 홀대했다. 그러나 성 게르마누스의 숙소에 갔던 한 돼지치기가 이들이 허기와 추위로 기진맥진한 것을 보고 자기 집으로 데려가 이들에게 한 마리밖에 없는 송아지를 잡아주었다. 그런데 식사를 하고 난 후 성 게르마누스가 송아지 가죽에다 송아지 뼈를 모으게 하고 기도하자, 하느님이 그 동물에게 다시 생명을 주었다."

독일 음유시에서 13세기 후반 궁정적 영감이 퇴조하고 대신 사실주의적·농민적 영감이 우세해지자, 음식에 관한 주제가 지배적이 되고 '호식시 Fresslieder'의 양식이 등장했다.

배고픔에 대한 이러한 강박관념이 부자들에게서는 이와 대조적인 방식으로 나타났다. 앞으로 살펴겠지만, 이들에게는 음식의 사치와 과시가 본질적으로 계급적 행동을 표현하는 한 방편이었다. 아무튼 설교가들이 대식이나, 중세에 흔히 쓰던 표현인 '탐식*gula*'을 영주계급의 전형적인 죄 중의 하나라고 말했을 때, 이 말이 잘못된 건 아니다.

『여우 이야기』는 이 점에서 각별한 자료다. 배고픔의 서사시인 이 드라마는 여우와 그의 가족과 동료들이 텅 빈 배에서 나는 소리에 끊임없이 시달리고 있음을 보여주고 있다. 이 작품의 거의 전편을 관류하는 추진력은 언제 어디에나 기아가 지배하고 있다는 점이다. 이것이 바로 여우가 술수를 쓰는 원동력이다. 그리하여 어쩔 수 없이 여우는 햄이며 청어며 뱀장어며 까마귀로 만든 치즈 등을 훔치고, 닭과 새를 잡으러 쫓아다닌다. "여름이 가고 겨울이 돌아왔다. 여우는 그때 집에 있었다. 그는 음식 상자를 내려 그 속에 먹을 것이 하나도 없다는 것을 확인하고는 크게 실망했다. 이른 아침에 먹을 것을 찾으러 떠난 여우는 허기를 느꼈다. 〔……〕 그들은 둘 다 기절할 각오를 하면서 오솔길을 따라갔다. 그들은 견디기 힘들 만큼 굶주리고 있었다. 그런데 그들은 불가사의할 정도로 우연히 길가에서 맛있는 순대를 발견했다. 〔……〕 여우는 먹을 것 하나도 없이 그의 집 말페르투이스에 있었다. 그는 배고파서 하품이 나오고 육체적으로 큰 고통을 느꼈다. 여우는 자기 집에 있었다. 그러나 그의 마음은 얼마나 슬프고 고통스러웠겠는가? 먹을 것이라고는 조금도 없었으니까. 그는 몸이 수척해지고 힘이 빠졌다. 그만큼 배고픔이 그의 창자를 괴롭혔다. 그는 배고파 우는 아들 로벨과, 마찬가지로 허기진 아내 에르멜린이 자기 앞에 있는 것을 보았다."

그리하여 무훈시를 모방한 이러한 풍자시에서 여우와 그의 동료들이 영주로 변신할 때, 그들이 제일 먼저 서둘러 한 행동은 배불리 먹는 것이었다. 영주로 변신한 동물들의 잔치가 한 세밀화에 묘사되어 남아 있다. "에르상 부인은 기꺼이 그들에게 잔치를 베풀고, 양고기며 소고기며 닭고기 등 음식을 정성껏 마련했다. 그녀는 모든 사람에게 많은 음식을 대접했다. 영주들은 실컷 먹었다."

이미 무훈시들은 무서운 식욕을 가진 거인들(이들은 농촌 전설에 가까운 식인 귀신들의 형제이자 팡타그뤼엘의 선조다)에게도 지면을 할애했다. 가장 유명한 거인은 무훈시『알리스캉』에 등장한다. 그는 공작새를 두 입에 먹어치우는 전설적인 대식가 거인 르누아르Renouart다.

음식상의 강박관념은 성인 전기에서뿐 아니라 전설적인 왕실 족보에서도 나타난다. 중세의 몇몇 왕조들은 음식의 제공자인 농민-왕을 전설적인 선조로 삼고 있다. 이들은 트립톨레무스Triptolemus(고대 엘레우시우스의 영웅—옮긴이)와 킨키나투스Cincinnatus(고대 로마의 국가적 영웅—옮긴이)처럼, 음식을 제공하는 고대의 왕과 영웅을 환기시킨다. 이와 비슷하게 슬라브족에게는 보헤미아의 프셰미슬 왕조의 시조인 프셰미슬Przemysl이 있다. 연대기 작가 코스마스Cosmas에 따르면, 사람들이 쟁기질하는 농부인 그를 국왕으로 삼았다고 한다. 이것이 즈노이모Znojmo에 있는 생트카트린 교회의 12세기 초 프레스코화에 묘사되어 있다. 연대기 작가 갈루스 아노니무스에 따르면, 초대 폴란드 왕조의 시조인 피아스트는 밭 가는 사람으로 혹은 농민으로 혹은 돼지치기로 묘사된다. 이것은『성인 전기』에 등장하는 잉글랜드인들의 얘기를 상기시켜준다. "성 게르마누스는 신의 명령을 받고 돼지치기와 그의 부인을 불러왔다. 그는 자신을 후대해준 이 돼지치기를 왕으로 선포했다(갈루스 아노니무스는 피아스트를 '후대한 농민'이라 불렀다). 이 일로 모든 사람이 크게 놀랐다. 이후로 잉글랜드인들의 국가는 돼지치기 가문에서 나온 왕들에 의해 통치되었다." 9세기의 한 시는 카롤루스 마그누스에 대해 이렇게 읊었다.

여기 위대한 황제가 있노니
좋은 수확을 거두고 좋은 씨를 뿌리는
그리고 현명한 농부인

이와 같이 기근이 만연할 때 아마도 가장 무서운 것은 그것이 제 마음대로인 동시에 피할 수 없는 것이라는 데 있을 것이다. 그것이 제 마음대로인 것은 자연의 예측 불가능성과 관계가 있기 때문이다. 기근의 직접적 원인은 가뭄이나 홍수 같은 자연 질서의 혼란이다. 그러나 기후의 예외적인 가혹함이 긴 주기로 식량 부족을 초래했고, 3년, 4년 혹은 5년마다 도처에서 정기적으로 일어나는 식량 부족은 기근을 가져왔다. 이 기근은 식량 부족보다 덜 극적이고 덜 눈에 띄지만 그러나 더 치명적인 결과를 가져왔을 것이다.

사실 재앙이 닥칠 때마다 지옥 같은 악순환이 계속되었다. 처음에는 일기가 불순하고 그 결과로 흉작이 온다. 식료품 가격이 등귀하고 빈민들은 더욱 궁핍해진다. 굶어 죽지 않는 사람은 다른 위험에 노출된다. 질 나쁜 음식들, 예컨대 먹기 곤란한 풀과 밀가루며 부패한 음식이며 때로는 흙이며, 차마 얘기하기는 힘들지만 인육(허풍 떨기를 좋아하는 일부 연대기 작가들이 이를 언급하고 있다)까지 먹음으로써 때로는 치명적인 질병이나 영양실조에 걸린다. 영양실조로 병에 걸린 사람은 더욱 악화되어 때로는 죽기도 했다. 이것은 다음과 같은 순환으로 끝난다. 일기 불순 → 식량 부족 → 물가 등귀 → 질병으로, 결국에는 '사망률,' 즉 사망자 숫자의 폭등으로 끝난다.

    예기치 않은 자연의 변화가 파국적인 결과를 초래한 것은 대체로 중세 기술과 경제의 취약성, 특히 공권력의 무능 때문이다. 물론 기근이 고대 세계, 예컨대 로마 세계에서도 없었던 것은 아니다. 여기서도 생산성이 저조하여, 기근 시 분배하거나 판매할 수 있도록 비축할 수 있는 잉여 생산물이 전혀 없거나 적었다. 그러나 국가기구나 도시조직이 미미하나마 식량 비축과 분배체계를 갖추고 있었다. 로마의 농장과 도시에서의 곳간과 곡물 창고의 비중도 참작해야 할 것이다. 잘 관리된 도로망과 통신망, 통일된 행정체계가 식량이 풍부한 지역에서 부족한 지역으로 식량 수송을 가능케 했다.

    이 모든 것 중에서 중세 서양에 남아 있는 것이라곤 전혀 없었다. 수송과 도로망은 미흡했고 '관세 장벽'만 수없이 많았다. 예컨대 노상 강도나 해적을 꼽지 않더라도, 모든 다리와 의무적으로 통과해야 되는 요충지마다 소영주들이 관세와 통행세를 부과했다. 프랑스에서는 1789년까지 이른바 '곡물의 자유로운 유통'에 얼마나 많은 장애가 있었던가! 물론 중세에도 세속 대영주들과 특히 교회 대영주들(부유한 수도원들), 국왕들, 12세기부터는 도시들이 창고를 짓고, 식량 부족이나 기근 시에 비축분을 비상 분배하거나 식량을 수입하려 노력했다. 갈베르 드 브뤼헤Galbert de Bruges는 플랑드르의 샤를 선백(善伯)Charles le Bon이 1125년 그의 백령에서 어떻게 기근과 싸웠는지를 기록했다.

    선량한 백작은 가난한 사람들을 돌보는 데 모든 수단을 동원했다. 그는 도시와 그의 영지에 손수 가거나 대리인들을 시켜 보시를 했다. 동시에 그는 브뤼헤에 있는 100명의 빈자들에게 매일 식량을 분배했고, 사순절 시작부터 새 수확이 나올 때까지 이들 각자에게 큰 빵을 제공했다. 그는 다른 도시에서도 마찬가지로 식량을 나누어주었다. 같은 해 백작은 파종기에 두 단위의 토지에 씨를 뿌리는 자는 누구나 그중 한 단위에 잠두콩과 완두콩을 파종하라고 포고했다. 이런 종류의 채소는 더욱 빨리 수확할 수 있고, 따라서 만약 식량 부족과 기근이 그해에도 끝나지 않을 경우 빈자들에게 신속하게 먹을 것을 제공할 수 있기 때문이다. 그는 가능한 한 빈자들의 기근에 대비하기 위해 백령 전체에 이러한 방법을 실시하도록 명령했다. 그는 빈자들을 문 앞에서 굶어 죽게 한 헨트 Ghent의 도시민들을 비난했다. 이들은 빈자들을 충분히 먹여 살릴 수 있었는데도 그러지 않았던 것이다. 또한 그는 도시민들과 촌사람들이 이 같은 기근 시에 맥주 제조를 삼간다면 빈자들을 보다 손쉽게 잘 먹여 살릴 수 있다고 생각하여 맥주 제조를 금지시켰다. 그는 빈자들이 빵과 물로 최소한의 생계를 유지할 수 있도록 귀리로 빵을 만들라고 명령했다. 그는 맥주를 기본 가격의 4분의 1인 6수 이하로 내리도록 명령했다. 이 조치로 상인들은 매점매석을 중단하고, 기근에 대비하여 그들의 맥주를 다른 식료품(빈자들에게 식량으로 쉽게 쓰일 수 있는 식료품)과 교환했다. 그는 매일 자기 식탁에 113명의 빈자들이 먹을 수 있는 음식을 차려놓게 했다.

이 글은 식량 구호 정책으로 단순한 자선을 극복하려는 중세의 희귀한 시도 중 하나를 보여줄 뿐만 아니라, 무엇보다도 중요한 다른 두 가지 사실을 환기시켜준다. 하나는 사람들이 흉작의 재발에 대해 가졌던 두려움이다. 다른 하나는 식량 비축 정책이 1년 단위를 결코 넘어설 수 없었다는 점이다. 생산성이 낮았고 겨울밀의 파종을 가능케 하는 3포제가 느리게 도입되었으며 식량 보관 기술이 보잘것없었기 때문에 사람들은 기껏해야 이전의 수확과 새로운 수확 사이의 기간을 임시변통으로나마 살아남을 수 있기를 바랐다.

식량 보존 방식의 조악성, 자연과 동물에 의한 식량의 피해 등에 관한 증언을 우리는 수없이 가지고 있다. 중세에는 포도주 보존 방법을 알지 못했고, 따라서 부득이 1년 이내에 포도주를 다 마셔버리거나 그 맛을 바꾸는 방식에 의존했다는 것은 별로 중요하지 않다. 특히 문제가 되는 것은 포도주의 맛이었고, 포도주가 비록 대규모로 소비되었지만 생존에 필수적인 식료품은 아니었다는 점이다. 1063년 교황 특사 자격으로 리모주 종교회의를 주재하기 위해 프랑스를 지나가던 피에르 다미앵의 불평은 바로 금욕주의에 물든 교회 대영주들의 불평에 다름 아니었다. "프랑스에서는 포도주를 통에 넣기 전에 통 안에 송진을 바르는 관습이 도처에 유행하고 있다. 프랑스인들은 이것이 포도주의 맛을 높여준다고 말하고 있으나, 많은 외국인은 욕지기를 느낀다. 이 포도주를 입에 넣기만 하면 구역질이 난다." 서양 중세에서 음료수 문제가, 비록 준사막 지대나 현대의 대도시에서처럼 심각한 수준까지 이르지는 않았지만, 간혹 나타나고 있었다는 점에 유의해야 한다. 프랑스 포도주에 메스꺼움을 느낀 피에르 다미앵은 이렇게 덧붙였다. "사실이지 이 나라에서 마시기 적당한 음료수를 얻기란 여간 힘든 일이 아니다."

연대기와 전설에 등장하는 쥐의 피해도 무시할 수 없다. 바젤의 『연대기』는 1271년에 다음과 같이 기록했다. "쥐들이 밀밭을 휩쓸어 대대적인 식량 부족 사태가 발생했다." '피리 부는 사나이' 하멜른Hameln(피리를 불어 마을의 쥐를 퇴치했던 독일의 전설적인 인물. 그러나 사례금을 받지 못해 그 앙갚음으로 마을 아이들을 산 속으로 유괴했음——옮긴이)의 '쥐잡기'는 1284년 창궐하는 쥐들을 도시에서 박멸한다는 구실을 내세워 도시에서 아이들을 꾀어내는 이야기를 전해주고 있다. 이것은 민속적 주제를 해로운 동물의 박멸 운동과 결합시킨 것이다. 특히 연대기 작가들은 들판에서 입은 곤충의 폐해를 상세하게 전해준다. 클로스터 노이부르크의 연대기 작가가 기록한 것처럼 메뚜기의 침입은 873년 독일에서 에스파냐에 이르는 지역까지 극성을 부린 이래로 거의 뜸했다. 1195년 가을에는 헝가리와 오스트리아에서 극성을 부렸다. 멜크Melk의 연대기에 따르면 풍뎅이 떼가 1309년과 1310년에 오스트리아의 포도밭과 과수원을 휩쓸었다. 그러나 해충들은 곳간에 보관된 식량에 이보다 더 심한 피해를 주었다.

따라서 무엇보다도 큰 재앙은 2년 연속, 때로는 3년 연속 흉작이 반복되는 경우다. 그러나 또한 갈베르 드 브뤼헤의 글 같은 자료들에서 알 수 있듯이, 기근과 종종 이에 수반하는 전염병의 습관적인 희생자들은 두말할 것도 없이 빈민들이었다.

이 가난한 사람들은 사실 잉여 생산물을 영주들한테 착취당하여 식량 비축을 할 수가 없었다. 화폐경제가 전파되기 시작했을 때조차도 이들은 돈이 없기 때문에 그 당시 부르는 것이 값일 정도로 비싼 식량을 구입한다는 것은 불가능했다. 매점과 투기를 막기 위해 당국이 취한 조치들이 많지도 않았고, 있다 해도 효과가 없기 일쑤였다. 이의 주된 이유는 살핀 바처럼 외국에서 식량을 수입하기가 어려웠기 때문이다. 물론 외국에서 식량을 수입하는 경우도 있었다. 예컨대 1025년 파더본Paderborn의 주교인 마인베르크Meinwerk는 "대기근이 발생하자 쾰른으로 사람을 보내 밀을 구입하고 그것을 선박 두 척에 싣고 와서 분배케 했다."

플랑드르의 샤를 선백은 1125년 대기근이 발생했을 때 식량 보시 의무를 저버린 성직자들을 심하게 꾸짖지 않을 수 없었다.

남프랑스 상인들이 배 한 척에다 식량을 가득 싣고 온 일이 있었다. 성 도나티우스 교회의 사제장의 형제이자 기사인 랑베르 드 스트라에Lambert de Straet와 그의 아들 보스카르Boscard는 이 사실을 알고 이것을 몽땅 염가로 사들였으며, 뿐만 아니라 생비노크, 생베르탕, 헨트의 성 베드로, 생바봉 부속 교회와 수도원의 십일조들도 모조리 사들였다. 그들의 창고는 밀과 갖은 곡식으로 가득 찼다. 그러나 그들은 그것을 너무 비싸게 팔았으므로 가난한 자들은 전혀 구입할 수가 없었다.

성난 민중들, 특히 빈자들의 항의가 독실한 제후인 샤를의 귀에 들어갔다. 그는 사제장과 그의 형제인 랑베르를 불러다 그들의 창고에 곡물이 얼마나 있는지를 묻고는 빈자들에 대한 그들의 비인간성과 매정함, 특히 잔인성을 비난했다. 사제장은 그때 백작에게 자신은 7일 동안 겨우 자신의 교회를 먹여 살릴 만큼밖에 가지고 있지 않다고 맹세했고, 랑베르는 자신과 가족이 한 달 먹을 수 있는 식량밖에 없다고 대답했다. 그러자 신심 깊은 샤를은 자신이 그들의 식량을 모두 가져다가 자신이 직접 성 도나티우스 부속 교회와 그 식솔들에게 식량을 공급하겠으며, 랑베르와 그의 가족들에게는 반년 동안 식량을 제공하겠다고 선언해버렸다. 그러고 나서 그는 보시 분배 집사인 타마르에게 사제장과 랑베르의 식량 창고를 모두 열어 사람들에게 적정 가격으로 식량을 판매하라고 명했다. 그러나 빈자들과 병자들에게는 신의 사랑을 위해 무료로 나누어주고, 마지막으로 부속 교회와 랑베르와 그의 가족이 일 년 동안 먹고 살기에 충분할 만큼 떼어놓으라고 당부했다.

　곡식이 분배되자 기근이 멈췄다. 이 식량은 브뤼헤, 아르덴부르크, 우덴부르크 등 세 도시를 부양하기에 충분한 것이었다.

아마 굶주림은 인간의 숙명일지도 모른다. 그것은 『교리 문답』에서 말한 것처럼 원죄의 대가다. "배고픔은 원죄에 대한 벌들 중 하나다. 인간은 그가 원했다면 일하지 않고도 살 수 있도록 창조되었다. 그러나 타락 이후 인간은 노동을 통해서만 보상을 받을 수 있다. 〔……〕 따라서 신은 이러한 필수품의 압박을 받아가며 일하도록 하고 이렇게 해서 영원한 것으로 되돌아갈 수 있도록 인간에게 배고픔을 주었다."

그러나 원죄의 또 다른 결과인 예속 상태가 농노계급에 집중되었듯이, 기근은 소수 예외를 제외하고 빈자계급에 한정되었다. 빈자들에게는 타격을 주고 부자들은 피해갔던 재앙의 이 같은 사회적 차별성이 중세에는 너무나 흔한 일이었으므로, 아무런 차별 없이 모든 계급을 죽였던 흑사병이 덮쳤을 때 사람들은 모두 놀랐다. 기근이 모든 계급에서 희생자를 낼 정도로 심각했던 것은 예외적인 일이다. 이러한 희귀한 예를 1032년 라울 글라베가 제시하고 있다. "복수하는 듯한 이 같은 흉작이 동방 지역에서 발생했다. 그것은 그리스를 휩쓸고 이탈리아를 거쳐 갈리아로 확산되었으며, 여기서부터 잉글랜드에 이르는 지역까지 전파되었다. 식량 부족이 전국을 강타했으므로 대유력자들과 중간층 유력자들도 빈자들과 함께 기근을 겪었다. 유력자들의 강탈도 전국적인 궁핍 앞에서는 중지될 수밖에 없었다."

프리츠 쿠르슈만Fritz Curschmann의 출중한 저작 『중세의 기근 자료집 *Hungersnöte im Mittelalter*』은 100편의 연대기 발췌문을 수록했다. 여기에는 1315년과 1317년 사이의 대기근이 일어날 때까지의 일기불순과 기근과 전염병 같은 우울한 목록들이, 이와 관련된 인육 먹는 일화와 상황의 불가피한 귀결인 죽음, 기근의 단골 희생자인 빈자들에 관한 이야기와 함께 무정한 어투로 기록되어 있다.

11세기 초인 1032년과 1034년 사이의 기간에 대해 클뤼니 수도원 수도사인 라울 글라베는 다음과 같은 유명한 글을 썼다.

기근이 맹위를 떨치기 시작하자, 사람들은 인류가 소멸될까 두려워했다. 환경 조건이 너무나도 열악했으므로 파종을 제때 할 수 없었고 특히 홍수 때문에 곡식을 거둘 방도가 없었다. 〔……〕 땅을 파고 파종할 수 없을 정도로 3년 동안 비가 와서 땅이 흠뻑 젖어 있었다. 수확철에는 잡초와 독보리들이 밭 표면을 온통 뒤덮어버렸다. 한 통의 씨앗이 풍작을 거뒀을 경우 1세티에setier의 결실을 가져왔는데, 사실 1세티에란 한 움큼밖에 되지 않았다. 어쩌다가 식량을 파는 사람들이 있는데, 판매자들은 마음대로 터무니없는 값을 요구했다. 그래서 사람들이 야생동물과 새들을 잡아먹게 되자, 그들은 극심한 기아의 세계에서 온갖 종류의 썩은 고기와 차마 입으로는 말할 수 없는 것들을 모으기 시작했다. 죽음을 면하기 위해 풀뿌리와 물풀을 먹는 사람도 있었다. 결국 당시 사람들 사이에 만연했던 도착적 행동에 대한 얘기를 들으면 우리는 등골이 오싹할 것이다. 아! 슬프도다! 어느 시대를 막론하고 듣기 힘든 일이 일어났다. 극심한 기아로 사람들이 인육을 먹었던 것이다. 여행자들은 자신보다 더 건장한 사람들한테 유괴되기 일쑤고, 이들은 그들의 사지를 절단하여 불에 구워 먹었다. 기근을 피하기 위해 이곳저곳을 방황하다 도중에 환대를 받게 되는 많은 사람이 자신을 맞아들인 사람들에게 살해되어 먹이로 이용되었다. 많은 사람이 과일이나 계란으로 아이들을 꼬여 으슥한 곳으로 데려가서 탐욕스럽게 잡아먹었다. 시체들이 도처에서 도굴되어 마찬가지로 허기를 채우는 데 이용되었다.

당시 마콩 지방 사람들은 우리가 알기로 유례없는 경험을 했다. 대다수 사람들이 찰흙 비슷한 흰 흙을 땅에서 파내어 그것을 밀가루나 밀기울에 섞어 굶어 죽지 않을 요량으로 빵을 만들었다. 그러나 이 같은 관행은 환상적인 구출의 희망과 위안만을 가져다줄 뿐이었다. 사람들은 얼굴이 창백하고 앙상했다. 많은 사람의 피부는 고창병(鼓脹病)으로 축 늘어졌고 목소리는 죽어가는 새의 단말마처럼 그르렁거렸다. 너무나 많아 매장하지 않고 이곳저곳에 널브러뜨릴 수밖에 없었던 시체들은 오랫동안 사람들 속에서 먹이를 찾고 있던 늑대들의 먹이가 되었다. 그리고 죽은 자가 너무 많아 개별적으로 매장할 수 없었으므로 어떤 곳에서는 신을 두려워하는 사람들이 구덩이를 파고 그곳에다 500여 구의 시체를 버렸으며, 때로는 시체가 반나체나 알몸으로 뒤죽박죽 쌓여 있는 곳도 있었다. 사거리와 밭의 가장자리가 묘지로 이용되었다. 다른 지역으로 떠나는 것이 더 낫다고 하는 말을 듣고 떠나는 사람도 있었지만, 대다수 사람들은 영양실조의 길을 따라가다 죽었다.

대기근이 더 뜸해진 것처럼 보이는 13세기에도 여전히 극심한 기근이 계속되었다. 1221~1223년 사이에는 "폴란드에서 호우와 홍수가 발생했고 그 때문에 2년 동안 기근이 일어나서 많은 사람이 죽었다." 1233년에는 "대한파가 닥쳐 농작물이 얼어버렸다. 이로 인해 프랑스에서도 대기근이 발생했다." 그리고 같은 해 "리보니아에서는 사람들이 서로를 잡아먹을 정도로까지 기근이 극심했다. 그들은 교수대에 매달린 도둑들의 시체를 끌어내려 먹어 치웠다." 1263년에는 "모라비아와 오스트리아에서 극심한 기근이 발생하여 많은 사람이 죽었고, 그들은 풀뿌리와 나무껍질로 연명했다." 1277년에는 "오스트리아·일리리아·카린티아에서 대기근이 일어나 사람들이 개며 고양이며 말이며 사람 시체를 먹었다." 1280년에는 "곡물·고기·생선·치즈·계란 등 모든 물품의 심각한 부족 사태가 발생했다. 이전에는 프라하에서 1드니에에 계란 50개를 살 수 있었으나 이제는 두 개 사기도 힘들 정도였다. 그리고 프라하에서 멀리 떨어진 곳을 제외하고는 그해에 겨울 파종을 할 수 없었으며, 파종을 할 수 있는 곳에서조차도 약간밖에 할 수 없었다. 그리하여 극심한 기근은 빈자들에게 타격을 주었고, 헐벗은 사람들의 대부분이 굶주림으로 죽었다."

기근과 가난한 자들은 도시의 골칫거리가 되었다. 도시 전설들에서조차 굶주리고 있는 사람들을 말끔히 추방할 계획을 꿈꿀 정도였다. 이것은 '피리 부는 사나이' 전설과 흡사하지만 이보다는 더 사실에 가깝다. 다음은 13세기 『새 소식』에 수록된 제노바에 관한 이야기다.

제노바에서는 식량 부족으로 대기근이 발생했다. 이곳에는 다른 어떤 도시보다도 떠돌이들이 많았다. 그래서 큰 범선 몇 척을 빌리고 노조수들을 고용했다. 그러고 나서 가난한 자들은 모두 해안으로 가야 하며, 그곳으로 가면 시 당국에서 배급하는 빵을 받을 수 있다는 포고를 내렸다. 불가사의할 정도로 많은 사람이 운집했다. 〔……〕 모두가 배에 올라탔다. 승무원들은 부지런히 움직였다. 그들은 바다로 노를 저어가다가

사르데냐에서 군중들을 모두 하선시켰다. 거기에는 먹고살 것이 있었다. 승무원들은 그들을 내려놓고 떠나버렸다. 이렇게 해서 제노바에서는 대기근이 끝났다.

11. 생리적 재난과 전염병

또한 가축이 이러한 재앙으로 특히 심한 타격을 입었다는 사실을 잊어서는 안 될 것이다. 가축은 사료 부족과 질병(끊임없이 재발되는 가축 돌림병)에 희생되었을 뿐만 아니라, 기근 시에는 인간으로부터 공격을 받기도 했다. 이의 주된 이유는 사람들이 가축용 사료(특히 귀리)를 식량으로 전용하고, 고기가 굶주린 자들의 식량이 되었기 때문이다. 더욱이 기근 시에는 교회가 사순절 동안 고기 섭취를 허용했다. 아데마르 드 샤반은 다음과 같이 썼다. "그때〔1000년경〕맥각병(麥角病)이 리무쟁인들에게 발생했다. 〔……〕 주교 오두앵Audouin은 사순절 기간 동안 에보Evaux의 주민들이 식량 부족으로 희생당하는 것을 보고 그들이 굶어 죽는 것을 막기 위해 고기를 먹을 수 있도록 했다." 1286년 파리 주교는 가난한 자들이 극심한 식량난으로 굶주리자 사순절 동안 고기 먹는 것을 허용했다. 중세는 극한적인 기아의 세계, 영양실조와 조악한 음식의 세계였던 것이다.

따라서 연속된 기근에 뒤이어 먹어서는 안 되는 음식을 섭취함으로써 질병이 발생했다. 이 중에서도 가장 심했던 병은 맥각병이다. 10세기 말 유럽에서 발생했던 이 병은 다른 곡식에서도 나타났지만 특히 호밀에 생긴 깜부기가 일으켰던 병이다.

1090년 시즈베르 드 장블루Sigebert de Gembloux는 다음과 같이 썼다. "올해는 특히 서부 로타링기아에서 전염병이 만연했다. 많은 사람이, 몸속을 파고들어가 사지를 석탄처럼 까맣게 태웠던 단독균(丹毒菌) 때문에 몸이 썩어 비참하게 죽거나, 그렇지 않으면 썩은 사지를 절단하고 목숨만을 부지한 채 더욱 비참하게 살았다."

1109년 몇몇 연대기 작가들은 맥각병이 "다시 인간의 육체를 휩쓸었다"고 썼다.

1235년 뱅상 드 보베에 따르면 "대기근이 프랑스, 특히 아키텐 지방에서 기승을 부려 사람들이 짐승처럼 들판의 풀을 뜯어먹었다. 1세티에의 밀이 푸아투에서는 100수까지 치솟았다. 그리고 전염병이 만연했다. 빈자들이 단독균에 얼마나 많이 희생되었던지 성 막센티우스 교회가 이들로 가득했다."

맥각병은 한 교단의 설립으로 이어진 특수한 신앙의 기원이 되었다. 살펴본 바와 같이 11세기 은둔주의 운동은 성 앙투안(안토니우스)을 숭배했다. 도피네의 은자들은 콘스탄티노플로부터 1070년 이 성인의 유골을 받았다고 주장했다. 그 당시 맥각병이 도피네 지방을 강타했다. 성인 유골이 맥각병을 고쳐주었다는 소문이 자자했고, 그래서 맥각병은 '성 앙투안 병'으로 불렸다. 병을 치료하는 이 성유골을 보관하고 있던 수도원은 성 앙투안앙비에누아Saint-Antoine-en-Viennois라는 수도원이 되었고, 헝가리와 성지 예루살렘에까지도 분원을 세웠다. 앙투안 교단은 수도원 병원에 환자들, 특히 사지가 없는 환자들을 받아들였다. 성 앙투안앙비에누아 수도원에 있는 큰 병원은 '사지가 없는 자들'의 병원이라 불렸다. 파리에 있는 같은 계통의 수도원은 시 외곽의 성 앙투안 수도원에도 같은 이름을 부여했다. 이 수도원이 비록 퓔크 드 뇌이

Fulques de Neuilly라는 사람에 의해 세워지지는 않았지만, 적어도 1198년에 그에 의해 개혁되었다는 사실은 흥미로운 일이다. 이 사람은 원래 기근 때 고리대금업자와 식량을 매점매석하는 이들을 호통 치다가 나중에는 십자군 원정을 권고했던 유명한 설교가였다. 11세기 말 초기 십자군 운동의 광적인 지지자들은 1094년의 맥각병과 당시의 여타 재앙으로 무수히 죽어간 농민들이었다. 1096년 제1차 십자군을 이루었던 가난한 농민들은 이러한 재앙에 가장 큰 타격을 받았던 독일, 라인 강 연안 지방, 그리고 동프랑스 같은 지역 출신이 특히 많았다.

단독균의 침입, 기근, 소동과 환각을 일으키게 했던 맥각병, 성 앙투안 추종자들의 행동, 십자군에 대한 민중적 열기 등 이 모든 것이 한데 뒤섞여 중세 서양은 육체적·경제적·사회적 질병과 극에 달한 혼란과 영적인 반작용 속에 휩싸이게 되었다. 중세 의학과 정신 분야에서 식사 습관과 기적의 역할을 살펴보면, 우리는 민중계급의 심층에서 중세 기독교 세계의 운명이었던 비참함·혼란·충동 등의 이 같은 연관 관계를 발견할 수 있다. 이러한 예외적인 재앙기가 아닐 때에도 중세 세계는 경제적 곤경, 감정과 행동상의 혼란에 육체적 질병이 결합된 일련의 총체적인 질병에 시달렸기 때문이다.

돌팔이 노파의 비결과 현학자들의 이론 사이에서 자체의 근거를 찾기 힘든 음식의 조잡함과 의학의 낙후성은, 오늘날 후진국의 특징인, 차마 눈뜨고는 볼 수 없는 육체적 비참함과 높은 사망률을 초래했다. 평균수명은, 잘 먹지도 못하면서 힘든 일을 하지 않으면 안 되었던 부인네들의 무수한 유산과 높은 유아 사망률 등을 계산에 넣지 않는다 하더라도 매우 짧았다. 현대 산업사회에서는 70~75세인 평균수명이 중세에는 30세를 넘지 못했던 것으로 추측된다. 기욤 드 생파튀스Guillaume de Saint-Pathus는 루이 성왕의 시성식 참관자들을 지명하면서, 40세를 '사려 깊은 나이avisé âge'로, 50세를 '위대한 나이grand âge'로 불렀다.

특히 중세 초 육체적 결함이 유력자들한테도 나타났다. 메로베우스 왕조 시대 전사들의 해골도 조악한 영양의 결과인 심각한 치아 골상을 보여주며, 왕실 가문조차도 갓난아기와 유아의 높은 사망률에 시달렸다. 루이 성왕은 몇 명의 어린이와 갓난아기를 잃었다. 그러나 건강 상태가 좋지 않고 일찍이 죽을 수밖에 없었던 것은 특히 봉건적 착취로 말미암아 극단적인 굶주림 속에서 살 수밖에 없었던 빈민계급의 운명이었다. 흉작은 이들을 기아의 수렁에 빠뜨렸고, 신체가 허약했던 이들로서는 기근을 감내하기가 쉬운 일이 아니었다. 병을 치료하고 음식을 제공하는 성인들의 역할에 대해서는 나중에 기적에 관한 장에서 다시 다루도록 하고, 여기서는 다만 불충분한 영양, 조악한 음식과 분명한 관계가 있는 큰 질병들에 대한 음울한 목록만을 열거하도록 하자.

중세에 가장 널리 퍼진 살인적인 풍토병은 결핵(많은 사료에서 languor라 언급되고 있는 병)이었을 것이다.

그다음으로 피부병이 매우 심했는데, 이 중 첫째 자리를 차지하는 무서운 나병에 대해서는 후에 다시 살피기로 한다. 그러나 종양·탄저병·옴·궤양·종창·암종병·습진(생로랑병Saint-Laurent)·단독(丹毒)(생실뱅병Saint-Sylvain) 등이 종교 관계 문헌의 세밀화에 많이 등장한다. 중세 도상에는 두 명의 가엾은 인물이 자주 묘사된다. 하나는 궤양으로 뒤덮인 채 칼로 상처를 도려내고 있는 욥(그는 산 조베San Giobbe 교회가 있는 베네치아와 그를 기리기 위해 생욥 병원이 세워진 위트레히트에서 성인으로 추대됨)이고, 다른 하나는 주인의 종양을 핥고 있는 개와 함께 사악한 부자의 문 앞에 앉아 있는 나사로다. 이 그림에서는 질병과 가난이 적절히 결합되어 있는 모습을 볼 수 있다.

전해오는 이야기에 따르면, 연주창(궤양성 연주창, 때로는 결핵성 연주창)은 치유력을 부여받은 프랑스 왕들이 이 병을 치료했다고 할 정도로 중세의 대표적인 질병이었다.

결핍병과 기형병도 역시 많았다. 중세 서양은 브뢰겔의 끔찍한 그림에 묘사되어 있듯이 눈이 파이고 눈동자가 없이 이리저리 방황하는 맹인들로 가득했을 뿐 아니라, 불구자·꼽추·갑상선 환자·절름발이·중풍 환자들로 가득했다.

정신질환도 또 다른 인상적인 범주를 이루었다. 간질병(성 요한병)과 생귀이 무도병danse de Saint-Guy이 이에 속한다—이 중 생귀이 무도병은 13세기 에흐테르나흐에서의 '무도 행렬Springprozession'(중세적 마법과 민속과 병적인 종교성의 경계에서 나타난 행렬)의 수호성인이 되었던 성 윌리브로드St. Willibrod를 상기시킨다. 중세인들은 맥각병과 함께 탈선과 광기의 세계로 깊이 빠져들었다. 미치광이·광란자·정신이상자 등이 조용하면서도 광란적인 광기를 부렸다. 중세는 이러한 광기에 대해, 한편으로는 미신적 치료(마귀 들린 자들을 치료하는 푸닥거리)가 보여준 배척적인 태도와 다른 한편으로는 동정적 관용의 태도 사이에서 머뭇거렸다. 광기에 대한 관용적 태도는 궁정 세계(익살 광대들이 영주와 왕들에 의해 고용되었다), 놀이의 세계(장기판에서의 얼간이 주교)와 무대의 세계—『정자나무 밑의 놀이Jeu de la Feuillée』(1277년 아담 르보쉬가 쓴 희곡—옮긴이)에 나오는 나이 어린 미친 농부는 중세 말의 소극(笑劇)을 예고해준다—에서 나타났다. 이러한 '얼간이들의 축제'는 르네상스기의 광기의 거대한 고삐 풀림에 이르는 길을 마련해주었다. 광인들은 『광인들의 배 Nef des Fous』(1494년 세바스티앵 브란트Sebastien

Brandt의 풍자시―옮긴이)에서부터 셰익스피어의 희극에 이르기까지 르네상스 시대에 자기 세상을 만났다가, 그 후 고전 시대의 억압 속에, 이를테면 미셸 푸코Michel Foucault가 『광기의 역사Histoire de la folie』에서 밝힌 감옥-병원의 '대감금' 속에서 몰락하고 말았다.

그리고 어린이들은 아주 어릴 때부터 그렇게도 많은 수호성인이 구제하려 애썼던 수많은 질병에 시달렸다. 중세는 어린이들에게 고통과 고난의 세계가 아니었던가. 성 아가피투스는 치통을 가라앉게 해주었고, 성 코르네이유와 성 질St. Gilles 그리고 여타의 많은 성인이 경기를 돌봐주었다. 성 오뱅, 성 피아크르, 성 피르맹, 성 마쿠는 구루병을 치료해주었다. 성 아가피투스는 성 키르와 성 제르맹 도세르 같은 성인들과 함께 복통을 치료해주었다.

우리는 중세인들의 육체적 허약함을 고려하지 않으면 안 된다. 이것은 집단적 발작이 돌연히 분출하는 가운데 심신의 질병과 종교적 행동의 기상천외함을 수용할 수 있도록 해준 생리적 지형이다. 중세는 특히 집단적·육체적 대공포와 대참회가 공공연히 일어난 세계였다. 1150년 성당 건설 공사장에 돌을 나르는 행렬이 공개적인 고백과 서로 채찍질하는 고행 행렬 때문에 이따금 방해되기도 했다. 1260년 새로운 위기를 맞아 이탈리아와 여타 기독교 세계에서는 채찍질 고행이 등장했고, 그 후 1348년의 흑사병은 환각의 행렬을 폭발케 했다(이것은 현대 영화 제작가인 잉마르 베르히만Ingmar Bergman의 상상력을 통해 「제7의 봉인Le Septième Sceau」이라는 영화로 재현되었다). 일상생활의 차원에서도 질 나쁜 음식을 섭취하고 영양실조에 걸린 육체들은 꿈과 환각과 환영 같은 정신적 방황에 빠지지 않을 수 없었다. 바로 이런 상태에서 악마·천사·성인·성모 마리아와 신 자체가 출현할 수 있었다. 육체는 이런 것들을 지각할 수 있도록 준비되어 있었고, 또 정신이 이것들을 받아들이도록 유혹했다.

12. 고갈과 불안

중세 서양은 이러한 끊임없는 극한 상황의 위협 속에 살았다. 낙후한 기술과 부족한 설비는 사람들이 정상적인 조건을 벗어날 때 많은 장애에 직면케 했다. 1259년 보름스 지방에서 포도의 대풍작으로 이것을 보관할 용기가 부족해진 사태가 발생했다. "그래서 그릇 값이 포도 값보다 더 비쌌다." 1304년 알자스에서는 곡물과 포도의 대풍으로 지방 물가가 폭락했다. 이러한 물가 폭락을 부채질한 것은 강물이 고갈되고 제분소가 돌아가지 않음으로써 빵 제조가 중단됐고 포도 수송이 불가능했기 때문이다. 라인 강 수심이 스트라스부르크와 바젤 사이의 여러 곳에서 걸어서 건널 수 있을 정도로 낮아졌고, 그렇다고 육상 수송 설비의 미비와 수송비의 고가로 수로 수송의 결함을 벌충할 수도 없었다.

앞에서 살폈듯이 쟁기와 3포제, 경작지 확대와 제초기 등에 기인한 발전에도 불구하고, 토지 생산성은 곧바로 한계에 도달하여 낮아지기 시작했으며, 따라서 중세인들은 생산성의 제고보다는 경지 면적의 증대를 통해 재원의 증식을 추구하지 않으면 안 되었다. 그리하여 중세 농업은 조방 농법을 피할 수 없었다.

그러나 공간의 이러한 탐욕스런 이용 또한 부를 파괴시켰다. 당시는 인간이 파괴한 자연의 부를 복구한다거나 스스로 복구되기를 기다린다는 것은 불가능한 일이었다.

개간, 특히 황무지를 태워서 거름을 만드는 화전 농법은 토지를 고갈시켰고 각별하게는 중세 세계에서 외견상 무한정적인 것으로 보이는 재산인 목재를 파괴시켰다.

많은 문헌은 중세 경제가 자연 앞에서 얼마나 무기력했는지를 보여준다. 기술 진보가 극도로 자연을 파괴함으로써 빚어진 자연의 고갈이 진보를 뒷걸음치게 했기 때문이다. 13세기 말 알프스 산의 프랑스 쪽 저지대에 있는 콜마르 지방에서 도시 행정관들은 이 지방의 산림 벌채를 부추기는 수력 제재소를 파괴하도록 명령했다. 이러한 조치는 수톱으로 목재를 "100배 이상 손상"시킨 "빈털터리 극빈자" 무리들로부터 산림이 훼손되는 결과를 가져왔다. 숲을 보호하기 위한 법령과 조치들이 증가했다. 산림의 감소나 소멸이 목재와 사냥감, 야생 꿀 같은 주요한 재원의 감소를 초래했을 뿐만 아니라, 어떤 지역이나 토양(특히 지중해 연안 지역)에서는 하천이 표층토를 유실케 하여 때로는 심각한 결과를 가져왔기 때문이다. 프로방스에서 슬로베니아에 이르는 알프스 남부 경계 지역에서는 1300년 이후부터 목재와 산림을 보호하려는 조치가 조직적으로 이루어졌다. 1315년 3월 3일 트렌티노 지방의 공공 광장에서 열린 폴가라Folgara 주민총회에서는 다음과 같은 법을 반포했다.

만약 어떤 자가 '갈릴렌느에 있는' 산으로부터 이 산으로 통하는 코스타인들의 오솔길까지, 그리고 산 정상에서부터 평지까지의 구역에 있는 나무를 베려 할 경우 그루당 5수를 납부해야 한다. 이 산에서는 아무도 낙엽송을 베어다 장작을 만들지 못하도록 그루당 5수의 벌금을 부과한다.

이 경우에 인간만이 유일한 범죄자는 아니었다. 들판이나 초원을 헤매 다니던 가축들도 자연을 유린했다. '가축방목 금지구역'(중세 농민들의 가장 큰 적인 염소를 중심으로 한 동물들의 이동과 방목을 금지시킨 장소)이 증가했다.

폴가라의 경우를 예로 들어보자.

어떤 자가 염소와 암양 떼를 몰고 포도밭에 들어가 있는 경우 20수의 벌금을 납부해야 하고, 포도밭 이외 다른 지역으로 들어가는 경우는 5수를 납부해야 한다. 우마차가 공로를 벗어나 다른 사람의 초지를 통과하는 경우 두당 5수를 내야 한다.

이른바 '14세기 위기'는 인구의 비약적 증가에 뒤따른 개간 물결이 퇴조한 변경 지방에서의 토지 유기와 기타 지역에서의 척박한 토지 유기에 의해 이미 예고되었다. 13세기 말 특히 잉글랜드에서는 지력의 회복이 불가능하고 생산성이 최하로 떨어진 토지들이 유기되었다. 이 토지들이 황무지와 잡목림이 되어버렸다. 중세인들은 원점으로 되돌아올 수 없었으며, 그렇다고 원하는 대로 경작지를 확대시킬 수도 없었다. 자연은 그들에게 저항하는가 하면, 때로는 성공적인 역공을 하기도 했다. 이것은 잉글랜드에서부터 포메라니아에 이르기까지 도처에서 나타난 사실이었다. 이 지역에 관한 14세기 문헌들은 "바람에 날려 온 모래로 뒤덮여 사막이나 불모지처럼 방치된 농민 보유지들"에 대해 언급하고 있다.

토지의 고갈, 이것은 본질적으로 토지에 기반을 두고 있던 중세 경제에 가장 심각한 문제였다. 그러나 화폐경제가 팽창하기 시작했을 때,

이것 역시 다른 어떤 문제보다도 자연의 한계, 즉 광물의 고갈에 곧 부딪히고 말았다. 13세기에 금화 주조가 재개되었음에도 주요 금속은 은이었다. 13세기 말에는 데리비셔, 데본셔, 푸아투와 프랑스 중앙 산악 지대, 헝가리와 작센 등지에서 유서 깊은 광산들이 폐광되었다. 여기에서도 장애 요인은 주로 기술적인 것이었다. 이 낡은 광산의 대부분은 범람의 위험이 심각하고 광부들이 물 앞에 무력해질 정도에 이르렀다. 또한 광맥 자체가 때로는 순전히 고갈되기도 했다.

루이 성왕의 동생인 알퐁스 드 푸아티에는 튀니지 십자군 원정에 대비해 귀금속 비축에 애를 쓰고 있던 터라 1268년 집사 루에르그Rouergue에게 오르제알Orzeal 광산에서 생산된 "은이 너무 적다"고 불평했다. 그는 광산에 가능한 한 모든 장비, 예컨대 수력과 풍력을 이용한 장비며, 이것으로 불충분하면 말과 인력을 투입하고 광부의 숫자를 늘리라고 명령했다. 그러나 이것은 헛수고였다.

물론 새로운 광산이 보헤미아, 모라비아, 트란실바니아, 보스니아, 세르비아 등지에 들어섰다. 그러나 이 광산들의 생산 수준이 15세기 말 유럽 기독교 세계의 필요를 충족시키지는 못했다. 기독교 세계는 '화폐의 기근'에 시달렸다. 이 기근은 16세기에 가서야 아메리카의 금과 특히 은이 해소시켜주게 된다.

마지막으로 나타나는 한계 상황은 인간의 고갈이다. 오랫동안 서양 경제는 노동력 부족에 시달리지는 않았다. 물론 주인은 탈주 농노를 끝까지 추적했고, 시토 교단을 필두로 한 12세기 새로운 교단들도 농노의 부재를 평수도사 제도로 벌충하려 했다. 그러나 서양 중세는 노동력이 실제로 부족했던 것이 아니라 가능한 한 값싼 노동력을 찾으려 했다. 거지들의 숫자와 그들이 받았던 존경심(프란체스코 교단과 도밍고 교단은 탁발 생활을 구도적 가치로 보았다)은 구제받고 존경받는 실업이 존재하고 있었음을 증언한다. 13세기 후반 기욤 드 생타무르 Guillaume de Saint-Amour와 장 드 묑 같은 사람들이 건장한 거지들에게 처음으로 비난을 했다. 농노 해방이 농촌 노동력을 감소시키고 비싸게 만들었던 것은 사실이지만, 인구의 정체나 감소가 농민 노동력을 이보다 훨씬 더 감소시키고 비싸게 만들었다. 많은 영주가 토지를 노동력이 적게 드는 목양지로 전환하려고 시도했다. 1348년 대대적인 흑사병의 만연은 인구 감소를 재촉하고 노동력 위기를 몇십 년 더 앞당겼다. 도처에서 새로운 경작지의 유기를 초래하는 인구 감소에 대한 하소연만이 들릴 뿐이었다. 1372년 브란덴부르크의 한 문서는 다음과 같이 기록되어 있다. "흑사병이 심각하고 사망률이 매우 높아 대부분의 농민들이 죽어갔다. 그래서 지금은 농민이 거의 없고 경작지의 대부분은 황무지로 남아 있다." 농민들 자체도 충분한 영양을 공급받지 못한 데다 흑사병으로 무수히 줄어들어 중세 경제에 아무런 보탬을 주지 못했다. 인구적 장애가 극한 상황의 세계에 대한 결정적인 족쇄였던 것이다.

  물질적 불안은 중세인들이 체험했던 정신적 불안을 대체로 설명해준다. 뤼시앵 페브르는 누군가가 인간 사회의 기본적 소망인 안정감의 역사를 서술하기를 바랐다. 이 문제는 앞으로 연구해야 할 과제로 남아 있다. 서양 중세는 대개 음화(陰畵)로 형상화되었다. 결국 중세인들은 종교라는 유일한 안전판으로 도피했다. 이승에서는 기적 덕택에 안전이 확보되었다. 기적은 일하는 도중에 일어난 안전사고의 희생자인 노동자들을 구제해주었다. 계단 쌓기 작업을 하다가 추락한 석공은 추락 도중에 성인에 의해 기적적으로 떠받쳐지거나, 땅에 떨어졌을 때는 성인의 도움으로 소생되었다. 방아의 바퀴에 채인 방아꾼이나 농부는 기적의 개입으로 죽음을 모면했다. 11세기 리무쟁 지방에서는 성스런 은둔자이자 나무꾼인 고셰 도레유Gaucher d'Aureil의 동향인이, 나무가 쓰러지는 바람에 죽을 뻔한 순간, 은총을 받은 고셰의 기도로 신이 나무 밑동을 기적적으로 휘어지게 만듦으로써 그 밑에서 온전하게 살아났다. 중세에서는 기적이 사회적 안전판 구실을 했다.

중세인들은 특히 저승에서의 안정을 추구했다. 천국은 선택된 자들에게 공포와 악의 공격과 죽음으로부터 해방된 삶을 약속해주었다. 그러나 여기서도 또한 누가 구원을 보장받을 수 있단 말인가? 지옥에 대한 공포는 현세적 불안의 연장이었다.

13. 경제적 성장: 중세적 주기 변동

물론 물질생활에서 중세는 상당한 진보를 했다. 정확한 계량적 자료가 부족하기도 하고 또 봉건경제가 통계적 방법(자본주의적 경제는 아니라도 적어도 화폐경제의 발전을 가늠하는 데 필요한 방법)에 별로 적합하지도 않기 때문에 근·현대와 같은 치밀함에 이를 수는 없지만, 우리는 중세 경제의 주기 변동을 대략적으로나마 그려보고, 어느 정도 복지향상에 부합하는 장기적 팽창 단계를 파악할 수는 있다.

이러한 발전에 대한 통계자료들을 살펴보자. 우선 인구가 증가했다. 서양 인구는 10세기 말에서 14세기 중엽 사이에 두 배로 증가했다. 러셀J. C. Russell에 따르면, 서유럽의 인구는 950년 2,250만에서 1348년 흑사병 만연기 직전에 5,450만으로 증가했고, 반면 베넷M. K. Bennett

에 따르면, 유럽 전체 인구는 1000년경에는 4,200만으로, 1300년경에는 7,300만으로 증가했던 것으로 추산된다. 1200년경 인구가 특히 가파르게 증가했던 듯하다. 슬리허 반 바트Slicher Van Bath가 50년을 기준으로 추산한 증가 지수는 1000~1050년에는 109.5, 1050~1100년에는 104.3, 1100~1150년에는 104.2, 1150~1200년에는 122, 1200~1250년에는 113.1, 1250~1300년에는 105.8이었다. 1200년에서 1340년 사이에 프랑스 인구는 1,200만에서 2,100만으로, 독일 인구는 800만에서 1,400만으로, 잉글랜드 인구는 220만에서 450만으로 증가했다. 이러한 증가 단계는 유럽 인구가 200년경 약 6,700만에서 700년경 2,700만으로, 1300년경 7,300만에서 1400년경 4,500만으로 감소했던 두 시기 사이에 끼어 있다. 14세기 초 최대 수치가 2세기 말 로마 번영기의 수치를 약간 상회하고 있음을 알 수 있다. 인구 통계학적 측면에서 중세는 양적으로 단순한 만회 과정으로 규정할 수 있을 것이다.

농업 생산과 가격과 임금 분야에서도 마찬가지로 상승이 있었다.

중세 서양의 농업 생산량에 대한 수량적 평가는 어떤 이유에서든 현 단계의 역사 지식으로는 불가능하다. 앞에서 언급한 생산성 지수만이 단편적이고도 대략적으로나마 추적될 수 있다. 그러나 예컨대 밀의 경우 810년 안나프에서의 지수 2.7을, 조르주 뒤비가 클뤼니 수도원의 두 장원에 대해 추산한 1155~1156년의 지수 4와, 13세기 잉글랜드의 『일반 농업Anonymous Husbandry』에서 지적한 지수 5와, 티토우J. Titow가 1211년과 1299년 사이에 윈체스터 주교 장원들에 대해 추산한 평균 지수 3.7과 비교할 수 있는가? 그리고 이미 살폈듯이 집약 농법보다는 경작지 면적을 확장하는 편이 농업 생산성의 증가에 더 기여했음이 확실하다.

가격에 있어서도 지수는 더욱더 심각하다. 현재로서는 1200년 이전, 잉글랜드의 경우는 1160년 이전의 가격 곡선에 대해서는 알 수 없다. 1160~1179년 동안 밀 가격 수준을 지수 100으로 친다면, 비버리지 장원의 자료에 근거한 슬리허 반 바트의 추산에 따르면 이 지수는 139.3(1180~1199년), 203(1200~1219년), 196.1(1220~1239년), 214.2(1240~1259년), 262.9(1260~1279년), 279.2(1280~1299년)로 올라간다. 이것은 1315~1316년 사이에 발생한 대기근으로 인해 1300~1319년 사이에 324.7까지 정점에 이르렀다가 289.7(1320~1339년)로 상대적인(이전의 비정상적인 상승과 비교하여) 하락을 했다. 이것은 포스탄의 이른바 '진정한 가격혁명'을 분명하게 예증한다.

마찬가지로 임금도 상승했다. 잉글랜드에서 실질 임금이 농업 노동자의 경우 1251~1300년에 지표 100에서 1301~1350년에 105.1로, 숯쟁이들의 경우 100에서 109.4로 증가했다. 그러나 이러한 임금 상승은 여전히 낮은 수준이었고, 임금 노동자가 증가했음에도 그들은 아직 노동자 대중 가운데 소수에 불과했다.

이러한 관찰을 통해, 우리는 10세기와 14세기 사이에 경제가 분명히 발전했다는 사실을 의심할 수는 없지만, 이러한 주기 변동을 사회·경제적 구조의 발전, 즉 전통적 용어로 표현하면 자연경제에서 화폐경제로의 전환 또는 봉건 지대 발전의 맥락 속에서 자리매김해야 할 명백한 필요가 있다.

14. 자연경제와 화폐경제

 한 세기 전 브루노 힐데브란트Bruno Hildebrand는 사회의 경제 발전을 자연경제·화폐경제·신용경제의 3단계로 나누었고, 알폰스 돕쉬Alfons Dopsch는 1930년 그의 대저 『세계사에서의 자연경제와 화폐경제』에서 중세사가들에게 이러한 용어를 사용하도록 하는 등 이 문제에 관심을 돌리도록 했다. 그러므로 이것은 경제에서 화폐가 담당하는 역할을 어떻게 평가할 것인지와 관련된 문제다. 화폐의 역할이 사소하다면 이러한 경제는 일부 예외를 제외하고 생산과 소비와 교환에 화폐가 개입되지 않은 자연경제와 관계가 있을 것이다. 이와는 반대로 화폐가 경제생활의 운용에서 큰 비중을 차지한다면 이것은 화폐경제와 관계가 있을 것이다. 이 중 어느 것이 중세 서양에 해당하는가?
 먼저, 앙리 피렌과 마르크 블로크의 견해를 따르면서 몇 가지 필수적인 구분을 환기하도록 하자. 우선 물물교환은 중세 교환 분야에서 아주 미미한 역할을 했다. 서양 중세에서 자연경제란 모든 교환이 극소화되었던 경제로 이해되지 않으면 안 된다. 따라서 자연경제란 폐쇄경제와 거의 동일어일 것이다. 영주와 농민은 경제적 필요를 장원에서 충당했고, 특히 농민의 경우는 가내에서 충당했다. 양식은 가옥에 붙어 있는 텃밭에서 생산되는 산물로, 그리고 영주와 교회에 각각 지대와 십일조를 납부하고 난 후에 남는 보유지 수확물로 충당했다. 의복은 부녀자들이 가내에서 만들었고 기본 도구들(손맷돌, 물레, 베틀 등) 역시 가내적이었다.
 사료에서 세금이 화폐로 표시된 경우에도 이것은 세금이 실제로 화폐로 납부되었음을 의미하지는 않는다. 화폐로 평가되었다고 해서 반드시 화폐납과 관련이 있는 것은 아니다. 화폐란 하나의 참고용어에 불과했고 "가치척도로 이용되었으며," 『내 사랑 엘 시드 찬가 Cantar de mio Cid』의 한 구절이 현물납의 문제에 대해 말한 것처럼 "하나의 평가 수단"이었다. 물론 화폐에 관한 술어들이 이렇게 잔존한 것이 무의미한 것은 아니다. 다른 수많은 분야에서처럼 낡은 유산의 이러한 잔존은 본시 어떤 퇴조에 대한 증언에 불과하다. 중세 기독교 문헌에 남아 있는 이교적 표현들이 당시에 유효하게 통용되었다고 여겨서는 안 되듯이, 중세 기독교 문헌에서 언급된 화폐를 '현금 통화'로 여겨서는 안 된다. 바다가 넵튠 Neptune으로 불렸을 경우, 이것은 언어적 매너리즘이다. 그러나 1107년 생페르 드 샤르트르 Saint-Père de Chartres 수도원의 수도사들이 밀롱 드 레브 Milon de Lèves라는 사람에게 건네주기로 한 말〔馬〕이 계약서에서 20수로 표시되었을 때, 이것은 거래 대상인 말의 가치를 정확하게 밝히려는 경우다. 단순하게 말해 화폐에 대한 표현들이 제법 잔존한 것은, 교회가 이교를 상기시키는 표현에 대해 그렇게 심하게 공박하지 않은 것처럼, 화폐로 평가하는 것을 공박하지 않았기 때문이다. 마르크 블로크는 파사우 Passau에서 나온 한 중요한 문서에 주목했는데, 여기서 '가격'이란 말은 화폐로 평가된 총액의 현물적 등가물을 표시하기 위해 역설적으로 사용되었다.

요컨대 화폐가 중세 서양의 거래에서 결코 사라지지 않았던 것은 분명하다. 교회와 영주들은 사치품 구입에 쓰기 위해 항시 어느 정도 화폐를 이용했을 뿐만 아니라, 농민들도 화폐로 어떤 물건(이를테면 그들이 생산도 하지 않고 그렇다고 누가 거저 주지도 않는 소금은 물물교환자들에게서 가까스로 구입했)을 구입하지 않고서는 살아갈 수가 없었다. 이러한 물품은 화폐로 구입되었음에 틀림없다. 그러나 이 경우에 농민들과 보다 일반적으로 빈민들은 그들이 필요로 하는 어느 만큼의 화폐를 생산물 판매를 통해서보다는 보시를 받아 획득했을 가능성이 높다. 기근이 발생했을 때, 정확히 말하면 빈민들이 화폐 부족을 뼈저리게 느꼈을 때 식량과 더불어 화폐를 배급받기도 했다. 1125년 대기근이 발생했을 때, 플랑드르의 샤를 선백은 이렇게 했다. "그가 지나가는 도시와 마을마다 사람들이 매일 그에게 떼 지어 몰려왔다. 그러면 그는 손수 음식과 돈과 옷가지를 나누어주었다." 7월 25일 밤베르크에 기근이 끝나고 다시 풍요로운 수확기가 돌아왔을 때 밤베르크 주교는 빈자들에게 "1드니에와 낫, 연장과 노자"를 주었다.

서양 중세에 화폐경제가 생각보다 광범위하게 퍼져 있었다는 사실을 알려주는 두 가지 사실을 고려해야 한다. 하나는 화폐적 가치를 갖는 비장물로서 보물과 사치품과 금은 세공품 등이 이용되었다는 점이고, 다른 하나는 금속 화폐 이외에 다른 화폐가 존재했다는 점이다.

이것은 사실이다. 카롤루스 마그누스는 빈민을 구제하기 위해 매우 귀중한 필사본들 중 일부를 매각했던 듯하다. 무수한 예들 중 1197년의 한 예를 들어보자. 독일의 한 수도사가 황급히 달려가고 있던 어떤 수도사를 만났다. "어디를 그렇게 달려가느냐고 그에게 물었을 때 그는 이렇게 대답했다. '돈 사러 갑니다. 수확을 하기 전에 빈민들에게 음식을 제공하기 위해 부득이 가축을 도살하고 술잔과 책을 저당 잡히지 않을 수 없었습니다. 여기 보십시오, 주님이 방금 한 사람을 보내시어 두 가지 필요를 충족시키도록 우리에게 주신 다량의 금이 있습니다. 나는 이것을 돈으로 바꾸어 저당물을 되찾고 우리의 어린양들을 다시 소생시킬 것입니다.'"

그러나 궁핍할 때만 처분되는 이러한 형태의 축장품은 화폐 유통이 빈약하고 비탄력적이었음을 증언한다.

마찬가지로 비금속 화폐(황소나 암소, 옷감과 특히 후추 등)의 존재는 고풍(古風)의 부정할 수 없는 징표다. 이것 또한 경제가 자연적 단계에서 화폐적 단계로 가까스로 이행되었음을 보여준다. 더욱이 금속 화폐의 본성도 오랫동안 여전히 고풍스러웠다. 사실 화폐는 기호로서가 아니라 상품으로서 그 가치에 따라서 평가되었고, 앞면이나 이면에 기록된 액면가치(이런 것은 존재하지도 않았다)를 중시한 것이 아니라 그것이 함유한 귀금속의 실질가치를 중시했다. 중세인들은 화폐가치를 알기 위해 무게를 달았다. 마르크 블로크가 지적한 것처럼 "저울에 올려놓아야 하는 화폐는 금괴와 아주 흡사했다." 프랑스 민법학자들이 화폐의 고유가치(금의 무게)와 외래가치(화폐적 기호와 교환 수단으로서의 변형)를 구분하기 시작한 것은 13세기 말에 이르러서였다.

더욱이 화폐 역사의 각 단계에서 종종 화폐 부활의 징후로 해석되었던 현상들은 오히려 화폐경제의 한계를 증언해주고 있다.

중세 초에는 화폐 주조소가 증가했다. 화폐 주조의 본거지들은, 오늘날에는 사라졌지만, 분명히 마을에 불과했다(특히 서고트족 치하의 에스파냐의 많은 주조소처럼). 그러나 마르크 블로크가 옳게 지적했듯이, "화폐 주조소가 그렇게 분산된 가장 큰 이유는 화폐가 거의 유통되지 않았기 때문이다."

리브르·수·드니에(1livre = 20sou, 1sou = 12denier)의 화폐제도를 세운 카롤루스 마그누스의 화폐개혁은 사실상 화폐경제의 후퇴에 적응하기 위한 대응이었다. 금화는 주조되지 않았다. 리브르화와 수화는 실제로 통용된 화폐가 아니라 단순한 계산용어였다. 실제로 주조된 화폐는 드니에뿐이었다. 이것은 13세기까지도 유일한 화폐로, 그리고 사람들이 필요로 했던 가장 작은 단위의 화폐로 남아 있었다. 이것은 보다 자질구레한 교환에서조차도 이보다 단위가 아래인 동전이 존재하지 않았음을 의미한다. 1147년 비잔티움 지역으로 들어간 제2차 십자군들의 반응은 의미심장하다. 외드 드 되유는 다음과 같이 썼다. "그때 우리는 동화와 주석화를 처음 보았다. 이러한 동전 하나를 얻기 위해 우리는 불행하게도 5드니에를 주었다. 아니 정확히 말하면, 잃었다[……]."

드디어 13세기 금화 주조의 재개로 인한 화폐의 부활은 역사가들에게 깊은 인상을 남겼다. 1252년에는 제노바화와 피렌체의 피오리노화와 루이 성왕의 에큐화가, 1284년에는 베네치아의 두카토화가 주조되었다. 그러나 비록 금화의 주조가 제아무리 중요한 의미를 지닌다 하더라도, 13세기 말에 유통된 화폐가 얼마 되지 않았다는 점을 고려한다면 그것은 경제적 현실이라기보다는 하나의 경제지표에 불과한 것이다. 경제적 현실은 은화가 대량 주조되었다는 점이다. 베네치아에서는 1203년에, 피렌체에서는 1235년에, 프랑스에서는 1265년경에, 몽펠리에에서는 1273년에, 플랑드르에서는 1275년경에, 잉글랜드에서는 1279년에, 보헤미아에서는 1296년에 은화가 주조되었다. 그 당시 화폐경제는 이러한 중간급 수준의 교환에서 발전했다.

왜냐하면 이러한 발전은 사실이었기 때문이다.

에스파냐의 예는 아마도 특수한 경우에 속할 것이다. 이슬람 경제와의 근접성(코르도바의 태수들은 계속 금화를 주조했고, 재정복이 진전됨과 더불어 기독교도 왕들도 1175년 톨레도에서처럼 금화 주조를 계속했다)이 에스파냐 경제에 전염적 요소를 초래했기 때문이다. 그러나 에스파냐와 아르헨티나 출신 중세사가들(클라우디오 산체스-알보로노즈, 루이스 가르시아 데 발데아벨라노, 레이냐 파스토르 데 토녜리 등)의 저술들은, 에스파냐에서는 여타 기독교 세계와 어느 정도 차이를 보이고는 있지만, 자연경제-화폐경제의 순환이 완전하게 일어났음을 밝혔다. 이슬람 치하의 남부 생산 중심지들이 작용한 강력한 매력이 화폐경제 말기에 해당하는 11세기 초까지 높은 가격 단계를 연장시켰다. 11세기와 12세기 전반부에는 가격이 하락했다. 이것은 이전 단계에서 기독교 왕국의 탈화폐화가 완성되어 이제 자연경제 단계에 들어섰음을 나타낸다. 12세기 중엽부터는 이와 반대로 화폐경제 단계가 다시 발전했다.

화폐에 대한 태도는, 아니 보다 일반적으로 말하면 은화에 대한 태도는 경제가 이와 같이 발전하고 있었음을 간접적으로 시사한다. 물론 기독교 교리에서는 전통적으로 화폐를 경멸했다. 그러나 중세 초 화폐의 희소함은, 화폐를 주조한다는 것이 곧 권력의 표시였으므로 권력에 위엄을 높여주는 결과를 가져왔다. 요컨대 화폐는 경제적 힘의 상징이라기보다는 정치적·사회적 힘의 상징이 되었다. 군주들은 경제적 가치가 아니라 위엄을 과시하기 위해 금화를 주조했다. 화폐 주조 광경과 화폐들 자체가 도상에 두드러지게 등장한다. 예컨대 생마르탱드보세빌, 수비니, 보름스 등지의 화폐 주조소들을 그림에서 볼 수 있다. 화폐와 조폐공들도 대장장이들과 보다 일반적으로는 연금술사들의 성스러운 동시에 저주스런 특성을 지니고 있다. 그들은 여기에다 귀금속의 우월한 매력 때문에 더 큰 강점을 갖고 있었다. 로페즈는 조폐공들이 중세 초 귀족 지위를 차지했다고 말한 바 있다. 반면 화폐경제의 발전은 화폐에 대한 증오감의 폭발을 자극했다. 초기 화폐경제가 어떤 계급에만 이익이 되었고, 따라서 새로운 억압 요소로 보였던 것은 사실이다. 성 베르나르는 저주받은 돈을 비난했다. 초기에 이러한 발전의 큰 수혜자는 교회였다. 교회는 사례금·의연금·교회세 등의 발전을 통해 유통 화폐의 일부를 곧바로 착복할 수 있었다. 교회는 이러한 탐욕 때문에 비난을 받았다.

그레고리우스 7세는 "주님께서는 '나의 이름은 관습이다'라고 말씀하시지는 않았다"고 선언한 바 있다. 그런데 골리아스 시인들은 한 풍자시 『돈 부자 마가의 복음 Le Saint Evangile selon le Marc d'Argent』에서 "나의 이름은 돈이다"라고 주님이 말하도록 하게 한 그의 제자들을 비난했다.

도덕에서도 변화가 일어났다. 보통 모든 사악의 근원으로 여겨졌던, 특히 봉건적인 죄인 '교만죄 superbia'는 화폐에 대한 '탐욕죄 avaritia'에 최고의 자리를 양보했다.

경제 발전의 또 다른 수혜자는 새로운 도시사회의 상층계급, 단순화하여 말하면 부르주아들이었다. 이들 역시 비난을 샀다. 전통적 지배집단에게 봉사하고 있던 작가들과 예술가들은 이들을 비난했다. 자신을 지옥으로 떨어지게 한 돈자루 밑에 눌려 있는 고리대금업자들은 교회당의 부조물에서 신자들로부터 혐오감과 치 떨림의 대상이 되도록 묘사되었다.

자연경제에서 화폐경제로의 점진적인 교체는 13세기 말 심각한 사회적 결과를 초래하기에 충분할 정도로 진척되어 있었던 것이다.

15. 경제적 성장: 사회적 반향

현물납의 일부가 화폐납으로 바뀌었음에도, 봉건적 수입은 상대적으로 비탄력적이었고, 화폐납으로 거둬들인 세입은 화폐의 급속한 악화로 영주에게 손실을 가져다주었다. 이로 인한 사회적 품위 유지비의 증가로 화폐의 필요성이 더욱 높아졌을 때, 영주계급 중 일부는 가난해졌다. 이것이 바로 봉건제의 일차 위기이자 14세기 위기의 기원이었다.

장원 세계에서는 이러한 위기를 맞아 농민사회가 분화되었다. 잉여 생산물의 판매를 통해 이익을 얻을 수 있었던 소수 농민들이 더욱 부유해지고 땅을 늘려 부농층이라는 특권적인 집단을 형성했다. 우리는 잉글랜드 장원문서와 문헌사료에서 이들을 만날 수 있다. 다음은 『여우 이야기』에 나오는 대목이다. "여명이 다가왔다. 태양은 눈으로 뒤덮인 흰 도로를 비추며 떠올랐다. 그때 연못가에 사는 부농인 콘스탕 데그랑주Constant Desgranges 나리가 종자들을 거느리고 집을 나왔다. 이 부농은 뿔 나팔을 불어 개들을 불러 모으고 나서 말에 마구를 씌우라고 명령했다. 이걸 보고 여우는 자기 소굴로 달아났다.〔……〕어느 날 여우는 숲가에 오리며 거위며 닭을 많이 가두어놓은 농장 변두리로 갔다. 이 농장은 콘스탕 데노 나리의 소유였다. 이 부농은 온갖 식량으로 가득한 저택과, 버찌와 사과 등 많은 과목이 있는 과수원을 가지고 있다. 그의 집에는 살찐 수탉이며 소금에 절인 고기며 햄이며 돼지비계 등이 많이 있었다. 안뜰의 입구를 막기 위해 그는 단단한 떡갈나무 말뚝과 잡목덤불과 가시덤불로 울타리를 쳤다. 여우는 그 안으로 뛰어넘어가고 싶었다."

반면 나머지 농민 대중들은 더욱 가난해졌다. 인구 증가가 경작지의 확대와 일부 지역에서는 생산성의 향상만을 가져온 것은 아니다. 그것은 보유지의 분할을 부추겼음이 분명하다. 그 결과 소농들이 어렵게 되거나 부유한 농민들의 예속민이 되거나(이것은 그들의 보유지에서 노동력의 일부를 빼앗기게 됨으로써 그들의 사회적 예속과 경제적 열악을 심화시켰다) 빚을 지게 되었다. 영주나 부농들에게 착취를 당하면서 토지 생산성이 낮고 식구가 너무나 많았던 농민들이 빚을 진다는 것은 그들에게 큰 타격이었다. 농민들은 도시 고리대금업자(종종 유대인) 또는 부농들(이들은 보통 고리대금업자들의 행동 규약을 교묘하게 피했으므로 유대인들에게는 훼방꾼 같은 존재들에 불과했다)한테 돈을 꾸어 왔다.

불로네 지방에서는 보유지가 감소하고 있었다. 예컨대 뵈브르캉 Beuvrequen에 있는 생베르탱 수도원 부속 장원에서는 1305년 60개 보유지 중 26개(43퍼센트)가 2헥타르도 채 못 되었고, 16개(27퍼센트)가 2~4헥타르, 12개(20퍼센트)가 4~8헥타르였고, 6개(10퍼센트)만이 8헥타르를 넘었다. 잉글랜드의 위던 베크 Weedon Beck 지방에서 6헥타르 미만을 보유한 농민이 1248년에는 20.9퍼센트였으나, 1300년에는 42.8퍼센트로 늘어났다.

농민들이 유대인들에게 빚을 진 상황을 어느 정도 확인할 수 있다. 예컨대 1300년경 페르피냥의 공증문서에 따르면, 이 도시의 고리대금업자에게 빚을 진 채무자의 65퍼센트가 농민이었고, 이 농민들 중 40퍼센트가 결혼을 많이 하고 영주에게 세금을 납부하는 계절인 가을에 차용계약을 맺었으며, 53퍼센트가 곡물과 포도 수확이 끝난 후인 8~9월에 상환할 것을 약속했다. 또 다른 채권자들은 상인들, 이탈리아 환전상들, 롬바르디아인들이었다. 롬바르디아인들은, 14세기 초 아스티의 고리대금업자들이 사부아 왕국의 거의 모든 마을에서 전당포를 갖고 있던 알프스 산간 지방에서 활동했을 뿐만 아니라, 기록에 따르면 1295년과 1311년 사이에 거의 모든 마을이 빚을 졌던 나뮈루아Namurois에서도 활동했다.

화폐경제의 발전으로 가장 큰 이익을 본 사람은 상인들이었다. 이들에게 큰 혜택을 주었던 도시의 발전이 화폐경제의 발전과 밀접한 관련이 있고, '부르주아의 등장'이 그 경제적 힘을 토지보다는 화폐에 두었던 사회계급의 출현을 의미한다는 것은 사실이다. 그렇지만 1300년 혹은 1350년 이전에 이 계급의 수적 비중은 얼마였는가? 얼마나 많은 소상들이 근대의 자본주의와는 별 관계가 없는 고리대금업자와 어느 모로 보나 비슷한 소매상들에 불과했는가? 대상들이나, 꼭 같은 것은 아니지만, 도시 엘리트(도시 귀족)로 구성된 소수의 도시 지배층의 이익과 경제적 활동은 어떤 성격을 지녔는가, 그리고 이들이 경제구조에 어떤 영향을 미쳤는가?

상인들은 부업으로만 농업 생산에 개입했다. 물론 위에서 언급한 고리대금업자들, 특히 나뮈루아의 고리대금업자들이 겉으로는 전당업을 하면서 속으로는 농작물을 선매하고 이것을 나중에 시장에다 팔았다. 그러나 상인들의 이러한 개입을 통해 상품화되었던 농업 생산물의 비중은, 비록 증가하긴 했지만 여전히 낮았다.

14세기 초의 상인들이란 본질적으로는 아직까지도 특별하고 희귀하고 사치스런 이국적인 산물들을 판매하는 자들이었고, 실제로 상층계급에서의 이러한 산물에 대한 수요의 증가가 상인의 숫자와 비중을 증가시킨 요인이었다. 이들은 보충적인 존재들이었다. 이들은 장원 경제가 공급하지 못하는 특수한 필수품 중의 일부를 공급해주었다. 이들이 사회·경제 구조를 근본에서 뒤흔들어놓지 않는 '부대 인간들'인 한에 있어서, 이해심 많은 성직자들은 이들을 관용하고 옹호해주었다. 투르네의 생마르탱 수도원 원장인 질 르뮈이시는 『상인론*Dit des Marchands*』에서 다음과 같이 썼다.

> 어느 나라도 그 자체만으로는 통치할 수 없다.
> 이 때문에 상인들이 일하러 다니고 땀을 흘리고
> 나라에 부족한 것을 왕국 곳곳에 가져다준다.
> 그러니 까닭 없이 그들을 욕해서는 안 된다.
> 그들은 이 바다 저 바다를 다니며
> 나라에 필요한 것을 공급해주고 사랑을 받기 때문이니.

사실 상인들은 보충적 존재라기보다는 오히려 주변인들이었다. 그들의 주요 거래 품목은 향신료, 사치스런 직물, 비단 같은 소량의 고가품들이었다. 이것은 누구보다도 상업의 개척자였던 이탈리아 상인들에게 해당된다. 그들의 주요 상술이란 아주 단순하게 동방에서 물가가 안정되면 벌써 이득을 본다는 사실을 아는 것일 뿐이었다. 루지에로 로마노Ruggiero Romano가 옳게 지적했듯이 기독교적 유럽에서의 상업적 '기적'의 근본 원인은 바로 여기에 있기 때문이다. 그것은 또한 정도의 차이가 있긴 하지만, 한자상인들에게도 해당된다. 그러나 특히 레스니코프M. P. Lesnikov가 주장했듯이 14세기 중엽까지 곡물 무역이나 목재 무역이 그들의 거래에서 부차적인 역할밖에 하지 못하고, 대신 모피와 밀납이 주요 상품이었던 듯하다.

이러한 사치품에서 나오는 상업적 이익(때로는 거대한 이익)의 성격 조차도 이러한 거래가 기본적 경제의 변두리에서 이루어졌음을 보여준다. 이것은 상회사의 구조를 보면 더욱 명백하다. 가족적이고 지속적인 회사 형태를 제외하고, 대부분의 상회사들이 일거리가 있거나 장사하러 여행하는 동안 또는 3~4년 또는 5년 동안만 형성되었다. 죽을 때 재산의 상당 부분, 때로는 거의 대부분을 자선적 증여의 형태로 탕진하는 오래된 관습은 논외로 한다 하더라도, 이들의 사업에는 지속적이랄 것도 없었고 장기 투자랄 것도 없었다.

이러한 상인들, 특히 도시 귀족들이 추구했던 것은 다음과 같은 것이었다. 그들은 한편으로는 장원을 갖고 싶어했다. 이것은 그들 자신과 가족과 종들을 기근으로부터 보호해줄 것이고, 영주에 합당한 위신을 제공해줄 것이며, 만일 영주권을 획득할 수 있는 기회가 온다면 자신을 지주 귀족으로 상승시켜줄 것이기 때문이다. 그들은 다른 한편으로는 도시에 토지와 집을 갖고 싶어했다. 이것은 영주와 통치자들, 때로는 빈민들에게 임대를 주면 상당한 세를 받을 수 있었던 데다 영속적인 수입의 원천이었기 때문이다.

위에서 대략적으로 살펴보았던 사회·경제적 발전을 다시 고찰하기로 하자. 상층계급들은 점차적으로 임대 소득자들로 채워졌다. 그도 그럴 것이 영주들도 봉건적 수입의 변화를 통해, 점차 마르크 블로크의 표현대로 '토지 임대 소득자'가 되면서 직접 경작을 줄여나갔기 때문이다. 그렇다고 해서 그들이 토지를 임대하여 번 돈을 경제 발전에 투자하지는 않았다. 대부분의 지방에서 귀족 자격 상실 제도 때문에 지주 귀족들은 사업을 할 수가 없었고, 그리하여 적어도 토지에 투자하거나 농업 발전에 자양분이 될 수 있는 재산이 품위를 유지하고 사치품을 구입(이것은 다른 것보다 훨씬 더 부담이 되고 많은 돈이 들어갔다)하는 데 탕진되었다.

그럼에도 화폐경제의 부인할 수 없는 발전이 심각한 사회적 반향을 가져왔던 것은 사실이다. 그것은 특히 도시에서, 그러나 점차적으로 농촌에서도 임금 생활자의 수를 증대시킴으로써 계급체계를 뒤흔들어 놓기 시작했다. 그것은 빈번히 계급들 사이의 격차, 아니 계급 내부에서의 계층 분화를 심화시켰다. 이런 현상은 농촌계급을 지주층과 소작농층으로 분화시켰다. 이러한 분화가 도시계급들에서는 더욱더 분명하게 나타났다. 상층계급은 장인과 노동자로 구성된 중·하층 계급과 분리되었다.

그러나 비록 화폐가 당연히 이러한 분화의 토대였지만, 이제부터는 사회적 위계 서열이 이와는 다른 새로운 가치, 즉 노동에 의해 규정되는 경우가 훨씬 더 많았다. 도시민층은 사실 그들이 담당한 새로운 경제적 역할과 힘을 통해 새로운 지위를 획득할 수 있었다. 따라서 이들은 농민 노동력의 착취에 기반을 둔 장원적 이상에 대해 자신을 유력자로 만들어준 노동에 근거한 자신의 가치체계로 맞섰다. 그러나 도시사회의 상위계층들이 임대 소득계급이 되자 이들은 사회적 가치에 있어서의 새로운 구획선, 즉 육체노동을 여타 형태의 활동으로부터 차별하는 구획선을 설치했다. 더욱이 이것은 농민층의 구획에도 해당된다. 어법의 기이한 발전을 통해 프랑스에서 '라부뢰르laboureur'(자신의 농기구와 계가를 가진 부유한 농민들)라 불렸던 엘리트 농민은, 쟁기도 없이 맨손으로 일해 먹고살았던 가난한 농민 대중들, 즉 '날품팔이 빈농들manouvriers, brassiers'과 대조되었기 때문이다. 도시민층의 새로운 분화로 인해 '기계 노동자들,' 즉 아직 숫자가 그리 많지는 않았던 장인과 노동자들이 별개의 계급으로 분리되었다. 지식인과 대학교수들은, 비록 한때는 스스로를 도시의 작업장에서 다른 노동자와 나란히 지적인 일에 종사하는 노동자로 규정하고 싶은 마음이 있었지만, 손에 때를 묻히지 않는 엘리트 집단에 서둘러 가담했다. 가난한 뤼트뵈프Rutebeuf(13세기 파리의 음유시인—옮긴이)조차도 오만스럽게 이렇게 소리쳤다. "나는 육체노동자가 아니다."

제8장
기독교 사회(10~13세기)

1. 세 위계의 사회

1000년 무렵 서양의 문헌은 곧바로 큰 성공을 거둔 새로운 체계에 따라 기독교 사회를 제시했다. 사회는 사제·전사·농민 등 '세 부류의 사람'으로 구성되어 있다. 이 세 범주는 서로 구분되면서도 상보적이고, 각각은 나머지 두 부류를 필요로 한다. 이들 모두가 합쳐 사회의 조화로운 토대를 이룬다. 이러한 체계가 9세기 말 알프레드 대왕이 번역한 보에티우스의 『철학의 위안』의 의역본에서 등장했다. 대왕은 '기도하는 사람jebedmen, 싸우는 사람fyrdmen, 일하는 사람weorcmen'을 가지지 않으면 안 되었다. 한 세기 후에 이러한 3분 체계가 앨프릭Aelfric과 울프스탄Wulfstan의 작품에 다시 등장하고, 주교 아달베롱 드 랑Adalbéron de Laon이 1020년경 카페 왕조의 로베르 경건왕에게 헌정한 송시에서 이에 대한 정교한 해설을 제시했다.

신자들의 사회는 하나의 몸만을 이룬다. 그러나 국가는 세 위계로 되어 있다. 인간의 법은 두 계급을 구분하기 때문이다. 즉, 귀족과 농노는 사실 동일한 법의 지배를 받지 않는다. 〔……〕 전자는 전사이자 교회의 보호자다. 이들은 강자이건 약자이건 모든 사람을 보호하고 또한 스스로의 안전을 보호한다. 또 다른 계급은 농노다. 이 불행한 족속은 자신의 노동을 통하지 않고서는 아무것도 소유할 수가 없다. 농노들이 쏟는 정성과 기나긴 여정과 가혹한 노동을 수판으로써 헤아릴 수 있는 자가 있는가? 농노들은 돈과 옷과 음식을 나머지 사람들에게 제공한다. 농노가 없다면 자유민들은 결코 살아남지 못할 것이다. 할 일이 있는가? 누가 구태여 일을 하고 싶어하겠는가? 우리는 왕과 사제들이 그들 농노의 농노가 되는 것을 본다. 농노를 먹여 살린다고 주장하는 주인은 농노에 의해 음식을 얻는다. 그러나 농노들은 그들의 눈물과 한숨의 끝을 전혀 알지 못한다. 사람들이 하나라고 믿는 신의 집은 따라서 기도하는 사람, 싸우는 사람, 일하는 사람의 세 부류로 나뉜다. 공존하는 이 세 집단은 분리되는 것을 허용하지 않는다. 한 편의 봉사는 다른 두 편의 활동 조건이 된다. 각자는 전체를 도울 책임을 지고 있다. 따라서 이 같은 3분적인 집합체는 아무튼 통합되게 마련이며, 그래서 법이 승리하고 세계가 평화를 누릴 수 있었던 것이다.

이 글은 매우 중요하기도 하고, 어떤 구절에는 비상한 데가 있다. "농노를 먹여 살린다고 주장하는 주인은 농노에 의해 음식을 얻는다"라는 구절에서 봉건사회의 현실이 돌연 드러난다. 그리고 계급의 존재, 따라서 적대감의 존재는, 비록 사회적 조화에 대한 정통적 주장에 의해 즉각 위장되었다 하더라도, "사람들이 하나라고 믿는 신의 집은 따라서 세 부류로 나뉜다"라는 주장에서 분명히 드러난다. 여기서 우리에게 중요한 것은 봉건사회의 세 계급, 즉 '기도하는 사람 oratores' '싸우는 사람 bellatores' '일하는 사람 laboratores'에 대한 고전적인 특징짓기다.

이러한 주제의 운명과 변형, 다른 주제와의 관계, 예컨대 성경상의 족보(노아의 세 아들)나 게르만 신화(리그르Rigr의 세 아들)와의 관계를 추적한다는 것은 흥미로운 일일 것이다. 수많은 문헌 중에서 3분 체계가 동물로 위장되어 있는 한 문헌을 인용해보자.

11세기 초 성 안셀무스의 교시를 전하는 이드머 켄터베리Eadmer of Canterbery는 다음과 같은 '예화'(일종의 상징적 우화)를 펼친다.

양·소·개의 우화

양의 존재 이유는 우유와 양털을 제공하는 것이다. 소의 존재 이유는 땅을 가는 일이다. 개의 존재 이유는 늑대로부터 양과 소를 보호하는 일이다. 이 동물들 각자가 자신의 직무를 수행한다면 신은 이들을 보호해준다. [……] 이와 비슷하게 신은 이 세상에서 다양한 직무를 수행할 수 있도록 하기 위해 여러 위계를 수립했다. 그는 한 위계(성직자와 수도사)를 세워 다른 사람들을 위해 기도하고 양처럼 따사롭게 그들에게 전도의 우유를 맛보게 하며 그들에게 훌륭한 표본의 양털을 통해 신의 열렬한 사랑을 고취했다. 그는 농민을 세워 생계를 유지하고, 소처럼 다른 사람을 먹여 살리도록 했다. 마지막으로 그는 필요한 경우 힘을 사용하여 기도하는 자들과 땅을 가는 자들을 늑대 같은 적들로부터 보호해주기 위해 전사들을 창설했다.

그러나 이러한 문학적 주제가 중세 사회 연구에 훌륭한 입문이 되는가? 이것은 중세의 현실과 어떤 관계가 있는가? 그것은 중세 서양의 사회계급의 실제 구조를 표현해주는가?

조르주 뒤메질은 사회의 3분 체계가 인도-유럽어계 사회의 특징이며, 따라서 중세 서양은 각별하게는 주피터 신·마르스 신·퀴리누스 신 등의 이탈리아적 전통과, 아마도 이것의 켈트적 매개와 관계가 있을 것이라는 지적을 했다.

최근에 바실리즈 I. 아배프Vasilij I. Abaev를 포함한 다른 학자들은 '기능적 3분 체계'가 "모든 인간적 이데올로기의 발전에서 나타나는 필수 단계," 아니 모든 사회적 이데올로기의 발전에서 나타나는 필수 단계라고 생각했다.

그러나 중요한 것은 이러한 3분 체계가 서양 사회의 발전에 적용될 수 있을 때 비로소 등장하거나 재등장했다는 점이다.

살펴본 바 있듯이 8세기에서 11세기 사이에 귀족은 전사계급으로 편성되고, 이 계급의 주요 구성원은 기사라 불렸다. 그리고 이것은 폴란드의 그니에즈노 성당에서 최근에 발견된 묘비명에 11세기에 기사가 있었음을 언급하고 있는 점으로 보아 기독교 세계 변경 지역에까지 해당되었던 듯하다. 들라뤼엘Delaruelle이 밝혔듯이 카롤루스 왕조 시대 성직자들이 특권계급으로 바뀌었으며, 제의와 종교 건축의 발전은 이러한 변화의 표현이었다. 교회의 성가대석과 경내는 참사회 소속 성직자들만이 사용했고, 수도원 부속학교는 폐쇄되었다. 이후부터 사제들은 신자들에게 등을 돌린 채 미사를 집전했고, 신자들은 미사 집전 사제에게 행렬을 이뤄 '봉헌물'을 갖다 바치는 일이 더 이상 없었다. 이들은 낮은 목소리로 읊어대는 미사문의 암송을 더 이상 들을 수가 없었으며, 성체 성사의 빵은 보통 빵이 아니라 효소를 쓰지 않는 빵이었다. "마치 미사가 일상생활에 낯선 것이 되어버린 것처럼" 말이다. 결국 농민들의 조건은 가장 낮은 수준, 즉 농노의 수준으로 통합되는 경향을 보였다.

새로운 변화를 파악하려면 이러한 3분 체계를 중세 초의 그것과 비교해보아야 한다.

5세기에서 11세기 사이에 사회에 대한 두 개의 이미지가 자주 등장했다. 이것은 때로는 상당수의 사회적 혹은 직업적 범주를 포함하는 복수적이고 다양한 체계로 나타나기도 한다(이것은 직업적 범주, 법률적 범주, 사회적 범주 등으로 구분하는 로마적 분류 체계의 잔재일 것이다). 예컨대 베로나의 주교 라테리우스Ratherius는 10세기에 19개의 범주를 열거했다. 즉, 시민·군인·장인·의사·상인·변호사·판사·증언자·징세관·고용주·피고용인·고문·지주·노예(또는 농노)·선생·학생·부자·평민·거지. 이 목록은 아마도 어느 정도 북이탈리아에 남아있던 로마 사회의 특징인 직업적·사회적 범주의 전문화를 그런대로 보존하고 있다.

그러나 대부분의 경우는 사회가 두 집단의 대립으로 환원된다. 어떤 관점에서는 성직자와 세속인, 세속 사회만을 고려한다면 강자와 약자 혹은 부자와 빈자, 법률적인 측면에서는 자유민과 비자유민의 대결로 나타난다. 이러한 이원적 체계가 중세 초 서양에서의 사회계급의 단순화와 부합되었다는 것은 확실하다. 소수가 정신적·정치적·경제적 지도 기능을 독점하고 민중은 이에 복속되었다. 간혹 대와 소 사이에 중간이 등장하는 경우도 있다. 이것은 사람들이 (아무런 의식 없이 논문을 3부로 나누는 오늘날의 학교에서처럼) 무의식적으로 모든 것을 셋으로 분류하기를 좋아하는 망탈리테를 가지고 있기 때문에 그들이 미묘한 차이에 관심을 갖거나 3분 체계에 의존할 경우에 나타났다. 이 같은 예가 라울 글라베에게서 나타난다. 그러나 대체로 수사학적 관습의 결과로 보이는 이러한 3분 체계가 구체적 현실에서는 무엇을 의미하는가?

1000년경에 등장했던 기능적 3분 체계는 이와는 전혀 다르다. 이것은 종교적 기능, 군사적 기능, 경제적 기능과 일치한다. 이것은 원시사회의 발전에 나타나는 어떤 단계의 특징이며, 아마도 인도-유럽어계 사회에도 해당될 것이다. 우리는 위에 인용한 이드머 캔터베리의 글과 여타 사회에서의 기능적 3분법에 대한 동물적 상징 사이의 (연속성이 아닌) 근친성을 발견할 수 있다. 이것은 중세 사회의 사회적 상상력과 다소 원시적인 여타 사회의 사회적 상상력 사이에 친연 관계가 있음을 확신케 한다. 방브니스트E. Benveniste는 농촌의 재계(齊戒) 의식과 그리스-이탈리아의 '마르스 신 재계 의식 *suovetaurilia*'(돼지·백양·황소를 제물로 바쳐 마르스 신을 섬기는 의식을 말함——옮긴이)에서 돼지와 땅의 신 텔루스, 백양과 최고의 신 주피터, 황소와 전쟁의 신 마르스 사이에 어떤 상동 관계가 있는지를 강조했다. 게르셸L. Gerschel은 고대 로마의 점복적 구조와 사고 속에서 종으로서의 인간·말·소, 또는 징조로서의 머리·사두마차·송아지를 군주권, 전사적 가치, 경제적 번영 등 3개의 기능적 가치와 관련시켰다. 조르주 뒤메질은 주피터의 독수리, 마르스의 늑대, 땅의 신들과 생산을 상징하는 암퇘지들의 상징적 중요성을 환기시켰다. 이드머가 제시한 개·양·소는 3분 사회에 대한 동물적 상징의 중세적 변신이다.

기능적 3분법은 무엇을 의미하는가? 그리고 우선 3기능, 아니 이것을 표상하는 세 계급들은 그들 사이에 어떤 관계를 갖고 있는가? 3위계가 사회적 조화의 상징이라는 것은 분명하다. 메네니우스 아그리파 Menenius Agrippa의 우화시 『팔다리와 위 Les Membres et l'Estomac』처럼 그것은 계급투쟁을 완화하고 민중을 신비화하는 비유적 수단이다. 그러나 우리는, 비록 3위계론이 노동자들(경제적 계급인 생산자들)을 다른 두 계급에 예속시키고자 했음을 잘 알고 있지만, 성직자가 꿈꾼 이 체계가 또한 전사들을 사제들에게 종속시키고 그들을 교회와 종교의 보호자로 만들고자 했음을 충분히 인식하지는 못했다. 이것은 또한 마술사와 전사 사이의 고대적 투쟁, 이의 중세적 등가물인 교권과 제권의 투쟁, 그레고리우스 개혁에 대한 일화다. 이것은 성직자 계급과 전사 계급 사이의 문학적 투쟁장인 무훈시와 같은 시대의 현상이다. 바실리즈 I. 아배프가 '트로이의 목마' 일화에 입각해서 잘 지적했듯이 『일리아드』가 샤먼적 힘과 전사적 가치 사이의 투쟁에 관한 증언이었듯이 말이다.

롤랑과 랜슬롯 Lancelot 사이의 거리를 생각해보자. 기사도적 이상의 기독교화라고 하는 것은 순전히 전사세력에 대한 사제세력의 승리인 것이다. 롤랑은, 그를 어떻게 평가하든, 자신의 계급적 윤리를 가지고 있었다. 그는 자신의 가족과 왕과 국가를 생각했다. 그가 그 당시(11~12세기) 성인의 모델, 즉 '그리스도의 전사 miles Christi'로 이용된 것을 제외한다면, 그에게 성인적 속성이라고는 전혀 없다. 이와는 반대로 아서왕의 전설은 모두가 '제2기능'에 대한 '제1기능'의 승리로 끝난다. 이미 크레티앵 드 트루아의 작품에서 '성직자'와 '기사' 사이의 어려운 균형이 퍼시발 Perceval의 발전을 경유하여 기사의 변신, 성배(聖杯)를 찾아다니는 기사들의 여행, 성 금요일의 환영(幻影)으로 끝난다.

랜슬롯은 이 전설의 대미를 장식한다. 아서왕의 죽음과 함께 끝나는 이 전설의 끝맺음은 기사의 황혼을 의미한다. 기사계급의 상징적 도구인 신검 엑스칼리버는 결국 왕에 의해 호수에 던져지고, 랜슬롯은 진짜 성인 같은 사람이 된다. 매우 세련된 형식으로 샤먼적 힘이 전사적 가치를 흡수했던 것이다.

한편 제3범주인 '일하는 자'가 생산자 계층 전체와 전적으로 동일한 것인지, 모든 농민이 경제적 기능을 대표하는지를 질문할 수 있다.

일련의 문헌에서 알 수 있듯이 8세기 말에서 12세기 사이에 경제적 의미로 사용된 'labor'(노동)란 단어에서 파생된 말들이, 경제적 의미로 사용되었을 때(이 말들은 피로나 수고 같은 도덕적 개념에 거의 언제나 오염되어 있기 때문에 사실 순수한 상태로는 사용되지 않는다), 경작지의 확대나 수확의 증가와 같은 농업의 발전이라는 정확한 뜻을 의미했다. 8세기 말 작센 칙령집은 substantia와 labor를 구분했다. 다시 말해 한편으로는 가산 또는 상속 재산을, 다른 한편으로는 토지 경작을 통해 얻은 이익을 구분했다. 1164년 노르웨이 종교회의 종규법 필사본에 대한 한 주석은 labores를 novales, 즉 새로 개간한 땅이라고 정의했다. laborator는 다른 사람보다 더 많이 생산하기에 충분한 경제적 능력을 갖춘 사람이다. 일찍이 926년에 성 뱅상 드 마콩의 한 문서는 "laboratores인 저 부유한 사람들"을 언급했다. 이로부터 프랑스에서 laboureur란 말이 파생되었는데, 이 말은 10세기 이후 농민들 중 상층 농민, 적어도 황소와 농기구를 소유한 농민을 의미했다.

따라서 3분 체계는 오직 상층계급만, 즉 성직자 계층, 전사계층, 생산자 계층 중 상위계층만을 나타낸다. 비록 아달베롱 드 랑 같은 일부 작가들이 농민 전체를 제3계층에 포함시켜 '일하는 자*laborator*'와 농노를 동일시하긴 했지만, 그것은 엘리트만을 포함하는 것이었다.

더 나아가 중세 말에 이러한 3분 체계 사회가 변형되는 방식을 고찰해보자. 그것이 프랑스에서는 세 신분으로, 즉 성직자·귀족·제3신분으로 바뀌었다. 그러나 이 제3신분은 평민 전체와 동일시될 수 없다. 그것은 심지어 부르주아지 전체를 의미하지도 않는다. 그것은 부르주아지 중 상위계층, 즉 유력자들로 구성되었다. 이론적으로는 두 상층계급에 속하지 않는 사람들 모두를 의미하지만, 실제로는 제3신분 중에서 가장 부유하거나 가장 유식한 사람들만을 의미했던 이 제3신분의 본성에 대해 중세 이래로 존재하는 모호함은, 프랑스 혁명 때 제3신분 중 엘리트의 승리로 혁명을 종식하고자 했던 1789년의 사람들과 혁명을 전 인민의 승리로 끝내려 했던 사람들 사이의 투쟁으로 표현되었다.

비록 11세기 성 뱅상 드 마콩의 한 작품은 아직까지도 '일하는 자들'을 '육체노동을 하는 보다 가난한 사람들'과 대비하긴 했지만, 대략 12세기 중엽까지 해당되는 이른바 제1차 봉건사회에 육체노동자 집단이 실제로는 전혀 존재하지 않았다. 놀랍게도 마르크 블로크가 밝혔듯이 그 당시 세속 영주와 교회 영주들은 귀금속을 금은 세공품으로 변형시켰고, 살펴본 바처럼 기근 시에는 이것을 다시 녹였으며, 기예가와 장인들의 노동을 경제적 가치로 전혀 간주하지 않았다. 사실 그 시절에는 노동이나 노동자에 대한 개념이 없었다. 어법상의 오류들만이 laboratores를 순수한 '노동자들'로 번역케 한다.

그럼에도 비록 전통적으로 3분 체계의 세 범주는 세 '위계 ordre'로 간주되었고 중세에는 세 위계가 세 기능과 부합했지만, 우리는 지금까지 '계급classe'에 대해 언급하고 이것을 3분 체계의 세 범주에 적용했던 것이 사실이다.

우선 이 용어는 부정확하기 일쑤다. 정확하게 말해 봉건적이라기보다는 카롤루스 왕조 시대의 성격이 짙은 '위계ordo'란 말은 종교적 술어에 속하고, 따라서 일반적으로 성직자와 세속인, 영적인 것과 세속적인 것 등 종교적 사회관에 적용된다. 따라서 성직자와 인민의 두 '위계'만이 존재하고, 또한 문헌들도 종종 '두 위계'만을 언급한다. 다음으로 근대 법률학자들만이 아무런 근거를 제시하지 않은 채 경제적 의미로 정의될 수 있는 '계급'과 법률적 의미로 정의될 수 있는 '위계' 사이를 구분했다. 사실 '위계'란 말은 종교적인 용어지만, 그것은 계급처럼 사회·경제적 토대에 근거하고 있다. 그럼에도 중세의 3분 체계를 만든 사람들과 이용하는 사람들이 세 계급을 세 위계로 바꾼 실제적 의도는 이러한 사회구조를 신성화하고, 이것을 신이 창조하고 의도했던 객관적이고 영원한 현실로 바꾸어 결국에는 사회혁명을 불가능하게 하려는 것이었음은 사실이다.

2. 세 위계의 사회에서 신분사회로

따라서 이미 11세기부터 이따금 나타났듯이 '위계'가 '신분conditio' (1200년경에는 état)으로 대체된 것은 심각한 변화였다. 사회관의 이러한 세속화는 그 자체로 중요하다. 그러나 이보다 더 중요한 것은 그것이 중세 사회 자체의 주요 발전에 맞추어 세 위계의 파괴를 가져왔다는 점이다.

주지하듯이 한 사회에서 3분 체계 역사의 심각한 위기는 그때까지 이 체계에서 자신의 자리를 갖지 못했던 새로운 계급이 등장하는 시기에 일어난다. 여러 사회가 취한 해결책(조르주 뒤메질은 인도-유럽어계 사회에 대해 이것을 연구했다)은 다양하다. 이 가운데 전통적 사회관을 그리 심각하게 손상시키지 않는 세 가지 해결책이 있다. 하나는 새로운 계급을 제쳐놓고 3분 체계에 한 자리를 주지 않는 데 성공하는 방법이고, 다른 하나는 새로운 계급을 기존 3계급 중 한 계급에 통합·용해시키는 방법이며, 나머지 하나는 보다 혁명적인 것으로서 3분 체계를 4분 체계로 바꾸어 새로운 계급에 한 자리를 마련해주는 방법이다. 일반적으로 기존 틀을 깨는 계급은 상인계급이다. 상인계급은 폐쇄경제에서 개방경제로의 전환이 이루어지고, 성직자 계급과 전사계급에 복속되는 것을 거부하는 강력한 경제계급이 출현했음을 의미한다. 14세기 잉글랜드의 한 설교가가 "신은 성직자, 기사와 노동자를 만들었다. 그러나 악마는 부르주아와 고리대금업자를 만들었다"고 설교한 것이나, 13세기 한 독일 시가 제4계급인 고리대금업자들이 차후 나머지 세 계급을 지배할 것이라고 말한 것을 보면, 전통적인 중세 사회가 얼마나 보수적인 해결책을 시도했는지를 분명히 알 수 있다.

중요한 사실은 12세기 후반부와 13세기 중에 사회의 세 위계가, 비록 그것이 계속해서 오랫동안 문학적·이데올로기적 주제로 이용되었지만 붕괴했다는 점이다. 이 세 위계는 사회적 혼란의 결과이자 반영인 보다 복합적이고 보다 유연한 새로운 체계에 굴복했다.

세 위계의 사회는 '신분'사회, 즉 사회적·전문적 신분사회에 의해 계승되었다. 이러한 신분의 수는 저자의 구미에 따라서 다르지만 우리는 여기서 몇 가지 항존하는 신분들, 특히 성직자적·가족적 기준에 근거한 종교적 분류 기준과, 전문적 기능과 사회적 지위에 따른 분류 기준의 혼합 형태를 볼 수 있다. 또한 간혹 노아의 세 아들이 3분 체계의 예증에 이용되었듯이, 성경이나 기독교적인 상징에 대한 또 다른 주제들이 새로운 사회구조에 적용되었다. 호노리우스 아우구스토둔넨시스는 사회를 교회에 비유했다. 주랑은 주교로, 창유리는 선생으로, 궁륭은 왕으로, 기와는 기사로, 포장된 복도는 자신의 노동으로 기독교 세계를 먹여 살리고 지탱시키는 민중으로 보았다. 13세기 작센 지방의 대중 설교가이자 프란체스코회 수도사인 콘라트Konrad는 보다 진부하게 제단을 그리스도와, 종탑을 교황·주교와, 내진을 성직자와, 본당을 평신도와 동일시했다. 같은 시기에 베르톨트 폰 레겐스부르크는 10명의 천사 성가대와 일치하는 10개의 사회계급을 구분했다. 1220년경에 독일의 한 설교가는 무려 28개의 신분을 열거했다. 다시 말해 1) 교황, 2) 추기경, 3) 총대주교, 4) 주교, 5) 고위 성직자, 6) 수도사, 7) 십자군, 8) 평수도사, 9) 순회 수도사, 10) 재속 사제, 11) 법률가와 의사, 12) 학생, 13) 방랑 학생, 14) 수녀, 15) 황제, 16) 왕, 17) 제후와 방백, 18) 기사, 19) 귀족, 20) 기사의 종사, 21) 부르주아, 22) 상인, 23) 소매상인, 24) 전령, 25) 고분고분한 농민, 26) 반항적인 농민, 27) 부녀자〔……〕, 28) 설교 수도사로! 사실 이것은 교황이 이끄는 성직자들과 황제가 이끄는 세속인들을 병렬시킨 이중적 위계 서열이다.

에티엔 드 푸제르Etienne de Fougères는 1175년경에 쓴 시『예법 전서 Livres des manières』에서 아직 신분을 거명하지는 않았지만, 시의 전반부에서 이미 왕·성직자·주교·대주교·추기경·기사 등의 의무를, 후반부에서는 농민·시민·부르주아·기혼녀와 미혼녀 등의 의무를 규정했다.

13세기 중엽 에스파냐의 『알렉산더의 전기 Libro de Alexandre』에서와 같이 신분이 '일하는 자'에서부터 귀족까지 있다고 개관한 것을 제외한다면, 새로운 체계는 여전히 최상층부에서 최하층부에 이르기까지 위계 서열화한 사회에 대한 체계다. 그러나 이러한 위계 서열은 세 위계의 그것과는 다르다. 이 위계 서열은 수직적이라기보다는 수평적이고, 신적이라기보다는 인간적이다. 그것은 신의 의지를 포함하지도 않았고, 신의 법에서 파생되지도 않았으며, 또한 어느 정도 수정도 가능한 위계 서열이다. 여기서도 또한 도상은 이데올로기적·정신적 변화를 명백히 드러내준다. 위로부터 강요된 위계들의 묘사가, 비록 절대군주 시대에 계속 존속하여 더욱 강화되긴 했지만, 일렬로 배치된 신분들의 묘사로 교체되었다. 물론 교황·황제·주교·기사 등과 같은 유력자들이 춤을 이끌고 있다. 그러나 어떤 방향으로 이끌 것인가? 이들은 저 높은 곳이 아니라 낮은 곳, 즉 죽음으로 이끌 것이다. 의기양양했던 위계사회가 '해골의 춤danse macabre'에 휩쓸려 함께 걸어가는 신분들의 행렬에 자리를 양보했기 때문이다.

사회의 이러한 탈신성화는 기존 사회구조의 단편화와 붕괴를 가져온다. 이것은 한편으로는 사회구조가 발전되었음을 반영하는 동시에, 다른 한편으로는 성직자들이 보기에 위계사회가 자신들을 벗어나자 새로운 사회를 분할·원자화시켜 죽음으로 인도하여 약화시켰던 성직자들의 의도적인 조작의 결과이기도 했다. 1348년 흑사병은 신의 의지가 모든 '신분'을 타파하는 것이었음을 보여주기 위해 도래하지 않았던가?

세 위계사회의 붕괴는 주지하듯이 증가하는 분업의 맥락 속에 자리매김되어야 하는 11~13세기 도시의 발전과 관계가 있다. 세 위계는 7개 교양과목 체계가 붕괴하는 것과 때를 같이하여, 그리고 교양과목과 공예과목 사이의, 지적인 과목과 기술적인 과목 사이의 다리가 구축되는 것과 때를 같이하여 붕괴되었다. 도시의 작업장은 세 위계사회가 분해되고 새로운 이미지가 마련되는 용광로다.

좋든 싫든 교회는 이에 적응했다. 가장 개방적인 신학자들조차도 모든 직업과 모든 신분은 그것이 구원을 목적으로 조직될 때 정당화될 수 있음을 선언했다. 12세기 중엽 게로 폰 라이허스베르크는『신의 건축론 Liber de aedificio Dei』에서 "이 거대한 공장, 이 거대한 작업장인 이 세계"를 환기시키고 다음과 같이 주장했다. "세례를 통해 악마를 거부한 자는, 비록 성직자나 수도사는 될 수 없을지언정, 세속을 포기한 것으로 간주될 수 있다. 따라서 기독교 신앙 고백을 한 자는, 부자든 빈자든, 귀족이든 농노든, 상인이든 농민이든 모두 저 신앙에 적대적인 것을 거부하고 그것에 맞는 것을 따라야 한다. 사실 각각의 위계(이 말은 아직도 'ordre'란 개념이다), 그리고 보다 일반적으로 모든 직업은 가톨릭 신앙과 사도적 교의 속에서 자신의 신분에 맞는 규칙을 찾는다. 그리하여 만약 각각의 위계가 선한 투쟁을 벌인다면 왕관, 즉 구원을 얻을 것이다." 물론 신분의 이러한 인정에는 면밀한 감시가 따라온다. 교회는 신분에 차별적인 꼬리표로서 특정한 죄의식, 즉 계급에 따른 죄의식을 강요하고 직업윤리를 주입시키면서 신분의 존재를 인정했다.

애초부터 이러한 새로운 사회는 악마의 사회였다. 12세기부터 성직자 문학에는 사회의 신분들에게 시집간 '악마의 딸들'에 관한 주제가 크게 유행했다. 예컨대 13세기 피렌체 필사본의 면지(面紙)에서 다음과 같은 것을 발견할 수 있다. 즉, 악마는 아홉 명의 딸 중

성직 매매의 딸은 재속 사제에게
위선의 딸은 수도사에게
강탈의 딸은 기사에게

신성 모독의 딸은 농민에게

일하는 시늉만 하는 노동의 딸은 집사에게

사기의 딸은 상인에게

고리대금업의 딸은 부르주아에게

세속적 허영의 딸은 부인들에게

음욕의 딸은 결혼시키고 싶지 않았지만 모든 사람에게 공창(公娼)으로 주었다.

각각의 신분을 대상으로 하는 설교 문학이 만발했다. 13세기에 탁발 교단들은 그들의 설교에서 이에 최우선적인 시간을 할애했다. 도밍고 교단 출신 추기경 윙베르 드 로망은 13세기 중엽 이 같은 설교를 규약화했다.

'신분'의 이러한 승인 과정에서의 절정은 고해와 참회에 '신분'이 소개되었을 때다. 13세기 죄와 양심의 문제를 규정한 참회 고행 지침서는 사회계급에 따른 죄악의 목록으로 끝을 맺는다. 각 신분은 각각의 사악과 죄악을 가지고 있다. 도덕적·영적 삶은 '신분'사회에 맞도록 적응했다.

13세기 말 요하네스 폰 프라이부르크는 "보다 단순하고 비전문적인" 고해 신부용의 대저 『고해 신부 대전』의 요약본 『고해서 Confessionale』에서 죄를 14개 항목으로 분류하고 그에 따른 '신분'을 이렇게 분류했다. 1) 주교와 고위 성직자, 2) 성직자와 성직록을 받은 성직자, 3) 교구 사제, 부사제, 고해 신부, 4) 수도사, 5) 판사, 6) 변호사와 검사, 7) 의사, 8) 대학교수, 9) 제후와 여타 귀족, 10) 남편과 아내, 11) 상인과 부르주아지, 12) 장인과 노동자, 13) 농민, 14) '부농 laboratores.'

이처럼 단편화된 사회에서 영적인 지도자들은 어떻게든 통일에 대한 향수를 간직하고 있었다. 코르도바에서 비잔티움·카이로·바그다드·베이징에 이르기까지 여타 세계로부터 무시받고 천대받아온 가엾은 그리스도의 양들은 오랫동안 수구적 입장에 있었지만, 이제는 지도자들을 따라 단결하면 강해질 수 있다. 기독교 사회는 일체를 이루어야 한다. 이것은 카롤루스 왕조의 이론가들과 우르바누스 2세 이후 십자군 원정 때 교황권이 주장했던 이상이었다.

다양성이 통일성을 지배하는 듯이 보일 때, 존 솔즈베리는 1160년경 『정치가 Polycraticus』에서 세속적 기독교 사회를 인간의 육체에 비유하고 사회의 다양한 전문계급들이 육체의 사지와 기관을 구성한다고 보면서 기독교 세계의 통일성을 구출하려 애썼다. 군주는 머리, 고문은 심장, 판사와 지방 행정관은 눈·귀·입, 전사는 손, 재정관은 위와 장, 농민은 발로 비유되었다.

이처럼 기이한 투쟁의 세계인 중세 기독교 세계에서 사회란 보다 일반적으로는 선과 악의 투쟁장이었듯이, 각별하게는 통일성과 다양성의 투쟁장이었다. 오랫동안 중세 기독교 세계의 전체주의적 체제는 선을 통일성과, 악을 다양성과 동일시했기 때문이다. 그럼에도 일상적인 세세한 문제에서 이론과 실천 사이의 변증법이 발전하고, 통일성에 대한 주장은 불가피하게 다양성에 대한 관용과 타협하는 경우가 더욱 빈번해지게 된다.

3. 쌍두마차의 사회: 교황과 황제

기독교 세계가 하나의 육체라면, 이러한 육체의 머리는 무엇인가? 실제로 기독교 세계는 쌍두체제다. 이 두 머리는 교황과 황제다. 그러나 중세사는 이들 사이의 화해보다는 불화와 투쟁으로 점철되었다. 다만 이들 사이의 화해는 1000년경 오토 3세와 실베스테르 2세에 의해 잠정적으로만 실현되었을 뿐이다. 이를 제외한다면, 기독교 세계의 두 우두머리는 성직자적 위계 서열과 세속적 위계 서열에서 지배적인, 그러나 경쟁적인 두 위계(성직자와 전사, 샤먼적 힘과 군사적 힘)의 정상에서 투쟁 관계를 보였다.

더욱이 교권과 제권 사이의 투쟁이 반드시 직접적인 형태로 나타났던 것은 아니다. 또 다른 적대자들이 투쟁의 판도에 개입했다.

교황권 측의 상황은 매우 빨리 결정되었다. 콘스탄티노플 총대주교가 동방 기독교 세계에서 로마 교회의 수장권을 인정할 수 없다는 것(이것은 1054년 분리주의로 귀착되었다)이 확인되었을 때, 서방 교회는 교황의 지도력에 전혀 이의를 제기하지 않았다. 도처에서 어떤 주교가 반항을 하고 어떤 황제는 한때 참칭(僭稱) 교황(12세기에는 10여 명 정도 있었다)을 부추길 수도 있었다. 그러나 교황은, 비록 그의 수장권을 단계적으로 확보하고 현실화시키긴 했지만, 종교 세계의 우두머리임에는 의심의 여지가 없었다. 이 점에서 교황 그레고리우스 7세는 1075년 『교황 칙서 *Dictatus Papae*』로 결정적 진보를 이루었다. 그는 여기서 무엇보다 다음과 같이 주장했다. "로마 교황만이 보편적 교황으로 불려 마땅하다. 〔……〕 그는 그 이름이 모든 교회에서 선포되어야 하는 유일한 자다. 〔……〕 로마 교회와 함께하지 않는 자는 정통으로 간주되어서는 안 된다." 12세기에 교황은 '성 베드로의 대리자'로부터 '그리스도의 대리자'가 되었고, 시성식 절차를 규정해서 새로운 성인의 축성을 장악했다. 그는 13~14세기 들어 특히 교황청의 재정 상태가 호조를 보임으로써 교회를 사실상의 군주국으로 만들었다. 그의 지배권이 일련의 종교회의에 의해 심각한 위협을 받은 것은 14세기 말과 15세기 초에 이르러서였다. 그러나 이러한 위협도 결국에는 진정되고 말았다.

교황과 좋은 관계에 있든 맞서 있든 황제가 별 이의 없이 세속 사회의 우두머리가 되었던 것은 결코 아니다. 우선 황제가 없던 시대가 있었다. 이것은 교황좌의 짧은 공위기에 비해 훨씬 긴 것이었다. 교황좌의 가장 긴 공위기는, 비교적 예외적인 것으로서, 1268년 11월 클레멘스 4세의 죽음에서부터 1271년 9월 그레고리우스 10세의 선출에 이르기까지 34개월간이었다. 이에 비해 서방에서는 476년부터 800년까지 황제가 없었고, 실제로는 899년부터, 어쨌든 924년부터 962년까지 황제가 없었다. 그리고 프리드리히 2세의 죽음(1250년)과 루돌프 폰 합스부르크의 선출(1273년) 사이의 대공위 동안에도 황제가 없었다. 1198년의 이중 선거는, 오토 4세와 필립 폰 슈바벤이라는 2명의 황제가 몇 년 동안 존재했고, 그다음 1212년부터 1218년까지 오토 4세와 프리드리히 2세가 서로 적대하면서 공동 통치를 했다는 것을 의미한다.

또한 당선자를 단순하게 '로마인들의 왕'으로 만든 독일에서의 선거와, 황제로 즉위시키는 로마에서의 대관식 사이의 공백 기간이 너무나도 길었다는 사실을 잊어서는 안 된다. 프리드리히 바르바로사는 1152년 3월 9일 아헨에서 로마인들의 왕으로 즉위하고 나서 1155년 6월 18일에 가서야 로마에서 황제로 즉위했다. 프리드리히 2세 역시 1215년 7월

25일 아헨에서 왕으로 즉위하고 나서 1220년 11월 22일 로마에서 황제로 즉위했다.

특히 중요한 것은 기독교 세계에 대한 황제의 패권은 실제적이라기보다는 이론적이라는 점이다. 황제의 패권이 독일에서는 공격을 받기 일쑤였고, 이탈리아에서는 거부되었으며, 다른 지역에서는 매우 강력한 제후들로부터 대체로 무시당했다. 오토 대제 때부터 프랑스 왕은 황제에게 전혀 복속되어 있지 않다고 자처했다. 12세기 초부터 프랑스 종교법 학자들은 물론이고 잉글랜드와 에스파냐 종교법 학자들도 자신들의 왕이 황제나 제국법에 종속되지 않는다고 주장했다. 교황 이노켄티우스 3세는 1202년 프랑스 왕이 세속 문제에서 우월권을 갖지 않은 것은 '사실상'의 문제라는 점을 인정했다. 1208년 한 종교법 학자는 "모든 왕은 그의 왕국에서 제국의 황제와 동일한 권력을 갖는다"고 선언했다. 루이 성왕의 『관례집』은 "왕은 신과 그 자신을 제외하고는 아무에게도 구속되지 아니한다"고 선언했다. 요컨대 "왕은 그의 왕국에서 황제다"라는 이론이 형성되었다.

더욱이 로베르 폴즈Robert Folz의 표현대로 "제국 개념의 단편화" 현상이 10세기부터 나타났다. 황제 칭호가 각국에서 마구 사용되기 시작했다. 의미심장하게도, 황제 칭호가 카롤루스조 황제의 지배를 벗어났던 두 지역, 즉 앵글로-색슨 왕국과 기독교 지배하의 이베리아 왕국에서 등장했다. 그리고 이 두 지역에서 황제는 통일된 지역(앵글로-색슨 왕국과 이베리아 기독교 왕국)에 대한 지배권을 주장했다. 제국의 꿈은 잉글랜드에서는 겨우 한 세기 동안만 지속되었다. 애슬스탄Aethelstan은 930년에 스스로를 초대 '황제'라고 불렀으며, 에드거Edgar는 970년에 스스로 "나 에드거는 신의 은총으로 모든 알비온Albion(잉글랜드의 옛 이름—옮긴이)인의 황제가 되었다"고 선언했다. 마지막으로, 1035년 사망한 크누트가 "황제인 나 크누트는 그리스도의 은총으로 이 섬 잉글랜드 왕국을 점령했다"라고 선언했다. 그의 전기 작가는 "그는 덴마크·앙글리아·브르타뉴·스코틀랜드·노르웨이 등 5개 왕국을 복속시키고 황제가 되었다"고 요약했다.

에스파냐에서는 제국에 대한 몽상이 더 오랫동안 추구되었다. 917년 오르도노Ordoño 2세는 부친 알폰소 3세를 황제라 불렀으며, 이 칭호는 10세기의 여러 연대기와 공문서에서 계속 사용되었다. 한편 이상스럽게도 콤포스텔라의 주교들이 보통 로마 주교인 교황에게만 쓰이던 '사도apostolicus'라는 칭호를 차용해서 썼다. 레온을 카스티야에 통합시킨 페르난도 1세(1037~1065년) 때부터 황제 칭호가 상습적으로 사용되었다. 1077년부터, "신의 은총으로 모든 에스파냐의 황제" 또는 "모든 에스파냐 국민의 황제"라는 두 가지 상투어가 고착되었다. '에스파냐 제국'은 1135년 레온에서 스스로 황제로 즉위한 알폰소 7세 때 절정에 다다랐다. 그 이후로 카스티야 왕국은 분할되었다. 에스파냐는 '5왕국 cinco reino'으로 분해되었고 황제 칭호도 사라졌다. 다만 이슬람으로부터 세비야를 탈환한 뒤 1248년 페르난도 2세 때 잠깐 재등장했을 뿐이다.

이와 같이 비록 부분적이기는 하지만, 제국의 이념은 통일의 이념과 항시 (단편적 사례이긴 하지만) 연계되어 있었다.

이와 유사하게 독일 황제들은 상서관들이나 아첨꾼들에 의해 선언되었음에도〔1199년 발터 폰 데어 포겔바이데는 '그의 황제' 필립 폰 슈바벤에게 모든 제후의 지도자 성장(星障)인 단백석으로 장식된 제관을 쓰도록 권유했다〕, 자신의 지배 권역을 엄격한 의미에서의 신성 로마 제국, 즉 독일과 그 영토적 연장인 이탈리아로 점차 국한시켰다. 특히 황제가 선제후단에 의해 선출된 이후로는 그것을 독일에만 국한시켰다. 1155년 7월 18일 로마에서 대관되기 전에 황제 칭호를 획득한 프리드리히 바르바로사는 자신을 뽑아준 선제후들을 "황제와 제국의 영광을 위해 일하는 협력자들"이라 불렀다. 1198년에는 선제후단이 이중적인 승리를 했다. 그들은 장차 프리드리히 2세가 될 하인리히 4세의 아들을 선출하는 대신 그의 형제 필립 폰 슈바벤을 선출하고, 곧이어 경쟁자인 오토를 선출했기 때문이다. 그들은 황제를 하나가 아니라 둘을 뽑았다. 그렇지만 오토가 신성 로마 제국 황제라는 칭호를 가진 독일 황제가 되었다. 보편 제국에 대한 이념은, 세계 패권에 대한 합법적 야심을 종말론적 비전으로 장식했던 프리드리히 2세 치하에서 최고의 찬연한 형태를 띠었다. 황제의 적들은 황제를 적그리스도 또는 적그리스도의 예고자로 묘사했지만, 황제는 자신을 세계 종말의 황제, 세계를 황금시대로 이끌 구세주로 소개했다. 그는 새로운 아담, 새로운 아우구스투스, 곧이어 등장할 제2의 그리스도 같은 인물, 말하자면 '기적적인 변신자'였다. 1239년 그는 변방 군관구에 있는 자신의 고향 예시Iesi를 자신의 베들레헴이라고 찬양했다.

실제로는 황제들의 행동이 이보다 훨씬 더 신중했다. 그들은 영광스러운 우월권, 다른 왕국에 대한 일종의 후견권을 자신에게 부여해준 도덕적 권위, 프리드리히 바르바로사의 숙부인 오토 폰 프라이징의 표현을 빌리면 "전 세계의 후견권을 포함하는 권위"에 만족했다.

이와 같이 중세 기독교 세계의 쌍두마차는 교황과 황제라기보다는 교황과 왕(왕-황제), 아니 역사적 상투 어법을 빌린다면 '교권과 제권,' 영적 권력과 세속적 권력, 성직자와 전사들이었다.

물론 제국 이념은 그것이 약화된 이후에도 열렬한 지지자들을 갖고 있었다. 중세 기독교 세계를 가장 열렬하게 지지하고 이의 통일을 갈망했던 단테는 보편적인 최고 우두머리로서의 직무와 의무를 수행하지 않은 황제들을 탄원하고 비난했다.

그러나 투쟁이 실제로는 사제와 왕 사이에서 발생했다. 양자는 자신에게 유리하도록 하기 위해 어떤 방식으로 투쟁을 해결하려 했는가? 각자는 두 권력을 자신의 인격 속에 결합시키는 방식으로, 즉 교황이 황제를 겸하고 왕이 사제를 겸하는 방식으로 해결했다. 각자는 자신 속에서 왕-사제로서의 통일성을 실현시키려 했다.

비잔티움에서는 왕이 스스로를 성스런 인물로 간주하고, 정치적 수장인 동시에 종교적 수장이 되는 데 성공했다. 이것이 이른바 '황제-교황주의 césaro-papisme'다. 카롤루스 마그누스는 자신의 인격 속에 황제와 사제로서의 이중적 위엄을 통합하려 했던 것으로 보인다. 800년 대관식 때 그가 받은 안수는 사제 서품의 몸짓을 연상시켰다. 이로써 그는 이제부터 '제왕적 사제직'을 부여받은 것처럼 보였다. 그는 새로운 다윗, 새로운 솔로몬, 새로운 조시아 같은 위인이었다. 그러나 하인리히 피히테나우 Heinrich Fichtenau가 지적했듯이 그가 '왕인 동시에 사제'로 불리는 경우에 그에게 부여된 속성은 알퀸이 명확히 한 것처럼 카리스마적 기능이 아니라 사제로서의 설교가적 기능이다. 어떠한 문헌도 그를 엄격한 의미에서 구약의 유일한 왕-사제인 멜키세덱 Melchisédech 같은 인물로 묘사하지는 않았다.

그렇지만 중세 전체를 통틀어 왕과 황제들은, 비록 사제적 속성은 아니더라도 종교적이고 신성한 속성을 인정받기 위한 시도를 게을리 하지 않았다.

이런 방향으로 그들이 취할 수 있었던 으뜸가는 정책적 수단은 도유

(塗油)와 축성이다. 이러한 종교의식은 그들을 신으로부터 도유된 자, '신으로부터 왕관을 받은 자'로 만들어주었다. 도유 의식은 일종의 성사다. 여기에는 갈채 의식이 따라온다. 에른스트 칸토로비츠Ernst Kantorowicz가 옳게 밝혔듯이, 이것은 새로운 군주가 천상적 위계 서열에 참여하게 되었음을 교회가 엄숙하게 인정하는 것을 의미한다. 성인들의 연도(連禱)에 뒤이어 찬송으로 축하를 받는 갈채 의식은 "두 세계의 대칭보다는 통일성"을 보여준다. 그것은 또한 "하늘과 교회와 국가의 우주적 조화"를 선언해주는 것이다.

축성은 일종의 서품 의식이다. 황제 하인리히 3세는 1046년 리에주의 주교 바종Wazon에게 "모든 사람에 대한 명령권을 받은 나 또한 성유로 도유되었다"고 선언했다. 교황 그레고리우스 7세와 투쟁하고 있던 하인리히 4세의 선전자 중 한 사람인 오스나브뤼크 출신의 기Gui d'Osnabrück는 1084~1085년 사이에 다음과 같이 썼다. "왕은 세속 대중들과는 구분되어야 한다. 그는 성유로 도유되어 사제의 본성을 분유하기 때문이다." 1143년 한 공문서 서문에서 프랑스 왕 루이 7세는 다음과 같이 말했다. "구약의 규약에 따라, 오늘날에는 교회법에 따라 왕과 사제만이 성유의 도유를 통해 축성된다는 것을 우리는 알고 있다. 모든 사람 중에서도 성스러운 도유를 통해 결합되고 신의 백성들을 다스리는 자들만이 신민들에게 정신적·세속적 행복을 가져다주고 기사와 성직자는 이것을 서로 보장하기에 적합하다."

이 같은 축성-서품 의식은 '규약'으로 정해져 있다. 한 예로 약 1280년경에 쓰인 것으로 보이는 샬롱쉬르마른 필사본에 수록된 「프랑스 국왕의 축성과 대관식 규약」(파리 국립도서관 라틴 필사본 번호 1246)을 들 수 있다. 여기에 그려진 귀중한 세밀화들은, 한편으로는 군사적 우두머리임을 확인해주는 종교의식(박차와 칼 건네주기)과 다른 한편으로는 준사제적 인물임을 확인시켜주는 종교의식(특히 도유 의식뿐만 아니라 반지·홀·왕관 같은 종교적 상징물 건네주기)에 관한 가장 중요한 일화들 가운데 일부를 보여준다. 이 그림들은 다음과 같이 묘사되어 있다. 왕이 랭스 대성당 문 앞에서 영접을 받고, 생르미 수도원장이 성유병을 가져오고, 왕은 선서를 하고 연도를 하는 가운데 엎드려 있다. 그는 시종장으로부터 비단신을, 부르고뉴 공으로부터는 황금 박차를 받는다. 그리고 이마와 손(또한 가슴이며 등이며 어깨까지도)이 성유로 도유된다. 그는 보라색 제의를 입고 미사를 듣는다. 그는 칼·반지·홀을 받고, 마지막으로 왕관을 받는다. 대관식을 마친 후 영성체를 한다. 이러한 의식에 대해서는 드 팡주M. de Pange가 『매우 기독교적인 왕Roi très chrétien』에서 규약에 따라 상세하게 묘사한 바 있다.

슈람P. E. Schramm은 황제와 왕의 휘장에 온갖 의미를 부여한 종교적 상징을 밝혀냈다. 밑 부분에는 8개의 금판이 박힌 머리띠가 있고 꼭대기에는 8개의 작은 반원형판으로 장식된 궁형의 관으로 되어 있는 제관(帝冠)은 영원한 삶의 상징인 8이란 숫자를 사용하고 있다. 아헨 궁정 부속 교회의 8각형처럼 제관은 벽이 금과 보석으로 뒤덮여 있는 천상의 예루살렘의 이미지를 띠고 있다. '규약'에서는 이 제관을 '영광의 상징'이라 불렀다. 이 제관은 십자가(승리의 상징)를 통해, '오르파누스orphanus(고아)'라 불리는 단백석(탁월함의 상징)을 통해, 그리고 그리스도·다윗·솔로몬·히스기야Ezéchias의 이미지를 통해 그리스도의 지배를 예고한다. 반지와 긴 지팡이는 교황의 휘장과 유사하다. 황제 또한 그리스도의 십자가의 못을 담고 있는 것으로 생각되는 '성스러운 창,' 즉 생모리스의 창을 받는다. 우리는 프랑스와 잉글랜드의 왕들이

"연주창에 손을 대면" 그것을 치료할 힘을 갖고 있었다는 것을 상기할 수 있다. 본시 왕이 전사적 힘보다는 샤먼적 힘을 더 좋아했다는 것은 카르멜 수도회 수도사인 장 골랭Jean Golein이 샤를 5세의 요구로 1374년에 쓴 『축성론Traité du sacre』에서 언급되고 있다. "왕은 자기에게 왕국을 만들어준 신을 경외해야 한다. 그는 고대 작가들이 말했던 것처럼 왕국을 단지 자신의 무력을 통해서가 아니라 신으로부터 받았다. 그는 금화에 새겨져 있듯이 '그리스도가 정복하고 지배하고 명령한다'고 말하고 있다. 그는 결코 '칼이 지배하고 정복한다'고 말하지 않고 '예수가 정복하고 지배하고 명령한다'고 말한다."

이와 같이 게르만족 왕들이 기독교도가 되자, 그들은 마법사-왕의 힘을 되찾으려 노력했다. 이 힘은 원래 짧은 머리의 백성을 지배하는 '긴 머리의 왕들'인 이교적인 프랑크족 왕들이 가지고 있었다. 이들은 불가사의한 힘의 원천인 마술적인 머리칼을 가진 왕들, 이를테면 "삼손의 머리칼과 같이 위대한" 머리칼을 가진 왕들이었다.

이와 유사하게 교황권은 특히 8세기부터 날조된 「콘스탄티누스 기진장(寄進狀)」을 가지고 제권적 기능을 흡수하려는 시도를 시작했다. 이 가짜 기진장에 따르면 황제는 교황에게 로마를 포기하고 콘스탄티노플로 옮기겠다고 선언했다. 황제는 교황에게 머리띠와 교황의 휘장을 차고 다니는 것을 인가하고 로마의 성직자들에게 원로원복을 주었다. "우리는 또한 반포하노니, 존경하는 교부이시며 교황이신 실베스테르와 그의 후계자들은 우리가 우리의 머리에서 벗어서 그에게 준 머리띠, 즉 순금과 보석으로 만든 관을 써야 한다."

실베스테르는 머리띠를 거절하고 동방에서 기원한 왕의 휘장인 '챙 없는 흰 모자phrygium'만을 받았던 것으로 생각된다. 이 모자는 곧 왕관으로 발전해서 11세기 로마의 규약은 이것을 '왕관*regnum*'이라 불렀다. 이것이 11세기 중엽에 다시 등장했을 때 "그 형태와 의미가 바뀌어" 3중관(三重冠)이 되었다. 밑의 원주 형태가 보석으로 장식된 머리띠로 바뀌었다. 이것이 12세기에는 꽃장식관으로 바뀌었다. 여기에 13세기에는 2층관이 얹히고, 아마도 아비뇽 교황청 시절에 3층관이 얹혔던 듯하다. 이런 식으로 해서 3중관이 탄생되었다. 이미 13세기 초 이노켄티우스 3세는 교황은 교권의 표시로 주교관을 쓰고, 제권의 표시로 왕관을 썼다고 말했다. 교황-왕은 왕-사제의 도전에 대한 응전이었다.

교황은 사제 기능을 수행할 때는 3중관을 쓰지 않았으나, 군주로 등장하는 의식에서는 3중관을 썼다. 1099년 파스칼 2세 때부터 교황은 즉위 시에 이 관을 받았다. 그레고리우스 7세 이후 라테라노 교황궁에서 열린 '즉위식'에는 '적색 황복의 착복식 *cappa rubea*'이 끼어 있었는데, 두 교황 사이에 투쟁이 일어날 경우 이 황복을 소지한 교황이 정통성을 인정받고 그렇지 못한 교황은 참칭 교황이 되었다. 우르바누스 2세 이후 로마의 사제단을 '쿠리아*curia*'라 불렀는데, 이것은 고대 로마의 원로원과 봉건 궁정을 동시에 연상케 한다.

이렇게 해서 교황은 자신과 교회를 세속적인 봉건 질서에의 속박으로부터 해방시켰다. 뿐만 아니라 그는 자신이 종교적 위계 서열뿐만 아니라 세속적 위계 서열의 우두머리임을 선언했다—이것은 바로 교황 그레고리우스 개혁의 본질적 측면이다. 이때부터 그는 제권과 왕권이 자신에게 예속되어 있음을 보여주고 현실화하려 노력했다. 우리는 이러한 예로 서임권 분쟁으로 발생한 끝없는 갈등과 이에 관한 수많은 문헌을 알고 있다. 서임권 분쟁은 교권과 제권 사이, 아니 주지하듯이 두 위계 사이의 대대적인 투쟁의 한 측면이며 일화일 뿐이다. 이노켄티우스 3세는 교황청에 충성을 바치는 국가의 수를 늘려나갔다. 여기서 우리는 자체의 큰 중요성 때문에 투쟁의 대상이 된 어떤 상징들, 즉 두 개의 칼과 두 개의 발광체(해와 달)에 대해 잠시 고찰하기로 하자. 이 상징들은 중세 서양에서 거의 항상 그렇듯이 이론인 동시에 이미지다.

그렇지만 왕을 가장 많이 도와준 자는 교회가 아니었던가? 레오 3세는 카롤루스 마그누스를 만들었고, 상당수의 경우에는 플뢰리와 생드니의 베네딕투스 수도사들이 카페 왕들을 만들었다. 교회는 왕권의 이중적 본성(나중에 다시 다루겠다), 즉 봉건적 위계 서열의 우두머리로서의 본성뿐만 아니라 이것을 초월하는 국가 또는 공권력이라는 또 다른 위계 서열의 우두머리로서의 본성을 이용했다. 교회는 왕이 그의 경쟁 세력인 봉건 세력을 물리치도록 도와주었으며, 사제들은 왕이 기사들을 분쇄하는 데 힘을 보탰다. 물론 그것은 교회가 왕국을 자신의 도구로 만들기 위한 것이고, 또한 왕에게 교회(이 교회는 성직자 위계의 교회인 동시에 빈자들의 이상적인 교회다)의 보호라는 주요한 역할을 떠맡기기 위한 것이었다. 중세 교회가 왕권에 부여한 기능은 성직자 계급의 명령을 수행하는 세속적 팔의 기능이요, 물리적 힘과 폭력을 이용하고 피를 흘림으로써 교회를 대신해서 자신을 더럽히는 세속적 폭력의 기능이다.

사제들이 쓴 모든 작품은 왕의 이러한 기능을 규정했다. '통감(通鑑) Miroirs des princes' 유의 책들이 많이 등장했다. 이것은 겸손하고 순종적인 루도비쿠스 경건황제 이후 허수아비 왕들을 교회가 조종했던 9세기에, 그리고 루이 성왕이 도덕적·정신적 측면에서 모범적인 왕이 되려고 노력했던 13세기에 주로 번성했다.

829년 파리 종교회의는 왕의 임무를 규정했는데, 2년 후 오를레앙의 주교인 요나스Jonas가 『왕국의 제도』에 이것을 원용했다. 이것은 중세 내내 '통감'의 전형으로 남게 될 것이다. 파리 종교회의에서 주교들은 다음과 같이 선언했다. "왕의 임무는 특히 신의 백성을 공명정대하게 통치하고 지배하며 평화와 화합을 도모하도록 힘쓰는 데 있다. 그는 무엇보다도 교회, 신의 종, 과부, 고아와 그 밖의 모든 극빈자를 보호해야 한다. 그는 또한 가능한 한 자신이 열정적이고 무서운 존재임을 과시하여 불의가 일어나지 못하도록 예방해야 하며, 만약 불의가 나타난다면 악을 저지르고도 무사하리라는 뻔뻔스런 희망을 갖도록 하게 만드는 것이 아니라 처벌받지 않고는 살아남지 못한다는 것을 만인이 알게 하도록 해야 한다."

이에 대한 대가로 교회는 왕권에 신성한 특성을 부여했다. 그리하여 모든 신민은 왕권에 충심으로 그리고 맹목적으로 복종해야 한다. "이 왕권에 저항하는 자는 신이 계획한 질서를 거역하는 것이 되기 때문이다."

그리고 성직자들이 천상 세계와 지상 세계 사이의 유사성을 수립하여 왕을 지상에 있는 신의 권화로 삼은 것은 봉건 영주보다는 황제와 왕을 위한 것이었다. 도상들은 존엄한 신과 옥좌에 앉아 있는 왕을 혼동시키는 경향이 있다.

위그 드 플뢰리Hughes de Fleury는 잉글랜드 왕 헨리 1세에게 헌정한 『사제적 권능과 위엄으로서의 왕권론 Tractatus de regia potestate et sacerdotali dignitate』에서 왕을 하느님 아버지와, 주교를 그리스도와 비교하기까지 했다. 알퀸은 "유일자가 천국을 다스리고 벼락을 때린다. 지상에는 지상을 다스리는 신을 따르는 한 사람만이, 만인에게 모범이 되는 한 사람만이 존재한다는 것은 당연하다"고 말했다. 그가 황제에 대해 말한 것은 왕이 "그의 왕국에서 황제가 된다"는 점에서 왕에게도 적용된다.

그러나 왕이 이러한 강령을 저버리고 이것을 따르기를 그친다면, 교회는 즉시 그의 자격 없음을 그에게 환기시키고, 그가 획득하려 힘썼던 사제적 특성을 부인할 것이다.

프랑스 왕 필리프 1세가 조강지처를 버리고 베르트라드 드 몽포르와 재혼했다는 이유로 파문당했다. 오데릭 비탈에 따르면 그는 신으로부터 치욕스런 질병의 책벌을 받았으며, 기베르 드 노장에 따르면 그는 마법사적 치유력을 상실했다. 그레고리우스 7세는 황제에게 악마를 추방할 줄 모르면 마귀를 쫓는 구마사보다도 못하다는 것을 환기시켰다. 호노리우스 아우구스토투넨시스가 왕은 평신도라고 말했다. "사실 왕은 평신도나 성직자에 불과하다. 그가 평신도가 아니라면 그는 성직자다. 그러나 그가 성직자라면, 그는 교회를 지키는 수문사거나 성경을 낭송하는 독송사거나 마귀를 쫓는 구마사거나, 아니면 시종사나 차부제나 부사제나 사제일 것이다. 그가 이러한 직위 중 아무것도 갖고 있지 않다면, 그는 성직자가 아니다. 그가 평신도도 성직자도 아니라면, 그는 수도사일 것이다. 그러나 그의 부인과 칼 때문에 그는 수도사로 간주될 수도 없다."

여기서 우리는 그레고리우스 7세와 그의 계승자들이 열을 내어 성직자들에게 전사의 직무를 포기하고, 특히 독신을 강요한 이유를 알 수 있다. 이것은 도덕적 관심과 관계가 없다. 이 문제는 금기된 불순한 액체인 피와 정액의 오염으로부터 성직자 계급을 보호함으로써, 별개의 비천한 세속인과 뒤섞여 있는 전사계급으로부터 성직자 계급을 분리하려는 것이었다.

토마스 베켓이라는 한 주교가 아마도 잉글랜드 왕 헨리 2세의 사주를 받은 기사들의 손에 암살되었을 때, 사제계급들은 전사계급들에게 맹렬한 비난을 퍼부었다. 이 순교자를 위해 교회·제단·의식·동상·프레스코화를 바치고, 또 그를 위해 교회가 기독교 세계 전체에 대대적인 선전을 한 것은 두 신분 사이의 알력의 표현이다. 피살된 주교의 동료인 존 솔즈베리는 이 사건을 기화로 왕권 제한론을 강력히 주장했다. 이것은 교회가 자신의 필요에 따라서 왕권을 고양시킬 때부터 은밀하게 주장했던 이론이다.

사악한 왕, 즉 교회에 순종하지 않는 왕은 폭군이 되었다. 그는 자신의 위엄을 상실했다. 829년 파리 종교회의에 참석했던 주교들은 다음과 같이 선언했다. "왕이 경건성과 정의와 자비로써 다스린다면, 그는 그 이름에 값할 것이다. 그가 그러한 덕성들을 갖추지 못했다면, 그는 왕이 아니라 폭군이다." 이것은 교회의 움직일 수 없는 가르침이었고, 토마스 아퀴나스는 확고한 신학적 근거를 가지고 이것을 지지했다. 그러나 폭군이 된 간악한 왕에게 실제로 어떤 조치를 취할 것인지에 대해 교회는 이론상으로나 실제상으로 그리 분명한 입장을 취하지 않았다. 파문·정직·퇴위 등의 조치가 취해졌다. 다른 해결책이 존재하지 않을 경우 폭군을 살해해야 한다고 극단론을 주장한 것은 존 솔즈베리 한 사람뿐이었다. 그리하여 '토마스 베켓 암살 사건'은 두 위계 사이의 알력이 원한 풀기로 귀결되었음을 보여준다.

그러나 이론상으로 교회의 무기들은 영적인 편에 가까웠다. 황제와 왕의 야망에 대해 교황들은 교부 시대 이후 영적 힘과 세속적 힘을 상징하는 두 개의 칼이라는 이미지로 응수했다. 알퀸은 카롤루스 마그누스를 위해 두 개의 칼을 주장했다. 성 베르나르는 두 개의 칼을 결국 교황에게 되돌려주는 복합 이론을 세웠다. 베드로는 이 두 개의 칼을 소지했다. 사제는 영적인 칼을 쓰고 기사는 세속적 칼을 쓴다. 그러나 황제는 단지 교회를 대신하여 사제의 승인을 받아 질서를 전이하는 데 만족한다. 7세기 말과 8세기의 교회법 학자들은 더 이상 주저하지 않았다. 교황은 그리스도의 대리자고 그리스도만이 두 개의 칼을 갖고 있으므로, 신의 대리자인 교황만이 지상에서 두 칼을 장악해야 한다는 것이다.

두 개의 빛의 경우에도 이와 똑같은 일이 벌어졌다. 로마 황제들은 자신을 태양과 동일시했고, 중세의 일부 황제들도 이런 동일시를 다시 획득하려 시도했다. 교황권은 그레고리우스 7세 때부터, 특히 이노켄티우스 3세 때부터 황제의 이러한 시도를 방해했다. 교황권은 「창세기」편에서 두 개의 빛의 이미지를 차용했다. "하느님께서 하늘에 빛이 있으라 하시고 그것을 낮과 밤으로 구분토록 하라 하셨다. 이것을 표지로 삼아 시간과 날과 해를 표시토록 하라. 빛들이 하늘을 밝히고 대지를 밝히도록 하라 하시매 그렇게 되었다. 그리고 하느님께서는 두 개의 빛을 만드셨다. 큰 빛은 낮을 주관하고 작은 빛은 밤을 주관토록 하셨다. 그리고 별들도 만드셨다. 그리고 나서 하느님께서는 이것을 창공에 고정시켜 땅을 비추고 낮과 밤을 주관하도록 하셨다."

교회가 보기에 큰 빛인 태양은 교황이고 작은 빛인 달은 황제나 왕이었다. 달은 자신의 빛을 갖지 못하고 태양에서 빌려온 빛만 가지고 있다. 황제는 작은 빛일 뿐만 아니라 교황에 의해 지배되고 상징되는 낮의 세계와 맞서 있는 밤의 세계의 우두머리다. 낮과 밤이 중세인들에게 무엇을 의미했는지를 이해한다면, 세속의 위계서열은 교회가 보기에 수상쩍은 세력들의 사회, 사회적 전체의 어두운 반 조각에 불과했음을 알 수 있다.

교황은 황제나 왕이 사제적 기능을 인수하는 것을 방해했지만, 세속적 권력을 장악하지는 못했다. 두 개의 칼은 서로 다른 세력 속에 남아 있었다. 황제의 권력이 13세기 중에 약화되고 있을 때, 교황 보니파키우스 8세의 주장을 결정적으로 견제한 것은 필리프 미남왕이었다. 그러나 기독교 세계의 거의 모든 곳에서 세속적 칼은 이미 세속 지배자들이 확실하게 장악하고 있었다.

그러므로 이 두 지배적인 권력이 앞으로 해야 할 일은 그들 사이의 투쟁을 잊어버리고 유대만을 생각하며, 사회에 대한 지배권을 공동으로 수립하는 것이었다. 근대에서의 왕좌와 제단, 군도와 성수 살포기 사이의 연합은, 비록 국왕과 의회의 합의칙서 · 정교조약 · 프랑스 교회 독립주의Gallicanisme · 요제프주의Joséphisme(18세기 말 독일 황제 요제프 2세가 취했던 반교권주의 — 옮긴이) · 나폴레옹 독재 등과 같은 사소한 부침과 적대에도 불구하고, 교권과 제권, 사제단과 군인단, 설교자들과 전사들, '일하는 자들'을 착취하는 가운데 '기도하는 자들'과 '싸우는 자들' 사이의 이러한 중세적 제휴의 연장이었다. 파리 주교 모리스 드 쉴리Maurice de Sully는 1170년경 보다 쉽게 이해될 수 있도록 세속어로 말했다. "선량한 사람들아, 그대들의 영주에게 빚진 것을 그에게 돌려주어라. 그대들은 그대들의 지대와 타이유세와 중벌금과 노역과 짐 운반과 군복무를 영주에게 바쳐야 된다는 것을 납득하고 받아들여야 한다. 영주가 원하면 언제 어디서건 모든 것을 주어라."

4. 갈라진 사회: 바벨탑

통일에 대한 꿈은 항시 덧없는 것이었다. 11세기 초 아달베롱 드 랑은 "사람들이 하나라고 믿는 신의 집은 따라서 셋으로 나뉜다"고 말했다. 이때는 기독교 세계의 이루어질 수 없는 통일성이 사실상 와해되는 시기다. 십자군 원정은 이 통일성을 창조하거나 조장하기는커녕 와해하는 데 일정 부분 기여했다. 사회적 단편화에다 교황과 황제의 쌍두마차가 자기주장을 내세우는 정치적 균열이 가세했다. 1077년 카노사의 굴욕은 1000년 오토 3세와 실베스테르 2세를 결합시켰던 잠깐 동안의 화합이 와해되었음을 확인한 것이었다. 통일성은 민족적 분열, 아니 언어의 분열에 의해 더욱더 와해되었다.

물론 역사상의 출중한 실례들과 예외적 사건들(때로는 다행스럽고 때로는 극적인 사건들)을 통해 알 수 있듯이 민족적 경계가 언어적 경계와 동일하지 않았다. 그러나 언어의 다양성이 통일의 요인이라기보다는 분열의 요인이라는 것을 누가 부인할 수 있는가? 기독교 세계의 인간들은 이 점을 첨예하게 의식하고 있었다.

성직자들은 언어의 다양성이 원죄의 결과들 중 하나라고 개탄했다. 그들은 이러한 악을 모든 악의 모태인 바빌로니아와 관련시켰다. 12세기 초 루카의 주교 란게리우스Rangerius de Lucques는 말했다. "옛날 바빌로니아가 언어의 증식을 통해 고래의 악에 더 나쁜 새로운 악을 첨가시켰듯이 백성의 증가는 범죄를 대량 증가시켰다."

보통 사람들도 다른 언어를 쓰는 사람이 있다는 것을 알고 낭패감을 느꼈다. 예컨대 『마이어 헬름브레히트*Meier Helmbrecht*』의 이야기에 나오는 13세기의 농부들은 여러 개의 언어를 말하는 체하는, 돌아온 탕자를 알아보지 못한다.

"내 사랑하는 동생들아, 하느님께서 너희들에게 항시 축복을 내려주시기를"이라고 그는 저지대 독일어로 말했다. 그의 여동생이 달려가 그를 껴안았다. 그러자 그는 그녀에게 라틴어로 "gratia vester!"라고 인사했다. 그리고 나서 동생들이 달려오고 그 뒤를 늙은 부모가 따라왔다. 동생들과 부모는 그를 한없는 기쁨으로 맞아들였다. 그는 아버지에게는 "Deu sol!"이라고 인사하고 어머니에게는 보헤미아식으로 "Dobra ytra!"라고 인사했다. 아버지와 어머니는 서로 멀거니 쳐다보았다. 그때 여관집 안주인이 말했다. "여보세요, 우리가 잘못 알고 있어요. 이 사람은 우리 아이가 아니에요. 그는 보헤미아나 벤드 사람이에요." 아버지가 말했다. "저 사람은 프랑스 사람인가 봐요! 내 아들(주여 그를 보호해 주소서)은 아닌데 비슷하게 생겼어요." 그러자 여동생 고텔린데가 "저 사람은 오빠가 아니에요. 나에게는 라틴어로 말했어요. 그걸 보니 아마도 성직자인가 봐요." 종이 말했다. "그의 말투를 보면 그는 분명히 작센 태생이나 브라반트 태생이에요. 그는 저지대 독일어를 썼어요. 그러니 그는 작센인임에 틀림없어요." 아버지가 잘라 말했다. "네가 나의 아들 헬름브레히트라면, 내가 알아들을 수 있도록 우리의 관습과 조상의 방식을 따라 말을 해라. 그러면 나는 너를 전폭적으로 믿겠다. 너는 언제나 'Deu sol'이라고 말하고 있는데 나는 도대체 한마디도 알아듣지 못하겠다. 너의 어미와 나를 존중해라. 우리는 항시 남이 깔보지 못하도록 처신해왔다. 독일어로 말해라. 그러면 종을 시키지 않고 내가 손수 너의 말을 글겅이질해주마."

이러한 개념들을 항시 형상화하는 경향이 있던 중세인들은 언어적 다양성이 가져온 이러한 불행을 묘사하기 위한 상징으로 바벨탑la Tour de Babel(인간의 원초적 통일성이 원죄로 인해 분열된 것에 대한 언어적 분열의 상징을 말함, 「창세기」10:1~10 참조——옮긴이)을 이용했다. 그들은 동방의 도상을 모방하여 보통 바벨탑을 공포와 파국의 이미지로 만들었다. 아르노 보르스트Arno Borst는 그의 기막힐 정도로 해박한 일련의 작품에서 이 이미지가 중세의 망탈리테를 무겁게 짓누르고 있음을 보여주고 있다.

바벨탑의 고통스런 이미지가 1000년경 유럽인들의 상상력 속에 투영되기 시작했다. 서양에서 가장 오래된 묘사는 10세기 말과 11세기 초 사이에 필사된 7세기 캐드먼의 시 속에 있다. 11세기 초의 한 '재판 심문'에서 우리는 다음과 같은 명료한 질의응답을 만날 수 있다. "세상에 언어가 몇 개 있는가?——72개가 있다. 왜 그 이상도 그 이하도 아니고 꼭 72개인가?——노아의 세 아들 셈, 함과 야벳 때문이다. 셈은 27명의 아들이, 함은 30명이, 야벳은 15명이 있었다. 그래서 모두 72명이다."

중세의 성직자들과 심지어 오늘날의 성직자들까지도 바벨탑의 저 중세적 그림자를 추방하려 애를 썼다. 그들의 도구는 라틴어였다. 중세 문명의 통일성, 나아가서 유럽 문명의 통일성을 실현할 수 있는 것은 라틴어였다. 우리는 쿠르티우스Ernst R. Curtius가 이것을 재치 있게 주장했다는 사실을 알고 있다. 그러나 어떤 라틴어를 말하는가? 그것은 죽은 라틴어를 말하는가?——이것에서 파생된 사실상의 상속자인 '통속' 라틴어, 카롤루스 왕조 르네상스를 위시해서 모든 르네상스에 의해 좀더 쓸모없게 된 라틴어 같은 죽은 라틴어 말인가? 아니면 르네상스 인문주의자들이 꼬집었던 주방의 라틴어 말인가? 그러나 그것은 향기도 풍미도 없는 무미건조한 라틴어, 특권계급의 라틴어, 국제적 의사소통보다는 대중 지배의 수단으로 쓰이는 성직자의 라틴어였다. 그것은 라틴어를 이해하는 특권(이것은 별로 중요하지 않다)이 아니라 그것을 말하는 특권(잘하든 못하든)을 가진 사회집단을 차별화하는 성스런 언어의 전형이다. 고티에 드 쿠앵시의 『농노의 성모송 Ave Maria du vilein』에서처럼 언어적 순수주의자들은 사람들이 중요한 기도를 횡설수설한다고 불평했다. 더욱이 그들은 성직자들이 이 점에서 무식하기 짝이 없다고 개탄했다. 기랄두스 캄브렌시스Giraldus Cambrensis는 1199년 잉글랜드 성직자들이 쓰는 일련의 '어처구니없는 말'을 수집했다. 1248년부터 1269년까지 루앙의 대주교를 지낸 외드 리고는 교구 성직자들이 사용했던 또 다른 사례들을 지적했다. 중세 교회의 라틴어는, 고대 로마의 아르발 수도회 수도사들Arvales(고대 로마의 농업의 신 데아 디아 Dea dia를 모시기 위해 로물루스가 세운 수도회—옮긴이)의 알아들을 수 없는 언어가 되는 경향이 있었다. 대학사회에서조차도 라틴어는 가까스로 유지되었다. 대학의 학칙은 학생들과 교수들에게 라틴어 대신에 세속어를 사용하는 것을 금지시키지 않으면 안 되었다.

중세 서양의 살아 있는 현실은 세속어가 점진적으로 승리하고, 해설가며 번역이며 사전이 증가했다는 점이다.

물론 순수성의 담보물인 동시에 재발견된 황금시대의 담보물인 언어적 통일성으로 복귀하기를 꿈꾸는 향수병자들이 적지 않았다. 조아키노 다 피오레는 바벨탑을 사탄에 들린 사람들의 교만의 상징이라고 낙인찍었다. 영원한 복음이 새로운 세상을 지배하고 갱생된 교회가 '민족들의 유일한 지배자'가 될 때, 그러한 지배는 라틴어의 지배와 결합될 것이다. 즉, "로마 교회는 곧 라틴어다." 단일 언어주의자들의 기독교적 배타성은 그리스인들의 언어적 배타성을 상기시킨다. 라틴어를 사용하지 않는 사람은 모두가 제대로 말을 하지 못하는 야만인이요, 언어를 갖지 못한 야만인이요, 동물처럼 소리를 지르는 야만인이다. 세속어를 쓰면서도 '성직자의 라틴어'를 탐내는 작가들은 라틴어를 언어의 동의어로 보았다. 기욤 다키텐 9세의 작품과 크레티앵 드 트루아의 작품에서는 새들도 '라틴어로' 노래한다.

세속어의 등장으로 라틴어가 퇴조하게 되자 언어적 민족주의가 폭발했다. 여기서 형성 중에 있던 '민족nation'이란 개념은 자신의 언어를 보호하는 가운데 나타났다. 13세기 말 그니에즈노의 대주교 야콥 스빈카Jakob Swinka는 폴란드어를 알아듣지 못하는 독일 출신 프란체스코회 수도사 회의에 대해 불만을 토로하고, "폴란드어를 보호하고 현양할 수 있도록" 폴란드어로 설교를 하라고 명령했다. 민족을 언어와 동일시하는 경향의 대표적인 예는 북프랑스어인 오일어langue d'oïl와 남프랑스어인 오크어langue d'oc를 가까스로 통합했던 중세 프랑스다.

리셰Richer에 따르면, 이미 920년 카롤루스 단순왕과 헤인리쿠스 새 사냥왕이 보름스에서 회동했을 때, "언어적 지방주의에 분노를 느낀" 프랑스의 젊은 기사들과 독일의 젊은 기사들 사이에 유혈 전투가 발생했다.

힐데가르트 폰 빙엔Hildegard von Bingen에 따르면, 아담과 이브는 독일어를 사용했다. 어떤 사람은 프랑스어가 먼저 사용되었다고 주장하기도 한다. 13세기 중엽 이탈리아에서 적그리스도에 관한 한 편의 시를 프랑스어로 쓴 익명의 작가는 다음과 같이 주장했다.

〔……〕 프랑스어는

일단 그것을 배우고 나면

다른 언어로는 전혀 말을 할 수가 없고

다른 언어를 배울 수도 없는 그런 언어다.

그리고 브루네토 라티니Brunetto Latini는 그의 『보물 Trésor』을 프랑스어로 썼는데, "이 언어는 모든 사람에게 더 즐거움을 주고 더 널리 사용되고 있기 때문이다."

게르만족들이 로마 제국의 통일성이 와해된 가운데 그들의 다양성을 정착시키고 '민족성'이 법의 '속지성(屬地性)'을 잠식하거나 대체했을 때, 성직자들은 각 민족에 각 민족의 장단점을 부여해주는 문학양식을 창조했다. 11세기 이후 민족주의가 등장하면서 적대감이 지배했던 듯하다. 이제부터는 사악들이 민족적 속성으로서 다양한 '민족들'과 연관되었기 때문이다. 이것은 학생과 교수가 '국민단'(이것은 그러나 아직까지는 영역적·정치적 의미에서의 어떤 단일 '국민'과 일치하는 것은 결코 아니다)을 형성했던 대학에서 볼 수 있다. 자크 드 비트리Jacques de Vitry는 그들을 이렇게 묘사하며 끝을 맺었다. "꼬리가 달린(백년전쟁 때 잉글랜드인을 '꼬리 달린 잉글랜드인'이라 불렀다) 술주정뱅이 잉글랜드 국민단, 오만하고 나약한 프랑스 국민단, 짐승 같고 음탕한 독일 국민단, 허영심 많고 허풍 떠는 노르만 국민단, 배반적이고 무모한 푸아투 국민단, 촌스럽고 어리석은 부르고뉴 국민단, 탐욕스럽고 사악하고 겁 많은 롬바르디아 국민단, 선동적이고 중상모략 잘하는 로마 국민단, 폭군같이 잔인한 시칠리아 국민단, 흡혈귀 같고 선동적이며 강도 같은 브라반트 국민단, 방탕하고 대식가이며 버터같이 무르고 게으른 플랑드르 국민단이라고 부르고 나서 종종 욕설을 퍼부었다."

이와 같이 각 언어 집단들은 마치 세속 신분들이 악마의 딸과 결혼했듯이 사악과 결혼했다. 분열된 사회는 치욕과 불행을 선고받은 것처럼 보였다.

그러나 통찰력 있는 사람들이 사회적·직업적 집단으로의 구분을 정당화해주었듯이 언어적·민족적 다양화를 정당화해주는 사람들도 있었다. 이것은 성 아우구스티누스의 위대한 글 속에 숨어 있다. "아프리카어며 시리아어며 그리스어며 히브리어와 기타 여러 언어들은 모두 이 여왕(기독교 교리)의 옷의 다채로움을 구성한다. 그러나 다채로운 옷감들이 한데 어우러져 하나의 옷으로 만들어지듯이 모든 언어도 한데 어우러져 하나의 신앙으로 통일된다. 옷에 다양성을 있게 하되 째짐은 없게 해야 한다."

헝가리의 이슈트반 1세는 1030년에 이렇게 말했다. "여러 나라에서 온 손님들이 서로 다른 언어·관습·도구·무기들을 가지고 왔다. 이 다양성은 모두가 왕국에는 하나의 장식이 되고 궁정에는 패물이 되고 외부 적들에게는 공포의 대상이 된다. 사실 하나의 언어와 하나의 관습만을 가지고 있는 왕국은 연약하고 망하기 쉽기 때문이다."

그리고 12세기 게로 폰 라이허스베르크가 세상에 어떤 직업도 쓸모없는 직업은 없으며 모든 직업이 구원으로 인도될 수 있다고 설파했듯이, 13세기 토마스 아퀴나스는 모든 언어는 진리로 통한다고 주장했다.

여기서 우리는 약화되고 있던 전체주의적인 사회가 다원주의와 관용으로 나아갈 태세를 하고 있음을 느낄 수 있다.

5. 개인과 공동체

중세법이 통일성의 와해를 인가하는 데 저항이 없었던 것은 아니다. 오랫동안 만장일치의 규칙이 강요되었다. 로마법으로부터 물려받아 교회법 속으로 들어간, "만인에 관계되는 것은 만인의 동의를 얻어야 한다"는 경구가 중세의 법률적 실천을 지배했다. 만장일치에 대한 위반은 사회적 물의를 일으키는 원인이다. 13세기 위대한 종교법 학자인 우구치오Huguccio는 다수에 가담하지 않은 자는 '뻔뻔스런 자'이며, "어떤 조직체·단체·행정 등에서 나타나는 불화와 다양성은 부끄러운 것"이라고 말했다. 이러한 만장일치가 '민주적'인 데라곤 전혀 없다는 것은 분명하다. 사실 위정자들과 법률학자들이 부득이 만장일치를 포기해야 할 경우에, 그들은 그것을 질적인 다수파, 즉 "더 현명하고 더 위대한 다수파"(여기서 '더 현명한' 것은 '더 위대한' 것을 규정하며, 그것에 양적이 아닌 질적인 의미를 부여해준다)의 개념과 실천으로 대신했다. "인간 본성은 불목(不睦)에 빠지기 쉽다"고 우울하게 주장한 13세기 신학자들과 교회법 학자들은 이것이 원죄에서 기인한 인간 본성의 타락과 관계가 있다고 강조했다. 중세적 정신은 끊임없이 공동체와 집단, 그 당시 불린 바로는 '조합universitas'(이 말은 오늘날 '대학'이라 부르는 조합뿐만 아니라 모든 종류의 조합 또는 단체를 의미했다)을 부추겼다. 집단에 사로잡힌 중세적 망탈리테는 집단이 극소수의 사람만으로도 구성된다고 생각했다. 『유스티니아누스법 적요Digeste』는 "인간은 열 명으로 국민을 형성하고 양은 열 마리로 양떼를 이루지만, 돼지 떼를 이루는 데는 돼지 4~5마리만으로도 충분하다"고 규정했다. 12~13

세기 교회법 학자들은 이 같은 정의에 입각하여 사람 2~3명으로 단체를 만들 수 있는지 알기 위해 진지한 논의를 했다. 요는 개인을 혼자 내버려두어서는 안 된다는 점이다. 혼자 있는 자는 악을 저지를 뿐이다. 유별난 것은 대죄다.

중세 서양인들을 개체성 속에서 접근하려고 할 때, 모든 사회에서처럼 중세의 개인들이 여러 집단이나 공동체에 소속해 있을 뿐만 아니라, 그들이 집단 속에서 자신을 확인하기는커녕 오히려 그 속에 용해되었음을 곧바로 깨달을 수 있다.

교만이 그 당시 "모든 사악의 어머니"로 여겨졌던 것은 그것이 "지나친 개인주의"이기 때문이다. 구원은 집단 속에서만, 그리고 집단에 의해서만 존재한다. 이기심은 죄악이요 실총(失寵)이다.

이리하여 중세의 개인은 부득이한 선택을 통해서만 스스로를 해방하고 독립성을 확인할 수 있을 정도로 서로 중첩되고 서로 모순되는 순종과 복종과 연대의 그물조직 속에 갇혀 있었다. 가장 전형적인 예가 여러 영주를 섬기는 봉신들의 경우다. 이들은 영주들 사이에 투쟁이 일어났을 때 이들 중에서 선택을 하지 않을 수 없었다. 그러나 일반적으로 오랜 세월에 걸쳐 이러한 연대들은 상호 조화를 이루고 위계 서열에 맞게 조종되었으며, 그 결과로 개인이 보다 긴밀하게 속박되었다. 사실 이러한 모든 유대 중에서 가장 강력한 유대는 봉건적 유대 관계였다.

오랫동안 중세의 개인이 육체적 개체성을 지닌 존재로 인정받지 못했다는 것은 중요한 의미를 지닌다. 문학이나 예술에서도 인물들이 그 나름의 특수성을 지닌 존재로 서술되거나 묘사되지 않았다. 중세인 각각은 자신의 지위와 사회계층에 해당하는 육체적 전형으로 환원되었다.

귀족들은 금발이나 적갈색 머리를 가지고 있었다. 황금빛 머리나 간혹 곱슬곱슬한 아마 머리, 갈색 눈이나 '다람쥐색' 눈 등은 아마도 노르만 전사들이 중세적 미의식의 기준에 부가한 전형일 것이다. 우연히 어떤 위대한 인물이 이러한 육체적 전형을 벗어날 경우에조차도(이를테면 아인하르트는 카롤루스 마그누스의 키가 7발 폭pied, 즉 1.92미터라고 자신이 쓴 카롤루스의 전기에서 기술했는데, 이 수치는 1861년 그의 무덤 발굴에서 나온 유골로 입증되었다), 그의 지적 개성은 공통성 속에 파묻혀버렸다. 카롤루스 마그누스는 연대기 작가들에 의해 그 자신의 지위에 맞는 아리스토텔레스적·스토아적인 모든 자질을 부여받았다.

하물며 자서전은 더욱 드물었고, 있다손 치더라도 인습적인 것을 벗어나지 못하는 경우가 많았다. 게오르크 미슈Georg Misch가 『자서전의 역사』에서 밝힌 것처럼 11세기 말이 지나서야 오틀로 폰 장크테메람 Otloh von Sankt-Emmeram이 최초의 개인 자서전을 썼다. 하지만 이것은 여전히 저자의 모범을 통해 도덕적 교훈을 제시하려 했던 『나의 시련과 여러 운명과 저술에 관한 소고Libellus de suis tentationibus, varia fortuna et scriptis』의 형태를 취하고 있었다. 이것은 『나의 대표적인 불행의 역사 Hisitoria calamitatum mearum』에서 보여준 아벨라르처럼 속박을 거부하는 사람들에게도 나타났다. 이 두 사람 사이의 시대에 살았던 수도원장 기베르 드 노장의 『자서전 De vita sua』(1115년)도, 비록 그의 태도가 보다 자유분방했음에도 성 아우구스티누스의 『고백록』을 모방한 것에 불과하다.

중세인은 근대적 의미의 자유 의식을 갖고 있지 않았다. 그에게 자유란 하나의 특권이며, 이 말은 흔히 복수로 사용되었다. 자유란 보장된 신분이요, 게르크 텔렌바흐Gerg Tellenbach의 정의에 따르면 "신과 인간 앞에 있는 정당한 자리"요, 사회에의 소속을 의미한다. 공동체 없이는 자유도 없다. 자유란, 상급자가 하급자에게 그의 권리를 존중해 주겠다고 보장하는 종속 관계 속에서만 존재한다. 자유민이란 강력한 보호자를 갖고 있는 자다. 그레고리우스의 개혁 시기에 성직자들이 '교회의 자유'를 요구했을 때, 자유란 최고의 영주인 신에게만 직접 종속하기 위해 세속 영주의 지배로부터 벗어나는 것을 의미했다.

6. 가족 공동체

중세 서양에서 개인은 무엇보다도 가족에 속해 있었다. 그것은 가부장적이든 부족적이든 대가족이었다. 그것은 가장의 감독 아래 개인에게 집단적 소유와 집단적 책임과 집단적 행동을 강요함으로써 개인을 질식시켰다.

가족 집단의 이러한 무게가 영주계급의 수준에서는 더 무겁게 느껴졌다. 기사는 종족(宗族)lignage(같은 시조에서 나온 같은 성을 가진 겨레붙이—옮긴이)의 현실과 의무와 도덕을 받아들이지 않으면 안 되었다. 종족은 '친척parent'과 '인척ami charnel,' 즉 결연 친족으로 구성된 혈연 공동체였다. 하지만 이것은 원시적 거대 가족의 잔재는 아니었다. 그것은 중세 초 게르만 사회에서 경험했던 느슨한 '친족 집단Sippe'의 재편 과정에서 나타난 한 단계였다. 종족 구성원들은 종족적 연대 의식으로 결합되었다. 이것은 특히 전쟁터와 명예가 걸린 일에서 주로 표출되었다.

기욤 도랑주는 『루이의 대관식 *Couronnement de Louis*』에서 성모 마리아에게 간구했다.

저를 도와주세요

제가 비겁한 짓을 못 하도록

저의 집안에 누가 되는.

롤랑이 롱스보 협로에서 삼촌 카롤루스 마그누스에게 구출을 요청하는 각적 불기를 한참 동안 거부한 것은 그로 인해 친척들의 명예가 손상되지 않을까 염려했기 때문이다.

종족의 유대 관계는 특히 사적 복수에서 잘 드러났다. 라울 글라베 시대에 부르고뉴에서는 두 가문 사이에 그칠 줄 모르는 증오심이 폭발했다. "싸움이 여러 해 동안 계속되었다. 이 싸움은 원래 포도 수확을 하던 어느 날 양측의 토지 소유권 때문에 시작되었다. 이 싸움으로 양측에서 많은 사람이 죽었다. 우리와 관계된 가문의 아들과 손자들 11명이 죽었다. 세월이 지나도 싸움은 계속되어 증오감만 더해갔다. 수많은 재앙이 이 집에 계속 들이닥쳐 30여 년 동안 많은 사람이 죽었다." 사적 복수가 중세 서양에서는 오랫동안 관행화되어 인정되고 칭송되었다.

누구나 친척의 지원을 받을 권리가 있었으므로 많은 친척을 갖는 것이 가장 큰 재산이라는 생각이 보편화되었다. 죽어가는 조카 비비앵의 침대 머리맡에서 기욤 도랑주는 이렇게 개탄했다.

아!

나는 내 가문의 모든 곡식을 잃었다.

중세의 종족은 공동 가산(家産)을 유지하는 것을 그 토대와 목적으로 하는 부계 가족 단계와 일치하는 듯하다. 봉건적 부계 가족에서 특이한 것은, 상급자에게 항시 충성을 바쳐야 하는 군사적 역할과 종족적 관계가 종족의 남성 집단에게는 경제적 역할만큼 중요했다는 점이다. 더군다나 이러한 이해관계와 감정이 뒤섞여 봉건 가족에서는 범상치 않은 폭력의 긴장이 고조되었다. 중세의 종족은 종원(宗員)들 간의 우의를 도모하기보다는 참극을 일으키기에 더 적합했다. 형제들 사이의 싸움이 특히 많았다. 이것은 권위가 장자에게 자동적으로 보장되는 것이 아니라, 형제들 중 어느 누구에게 넘어가 다른 형제들에게 자신의 지배권을 인정하도록 강요했기 때문이다. 그러나 이러한 인정은 울며 겨자 먹기로 이루어지기 일쑤였고, 때로는 싸움을 초래하기도 했다. 봉건 왕족에서는 형제간의 경쟁과 증오가 그칠 날이 없었고, 게다가 왕관이라는 미끼가 이것을 더욱 악화시켰다. 이리하여 윌리엄 정복왕의 아들들(윌리엄 루퍼스, 로버트 쿠르토스와 헨리 1세) 사이에 싸움이 일어났고, 14세기 카스티야에서는 페드로 잔인왕 Pedro el Cruel과 트라스타마라 백작 엔리케 Enrique de Transtamara(더욱이 이들은 이복형제들에 불과했다) 사이에 싸움이 일어났다. 봉건적 가족은 자연히 카인 같은 젊은이들을 낳았던 것이다.

그것은 또한 버릇없는 자식들을 낳았다. 세대차와 평균수명의 짧음, 군사적 우두머리로서의 영주가 자신의 지위를 전투를 통해서 확인할 나이가 되었을 때 싸움으로 자신의 권위를 펴보일 필요성 등—이 모든 것이 젊은 기사들의 초조함을 자극했다. 이 때문에 아들이 아버지에게 반항을 했다. 젊은 헨리와 리처드 그리고 조프레이 등이 잉글랜드 왕 헨리 2세에게 반항했다. 그 후 프랑스의 루이 11세는 심지어 부친인 샤를 7세에게 반란을 일으켜 자신이 봉건적 상속자임을 과시했다. 더욱이 경제적 이유와 체면적 이유들이 겹쳐 젊은 영주들이 성년이 되면, 상속을 받기 전까지 부친과 결별하고 방랑 기사가 되었다.

또한 중혼과 수많은 사생아(이것은 약자들에게는 수치스런 일이었지만 강자들에게는 아무런 제약이 없었다)의 존재는 긴장을 고조시켰다.

작가들에게 극적 효과의 영감을 제공했던 이러한 긴장을 서사 문학에서 볼 수 있다. 무훈시들은 가족의 참극으로 가득하다. 무훈시『위옹 Huon』에서 상속 재산을 강탈한 것은 카롤루스 마그누스의 서자인 카롤로투스, 그리고 위옹의 친형제인 배반자 제라르두스였다.

부계 가족에서 흔히 있는 일이지만, 각별히 중요한 관계는 숙질(叔姪) 간의 유대 관계(더 정확히 말하면 외숙질 간의 유대 관계)다. 무훈시들은 숙질 간의 유대 관계의 예를 많이 묘사하고 있다. 카롤루스 마그누스와 롤랑, 기욤 도랑주와 비비앵, 라울 드 캉브레와 고티에 등등〔……〕. 중세 사회에서는 족벌주의가 널리 나타났는데, 이것의 교회적 형태인 성직 족벌주의는 어쩔 수 없는 상황이 낳은 특수한 경우에 불과하다.

가부장적 형태라기보다는 부계적인 형태의 이러한 가족은 농민층에서도 나타났다. 이것은 토지 경작, 가산 상속과 보다 긴밀하게 결합되어 있었다. 이것은 한집에서 같이 살면서 같은 토지를 경작하는 모든 식구를 결합시킨 형태다. 그러나 이러한 농촌 가족은 중세의 사회·경제적 기본 단위였지만, 이에 대해 알려진 것은 많지 않다. 농촌 가족은 실재했던 공동체였음에도 법률로 스스로를 표현할 수 있는 수단을 갖지 못했기 때문이다. 농민 가족은 앙시앵레짐 시기 프랑스에서 '침묵의 공동체'라고 부른 바로 그것이었다. '침묵'이란 말(이것은 사람들이 언급하지 않은, 거의 비밀에 가까운 것을 의미한다)은 법률이 이런 가족의 존재를 인정하기 꺼렸음을 분명히 보여준다.

7. 여자와 어린이

이러한 원초적인 단위인 가족 내에서 여자와 어린이가 차지한 위치를 파악하고 그들의 조건이 겪었던 발전을 확인하는 것은 쉬운 일이 아니다.

여성이 가정에서 열등한 존재였다는 것은 의심의 여지가 없다. 중세와 같은 남성 중심적인 전사 사회에서 생존은 항시 위협받고 있었다. 따라서 번식력은 축복받을 일이라기보다는 저주받을 일(이로부터 원죄를 성교, 생식과 관계가 있는 것으로 보는 해석이 가능하다)이었고, 따라서 여자가 존경을 받지 못했다. 그리고 기독교가 여자의 물질적·도덕적 지위를 향상시키는 데 아무런 일도 하지 않았던 듯하다. 여자는 원죄에 큰 책임이 있지 않은가? 악마적 유혹의 모든 형태 중에서 여자는 악의 가장 사악한 화신이다. 기독교는 "남편은 아내의 주인이다"라는 성 바울로(「에페소인들에게 보낸 편지」 5:23)의 말에 따라서 그것을 믿고 가르쳤다.

많은 사람들은 12~13세기에 유행했던 성모 마리아 숭배가 기독교 정신에서 하나의 전환점, 즉 죄지은 여자를 새로운 이브인 마리아가 구원해준다는 것을 강조하는 전환점이라고 믿고 싶었다. 이러한 전환점은 종교 중심지로서의 베즐레의 역사에서 입증되었듯이, 12세기부터 시작된 막달라 마리아 숭배에서도 확인된다. 그러나 기독교 사회가 여성의 지위 상승에 동의했을 때 그것은 사회 속에서 여성의 지위가 이미 향상되었던 시기의 초기가 아니라 말기였다. 중세 이단 운동(특히 카타르파 같은 이단 운동과 베긴회와 같은 준이단 운동)에서 여성이 담당했던 역할은 그들에게 주어졌던 지위에 대한 불만의 표현이었다.

그러나 여성이 받았던 모멸적인 처우에 대해서는 차등을 두어야 한다. 우선 여자는, 비록 중세 사회에서 남자만큼 쓸모가 있지는 않았지만, 그럼에도 (생식 기능을 별도로 하더라도) 경제적 차원에서 무시 못할 역할을 담당했다. 농민층에서는 여자가 남자와 똑같지는 않지만 거의 버금가는 노동을 했다. 헬름브레히트가 여동생 고텔린데에게 귀부인처럼 살게 해줄 '떠돌이' 한 놈이 있으니 농사짓는 아버지 집을 떠나 그에게 시집가라고 설득하면서 이렇게 말했다. "네가 농사꾼과 결혼한다면 너보다 비참한 여자는 없을 게다. 너는 실을 잣고 아마를 으깨 껍질을 벗기고 다듬이질을 해야 하고 또 사탕무도 뽑아야 한다."

상류계급의 여성들은 보다 '고상한' 일거리가 많았음에도, 역시 경제적으로 중요한 활동을 했다. 그들은 규방의 주인이었다. 그곳에서 사치품을 만드는 노동(고급 직물 짜기며 자수며 타피스리)을 통해 그들은 영주와 그의 종사들의 옷감 대부분을 제공했다. 보다 속되게 말한다면 그들은 영주계급의 직조 여공들이었다. 남녀의 성 구분은 일상 언어에서뿐만 아니라 법률용어에서도 '군도(軍刀)편'과 '실톳quenouille편'으로 각각 표현되었다. 문학 분야에서 부녀자와 관련된 시 양식은 전통적으로 '베틀가chanson de toile'(피에르 르장티Pierre Le Gentil는 이것을 '아낙의 노래chanson de femme'라 불렀다)로 알려졌다. 이 노래는 여자가 실을 잣던 규방이나 작업장에서 불리웠기 때문이다. 9세기에서 11세기 사이에 그 당시 경제적 상류계층인 '부농들laboratores'이 사회적 상승을 했을 때 이 계층에 속한 부녀자들도 마찬가지로 지위 상승의 혜택을 받았다.

추측건대 중세 내내 여아의 출산이 특별히 유쾌한 일은 아니었지만, 여자를 혐오하는 다른 사회들처럼 여아 살해라는 제재를 받지 않았던 것은 주목할 만하다. 일련의 야만적이고 잔인한 관행을 상세하게 담고 있는 참회 고행 지침서도 대체로 이 문제에 대해서는 침묵하고 있다.

더욱이 상류계층에서는 여자들이, 적어도 그들 중 일부는 언제나 상당한 지위를 누렸다. 여기서도 문학은 귀부인들이 보여주었던 눈부신 활동을 반영하고 있다. 성격 면에서는 부드럽거나 잔인하고 운명에서는 불행하거나 행복한 차이가 있긴 하지만, 베르트Berthe, 시빌Sibile, 기부르Guibourg, 크림힐트Kriemhild, 브룬힐트Brunhild 같은 여성들은 최고의 여걸 무리를 이룬다. 이들은 말하자면 로마네스크적·고딕적 예술에서 만개했던 종교적 여주인공들의 세속적 대역 배우들이다. 다시 말하면 처음에는 보다 인간적이 되고 그다음에는 엉덩이를 흔들고 다니다가 행동이 부자연스러워진 엄숙하고 뻣뻣한 마돈나들, 선악에 대해 지루한 논쟁을 교환하는 현명한 동정녀들과 어리석은 동정녀들, 중세 마니교로부터 "하늘은 뱀의 거처를 만들어주기 위해 이 불가사의한 여자를 만들었는가?"라는 질문을 받고 고통스러워하는 이브들의 세속적 대역 배우들이었다. 물론 궁정 문학에서 시에 영감을 주거나 시를 썼던 귀부인들(예컨대 알리에노르 다키텐, 마리 드 샹파뉴, 마리 드 프랑스 같은 실재한 여주인공들과, 이졸데, 귀네비어, '머나먼 왕비' 같은 상상의 여주인공들)은 매우 중요한 역할을 했다. 이들은 근대적 사랑을 발명했던 것이다. 그러나 이것은 나중에 따로 다루어야 할 문제다.

여성을 서양에 홀로 남겨두었던 십자군 원정이 여성의 힘과 권리의 향상을 가져왔다고 종종 주장되기도 한다. 데이비드 헐리히David Herlihy는 특히 상층 영주계급에서의 여성과 남프랑스·이탈리아에서의 여성의 조건이 카롤루스 왕조 때와 십자군 원정 · 에스파냐 재정복 등 두 번에 걸쳐 향상되었다고 최근에 주장한 바 있다. 음유시인들의 시는 홀로 남겨진 여성들의 이러한 지위 상승을 반영하고 있는 것으로 생각된다. 그러나 유럽에 남정네들이 남아 있지 않다는 것을 환기시키는 성 베르나르의 말이나, 애인들이 2차 십자군 원정에 나가 있어 한 성주 부인이 한숨만 지었다고 묘사한 마르카브뤼Marcabru(12세기 중엽에 활동한 음유시인—옮긴이)의 말을 믿는다면, 그것은 십자군 원정에 대한 광적인 한 선전자의 소망과 상상력이 풍부한 한 시인의 가공적 이야기를 보편적인 사실로 오해하는 것이 된다. 아무튼 음유시인들의 작품을 읽어보면, 줄여 얘기하더라도 궁정적 시의 세계가 외로운 여성들의 세계라는 인상을 갖지 않게 된다. 그리고 법률자료들은, 적어도 기혼 부부의 재산 관리 문제에 관한 한, 여성의 지위가 12~13세기에 더 악화되었음을 입증해주고 있다.

어린이들은 여성만큼 대접을 받지 못했다. 사실 중세 서양에 어린이들이 있었는가? 예술작품을 살펴보면 어린이들이 전혀 등장하지 않는다. 후대에는 천사가 으레 어린이로, 심지어는 반은 천사이고 반은 에로스의 모호한 혼합체인 푸토Putto(사랑을 상징하는 통통한 벌거숭이 소년—옮긴이)로 묘사되었지만, 천사들은 성이 무엇이든 원래 어른들이었다. 조각 작품에서 성모 마리아가 부드럽고 아주 여성적이고 아름답고 완벽한 여자(이것은 예술가들이 영원히 간직하려 했던, 실제적이고 때로는 틀림없이 사랑받던 모델을 환기시켜준다)로 묘사되었던 반면, 아기 예수는 분명히 예술가도 작품의 주문자도 대중들도 관심을 갖지 않았던 무서운 어린이 난쟁이였다. 어린이에 대한 새로운 관심을 보이는 도상학적 주제들이 보편화된 것은 중세 말이 지나서였다. 어린이는 유아 사망률이 높았던 그 시절로서는 무엇보다도 불안의 대상이었다. 도상학적 주제는 '생이노상Saint-Innocents'(헤롯왕에게 학살당한 어린이들─옮긴이)을 기리는 축제가 유행하면서 신앙 속에 표현된 '어린이 학살'에 관한 것이다.

생이노상의 보호를 받는 기아 양육원은 15세기 이전까지 전혀 없었다. 실용주의적인 중세에는 어린이에게 동정심이나 경외감을 느낄 겨를이 없었고, 따라서 그들을 거들떠보지도 않았다. 흔히 주장되듯이 중세에는 어린이가 없고 다만 "작은 어른"이 존재했을 뿐이다. 더군다나 어린이들은 자신들을 교육시킬 할아버지(전통사회에서 흔히 어린이 교육을 담당했던 교육자)를 갖지 못했다. 중세에는 평균수명이 너무 짧아 어린이들 대다수가 자기 할아버지를 보지도 못했기 때문이다. 유아기에 큰 보살핌을 받지도 못하고 어머니의 품을 떠나자마자, 그들은 농촌 노동이나 군사 훈련의 피곤함 속에 던져졌다. 여기에서도 무훈시에 등장하는 말들은 시사적이다. 『비비앵의 어린 시절들』 『엘 시드의 어린 시절들』은 조숙하고 어린 젊은 주인공을, 당연히 원시 사회에서 그랬던 것처럼, 이미 청년이 된 것으로 묘사했다. 어린이는 직계 존비속의 소집단만이 한 지붕 아래서 같이 사는 가족과 더불어 등장했다. 이 소가족은 부르주아 계급의 형성과 더불어 도시사회에서 등장하여 확산되었다. 도시와 부르주아는 어린이를 탄생시켰지만, 반대로 여성들을 압박하고 질식시켰다. 여성은 가정에 예속되었던 반면, 어린이는 해방되어 갑자기 가정과 학교와 거리를 가득 메웠다.

8. 장원 공동체

개인은 집단적 소유와 집단적 공동체 생활의 예속을 강요하는 가족에 매몰되었을 뿐만 아니라, 도시를 제외하고는 또 다른 공동체, 즉 장원에 흡수되었다. 물론 귀족적인 봉신과 농민(그의 지위가 무엇이든) 사이에는 상당한 차이가 있었다. 그러나 수준에 차이가 있고 위신에 대소가 있긴 했지만, 이들은 모두가 장원, 아니 그들의 주인인 영주에게 속해 있었다. 봉신이나 농민이나 할 것 없이 모두가 영주의 '예민'이었다. 이 말이 봉신에게는 고상한 의미로, 농민에게는 굴욕적인 의미로 사용되었다. '예민'이라는 말에 종종 따라오는 용어들은 이 두 계급 사이의 거리를 보다 명확히 해준다. 예컨대 봉신에게 쓰는 '손잡기와 키스 의식을 통한 예민'이란 말은 영주보다 열등한 그를 영주와 같은 계급에 있게 하는 친밀함·친교·계약 등을 환기시킨다. 반면 농민에게 쓰는 '유력자의 예민 homme de pôté, homo de potestatis'이란 말은, 말하자면 영주에게 예속된 자 또는 영주의 권력 안에 있는 자를 의미한다. 그러나 종속 관계에서 영주의 보호와 경제적 시혜(봉신에게는 봉, 농민에게는 보유지)에 대한 대가로 봉신과 농민은 모두가 영주에게 부조·봉사·부과조 등 일련의 의무를 수행하지 않으면 안 되었고, 재판권과 같은 영주의 권력에 복종하지 않으면 안 되었다.

영주가 공권력을 무시하고 차지한 기능들 중에서도 사법적 기능은 그의 예속민들이 가장 감내하기 힘든 것이었다. 물론 봉신은 영주의 궁정에 호출되어 상급 재판보다는 하급 재판에서 영주와 나란히, 때로는 그를 대신해서 재판을 하는 경우가 많이 있었을 것이다. 그러나 영주가 하급 재판권만을 갖고 있을 경우에는 경범죄에 대한 영주의 판결에, 영주가 상급 재판권을 갖고 있을 때에는 중죄에 대한 영주의 판결에 복종하지 않으면 안 되었다. 이 경우에 감옥·교수대·죄인 공시대와 영주가 재판을 고의로 지연시키는 행위 등은 정의의 상징이라기보다는 억압의 상징이었다.

아마도 왕실 재판권의 신장은 재판 제도의 개선을 가져왔을 뿐만 아니라, 보다 중요하게는 개인들을 해방시키는 데 기여했을 것이다. 사실 이들은, 보다 협소한, 그렇기 때문에 (더 억압적이지는 않다 하더라도) 더 제약이 많은 장원 공동체에서보다는, 더 넓은 왕국 공동체에서 자신들의 권리가 더 잘 보호된다는 것을 알고 있었다. 그러나 왕실 재판권의 발전은 완만하게 이루어졌다. 불의를 퇴치하고 왕권을 신장하는 데 노심초사했던 군주인 루이 성왕은 기이하게도 영주의 재판권을 존중했다. 기욤 드 생파튀스는 이 문제에 관한 중요한 일화를 전해준다. 왕은 비트리 교회 묘원에서 수많은 군중 속에 끼어 도밍고회 수도사 랑베르의 설교를 듣고 있었다. 근처 선술집에서 "한 떼거리의 사람들"이 너무나 큰 소란을 피우는 바람에 설교를 들을 수가 없었다. "이 어진 왕은 누가 이 지역의 재판권을 가지고 있느냐고 묻고, 자기가 그것을 가진다는 대답을 들었다. 왕은 집사들을 시켜 신의 말씀을 방해하는 저 사람들을 떠들지 못하게 했다. 그는 이것으로 끝이었다." 이 왕의 전기는 이렇게 결론짓는다. "어진 왕이 이 지역의 재판 관할권자가 누구냐고 물은 것은 재판권이 그 자신이 아니라 다른 사람에게 있다면 그가 타인의 재판권을 침해할까 염려했기 때문이라고 여겨진다."

약삭빠른 봉신이 충신으로서 자신이 부담해야 할 수많은, 때로는 상호 모순되는 의무들을 자기에게 유리하도록 술수를 부렸듯이, 약삭빠른 농민들도 이 같은 중첩된 재판권으로부터 용케 빠져나올 수 있었다. 그러나 농민 대중은 이처럼 중첩되고 경쟁적인 재판권이 억압의 기회만 더 늘리는 셈이라는 것을 알게 되었다.

그러나 중세의 개인은 영악한 사람이었다. 중세의 다양한 형태의 집단주의가 초래한 억압 때문에 '개인'이라는 말에는 수상쩍은 '분위기 aura'가 풍긴다. 개인은 어떤 나쁜 짓을 하지 않고서는 집단을 피할 수 없는 사람이다. 개인은 교수형감은 아니더라도 적어도 경찰의 봉이었다. 개인은 혐의자였던 것이다.

물론 이러한 공동체의 대부분은 그 구성원들에게 충성을 요구하고 책임을 부과했다. 이론적으로 이것은 보호에 대한 대가였지만, 그들이 지불한 대가의 무게는 무겁게 느껴졌다. 그도 그럴 것이 보호라는 것이 피부로 느껴지거나 분명히 드러나는 것이 아니었기 때문이다. 교회가 본당구(이것은 또 다른 공동체다)의 신도들한테 십일조를 징수한 것은 원칙적으로는 빈자들에게 필요한 것을 제공하기 위해서였다. 그렇지만 십일조가 대개의 경우 성직자, 특히 고위 성직자를 살찌우게 하는 데 쓰이지 않았는가? 이것이 사실이건 아니건, 대부분의 신도들은 그렇게 믿고 있었고, 그래서 십일조는 중세인들이 가장 싫어했던 부과조 중 하나였다.

9. 촌락 공동체와 도시 공동체

외견상 더 평등한 다른 공동체, 즉 촌락 공동체와 도시 공동체에서는 혜택과 예속이 균형을 이루었던 듯하다.

촌락 공동체는 종종 영주들의 착취에 대해 성공적으로 저항했다. 이 공동체의 기초는 본질적으로 경제적인 것이다. 촌락 공동체는 '공유지'를 구성하는 목양지와 산림지를 할당하고 관리하고 보호했다. 이 공유지의 유지는 대부분의 농가에 사활이 걸린 문제였다. 그들이 돼지와 염소의 먹이, 땔감 등을 이곳에서 얻지 못하면 생존이 불가능했기 때문이다. 그렇지만 농촌 공동체가 평등하지는 않았다. 일부 가문의 우두머리들이 공동체의 일을 자신들에게 유리하게 처리했다. 이들은 종종 부자들이거나 때로는 전통적 귀족 가문의 평범한 후손들이었다. 로드니 힐턴Rodney Hilton과 포스탄이 밝혔듯이 13세기 잉글랜드의 많은 촌락에서는 사채놀이(이들은 유대인들이 잉글랜드 농촌에서 더 이상 감당할 수 없었던 고리대금업자의 역할을 떠맡았다)를 하거나 마을이 공동으로 부담해야 되는 많은 세금(벌금과 재판 수수료와 공동 세금 등)을 대신 납부하는 부유한 촌락민들이 있었다. 촌락의 특허장에 일정 기간 동안 거의 언제나 같은 이름으로 등장하는 일군의 보증인이 바로 이들이었다. 이들은 종종 마을조합을 조직했는데, 촌락 공동체가 대체로 원시적 농촌 공동체의 후신이 아니라, 비교적 최근에 형성된 사회 단체였기 때문이다. 이것은 10~12세기의 발전의 결과로 도시에서처럼 농촌에서도 완전히 새로운 제도를 탄생시켰던 일련의 움직임과 같은 시대의 현상이었다.

모든 기독교 세계가 경험한 것이기는 하지만, 동일한 현상의 병행적인 두 측면이 가장 명확하게 일어났던 곳은 이탈리아였다. 12세기 퐁티외Ponthieu와 라누아Laonnois 같은 북프랑스 지방에서는 코뮌 봉기가 도시와 농촌에서 동시에 발생했다. 농촌에서는 농민들이 촌락과 부락의 연맹에 기초한 코뮌 연맹을 형성했다. 이탈리아에 대해서는 특히 카제세R. Caggese, 셀라P. Sella, 슈나이더F. Schneider 그리고 보그네티G. P. Bognetti 등의 연구들이 나온 이래로 잘 알려진 바와 같이 농촌 코뮌이 도시 코뮌과 같은 시기에 탄생했다. 더욱이 이 연구들은 '이웃한' 코뮌들 사이에 형성된 경제적·도덕적 연대가 이 두 코뮌에서 담당한 역할을 강조했다. '이웃사촌들viciniae, vicinantiae'은 봉건사회에서 공동체의 핵이었다. 앞으로 살피겠지만 그들은 이방인과 관련된 제도와 개념을 적대시했다. 선은 이웃으로부터 오고 악은 이방인으로부터 온다. 그러나 이웃들이 조직적인 공동체가 되면, 그들은 성층화되고 그 꼭대기에 일군의 선자(善者)boni homines, 즉 저명인사들이 출현하고, 이들로부터 코뮌의 관리들이 충원되었다.

도시에서도 마찬가지였다. 구성원들의 정신적·육체적·경제적 보호를 보장하는 동업조합이 종종 생각한 것만큼 평등주의적인 제도는 아니었다. 물론 이들 조합은 노동 과정에 대한 관리를 통해 기만행위와 불량품과 위조행위 등을 비교적 효율적으로 억제하고, 구나르 미크비츠Gunnar Mickwitz가 주장했듯이 생산과 시장의 통제를 통해 보호주의적 카르텔이 될 정도로 경쟁을 제한했다. 그러나 그들은 '공정 가격'이란 구실을 내세워 공급과 수요의 '자연적' 메커니즘이 작동되도록 방치했다. 그러나 이 '공정 가격'이란 존 볼드윈John Baldwin이 스콜라 신학자들의 경제 이론을 분석하여 명백히 입증했듯이, 시장 가격에 다름 아니었다. 조합제도는 지방적 차원에 대해서는 보호주의적이었지만, 도시를 포함하는 보다 넓은 맥락에서는 자유주의적이었다. 조합제도가 사실은 사회적 불평등을 조장했는데, 이것은 보다 낮은 차원에서는 소수에게 이익이 되도록 운영되었던 보호주의로부터 연유했고, 보다 높은 차원에서는 이러한 자유방임으로부터 연유했다. 조합들은 위계 서열적이었다. 비록 도제는 잠재적인 장인이었지만, 직공은 승진의 가망도 없는 열등한 존재였다. 특히 조합은 두 개의 사회 범주를 배제시켰는데, 이들의 존재는 조합제도가 이론적으로 창조하고자 했던 조화로운 사회·경제적 계획을 근본적으로 뒤흔들어놓았다.

이 두 범주 중 하나는 사회의 상층부에 있는 소수의 부자들이다. 이들은 보통 정치권력을 직접 행사하거나 대리인(배심원과 행정관)을 통해 행사함으로써 자신들의 경제적 힘을 유지했다. 이들은 동업조합의 속박을 피하고, 아르만도 사포리Armando Sapori가 이탈리아 거상에 대해 대가답게 밝혔듯이 제멋대로 행동했다. 이들은 때로 피렌체의 '직물상인조합Arte di Calimala'과 같은 특수한 조합을 조직해서 경제생활을 지배하고 정치 생활에 영향력을 행사했다. 이들은 또한 조합의 제도적 구속과 정관을 완전히 무시하기도 했다. 이들은 주로 원거리 수출입 무역에 종사했던 상인인 동시에, 지방에서는 원료의 생산부터 완제품의 판매에 이르기까지 상품을 장악했던 '일거리 제공자'였다.

조르주 에스피나스Georges Espinas가 편집한 귀중한 사료집은 이런 부류의 상인들 가운데 한 사람으로 두에의 포목상 제앙 부안브록Jehan Boinebroke을 소개하고 있다. 교회는 신자들에게, 특히 상인들에게 구원을 보장받을 수 있도록 고리대금이나 어떤 착취를 통해 부당하게 번 돈을 적어도 죽을 때 유언으로 되돌려주라고 요구했다. 이리하여 사망자의 유언에는 상투적인 구절이 으레 들어 있었다. 그러나 그것이 실행되는 경우는 드물었다.

제앙 부안브록의 경우가 그러했다. 그의 상속인들은 희생자들에게 상환이나 배상을 받으러 오라고 이들을 초대했다. 희생자들의 이의제기에 관한 기록들 중 일부가 아직까지도 전해지고 있다. 이로부터 우리는 개별적인 사건으로서보다는 한 사회계급의 대변자로서의 한 인물의 가공스런 초상을 얻을 수 있다. 그는 염가로 양모와 염료를 구입하고는 그의 부하 직원, 농민, 힘없는 노동자와 장인들에게는 "거의 또는 전혀" 대금을 지불하지 않았다. 대부분의 경우 그는 오늘날 '현물봉급제'와 같은 방식으로 급료를 물건으로 주었다. 그는 고리대금, 일자리와 기숙이라는 수단을 통해 재정적으로 이들을 장악했다. 그는 가외적인 압력 형태로 피고용인들을 기숙시켰기 때문이다. 결국 그는 정치권력으로 이들을 짓밟을 수 있었는데, 적어도 9차례에 걸쳐 시 행정관을 역임했기 때문이다. 1280년 그가 행정관으로 있을 때, 두에의 방직공들이 일으킨 파업을 잔인하게 진압했다. 희생자들에 대한 그의 영향력(이것은 예외적으로 간악한 한 인간의 영향력일 뿐만 아니라 한 계급의 영향력이다)은, 용기를 내어 항의하러 왔던 사람들조차도 이 폭군(그는 물론 봉건적 폭군의 도시적 등가물이다)에 대한 회상만으로도 공포에 질려 벌벌 떨면서 항의했을 정도였다.

  사회의 하층부에 있는 민중들 또한 보호를 받지 못하고 있었다. 이 점에 대해서는 후에 다시 언급하기로 한다.

  그러나 비록 농촌 공동체와 도시 공동체가 개인을 해방시키기보다는 억압했지만, 이 공동체들이 봉건사회를 전율케 하는 원칙에 토대를 둔 것은 사실이다. 12세기 말 교회 연대기 작가 기베르 드 노장은 "코뮌, 그것은 무서운 이름이다"라는 유명한 구절을 남겼다. 도시 운동의 기원과 이것의 농촌적 등가물(농촌 코뮌의 형성)에서 혁명적인 요소는 원시적 도시 공동체의 구성원들을 결합시키는 서약이, 하급자를 상급자에게 예속시키는 주종 관계 계약에 비해, 평등주의적이라는 점이다. 이것은 수직적인 봉건적 위계 서열 사회를 수평적인 사회로 대체하거나 그것에 적대적이었다. 단순히 공간적 근접성에 의해 결합된 이웃사촌들의 집단이 '의형제 조합fraternitas'으로 바뀌었다. '의형제 조합'이 명실상부하게 각별한 성공을 거둔 곳은 에스파냐와 독일이다. 에스파냐에서는 우애 단체hermendades가 크게 번창했고, 독일에서는 서약 의형제 조합Schwurbruderschaft이 고대 게르만적 형제애의 모든 감정적 힘을 자체에 흡수했다. 그것은 부르주아지에게 '신의Treue'의 의무를 요구했다. 12세기 중엽 독일의 조에스트Soest에서 동료 시민의 인격이나 재산에 모욕을 가하거나 손상시킨 부르주아지는 시민권을 박탈당하지 않으면 안 되었다. 의형제 조합은 결국 '서약 결사conjuratio, communio'로 바뀌었다. 이것이 바로 독일의 동맹Eidgenossenschaft, 프랑스나 이탈리아의 코뮌이다. 이것은 비록 경제적 불평등(예컨대 세금 문제)을 줄일 수는 없었지만, 모든 시민 사이의 원칙상의 평등을 보장해주는 이론과 실천을 강구해야 할 정도로 동일 신분들을 결합시켰다. 이리하여 1259년 작센 지방 남서쪽에 있는 노이스Neuss에서는 코뮌의 필요를 채우기 위해 세금을 내야 할 경우 빈자와 부자는 똑같이 자신들의 재력에 따라 납부할 것을 서약해야 한다고 규정했다.

10. 도시와 도시사회

비록 중세 도시가 종종 기술되어온 바와 같은 봉건제도의 위협 세력도 아니고 예외적인 반봉건 세력도 아니었지만, 그럼에도 그것이 무엇보다도 기이한 현상이었다는 것은 사실이다. 또한 도시가 발전하던 시대에 살았던 당대인들에게 그것은 (중세에 사용되었던 바와 같이 빈축을 사기에 충분하다는 의미에서) '새로운' 사실이었다.

　들과 숲과 황무지에 기반을 두고 있던 사람들에게 도시란 매혹의 대상인 동시에 혐오의 대상이요, 귀금속이나 돈이나 여자처럼 유혹의 대상이기도 했다.

　그렇지만 중세 도시란 언뜻 보아 가공스러울 정도로 큰 괴물은 아니었다. 14세기 초에 인구가 10만을 넘는 도시는 거의 없었다. 베네치아와 밀라노가 그랬다. 북부 기독교 세계에서 가장 큰 도시인 파리는 한때 20만까지 육박한 적도 있었으나 그 당시에는 아마 8만을 넘지 못했을 것이다. 브뤼헤·헨트·툴루즈·런던·함부르크·뤼벡과 기타 이에 버금가는 다른 모든 도시 등 일급 도시들도 인구가 2만에서 4만 정도였다.

　더욱이 종종 옳게 지적되었듯이 중세 도시에는 농촌이 깊숙이 침투해 있었다. 도시민들은 포도원과 채소밭, 나아가서 목장과 경작지와 가축·퇴비·말똥 등이 있는 성벽 내부에서 반(半)전원적인 생활을 했다.

　그렇지만 도시와 농촌 사이의 대조는 대부분의 사회와 문명에서보다도 중세에 더 뚜렷했다. 도시의 성벽은 당시에 알려진 경계 중 가장 넘나들기 힘든 경계였다. 성탑과 성문이 있는 성벽은 두 세계를 갈라놓았다. 도시들은 자신들을 둘러싸 보호해주는 성벽을 과시함으로써 독창성과 특수성을 주장했다. 도시가 선의 본거지인 예루살렘으로 간주되든 악의 본거지인 바빌로니아로 간주되든, 그것이 서양 중세에서는 항시 예외적인 것의 상징이었다. 도시민과 농민 사이의 구별은 중세 사회에서 가장 날카로운 구획 중 하나였다.

　아마도 중세 초의 도시는 전(前)봉건적인 사회나 봉건적인 사회 주변에서 자신의 위세를 견지했을 것이다. 도시는 정치권력과 종교권력의 본거지요, 왕이나 방백 그리고 주교의 거주지였다. 그것은 또한 벽돌이나 돌로 지은 큰 건축물이 있는 유일한 곳이요, 주요 보물이 비축되어 있는 곳이자 포획과 약탈 또는 점령으로 부와 명예를 차지할 수 있는 곳이다.

도시가 무훈시 주인공들에게 매혹의 초점이었다는 사실은 충분한 주목을 받아왔는가? 『롤랑의 노래』에서 바위와 산, 심지어는 평지같이 인간에게 적대적인 자연에 비해 도시는 하나의 등대다. 사라고사와, '프랑스의 가장 훌륭한 중심지'인 엑스 같은 도시들이 그러했다. 콘스탄티노플의 매혹적 이미지는 바로 도시의 이미지다. 도시의 본성을 표현해주는 형용사는 '거만한' '오만한' '고상한' 같은 말들이다. 한 예로 『메네』와 『큰 발의 베르트』 같은 무훈시에서 파리는 '고상한 도시'로 묘사된다.

오베롱이 그의 마술을 펼치던 숲과 관계가 있을 것이라고 생각하기 쉽지만, 그조차도 그의 고향인 동시에 '그의 도시인 모니뮈르Monimur'에 대한 향수를 간직하고 있었다. 기욤 도랑주의 모든 작품은 오랑주·님·비엔·파리 같은 도시들과 관계된다. 그러나 『모니아주 기욤』에서는 파리를 이상화하려 하지 않는다. "그 당시 프랑스는 인구가 많지도 않았고 경작도 거의 되지 않았으며, 오늘날과 같은 비옥한 영지와 성채와 화려한 도시들도 없었다. 파리는 그 당시 매우 작았다." 그러나 기욤이 가서 구출했던 것은 루이 성왕의 본거지 파리였다. 기마 여행 끝에 그 도시를 처음 보았을 때, 그것은 환상이자 감동적인 순간이었다. "기욤이 눈을 떴을 때 아침이 밝았다. 그는 평원 저 너머 파리를 보았다." 그리고 기욤은 오늘날의 파리 시민들에게 기념물을 하나 남겼다. 그가 단 한 번의 전투로 죽여 현장에 매장한 작센 출신의 이교도

이조레Ysoré라는 사람의 무덤 이름이 오늘날 통브이조레Tombe-Isoré라는 지명으로 남아 있다.

에메리Aimeri가 탈취한 나르본은 특히 찬란했다. "만(灣)의 기슭에 있는 바위틈으로 그는 사라센인들의 거대한 성벽 도시를 보았다. 이 도시는 성벽과 초소로 단단하게 둘러싸여 있어 이보다 더 견고한 도시를 찾아보기 힘들 정도였다. 주목과 버드나무 농장에는 꽃들이 바람에 나부꼈다. 이보다 더 아름다운 광경이 있을까. 석회석으로 지은 20개의 망루가 반짝였다. 그중 가운데 있는 탑 하나가 시선을 끌었다. 세상에 어떤 사람도, 그가 제아무리 훌륭한 이야기꾼이라 하더라도, 이교도들이 이 탑을 세우고자 들인 수고를 여름날 하루 만에 다 이야기하기는 힘들 것이다. 탑 꼭대기의 관측구는 완전히 납으로 봉해져 있었다. 방어자들은 적의 화살의 사정거리 안에 있었다. 아성 꼭대기에는 해외에서 들여온 금으로 만든 구체(球體)가 하나 솟아 있었다. 사라센인들은 새벽의 태양처럼 빛나는 보석을 그 공에 상감했다. [……] 왕은 이 도시를 물끄러미 바라보고 마음속으로 이 도시를 탐내기 시작했다."

10세기에서 13세기 사이 서양 도시들은 발전을 통해 그 면모가 변했다(이러한 발전에 대한 앙리 피렌의 작품은 불후의 명작으로 남아 있다). 옛 도시가 부활되고 새로운 도시가 탄생하는 가운데 도시는 매우 중요한 역할, 즉 경제적·상업적 역할뿐 아니라 곧이어 나타나게 될 수공업적 역할까지 담당하게 되었다. 도시는 봉건 영주들이 혐오했던 경제활동의 중심지가 되었다. 도시에 대해 맹렬한 비난들이 퍼부어졌다.

쾰른과 마주보고 있는 라인 강 건너편의 작은 도시 도이츠Deutz가 1128년에 화재로 불탔다. 이곳 장크트헤리베르트Sankt-Heribert 수도원 원장이자 전통에 강한 애착심을 가진 신학자였던 저 유명한 루페르트

Rupert는 이 화재를 신의 분노로 보았다. 이 도시가 쾰른의 발전에 휩싸여 교환의 중심지(비루한 상인과 장인의 소굴)로 변해버렸기 때문에 신이 이곳에 벌을 내렸다는 것이다. 그리고 그는 성경을 근거로 해서 인간의 반(反)도시적인 역사를 개관했다. 카인은 도시의 발명자이자 최초 도시의 건설자였다. 그리고 신의 적들인 모든 악인과 폭군이 그를 모방했다. 반면에 신을 경외하는 성조(聖祖)들patriarches과 의로운 자들은 보통 사막에서 천막을 치고 살았다. 도시에 정착한다는 것은 세속을 택하는 셈이 된다. 그리고 사실 도시의 발전은 새로운 망탈리테의 발전, 즉 붙박이 생활과 소유권과 소유 본능의 발전을 불러왔다. 도시는 무엇보다도 활동적 삶의 선택을 고무했던 것이다.

도시적 망탈리테의 전파를 더욱 촉진한 것은 도시의 탄생과 거의 동시에 배태된 도시적 애향심이다. 앞으로 살피겠지만 아마도 도시는 첨예한 계급투쟁의 무대였을 것이고 지배계급들은 이러한 도시적 정신을 누구보다도 많이 선동하고, 또 이로부터 가장 큰 혜택을 받은 사람들이었을 것이다. 뿐만 아니라 아르만도 사포리가 강조한 것처럼 적어도 13세기의 대상인들은 이런 일을 위해서라면 기꺼이 자신들의 돈과 몸을 바쳤다. 1260년 시에나와 피렌체 사이에 격렬한 전쟁이 발생했을 때 시에나의 유력한 상인이자 은행가인 살림베네 데이 살림베니Salimbene dei Salimbeni는 코뮌에 1만 8천 피오리노를 희사하고, 아예 자신의 가게 문을 닫아버리고 직접 전쟁터로 달려갔다.

농촌 장원들은 농민 대중들에게 압박감만을 느끼게 했고, 거대한 성채는 비록 농민들에게 때때로 도피와 보호를 제공했지만 그들에게 혐오스런 그림자만을 투사했다. 반면에 도시의 거대한 건물들의 그림자는, 비록 이것이 부호들의 지배의 수단이자 상징이었지만, 때로는 도시민들에게 경탄과 자긍심을 고취시켰다. 도시사회는 모든 주민에게 공통되는 심미적·문화적·정신적 가치를 창조하는 데 어느 정도 성공했다. 단테가 "아름다운 산 조반니 교회Il bel San Giobanni"라고 불렀던 성 요한 세례당(이탈리아어로 '산 조반니'라 불리는 세례자 성 요한은 피렌체의 수호성인임 — 옮긴이)은 모든 피렌체 시민에게 경외와 긍지의 대상이었다. 이러한 도시적 자긍심은 무엇보다도 플랑드르와 독일과 중북부 이탈리아처럼 가장 도시화한 지역에서 나타난 현상이었다. 이탈리아의 세 도시는 이에 대한 증거를 어느 정도 보여준다. 수도사 본베신 달라 리바Bonvesin dalla Riva는 1288년 작품 『밀라노의 경이*De magnalibus urbis Mediolani*』에서 밀라노의 경이로움을 기술했다. "이 도시는 원형으로 되어 있다. 이 도시의 불가사의한 원형은 이 도시가 완벽하다는 표시다." 13세기 말 한 익명의 시인은 제노바의 '아름다움'을 지방어로 노래했다.

> 제노바는 가득하네
> 사람으로, 그리고 모든 것이 잘 갖춰져 있네
> 성벽이 아름답게 장식되어 있네
> 도시를 빙 둘러싼 [……]

마지막으로, 단테보다 앞서 1267년에 치아로 다반차티Chiaro Davanzati는 피렌체를 찬양했다.

> 아! 달콤하고 맑은 땅 피렌체여
> 가치와 기쁨의 샘물 같은 [……]

그러나 서양 중세의 대지(大地)에서 하나의 섬에 불과했던 이러한 도시의 역할과 미래는 무엇인가? 도시를 번영시킨 자양분은 결국 토지에서만 왔다. 상업을 통해 가장 부유하고 또 해안 지형으로 인한 장애들과 싸워야 했던 도시들, 예컨대 헨트와 브뤼헤, 제노바, 밀라노, 피렌체, 시에나, 베네치아와 같은 도시들조차도 그들의 활동과 권력의 토대를 주변 농촌, 또는 이탈리아 도시들이 사용했던 표현을 빌리면 '근교 농촌contado'(이로부터 이탈리아 농민들은 '근교 농민contadini'이라는 명칭을 얻었다)에 두지 않을 수 없었다.

도시와 그 주변 농촌과의 관계는 복합적이다. 언뜻 보기에 도시는 농민들에게 자못 매력적이었다. 도시로 이주해온 농민들은 무엇보다도 자유를 추구했다. 도시에는 농노가 아예 없거나 도시가 근교 농촌을 관할하는 경우에는 농노들을 서둘러 해방시켰기 때문에 도시로 이주한 농민은 자동적으로 자유민이 되었다. 이로부터 독일의 유명한 경구가 탄생했다. "도시의 공기는 자유를 만든다Stadtluft macht frei." 이것을 법률적으로 명확히 표현하면 "도시의 공기는 1년 1일 후에 자유를 만든다Stadtluft macht frei nach Jahr und Tag." 새로운 시민이 도시에서 1년 1일을 거주하고 나면 그는 자유민이 되었던 것이다.

그렇지만 도시 또한 주변 농촌을 착취하고, 거기서 마치 영주처럼 행세했다. 도시 영주는 주변 지역에 공권력ban을 행사했고, 특히 경제적으로 착취를 했다. 도시는 인근 농촌의 생산물(도시의 필수품과 수공업 생산과 교역을 목적으로 한 곡물·양털·낙농품 등)을 염가로 구입하고 자신의 상품을 강매했다. 이 상품에는 소금처럼 중개상을 통해 제공하는 물건도 포함되어 있었다. 소금은 사실상 세금과 같은 것이 되었는데, 도시들은 촌락민들에게 규정된 가격에 세금을 붙여 대량 구매하도록 강요했기 때문이다. 곧이어 형성된 도시 민병대는 대개 농민층에서 차출된 병사들로 구성되었다. 예컨대 '브뤼헤 자유 민병대Franc des Bruges'는 인근 농촌 부르주아 출신 병사들이었다. 도시들은 비용이 덜 드는 농촌 수공업을 발전시켜 완전히 장악했다. 그러자마자 도시들은 인근 농민들을 두려워하기 시작했다. 광활한 농촌 지역의 영주들이 그들의 성채 안에 바리케이드를 쳤듯이, 도시들도 밤이 되면 도개교(跳開橋)를 올리고 성문 앞에 사슬을 쳤으며 성벽에 보초들을 배치했다. 이들은 가장 가까이 있는 잠재적인 적들인 주변 농민들을 주로 감시했다. 중세 말 도시 덕택에 존재하게 된 대학교수와 법률학자들이 농민들을 짓밟는 법체계를 만들었다.

마지막으로, 베네치아 공화국이며 토스카나 대공국이며 자유스런 한자도시들같이 중세에 국가가 되는 데 성공한 도시들은 단지 역사의 반주류 세력으로만 중세 이후에까지 번영을 지속했다. 점차 이들은 시대착오적인 세력이 되었다. 도시가 장기간 동안 경제적·정치적·문화적 중추였던 나라들, 예컨대 이탈리아와 독일은 19세기에 가장 뒤늦게 통일을 달성했다. 중세 도시사회는 그 앞에 역사적 미래를 갖고 있지 않았다.

11. 계급투쟁: 도시사회와 봉건사회

교회가 추구한 이상사회에 대한 꿈, 즉 하나가 되는 꿈은 아닐지라도 적어도 조화로운 사회에 대한 꿈은 날카로운 사회적 대립·투쟁의 현실과는 거리가 먼 것이었다. 적어도 13세기까지 문자를 거의 독점하다시피 했던 성직자 계급은 중세에서의 계급투쟁의 강렬함을 은폐하고, (영주건 농민이건) 일부 사악한 세속인들만이 성직자와 교회의 재산을 공격함으로써 이따금 사회질서를 문란케 하려 했다는 인상을 준다. 그렇지만 이들 중 일부 교회 작가들은 이에 대한 정보를 충분히 제공하고 있기 때문에 우리는 이따금 갑작스럽게 폭발하는 이러한 적대감의 지속적 성격을 어느 정도 파악할 수 있다.

이러한 적대감 중 가장 유명한 것은 귀족에 대한 부르주아지의 적대감이다. 이것은 하나의 구경거리가 될 정도였다. 여기에는 도시적 분위기가 반영되어 있고, 이것은 여러 기록(연대기 작가의 기록, 특허장, 법령과 때로는 돌발적 투쟁을 인준했던 조약 문건들)에 의해 전해지고 있다. 도시의 영주에 다름 아닌 주교에 대한 도시 반란(교회 작가들은 이것을 공포에 떨면서 기록했다)이 매우 빈번히 일어났다. 이것은 새로운 계급의 대두와 더불어 고위 성직자들의 성스런 특성을 더 이상 존중하지 않는 새로운 가치체계가 등장했음을 증언한다.

다음은 수도사 람페르트 폰 헤르스펠트Lampert von Hersfeld가 1074년 쾰른에서 일어났던 사건을 기록한 것이다.

대주교가 그의 친구인 뮌스터의 주교와 함께 쾰른에서 부활절을 보냈다. 대주교는 부활절 축제를 경축하기 위해 그를 초청했던 것이다. 주교가 자기 집으로 돌아가려고 하자 대주교는 집사들에게 적당한 배를 물색해보라고 명령했다. 수소문 끝에 그들은 이 도시의 부유한 상인이 소유한 좋은 배를 알아내고는 대주교가 사용할 수 있도록 요청했다. 배를 관리하는 상인의 하인들이 이를 거절하자, 대주교의 집사들은 그들이 즉시 말을 듣지 않으면 그냥 두지 않겠다고 협박했다. 상인의 하인들은 주인을 찾아가 전모를 보고하고 어떻게 해야 할지를 물었다. 상인에게는 건장하고 파렴치한 아들이 하나 있었다. 그는 도시의 저명한 가문에 장가를 간 데다 성격이 포악하여 제법 잘 알려진 청년이었다. 그는 즉시 하인들과 도시의 다른 젊은이들을 가능한 한 많이 모아 배로 달려가서 대주교의 집사들에게 배에서 내리라고 명령하고 그들을 강제로 내쫓아 버렸다. 〔……〕 양측의 지지자들은 무기를 들고 있었으므로 곧 대전투가 그 도시에서 일어날 것만 같았다. 이 소식을 들은 대주교는 즉시 사람들을 보내 소요를 진정시켰다. 그러고 나서 그는 매우 화가 났으므로 젊은 반항자들을 가까운 장래에 열리는 법정에서 가혹한 벌로 다스리겠다고 위협했다. 대주교는 모든 덕을 갖추고 있었고, 또한 교회의 일이나 세속적인 일이나 모든 분야에서 그의 탁월함을 입증해 보이기도 했다. 그러나 그에게는 결점이 하나 있었다. 화를 낼 때면 그는 자신의 말을 억제할 줄 몰랐으며 매우 거친 어투로 누구나 가릴 것 없이 욕을 해댔다. 결국 소요는 진정되는 듯했다. 그러나 크게 흥분해 있는 데다 일의 초기 단계에서의 성공에 도취된 그 젊은이는 계속 갖은 소란을 피우고 다녔다. 그는 도시의 곳곳을 찾아다니며 대주교가 주민들에게 부당한 세금을 강요하고 무고한 주민의 재산을 강탈했으며 지체 높은 시민들을 모욕했다고 비난하는 등 시민들에게 그의 학정을 떠벌리고 다녔다. 〔……〕 게다가 보름스 시민들이 그들을 혹독하게 통치했던 주교를 추방함으로써 큰 공적을 세웠다는 소문을 누구나 다 기억하고 있었다. 그리고 보름스 시민보다 숫자도 많고 더 부유하며 무기도 갖고 있던 그들은, 다른 사람들이 자신들을 보름스 시민보다 용기가 없다고 생각하는 것을 원치 않았다. 또한 그들은 폭군처럼 자신들을 통치하는 대주교의 권력에 여자처럼 순종하는 것은 치욕이라고 생각했다.

기베르 드 노장의 유명한 기술에 따르면, 1111년 랑에서 도시 반란자들이 주교 고드리Gaudri를 학살하고 그의 시체를 절단했다. 한 폭도가 주교의 손가락을 자르고 반지를 탈취해갔다.

이러한 도시 봉기에 대해 교회의 연대기 작가들은 분개하기보다는 경악했다. 주교들 중에는 그들의 성격에 따라 부르주아지와 도시민들의 분노를 옹호해주지는 않았지만, 적어도 이해했던 주교도 일부 있었던 듯하다. 그러나 부르주아지와 도시민들이 봉건적 질서에 대해, 교회가 승인한 사회에 대해, 기독교화한 후 지상국에서 천국으로의 통과(이것이 바로 오토 폰 프라이징의 『두 국가의 역사Histoire des deux cités』의 주제다)를 기다리는 것 이외에 아무것도 할 일이 없어 보였던 세계에 대해 봉기를 했을 때, 기독교 역사학은 이것을 이해하지 못했다.

이리하여 1070년 르망에서 주민들이 잉글랜드 정복에 여념이 없었던 윌리엄 정복왕에게 반란을 일으켰을 때 주교는 그에게 피신했다. 교황청 연대기 작가는 다음과 같이 썼다. "그들은 그때 코뮌이라는 단체를 만들었다. 그들은 서약을 통해 결사를 하고 인근 농촌의 영주들에게 자신의 코뮌에 충성 선서를 할 것을 강요했다. 이러한 결사로 대담무쌍해진 이들은 누구나 가릴 것 없이 아무에게나 별다른 이유도 없이 욕하고 사소한 이유로 사람들의 눈을 빼고, 차마 입으로 말하긴 끔찍하지만 대수롭지 않은 일로 사람들을 목매달아 죽이는 등 수많은 죄를 저지르기 시작했다. 그들은 사순절 동안, 그리고 더욱 나쁜 것은 성주간(聖週間)(부활절 전의 일주일—옮긴이) 동안에도 이 지방의 성채들을 불태웠다. 그리고 그들은 이런 짓을 아무런 이유도 없이 자행했다."

12. 농촌사회에서의 계급투쟁

그러나 사회적 긴장의 주요한 전면은 농촌이었다. 영주와 농민 사이의 투쟁은 풍토병적인 것이었고, 간혹 극단적 폭력으로 격화되기도 했다. 11세기와 13세기 사이 도시에서의 반란은 부르주아에 의해 주도되었다. 이들은 자신들의 직업적 활동의 자유로운 실천과 재산권의 자유로운 행사를 보증해주고 자신들에게 경제적 힘에 합당한 지위를 부여해주는 정치권력을 보장받고자 했다. 반면 농촌에서의 농민 봉기는 그들을 무겁게 짓누르는 부역과 부과조를 고정 또는 감면하거나 폐지하는 등의 방법을 통해 자신들의 처지를 개선하는 것을 목적으로 했을 뿐만 아니라, 때로는 자신들의 생존투쟁의 단순한 표현에 불과하기도 했다. 대다수 농민은 영양실조와 기아와 전염병 등으로 극한 상황에 처해 있었다. 후대에 프랑스에서 '자크리Jacquerie 난'이라 불렀던 농민 반란이 엄청난 절망적인 힘을 분출할 수 있었던 것도 이러한 극한 상황에서 연유했다.

앞에서 살펴보았던 1074년 쾰른에서처럼 도시에서도 새로운 사회계급들이 교회의 영주와 세속 영주들로부터 받았던 모멸적인 대우를 복수하고자 하는 증오심과 욕망을 가지고 있었지만, 농촌에서의 이러한 감정적 동인은 영주들이 농민들을 더없이 멸시함에 따라서 도시에서보다 훨씬 더 강렬했다. 농민들이 11~12세기에 자신들의 운명의 개선을 쟁취했음에도, 많은 영주들은 13세기 말까지도(물론 13세기 말에는 당시의 농민들의 조건과 고대 노예들의 조건 사이에 본질적인 차이가 있다) 농민들에게 그들의 알몸뚱이 이외에 어떤 재산도 인정해주지 않았다.

스트라포드셔에 있는 버튼Burton 수도원 원장이 그러했다. 농민들은 자신들의 모든 임대 가축(소·양·돼지 등 80마리)을 이 수도원으로부터 몰수당했다. 그들은 아내와 자식들을 데리고 왕을 따라 거주지를 옮겨 다니면서 왕에게 간청하여 몰수된 가축을 되돌려주라는 왕의 명령서를 받아냈다. 이때 수도원장은 농민들이 그들의 "배〔胃〕 이외에 아무것도" 가질 수 없다고 선언했다. 그러나 그는 자신의 잘못 때문에 농민들이 밥 먹듯 배를 비우고 있다는 사실을 잊었다.

1336년 체셔Cheshire에 있는 시토파 발 로얄Vale Royal 수도원 수도사는 농민들에게 "그들은 농사꾼이다. 그들 자신과 후손들도 영원히"라는 성경의 말씀을 인식시켰다. 문헌들은 서로 다투어 "농민은 야생짐승이다"라고 반복했다. 농민은 짐승처럼 매우 추하다. 그는 가까스로 인간의 모습을 하고 있다. 쿨통G. G. Coulton의 말에 따르면 농민은 '중세의 캘리밴Caliban'(셰익스피어의 몽환극『폭풍우』에 등장하는 인물. 악마와 마녀 사이에서 태어난 그는 기존 질서에 대한 반항의 화신이다——옮긴이)이다. 그의 자연적인 도달처는 지옥이다. 그가 천국에 도달하려면 사기 짓 같은 비상한 술수가 필요하다. 이것은 우화시『법정 변론을 통해 천국에 간 농사꾼*Du vilain qui gagna le paradis par plaid*』의 주제다.

다음은 무훈시『로렌인 가랭*Garin le Lorrain*』에 등장하는 리고Rigaut다. "그는 농사꾼 에르비Hervis의 아들 리고가 다가오는 것을 보았다. 그는 사지가 튼튼하고 팔은 크며 어깨와 등이 두툼한 청년이다. 양미간이 한 뼘 정도는 떨어져 있다. 60여 지방에서 그보다 더 거칠고 볼품없는 사람을 찾아보기는 힘들 것이다. 그의 머리는 뻣뻣이 서 있고 뺨은 때로 뒤덮여 거무죽죽하다. 그는 여섯 달 동안 세수를 한 적이 없다. 그가 얼굴에 물을 적시는 것은 하늘에서 비가 올 때뿐이다."

오카생이 말을 타고 가다가 숲 속에서 한 젊은 농부를 만났다. "그는 석탄 부스러기보다 더 검은 낯짝을 하고 있고, 미간은 손바닥 하나보다도 더 넓다. 그는 넓은 뺨과 큰 납작코와 푹 패인 콧구멍, 설익힌 고깃덩어리보다 더 붉고 두툼한 입술, 노랗고 더러운 큰 이빨을 가지고 있다."

농민의 도덕적 지위에 대해서도 마찬가지로 적대적이었다. 봉건 시대에 도덕적 추함을 의미하는 '상놈 같은 짓vilainie'이란 말은 '농사꾼vilain'이란 말에서 파생된 것이다. 농민들에 대해 적대감을 가장 심하게 보였던 이들은 골리아스 시인들이었다. 이들은 계급적 편견으로 심한 고통을 받고 꽤나 제멋대로 행동했던 하급 성직자들이었다.

다음은 골리아스 시 「농민이란 말의 격변화Déclinaison du Paysan」다.

단수 주격	이 농사꾼이	
	소유격	이 촌놈의
	여격	이 악마에게
	대격	이 도둑놈을
	호격	오 강도여
	탈격	이 약탈자에 의해
복수 주격	이 저주받은 자들이	
	소유격	이 비참한 자들의
	여격	이 거짓말쟁이들에게
	대격	이 무뢰한들을
	호격	오 혐오스런 자들이여
	탈격	이 불충한 자들에 의해

조르푸아 드 트루아는 이렇게 썼다. "농민들은 모든 사람을 위해 노동하고 계절을 막론하고 지쳐 있으며 주인들한테 꾸중을 들어가며 궂은 일을 하고 있다. 이들은 언제나 짓눌려 있다. 이것은 다른 사람들에게 필요한 먹을 것이며 입을 것이며 기타 잡다한 것들을 충분히 제공하기 위해서다. 〔……〕 사람들은 방화며 강탈이며 칼로써 그들을 괴롭힌다. 그들을 감옥에 집어넣고 쇠사슬로 묶어놓는다. 그러고 나서 몸값을 내라고 강요한다. 몸값을 내지 못하면 그들을 잔인하게, 보통 굶겨 죽이거나, 그렇지 않으면 그들에게 온갖 고문을 한다."

프루아사르에 따르면, 1381년의 농민 반란 때 잉글랜드 농민들은 이렇게 외쳤다. "우리는 그리스도와 비슷하게 만들어진 인간들이다. 그런데 우리는 야생동물 취급을 받고 있다."

13세기 전반의 소중한 시 『베르송 농민들의 이야기 *Le Conte des vilains de Verson*』는 캉 인근 베르송쉬르오동 촌락민들이 그들의 영주인 몽생미셸 수도원 원장에게 일으킨 반란을 이야기하고 있다. 농민들의 봉기는 다음과 같은 보복으로 끝났다.

    가서 그들에게 본때를 보여주어라
    이를 위해 그들을 멋지게 해치워라
    가서 그들의 말을 가져오라
    암소와 송아지도
    농민들은 터무니없는 반역자들이므로.

농민들은 프란티젝 그라우스 Frantisek Graus가 적절하게 지적했듯이

"봉건사회로부터 착취를 당했을 뿐만 아니라 문학과 예술에서도 조롱을 받았다."

13세기 프란체스코회 수도사 베르톨트 폰 레겐스부르크는 농민 출신 성인이 거의 존재하지 않는다고 지적했다(반면에 예컨대 1197년 이노켄티우스 3세가 호모보누스 데 크레모나Homobonus de Cremona라는 한 상인을 시성했다).

이런 조건 아래서 농민적 망탈리테의 깊숙한 곳에 분노와 불만이 장기간 누적되어 있었다는 것은 놀랄 일이 아니다. 보헤미아 출신의 한 골리아스 시인은 "농민들은 항시 분노해 있었고 그들의 마음은 전혀 만족스럽지 못했다"고 말했다.

이러한 분노가 때로는 화산처럼 폭발했다 해서 그리 놀랄 것도 없다. 1336년 발 로얄 수도원 원장과 다르날Darnall과 오버Over의 농민들 사이의 투쟁담을 전하는 한 수도사는 농민들이 미친개처럼 행동하는 것을 보고 분개했다.

기욤 드 쥐미에주와 기욤 드 바스Guillaume de Wace는 『롤롱의 이야기 Le Roman de Rollon』에서 997년 노르망디 농민 반란을 우리에게 전해 주고 있다.

농민들과 농노들
숲 속과 평지에서 온 그들 〔……〕
20명, 30명, 100명씩 무리 지어,
몇 차례 회의를 열고,
구호를 퍼뜨리며 돌아다니고 있다 〔……〕
"우리의 적은 우리의 주인"

그들은 이것을 얘기하고 다녔다, 비밀리에

그리고 몇몇 사람은 그들끼리 서약했다,

그들은 결코

영주도 집사도 필요 없다고 [……]

이런 소문과 말을 통해

그리고 다른 수단을 통해 더욱 화가 난

그들은 동의를 표시하고

서로들 서약을 했다

모두가 다 비밀을 지키고

다 함께 스스로를 지킬 것을.

그들은 선출했다, 언제 어디선지 나는 모르지만,

가장 수완이 좋고 말을 잘하는 사람을

각 지방을 돌아다니며

서약을 받으러 다닐 사람을 [……]

"노르망디 공은 이 소식을 듣고 즉시 농촌의 야만인들을 진압하기 위해 많은 기사를 딸려 라울백을 파견했다[……]."
다음은 영주의 탄압에 관한 것이다.

라울은 무척 분노해 있었다.

그가 재판을 제대로 할 수 없을 정도로,

그는 농민들 모두를 슬프고 아프게 했다.

몇몇 사람의 이를 뽑아버리고

일부는 몸에 말뚝을 박아 죽이고,

눈을 빼고 팔목을 자르고,
농민 모두에게 오금을 불로 지지고
이들은 이렇게 죽어갈지 모르지만,
살아 있는 다른 사람은 화형에 처해지거나
끓는 납 속에 던져졌다.
그는 그들을 이렇게 처리했다.
이것은 보기에도 흉측한 일.
그 후로는 그들이 어디서도 보이지 않았다
영주한테 인정받은 사람들을 제외하고는.
코뮌은 수포로 돌아갔다,
농민들은 얌전해지고
그들은 철회해버렸다,
그들이 시도했던 일을.

도상은 기사에 대한 농민의 투쟁을 상당히 진솔하게 자주 묘사하고 있다. 그것은 골리앗에 대한 다윗의 투쟁의 이미지로 묘사되었다. 이 두 인물이 입고 있는 복식은 화가의 의도를 증언한다.

그러나 영주에 대한 농민들의 투쟁의 관례적인 형태는 영주의 밭뙈기에서 농작물을 훔친다든지 그의 산림에서 밀렵을 한다든지 영주의 건초에 방화를 하는 등 지하 게릴라 전법이었다. 그렇지 않으면 부역을 거부하거나 현물세 수송을 거부하거나 부과조 납부를 거부하는 등의 소극적 저항이었다. 그리고 간혹 도주의 형태로 저항하기도 했다.

1117년 알자스에 있는 마르무티에 수도원 원장은 농노의 부역을 폐지하고 그것을 화폐납으로 대체했다. 그가 이런 조치를 취한 것은 "부역을 하는 농노들이 태만하고 무익하고 굼뜨고 게을렀기" 때문이다.

갖은 수단을 동원해서 농업 생산성을 향상시키는 데 항시 관심을 쏟았던 월터 헤늘리는 13세기 중엽에 쓴 『농업론』에서 농민의 노동을 감독해야 한다고 수없이 권고했다. 도상들은 몽둥이로 무장한 장원 감시인들이 일하고 있는 농민들을 염탐하는 모습을 보여준다. 월터 헤늘리는 말의 노동력이 소의 노동력보다 우수하다는 것을 알고는 있었지만, 영주가 말 구입에 상당한 비용을 들이는 것은 쓸모없는 짓이란 것을 깨달았다. "일꾼들이 심술을 부려 말이 끄는 쟁기가 소가 끄는 쟁기보다 빠르지 않았기 때문이다."

기술상의 진보에 대한 농민들의 적대감은 이보다 훨씬 더 컸다. 그것은 산업혁명 초기 노동자들의 기계 파괴 투쟁처럼 기술의 발전으로 인한 어떤 실직 사태로 설명될 수 있는 것이 아니다. 중세의 농민들이 기계에 반감을 가졌던 것은 영주가 기계를 독점하고 이것의 사용을 농민들에게 의무화하여 추가 부담을 시키는 등 영주에게만 이득이 되었기 때문이다. 영주의 "시설 독점권 아래에 있는" 제분소에 대한 농민들의 반란은 흔한 일이었다. 이와는 반대로 영주가, 특히 수도원 원장이 농민들의 손맷돌을 부수고 그들의 곡식을 수도원 제분소에서 빻도록 하여 제분세를 내도록 강요하는 경우도 흔히 있었다. 1207년 쥐미에주 수도원 수도사들은 그들의 한 장원에 있는 최후의 손맷돌을 파기시켰다. 물레방아에 관련된 유명한 투쟁이 잉글랜드의 세인트올번 수도원 수도사들과 농민들 사이에서 발생했다. 결국 수도원장 리처드 2세가 1332년에 승리했을 때 그는 맷돌을 전리품으로 몰수하여 그것으로 자신의 응접실 바닥을 깔았다.

온건한 형태의 계급투쟁 중에서도 도량형을 놓고 일어난 수많은 투쟁에는 각별한 지위를 부여해야 한다. 노동과 세금의 양을 정하는 도량형 표준 기구를 결정하고 소유하는 것은 경제적 지배의 주요 수단이었다. 비톨드 쿨라는 대가답게 도량형의 사회사를 개척했다. 한쪽에서는 독점하고 다른 쪽에서는 이의를 제기하는 가운데, 장원이나 성채, 수도원이나 시청에 보관된 도량형기는 끊임없는 투쟁거리였다. 가짜 측정기를 사용한 농민이나 장인들에게 가한 처벌(직영지의 경계를 바꾼 죄와 유사한 죄)을 언급하고 있는 문헌들은 우리의 관심을 이러한 계급투쟁 형태로 돌리게 한다. 법의 증가가 영주의 자의성을 촉진시켰듯이 (영주가 좌지우지하는) 도량형의 수효와 다양성은 영주의 압제 수단이었다. 14세기 잉글랜드 왕들이 주요 계측기에 왕실 표준 도량형을 강요하려고 했을 때, 봉건적 지대와 소작료를 여기서 제외시켜 이것의 계측을 영주의 임의에 맡겨버렸다.

우화시, 도덕과 법률 관련 문헌, 재판문서들을 읽어보면 중세가 협잡꾼들의 천국이요, 사기가 판을 쳤던 시대였다는 인상을 받게 된다. 도량형을 관장하고 있던 지배계급들의 압제가 이것을 설명해준다. 그리고 사기를 중죄로 보았던 교회도 이러한 형태의 계급투쟁을 막을 수는 없었다.

13. 도시사회에서의 계급투쟁

농촌사회의 기본적 특징인 계급 간의 대결이 도시에도 나타났다. 그것은 영주에 대한 부유한 부르주아지의 투쟁이 아니라 부유한 부르주아지에 대한 소시민의 투쟁이었다. 12세기 말에서 14세기 사이에 새로운 사회적 분화가 실제로 도시에 나타나서, 빈자와 부자, 약자와 강자, 평민과 부르주아지, 하층 시민popolo minuto과 중·상층 시민popolo grosso 사이에 투쟁이 발생했다. 이러한 구획은 '도시 귀족patriciat'이라고 하는 도시 지배계급이 형성되면서 나타났다. 도시에 부와 부동산을 축적한 가문 집단으로 구성된 이들이 시 행정을 맡으면서 정치와 경제 생활을 지배하게 되었다. 새로운 피압박 민중들이 그들에 대해 봉기를 일으킨 것은 바로 이 때문이었다.

12세기 말부터 '부유한 부르주아지들' 또는 '부유한 도시민들'이 등장하여 곧바로 지배권을 주장했다. 베스트팔렌 지방에 있는 조에스트Soest에서는 1165년부터 "부유한 사람들이 등장하여 이들의 지배 아래 도시가 번성하고 이들이 재판과 행정의 핵심을 담당하고 있었다"는 말들이 돌았다. 그리고 1188년 막데부르크에서 한 도시법령은 "얼뜨기들이 질서를 어지럽히는 말을 함부로 발설하고 부자들의 의지에 반하는 행동을 하고 다니는 것을 부르주아 회의에서 금지시켰다"고 썼다. 이처럼 빈자들과 부자들이 도시에서 서로 적대하고 있었다. "노동이나 상품에 토대를 둔" 직업이라고 기술하는 것이 관례였던 프랑스 도시들에서도 이제는 노동과 상품이 분리되었다. 육체노동자들은 즉각 유한계급에 대해 봉기를 일으켰다. 13세기 말부터 '부자들'에 대한 파업과 소요가 증가했고, 14세기에는 위기를 틈타 도시 평민들이 격렬한 반란을 일으켰다.

중세의 마니교적 취향이 모든 투쟁을 선의 진영과 악의 진영 사이의 투쟁으로 단순화시키는 경향이 있었음에도, 계급투쟁을 영주와 농민, 부르주아지와 민중 사이의 투쟁으로 국한시켜 생각해서는 안 된다. 현실은 이보다 더 복잡했다. 약자들이 강자에게 항시 패배했던 주요 원인은 그들에게 경제적·군사적 힘이 없었다는 것 외에도 그들의 무능을 배가시켰던 내분이었다. 우리는 농민층 안에서 사회적 분화가 어떻게 일어났는지를 이미 살펴보았다. 바스가 지적했듯이 997년 노르망디 봉기 때 빈자들은 육체적 고문을 피할 수 없었지만, 부자들은 재산을 바치는 대신 육체적 안전을 확보함으로써 육체적 고문에서 벗어날 수 있었다.

도시 하층민들 사이에서도 조합의 장인과 직인으로 구성된 '하층 시민'과 조합의 보호를 전혀 받지 못했던 임금 노동자들로 분화되었다. 이들 비숙련 노동자들은 노동 시장의 여건에 자신들의 운명을 맡겼다. 이들은 '일거리 제공자들'이나 이들의 대리인이 와서 데려가는 노동 시장(파리에 있는 그레브Grève 광장)에서 매일 어슬렁거리지 않으면 안 되었다. 이들은 끊임없는 실업에 시달렸다. 13세기 말 요하네스 폰 프라이부르크가 『고해 안내서』에서 최하층으로 분류한 계급은 '일하는 사람들' 중 가장 낮은 계급이 된 이들 노동자들이었다. 브로니스와프 게레멕Bronislaw Geremek이 13~15세기 파리의 경우에 대해 명백히 밝혔듯이 우리는 이러한 노동자들의 운명을 통해 노동과 노동자들이 어떻게 해서 하나의 상품이 되었는지를 관찰할 수 있다.

14. 계급투쟁에서의 여성

여성 노동력의 착취는 '일거리 제공자들'에 의한 억압 형태 중 최악의 형태에 속한다. 크레티앵 드 트루아는 『이뱅Yvain』(1180년경)에서 견직물 여공들의 불만에 대해 썼다. 다음은 중세판 '베틀가'다.

우리는 항상 비단옷을 짠다네

그러나 그것을 입어보진 못한다네.

우리는 항상 가난하고 헐벗고

허기와 갈증을 느낀다네.

우리는 벌 수가 없네

우리가 충분히 먹을 만큼.

빵이 거의 떨어졌다네

아침에는 조금, 저녁에는 더 조금.

사실 우리의 노동으로는

입에 풀칠할 정도인

4드니에밖에 벌지 못하니.

그것으로는 가질 수 없네

충분한 고기와 옷을.

사실 일주일에 20수를 벌어도

살기 힘들기는 마찬가지〔……〕

우리는 매우 비참하네.

그러나 우리의 땀으로 부자가 되는 사람이 있지

우리를 고용한 사람이.

우리는 밤을 새다시피 일하지

매일 더 벌기 위해.

그들은 우리를 위협하지

사지를 차형(車刑)에 처해버리겠다고, 우리들이 쉬기라도 하면.

그래서 우리는 감히 쉬지도 못한다네.

여성들은 또한 외견상으로 덜 극적인 투쟁의 중심에 있었다. 그들은 다양한 사회계층 출신의 남성들 사이에 경쟁의 내기거리였다. 그러나 남성과 여성 사이의 이러한 천박한 놀이는 계급투쟁의 형태 중 가장 잔인한 형태였다. 특정한 사회계층 남성들에 대한 여성의 경멸은 남성들이 받을 수 있었던 상처 중 가장 고통스런 것이었다. 사제들이 이러한 투쟁에 가담한 것은 놀라운 일이다. 그러나 음탕하고 재화에 탐닉한 본당 신부나 수도사는 우화시에 단골로 등장하는 인물들에 속한다. 사실 이 문제에 자신들의 주장을 내세운 것은 무엇보다도 교회의 위계 서열의 가장자리를 차지했던 하급 성직자인 골리아스 시인들이다. '성직자와 기사의 논쟁'은 중세 문학의 진부한 주제다. 언제나 문학작품의 저자들인 성직자들은 보통 이 논쟁에서 주도적인 역할을 하고 여성의 마음을 끄는 데 기사보다 더 유리한 고지에 있었다. 『르미르몽 종교회의*Concile de Remiremont*』라는 시에서 수녀들은 긴 논쟁 끝에 성직자보다 기사를 더 좋아하는 수녀들을 파문시키기로 결정했다.

농민에 대한 성직자의 경멸은 보헤미아 지방의 골리아스 시에서도 볼 수 있다.

딸애야, 너 농사꾼 괜찮니
검고 추한 농사꾼 말야?
난 싫어요, 엄마.

서정시들은 전원시의 형태로 양치기 소녀에 대한 기사의 사랑을 노래한다. 사실 이러한 모험들이 반드시 행복으로 끝나지는 않는다. 샹파뉴 방백이자 시인인 티보Thibaud는 자신이 한 양치기 소녀를 막 겁탈하려고 할 때 두 농민이 자신을 쫓아버렸다고 한 시에서 고백했다.

15. 계급 내 투쟁

중세 서양의 계급투쟁은 주지하다시피 계급 내의 격렬한 투쟁과 겹쳐 있었다. 파벌투쟁의 지속적 형태인 봉건 영주들 사이의 투쟁, 게르만의 '사투(私鬪)faide'에서 유래한 사사로운 전쟁들은 역사와 문학에서 많이 언급되고 있다. 이러한 격렬한 집단적 적대감, '영원한 증오' '대대로 계승된 구원(舊怨)'은 계급적 특권의 표시였다. 13세기 말에도 필리프 드 보마누아르는 "귀족 이외의 사람들은 싸울 수 없다"고 주장했다. 라울 드 캉브레의 무훈시에 나오는 '보르도인들'에 대한 '로렌 사람들'의 전쟁, 카리온 왕자의 친척들에 대한 엘 시드의 친구와 친척들의 투쟁, 라라의 왕자들과 관련된 끊임없는 복수, 게타니 가문Gaetani과 연합한 콜로나 가문Colonna과 오르시니 가문Orsini의 끊임없는 공격(보니파키우스 8세가 여기에 휘말렸다)은 물론이고, 스코틀랜드에서 스칸디나비아에 이르기까지 북유럽에서 파벌투쟁 등이 있었다. 마상 경기장에서, 광활한 들판에서, 성채 포위 공격에서 봉건적 가문들 사이의 싸움은 중세사를 가득 채웠다.

영주계급은 이러한 투쟁에 대한 권리를 주장했지만, 그것을 독점하지는 못했다. 도시사회의 중심에서는 부르주아 가문들이 도시 귀족의 주도권이나 도시의 지배권을 쟁탈하기 위해 무자비한 싸움을 벌였다. 그들은 때로는 단독으로, 때로는 파벌을 조직해서 이런 투쟁을 일삼았다. 일찍이 도시가 발전했던 이탈리아에서 시민들 사이의 투쟁과 부르주아지들 사이의 투쟁이 특히 많이 일어난 것은 당연하다. 1216년 피렌체에서 일어난 일련의 사투(私鬪)는 피판티-아미데이Fifanti-Amidei 파벌 consorteria과 부온델몬테Buondelmonte 파벌 사이의 투쟁으로 귀착되었다. 이 투쟁은 파혼 사건으로 시작되었다. 신부 측 파벌 전체가 결혼 예복을 입고 폰테 베키오Ponte Veechio 성당에서 기다리고 있을 때 신랑 부온델몬테가 나타나지 않은 것이 피판티-아미데이 가문에게는 참을 수 없는 모욕이었다. 신랑이 얼마 후에 다른 여자와 결혼하기 위해 성당에 나타났을 때 이 배반자는 살해되었다. 이 두 가문 사이의 싸움은, 두 황제 후보자인 브룬스비크가의 오토와 호헨슈타우펜가의 프리드리히 사이의 투쟁과 접목되면서 황제와 교황의 싸움으로 변질되었다. 그리하여 피렌체의 두 파벌 간의 경쟁은 결국 기벨린파(황제파)와 겔프파(교황파)의 싸움이 되었다.

아마도 흔한 일은 아니었겠지만, 그래도 주목할 만한 현상은 하층계급에 대한 일부 상층계급의 개인적 태도다. 이들 중에는 하층민들의 반란에 가담해서 투쟁을 이끌고 하층민들에게 결여되었던 유식한 지도자가 되는 경우도 있었다. 이들은 때로는 이해관계에서, 때로는 이상주의에서 우러나와 이런 일을 했을 것이다. 또한 가난한 성직자들의 경우 그들이 성직자들보다는 빈민들에게 더 강한 연대감을 느껴 이런 일을 하기도 했다. 자기 계급에 대한 이러한 '배반자들'은 주로 성직자 출신이거나 부르주아 출신들이었고, 많지는 않지만 귀족 출신들도 있었다. 1327년 베리 세인트 에드먼즈Bury Saint Edmunds 수도원 수도사들을 향해 행진했던 '1만' 농노와 가난한 시민들의 봉기는 반란의 기치를 든 두 성직자가 주도했다.

이러한 민중 지도자 중에는 앙리 드 디낭Henri de Dinant처럼 속셈을 알 수 없는 신비스런 인물도 있었다. 1253년부터 1255년까지 리에주 시 의원을 지낸 도시 귀족 출신인 그는 민중을 이끌고 도시 귀족을 공격했다. 13세기 연대기 작가들의 기록을 분석한 페르낭 베르코트랑Fernand Vercauteren은 그에게서 출세를 위해 민중들과 그들의 불만을 이용하는 야심적인 인물, 이를테면 '카틸리나Catilina'(기원전 63년에 집정관에 당선되기 위해 민중파와 연합하고 정적 살해 음모를 꾸몄던 로마 공화정 말기의 정치가──옮긴이) 같은 인물을 보았다. 그러나 우리는 이러한 민중 지도자들을 그들의 적을 통해서만 인식할 수 있다. 장 두트르뫼즈 Jean d'Outremeuse는 앙리 드 디낭에 대해 이렇게 말했다. "그는 민중들로 하여금 영주와 성직자들에게 반기를 들도록 사주했고 민중들은 그를 상당히 신임했다. 〔……〕 그는 점잖으면서도 악의에 찬 상류층 태생이었다. 그러나 그는 너무나 음흉하고 배반적이고 욕심이 많은 데다 모든 사람을 시샘했으므로 사람들은 그를 사람같이 여기지 않았다."

우리는 반란자들에게 특히 '시샘이 많은 자들'이라는 딱지를 붙이는 판단들을 믿어서는 안 된다. '시샘invidia'은 도덕주의자들(성직자들)과 참회 고행 지침서에 따르면, 농민들과 빈자들이 짓는 중죄다. 유력자들을 대변하는 이러한 분석은 피압박 민중들의 봉기가 의로운 자들의 분노임을 종종 은폐할 따름이다. 14세기 대대적인 봉기의 주요 지도자들, 예컨대 야코포 반 아르테벨데와 필리프 반 아르테벨데, 에티엔 마르셀 같은 인물들은 '시샘이 많은 자들'로 묘사되었다.

16. 계급투쟁에서의 교회와 왕권

이러한 개별적 경우 이외에, 교회와 왕권이라는 두 세력이 본래부터 계급투쟁을 피하고 그것의 밖에 있으면서 계급투쟁을 완화시키려 했는지 의문을 제기할 수 있을 것이다.

교회에 소명된 기독교적 이상은 빈자와 부자, 농민과 영주 사이의 동등한 균형을 유지하는 것이었다. 더군다나 교회는 빈자들의 약함을 벌충하기 위해 그들을 지원하고, 사회의 3분 체계 속에서 자신이 복을 내린 사회적 조화가 널리 퍼지도록 해야 했다.

사실 자선의 차원에서 기근을 퇴치하는 데 교회가 담당한 역할은 상당한 비중을 차지했다. 기사계급과 경쟁하고 있던 교회는 때로는 농민과 도시민 편에 서서 이들의 공동의 적과 투쟁하기도 하고, 특히 봉건적 폭력의 모든 희생자에게 도움이 되는 '평화 운동'에 활기를 불어넣은 것 또한 사실이다. 그러나 교회가 강자와 약자 사이에 공정한 중재자의 역할을 하겠다고 수없이 공언했음에도, 사실은 대개 압제자 편에 서기를 좋아했다. 교회가 세속사에 개입하고 특권적 사회집단, 즉 특권계급(이것을 신의 은총이라는 이름으로 위계체계로 바꾼 특권계급)이 되면서 그 자신이 처해 있는 현실 쪽으로 기울지 않을 수 없었다.

주교 바랭 드 보베Warin de Beauvais가 로베르 경건왕에게 평화 조약문을 제출했을 때, 그는 모든 영주가 여기에 서약하기를 바랐다. "나는 황소도 암소도 그리고 어떤 짐바리 동물도 강탈하지 않겠다. 나는 농민도 농민 부인도 상인도 강탈하지 않겠다. 나는 그들의 돈을 빼앗지 않을 것이며 그들에게 몸값을 지불하라고 강요하지도 않겠다. 나는 그들이 영주들의 싸움으로 그들의 재산을 잃는 것을 원치 않으며 그들의 생존수단을 뺏기 위해 그들에게 매질을 가하지도 않겠다. 3월 초하루부터 만성절까지 나는 목장에서 말도 암말도 망아지도 빼앗지 않겠다. 나는 나의 영지에 있는 손맷돌을 제외하고는 어떤 손맷돌도 파괴하지 않겠다. 나는 내가 전투 중인 경우가 아니면 거기에 있는 밀가루를 훔치지도 않겠다. 나는 어떤 도둑도 보호하지 않겠다." 이 글을 읽을 때 우리는 이 조약문이 여러 수도원장과 주교들에게도 해당된다는 사실을 잊어서는 안 된다.

생로 당제Saint-Laud d'Angers 수도원의 수도사들이 한 특허장의 서문에서 다음과 같이 말했다. "하느님께서 원하노니 인간 중에는 영주가 되는 사람도 있고 농노가 되는 사람도 있다. 이것은 사도의 말씀을 따라 영주들이 하느님을 경외하고 사랑하게 하고, 농노들도 그들의 영주를 사랑하고 섬기도록 하기 위함이다. 사도께서는 이렇게 말씀하셨다. '농노들아, 너의 세속적 주인에게 경외하는 마음으로 복종하라. 영주들아, 너의 농노들을 공명정대하게 대우하라. 너희들은 너희들의 주님이 또한 하늘에 계시다는 것을 알고 그들을 위협하지 말라.'" 사회적 불평등을 정당화하는 것은 그로부터 생기는 계급투쟁의 불가피성을 인정하는 셈이라는 것을 그들은 깨달았어야 했다.

농민들이 교회 영주들에게 특히 적대적이었다는 사실은 주목할 만하다. 이것은 아마도 그들이 공언했던 이상과 그들의 행동 사이의 거리가 특히 농민들의 분노를 자극했기 때문일 것이다. 수도원은 고문서와 회계장부를 잘 관리하고 있었기 때문에 교회 영주들은 그들의 문서와 토지세 대장을 근거로 한 법령을 통해, 세속 영주가 폭력을 통해 착취한 것보다도 더 확실하게 착취할 수 있었다.

(간혹 실수로 성 베르나르로 오인하는 경우도 있는) 익명의 한 고위 성직자가 12세기에 다음과 같이 자아비판을 한 것은 사실 정당하다고 인정해야 할 것이다. "아니다. 나는 눈물 없이는 차마 입을 열지 못하겠다. 교회의 지도자인 우리는 초기 교회 시대의 거친 사도들보다 더 소심하다. 우리는 세속 강자들이 두려워 진실을 부정하거나 호도하고 있다. 우리는 진실 그 자체인 그리스도를 부인하고 있는 것이다! 약탈자들이 빈자들을 유린할 때 우리는 이 빈자들을 돕기를 거부하고 있다. 영주가 고아나 과부를 괴롭힐 때 우리는 이에 대해 싸우지 않고 있다. 그리스도는 십자가 위에 있는데 우리는 침묵만 하고 있다니!"

왕권의 입장과 태도도 교회의 그것과 비슷했다. 사실 이 두 세력은 모두가 공동의 적에 대해서는 종종 상호 지원을 했으며, 그들의 슬로건은 개별적 횡포에 대해서는 보편적 이익을 보호하고 강자의 압제에 대해서는 약자를 보호하는 것이었다.

왕들은 봉건적 구조로부터 얻을 수 있는 모든 무기를 최대한으로 활용했다. 그들은 모든 영주에게 최우선 신서를 강요했다. 그들은 자신이 봉건적 위계 서열의 정점에 있을 뿐만 아니라 오히려 그것을 초월해 있다는 것을 확인하기 위해 자신이 봉으로 보유하고 있는 토지에 대해 신서를 못 하게 했다. 그들은 수많은 교회 기관에 대한 보호권('후견권 avouerie, patronage')을 인정케 했다. 왕들은 '공동 영주권pariage' 계약을 가능한 한 많이 맺어 왕령지 밖에 있는 장원이나 자신의 영향력이 미약하게 미치는 지역에 있는 장원의 공동 영주가 되었다. 마지막으로 그들은 봉건적 윤리와 감수성의 핵심인 충성의 이상을 자신을 위해 강화시켰다.

그러나 이와 동시에 왕권은 도처에서 영주의 통제를 벗어나려고 했다. 그들은 왕위를 세습화함으로써 왕령지를 확장하고 전국에 자신의 관리들을 강제로 배치하고 봉건군·봉건세·봉건 재판 등을 국민군·국세·왕실 재판 등으로 대체했다. 왕이 지방 영주보다 더 멀리 떨어져 있었음에도 농민들이 왕의 보호 아래 있으려 했던 것은 중요한 의미를 지닌다. 하층 계층, 특히 농민 계층은 왕이 영주들의 횡포로부터 자신들을 해방시켜주리라 기대하면서 왕의 인격에 종종 희망을 걸었다는 것 또한 사실이다. 루이 성왕은 자기가 힘이 없었던 시절 귀족들이 반란을 일으켰을 때 민중들이 자신에게 보여준 태도에 대해 주앵빌에게 상기된 듯한 어조로 얘기했다. "그리고 성왕께서는 나에게 이렇게 말씀하셨다. '내가 몽틀레리Montlhéry에 있을 때 나는 물론이고 아내도 파리 주민들이 무기를 들고 우리를 맞으러 오기 전까지는 파리로 돌아갈 엄두도 낼 수 없었다네. 그리고 몽틀레리에서 파리에 이르는 도로에는 무장하거나 무장을 하지 않은 사람들로 가득했고 그들은 나를 환호하면서 주님께 기도했었지. 내가 만수무강하고 나의 적들로부터 나를 보호해달라고 말이야."

왕권에 대한 이 같은 신화는 오랫동안 생명력을 유지했다. 이 같은 신화는, 사회를 전복하는 심각한 위기에 처했을 때 왕권이 자신과 이해관계와 편견을 공유하고 있던 봉건적 진영에 가담할 것임을 마지막으로 보여주었던 시기까지 생명력을 유지했다. 예컨대 그것이 영국에서는 1642~1649년, 프랑스에서는 1792~1793년 마지막 혁명적 폭발이 일어나기 전까지 존속했다. 필리프 존엄왕 치하에서 베르농Vernon 마을 사람들이 파리의 노트르담 성당 참사회원인 그들의 영주에게 반란을 일으키고 타이유세 납부를 거부했다. 그들은 왕에게 대표를 보냈다. 이때 왕은 성당 참사회원들에게 유리하게 판결을 내리고는 농민 대표들에게 버럭 소리를 질렀다. "만약 참사회가 그대들을 화장실에 가두지 않는다면 참사회는 저주를 받으리라."

그러나 왕은 여러 사회계급들에 대해 간혹 외로움을 느꼈다. 그는 그들을 장악하지 않으면 그들 중 누군가가 자신에게 위협을 가할 거라고 생각했고, 그들을 방치했을 때는 그들로부터 공격을 받을까 봐 두려워했다. 존 우스터John of Worcester가 쓴 연대기에 따르면, 잉글랜드 왕 헨리 1세의 악몽이 바로 이런 것이었다. 왕이 1130년 노르망디에 있을 때 그는 세 개의 환상을 보았다. 먼저 농민 폭도들이 농기구를 가지고 그의 침대를 포위하고 이를 갈며 그에게 불만을 털어놓으면서 그를 괴롭히는 환영을 보았다. 그다음에는 갑옷을 입고 머리에는 투구를 쓴 기사들 무리가 작살과 창과 칼로 무장을 하고 그를 죽이겠다고 위협하는 환영을 보았다. 마지막으로 대주교·주교·수도원장·성당 참사회 의장 등의 무리가 그에게 홀장을 쳐들면서 침대를 포위하는 환영을 보았다.

연대기 작가는 울먹이며 말했다. "이 일로 자주색 제왕복을 입은 한 왕이 공포에 질려 있다. 솔로몬의 말에 따르면 왕이 한마디하면 사자의 포효처럼 세상이 벌벌 떨어야 하는데, 왕이 이러고 있다니." 이것은 『여우 이야기』에서 여우가 조롱했던 바로 그 사자이며, 이와 더불어 모든 왕도 마찬가지로 조소거리였다. 중세 세계에서 왕들은 언제나 약간은 이방인이었다.

17. 사교 공동체: 신도회와 동년배층

중세 서양에는 우리가 방금 살펴본 것과는 다른 공동체들이 있었다. 이들은 사회계급들과 어느 정도 중첩되는 공동체들이었다. 교회는 이 공동체들에서 계급투쟁을 희석하거나 약화시키는 수단을 발견하고 이들을 특별히 지원했다.

신도회confrérie가 바로 이러한 공동체였다. 이것의 기원에 대해서는 알려진 것이 거의 없고, 이것과 동업조합과의 관계도 모호하다. 동업조합이 본질적으로 같은 직업을 가진 사람들로 구성되었다면, 신도회는 주로 종교로 맺어진 단체다. 물론 간혹 신도회가 직업적 범주와 일치하는 경우도 있다. 예컨대 보통 성묘(聖墓)의 보호를 받는 이발사 신도회니 약제사 신도회니 외과의사 신도회니 하는 단체들이 있었고, 이와는 별도로 보다 상위의 단체로 성 코스마스와 성 다미아누스의 보호를 받는 '긴 옷을 입은 의사들'의 신도회가 있었다. 그렇지만 14세기에는 신도회가 특정한 사회계층과 일치했다.

이러한 신도회 중에는 교회가 각별히 신경을 썼던 처녀 신도회와 과부 신도회가 있었다. 12~13세기에 크게 유행했던 『처녀들의 귀감 *Speculum Virginum*』은 처녀성, 과부 상태, 기혼이 얻을 수 있는 결과들을 비교했다. 이 작품에 수록된 한 세밀화는 이 비교를 형상화했다. 기혼 여성들은 그들이 씨 뿌린 것의 30배를 수확하고(이 숫자는 중세에 이미 신비적인 숫자였다), 반면 과부들은 60배를 수확하며 처녀들은 100배를 수확한다. 그러나 처녀들은 사교 단체를 형성했다기보다는 대개 수녀들과 동일시되는 경향이 있었고, 과부들은 빈자들과 동일시되는 경향이 있었다. 중세 사회에서는 가계를 꾸려나갈 남편이 없는 과부들이 재혼을 할 수 없거나 원치 않는 경우 그들은 극도로 비참한 생활을 해야 했기 때문이다.

이보다 더 활동적이었던 것은 동년배층이었을 것이다. 이것은 성직자들이 삶의 단계에 대한 이론이나 문학 분야에서 꾸며낸 것이 아니라, 전통 문명을 특징짓는 전사·농민 사회의 실제적 관습에 완전히 통합되어 있던 것이다. 이러한 동년배층 중에서 구조화된 실제적 현실을 가장 잘 나타내주는 것이 청년 동년배층이다. 이것이 원시 사회에서는 함께 입회 의식을 치른 청년들로 구성된 계층이었다. 그리고 중세의 청년들은 도제 훈련이라는 입회 의식을 치렀다.

그러나 여기서도 또한 이러한 계층의 형성을 다른 체계 안에 배치하는 사회구조가 등장했다. 기사층 출신의 청년들과 농민층 출신의 청년들은 전혀 별개의 집단을 형성했다. 전자에게서 도제 훈련이란 무기를 다루는 훈련과 봉건적 전투 훈련이다. 이것은 그가 기사계급으로 들어간다는 입회 의식, 즉 기사 서임 의식으로 끝난다.

농민층 출신 청년들에게 도제 훈련은 다산과 풍요를 기원하는 봄철 민속 축제들이다. 생조르주 축일(4월 23일)과 성 요한 축일(6월 24일) 사이에 마을 청년들은 공동체의 경제적 번영을 보장해준다는 의식들을 주관한다. 이 중에는 결혼 규범 위반자에게 당나귀 등에 뒤로 앉아 꼬리를 잡고 마을을 한 바퀴 돌게 하여 공개 모욕을 주는 의식도 있다(이것을 도상에 묘사된 4, 5월의 농사 월력에서 볼 수 있다). 이 입회 의식은 성 요한 축일에 큰 화톳불 위를 뛰어넘는 시험으로 끝난다.

여기서도 또한 도시는 이러한 전통과 이것의 토대가 되는 개인적 유대 관계의 단절을 초래했다. 그러나 그 잔재는 남아 있었다. 예컨대

'애숭이들béjaunes,' 즉 학생들의 입학식이 그런 것이다. 이것은 그들의 야만적인 농촌적 본성을 그들로 하여금 떨쳐버리게 하는 데 목적이 있었다(중세 말 프랑스에서 농민을 의미했던 'Jacques'란 말과 폴란드에서 신입생에게 붙여진 'Zak' 또는 'Jak'라는 말 사이에 어떤 관계가 있는 것인지도 모르겠다).

젊은 도제들은 직인으로 수련을 받는 과정에서 그리고 특히 그들이 완성해야 하는 '시품(試品)Grand Tour'을 만드는 과정에서 입회 의식을 치렀다. 젊은 법률가들도 재판정에 소속된 법률 서기단에 가입함으로써 입회 의식을 치렀다.

한편 하나의 계층으로서의 노인들(전통사회의 '원로들')은 중세 기독교 사회에서 그리 중요한 역할을 하지 않았던 것 같다. 중세 사회는 사람들이 요절하는 사회요, 육체적 혈기가 왕성할 때만 가치를 갖는 기사와 농민의 사회였다. 성직자 사회는 종종 어린 나이에 선출된 교황과 주교들이 이끄는 사회였다. 예컨대 10세기에 선출된 어린 교황들이 일으킨 물의들(요한 11세는 931년 21세에 교황에 선출되고 요한 12세는 954년 16세에 교황에 선출되었다)을 별도로 한다 하더라도, 이노켄티우스 3세는 1198년 35세 무렵에 교황이 되었다. 중세 사회는 원로 정치를 경험하지 못했다. 기껏해야 중세 사회는 흰 수염을 한 위대한 노인들을 보고 감정이 약간 동요했을 뿐이다. 이와 비슷한 노인들을 우리는 교회 현관에 그려져 있는 「요한 계시록」에 나오는 노인들과 예언자들, 문학에 등장하는 카롤루스 마그누스를 모방한 노인들(흰 수염을 한 노황제), 중세 사회가 상상 속에서 묘사한 은둔자들(놀라울 정도로 장수한 중세판 장로들)에게서 볼 수 있다.

18. 사교 중심지: 교회·성채·방앗간·선술집

우리는 사회계급의 구조와 다양한 삶의 방식과 어느 정도 관계가 있고, 사회생활의 중심지에서 맺게 되는 사회관계의 중요성 또한 고찰하지 않으면 안 될 것이다.

이런 회합 장소 중 으뜸가는 것은 성직자들이 활동하는 교회였다. 이것은 교구 생활의 중심지였다. 중세 사회에서의 교회는 공통적인 정신생활의 중심지(복음 전파 문제와 관련된 망탈리테와 감수성이 여기서 형성되기 때문에 더욱더 중요한 중심지다)일 뿐만 아니라 회합의 장소이기도 했다. 여기서 회의가 열리고 위험 시에, 특히 화재 발생 시에 종을 울려 사람들이 모이도록 알려주었다. 사람들은 그곳에서 담소를 하고 놀이를 하고 시장을 보았다. 성직자들과 종교회의가 교회의 역할을 신의 집으로서의 본래적 역할로 환원시키려고 애를 썼음에도, 교회는 오랫동안 회교 사원과 비교될 수 있는 여러 기능을 가진 사회적 중심지였다.

교구 생활이 교회가 조직한 소우주였듯이 성채 생활은 영주들이 성채에서 형성한 사회적 공간이었다. 이곳에서 봉신의 젊은 아들들이 모여들어 영주에게 봉사하고 군사 훈련을 받았다(때로는 인질 역할도 했다). 영주의 가족과 하인들도 이곳에서 생활을 했다. 이들과 더불어 여흥꾼들의 무리가 영주의 기분전환과 위신을 위해 필요한 것을 충족시켜주었다. 이곳에서 음유시인들의 지위는 애매했다. 이들은 고용주들의 덕과 공적을 찬양하지 않을 수 없었고, 주인들이 주는 봉급과 총애에 절대적으로 의존해 있었다. 그들은 때로는 자신들도 영주가 되는 욕망을 갖고 있었고, 또 가끔 그렇게 되는 경우도 있었다. 기사가 되어 문장(紋章)을 받은 독일 음유시인들의 경우가 그랬다. 이들 시인과 이들의 문장이 그려져 있는 세밀화를 담은 하이델베르크의 유명한 필사본은 이들이 서정시의 고결한 기법 덕택에 지위가 상승했음을 증언해 준다. 그러나 그들은 때때로 전사들의 변덕스런 기분에 좌우되는 예술가로서의 자신들의 처지에 울화가 치밀기도 했다. 그들은 또한 봉건적 특권계급의 이상과는 대립되는 이상을 가지고 스스로가 주인의 비판자가 될 준비가 되어 있는 지식인들이기도 했다. 성채에서 생산된 문학과 예술 작품들은 종종 봉건사회에 대한 적대감을 다소 포장된 형태로 증언한다.

민중 사회는 이와는 다른 회합 장소가 있었다. 시골에서 만남의 장소는 농민들이 곡식을 가지고 와 줄을 서서 방아 찧을 순서를 기다리던 방앗간이었다. 우리는 농촌 개혁이 때로는 그곳에서 논의되고 전파되었으며, 농민 봉기 음모가 거기서 꾸며졌다고 쉽게 상상할 수 있다. 농민 회합 장소로서 방앗간의 중요성을 입증해주는 두 가지 사실이 있다. 12세기 종교 교단의 규약들은 수도사들이 그곳으로 시주를 받으러 갈 것이라고 예상했다. 매춘 여성들이 방앗간 근처를 자주 드나들었다. 그래서 경제적 이익보다도 도덕을 항시 앞세웠던 성 베르나르는 수도사들에게 이 악의 소굴을 없애라고 권했다.

도시에서 부르주아들은 자신들의 시장과 회의실을 갖고 있었다. 한 예로 파리의 거상들이 모였던 수로 상인조합 회의실이 있었다. 이곳은 '부르주아의 응접실'이라는 적절한 별명을 갖고 있었다.

농촌에서는 물론 도시에서도 가장 큰 사교 중심지는 선술집이었다. 그것은 흔히 영주 소유로 되어 있었고, 또 그곳에서 마시는 포도주와 맥주는 보통 영주가 공급하거나 세금을 매기는 등 영주의 시설 독점권 아래 있었으므로 영주들은 그곳의 출입을 권장했다. 반면에 교구 성직자들은 노름과 술주정이 제한받지 않고 허용되고, 교구 회합·설교·성무 일과 등에 방해가 되는 저 악의 소굴을 맹렬하게 비난했다. 선술집에서 너무 소란법석을 피워 루이 성왕이 도밍고회 수도사의 설교를 들을 수 없었던 사건을 우리는 기억하고 있다. 선술집은 마을 주민들과 도시의 구역 주민들(구역quartier이란 중세 말에 큰 중요성을 지니게 되는 도시 안의 또 다른 형태의 공동체. 이것은 동향민들 또는 동종 직업인들이 모여 살았던 가(街)rue와 비슷하다)이 모여들었다. 선술집 주인은 대부업자의 역할을 하기도 했고, 그곳은 여관을 겸했기 때문에 이방인들을 숙박시키기도 했다. 이를 통해 선술집은 사회적 교류망의 중요한 매듭 구실을 했다. 먼 곳에서 일어난 사건과 전설과 신화를 담은 소식들이 그곳에서 전파되었다. 그곳에서 오가는 대화가 중세인들의 망탈리테를 형성했다. 그곳에서의 술 한잔이 흥을 돋웠듯이 선술집은 내부의 격정을 발효시켜 폭발시킨 취기와 정열적인 색조를 중세 사회에 부여하는 데 크게 기여했다.

19. 이단과 계급투쟁

종교 신앙은 어떤 사회적 반란의 물질적 요구에 결여되어 있는 응집력과 이념을 제공한다고 간혹 주장되어왔다. 이단 운동은 최고의 혁명 운동이었던 것으로 생각된다. 중세에는 자신들의 운명에 불만을 가진 사회계층들이 이단을 다소 의식적으로 수용했다는 것은 의심의 여지가 없다. 알비 카타르파 십자군 원정의 초기 단계에서조차도 남프랑스 귀족들이 이단 편에 적극 가담했던 것을 보면 교회에 대한 이들의 불만이 얼마나 심각했는지를 알 수 있다. 그도 그럴 것이 교회는 결혼을 금하는 촌수를 확대함으로써 세속 귀족들의 토지 분할을 촉진시키고, 이로써 보다 손쉽게 그들의 토지를 장악했기 때문이다. 무엇보다도 많은 이단 운동들이 세속 사회와 특히 교회를 비난할 때 그 속에 매우 강력한 혁명적 효소가 숨겨져 있었다는 것은 확실하다. 카타르파, 더 보편화된 조아키노주의의 이데올로기, 그리고 우리가 이미 살펴본 바 있듯이 파괴적 특징을 지닌 여러 천년왕국 운동 등이 그러했다.

그러나 이단은 이질적인 사회 세력들이 규합된 집단이었으므로 그 내부에서는 계급적 다양성이 운동의 효율성을 약화시켰다. 적어도 알비 카타르파의 경우에 우리는 이 이단 운동을 몇 단계로 나누어볼 수 있다. 초기 단계는 귀족들이 주도했다. 그다음 단계는 알비 카타르파 십자군과 파리 조약 이후 귀족들이 포기하고 대신에 도시의 상인·공증인·유력자들이 이 운동을 장악했다. 마지막 단계는 13세기 말 도시의 수공업자들, 피레네 산맥의 산촌민들과 양치기들만이 계속 투쟁을 수행했던, 보다 공개적이고 대중적인 모습을 띠었던 단계였다.

특히 이단들의 순전히 종교적인 슬로건들은 운동의 사회적 내용을 희석시켰다. 이들의 혁명적 프로그램은 세속적 해결책에 대한 모든 희망을 배제하는 천년왕국적 시대착오로 변질되었다. 비록 여러 이단 운동들이 다른 어떤 운동들보다도 더 혹독하게 노동을 비난했지만, 노동을 특히 비난했던 허무주의적 이단들(카타르파의 '완덕자(完德者) perfecti'들은 노동을 해서는 안 되었다)은 반란의 사회적 효율성을 종교적 기치 아래 마비시켰다. 이단은 이데올로기적 소외의 가장 첨예한 형태였던 것이다.

20. 소외 집단들: 이단자·나환자·유대인·마법사·남색가·불구자·이방인·낙오자

그러나 이단들은 교회와 봉건 질서에 위험한 세력들이었다. 따라서 이들을 추적하여 사회로부터 고립된 공간에 유폐시켰는데, 이것은 교회의 사주로 12~13세기에 더욱 분명해졌다. 이단 재판 제도가 탄생되는 것과 같은 시기에 교회법 학자들의 영향을 받아 이단은 '대역죄'로 규정되기 시작했다. 이러한 위기 시에 가장 저명한 교회법 학자였던 우구치오는 『대전 $Summa$』(1188년경)에서 이단을 '교회의 공공선'에 대한 침해로, '기독교 사회의 선한 질서'에 대한 침해로 규정했다.

이단자들과 함께 유대인들(1215년 제4차 라테라노 공의회는 이들에게 다른 사람과 구별하는 배지를 달고 다니도록 강요했다)과 나환자들(나환자 수용소가 1179년 제3차 라테라노 공의회 이후 증가했다)이 제명자 명부에 기록되고 구금되고 추적되었다.

그러나 이때는 또한 사회적 제명자들이 결국 교회 사회에 수용되었던 시기이기도 했다. 중세 초에는 수상쩍은 직업들이 많이 증가했다. 야만화로 인해 원시적 금기들이 다시 기승을 부렸다. 피의 금기가 푸주한, 사형 집행인, 외과 의사와 심지어 군인들에게도 적용되었다. 불순과 불결의 금기가 축융공·염색공·요리사·표백업자들에게 타격을 주었다. 13세기 초 장 드 가를랑드는 14세기 일련의 반란에서 주도적인 역할을 하게 될 '푸른 손톱'을 가진 방직공들에 대한 여성들의 혐오감을 언급했다. 화폐의 금기는 이미 살폈듯이 자연경제가 지배했던 시대의 사회적 태도로 이해될 수 있다. 여기에 게르만 침략자들은 노동자에 대한 전사의 경멸을 부가해주었고, 기독교는 세속적 활동에 대한 경멸을 부가해주었다. 아무튼 성직자들에게는 세속적 활동이 금지되었으며, 따라서 그들이 그런 활동을 하는 경우 세속인들과 똑같은 불명예 죄가 씌워졌다.

그렇지만 사회·경제적 발전으로 분업이 발생하고 직업의 지위가 향상되었으며, 마리아에 비해 마르타가, 즉 활동적 삶이 높이 평가되었다. 이것은 고딕식 성당의 현관에 묘사된 명상적 삶과 당당하게 한 짝을 이루었다. 이와 더불어 금기된 직업이나 천대받는 직업의 수가 줄어들거나 없어졌다. 프란체스코회 설교가 베르톨트 폰 레겐스부르크는 13세기에 '악마의 가족'을 구성하는 유대인, 유랑 곡예사, 떠돌이들을 제외하고 모든 '세속 신분'을 '그리스도의 가족'에 편입시켰다.

그러나 11~12세기의 발전으로 탄생한 새로운 사회를 자체에 흡수하고 그 '변경'에 도달했던 이러한 기독교 세계는 기존 질서에 순응하기를 거부하는 사람들이나 교회가 받아들이고 싶지 않은 사람들에게는 더욱더 가차 없는 태도를 보였다.

더군다나 사회에서 배척받는 사람들에 대한 교회의 태도는 모호했다. 교회는 이들을 혐오하면서도 존중했던 듯하다. 교회는 이들을 두려워했지만, 이 두려움은 매력과 뒤섞여 있었다. 교회는 이들과 거리를 유지하면서도, 교회의 힘이 미칠 수 있을 정도로 가까운 거리를 유지했다. 이들에 대한 자비라는 것도 생쥐를 가지고 노는 고양이의 태도와 비슷했다. 그리하여 나환자 수용소도 '형제애적 자비'가 이들에게 베풀어질 수 있도록 '엎어지면 코 닿을 거리'에 있지 않으면 안 되었다.

사실 중세 사회는 이러한 천덕꾸러기들을 필요로 했다. 교회가 이들을 위험하다는 이유로 추방하긴 했지만, 이들은 교회가 이들을 보살펴줌으로써 자신의 양심의 고통을 완화시켜주는 가시적 존재들이었다. 교회는 자신이 추방하고자 하는 모든 악을 마술사처럼 이들에게 투사하고 고착시켰다. 예컨대 나환자들은 세속 세계 밖에 있으면서 동시에 그 안에 있었다. 베륄Béroul이 전하는 끔찍한 민담에 등장하는, 마르크 왕으로부터 죄인 이졸데를 인도받은 문둥이들이 그러했다. 온화하고 점잖은 12세기 말의 시인 토마스Thomas가 이 얘기를 듣고 움찔했다.

그때 불구에다 살이 썩어 온통 희끄무레하고 따르라기 소리가 나는 목발을 짚고 달려가던 백 명의 문둥이들이 화형용 장작더미로 몰려왔다. 부푼 눈꺼풀 속에 있는 그들의 피맺힌 눈들이 이 광경을 즐기고 있었다.

아주 혐오스럽게 생긴 문둥이인 이뱅은 왕에게 째지는 소리로 외쳤다. "전하, 전하께서는 왕비를 저 장작더미 속에 던지기를 원하고 계십니다. 그것은 훌륭한 재판입니다만 너무 금방 끝납니다. 저 큰 불덩이가 왕비를 순식간에 태워버릴 것이고, 저 세찬 바람이 왕비의 재를 금방 흩뜨려 뿌릴 것입니다. 그리고 저 불이 꺼지면 왕비의 고통도 곧장 끝날 것입니다. 왕비가 살아남기는 하되 지독한 치욕 속에서 항상 죽기를 바라도록 보다 더 가혹한 처벌 방법을 제가 말씀드릴까요? 전하, 그래도 됩니까?"

왕이 대답했다.

"그래라, 왕비를 살려주되 죽음보다 더 치욕스럽고 더 고통스런 벌을 주도록 하라. 짐에게 그런 방법을 가르쳐주는 자는 더욱 총애를 받으리라."

"전하, 그러면 저의 소견을 간단히 말씀드리겠습니다. 보십시오, 여기백 명의 동료들이 있습니다. 이졸데를 저희들에게 넘겨주십시오. 저희들은 그녀를 공동으로 소유할 것입니다. 병은 우리의 욕망에 불을 당깁니다. 그녀를 전하의 문둥이들에게 주십시오. 어떠한 귀부인도 이보다 더 비참한 종말을 맞지는 못할 것입니다. 보십시오, 저희들이 입은 누더기들은 진물이 나는 상처에 달라붙어 있습니다. 그녀는 전하 곁에서 다람쥐 모피로 된 화려한 옷과 보석으로 치장하고 대리석으로 장식된 방에서 쾌락을 맛보았습니다. 그녀는 맛좋은 포도주와 명예와 쾌락을 즐겼습니다. 그런 그녀가 이 문둥이들의 집을 보고 저희들의 누추한 소굴로 떠밀려 들어가 우리와 잠자리를 같이할 때, 아름다운 금발의 이졸데는 자신의 죄를 인정하고 저 아름다운 가시나무불을 아쉬워할 것입니다!"

왕은 그의 말을 듣고 일어나 한동안 잠자코 서 있었다. 드디어 그는 왕비에게 다가가서 그녀의 손을 잡았다. 그녀는 외쳤다. "전하, 자비를 베풀어주십시오, 저에게 차라리 화형을 내려주십시오."

왕은 왕비를 일으켰다. 이뱅은 그녀를 데리고 갔다. 백 명의 문둥이들이 그녀 주위로 몰려들었다. 그녀가 울부짖는 것을 보고 모두들 마음속으로는 안됐다 싶었다. 그러나 이뱅만은 기뻤다. 이졸데가 떠나갔다. 이뱅이 그녀를 끌고 갔던 것이다. 도시 밖으로 저 혐오스런 행렬이 내려가고 있었다.

기독교 세계는 새로운 노동 윤리에 근거하여, 타의건 자의건 빈둥빈둥 노는 사람들까지도 추방했다. 교회는 떠돌이 무리에 가담해서 돌아다니는 불구자·병자·실직자들을 거리로 내몰았다. 교회는 그리스도와 동일시되는 이 불행한 사람들을, 교회가 그리스도를 대하듯이, 즉 매혹적이면서도 두려운 존재들로 취급했다. 정말로 그리스도처럼 살기를 원하던 성 프란체스코가 버림받은 자들과 함께 살았을 뿐만 아니라 그들 중 한 사람이 되기만을 바랐던 것은 무언가 시사하는 바가 있다. 그는 자신을 빈자·이방인·요술쟁이(그는 스스로를 '신의 요술쟁이'라고 불렀다)로 소개했다. 이것이 어찌 물의를 일으키지 않았겠는가?

반면 신심이 깊은 루이 성왕은 기도를 한 다음 빈자와 나환자들을 저버리고 비정하게도 『관례집』에 이러한 법을 넣었다. "어떤 자가 아무 것도 가진 것 없고 일자리도 없이 선술집에 자주 드나들 경우 행정관은 그들을 체포하여 그들이 먹고살 수 있는 양식을 가져오도록 요구해야 한다. 그리고 그들을 도시 밖으로 추방해야 한다."

대장장이에게 매력과 공포가 감돌았듯이 장인들도 흠모와 저주의 대상이었다. 그래서 시귀르는 이들로부터 칼을 받고 난 후 이들을 죽여버렸다.

기독교도들은 유대인들과 중세 내내 기본적으로는 대화를 유지하면서도 때로는 박해와 살육으로 이 대화를 중단하기도 했다. 비길 데 없는 고리대금업자들이었던 이들은 가증스럽지만 필요하고도 유용한 존재들이었다. 특히 성경과 관련하여 유대인과 기독교도들 간에 논쟁이 벌어졌고, 기독교 설교가와 유대교 랍비 사이의 공적인 회의와 사적인 회의들이 끊임없이 열렸다. 11세기 말 웨스트민스터 수도원 원장인 길버트 크리스펀Gilbert Crispin은 그가 마인츠 출신의 한 유대인과 신학적 논쟁을 한 것을 그의 인기 있는 한 책에서 언급하고 있다. 12세기 중엽 성경 해석의 혁신을 바라던 앙드레 생빅토르André Saint-Victor는 유대교 목사에게 조언을 요청했다. 루이 성왕은 클뤼니 수도원에서 있었던 성직자들과 유대인들 사이의 토론을 주앵빌에게 들려주었다. 그가 이런 모임을 인정하지 않았던 것은 명백하다. 왕은 덧붙여 말했다. "그래서 내가 하는 얘긴데, 전문적인 신학자가 아니면 아예 그들과 토론해서는 안 된다. 그들이 기독교 계율을 무시하는 말을 하더라도 평신도들은 우리의 계율을 변호하려고 해서는 안 된다. 평신도들이 유대인들의 뱃속에 칼이 들어갈 수 있는 데까지 쑤셔 넣을 수 있도록 칼을 소지하고 있는 경우를 제외하고."

일부 제후, 수도원장, 교황과 특히 독일 황제들은 유대인들을 보호했다. 그러나 11세기 말 이후 반유대주의가 서양에서 광란을 부렸다. 사람들은 이런 움직임을 십자군 탓으로 돌리기도 했는데, 사실 십자군 정신이 이러한 반유대주의적 격정을 부가시켰던 것으로도 볼 수 있다. 첫번째 유대인 학살은 라울 글라베에 따르면 1000년경에 일어났던 듯하다. 제1차 십자군 원정 때 그것이 배가되었던 것은 사실이다. 『작센 연대기』는 보름스와 마인츠에서 일어난 일을 이렇게 기록했다. "인류의 적들은 농작물 사이에 독초 씨를 뿌리고 가짜 예언자들을 부추기고 가짜 수도사와 방탕한 여자들을 그리스도 군대에 섞어놓았다. 위선과 거짓말과 불경한 방법으로 그들은 신의 군대를 혼란에 빠뜨렸다. 〔……〕 기독교도들은 그리스도의 원수를 이교도들과 유대인들에게 갚는 것이 옳다고 믿었다. 그래서 그들은 마인츠 시에서 여자와 어린이 가릴 것 없이 900명의 유대인들을 죽였던 것이다. 〔……〕 마차에 실려 시내를 빠져나가는 큰 시쳇더미를 보는 것은 경건한 행위다."

제물로 사람을 살해한 것(1144년 윌리엄 노리치 William of Norwich라는 소년이 살해된 것을 말함——옮긴이)에 대해 제2차 십자군 원정 무렵인 1146년에 처음으로 비난이 일기 시작했다. 다시 말하면 한 기독교도 어린이를 살해하여 그의 피를 효소를 쓰지 않은 성찬식 빵에 섞어 성찬을 모독한 것은 그것이 교회의 눈에는 신의 살해로 간주되었기 때문에 더욱더 큰 중죄였다. 그 후 불만과 재앙의 시대에 기독교도들에게 속죄양을 제공하는 구실을 했던 근거 없는 비난들이 줄을 이었다. 흑사병이 대대적으로 만연하던 1348년 유대인들이 우물에 독을 넣었다고 여러 곳에서 비난받고 대량 학살되었다. 그러나 유대인들을 고립시킨 주요 계기는 경제적 발전, 도시 세계와 봉건 세계라는 두 세계의 형성이었다. 유대인들은 이로부터 탄생한 사회제도(주종 관계와 코뮌)에 가입할 수 없었다. 누구도 유대인에게 신서를 하거나 서약을 해서는 안 되었다. 이리하여 유대인들은 점차 소유로부터, 심지어는 토지의 양여나 상업을 포함한 모든 직업으로부터 소외되었다. 그러니 그들이 할 수 있는 일이라고는 수지가 안 맞는 장사나 불법적인 장사, 그렇지 않으면 고리대금업밖에 없었다.

그렇지만 교회가 소외민 특수 구역을 설정하고 장려한 것은 트렌토 공의회와 '대응종교개혁Contre-Réforme' 때부터다. '대감금'(미셸 푸코는 광인들에 대한 '대감금'의 역사를 쓴 바 있다)이 시작된 것은 17세기 대대적인 쇠퇴와 절대 군주정의 시대다. 중세에는 광인들에 대한 태도가 모호했다. 때로는 그들은 영감을 받은 사람들로 취급되었고, 그래서 영주의 광대와 나중에 왕의 광대들이 그들의 고문이 되었다. 농민 사회에서 천치(天痴)는 마을의 숭배 대상이었다. 『정자나무 밑의 놀이』에서 농민 출신의 젊은 바보는 이 이야기의 우의(寓意)를 드러내준다. 중세인들은 미친 사람들을 다양한 범주로 구별하려는 시도를 했다. 중세인들은 둘 다 병자인 '난폭한 정신병자들furieux'과 '광란적인 정신병자들frénétiques'을 보살펴주거나, 아니면 특별한 수용소에 감금시키려 했다. 이런 수용소들 중 최초의 것이 13세기 말 런던에 세워진 베들레헴 병원이다. '우울증 환자들mélancoliques'도 있었다. 이들의 기이한 행동은 우울한 기질과 관계가 있는 육체적인 결함이었을 것이다. 그러나 이들에게는 의사보다도 사제의 도움이 필요했다. 마지막으로 마귀들린 사람들이 많이 있었다. 구마식(푸닥거리)만이 그들의 무서운 마귀를 쫓아낼 수 있었다.

마귀 들린 사람들 중 다수가 마법사와 쉽게 혼동되었다. 그러나 중세는 14~18세기처럼 마법이 성행했던 시대는 아니었다. 이단자들과 마귀 들린 사람들 사이에 마법사들이 가까스로 자리를 차지했던 듯하다. 이들은 이교 마법사들과 시골 점쟁이들의 후예로서 그 수가 점점 줄어들었다. 특히 참회 고행 지침서들은 중세 초부터 농촌 복음화의 일환으로 이들을 추방하려고 노력했다. 프륌 수도원장 레기노Régino de Prüm가 교회법(약 900년)을, 보름스의 주교 부르카르트Burchard de Worms가 교령집(약 1010년)을 쓰는 데 영감을 준 것은 바로 이 참회 고행 지침서들이었다. 여기서 우리는 시체를 파먹는 귀신들이나 하반신이 뱀으로 되어 있는 여자 귀신들을 볼 수 있는데, 이들은 말하자면 흡혈귀나 '늑대-인간loup-garou'(독일에서는 이것을 Werenwulf라고 불렀다)이었다. 이것은 이러한 믿음과 이에 집착한 사람들의 민중적 특징을 잘 드러내준다. 중세는 교회가 제한적으로 정복할 수밖에 없었던, 섣불리 탐사할 수도 없었던 미개한 농촌 세계였다. 늑대-인간이 바이킹한테 목이 잘린 앵글로-색슨의 왕이자 성인인 에드먼드Edmund의 머리를 밤새 지켜주었다는 것을 교회도 인정하지 않았던가?

그러나 마법사들은 로마법이 부활한 13세기부터 '국가적 이유'라는 미명하에 사냥의 대상이 되기 시작했다. 가장 '국가주의적인' 군주들이 이 사냥에 특별히 관심을 보였던 것은 놀랄 일이 아니다.

마법사들이 이단자처럼 '신성 모독'의 죄가 있고 기독교적 질서를 문란케 했다고 보았던 교황들은 마법사들을 처형시킨 최초의 장본인에 속한다. 1270년부터 이단 재판관들의 입문서가 되었던 『이단 재판관직 대전 Summe de officio Inquisitionis』은 '악마 숭배'를 조직한 죄가 있는 '점쟁이와 우상 숭배자들'에 관해 따로 한 장을 할애했다. 그러나 이들 사이에 구분이 필요하다고 주장하는 사람들도 있었다. 법률가 올드라두스 다 폰테 데 로디Oldradus da Ponte de Lodi는 점을 치고 사랑의 미약을 공급하는 것이 이단적 행위에 속하는 것인지를 따져보았다. 그는 그것이 이단이라기보다는 미신에 속한다는 결론을 내렸다. 그러나 교회의 진단이 어떠하든, 이후부터 자신의 신앙을 철회하겠다는 서약을 하지 않은 마법사와 마녀들은 화형에 처해졌다.

프리드리히 2세는 『로마법 대전 Summa super Codicem』(1220년경)에서 '마법malefici'은 중벌을 받아야 한다고 선언했던 볼로냐 출신 법률학자 아조Azo의 주장에 따라 마법사를 추방했고, 총독 자코포 티에폴로 Jacopo Tiepolo는 1232년 마법 추방법을 제정했다.

그러나 마법 추방에 가장 열을 올리고 항시 자신의 정적들에게 마법 혐의를 씌웠던 사람은 필리프 미남왕이다. 그의 치세기는 근대적 '국가 이성'이 보다 기괴한 형태로 둔갑한 사건이 많았던 때였다. 이를테면 피의자들을 회유하고 갖은 수단을 동원해서 자백을 받아내는 형태, 특히 용의자에게 여러 가지 범죄(군주에 대한 반역죄, 불경죄, 마법의 죄, 탐욕죄, 그리고 보다 각별하게는 비역죄 등)를 뒤섞어 고발하는 병합범 형태 등이 있었다.

그러나 중세 동성애의 역사는 그 이론이나 실천에 대해 연구된 것이 없다. 11~12세기 시인들이 어린 소년들에 대한 찬가를 구식으로 노래하는 것을 심심치 않게 볼 수 있고, 수도원 문서들은 남자 성직자들 사이에 소크라테스식 사랑(연장자와 연소자, 스승과 제자 사이의 소년애(少年愛)를 말함——옮긴이)에 둔감하지 않았음을 간혹 시사해주고 있다. 특히 남색은 그리스-로마적 윤리와는 정반대로 그리고 유대적 금기의 영향을 받아, 모든 범죄 중에서도 가장 혐오스런 범죄라고 항상 비난을 받았다. 비역죄는 기이하게도 많이 환기된 아리스토텔레스 철학을 근거로 사악의 위계 서열에서 맨 윗자리를 차지했다. 그러나 비천한 가문 태생에서는 비난을 샀지만 왕족에서는 적자처럼 대우를 받았던 사생아의 경우가 그랬듯이 상류사회에서의 동성애(잉글랜드 왕 윌리엄 루퍼스와 에드워드 2세 같은 귀족들의 동성애)는 조금도 문제가 되지 않았다. 그러나 중세에 동성애가 그리 보편화되지 않았던 것은, 비역을 중범죄로 간주했던 교회법의 가혹함 때문이라기보다는 가족구조가 오이디푸스 콤플렉스 형성에 유리한 조건이 되지 못했기 때문인 것으로 보인다. 아마도 그것은, 이러한 동성애적 행동의 기미가 있기만 하면 교회가 비난을 했기 때문에 생긴 근거 없는 인상에 불과할 것이다.

아무튼 비역은 신전 기사단에게 가해진 주요 비난 중 하나였다. 이 신전 기사단은 필리프 미남왕과 그의 측근들이 조직한 가장 유명한 재판의 가장 잘 알려진 희생자들이었다. 신전 기사단에 관한 재판기록을 읽어보면, 14세기 초의 프랑스 왕과 그 측근들이 오늘날 가장 소란스런 사건들을 다루는 데 손색이 없을 정도의 사법적 제재체계를 갖추고 있었음을 알 수 있다.

이와 비슷한 재판들이 트루아의 주교 기샤르Guichard와 교황 보니파키우스 8세를 조사하기 위해 열렸다. 특히 기샤르는 마녀의 도움으로 작은 밀랍 인물상에 바늘을 찔러 방자함으로써 필리프 미남왕의 왕비와 궁정인들을 시해하려 했다는 혐의를 받고 있었다. 교황 보니파키우스 8세는 불운한 전임 교황 켈레스티누스 5세를 암암리에 퇴위시켰다는 혐의를 받고 있었다.

이때는 나환자들을 감금하던 시대이기도 했다. 그러나 문둥이의 상황은 생물학적 이유 때문에 마법사들의 상황과는 달랐다. 서양 중세에 나병이 사라지지는 않았지만, 14세기부터 상당히 줄어들었다. 나병이 가장 많았던 시기는 12~13세기다. 그 당시 나환자 수용소가 증가했다. 지명들은 이에 대한 흔적을 간직하고 있다. 예컨대 프랑스에서 '말라드레리maladreries'란 지명들, '라마들렌La Madeleine'이라는 이름이 붙은 도시 외곽 지역들, 나환자와 동의어인 '메젤mésel'이란 말을 환기시키는 부락과 촌락 이름들이 그렇다. 루이 8세는 1227년 유언을 통해 프랑스 왕국에 있는 2천여 개의 나환자 수용소에 100수씩 유증했다. 1179년 제3차 라테라노 공의회는 나환자 수용소 내에 교회와 묘원 건립을 승인함으로써 나환자 수용소를 폐쇄 사회로 만드는 데 기여했다. 이 수용소에서 수용자들이 외출하려면, 유대인들에게 배지를 달아 선량한 기독교도와 구별케 했듯이 반드시 따르라기를 흔들어 그들 앞에 사람들이 접근하지 못하도록 경고를 해야 했다. 문둥이들을 '격리'시키는 의식이 중세에는 후대에 비해 매우 적었다. 그러나 이것은 16~17세기에 오면 하나의 의례로서 보편화되었다. 이때 주교는 상징적 몸짓으로 문둥이를 사회로부터 단절시켰고 세상에서 죽은 사람 취급을 했다(그들이 때로는 무덤 속을 갔다 와야 하는 경우도 있었다). 이러한 격리의 개념이 법률의 관점에서는 전혀 존재하지도 않았다. 법률적으로 문둥이는 노르망디와 보베지를 제외하고는, 건강한 사람으로서의 권리를 보유하고 있었다.

그러나 나환자들은 수많은 '금지 사항들' 때문에 고통을 받았고, 또한 재앙 시에는 최고의 속죄양으로 취급되었다. 1315~1318년 대기근 이후 유대인들과 문둥병자들이 프랑스 전국에서 추적을 받았고, 샘물과 우물에 독을 넣었다는 혐의를 받았다. 필리프 미남왕에 버금가는 그의 아들 필리프 5세는 프랑스 도처에 문둥이들을 처벌하는 재판을 열게 하고, 그들에게 고문을 가해 자백을 얻어낸 후 많은 문둥이를 화형에 처했다.

그러나 귀족 태생의 사생아나 귀족 출신 남색가들이 추적을 받지 않았듯이 귀족 태생의 문둥이들도 추적을 받지 않았다. 이들은 자신들의 직무를 계속 수행하면서 건강한 사람들 사이에 섞여서 살았다. 이 같은 예로 예루살렘의 왕 보두앵 4세, 베르망두아의 방백 라울Raoul, 농민들로부터 탈취한 맷돌로 자신의 응접실 바닥을 깔았던 저 무서운 세인트올번 수도원 원장 리처드 2세를 들 수 있다.

또 다른 버림받은 자들은 병자들, 특히 불구자들이었다. 질병과 불구가 죄악의 외적 징후로 여겨지던 그런 세계에서 불구가 되거나 질병에 걸린 사람들은 신으로부터, 따라서 인간으로부터도 저주를 받았다. 교회는 이들 중 일부를 임시로(이들이 병원에 수용되는 기간은 일반적으로 매우 짧았다) 받아들였고, 특별한 경우(축제일)에는 음식을 나누어 주기도 했다. 이런 혜택을 받지 못한 자들은 구걸과 방랑을 유일한 재산으로 삼았다. 빈자며 병자며 부랑자라는 말이 중세에는 거의 동의어였고, 이들이 반드시 통과하게 되어 있는 다리와 언덕 근처에 병원이 세워졌다. 1348년 흑사병이 만연할 당시 흑사병에 대한 기독교도들의 태도를 기술한 기 드 숄리악Guy de Chauliac에 따르면, 유대인들이 흑사병의 재앙에 대한 혐의를 받고 대량 학살되었던 지방이 있었는가 하면,

빈자와 불구자들이 재앙의 혐의로 비난받고 추방되었던 지역도 있었다. 교회는 불구자를 사제로 서품하기를 거부했다. 예컨대 아베 마리아 기숙학교를 세운 장 드 위방Jean de Hubant은 1346년 '육체적 결함'을 가진 청년들을 받아들이지 않았다.

중세 사회에서 특히 배척받은 사람은 이방인이었다. 원시 사회요 폐쇄 사회였던 중세 기독교 사회는 자신들에게 익숙한 공동체에 속하지 않는 이러한 난입자들을 배척했다. 이들은 미지와 불안을 가져오는 자들이었다. 루이 성왕은 『관례집』에 '이방인'이라는 장을 할애하고, 이방인을 "그 지역에 잘 알려지지 않은 사람"으로 정의했다. 1219년 고슬라르Goslar에서 제정된 법에서는 '익살 광대, 요술쟁이, 이방인'을 같은 범주에 넣었다. 이방인, 그는 신자가 아닌 사람이요, 신민이 아닌 사람이요, 순종을 선서하지 않은 사람이요, 봉건사회에 편입되지 않은 '낭인'이었다.

그래서 중세 기독교 사회는 자신의 종양(腫瘍)들이 더 이상 번지지 않도록 그 일부를 고정·억제하였다. 성채 부근에 있는 도시와 농촌은 처벌 장소와 수단을 결코 숨기는 법이 없이 오히려 그것을 과시했다. 교수대는 도시로 들어오는 대로상이나 성채 밑에, 죄인 공시대는 시장이나 궁정이나 교회 앞에 설치되었다. 특히 감옥은, 이것을 소유한 자에게는 상급 재판권의 보유와 최상층계급의 표시였으므로 더욱 과시의 대상이었다. 성경에 나오는 광경, 순교자와 성인의 생애를 묘사한 중세의 도상들이 유달리 감옥을 많이 묘사하고 있다는 사실에 놀라서는 안 된다. 감옥은 중세 세계에 항존했던 하나의 현실이고 위협이며 악몽이었다.

중세 사회는 구금할 수 없는 자들을 모두 노상에 풀어놓았다. 병자와 부랑자들은 순례자·상인들과 뒤섞이기도 하고, 때로는 혼자, 때로는 떼를 지어, 때로는 대열을 지어 방랑했다. 이들 중 가장 건장하고 과격한 자들은 숲 속에 숨어 있는 산적 떼에 가담하기도 했다.

예컨대 자신의 신분을 벗어나고 싶었던 13세기 독일의 한 젊은 농부 헬름브레히트의 얘기는 사회사의 유용한 축소판이다.

우선 그는 젊은 영주들의 모습을 흉내 내고 다녔다. "이건 정말 사실이다. 나는 황금빛 곱슬머리를 어깨까지 길게 늘어뜨린 한 농부의 아들을 보았다. 그는 아름답게 장식한 챙 없는 모자로 그 머리칼을 보호했다. 나는 모자에 앵무새와 비둘기 등 이렇게 많은 새가 있는 것을 본 사람이 있을지 의심스러웠다. 거기에는 모든 것이 수놓아져 있었다."

헬름브레히트는 그의 아버지에게 말했다. "저는 궁정 생활이 얼마나 멋있는지 알고 싶어요. 거기에서는 제가 어깨에다 곡물 자루를 메고 나를 필요도 없겠지요. 거기에서는 제가 아버지 마차에 가축 똥을 싣는 일도 없겠지요. 하느님께 맹세코, 저는 소에다 멍에를 씌우고 귀리를 파종하는 일을 다시는 하지 않겠어요. 사실 그런 일은 저의 긴 금발 머리에도, 저의 멋진 옷에도, 저의 귀여운 모자에도, 부인네들이 수놓아 박은 비단 비둘기에도 어울리지 않을 겁니다. 결코, 저는 다시는 아버지 농사일을 돕지 않겠어요."

아버지가 중세 사회의 윤리에 대해 그에게 환기시켜주었지만 헛수고였다. "자기 분수를 모르는 사람이 성공하는 법은 없단다. 너의 분수는 쟁기질하는 거다."

그러나 그는 영주처럼 살고 싶었다. 그리고 그에게 영주의 생활이란 말(중세의 자동차) 타고 빨리 달리는 데서 오는 상쾌함과 농민들을 압제하는 것을 의미했다. "내가 들판으로 소를 몰 때 소가 우는 소리를 듣고 싶다. 내게 조그만 말이라도 하나 있으면 이렇게 오랫동안 죽치고 있지는 않았을 텐데. 들판의 바람처럼 다른 사람과 함께 말 타고 달리면서 농민들의 머리칼을 잡고 산울타리로 끌고 갈 수 없다니, 이 얼마나 분통 터지는 일인가!"

몇 달이 지난 후 탕자가 돌아와 아버지를 현혹시켰다. 그러나 그는 영주가 된 것이 아니라 산적이 되어 있었다. 아버지가 아들에게 말했다. "옛날 내가 어렸을 적에 너의 할아버지께서는 농민들이 지금도 그러는 것처럼 나보고 치즈와 계란을 궁정에 갖다 주고 오라고 하셨단다. 거기서 난 기사들과 그들이 하는 행동도 다 보았단다." 그리고 그 늙은 농부는 자신이 옛날 어렸을 때 촌놈으로 황홀하게 보았던 궁정의 모습을 회상했다. 그는 궁정의 모퉁이에서 마상 시합과 무도, 떠돌이 악사들과 곡예사 등을 보았다. 그러나 그는 영주의 생활이 자신에게도 자식에게도 맞지 않는다는 것을 알고 있었다.

그 젊은 산적은 누이동생을 꼬여 약탈로 재산을 모은 동료 산적과 사제도 없이 농민식으로 결혼시키고 다시 떠나버렸다. 그 후부터 그는 '땅 도둑'으로, 그의 매제는 '양 도둑'으로 불렸다. 그리고 나머지 산적들은 '숫양 도둑' '지옥의 자루' '강심장' '소도둑' '성찬배 도둑' 등으로 불렸다.

이들은 농민들을 고문하고 약탈했다. "나는 한 농민의 눈을 뽑고, 다른 농민은 불 속에 매달았다. 나는 이놈을 개미가 많은 곳에다 묶어 놓았다. 나는 앞서 눈을 뽑은 농민의 수염을 쪽집게로 뽑고 그의 살가죽을 벗겼다. 나는 개미한테 시달리는 저놈을 패주고 거꾸로 매달았다. 이렇게 해서 농민들이 가지고 있는 것은 모두 내 것이 되었다."

쉽게 예상할 수 있듯이 이 얘기는 헬름브레히트의 불행으로 끝난다.

"마땅히 일어나야 할 일이 일어났다. 하지 말아야 할 짓을 한 자를 신이 그냥 둘 리가 없다. 신은 헬름브레히트를 벌하기 위해 두 가지 방법을 택했다."

첫째는 영주의 재판이다. "그들에게는 변호사가 붙여지지 않았다. 형리들은 9명의 도둑들을 교수형에 처하고, 한 명만 살려주었다. 그가 '땅 도둑' 헬름브레히트였다. 형리들이 그의 눈을 빼버리고 팔과 다리를 하나씩 잘라버렸다. 그들은 장님 도둑 헬름브레히트에게 지팡이 하나를 주고, 한 시동을 시켜 그를 아버지 집으로 안내케 했다. 그러나 그의 아버지는 그를 전혀 받아들이고 싶지 않았다. 그는 아들의 고통을 위로하기는커녕 그를 쫓아버렸다. '이봐, 꼬마야! 저런 흉측한 사람을 나한테 데려오다니! 〔……〕 낯선 양반, 당장 나가시오.' 그러나 어머니는 마치 어린애 대하듯 그의 손에 빵을 쥐어주었다. 이렇게 해서 눈먼 도둑이 떠나갔다. 그가 시동을 따라 마을을 빠져나갈 때 농부들은 한 사람도 빠지지 않고 소리쳤다. '야! 도둑놈 헬름브레히트야! 네가 우리처럼 그냥 농부로 있었다면 눈도 멀지 않았을 거고 이런 몰골을 하지 않아도 되었을 거다.'"

신의 두번째 수단은 헬름브레히트한테 강탈당한 농부들이다. 이들은 영주가 이런 짓을 저질렀다면 어쩔 수 없이 인정할 수밖에 없었겠지만, 같은 계급한테는 이런 죄를 용서하지 않았다. "그들은 이 가련한 자에게 고백하라고 강요했다. 그때 한 농부가 흙 한 움큼을 집어 지옥에 가는 식량으로 쓰라고 그에게 주었다. 그러고 나서 그들은 그를 나무에 매달았다. 그전에는 모든 도로와 길이 안전하지 못했다. 헬름브레히트가 교수형에 처해졌으니 이제는 모두가 안심하고 여행할 수 있다. 혹시 그에게 아직도 젊은 동료들이 남아 있다면 어쩌지? 그들도 또 다른 헬름브레히트가 될 것이다. 그들이 교수형을 당하기 전까지는 우리는 그들로부터 결코 안전하지 않으리라."

제 9 장
망탈리테·감수성·태도(10~13세기)

1. 불안감

　중세인들의 망탈리테와 감수성을 지배하고 그들 태도의 본질을 결정한 것은 불안감이다. 이 불안은 물질적인 동시에 도덕적이다. 주지하듯이 교회는 이에 대한 처방은 한 가지밖에 없다고 가르쳤다. 그것은 집단 연대와 그들이 속해 있는 공동체의 연대에 의지하고, 야망이나 실총으로 인한 그러한 연대로부터의 단절을 피하는 것이다. 결국 근본적인 불안은, 어느 누구에게도 보증되는 것이 아니며 공적과 선행을 통해서도 확실하게 보장받을 수 없는 미래의 삶에 대한 불안이다. 악마에 의해 저주받을 위험은 너무나도 컸고, 반면에 구원받을 가능성은 매우 희박했기 때문에 공포가 희망을 압도하지 않을 수 없었다. 13세기 프란체스코회 설교가 베르톨트 폰 레겐스부르크는 저주받지 않을 확률이 십만 분의 일이며, 선택된 자와 저주받은 자의 비율을 산정하는 관례적인 이미지는 노아의 홍수에 휩쓸려 희생된 사람들의 숫자에 대한 노아와 그의 동료의 숫자 비율과 동일하다고 설파했다. 사실 중세인들에게 천재는 영적 현실의 이미지이자 척도였다. 그래서 역사가들이 중세인들에게 도덕적 생활의 생산성이 농업 생산성만큼이나 낮아 보였다고 말하는 것은 당연하다. 따라서 중세인들의 망탈리테·감수성, 그리고 태도를 규정했던 것은 무엇보다도 안정에 대한 필요다.

2. 오래된 것(권위)에 대한 의존

무엇보다도 그들은 과거와 그들의 선조들에게 의지했다. 구약이 신약을 예고하고 이것의 토대가 되었듯이 고대인들은 당대인들을 정당화해주었다. 과거에서 보증받지 못한 것이면 그들이 내놓는 어떤 것도 확실한 것이 없다. 그러한 보증들 중에서 가장 특권적 위치에 있는 보증은 권위다. 이러한 권위의 이용이 극치를 보였던 것은 분명히 최고 학문인 신학에서다. 그리고 신학은 영적·지적 삶의 토대였기 때문에 엄격한 규제를 받았다. 최고의 권위는 성경이었고, 여기에 교부들이 부가되었다. 그러나 이러한 일반적인 권위는 인용의 형태를 취하는 경향이 있었다. 이러한 인용이 실제로 '진짜' 견해가 되었고, 급기야는 권위 자체가 되었다. 이러한 권위는 종종 난해하고 모호했으므로, '신뢰할 수 있는' 지식인들이 어쩔 수 없이 덧붙이지 않으면 안 되는 주석에 의해 해설되었다. 이러한 주석이 본래의 텍스트를 대신하는 경우가 허다했다. 중세의 지적 활동의 결실을 담고 있는 모든 문집 중에서 주석집이 가장 많이 참조되고 표절되었다. 지식은 인용을 모은 것이거나,

아니면 12세기에 '명제sentence'라 불렸던 '선문(選文)fleur'을 긁어모은 것이다. 명제집은 권위의 모음이었다. 이미 12세기 중엽에 로베르 드 믈랭Robert de Melun은 그러한 명제집 속에 있는 주석의 신빙성에 이의를 제기한 바 있다. 그러나 그것은 헛수고였다. 페르 셰뉘가 인정한 것처럼 13세기에 대학의 신학 교과서로 사용된 피에트로 롬바르도의 형편없는 『명제집Sentences』은 "출처를 확인하기가 힘든" 주석의 모음일 뿐만 아니라, 토마스 아퀴나스의 『신학 대전』조차도 "왜곡된 주석을 통해서만 출처를 확인할 수 있는, 권위의 역할을 하는 텍스트들이 너무나도 많이 수록되어 있기 때문이다."

물론 권위의 이용자들은 그것에 구애받지 않고 그것에 대한 개인적 견해를 펼칠 수 있기를 바랐다. 알랭 드 릴은 경구와도 같은 한 구절에서 "권위는 어떤 의미로든 쉽게 변형될 수 있는 밀랍으로 만든 얼굴을 가지고 있다"고 갈파했다. 물론 중세 지식인들은 예기치 않은 저자들, 즉 이교 철학자와 아랍 철학자들을 권위로 받아들였다. 기독교도들에게 창피를 주기 위해 '이교' 철학자들에게 의존해야 한다고 주장한 것도 알랭 드 릴이었다. 12세기에 아델라르드 바스도 독자들이 아랍 철학을 더 많이 받아들일 수 있도록 하기 위해 자신의 개인적 사상의 대부분을 아랍 철학에서 얻어왔다고 익살스럽게 고백할 정도로 아랍 철학은 유행하고 있었다. 이 때문에 우리는 아랍 철학이 중세 기독교 사상에 끼친 영향(혹자에 의해 과장되긴 했지만)에 대해 고찰할 때 신중한 태도를 취하지 않으면 안 된다. 아랍 철학을 참조하는 것은 유행의 희생물에 불과한 경우가 많다. 본래의 아랍 사상은 대중성 뒤에 가려져 있었기 때문이다.

그러나 과거를 참조하는 것이 중세에는 거의 의무처럼 되어 있었다. 개혁은 죄악이다. 교회는 '새로운 것novitates'(프랑스 고어로는 'novelletés') 을 금하는 데 열성적이었다. 기술적 진보와 지적 진보가 바로 금지 대상이었다. 발명은 비도덕적이다. 가장 심각한 문제는, "여러 세기에 걸쳐 아무런 이의 없이 제시되어온 증언들에 대해 합의"하려고 할 때, 가치 있다고 인정될 수 있는 믿을 만한 "전통에서 따온 논거"가 종종 논쟁의 대상이 되는 경우다. 페르 셰뉘는 이렇게 말했다. "이 문제에 대해 대개의 경우, 시공간을 초월하여 수립될 증거체계에 구애받지 않고 하나의 저자만 인용되고 하나의 텍스트만 이용된다."

고대적 권위의 무게가 지적 분야만을 짓누른 건 아니다. 그것은 생활의 모든 부문에서 느껴질 수 있었다. 사실 그것은 전통적 농촌사회의 특징이다. 이런 사회에서 지식은 대대로 그만한 자격이 있다고 판단되는 사람에게 '현인sage'을 통해 전수되며, 문서보다는 소문으로 전파되는 비법과 같은 것이다. 전승에 의해 계승되는 어떤 소중한 문화의 토대가 되는 이러한 연속성에 대해 한 수도사가 아데마르 드 샤반 Adhémar de Chabannes 필사본에 다음과 같이 썼다. "수도사 테오도루스와 수도원장 하드리아누스는 알델름Aldhelm에게 문법을 가르쳤고, 알델름은 베다를 가르쳤고, 베다는 (에그베르를 통해) 알퀸을 가르쳤고, 알퀸은 라바누스와 사마라그두스를 가르쳤고, 사마라그두스는 테오둘프를 가르쳤다. 이후에는 에릭Heiric과 후크발드Hucbald와 르미Remi가 배출되었다. 르미에게는 수많은 제자가 있었다."

도덕적 생활 또한 권위의 지배를 받았다. 중세적 윤리는 판에 박힌 일화들을 통해 교육되고 전도되었다. 교훈을 예증하는 이 일화들은 도덕주의자들과 설교가들에 의해 끊임없이 반복되었다. 이 같은 '예화(例 話)exemplum'의 모음들은 일련의 단조롭고 교훈적인 이야기들로 되어 있었다. 처음 이 교훈적인 일화들을 읽을 때는 재미가 있다. 그러나 같은 이야기를 다른 데서 백여 번 반복해서 들을 때, 이러한 일화들은 반복이 어떻게 하나의 방법으로 이용되는지를 드러내준다. 반복은 지적·영적 삶에 있어서 시간과 변화를 폐기하려는 의지의 표현이요, 중세인들의 정신적 에너지의 대부분을 흡수했던 관성력의 표현이다. 아스트릭 L. 가브리엘Astrik L. Gabriel에 의해 그 형성 과정이 밝혀진 한 '예화'가 있다. 이것은 변덕스런 학생, "한곳에 눌러 있지 못하는 아들"이 자신의 처지를 바꾸려다 대죄를 짓는 이야기다. 이 '예화'는 1230~1240년 사이에 잉글랜드의 한 성직자가 쓴 『궁정 관리 훈육론De disciplina scolarium』에 수록되어 있는데, 물론 이 글은 서두에서 이 '예화'가 가장 이론의 여지가 없는 권위 중 하나인 보에티우스에서 나왔음을 밝히고 있다.

그 후 성직자 생활, 장사, 농사, 기사 생활, 법률, 결혼, 점성술('세속 신분들'을 풍자하기 위한 구실) 등을 두루 체험한 이 학생의 이야기가 다소 윤색된 형태와 다양한 변형태로 도처에 등장했다. 예컨대 흥미롭게도 이 이야기는 보에티우스의 『철학의 위안』의 14세기 프랑스어 번역본에 등장했다. 이것은 역자들이 보에티우스가 이 '예화'의 장본인이라고 믿고 번역본에 삽입한 것이다. 그것은 또한 세속 신분에 대한 많은 우화에도 등장했다. 뿐만 아니라 그것은 여러 주석들 중에서도 특히 보에티우스에 관한 주석이나 『궁정 관리 훈육론』에 대한 주석에도 등장했다. 결국 이러한 예의 절정은 잉글랜드의 도밍고회 수도사 니콜라스 트리벳Nicolas Trivet(1328년경 사망)에게서 이루어졌다. 그는 위의 두 권위에 대한 그의 두 주석에 각각 그 얘기를 인용했다. 더욱이 그는 "구르는 돌은 이끼가 끼지 않는다"라는 민간속담을 인용함으로써 우리에게 그 이야기의 참뜻을 전해주고 있다.

우리는 속담을 통해 민속 문화의 본질적 수준에까지 도달할 수 있다. 그러나 우리는 중세적 망탈리테의 보고에 접근할 수 있게 해주는 속담에 관한 심층적인 연구를 아직도 기다리고 있는 형편이다. 서양 중세와 같은 전통적 농업사회에서 속담은 중요한 역할을 담당한다. 그러나 속담이란 세속적 지혜를 얼마만큼 지적으로 정련한 것인가, 혹은 이와는 반대로 지배계급이 내놓는 선전을 얼마만큼 민중 속에 반영한 것인가?

일반적으로 그렇듯이 과거의 무게는 중세 사회의 기본 구조, 즉 봉건적 계급구조의 차원에서 완전한 힘을 발휘했다.

봉건법과 봉건적 관습의 실제적 토대를 이룬 것은 관습이다. 법률학자인 프랑수아 올리비에-마르탱François Olivier-Martin의 정의에 따르면, 관습이란 "오랜 세월 동안 결코 저항을 받아본 적이 없는 공적이고 평온한 행동의 반복에서 태어난 법률적 관계"다. 이러한 고전적 정의에서 '평온한paisible'이란 말이 우리를 약간 주저하게 한다. 관습이란 어떤 항의도 오랫동안 충분히 잠재울 수 있는 어떤 힘에 의해 수립된 법률에 불과하기 때문이다. "주님께서는 '나의 이름은 관습이다'라고 말씀하시지는 않았다"고 설파한 개혁 교황 그레고리우스 7세의 유명한 말이 얼마나 충격적이고 혁명적이었는지를 우리는 추측할 수 있다. 그렇지만 개혁 교황 이후에도 오랫동안 관습이 사회를 지배했다. 관습은 태고에 뿌리를 두고 있다. 그것은 아득한 옛날의 집단 기억에서 유래한 것이다. 봉건사회에서 진리의 증거는 '태곳적부터de toute éternité'의 존재 여부다. 1252년 오를리에 있는 노트르담 성당의 농노들과 참사회 사이에 있었던 투쟁에서 우리는 양편이 자신들의 권리를 입증하기 위해 어떻게 행동했는지를 하나의 예로 삼을 수 있다. 농민들이 참사회에 타이유세를 납부할 필요가 없다고 주장하자 참사회는 '전통에 대해 *de fama*' 답해줄 수 있는 원로를 찾아 그에게 물어보는 것으로 대응했다. 그리하여 참사회는 코르브뢰즈Corbreuse 장원의 집사로 고희를 넘긴 '늙고 병약한' 시몽이라는 이 지방 원로에게 물어보았다. 그는 참사회가 '전통'에 따라 소속 농민들에게 타이유세를 부과할 수 있으며, 그것은 '태곳적부터' 해온 관례라고 대답했다. 또 다른 증언자로 전(前) 참사회원이자 부주교인 장은 '두루마리 고문서'의 한 조목에서 참사회가 오를리 농민들에게 타이유세를 부과할 권리가 있다고 기록된 것을 보았다고 말했다. 그는 또한 그러한 관례가 '태곳적부터' 존재했다는 것을 선배들한테 들은 적이 있으며, "이 문서가 매우 오래된 것"이므로 참사회는 이 문서를 믿어왔다고 말했다.

귀족 신분은 명예로운 가문이 무엇보다도 먼 옛날에 시작되었음을 보증했다. 이것은 고위 성직자의 사회적 충원뿐만 아니라 성인들 중에는 상당한 숫자가 귀족이었다는 사실을 설명해준다. 이것은 또한 실제로 귀족 신분을 갖지 못한 다수의 성인(聖人)들에게 귀족 신분이 부여되었다는 사실도 말해준다. 이와 비슷하게 '계도의 나무'는 마리아의 가문 속에서, 따라서 그리스도의 지상적 가문 속에서 왕국의 유구함을 입증해주었다. 19세기 초 왕정복고기에 순진한 파리 대주교가 다음과 같이 말한 것은 중세적 정신의 잔재를 표현한 것이다. "우리의 국왕 폐하는 하느님의 아들일 뿐만 아니라 저명한 가문에 속했다."

3. 신적 개입(기적과 신명재판)에 대한 의존

권위에 의한 입증(오래된 것에 의한 입증)뿐만 아니라 기적에 의한 입증도 있다. 중세인들이 이의 없이 어떤 사물을 믿게 만든 것은 자연법칙에 의해서나 규칙적으로 반복되는 기제에 의해 관찰되고 증명될 수 있는 것이 아니었다. 그것은 비상한 것, 초자연적인 것이거나 어떤 경우든 범상을 넘는 것이었다. 과학도 비상한 것, 기적적인 것, 불가사의한 것을 서슴지 않고 연구 대상으로 삼았다. 지진·유성·월식 등은 경이롭고도 탐구할 만한 주제들이었다. 중세 예술과 과학은 기괴한 것들 속에서의 기이한 우회로를 통해 인간에 접근했다.

물론 기적에 의한 증명이 주로 성인과 같은 비상한 존재들을 규정한다. 바로 여기서 민간신앙과 교회의 교의가 일치한다. 12세기 말부터 교황이 시성권을 독점하기 시작했을 때(그 당시까지는 대개 '민심 *vox populi*'에 의해 성인이 임명되었다), 교황은 시성 후보자들이 반드시 수행해야 할 의무 조건들 중 하나로 기적을 첨가했다. 14세기 초 시성 절차가 법으로 정해지자 지원서에는 입후보자의 기적에 관한 특별 항목이 반드시 포함되어 있어야 했다. 그러나 신이 성인들을 매개로 하여 수행하는 기적들만 기적인 것은 아니다.

기적은 모든 사람의 생활 속에서, 아니 어떤 이유에서든 이러한 초자연적인 개입의 혜택을 받을 만한 자격이 있는 사람이면 누구나 살아가면서 맞을 수 있는 위기 시에 일어날 수 있다.

물론 이러한 기적의 특권적 수혜자는 영웅이다. 무훈시 『지라르 드 비엔 *Girard de Vienne*』에서 롤랑과 올리비에 사이의 싸움을 천사가 종결시킨다. 『롤랑의 노래』에서 신은 태양을 정지시킨다. 『카롤루스 마그누스의 순례기』에서는 신이 기사들에게 초인적인 힘을 부여함으로써 그들이 '농담실'에서 무모하게 자랑했던 용맹을 달성할 수 있게 했다. 그러나 매우 평범한 사람들조차도 기적의 혜택을 받을 수 있으며, 더욱이 중범죄자들도 만약 그들이 독실한 신자일 경우 마찬가지로 기적의 혜택을 입을 수 있다. (봉신의 신의를 모방하여) 하느님이나 성모 마리아 또는 성인들을 믿는 것이 모범적 생활보다 구원의 가능성을 더 높여주었다.

13세기 초 고티에 드 쿠앵시Gautier de Coincy의 저명한 작품인 『성모 마리아의 기적들Les Miracles de la Vierge』은 신자들에 대한 마리아의 애정을 잘 보여준다. 그녀는 절도죄로 교수대에 매달려 있는 한 절도범을 손으로 3일 동안 떠받치고 있었다. 그가 도둑질하러 가기 전에는 언제나 그녀에게 기도하는 것을 잊지 않았기 때문이다. 그녀는, 애인 집에 들렀다 돌아오는 길에 물에 빠진 한 수도사를 구해주었는데, 이것은 그 수도사가 물에 빠져 있으면서도 새벽기도 드리는 것을 잊지 않았기 때문이다. 마리아는, 임신을 하고 나서 각별한 신앙을 실천하겠다고 서약한 한 수녀원장을 은밀히 구해주었다.

그러나 기적을 통해 진실을 입증하는 각별한 방법은 신의 재판이다. "신은 정의 편에 선다"는 말은 중세의 매우 야만적인 관습을 정당화시켜준 과장적인 말이다. 물론 세속적 차원에서 기회의 불평등이 너무 지나치지 않도록 하기 위해 연약자들, 특히 부녀자들에게는 건장한 사람들(이들 중에는 전문적으로 이런 일을 하는 사람들이 있었는데, 도덕주의자들은 이들을 가장 악질적인 고용인들이라고 비난했다)이 대신해서 심판의 시험을 받는 것이 허용되었다.

여기에서도 역시 정의에 대한 매우 형식적인 개념이 신명재판(神明裁判)ordalie을 정당화했다. 예컨대 무훈시 『아미와 아밀 Ami et Amile』(이 두 친구는 쌍둥이처럼 서로 닮았다)에서 아미는 피의자 아밀을 대신해서 결투 재판을 치렀는데, 아밀을 기소케 했던 죄가 아미에게는 없어 적에게 승리할 수 있었기 때문이다.

『예루살렘 찬가 Chanson de Jérusalem』에 따르면, 성지 예루살렘에 베드로라 불리는 한 성직자는 십자가에 매달린 예수 그리스도의 허리를 관통했던 '성스런 창(槍)'이 매장된 곳을 성 앙드레가 자기에게 귀띔해 주었다고 주장했다. 그곳을 발굴하여 창 하나를 찾아냈다. 이 창이 진품인지를 밝히기 위해, 다시 말하면 베드로의 말이 참인지를 밝히기 위해 그를 불을 통한 신명재판에 맡겼다.

그 성직자는 그 일이 있은 지 5일 만에 상처가 악화되어 죽었다. 그러나 그 직후 사람들은 그가 시험을 의연하게 받았으며, 따라서 그 창은 진품이라고 생각했다. 그가 다리에 화상을 입은 것은 그가 자신의 환영의 진실성을 처음에는 의심했기 때문이다.

그리고 이졸데의 신명재판도 제법 알려져 있다.

그녀는 창백하고 불안한 기색을 보이며 장작더미로 다가갔다. 모두가 숨을 죽였다. 쇠막대기가 빨갛게 달궈져 있었기 때문이다. 그때 그녀는 장작불 속에 맨손을 넣어 쇠막대기를 집어 들고 아홉 발자국을 걸어가서는 그것을 던져버렸다. 그러고 나서 그녀는 손바닥을 편 채 팔을 십자로 벌렸다. 그녀의 손바닥 피부가 나무에 매달린 자두를 무색하게 할 정도로 흠집 하나 없다는 것을 모두가 목격했다. 그때 사람들 모두의 마음속에서 신을 찬송하는 소리가 크게 터져 나왔다.

4. 상징적 망탈리테와 상징적 감수성

서양 중세의 신학과 문학과 예술에서뿐 아니라 정신적 기재(器材)에서 상징적 사고가 차지하는 위치를 이해하기 위해서는 '상징'이란 말의 어원을 고찰해야 한다. 그리스인들에게 'symbolon'이란 말은 두 사람이 공유하는 대상의 두 절반이 나타내는 인식의 표시를 의미했다. 상징은 계약의 기호다. 그것은 상실된 통일성에 대한 언급이며 상위의 숨은 실재를 상기시킨다. 그 당시 중세적 사고방식에서 "개개 물질적 대상은 보다 높은 차원에서 자신과 일치하는 어떤 것의 표상으로 간주되었고, 그리하여 개개 사물은 그것의 상징이 되었다." 상징적 표상은 보편적 속성을 지니며, 사고는 숨은 의미의 영속적 발견이요, 끊임없는 '신성의 판독hiérophanie'이다. 숨은 세계는 신성한 세계이고, 상징적 사고는 민중적 망탈리테를 감싸고 있는 마술적 사고를 지적인 차원으로 정제한 형태에 다름 아니기 때문이다. 물론 매우 널리 거래되고 사용되었던 부적, 미약(媚藥), 주술적 방법 등은 이러한 믿음과 실천의 가장 조악한 양태에 불과하다. 그러나 성유물·성사·기도 등은 대중들에게는 이러한 것들의 공인된 등가물이었다. 중세인들은 자신을 구원해 줄 수 있는 숨은 세계, 영원한 진짜 세계의 문을 열어줄 수 있는 열쇠를 찾는 것에 늘 깊은 관심을 기울였다. 예배 행위는 상징적 행위다. 이를 통해 사람들은 자신이 신으로부터 인정받고, 자신과 맺은 계약을 신이 지키도록 하게 하려고 노력했다. 기진자(寄進者)들이 이러한 방법을 통해 자신의 영혼을 구원받으려는 욕심을 드러내었던 기진장의 언어들은 이러한 마술적 거래를 분명하게 보여준다. 이것은 신을 기진자에게 빚을 진 채무자로 만들어 신으로 하여금 기진자를 구원하도록 강요했다. 이와 비슷하게 사유하는 것은 이데아 세계의 문을 열어주는 열쇠를 찾는 것이었다.

따라서 중세의 상징적 사고는 언어 차원에서 시작되었다. 어떤 사물에 이름을 붙이는 것, 그것은 이미 그 사물을 설명한 것이나 다름없었다. 세비야의 주교 이시도루스의 경우가 그랬다. 그에 따르면 중세에는 어원학이 기초 과학으로 융성했다. 이름을 붙이는 것은 곧 사물과 실재를 인식하고 포착하는 것을 의미했다. 의학에서는 병명을 언급하는 진단만으로도 벌써 병이 치료되었다. 주교나 심문관이 피의자에게 '이단자'라고 선고하면, 적을 심문하고 정체를 폭로하는 것과 같은 주요 임무를 완수한 것과 다름없었다. 말과 사물은 대립 관계에 있는 것이 아니라 어느 한쪽은 다른 쪽의 상징이었다. 비록 언어가 중세 지식인들에게는 실재의 외피였지만, 그것은 또한 실재에 맞는 열쇠이자 도구였다. 알랭 드 릴이 말했듯이 "언어는 정신의 충실한 손이다." 그리고 단테에게 언어는 이성과 의미를 드러내주는 완전한 기호다.

그러므로 우리는 말과 사물 사이의 관계의 정확한 본성에 관한 논쟁의 중요성을 이해할 수 있다. 11세기부터 중세 말까지 거의 모든 사상가가 이 양자의 관계에 대해 대립했으므로 전통적인 사상사가들은 중세 지성사를 간혹 '실재론réalisme'과 '유명론nominalisme'의 대립, 즉 중세 사상의 겔프파Guelfes와 기벨린파Gibelins의 대립으로 단순화했다. 이것이 이른바 '보편 논쟁querelle des universaux'이다.

또한 중세 교육의 기초는 말과 언어의 연구, 즉 7개 교양과목 중의 제1과정인 문법·수사학·변증법의 3과목의 연구였다. 12세기 말까지 모든 교육의 기초는 문법이었다. 이 문법을 통해 중세인들은 다른 모든 학과목, 특히 교양과목에 부가되어 어느 정도 그것을 통괄하는 윤리학에 접근할 수 있었다. 문법은 성당 참사회원인 델에이Delhaye가 규정한 것처럼 '다가치적인' 학문이다. 문법은 저자들에 대한 주석을 통해 모든 주제를 다룰 수 있게 해줄 뿐만 아니라, 열쇠 역할을 하는 말의 도움으로 숨은 의미에 접근할 수 있게 해주기 때문이다. 12세기 고드프루아 드 생빅토르Godefroy de Saint-Victor는 『철학의 원류 Fons Philosophiae』에서 자신에게 글자며 음절이며 '축어적' 담화며 '비유적' 담화(이는 상징적·우의적 의미를 드러내준다) 등을 깨우쳐준 문법에 경의를 표했다. 샤르트르 학교의 저 유명한 거장인 베르나르도 역시 문법을 모든 교육의 기초로 삼았다. 사실 그들은 성 아우구스티누스와 마르티아누스 카펠라가 물려준 고대의 전통을 추종하거나 취하고 있을 따름이었다. 성경을 네 가지 의미론적 유형에 따라 해석함에 있어서 중세의 주석학자들 중에는 성 바울로의 말을 따라 정신은 생명을 주는 반면 글자는 생명을 앗아간다고 생각했던 학자들도 있었으나, 대부분의 주석학자들은 '글자 littera'를 '의미 sensus'의 도입으로 보았다.

   자연은 상징의 가장 큰 보고다. 다양한 자연 질서를 구성하는 요소들은 이러한 상징의 숲 속에 있는 나무들이다. 광물과 식물과 동물 등은 모두 상징적이다. 전통은 이 중 어떤 것을 특별히 취급하기를 좋아한다. 예컨대 광물 중에서는 색에 대한 감수성을 자극하고 풍요에 대한 신화를 상기시키는 보석들이, 식물 중에서는 성경에 인용되는 초목과 꽃들이, 동물 중에서는 엉뚱한 것에 대한 중세적 취향을 만족시켜주는 이국적이고 전설적이며 기이한 동물들이 그러했다. 그러한 상징들을 분류하고 해설해놓은 돌 해석집이나 꽃 전설집이나 동물 우화집 등은 중세의 이상적인 도서관에서 중요한 자리를 차지했다.

돌과 꽃은 상징적 의미뿐만 아니라 유익하거나 해로운 덕목을 지니고 있다. 노란색이나 초록색 돌은 색의 유사요법을 통해 황달이나 간질병을 치료한다. 붉은 돌은 출혈을 치료한다. 붉은 마노는 인류를 위해 십자가에서 피를 흘린 그리스도를 의미하고, 햇볕이 투과된 투명한 연주석(緣柱石)은 그리스도의 빛을 받은 기독교도를 나타낸다. 꽃 전설집은 식물도감과 유사하다. 그것은 '소박한' 노파들의 민간요법들, 수도원에서의 약초 처방법들을 중세인들에게 소개해주었다. 포도송이는 신비적 포도 압착기가 상징하는 이미지로서 인간을 위해 피를 흘린 예수 그리스도다. 성모 마리아는 올리브, 백합, 은방울꽃, 장미로 상징된다. 성 베르나르가 강조한 것처럼 마리아는 그녀의 자비를 느낄 수 있게 하는 붉은 장미뿐 아니라 그녀의 처녀성을 의미하는 흰 장미로도 상징된다. 줄기가 4각형으로 된 수레국화는 4일열을 가라앉힌다. 반면에 사과는 악의 상징이며 만드라고라는 최음적이고 악마적이다. 사람들이 만드라고라를 뿌리째 뽑아버리면 그것은 소리를 지르며, 이 소리를 들은 사람은 죽거나 미쳐버린다. 이 두 경우에 어원은 중세인들에게 명백한 의미를 지닌다. 사과는 라틴어로 악malum을 의미하고, 만드라고라는 영어로 인간-용mandrake을 의미한다.

동물계는 주로 악의 세계다. 모래펄에 알을 낳고 그것을 품지 않는 타조는 신에 대한 의무를 저버린 종교적 죄의 상징이다. 숫염소는 음욕의 상징이고, 꼬리로 찌르는 전갈은 허위의 화신, 특히 유대인들의 화신이다. 개의 상징은 상반된 두 가지 의미를 지닌다. 고대적 전통은 개를 불결의 표상으로 본 반면, 봉건사회에서는 개를 고상한 동물로 복권시킨다. 개는 사냥할 때 영주의 필수 불가결한 수행자로, 최고의 봉건적 덕목인 충성의 상징으로 등장한다. 그러나 전설적인 동물은 모두가 악마적인, 진짜 악마적인 이미지다. 독사·도마뱀·용·독수리 사자griffon(몸은 사자이고 머리와 날개는 독수리인 전설적인 괴물—옮긴이) 등이 그렇다. 사자와 일각수는 양의적이다. 이것들은 힘과 순결의 상징인 동시에 폭력과 위선의 상징이다. 그러나 중세 말에는 일각수가 유행하여 미화되었다. 그것은 일련의 타피스리에 자수된「일각수와 함께 있는 성모 마리아La Dame à la Licorne」속에 아직까지도 살아 있다.

　중세의 상징적 사고는 대단히 많은 교회 의례에, 특히 종교 건물의 해석에 매우 광범위하게 적용되었음을 볼 수 있다. 호노리우스 아우구스토두넨시스는 교회 건물의 상징을 두 가지 주요한 유형으로 해설했다. 그것은 원형 교회와 십자가형 교회다. 이 두 유형은 완벽의 이미지와 관련이 있다. 원형 교회가 순환적 완벽의 상징이라는 것은 쉽게 이해된다. 그러나 십자가형의 교회는 그리스도의 수난의 표상일 뿐만 아니라, 나침반의 네 방위를 가리키고 우주를 축약하는 사각형 형태의 이미지라는 사실을 알아야 한다. 이 두 유형에서 교회는 소우주다.

　중세의 기본적 상징법 중에서 수의 상징이 주요 역할을 담당했다. 그것은 사고의 틀이며 건축의 주요 원리들 중 하나다. 아름다움은 균형과 조화에서 비롯되며, 이로부터 수의 과학으로서의 음악의 탁월성이 나온다. 토마스 요크Thomas of York가 말한 것처럼 "음악을 이해하는 것은 모든 사물의 질서를 이해하는 것이다." 1145년에서 1187년까지 르망의 주교였던 기욤 드 파사방Guillaume de Passavant에 따르면, 건축가는 '작곡가'다. 솔로몬은 주님께 "당신은 모든 사물을 치수와 숫자와 무게에 따라 배치하셨습니다"(「지혜의 책」11:21)라고 말했다. 수는 사물의 척도다. 말처럼 수는 실재에 애착을 갖는다. 티에리 드 샤르트르Thierry de Chartres가 말한 것처럼 "수를 창조하는 것은 사물을 창조하는 것이다." 그리고 자연과 창조의 모방인 예술은 수를 지침으로 삼아야 한다. 케네스 존 코넌트Kenneth John Conant에 따르면, 클뤼니 수도원에서 1088년 임기가 시작된 수도원장 위그가 세운 큰 교회(제3의 클뤼니 교회)의 건축에 영감을 준 수도사 경조Gunzo는 유명한 음악가였다. 한 세밀화는 그가 꿈속에서 바울로와 베드로와 스테파노 같은 성인들이 그에게 미래 교회의 설계도를 측량줄로 그려주는 것을 보고 있는 장면을 묘사하고 있다. 다시 코넌트에 따르면, 클뤼니 수도원 교회 건축 시에 사용된 모든 수적 상징을 축약하는 상징적인 숫자는 예수의 제자들이 티베리아스 호수에서 기적적으로 잡아낸 물고기 숫자인 153이다.

기 보주앙Guy Beaujouan은 최근에 12세기의 한 미간행 논문에 주목했다. 이 논문에 따르면 수의 상징법이 로마네스크 시대에도 우리가 생각했던 것보다 훨씬 크게 유행했다는 것이다. 빅토르 수도회 수도사들과 시토 수도회 수도사들은 진지하게 숫자 놀이를 했던 것으로 유명하다. 『라틴 교부 전집Patrologie latine』에 수록된 한 논문에서 위그 드 생빅토르는 성서에 의거하여 수적 상징의 의미를 밝히면서 수들 사이의 이질성의 의미를 해설했다. 「창세기」 편의 7일(혹은 창조주가 활동한 6일) 이후부터 계산하면, 6일에서 7일은 노동 이후의 휴식 기간이고, 7~8일은 지상적 삶 이후의 영원의 세계이며(8은 아헨, 라벤나의 생비탈, 생세퓔크르, 천상의 예루살렘의 8각형 교회에서 나타난다), 완벽의 이미지인 10부터 계산하면, 9~10일은 완벽의 결핍이고 10~11일은 과도함을 상징한다.

1161년에 사망한 시토 수도회 수도사인 외드 드 모리몽Eudes de Morimond은 『수의 분석Analytica Numerorum』에서 성 제롬의 수 분석을 다시 원용한다. 성 제롬은 조비니앵Jovinien에 대한 풍자문(이것은 독신을 찬양하는 소책자인데, "반(反)결혼적인 시대"인 12세기에 인구 증가 문제의 해결책으로 큰 인기를 끌게 된다)에서 결혼·홀아비·독신 등 3가지 형태에 적용된 30·60·100이라는 숫자들의 상징적 의미를 해명했다. 30을 나타내기 위해 엄지와 검지 끝을 살짝 마주대면 결혼을 상징한다. 60을 보이기 위해 엄지를 구부려서 검지로 감싸면 홀아비의 상징이 되고, 홀아비의 금욕은 과거의 육욕적 쾌락의 추억을 억제하고 스스로 안으로 숨는다. 마지막으로 100을 보이기 위해 다섯 손가락으로 독신의 왕관을 만든다. 내친김에 위드는 손가락의 상징적 의미를 밝힌다. 무엇인가를 잘 들을 수 있도록 귀를 감싸는 약지는 신의와 선의를, 무명지는 참회를, 중지는 자비를, 검지는 예시적 이성을, 엄지는 신성을 상징한다. 중세인들이 손가락으로 셈을 하고 이 손가락셈이 이러한 수적 해석의 토대였다는 점(보폭, 팔뚝의 길이, 한 뼘, 하루에 쟁기질을 할 수 있는 면적 등과 같은 자연적 척도에 의해 비율이 결정되었듯이)을 감안하면 이 모든 것은 분명히 이해될 수 있다.

  최고 차원의 계산은 가장 비천한 몸짓과 관련되어 있다. 이러한 예를 통해 우리는 중세인들의 정신적 기재에서 추상의 역할과 구체의 역할을 구분하기가 어렵다는 사실을 알게 된다. 클로드 레비-스트로스 Claude Lévi-Strauss가 "'원시인들'이 추상적 사고력을 갖지 못했다"는 주장에 이의를 제기한 것은 당연하다. 오히려 중세인들은 추상화, 더 정확히 말하면 추상적 관계에 의존하는 세계관으로 나아가는 경향이 있었다. 그리하여 살빛은 특히 아름다운 것으로 여겨졌다. 그것은 주지하듯이 순결과 자비를 상징하는 탁월한 색깔인 흰색과 붉은색의 혼합색이기 때문이다. 이시도루스에 따르면, 중세의 사제들은 '아름다운 pulcher' (원래의 의미는 '붉은'임) 것은 '붉은 피부 pellis rubens'에서 나온다고 생각했다. 아름다운 사람은 붉은 피부를 가졌다. 사람들은 피부 아래에서 흐르는 피의 고동 소리(고상함과 불결의 원리, 그렇지만 아무튼 본질적인 원리)를 느끼기 때문이다. 그러나 중세인들이 피에 대한 그러한 감식력으로 구체적인 것으로부터 추상적인 것을 어떻게 간취해낼 수 있었는가? 이 방법은 아름다움을 의미하는 또 다른 말에서 나타난다. 다시 말하면, '아름다운 venustus' (원래의 의미는 '혈관의' 임) 것은 또한 '혈관 venae'에서 나온다.

사실 구체적인 것과 추상적인 것의 이러한 중첩은 중세적 망탈리테와 감성구조의 토대였다. 중세인들은 단 하나의 열망과 필요를 느꼈을 뿐이다. 그것은 한편으로는 감각적인 구체의 배후에서 보다 실재적인 추상을 찾아내고자 열망하고, 다른 한편으로는 이러한 숨겨진 실재를 감각적으로 인지할 수 있는 형태로 드러나게 하려고 노력했다. 그렇다고 해서 추상에 대한 취향이 지적인 계급인 성직자들의 특권이고 구체에 대한 취향이 무식한 계급에서 나타나며, 추상에 대한 감각이 식자층을 특징짓고 구체에 대한 감각이 무식층을 특징짓는다고 확실하게 말할 수는 없다. 중세 대중들이 주로 악의 상징들 속에서 악의 원리를 인식하려는 경향이 오히려 강했고, 성직자들은 그때 대중들에게 악마의 구체적 형상과 그것의 화신 속에서 악의 원리를 보도록 했다고 생각하고 싶은 마음이 우리에게 없지 않다. 우리는 신과 사탄을 선의 원리와 악의 원리로 대체한 마니교의 변형체인 카타르파와 같은 이단이 중세 민중들 속에서 성공을 거둔 사실을 알고 있다. 마찬가지로 중세 초의 예술은 그것에 영감을 준 심미적 전통(이것이 토착적인 것이든 초원에서 온 것이든)을 통해, '비구상적(非具象的)' 경향이 다른 경향보다 더 '원시적'이었음을 보여준다.

5. 추상과 구체의 의미: 색과 빛, 미와 힘

색과 육체의 매력에 대한 취향이 중세적 감수성의 기본적 경향이라면, 중세인들에게 가장 매력적이었던 것은 무엇인가? 그것은 감각적 매력들인가, 아니면 외관의 배후에 숨어 있는 추상적 개념들(빛 에너지와 힘)인가?

중세인들의 눈부신 색상에 대한 취향은 잘 알려진 사실이다. 그것은 '야만적' 취향이다. 그들은 장정된 책표지에 박아 넣은 보석, 번쩍이는 금은 세공품, 울긋불긋한 조각품, 교회와 유력자들의 저택 벽을 장식한 그림, 유리창 그림의 신비스런 색상을 좋아했다. 우리가 오늘날 숭배하는 거의 무색적인 중세는 현대인들의 시간 파괴와 시대착오의 산물이다. 그러나 그러한 현란한 환영 뒤에는 어둠에 대한 공포와 빛(구원)의 추구가 깔려 있다.

기술적·도덕적 진보는 항시 많은 빛을 실내로 끌어들이려는 경향으로 나아갔던 듯하다. 고딕 양식 교회의 벽에는 창을 많이 내어 많은 빛이 들어오게 하고 그림 유리로 화려하게 장식했다. 그로세테스트Grosseteste와 비텔로Witelo, 그리고 여타 학자들과 더불어 13세기 과학은 빛을 연구하고 광학에 우선적인 관심을 두었다. 기술적인 측면에서 13세기 말 안경의 발명은 시력이 약하거나 눈이 피로한 사람들에게 빛을 공급해 주었다. 과학자들은 특히 무지개에 관심을 가졌다. 그것은 화려한 빛이요, 자연적 분석이요, 자연의 변덕이다. 그것은 중세 과학정신의 전통적 경향과 새로운 방향을 동시에 만족시켰다.

이 모든 것의 배후에는 "빛의 중세적 형이상학," 보다 일반적이고 겸손하게 표현하면 "빛의 든든함의 추구"가 깔려 있다. 아름다움은 빛이다. 빛은 사람을 안심시킨다. 그것은 고귀함의 표시다. 중세 성인은 이것의 전형적인 예다. 앙드레 보셰André Vauchez가 말한 것처럼 "성인은 빛의 존재다." 예컨대 성녀 클레르Sainte Claire의 "천사 같은 얼굴은 기도를 하고 나면 보다 더 밝고 아름답다. 그녀의 얼굴은 기쁨과 함께 많은 빛을 발한다. 사실 자애롭고 관대한 주님은 그의 가엾은 성녀에게 그렇게도 많은 빛을 주시니 그녀는 성스런 빛을 자기 주위에 발산한다." 성 에드먼드 캔터베리St. Edmund of Canterbery의 임종 시에 "장밋빛 광채가 갑자기 몸에서 퍼져 나와 그의 얼굴은 아름다운 장밋빛으로 채색되었다." 『사제 교육론』에서 말하는 것처럼 최후의 심판 때 성인들은 그들이 순교자였는지 증거자(證據者)confesseur였는지, 아니면 독신이었는지에 따라 다양한 빛깔의 육체와 함께 부활할 것이다.

물론 상징적인 것이지만 중세인들에게는 현실적인 것으로 생각되었던 성스러움의 향기를 생각해보자. 볼로냐에서 1233년 5월 23일에서 24일 밤사이에 성 도밍고의 시성에 즈음하여 도밍고회 수도사들과 귀족들과 부르주아지로 구성된 사절들이 참석한 가운데 시체를 운반하기 위해 관을 열었다. "동료들은 근심스럽고 창백한 표정을 지으면서 초조한 마음으로 기도를 했다." 관 뚜껑을 열자 신비스러운 향기가 모든 참석자를 휩쓸었다.

그러나 빛은 고차원적인 상징들이 실려 있는 가장 열렬한 동경의 대상이다. 다음은 크레티앵 드 트루아가 묘사한 클리제스Cligès와 페니스Fénice다.

날씨가 약간 흐렸네.

그러나 두 사람 모두 아름다웠네,
소녀와 클리제스, 이 두 사람으로부터
아름다움의 빛이 발산하고,
그 빛으로 궁정이 환했네,
마치 아침에 태양이
밝고 찬란하고 빨갛게 불타는 것처럼.

그로세테스트는 "모든 물체 가운데 육체의 빛은 가장 선하고 유쾌하고 아름답다. 〔……〕 육체적인 것들의 완벽함과 아름다움을 구성하는 것은 바로 빛이다"라고 말한다. 그리고 그는 성 아우구스티누스의 말을 인용하여 "아름다움이란 말"은 일단 이해가 되면 우리로 하여금 단번에 "최고의 빛"을 인지케 해준다고 말한다. 이러한 최고의 빛은 찬란한 빛의 발원지인 신에 다름 아니다. 단테의 '천국'은 빛을 향한 행진인 것이다.

기욤 도베르뉴는 수와 색을 결합하여 아름다움을 정의했다. "가시적인 아름다움은 전체의 내부에 있는 부분의 형상과 위치에 의해, 혹은 색에 의해, 혹은 이 두 요소가 결합된 방식(그것들이 병렬되었든 아니면 상관적 조화의 관계든)에 의해 정의된다." 더욱이 그로세테스트는 빛의 근본적인 에너지로부터 색과 균형을 동시에 도출했다.

아름다운 것은 또한 풍요로운 것이다. 물론 유력자들이 귀금속을 수집하는 이유 중 하나는 보물창고의 경제적 기능, 즉 위기에 대비한 비축물로서의 기능이다. 그러나 예술작품과 특히 재료에 대한 이러한 숭배에는 심미적 기호가 또한 작용했다. 중세인들은 예술가의 작품보다는 재료의 질을 더 높이 쳤다. 교회의 보물이며 제후와 유력자들이 서로 주고받은 선물이며 큰 건물과 도시에 대한 묘사들은 바로 이러한 관점에서 연구되어야 한다. 중세 초 교황들의 예술적 업적을 기록해놓은 『교황 전기 Liber pontificalis』가 '황금과 광채'로 가득했음에 유의해야 한다. '로마의 기적'에 관한 12세기 중엽 익명의 한 저작은 주로 금·은·동·상아·보석 등에 관해 언급했다. 역사적 기록들과 이야기들의 상투적인 주제는 중세 기독교인들에게 큰 매혹의 대상이었던 콘스탄티노플의 부에 대해 기술하고 열거하는 데 바쳐진다. 『카롤루스 마그누스의 순례기』에서 서유럽인들을 놀라게 한 것은 콘스탄티노플의 종탑과 교회의 독수리 장식과 '번쩍이는' 다리들이다. 궁정 안에는 순금으로 된 책상과 의자, 화려한 그림으로 뒤덮인 벽, 둥근 천장은 금으로 상감된 100여 개의 대리석 기둥으로 가장자리에 떠받쳐져 있고 그 안에는 흑금으로 상감된 은 기둥으로 지탱되는 커다란 방이 중세 서유럽인들을 매료시켰다.

아름다운 것은 또한 화려한 것이요, 찬란한 것이다(화려하고 찬란한 것은 또한 대개의 경우 풍요로운 것이다). 그러나 아름다운 것은 동시에 선한 것이기도 하다. 아름다움이 성스러움의 필수적 속성이 될 정도로 육체적 아름다움에 높은 가치가 부여된다. '선한 하느님'은 무엇보다도 '아름다운 하느님'이며, 고딕 양식의 조각가들은 중세인들의 이러한 이상을 구현했다. 중세의 성인들은 정신에 관한 7개 재능(우의·지혜·화합·명예·힘·안정·기쁨)뿐만 아니라 육체에 관한 7개 재능(아름다움·민첩성·완력·활달함·건강·쾌락·장수)을 지니고 있다. 그것은 '지적인' 성인들에게도 해당된다. 성 토마스 아퀴나스의 경우는 독특하다. 도밍고 수도회의 한 전설 수집가는 다음과 같이 말한다. "성 토마스가 들판을 산책할 때 들에서 일하던 사람들이 그의 당당한 풍채와 아름다운 용모에 매료되어 하던 일을 그만두고 그를 만나러 급히 달려갔다. 그들은 그의 성스러움보다는 아름다움에 이끌려 그에게 빠졌던 것이다." 남부 이탈리아에서는 그를 '시칠리아의 황소'라고 불렀다. 그래서 이 지식인이 당대인들에게는 주로 '장사 같은 사람'으로 보였다.

육체적 힘에 대한 이러한 숭배는 주로 전사 귀족들, 전쟁을 열망하는 기사들한테서 분명하게 나타난다. 음유시인인 베르트랑 드 보른 Bertran de Born은 중세 전사의 호전적 이상을 찬미했다. 그는 시토 수도회의 수도사가 되기 전에 기사들의 귀감이었던 리처드 사자심왕 Richard Coeur de Lion의 종사(從士)였다. 1세기 후 주앵빌은 경외하는 마음으로 리처드 왕에 대해 다음과 같이 말했다. "사라센의 말이 관목 숲 앞에서 쭈뼛거리면 주인은 이렇게 꾸짖었다. '이놈아, 그게 잉글랜드의 리처드 왕으로 보이느냐?' 그리고 사라센의 아이가 울고 보채면 어머니는 이렇게 다그쳤다. '그쳐! 그치지 못해! 당장 그치지 않으면 너 잡아가도록 리처드 왕을 데려올 거야!'" 다음은 중세 전사의 호전적 이상에 대한 베르트랑의 찬사다.

주홍색과 쪽빛으로 된
방패의 무리가 나에게는 아름답다.
형형색색의
군기와 기수들의 무리가.
천막과 은신처와 화려한 깃발들이 세워지고
창이 부서지고 방패가 구멍 나고 찢어지고
투구는 반짝거리고, 서로 치고받는다.
그리고 나는 매우 기쁘다

들판에서 기사와 군마들이
진을 친 것을 볼 때.

나는 마음이 흡족하다, 기사들이
주민들과 가축들을 몰아낼 때,
나는 기쁘다, 그들이
무력에 쫓겨 모두 달아나는 것을 볼 때.
나는 특히 기분이 좋다
거대한 성채가 포위되고
성벽이 허물어지는 것을 볼 때,
군대가 해자 가장자리로
말뚝이 빽빽이 서 있는 투기장 울타리로
밀려나는 것을 볼 때.
나는 기쁘다
영주가 공격을 할 때,
말을 타고 두려워하지 않으면서
용기 있게
부하들을 독전하는 〔……〕

나는 말하리라, 나에게 기분 좋은 것은 없다고,
먹는 것도, 마시는 것도, 잠자는 것도,
"공격! 앞으로!"라고 외치는 것을 듣는 것만큼.
양편에서 들린다
말들이 기수도 없이 숲 속으로 떨어지는 소리가,

그리고 외쳐댄다 "도와줘요! 살려줘요!"
그리고 도랑으로 떨어지는 것을 본다
초원에서 주인과 하인이,
그리고 전사자의 옆에는 보인다.
창 동강이와 창기(槍旗)가 있는 것이.

큰 전투를 치르고 나면 인색한 영주가 관대해지느니.
이리하여 나는 보기를 좋아한다, 왕들이 허영심에서,
말뚝과 밧줄과 투구를 사는 것을
야영 천막을 세우게 하는 것을.
아! 수백, 수천 명씩 만나는 것을,
우리를 따라서 우리의 무훈을 찬송케 하는 것을!
나팔이며 북이며 깃발과 삼각기를
군기와 희고 검은 말들을
우리는 곧 보게 되리라, 이로부터 부자가 되는 자들을 있게 하라!
고리대금업자들도 그들한테 재산을 강탈당할 것이고,
그리고 도로상에는 호송 상인단이 더 이상
대낮에도 안전하게 가지 못하리라, 싸우지 않는 부르주아도,
프랑스에서 오는 상인들도 결코 안전하게 가지 못하리라,
그러나 선의로 강탈하는 자 부자가 되리라!

주앵빌은 성인전의 성격을 띤 루이 성왕의 전기 서두에서 자신은 왕의 생애를 2부로 나누어 다루겠다고 말한다. "제1부는 성왕이 왕국을 위하여 신의 의지와 교회의 계율을 따라서 어떻게 행동했는지를 다룬

다. 제2부는 그의 위대한 용맹과 혁혁한 무공을 다룬다." 군사적 이상, 그것은 백병전이다. "그것은 아름다운 전투다. 거기서는 활과 강철환을 쏘는 법이 없기 때문이다. 망치로 때리고 칼로 찌르면서 싸운다. 바로 백병전이 이렇다는 점을 알아라." 다음은 부녀자들의 환심을 사기 위해 남자들이 자랑했던 이야기다. "수아송의 훌륭한 방백이 그때 나를 만나자 농담을 하고 즐거운 기분으로 말했다. '집사, 이 개들이 제멋대로 짖도록 내버려둡시다. 제기랄 par la coiffe-Dieu(이것이 그가 입버릇처럼 하는 욕설이었다), 자네와 나는 아직도 부인네들과 함께 집에 앉아서 오늘 있었던 일을 얘기해야 되네.'"

신분과 지위를 막론하고 모든 사람의 '우상'은 스포츠에서의 최고 덕목인 '용기'를 펴 보이는 사람이다. 다음은 트리스탄의 용기 중 하나를 보여준다.

> 그들이 지나온 길가
> 언덕 위에 교회 하나가 서 있다,
> 바위산 모퉁이에,
> 삭풍을 안으며 바다가 내려다보이는.
> 교회의 성단(聖壇) 쪽이라 부르는 곳은
> 거의 꼭대기에 있다.
> 그 너머에는 절벽 이외에 아무것도 없다.
> 이 언덕은 온통 바위로 가득하다.
> 다람쥐라도 거기서 뛰어내렸다면,
> 틀림없이 죽었을 것이다 [……]
> 트리스탄은 천천히 가지 않았다!

제단 뒤 창가로 가서,
오른손으로 창문을 열었다
그리고 창밖으로 뛰어내렸다.
주인님, 이 바위산 중턱에는
크고 넓은 바위가 있습니다.
트리스탄은 거기로 사뿐히 뛰어내렸다.
옷 속에 스며든 바람 덕택에
그는 심하게 떨어지지는 않았다.
콘월 사람들은 아직도
이 바위를 '트리스탄의 도약대'라 부른다. 〔……〕
트리스탄은 또 뛰어내렸다: 모래펄은 부드러웠다. 〔……〕
다른 사람들은 교회 앞에서 그를 기다렸다,
그러나 헛수고: 트리스탄은 달아났던 것이다!
신이 그에게 은총을 내렸다.
그는 해변으로 껑충껑충 달아났다.
그는 화형용 장작이 불타는 소리를 분명히 들었던 것이다!
그는 그곳으로 돌아갈 마음이 없었다:
그는 평소처럼 빨리 달릴 수가 없었다.

성직자들, 특히 수도사들 사이에서도 이와 똑같이 영웅적 행동에 대한 충동을 느꼈다. 아일랜드 수도원들은 중세 수도사들에게 고도의 극기의 실천과 고행에 대한 심취를 가르쳤다. 초기 순교자들의 상속자인 성인들은 '그리스도의 투사들'이다. 그들의 용기도 대체로 물리적인 것이다. 결국 예술도 대상을 세세한 데까지 공들여 다듬는다든지, 벽에 더 많은 창을 내거나 높고 크고 화려하게 건물을 짓는 등의 방법으로 용맹을 과시하려고 노력했다. 고딕식 예술은 무공을 추구했다.

전사적 비전과 이원론적 단순성을 동시에 요약하는 정신구조가 종종 표출된다. 이는 두 적들 사이의 대립을 통한 사고다. 중세인들에게 모든 도덕적 삶은 선과 악, 덕과 사악, 영혼과 육체 사이의 투쟁으로 채워졌다. 『영혼의 투쟁』에서 프루덴티우스는 덕과 사악에게 서로 싸움을 시켰다. 이 작품과 주제는 중세에 보기 드문 성공을 누렸다. 즉, 덕은 기사가 되고 사악은 괴물이 되었다.

6. 도피와 꿈

이러한 모든 영웅적 고양은 하나의 탐색이었다. 무상하고 기만적이며 배은망덕한 현실을 도피하려는 경향은 상층 사회건 하층 사회건 중세 사회가 끊임없이 시도했던 것이다. 기만스런 지상적 현실의 저편으로 숨은 진실을 찾으러 가는 것은 중세인들의 주요 관심사였다. 중세의 문학과 예술은 장막으로 가득하고, 그래서 중세의 지적 또는 심미적 발전은 무엇보다도 이 장막을 벗기는 과정이었다.

따라서 중세인들은 망각을 제공하거나 도피시켜줄 수 있는 것들에 항시 의존했다. 최음제와 자극제, 사랑의 미약, 향수, 환각을 일으키는 음료 등, 모든 사람의 기호와 호주머니 사정에 맞게 환각을 일으키는 각성제들이 있었다. 이러한 것들을 농민들에게는 마을의 주술사들이, 기사와 제후들에게는 의사와 상인들이 공급했다. 중세인들은 모두가 환영과 환상을 추구했고, 이로써 효험을 보는 경우도 있었다. 이러한 주술적 방법을 인정하지 않았던 교회는 다른 방법을 권장했다. 교회에 따르면, 모든 중요한 행위는 장기간의 단식(보통 3일), 금욕적 실천, 기도(이것은 영감과 은총을 도래시키는 데 필요한 비움의 상태를 만들어준다) 등에 의해 준비되어야 한다.

중세인들의 생활은 꿈을 떠날 날이 없었다. 예고적인 꿈, 계시적인 꿈, 선동적인 꿈 등은 정신생활의 줄거리요 자극제였다. 조각 작품과 그림에서 다투어 묘사하고 있는 성경 속 인물들의 수많은 꿈은 중세 기독교 세계의 모든 남녀에게 끊임없이 나타났다.『교리 문답』에서 한 학생이 "꿈은 어디에서 유래합니까?"라고 묻는다. "꿈이 때로는 신으로부터 오기도 한다. 이것은 요셉이 자기가 형제들보다 더 운이 좋을 것이라는 사실을 별을 보고 알았던 경우처럼 미래의 계시와 관계될 때라든지, 요셉이 또 이집트로 피신하지 않을 수 없었던 경우처럼 불가피한 경고의 계시와 관련될 때 해당한다. 꿈이 때로는 악마로부터 오기도 한다. 이것은 주님이 수난을 당할 때 빌라도의 아내가 꾸었던 꿈의 경우처럼 부끄러운 환영이나 악에 대한 유혹과 관련될 때 해당한다. 꿈이 때로는 인간 그 자체에서 오기도 한다. 이것은 그가 보고 듣고 읽었던 것을 꿈속에서 상상하는 경우 그 꿈이 불길한 것과 관련되면 공포를 갖게 되고 그것이 길한 것과 관련되면 희망을 갖게 되는 때 해당한다."

사회의 모든 계층이 꿈을 꾸었다. 잉글랜드 왕 헨리 1세는 꿈속에서 세 신분의 백성들이 자신에게 반란을 일으키는 것을 보았고, 수도사 경조는 꿈속에서 클뤼니 수도원 교회 건축에 대한 수치적 자료들을 얻기도 했다. 헬름브레히트의 아버지는 자기 아들의 비극적 운명의 과정을 꿈속에서 보았다. 악마에 의해 영감이 주어진 불길한 꿈도 있다. 자크 드 비트리 Jacques de Vitry가 쓴『마리 두아니의 전기 La Vie de Marie d'Oignies』에서는 악마가 마리에게 나타나서 다음과 같이 말했다. "나의 이름은 꿈이다. 나는 실제로 많은 사람들, 특히 수도사와 성직자들의 꿈속에 마왕과 같은 모습으로 나타난다. 그들은 나에게 순종한다. 그들은 나로부터 위안을 받고 우쭐대면서 스스로 천사와 신적인 힘과 관계를 맺을 자격이 있다고까지 생각한다." 꿈은 지식이다. "3일째 밤에 이졸데는 큰 멧돼지 한 마리를 껴안자 옷이 피로 얼룩지는 꿈을 꾸었다. 그녀는 이 꿈을 통해 생전에는 애인을 다시 만나지 못할 것이라는 사실을 알았다."

7. 사실주의와 합리주의로의 발전

이러한 마술적 망탈리테와 감수성뿐만 아니라 다른 구조들이 등장하여 발전했는데, 이것은 특히 발전 속도가 더 빨랐던 도시에서, 또는 이런 도시를 통해 이루어졌다. 이미 12세기에 감지할 수 있었던 이러한 변화들이 13세기 중에 완성되었던 듯하다. 물론 우리는 "마술적 사고란 아직 현실화되지 않은 하나의 전체의 시작이며 발단이며 윤곽이며 부분인 것은 아니다. 이 점에서 마술적 사고는 과학을 구성하는 체계와는 독립되고 완전히 분절된 하나의 체계를 형성한다"라는 레비-스트로스의 말을 상기할 수도 있을 것이다. 그러나 사실 이 두 체계가 중세 사회에서는 때로는 동일한 인간들에게 공존했을 뿐만 아니라, 대립과 긴장과 모순에도 불구하고 새로운 체계가 낡은 체계 속으로 침투하여 점진적으로 그것을 파괴했다. 또한 망탈리테와 감수성의 이러한 변화에 대한 문명사가들의 입장은, 이러한 변화 속에서 신앙의 안정적 토대를 추구하는 사상사가와 정신사가들의 입장과는 다를 수밖에 없다는 데 유의해야 한다. 이들의 분석은, 비록 역사적 이해를 풍부하게 해준 페르 셰뉘나 페르 드 뤼바크Père de Lubac의 분석처럼 명석하고 날카롭고 발전에 민감하지만, 가장 좋은 의미에서의 '편견'에 의존하고 있다. 이러한 '편견'과 거리를 둘 때 비로소 우리는 중세 지성사, 달리 말하면 아마도 덜 '애정적'인, 그러나 이러한 거리를 둠으로써 중세의 어떤 몫들과 관계들을 보다 잘 드러나게 해주는 이점을 가진 중세 지성사를 밝힐 수 있을 것이다.

페르 셰뉘가 그의 훌륭한 저작『12세기 신학 La théologie au douzième siècle』의 서두에서, "12세기에 대한 우리의 모든 해석은 계몽주의 철학의 합리주의적 편견에 의해 왜곡되었다. 〔……〕 이러한 철학과 그 추종자들에 맞서 우리는 종교적 표현의 상징적 기법이 적어도 변증법적 방법에 버금가는 중요성과 분명히 그보다 더 많은 기독교적 효율성을 지니고 있음을 강조해야 한다"고 썼을 때, 이에 대해 우리는 다음과 같이 답해야 한다. 첫째, '기독교적 효율성'이란 역사가의 준거가 될 수 없다는 점이다. 둘째, 계몽주의 철학은 자체의 터무니없음이며 몰이해며 순진함이며 오류 등에도 불구하고, '종교적 표현의 상징적 기법'이 이미 12세기의 것이라고 지적한 장점(물론 계몽주의 철학이 도입한 가치 판단은 제외하고)이 있으며, 반면 '변증법적 방법'은 다른 '새로운 방법'에 자리를 내줄 때까지 미래의 정신적·지적 기제(機制)를 대표한다는 점이다.

12세기 중 이 분야에서 가장 새로운 것은 살펴본 바와 같이 '새로운' 인간들, 즉 후일 대학이 된 도시 학교의 교수들에 의해 완성된 새로운 정신적 기재(器材)다. 이것은 물리적 도구, 즉 책으로부터 형성되었다.

대학의 책과 수도원의 책은 전혀 다르다는 점에 오해가 있어서는 안 된다. 수도원의 책이 문화적 도구였다는 점을 부인할 필요는 없다. 이를테면 동 장 르클레르Dom Jean Leclercq 같은 사람이 환기시킨 것처럼 수도원 문화의 위대한 역사는 이러한 문화체계에서의 책의 역할을 입증하고도 남음이 있다. 그러나 수도원의 책은 수도원의 영적·지적 기능을 포함한다 하더라도, 무엇보다도 재보에 불과했다. 반면에 대학의 책은 주로 도구였다. 공을 덜 들이면서 빨리 쓰는 초서체, '분할 복사제pecia'(책을 여러 부분으로 나누어 복사함으로써 작업 능률을 올리는 한 방법——옮긴이)에 의한 사본의 증대, 세밀화를 없애거나 삽화를 연속으로 넣기 등과 같은 기술적 노력에도 불구하고, 인쇄술이 발명되기 전에는 아직까지 책값은 비싼 편이었다.

우리는 6세기에 성 베네딕투스가 물에 빠진 낫날을 건져낸 기적을 상기할 수 있다. 이 기적에 대응하는 기적은 13세기 성 도밍고의 기적이다. 이 기적은 새로운 시대의 새로운 도구였다. "어느 날 성 도밍고가 툴루즈 근처에 있는 강을 건너다가 책을 물에 빠뜨렸다. 3일 뒤 한 낚시꾼이 이 강물에 낚싯대를 던지니 큰 물고기가 걸린 듯했다. 그는 물에서 성인의 책을 건져냈다. 이 책들은 마치 장롱에 공들여 간수라도 한 듯 전혀 손상을 입지 않았다." 그렇다고 해서 성 도밍고가 책에 대한 새로운 물신 숭배에 빠진 것은 아니었다(모든 교수가 이것을 회피할 수 있었던 것은 아니다). 그는 책의 역할을 자체의 보조적 기능에 국한시킬 줄 알았던 것이다. 『성인 전기』도 이에 대해 증언한다. "사람들이 그에게 어떤 책을 가장 많이 연구했느냐고 물었을 때, 그는 '자선에 관한 책'이라고 대답했다."

그러나 탁발 교단들이 책의 이러한 새로운 역할에 적응하는 데 많은 어려움을 겪은 것은 무언가 시사하는 바가 있다. 성 프란체스코는 지적 문화에 대해 매우 경멸적인 태도를 지니고 있었는데, 항시 책을 하나의 재보로 간주한 그는 책의 경제적 가치가 수도사들에게 요구된 청빈의 실천과 모순되는 것처럼 보였기 때문이다. 도밍고회의 거물인 추기경 윙베르 드 로망 Humbert de Romans은 책이 조심스러운 배려의 대상이 되지 못하고 공리적인 것이 된 것에 대해 개탄했다. "뼈에 지나지 않는 성인들의 유골도 비단에 싸서 금과 은으로 덮어 보관할 정도로 상당한 경외심을 가지고 보존되는 데 비해 그만큼의 신성함을 지닌 책들이 아무렇게나 보관되는 것은 개탄할 일이다."

사실 책의 기능 변화는 문자 언어의 사용을 확산시키고, 특히 이것이 증거로서 새로운 가치를 지니고 있음을 인정했던 보다 일반적인 발전의 한 특수한 측면에 불과하다. 1215년 제4차 라테라노 공의회에서 금지시킨 신명재판이 점차 서증으로 대체되었는데, 이로써 재판 제도가 혼란에 빠졌다. 13세기 말 『보베지의 관습 Coutumes de Beauvaisis』에서 필리프 드 보마누아르 Philippe de Beaumanoir는 증거의 범주들을 열거하면서 (재판관이 사건에 대해 직접 파악한 지식 다음으로) 서증을 두번째 순위로 정하고, 그다음 순위에 결투 재판을 놓았다. 그는 결투 재판에 대해서는 "여러 가지 증언 가운데 가장 위험한 증언"이라고 말했다. 더욱이 그는 서증에 의한 재판의 경우 죽은 증언자들에게 가능한 한 많은 비중을 부여해서는 안 된다(이것은 과거의 관례와는 대조적이다)고 말하고, "따라서 서증은 그 자체로 유효하며 진실이다"라고 강조했다. 여기에서도 우리는 이러한 과도기에 사람들이 문자 언어의 새로운 기능에 적응하느라 겪었던 어려움을 관찰할 수 있다. 1252년 오를리 재판에 증언을 하기 위해 소환된 부주교가 자신이 성당 참사회 도서관에서 보았던 '고대의 두루마리 문서'를 증거로 내세운 이유는 이 문서가 지닌 내용 때문이 아니라 유구함 때문이었다.

사실 이때는 관습의 성문화가 일반화되고 특허장이 증가하고 봉건법도 로마법이나 교회법처럼 문서화되던 때였다. 소문과 구전이 지배했던 전통사회는 경제생활에서 화폐를 다루는 법을 체득했던 것처럼, 문서를 읽을 줄은 몰랐지만 문서를 다루는 방법에 점차 익숙해졌다. 모든 분야에서 도구들이 혁신되고 있었다. 경제 분야에서 기술적 혁신이 그랬던 것처럼 문화 영역에서도 새로운 것들이 순조롭게 진행되지는 못했다. 전통사회가 새로운 것에 대해 주저하는 태도를 갖고 있었을 뿐만 아니라, 하층계급들은 영주의 착취를 강화시키는 기능을 했던 새로운 기술을 지배계급이 전유하는 것에 반대했기 때문이다. 문서가 농민의 권리보다는 영주의 권리를 보장하기 일쑤였으며, 따라서 영주가 독점하는 제분소나 빵 가마처럼 농민들로부터 배척의 대상이 되었다. 이후 문서 보관소와 토지세 대장(후일 영지 명세장이라 불린 문서)을 파괴하는 것은 농민 반란자들의 주요 행동 중 하나가 되었다.

책의 탈신성화désacralisation는 지적 방법과 정신적 기제의 '합리화'를 가져왔다. 그렇다고 해서 조사와 탐구의 대상에 이의를 제기한 것은 아니다. 예컨대 성유물에 대해 점차로 많아지는 비평들(12세기 초의 입장에서 보면 '진보적'이지 않은 기베르 드 노장의 유명한 소책자가 그런 것이다)도 성유골의 효율성을 의심하지는 않았다. 그들은 십자군 운동과 교회의 재정적 필요가 증가함에 따라 많이 나타나게 된 가짜 성유골을 가려내려 노력했을 뿐이다. 보다 깊은 차원에서는 스콜라적 방법도 신앙을 의심하지는 않았다. 오히려 스콜라적 방법은 신앙을 보다 더 잘 해설하고 명확히 하고 이해하고자 하는 바람에서 탄생되었다. 그것은 성 안셀무스가 한 유명한 말인 "예지 자체를 추구하는 신앙"을 발전시켰다. 그럼에도 이런 목적을 위해 사용되는 방법들은 정신적 태도가 사실상 변화했음을 의미했다. 보다 고차원적인 신학에서 페르 셰뉘는 (12~13세기에) '과학'화의 사실이 신학에 어떤 의미를 갖는지를 명료하게 밝힌 바 있다.

8. 스콜라 정신

스콜라적 방법을 몇 줄로 규정하려고 하는 것은 주제 넘는 일일 것이다. 본시 그것은 '원문 읽기*lectio*'로부터 '질문*questio*'을, '질문'으로부터 '논쟁*disputatio*'을 이끄는 방법이다. 무엇보다도 스콜라적 방법은 주로 성경에 대해 사용되었던 '질문들*questiones*'과 '대답들*responsiones*'의 옛 방식을 일반화한 것이다. 그러나 문제를 제기하고 저자들에게 복수로 '질문'을 하는 것은, 저자들에게 결국 단수로 '질문'을 하는 것으로 귀착된다. 초창기에는 스콜라주의가 문제점을 확립하는 것으로 그쳤다. 그것은 나중에 '논쟁'을 발전시켰다. 이러한 발전은 권위에서 따온 순수한 논거에 비해 추론의 이용이 점차 큰 비중을 차지하게 되면서 이루어졌다. 결국 논쟁은 교수가 제시한 '결론*conclusio*'으로 끝난다. 물론 이 결론은 그것을 제시한 교수의 개인적 한계 때문에 비판을 받을 수도 있다. 그리고 대학교수직 자체가 권위와 동일시되는 경향이 있었기 때문에 결론이 지적 횡포의 원천이 될 수도 있다. 그러나 이러한 횡포 이상으로 중요한 것은 이런 식의 방법이 지식인들에게 '현실 참여*engagement*'를 강요했다는 점이다. 그는 질문을 제기하는 것으로 만족하지 않고 현실에 개입하지 않으면 안 된다. 스콜라적 방법의 귀결은 개인이 자신의 지적 책임 속에서 자신의 결론을 확인해야 한다는 점이다.

이들 중 일부가 스콜라적 방법의 이러한 온건한 이용을 어느 정도까지 넘어섰는지를 가늠하기란 쉽지 않다. 1270년과 1277년의 비난들은, 시제 드 브라방Siger de Brabant 같은 대가의 영향을 받아서 위험하게도 신앙과 이성을 구분하는 '이중적 진리' 이론을 공언했던 것으로 생각되는 '아베로에스주의자averroïstes'뿐 아니라 진짜 '불가지론자'를 겨냥한 듯하다. 그들의 진짜 견해가 무엇인지, 그들의 숫자가 얼마나 되는지, 그들의 청중이 어떤 사람들이었는지를 파악하기는 어렵다. 사실 그들이 남긴 흔적은 모두가 교회의 검열을 통해 말소되었던 듯하다. 그러나 이것은 그들이 아마도 소수의 교수 단체에 국한되었을 가능성을 시사한다. 13세기 문헌에는 특히 상류계층에서 무신앙자나 무신론자로 소개되는 사람들이 등장한다. 그러나 여기에서도 '무신론자'가 은둔자보다 많았던 것 같지는 않다.

우리는 스콜라적 방법이 발전함에 따라 일어난 지적 기제의 정련을 세 분야에서 가늠할 수 있을 것이다.

첫째는 권위에 대한 보다 치밀한 이용이다. 이것은 중세의 진정한 '방법에 대한 논고'인, 아벨라르의 유명한 『그렇다와 아니다Sic et non』에서 극치를 보였다. 우선 여러 권위 사이의 명백한 불일치를 줄이려고 노력했다는 점이다. 페르 셰뉘의 요약에 따르면, 이러한 불일치가 단어를 특수한 의미나 상이한 의미로 사용하는 것에서 나온 것인지, 가짜 저작에서 나온 것인지, 원본의 개작에서 나온 것인지, 저자가 다른 사람의 견해를 그저 전달하거나 당시의 사상을 수용했던 구절에서 나온 것인지, 저자가 교의에 따라 말하지 않고 설교·충고·처방의 형태로 말한 구절에서 나온 것인지, 저자에 따라 달리 사용된 단어의 다양한 의미에서 나온 것인지를 조사함으로써 여러 권위 사이의 차이를 줄이려고 노력했다. 결국 불일치의 근원을 찾을 수 없는 경우에 가장 높은 자격을 갖춘 권위를 따라야 한다.

둘째 '논쟁'은 사람들에게 다양한 견해의 공존에 익숙하게 해주고 다양성의 합당성을 인정케 하는 데 도움을 주었다. 이상적인 것은 통일과 화합과 조화임은 두말할 필요가 없다. 그라티아누스Gratianus는 『교령집 Décret』에서 자신은 "불일치하는 교회법들 사이의 통일"을 추구한다고 선언했다. 그는 교향악 지휘자 같은 사람이었다. 그러나 교향악은 여러 소리에서 나온다. 기욤 도베르뉴가 말한 것처럼 "그대가 우주의 아름다움과 거대함을 보게 되면 우주가 매우 아름다운 찬송과 흡사하고 만물은 그 다양성 때문에 제창으로 노래하면서 최고의 아름다운 화음으로 조화를 이루고 있음을 발견할 수 있을 것이다."

마지막으로, 사람들이 근대성에 대한 두려움을 덜 갖게 되었다는 점이다. 12세기 초에 장 코통Jean Cotton은 『음악론 De musica』에서 이렇게 말했다. "근대적인 음악가들이 보다 더 섬세하고 명철하다. 프리스키아누스에 따르면 그들이 젊으면 젊을수록 더 많은 통찰력을 지니기 때문이다." 피에트로 롬바르도는 그의 보잘것없는 『명제집』에 당대인들이 '세속적인 새로움'이라 부르는 것을 삽입했고, 성 토마스 아퀴나스의 전기를 쓴 기욤 드 토코Guillaume de Tocco는 토마스의 혁신적인 태도를 찬양했다. "수도사 토마스는 강의에서 새로운 문제를 제기하고 새로운 방법을 발견했으며 새로운 증명체계를 사용했다."

스콜라 철학자들, 적어도 이들 중 일부는 새로운 증거를 탐구하면서 실험과 관찰의 이용법을 발전시켰다. 가장 빈번히 거명되는 이름은 '실험과학 *scientia experimentalis*'이라는 용어를 최초로 사용했던 로저 베이컨Roger Bacon이다. 그는 『자석에 대한 논고*Traité sur l'aimant*』의 저자이자 그가 '실험의 대가'라 불렀던 피에르 드 마리쿠르Pierre de Maricourt를 제외하고, 지나치게 독단적인 파리 대학교수들을 조소했다. 그는 이들을 자연과학을 교육받은 옥스퍼드 대학교수들과 대비했다. 사실 옥스퍼드의 학자들은 주로 수학자거나 수학자가 될 사람들로 구성되었다. 이것은 중세 지식인들이 이론과 실천 사이의 유기적 관계를 수립하는 데 겪었던 어려움을 드러내준다. 이에 대한 이유가 많이 있겠지만, 그중에서도 대학교수들의 사회적 발전이 이러한 시도가 거의 실패하게 된 데 큰 영향을 끼쳤다. 초창기의 스콜라 철학은 교양과목과 기계과학, 과학과 기술 사이의 연관을 수립하려고 시도했다. 대학교수들은 육체노동을 수치스럽게 여기는 사회계층에 속해 있었기 때문에 이러한 시도는 실패할 수밖에 없었다. 어떤 분야에서는 교수들 사이의 이질성도 심각한 결과를 초래했다. 물리학자들은 실험보다는 아리스토텔레스를 더 선호했고, 내과 의사들과 외과 의사들은 해부보다는 갈레노스Klaudies Galênos(2세기 그리스의 의사로, 그의 의학은 기질 이론에 토대를 두고 있음—옮긴이)를 더 좋아했다. 사실 볼로냐 대학과 몽펠리에 대학에서 1300년경에 성공적으로 출발했던 해부학 분야에서 절개의 실천과 발전을 방해한 것은 물론 교회의 주저하는 태도에도 원인이 있지만, 무엇보다도 교수들의 편견 때문이었다. 이후 르네상스기의 인문주의자들도 이러한 내적 모순을 겪게 된다.

9. 내향화와 도덕주의

그러나 12~13세기 사람들이 자연에 대한 지배력을 확인하고 세계에 대한 자신감을 증대시킴에 따라서 그들은 그들 자신에 대한 심연 속으로 다시 파고들었다. 영적 생활은 내면화되고 있었다. 개척 전선이 양심 분야에도 열리고, 스콜라식 질문들이 양심의 문제로 뻗치고 있었다. 심리와 감수성에서의 이러한 큰 전환은 그 공적을 아벨라르에게로 돌리는 것이 통례다. 이러한 전환은 알퐁스 뒤퐁Alphonse Dupont의 이른바 '집단정신'의 심각한 변화를 초래했다. 인간은 자신의 죄와 공적의 척도, 처벌이나 보상을 자신의 내부에서 추구했다. 참회 고행 지침서는 벌금과 비슷한 처벌을 그에게 가했다. 인간은 대가를 지불함으로써 신·교회·사회·자신과 화해했다. 차후 뉘우침(양심적인 사람들은 양심의 가책에까지 이른다)과 참회가 그에게 요구되었고 그 자신도 이것을 원했다. 그의 죄를 용서해주는 것은 참회다.

우화시『물통을 든 기사Chevalier au barizel』에서 사악한 기사는 물통을 물속에 집어넣어 물을 가득 채우는 육체적 참회를 받는다. 그러나 그의 마음이 참회를 꺼리면 물통에 물이 채워지지 않는다. 그가 참회를 하면서 눈물을 흘리는 날, 이 물통을 채우는 것만으로도 참회는 충분하다. 중세인들은 많은 눈물을 흘렸다. 그러나 무훈시에 등장하는 영웅들은 세계가 그들에게 가하는 고통이나 슬픔 때문에 눈물을 흘린 것이지 결코 마음에서 우러나와 눈물을 흘린 것은 아니다. 그레고리우스 대교황은 6세기 말에 참회에 대한 보상의 표시인 눈물을 권장했다. 이러한 권고의 진정한 의미는 그 후 6세기가 더 지나서야 비로소 중세인들에게 이해가 되었다.

이제 행위보다는 의도에 더 주의를 기울이고 이해관계에 더 초연했던 감수성의 이러한 세련됨에 대한 증언을 루이 성왕의 십자군 원정 때 아코의 한 노파에게서 들어보자. "그들이 숙소로 사용하던 술탄의 관저로 가는 도중 성 이브는 길 한가운데서 오른손에는 불을 담은 그릇을 들고 왼손에는 물을 가득 넣은 병을 든 한 노파를 만났다. 이브가 노파에게 '그것을 무엇에 쓰려고 하십니까?'라고 물었다. 노파는 불로는 천국을 태워버리고 물로는 지옥의 불을 꺼버려 이 두 세계가 영원히 사라지게 하려 한다고 대답했다. 그가 '왜 그렇게 하고 싶으십니까?'라고 묻자, 노파는 '사람들이 천국에 가기 위해서나 지옥을 두려워해서가 아니라, 무엇보다도 가치가 있고 우리에게는 최고의 선인 신의 사랑을 얻기 위해 선을 행하기를 바라는 마음에서'라고 대답했다."

참회자들의 태도가 변했듯이 성인들도 변했다. 성스러움의 전통적인 외적 표시 이외에도 청빈과 자선이 그들에게 점점 더 요구되었다. 그들의 도덕적 영향과 사도적인 태도가 마술사적 혹은 금욕적 공적보다도 더 높이 평가되었다. 12세기 성인들은 신비적 생활 속에서 그들의 이상을 탐구했다. 에티엔 질송은 성 베르나르의 태도를 "기독교적 소크라테스주의"라고 불렀다. 그러나 앙드레 보셰에 따르면 "12세기의 전통적 성인은 삼가는 사람이요, 거부하는 사람이요, 그의 성스러움에는 '귀에 거슬리는' 면이 있는 사람이다. 13세기의 성인은 이전의 성인에 비해 자신에게 이 못지않게 많은 것을 요구하지만, 우리가 보기에 덜 긴장하고 미소를 더 많이 짓는 것 같다. 요컨대 이들은 자신의 덕행을 위해서라면 더 개방적이고 더 적극적이다. 프란체스코의 청빈은 소유와 획득에 대한 거부만을 뜻하는 것이 아니다. 그것은 세계에 대한 새로운 태도인 것이다."

프란체스코는 이제 육체적 아름다움을 지닐 필요가 없었다. "어느 날(『성 프란체스코의 작은 모범들 Fioretti』에 따르면) 그들이 굶주린 채 어떤 마을에 이르렀을 때, 그들은 규약에 따라 신의 사랑을 얻기 위해서 구걸하러 갔다. 성 프란체스코와 수도사 마세오 Masseo는 서로 다른 지역으로 갔다. 그러나 성 프란체스코는 용모가 너무 비루하고 키도 작고, 이런 이유로 그를 모르는 사람한테는 천한 사람으로 오해받았기 때문에, 그는 말라빠진 빵 몇 조각밖에 얻어오지 못했다. 수도사 마세오는 키도 크고 풍채도 당당한 사람이었기 때문에 사람들은 그에게 크고 맛있는 빵을 통째로 많이 주었다."

비관주의적인 로마네스크 양식의 12세기는 짐승적인 것에 만족했고, 행복을 추구하는 고딕 양식의 13세기는 꽃과 인간에게로 관심을 돌렸다. 그것은 상징적이라기보다는 우의적이다. 『장미 이야기』에 나오는, 좋은 의미에서나 나쁜 의미에서의 추상 개념들(탐욕·노년·환대·위험·이성·위선·자연)이 표상하는 것은 인간적인 모습으로서이다. 고딕적인 것은 더욱 환상적이다. 그러나 그것은 괴물 같은 것보다는 비범한 것을 더 추종했다.

특히 그것은 도덕적이 되었다. 도상은 교훈이 되었다. 활동적인 삶과 명상적인 삶, 인간의 모습을 한 덕과 사악이 질서정연하게 성당의 입구를 장식하고 설교자들에게 도덕적 교육의 예증거리를 제공했다. 물론 성직자들은 항시 예술에 교육적 기능을 부여했다. 호노리우스 아우구스토두넨시스가 말한 것처럼 "그림은 세 가지 목적을 지니는바," 첫째는 그림이 '세속인들의 문학'이기 때문에 교리 교육적 목적을 갖고, 나머지 두 가지 목적은 심미적·역사적인 것이다. 이미 1025년 아라스 종교회의에서 확인한 것처럼 "문맹자들은 문자를 통해 이해할 수 없는 것을 그림에서는 깊게 생각한다." 그러나 인상을 심어주면서 공포를 불러일으키는 것, 그것이 주된 의도였다. 차후 모든 것이 '도덕화'했다. 성경책과 찬가집, '도덕화한' 식물 해설집은 성경과 종교 교육을 도덕적 일화의 형태로 변형시켰다. '예화(例話)'가 번성했다. 이러한 발전이 장점만 있는 것은 아니다. 감수성이 무미건조해지고 종교가 때로는 유치해졌다. 예컨대 뱅상 드 보베 같은 성서 보급자의 수준에서 볼 때 고딕 시대는 활기가 없는 것처럼 보였다. 더욱이 다른 횡포들이 받아들여지지 않았듯이, 더욱 구역질나는 도덕화의 횡포가 쉽게 수용되지는 않았다. 루이 성왕이 치세 말기에 신성 모독과 도박에 대해 내린 포고령은 그의 측근들로부터 심한 빈축을 샀다.

10. 근대적 사랑으로서의 궁정식 사랑

그렇지만 이러한 시대에 근대적인 형태로 확실하게 변하는 것처럼 보이는 감정이 있었으니, 그것은 바로 사랑이었다. 두 존재 사이의 감정의 세련은 본래적 의미에서 봉건 시대의 남성적인 전사 사회에서 남자들 사이의 우정에 국한되었던 듯하다. 무훈시 『아미와 아밀』은 이러한 감정 표현의 극치다. 여기에서 궁정식 사랑이 나왔다. 드니 드 루즈망Denis de Rougement은 내용이 풍부하고 저명한 한 저술에서 그 시대의 궁정식 사랑을 해명했다기보다는 이것을 구실로 삼아 서양인과 결혼과 전쟁 등에 관한 번뜩이는 객담을 늘어놓았다. 이 주제에 관한 많은 문헌이 나온 이후(물론 앞으로도 더 많은 문헌이 나올 것이다), 르네

넬리René Nelli는 학문적 열정을 가지고 이 문제를 천착했다.

지식인 차원에서조차 궁정식 사랑의 기원은 모호한 채로 남아 있다. 궁적식 사랑은 이슬람의 시가와 문명에서 어떤 영향을 받았는가? 그것은 카타르파와 어떤 관련이 있는가? 알렉산더 디노미Alexander Denommy가 궁정식 사랑에서 본 것은 이단이었는가?(그는 궁정식 사랑을 안드레아스 카펠라누스가 1185년에 쓴 『사랑론De l'Amour』과 너무나 성급하게 동일시했다. 1277년 에티엔 탕피에Etienne Tempier는, 그의 상습적인 단순주의적 태도가 그랬듯이, 이 저술에서 몇 개의 충격적인 명제를 추출하여 이것들을 토마스주의, 아베로에스주의와 여타 이론들——이들은 그 당시 가장 앞서 있던 이론가들이었지만 그는 이들을 인정하지 않았다——과 싸잡아 비난했다). 궁정식 사랑에 대한 해석의 차원에서 논쟁은 끊이지 않고 있다. 이러한 사랑의 개념이 외견상 영주(부인네들의 복수 행위로서 여기서는 영주가 귀부인이 된다)와 봉신 사이의 관계에서 영감을 얻은 '봉건적' 특징을 지니고 있다고 주장하는 사람들도 많지만, 내가 기꺼이 동조하는 다른 학자들은 궁정식 사랑을 봉건 세계의 성 윤리에 대한 반항 형태로 보았다.

궁정식 사랑이 이루어질 수 없는 사랑인 것은 분명하다. 그리고 결혼은 윤리와 감수성을 혁신시키는 경향이 있는 논쟁을 초래하기에 안성맞춤의 영역이다. 감정의 자율을 요구하는 것에는, 그리고 본능·힘·손익·순종의 관계 이외에 남녀 사이의 관계가 존재할 수 있다고 주장하는 것에는 참으로 새로운 면이 있다. 이러한 논쟁이 일어났던 지역이 남프랑스였다는 사실에 과연 놀랄 만한 이유가 있는가? 남프랑스 귀족들은 그들이 처했던 모든 상황에 대해 모호했다. 이들의 자가당착은 카타르파에 대한 태도에서 가장 두드러졌는데, 그러나 이들은 다른 이유 때문에 이 이단을 포용했다. 남프랑스 귀족은 북프랑스의 야만적인 영주들에 비해 더 섬세한 감수성과 교양을 지니고 있었지만, 새로운 모든 기술이 출현하여 전파되었던 세계 앞에서 힘을 잃고 따라서 불안해했다. 그렇지만 궁정식 사랑은 과연 프로방스풍의 사랑이었는가? 가장 아름다운 궁정식 사랑은 '브르타뉴풍'에 속했던 트리스탄과 이졸데의 사랑이 아니겠는가?

그럼에도 이러한 항의와 반항을 접어둔다면, 궁정식 사랑은 영혼과 육체, 마음과 정신, 성과 감정 사이의 믿기지 않을 정도의 균형을 추구할 줄 알았던 것이다. 궁정식 사랑을 그 당시의 한 현상으로 만든 말과 의례의 번지르르함을 뛰어넘어, 궁정적 스콜라주의 매너리즘과 남용을 뛰어넘어, 그리고 당연한 말이지만, 음유시인들의 허튼 말들을 뛰어넘어 그것은 한 문명이 창조한 죽을 운명에 놓인 모든 형태 중에서 인간적 감수성에 유산으로 남겨준 불후의 선물로 남는다. 이에 관한 한 구절을 인용하는 것은 가소로운 일이겠으나 이것을 읽지 않으면 안 된다.

주인님, 사랑과 죽음에 대한 아름다운 이야기를 듣고 싶으세요?

그리고 이어서 말하기를,

기쁘게도 저에게는 희망이 있어요,
섬세한 마음과 확고한 의지 속에.

11. 자연의 탈신성화

중세 예술이 우리에게 드러내준 가장 중요한 변화는 아마도 사실주의나 자연주의의 등장, 새로운 세계관과 새로운 가치체계의 출현일 것이다. 차후 이러한 시선은 물리적 외양에 멈추었고, 감각적 세계는 숨은 실재의 단순한 상징이 아니라 그 자체로서 가치를 지니며 직접적 쾌락의 대상이었다. 고딕 예술에서 꽃은 실제의 꽃이고, 인간적 특성은 개인적 특성이며, 균형은 상징적 의미의 균형이 아니라 물리적 치수의 균형이다. 물론 우주의 이러한 탈신성화는 어떤 점에서 정신적 빈곤을 뜻하기도 하지만, 그것은 또한 해방을 의미하기도 한다. 더욱이 로마네스크 시대 이후의 예술가들은 이념적 명령보다는 심미적 관심을 더 염두에 두었다.

중세 예술을 지나치게 상징적으로 해석해서는 안 된다. 대개의 경우 예술가들은 순전히 아름다운 형상에 대한 감각에만 이끌렸고, 그들의 주된 관심은 기술적인 요구들이었다. 교회 측의 후원자들은 한 주제를 강요했지만, 이것을 실행하는 사람들은 지시된 한계 내에서나마 자유를 추구했다. 중세적 상징주의는 근대 주석가들의 마음속에서만 존재하기 일쑤고, 사이비 지식인들은 부분적으로 신비적인 중세의 개념에 사로잡혀 있다. 교회 측의 선전의 무게에도 불구하고, 많은 사람이 자신을 둘러싸고 있는 질식할 것 같은 마술적 분위기를 피하는 데 성공했던 듯하다. 중세의 많은 예술작품이 그 자체로 충분한 것이지, 우리가 이런 작품들의 상징적 의미에 대한 열쇠를 찾으려 할 필요가 없다는 것은 의미가 있다. 중세 예술작품의 대부분(가장 아름다운 작품이라고 말해야 하지 않을까?)은 오로지 형상을 통해 우리에게 감동을 주는 것으로 충분했다. 자신이 악을 나타낸다는 것을 우리로 하여금 잊고 싶게 해주는 매혹적인 요정 세이렌seiren처럼!

고딕 시대의 감수성은 중세 초기에 드리워졌던 상징의 숲으로부터 서서히 벗어났다. 12세기 중엽 헤라트 폰 란츠베르크Herrad von Landsberg의 『기쁨의 낙원』을 장식한 세밀화들(복사본들. 불행하게도 원본은 1870년에 파괴되었다)을 자세히 들여다보면, 그것은 수확하는 사람, 쟁기질하는 농부, 꼭두각시 조종자 등을 소재로 했음을 알 수 있다. 화가들은 분명히 풍경과 사람과 도구들을 그 자체로 묘사하는 데 전력했다. (세밀화의 한쪽 구석에 아주 작게 묘사된 추방된 천사 같은) 세부 묘사들만이 그것이 풍작과 독보리의 복음적 비유, 타락 이후 일하도록 저주받은 사람들, 우주를 마치 인형극 무대처럼 바라다보다가 "모든 것이 허무하다"고 외치는 솔로몬 등과 관계가 있음을 가까스로 환기시켜줄 뿐이다. 오히려 예술작품들은 모두가 다 예술가들이 가시적 세계를 중시하고 사실 거기에서 기쁨을 느낀다는 것을 역력히 보여준다. 상징주의의 퇴조, 즉 감각적 현실 앞에 상징주의의 소멸은 감수성의 심각한 변화를 의미한다. 신이 천지를 창조하고 나서 그랬듯이 기운을 되찾은 인간은 세계를 명상하고 그것이 아름답고 선한 것임을 발견했다. 고딕 예술은 바로 자신감의 표현이었다.

12. 거짓과 위선

중세인들이 이러한 경지에 도달하기 전에 그들은 먼저 불안에 대한 보편화된 인상과 싸우지 않으면 안 되었다 —그리고 이 싸움은 13세기에도 끝나지 않았다. 이들의 큰 불안은 존재와 사물들이 밖으로 드러난 것과 실제로는 다르다는 데 있다. 중세인들이 가장 혐오했던 것은 거짓말이다. 신의 본성을 표현해주는 것은 그가 "거짓말을 전혀 하지 않는 사람"이란 말이다. 악인들은 거짓말쟁이들이다. 페로 베르뮈에즈 Pero Bermuez는 한 왕자의 머리에 대고 "페란도 데 카리온, 너는 거짓말쟁이야"라고 욕설을 퍼붓는다. 엘 시드의 다른 동료인 마르틴 안톨리네즈 Martin Antolinez는 어떤 왕자의 면전에 "거짓말쟁이야, 입 닥쳐라, 진실이 없는 입을"이라고 욕했다. 중세 사회는 온통 거짓말쟁이로 가득하다. 봉신은 주인을 저버리는 배신자요, 역적이요, 가늘롱 Ganelon의 모방자요, 따라서 모든 배신자의 원흉인 왕초 배신자 유다의 모방자다. 상인은 속이고 훔치는 것만을 생각하는 사기꾼이다. 수도사는 『장미 이야기』에 나오는 프란체스코회 수도사들처럼 위선자다. 중세의 어휘 중에는 수많은 종류의 거짓말과 거짓말쟁이들을 나타내는 말이 매우 많다. 예언자까지도 가짜 예언자가 아닌 사람이 없으며, 기적까지도 가짜 기적(악마의 작품)이 아닌 것이 없다. 현실에 대한 중세인들의 지배력이 너무나 미약했기 때문에 그들은 현실을 이기기 위해 기만과 술책을 쓰지 않으면 안 되었다.

중세같이 호전적인 사회가 모든 것을 공격했다고 상상할 수도 있을 것이다. 그러나 그것은 지나친 환상이다. 기술 수준이 너무 낮았기 때문에 방어자가 거의 항시 공격자에게 승리했다. 군사 분야에서조차 강력한 성채와 성벽은 거의 난공불락이었다. 공격자가 무력으로 밀고 들어가는 경우, 이것은 거의 언제나 술수를 통해 이루어졌다. 중세인들이 이용할 수 있는 재화의 총량이 크게 부족했기 때문에 그들은 살아남기 위해 임시변통에 강하지 않을 수 없었다. 무력이나 술책을 갖지 못한 자는 거의 틀림없이 살아남을 수가 없도록 되어 있었다. 누가 확실하고 무엇이 확실한가? 중세는 성 아우구스티누스의 많은 작품 중에서 『허위론 De mandacio』에 대해 미래를 보장해주었다.

13. 외관의 문명: 음식과 음식의 사치, 육체와 몸짓

그러나 이러한 숨은 현실 앞에서 외관에 집착하지 않는다면, 달리 어떻게 할 수 있었겠는가? 교회가 중세인들에게 외관을 무시하거나 경멸하고 숨겨진 참된 풍요로움을 추구하라고 제아무리 권장해도 아무 소용이 없었다. 중세 사회는 행동에서나 태도에서나 외관을 중시하는 사회였다.

최고로 중시하는 외관은 육체다. 그러나 그것을 천시하지 않으면 안 된다. 그레고리우스 대교황은 육체를 "영혼의 이 욕지거리 나는 옷"이라 불렀다. 루이 성왕은 주앵빌에게 "인간이 죽어갈 때 육체의 문둥병은 낫는다"라고 말했다. 중세 인간의 모형인 수도사는 금욕적 실천을 통해 육체를 끊임없이 비하했다. 수도원 규약들은 사치와 방종의 표시라는 이유를 내세워서 목욕과 화장을 극도로 제한했다. 은둔자들에게 몸의 때는 하나의 덕목이었다. 상징적 의미에서나 본래적 의미에서나 영세 의식은 기독교도가 일생에 단 한 번만 목욕을 해야 한다는 것을 의미한다.

노동 다음으로 나체는 죄에 대한 응징이었다. 원죄를 짓고 난 후의 아담과 이브, 술에 취한 다음의 노아는 뻔뻔스럽고 죄로 물든 나체를 드러내 보였다. 더욱이 나체는 이단과 불경의 징표였고, 모든 이단에서는 실제로 아담 추종자가 있었다. 여기에서 종종 이단과 접촉했던 성 프란체스코가 시대의 흐름에 반하여 나체를 하나의 덕으로 삼는 경향이 있었다는 점을 확인하는 것은 흥미로운 일이다. 빈곤은 알몸이다. 나체는 상징적이지만, 그러나 구체적인 행동으로 옮겨진다. 『성 프란체스코의 작은 모범들』에 수록된 기이한 일화는 성 프란체스코와 수도사 루페이가 아시시에서 완전 나체로 강단에서 설교하는 모습을 보여준다.

그러나 기독교적 이상은 육체를 멸시했지만, 전사적 이상은 육체를 고양시킨다. 무훈시의 젊은 주인공들은 흰 피부와 곱슬곱슬한 금발을 가지고 있다. 그들은 운동선수들이다.

    그는 넓은 가슴과 균형 잡힌 몸매를 갖고 있다.
    딱 벌어진 어깨와 넓은 가슴, 그는 강하게 단련되었다
    굵고 힘찬 팔과 큰 주먹,
    길고 우아한 목,

기사의 생활은 온통 체력의 증진, 즉 사냥과 전투에 바쳐진다. 마상시합은 그들에게 정열의 대상이다. 카롤루스 마그누스는 아헨 궁정의 수영장에서 동료들과 함께 알몸으로 수영하는 것을 즐겼다. 시체조차도 조심스러운 배려의 대상이었다. 성인들의 시체가 숭배되었고, 시체를 운구하는 일도 시성을 하고 난 다음에야 가능했다. 1308년에 사망한 성녀 클레르 데 몬테팔코Sainte Claire de Montefalco는 한 수녀의 꿈속에 나타나서 "나의 시체는 시성되어야 한다"고 말했다. 중세인들은 비록 시력(지적 감각)이 뒤늦게야 발전했지만(안경이 13세기 말에야 발명되었다는 것을 상기할 수 있다), 모든 감각 중에서 가장 육체적인 감각인 촉각을 주로 사용했다. 그들은 모두가 감각적 증거 없이는 믿지 않는 사람들이다. 위인들의 시체를 보존하기 위해 코에다가 수은을 집어넣고 항문에는 방부제로 생각되는 향료로 적신 솜뭉치로 막아버렸으며 얼굴도 방부 처리했다. 시체를 멀리 운반할 필요가 있을 때에는 내장을 모두 끄집어내어 별도로 매장하고 배를 미르라향이며 알로에향이며 기타 향료로 채우고 다시 봉해버렸다. 기독교는 육체의 부활을 약속했다.

　참회 고행 지침서, 사생아의 수효, 독신의 강요에 대한 성직자들의 저항, 우화시의 암시적 내용과 상세한 설명 등을 근거로 판단하건대, 중세인들의 성생활은 교회의 권고를 별로 개의치 않았던 것 같다. 위생법이 점차로 개선되었고, 이 점에서도 도시는 개척적인 역할을 했을 것이다. 1292년에 파리에는 적어도 26개에 달하는 목욕시설이 있었다. 특히 한증탕은 쾌락과 방탕의 소굴이었다. 다음은 13세기 에르푸르트Erfurt에 있었던 목욕탕에 대한 기술이다. "이 도시의 목욕탕들은 여러분의 마음에 꼭 드실 겁니다. 목욕할 일이 있거나 안락함을 즐기고 싶으시면, 안심하시고 이곳을 찾으십시오. 당신은 환영을 받으실 겁니다. 어여쁜 젊은 아가씨가 부드러운 손길로 성심성의껏 마사지해 드릴 것입니다. 노련한 이발사가 당신의 얼굴에 땀 한 방울 흘리게 하지 않고 면도를 해드릴 것입니다. 목욕으로 피로하신 분을 위해 누워쉴 수 있는 침대가 마련되어 있습니다. 그러면 당신의 마음에 드실 처녀 같은 어여쁜 여자가 빗으로 능숙하게 머리칼을 빗겨줄 것입니다. 마음만 내키신다면 그리고 그녀가 거절하지만 않는다면 그녀에게 키스를 퍼붓지 않을 사람이 누가 있겠습니까? 당신에게 사례금을 요구하면, 단지 은화 1드니에로 충분합니다[……]."

뿐만 아니라 수도원 문헌도 육체에 대한 배려에 바쳐졌다. 1154년 알자스의 귀중한 필사본은, 슈바르젠탄Schwarzenthann 수녀원의 한 수녀가 쓰고 무르바하 수도(修道) 참사회원인 진트람Sintram이 삽화를 그려 넣은 영양학 교본을 수록하고 있다. 그것은 매달 준수해야 할 섭생법을 알려주는 달력이다. 13세기 초 살레르노에서 저술된 『건강 안내서 Guide de la santé』는 널리 보급된 책이었다.

앞서 살핀 것처럼 영양은 중세 사회의 절박한 관심사였다. 농민 대중은 보잘것없는 음식에 만족해야 했다. 우유를 넣은 밀가루죽이 그들의 기본 음식이었다. 여기에다 야생 열매와 채소가 주로 곁들여졌다. 그러나 12~13세기에 빵을 곁들이는 식사가 모든 사회계층에 보급되었다. 이때부터 서양에서 빵은 기독교가 인가하는 거의 신비적인 의미를 갖게 되었다. 농민계급은 큰 잔치를 하나 열었다. 12월에 돼지를 잡아서 그 부산물을 연말의 축제와 긴 겨울의 식량으로 이용했다. 이 돼지 잡기가 월별 노동력에 대한 도상학적 묘사에 소개되어 있다.

음식은 지배계급들에게 이러한 외관의 중요한 영역에서 그들의 우월함을 펴 보일 수 있는 호기를 제공해주었다. 음식의 사치는 최고의 사치였다. 영주가 사냥해서 잡은 동물, 고가로 사들인 귀중한 음식(향신료), 요리사들이 마련한 희귀한 음식들처럼 서민은 구경하기도 힘든 음식들이 과시되었다. 축제의 광경은 무훈시에서 제법 잘 묘사되었다. 『님의 마차 Le charroi de Nîmes』에서 기욤 도랑주가 사라센 원정을 출발하는 상황에 대한 묘사는 시사적이다. "그들은 짐 끄는 말 300필을 데리고 갔다. 앞에 있는 100필의 말은 황금 술잔이며 미사 전서와 성가집이며 제의며 그리스도 수난상과 향로 등을 싣고 갔다. 그들이 쑥밭이 된 고장에 이르면 먼저 신에게 경배할 것이다. 두번째 100필의 말은 순금 꽃병이며 미사 전서며 성무 일과서며 십자가며 고급 내의류 등을 싣고 갔다. 그들은 이교도 땅에 도착하면 순수 정신인 예수에게 기도를 드릴 것이다. 후미의 100필의 말은 항아리며 난로며 냄비며 삼각배며 뾰족한 갈고리며 집게며 장작 받침쇠 등을 싣고 갔다. 그들이 황폐한 고장에 도착하면, 식사를 정성껏 준비하여 전사 기욤과 모든 기사에게 대접할 것이다."

이와 같이 값비싼 제기들로 구성된 교회의 사치에 대해 기사들은 음식의 사치로 대응했다. 그러나 교회의 대영주들도 이러한 성찬에 참가하는 데 뒤지지 않았다. 로제 디옹Roger Dion은 중세의 포도밭을 만드는 데 수도원과 주교들이 행한 역할을 보여준다. 샤르트르 학교 교수인 기욤 드 콩슈Guillaume de Conches는 다음과 같이 개탄했다. "많은 주교가 후추 소스를 잘 만들 수 있는 요리사나 재단사를 찾아 세상 구석구석을 돌아다녔다. 학문에 전념하는 사람들은 이런 사람들을 문둥이처럼 피했다."

영주의 식탁은 또한 예절을 과시하고 결정하는 기회였다. 갈리아의 무훈시 『마비노지옹Mabinogion』은 프랑스 영주들이 완벽하게 수립한 관습을 반영한다. 『디베드의 제후 프윌Pwyll, prince de Dyved』에서는 이것을 다음과 같이 묘사했다. "세수를 하고 나서 그들은 식탁에 앉았다. 연회 준비가 완료되자 사람들은 식사를 시작했다. 에베드 앙Heveidd Hen이 프윌의 한쪽 옆에 앉고 리아농Riannon이 다른 편에 앉고, 그 뒤에 위계에 따라 차례로 앉았다." 죄악에 대한 도상에서 탐식죄는 영주들의 특권으로 묘사된다. 그러나 식도락은 도시 부르주아 사회에서 발전하게 된다. 최초의 요리 교본들이 13세기 중엽 덴마크에서 등장해서, 14~15세기에는 프랑스와 이탈리아에 대량으로 등장하고, 그다음에는 독일로 전파되었다.

　마지막으로, 육체는 중세 사회에서 주요한 표현 수단 중 하나였다. 중세인들이 손가락셈을 어떤 식으로 했는지는 이미 살펴본 바 있다. 중세 문명은 몸짓의 문명이다. 중세 사회에서 모든 중요한 계약과 서약에는 몸짓이 수반되었고, 또 그것에 의해 가시화되었다. 봉신은 영주의 손에 자기의 손을 넣고 이것을 성경에 얹어놓는다. 그리고 계약을 파기할 때는 지푸라기를 잘라버리거나 장갑을 팽개친다. 몸짓은 어떤 의미를 지니고 사람들을 어떤 것에 참여케 했다. 몸짓은 제의에서 더욱더 중요시되었다. 성호는 신앙의 몸짓이다. 손을 합장하는 행위, 손을 쳐드는 행위, 손을 십자가형으로 꼬는 행위, 손을 감추는 행위 등은 모두 기도의 몸짓이다. 자기 가슴을 치는 것은 참회의 몸짓이다. 손을 포개는 것과 성호 긋기는 은총의 몸짓이다. 분향은 마귀 추방의 몸짓이다. 성사의 시행은 몇 가지 몸짓으로 절정에 이른다. 미사의 거행은 바로 일련의 몸짓이다. 봉건사회에서 가장 두드러진 문학양식은 '공적의 노래chanson de geste'(무훈시)다. 공적gesta과 몸짓gestus은 같은 족에 속해 있다.

　몸짓의 이러한 중요성이 중세 예술에서 매우 큰 역할을 했다. 몸짓은 중세 예술에 생기를 불어넣고 그것을 인상적이게 했으며 그것에 선(線)과 운동의 의미를 부여했다. 교회는 돌의 몸짓이다. 그리고 신의 손길은 구름으로부터 빠져나와 중세 사회를 이끌었다.

14. 옷과 옷의 사치

옷의 사회적 의미는 다른 무엇보다도 훨씬 컸다. 그것은 개개 사회 계층을 의미했고 결국 제복이 되었다. 자신의 신분에 맞지 않는 다른 신분의 옷을 입는 것은 야망이나 실총이라는 대죄를 범하는 것이었다. "누더기를 입은 거지 *pannosus*"는 경멸을 받았다. 이것은 성 이브 St. Yves (생전에 빈민들의 입장을 대변하여 '빈민 변호사'라는 별명을 얻고 성인의 반열에 오른 14세기 프랑스 종교법학자—옮긴이)를 경멸하던 사람들이 그를 겨냥해서 비난한 말이다. 사회적으로 낙오하고 마는 야심가들의 얘기를 다룬 『마이어 헬름브레히트』의 주제는 영주들 사이에 유행하던 챙 없는 모자였는데, 헬름브레히트는 허영심에서 이것을 쓰고 다녔다. 수도원 규약들은 사치를 억제하기 위한 고려에서보다는 질서의 존중을 목적으로 복식을 꼼꼼하게 규격화했다.

수도사들이 개혁의 징표로 물을 들이지 않은 흰 옷을 입었던 것은 11~12세기 은둔주의적 교단들이다. 흰 옷을 입은 수도사들은 검은 옷을 입은 수도사들, 즉 베네딕투스파 수도사들과 대립하고 있었다. 탁발 교단들은 멀리 돌아다녀야 했으므로 두꺼운 모직 옷이나 표백하지 않은 옷을 입고 다녔다. 말하자면 이들은 회색 옷을 입은 수도사들이었다.

새로운 사회계층들은 각기 제복을 착용하는 데 열성적이었다. 예컨대 조합원들, 특히 대학 조합원들이 그러했다. 지위를 특수한 방식으로 표시해 주는 액세서리(모자와 장갑)에 특별한 관심을 두었다. 대학 교수들은 양가죽으로 만든 긴 장갑과 베레모를 착용했다. 기사들은 박차(拍車)를 차고 다녔다. 우리의 호기심을 끄는 사실은 중세의 무기들이 너무나 기능적이어서 실제로 제복이 될 수 없었다는 점이다. 그러나 기사들은 귀족 신분을 표시하기 위해 투구, 쇠미늘 갑옷, 방패, 창 등에 문장을 부착했다. 여기서 가문(家紋)이 탄생했다.

의복의 사치는 부자들에게서 성행했다. 그것은 옷감의 질과 양에 의해서 표현되었다. 무거운 느낌을 주고 올이 촘촘한 모직물, 금으로 수놓은 비단은 사치품이었다. 유행 따라 변하는 색상도 사치의 대상이었다. 붉은 염료(꼭두서니 같은 식물과 연지벌레 같은 동물에서 채취한 염료)를 섞은 진홍색 옷은, 13세기 대청(大靑) 재배술의 발달과 함께 등장한 푸른색과 초록색 계통인 청록색 옷 앞에 퇴조했다(그러나 독일의 꼭두서니 상인들은 경쟁자들을 물리치기 위한 술책으로 악마를 푸른색으로 그리도록 함으로써 새로운 유행의 가치를 떨어뜨리려 했다). 한자 상인들이 노브고로드까지 가서, 제노바 상인들이 크리미아에까지 가서 구입해온 모피, 여성용 보석도 사치품이었다.

13세기 말에는 사치 단속법이 특히 이탈리아와 프랑스에 등장했다. 이것은 아마도 그 당시 발생했던 경제적 위기와 관련이 있을 것이고, 보다 확실하게는 사회적 변화와 관계가 있다. 이러한 변화를 통해 신인들이 등장했는데, 이들은 요란스러운 사치로 전통 가문을 압도하고자 했다. 사회질서의 유지와 종교적 이상을 조화시키고자 했던 루이 성왕은 의복의 지나친 사치와 지나친 소박함을 그 스스로가 피하고 가족들에게도 그렇게 하라고 권했다. 어느 해 성령 강림절 때 코르베유에서 주앵빌과 로베르 드 소르봉 Robert de Sorbon 교수가 왕 앞에서 논쟁을 벌였다. "'당신은 왕보다도 훨씬 더 사치스럽게 옷을 입은 것을 보니 비난받아 마땅합니다. 당신은 가느다란 다람쥐 모피와 야한 진홍색 옷을 입고 있지만 왕께서는 그렇지 않습니다.' '로베르 교수, 미안한 말씀이지만, 내가 그런 옷을 입었다고 비난받을 일은 아닙니다. 이 옷은 나의 양친께서 물려주신 것이니까요. 오히려 비난받아야 할 사람은 당신입니다. 당신은 비천한 부모한테서 태어났는데도 왕보다 더 화려한 옷을 입고 있으니까요.' 그러자 왕은 이렇게 훈계했다. '그대들은 옷을 깨끗하고 점잖게 입어야 하네. 그러면 그대들 부인들이 그대들을 더 사랑하고 하인들이 자네들을 더 존경할 걸세. 자네들의 옷과 장식은 점잖은 사람들이 자네들보고 너무 지나친 사치를 했다고 비난하지 않고, 젊은이들이 너무 초라하게 입었다고 비난하지 않을 정도가 되어야 하네.'"

여성의 옷은 경제적 번영과 위기의 리듬에 따라 길어지기도 하고 짧아지기도 했다. 12세기에는 도덕주의자들이 낭비적이고 점잖지 못하다고 크게 비난할 정도로 옷이 길어졌다가, 14세기 중엽에는 다시 짧아졌다. 내의류가 위생법의 향상, 아마 재배술의 발달과 더불어 13~14세기에 더 큰 비중을 차지하게 되었다. 여자용 속옷이 보편화되고 남자용 팬티가 출현했다. 그러나 내의류의 승리는 식도락처럼 부르주아지의 등장과 관계가 있다.

15. 집과 집의 사치

주택은 사회적 분화가 표현되는 마지막 방식이다. 농가는 흙이나 나무로 지어졌고 돌은 주춧돌로만 사용되었다. 이것은 보통 방 하나로 되어 있고 천장에 구멍을 내는 것 이외에 굴뚝이 따로 없다. 가구와 집기가 별로 갖추어지지 않았기 때문에 농민들은 집에 애착을 느끼지 못했다. 중세 농민들은 가난했으므로 자주 새로운 터전을 찾아 이동하지 않으면 안 되었던 것이다.

도시의 주택도 여전히 목재로 지어졌고, 이 때문에 화재에 희생되기 쉬웠다. 화재는 중세의 큰 재앙이었다. 루앙에서는 1200년에서 1225년 사이에 여섯 차례에 걸쳐 화재가 발생했다. 교회가 중세인들에게 그런 지방을 순례하라고 설득하는 데 별 어려움이 없었다. 그들이 한곳에 정착했을 경우에도 자기 집에 정이 들 겨를이 거의 없었다.

부자들의 경우에는 사정이 달랐다. 성채는 안정과 힘과 위세의 표지였다. 11세기에는 성의 본채인 주루donjon가 많이 건립되었고 보호에 대한 관심이 증가했다. 그리하여 편의시설이 중요시되었다. 성채는 항시 방어가 잘 되어 있었으므로 많은 거처를 제공했고 성벽 내에 주거용 건물이 세워지기도 했다. 그러나 성에서의 생활은 큰 홀을 중심으로 이루어졌다. 가재도구는 한정되어 있었다. 식탁은 일반적으로 조립식이기 때문에 식사가 끝나면 치워졌다. 기본적인 가구는 옷가지나 식기를 넣어두는 궤짝 정도였다. 특히 식기류는 최고의 사치품이었다. 그것은 눈부시게 빛나기도 하고 또한 경제적 비장품이기도 했다. 영주들의 생활은 주로 여행으로 이루어졌기 때문에 짐을 쉽게 운반할 수 있게 하지 않으면 안 되었다. 주앵빌은 십자군 원정 때 보석류와 성인 유골만 가지고 갔다. 또 다른 사치품인 양탄자는 또한 여러 용도로 사용되었다. 그것은 천장에 걸어서 병풍이나 방 사이의 칸막이로 사용되었다. 사람들은 성채로 이동할 때마다 이것을 가지고 다녔다. 이것이 전사들에게는 안성맞춤의 거처, 즉 텐트로 이용되었다.

그러나 예술 애호가로서의 귀부인들은 실내장식에 열을 올렸다. 보드리 드 부르게유Baudri de Bourgueil에 따르면, 윌리엄 정복왕의 딸 아델 드 블루아Adèle de Blois의 침실 벽은 구약과 오비디우스의 『변신』에 나오는 광경을 수놓은 양탄자와 잉글랜드 정복을 수놓은 자수품으로 장식되었다. 천장에는 은하수·성운·황도대·해·달·유성으로 가득한 하늘을 그린 그림들이 붙어 있었다. 복도에는 괴물과 동물이 그려 있는 지구전도를 모자이크로 만들어 장식했다. 닫집이 달린 침대는 8개의 입상들(철학과 7개 교양과목들)로 지탱되었다.

위세와 부의 표지는 돌과, 성채 꼭대기를 둘러싸고 있는 탑이었다. 부유한 부르주아지들은 이것을 모방하여 도시에 "단단하고 아름다운 저택"을 지었다. 그들은 자기 저택에 애착을 가지고 가재들로 가득 채웠을 뿐만 아니라, 취향에 맞는 특징을 살리고 편의시설을 갖추었다.

개인이나 가문의 힘의 상징인 성채는 집주인이 정복되면 파괴되기 일쑤였다. 도시에서도 마찬가지로 부자들이 추방되면 그들의 저택이 파괴되거나 소실되었다—이렇게 해서 남는 것은 집의 쇠붙이나 강한 부분이다.

16. 놀이의 문명

중세인들이 생존의 본질적 필요들, 특히 부자들에게는 자신의 지위에 맞는 요구들을 충족시키고 나면, 그들에게 남아 있는 것은 거의 없었다. 그들은 잘 먹고사는 데는 아랑곳하지 않고 힘닿는 데까지 외적 과시에 모든 것을 바쳤다. 비록 상류계층들 사이에서는 축제가 과시와 선전의 수단이기도 했지만, 중세인들이 이해관계를 초월하여 충심으로 느낄 수 있었던 유일한 기쁨은 축제와 놀이였다.

성채와 교회와 도시가 바로 극장의 무대 역할을 했다. 중세 사회에 전용 극장이 없었다는 것은 무언가 시사하는 바가 있다. 사회생활의 중심지가 있는 곳이면 어디서나 즉석에서 무대를 만들어 연극을 상연했다. 교회에서는 종교의식이 축제였고 따라서 매우 짧은 극은 예배극에서 유래했다. 성채에서는 연회와 마상 시합, 음유시인과 마술사와 무희와 곰 조련사들의 공연이 연속으로 이어졌다. 도시에서는 간이 무대가 광장에 설치되곤 했는데, 그것은 말하자면 '정자나무 밑의 놀이'였다.

모든 사회계층이 집안 잔치를 기둥뿌리가 흔들릴 정도로 분에 넘치게 벌였다. 혼례를 치르고 나면 농민들은 몇 년 동안을, 영주들은 몇 달 동안을 빈궁하게 지내야 했다. 이와 같이 얼빠진 사회에서는 놀이가 각별한 매력이 있었다. 자연의 노예인 이들은 운수에 매달렸다. 그래서 주사위가 식탁에 반드시 준비되어 있었다. 이들은 경직된 사회구조에 갇혀 있었지만, 사회구조 자체를 하나의 놀이로 바꾸었다. 장기는 본디 11세기에 동방인들이 왕실 놀이로 중세 서양에 물려준 것이었다. 서양인들은 왕의 권력을 비하시키는 한 방법으로 이것을 '봉건화'했고, 13세기 도밍고회 수도사 자크 드 세졸Jacques de Cesoles이 서양인들에게 이 놀이를 '도덕화하는' 방법을 가르쳐준 이후에는 이것을 사회의 거울로 바꾸었다.

중세인들은 상징적이고 마술적인 놀이에 그들의 직업적 관심을 투사하고 승화했다. 마상 시합과 군사 훈련은 기사적 삶의 본질을, 민속 축제는 농민 사회의 존재를 표현했다. 교회는 '얼간이들의 축제'에서 희화화되는 것을 감내하지 않을 수 없었다. 특히 음악·노래·춤 등은 모든 사회계층을 사로잡았다. 교회의 찬송가, 성채에서 추는 능숙한 춤, 농민들의 민요 등이 그랬다. 중세 사회는 계층마다 각자 나름대로 즐겼다. 수도사와 성직자들은 그레고리오 성가에, 영주들은 세속적인 변조곡(變調曲)(마술사와 음유시인들의 희유조 노래)에, 농민들은 '샤리바리charivari'(마을의 성적 기강을 바로잡기 위해 그 위반자 집 앞에서 갖은 소음을 내어 괴롭히는 청년 문화를 말함——옮긴이)를 모방한 소리에 탐닉했다. 이러한 중세적 기쁨을 성 아우구스티누스는 탄성, 즉 "언사가 없는 기쁨의 외침"이라고 정의했다. 이와 같이 재앙과 폭력과 위험의 와중에서도 중세인들은 그들의 문화를 둘러싸고 있던 이런 음악에서 망각과 안정과 위안을 발견했다. 그들은 기쁨을 즐겼던 것이다.

에필로그
─ 지속되는 것과 새로운 것(14~15세기)

1. 지속되는 것

14세기 위기로부터 새로운 세계가 탄생하는 듯했다. 그러나 외형의 새로움에도 불구하고 기독교 세계의 육체와 영혼은 그 지속적인 것들로 인해 특히 주목을 받을 만하다. 경제를 뒤흔들어놓을 만한 기술도 거의 없었다. 대포 값이 비쌌기 때문에 큰 국가들만이 화약을 이용할 수 있었다. 그러나 스위스인들은 유럽에서 가장 훌륭한 군인들이었다. 그래서 성채가 그 군사적 가치의 일부를 상실했다. 그러나 르네상스기의 성채는, 만약 이러한 부수적인 자극이 없었더라면, 낮에 열어놓을 수 있도록 큰 창문을 내었을 것이다. 야금술은 본시 이러한 군사적 변화를 일으키는 주요한 요인이었지만, 산업혁명 이전에는 자연을 크게 바꾸어놓지 못했다.

사회는 여전히 예전과 같은 모습을 보여주고 있었고, 오히려 왕년의 개념으로 돌아가는 것 같았다. 세 위계 또는 세 신분사회가 여전히 귀족과 성직자, 그리고 부르주아에 의해 지배되고 있었다. 물론 부르주아가 옛날보다 수가 많아지고 더 부유해지고 더 자신을 갖게 되었다. 그러나 이들은 귀족화하여 상층계급으로 진출하는 것으로 만족하든지, 그렇지 않으면 자신의 이익만을 위해 제3신분을 대표하는 것으로 만족했다. 이들은 다른 두 계급과 마찬가지로 농민들을 멸시했고, 토지의 매입을 통해 농촌으로 진출하는 데 성공했다. 또한 그들은 셈에 밝고 법률 지식을 가지면 가질수록 농민들을 더욱 못살게 굴었다. '봉건적 반동'이, '재판 농노제'가 등장한 동유럽에서부터 '촌뜨기'들이 더욱 천대받던 서유럽에 이르기까지 유럽 전역에서 시작되었다.

예전과 마찬가지로 종교적 경건성이 지배했다. 산티아고데콤포스텔라로 가는 노상에는 '순례자로 자처한 거지들coquillards'이 과거 어느 때보다도 많았다. 물론 그들은 매우 게을렀기 때문에 걸어가는 것보다는 선편을 이용하기를 더 좋아했다. 그래서 1473년 4월 10일 4척의 선박이 함부르크에서 산티아고데콤포스텔라를 향해 출발했다. 이른바 '근대적인' 왕인 루이 11세는 흉장을 착용하고, 칼라브리아의 한 은둔자인 성 프란체스코 마르토틸라St. Francesco Martotilla에게 구원을 요청했다. 교육 방법도 변하지 않았다. 스콜라적 방법이 그대로 지속되었고, 전문가들의 표현대로 '말기 스콜라 철학Spätscholastik'이 크라쿠프에서 파리에 이르기까지 크게 성행했다.

뤼시앵 페브르는 16세기 중에도 중세적 감수성이 지속되었음을 멋지게 입증했다. 15세기에는 13세기 이후 중요성이 더 커진 요소들을 참작하는 것으로 만족하면서 중세적 지혜를 요약한 '대전Somme'들이 또다시 만개했다. 니콜라우스 크렙스Nikolaus Krebs(1401~1468년)는 『가톨릭의 화합론 *De Concordantia Catholica*』에서 교황의 지상권을 반박하는 종교회의의 결의를 지지하고 「콘스탄티누스 기진장」에 대한 신빙성과 가짜 교회법을 비난했지만, 그의 정치적·종교적 이상은 과거 어느 때보다도 더 통일되고 화합된 기독교 세계였다. 피렌체 대주교 안토니오 Antonio(1389~1459년)는 『도덕 대전』에서 고리대금업 문제에 아무런 생각 없이 더 많은 지면을 할애했다. 메디치가의 친구이자 피보호자인 그는 이 문제의 경제적 측면을 배후로 숨겨버렸다. 피에르 다이이Pierre d'Ailly는 『세계의 이미지 *Image du monde*』(1410년)에서 호노리우스 아우구스토두넨시스의 지리학과 우주학을 그대로 원용했다. 그는 아메리카는 물론이고 아시아에 대해서조차 무지했다. 그에게 인도양은 우화적인 존재들로 가득했다. 그는 육지의 끝에는 큰 강이 있다고 여전히 믿고 있었다. 이것은 '다행스런 오류 *Felix culpa*'였다. 콜럼버스가 이것을 읽고 서쪽으로 가면 인도에 도달할 수 있을 것이라는 생각을 더욱 굳혔을는지도 모른다.

2. 격동과 격분

더욱이 중세 말기는 격동기였던 것 같다. 중세의 가을은 호이징가Huizinga가 밝힌 것처럼 격분과 소동, 피와 눈물로 점철되었다. 고딕 예술은 바로크적인 기상천외한 화려함으로 점차 바뀌었다. 이것은 저택·교회·제단 뒤의 장식벽 마루머리에 레이스 같은 화염을 밝히고 사면팔방으로 선을 강조하며 남녀들을 관능적으로 묘사한다. 고딕 예술은 16세기 중에 전성기를 맞았다. 1513년 초에 브루Brou 교회가 세워지고 살라망

카와 세고비아에 새로운 수도원이 각각 1510년과 1522년에 개원되었다. 포르투갈에서는 1500년경 마누엘Manuel적 고딕 양식(15세기 말과 16세기 초 포르투갈 왕 마누엘 시대의 건축 양식을 말함——옮긴이)이 고딕적 영감이 낳은 가장 독창적인 형태 중 하나였다. 이것은 가우디Gaudi(19세기 말과 20세기 초의 에스파냐 건축가로 바르셀로나에 유명한 '성가족Sagrada Familia' 교회를 세움——옮긴이)를 예고한다. 금은 세공사들은 옛날보다도 더 잘 꾸미고 더 풍부하며 더 반짝거리고 더 잘 다듬어진 보석을 내놓았다. 제물을 봉헌하는 데 쓰이는 성유물함이 성유골함보다 치수가 더 컸으며, 이것이 성체 현시대로 바뀌었다. 이 분야에서는 에스파냐가 탁월했다. 1438년에 완성된 게로나의 성체 현시대는 높이가 거의 2미터에 달했다. 최고의 걸작은 레온에 정착한 독일 출신 금은 세공사 엔리케 데 아르페Enrique de Arfe가 아메리카에서 수입한 최초의 금으로 만들어 이사벨 여왕에게 바친 성체 현시대였다. 그녀는 이것을 톨레도 수도원에 기증했다.

　종교적 경건성은 과거 어느 때보다도 더 화려하고 시위적이었다. 대중 설교가들은 회중들의 열정에 불을 댕기고 신앙심의 구체적인 현시를 호소했다. 베르나르도 델리 아비체스키Bernardo degli Abizzeschi와 비센트 페레르Vicent Ferrer 같은 설교가들이 설교를 하면, 회중들은 감동하여 흐느끼고 죄지은 자들은 대중 앞에서 고해를 해가며 땅바닥에 구를 정도였다. 올리비에 마이아르Olivier Maillard 같은 설교가가 오를레앙을 지나간 뒤에는, 청중들이 기어올라서 파손한 지붕을 한 지붕 수선공이 보수하는 데 64일이 걸렸다. 중세 말 플랑드르 지방의 종교적 감수성을 연구(이 연구 결과는 밀도 있는 작품으로 나왔다)한 자크 투사에르Jacques Toussaert는 "민감성으로부터, 원시성으로부터, 추상의 완전한 부재로부터 연유된 과도한 감정과, 인상과 감각의 발작적인 불규칙성"을 발견했다.

귀족들은 어느 때보다도 관중들 앞에서 마상 시합을 하는 횟수가 늘어났다. 그들은 '무용'을 많이 과시했다. 에노 출신의 프루아사르Froissart는 자신의 무훈을 떠벌렸다. 그들은 마상 시합과 축제에 심취했다. 그리고 그들은 르네René 선왕에 대한 세밀화나 우첼로Uccello가 그린 전투화들에서 묘사되어 있는 깃털 장식 투구를 과시하거나, 피에로 델라 프란체스카Piero della Francesca나 피사넬로Pisanello의 프레스코화에서 볼 수 있는 기상천외한 모자를 뽐내기도 했다. 기사적 감정은 필리프 선공(善公) 치하의 부르고뉴-플랑드르 공국에서 탄생한 가장 빼어난 기사단인 '황금 양털 기사단La Toison d'Or'의 창설과 더불어 절정에 달했다. 고딕적 감수성은 그것이 분출되지 않을 때는 부자연스런 형태로 무기력해졌다. '국제적 고딕 양식'이라 불리는 회화 양식은 15세기 전반에 시에나에서 형언할 수 없는 걸작을 탄생시켰지만, 그것은 이제 무기력하고 재치를 부리는 '유약한 양식weicher Stil'이 되었다. 궁정 문학 또한 극도로 무미건조해졌다. 백년전쟁이 한창 중인 15세기 초 프랑스에서는 『장미 이야기』에 대한 논쟁이 일어났으며, 혈기의 중세적 세련은 르네 선왕의 『불타는 사랑의 마음 Livre de Coeur d'Amour épris』에서 활짝 피었다.

이것은 격심한 시련과 일련의 재앙(전염병과 전쟁)과 위기에 대한 반작용인가? 아니면 유럽을 휩쓴 흑사병의 결과인가? 이러한 정서적 충격들이 크게 작용했음에 틀림없다. 그러나 격동은 보다 깊고 먼 곳에서 왔다. 그것은 감정의 분출로 끝난 것이 아니라 모든 것을 뒤흔들어 놓고 변형시켰던 것이다.

3. 인문주의

그 시절 인간들이 제일 먼저 발견한 것, 그것은 죽음이다. 그것은 저승으로의 통과로 보았던 중세의 추상적 죽음이 아니라 육체적 죽음이다. 중세 말에는 시체가 사람들의 발부리에 걸릴 정도로 많았다. 알베르토 테넨티Alberto Tenenti는 중세 말 이후 "삶에 대한 미련은, 육체적 죽음의 영적 가치에 대한 인식이 그랬던 것처럼, 매우 강렬해졌다. 육체적 허무함의 벽은 기독교도들이 뛰어넘기가 점점 더 어렵게 되었다"고 썼다.

'부활하고 있던' 회화의 주제인 모든 승리 중에서 그 첫번째가 죽음에 대한 승리다. 죽음에 대한 새로운 감정의 전파에 큰 도움을 준 것은 '세속 신분들'의 최후적 형태인 '해골의 춤'보다도 인쇄술이었다. 새로운 감수성을 종합하여 다룬 주제가 1465년경 라인란트 지방, 특히 쾰른에서 등장한 『선종(善終)의 방법 Ars moriendi』에서 발견된다. 그것이 목판으로 인쇄되어 널리 보급되었다. 그것이 독일과 저지대에서부터 1480년경에는 에스파냐와 프랑스로, 16세기 초에는 잉글랜드와 이탈리아로 보급되었다.

인쇄술, 그것은 혁명적이고 위대한 발명이었다. 물론 이것은 기나긴 세월이 지난 뒤에야 그 효과가 나타나고 무엇보다도 전통적 이데올로기와 감수성에 이바지했다(신앙에 관한 책들, 특히 성경이 많이 출판되었기 때문에 글을 읽을 줄 아는 대중들이 '모든 원전'을 이용할 수 있게 되었다). 그리고 인쇄술은 글을 모르는 민중들이 쉽게 소화할 수 있는 그림에 의한 교육 형태를 약화 또는 퇴보시키면서 초기에는 문화의 사회적 위축을 가져오기도 했다.

그렇지만 인쇄술이 즉각 전파시킨 것은 인문주의다. 지방에 따라서 시간적·내용적 편차가 있기는 하지만, 그것은 1350년경부터 모든 국가와 문화계에서, 특히 경직된 스콜라 철학의 아성이 아닌 대학들에서 대두하기 시작했다. 그것은 고대로의 단순한 복귀(이것은 아랍 철학에 대한 12세기 지식인들의 태도가 그랬던 것처럼 하나의 수단이나 구실에 불과했다)가 아니라 새롭게 생각하고 느끼는 방식이다.

우선 그것은 인간이 만물의 척도임을 확인했다. 이 확인은 예술에서 이루어졌다. 피에르 프란카스텔Pierre Francastel이 밝힌 것처럼 브루넬스키Brunelleschi와 마네티Manetti와 우첼로와 피에로 델라 프란체스카의 시대에 "정신의 보다 거대한 변화의 징후"는 단일 관점의 채택에 근거한 기하학적 투사체계라기보다는 새로운 건축 공간과 조형 공간의 발견이었다. 그것은 또한 "지상에 우뚝 서서, 유동하는 분위기에 빠져 있는 인간의 위치에 대한 끊임없는 분석"을 의미했다.

인문주의는 개개 인간, 특히 유력자에 대한 긍정이었다. 필리프 미남왕은 1300년경에 교황 보니파키우스 8세가 개인적 기벽에서 자신의 동상을 조각하도록 한 것을 비난했다. 그러나 그의 가까운 후계자 중 한 사람인 장 선왕(善王)은 개성을 살려 자신의 초상화를 그리게 했다. 그리고 이탈리아 용병 대장들의 동상이 여러 광장에 많이 세워졌다. 예컨대 베로나에는 스칼리저Scaliger 동상이, 파도바에는 도나텔로Donatello가 조각한 가타멜라타Gattamelata 동상이, 베네치아에는 베로키오Verrocchio가 조각한 콜레오네Colleone 동상이 세워졌다.

인문주의에서 지적 분석의 새로운 수단은 언어학이다. 언어학과 '대(大)'르네상스와의 관계는 스콜라적 방법의 기초인 변증법과 12세기 르네상스와의 관계와 같다. 언어학은 15세기에 로렌초 발라Lorenzo Valla(1407~1457년)의 『라틴어의 우아함에 대하여De elegantiis linguae latinae』라는 걸작을 낳았다.

차후 인간은 공간뿐만 아니라 시간을 중시하기 시작했다. 중세에는 시간이 오직 신의 소유물이었고, 따라서 폭리를 남기는 이자는 금지되었다. 상인들은 이러한 신의 시간을 이자를 남기면서 팔았기 때문이다. 레온 바티스타 알베르티Leon Battista Alberti의 유명한 작품 『가족론De la famille』(1440년경)에 나오는 한 대목을 들어보자.

> 지아노초—사람들이 개인 소유물로 꼽을 수 있는 것이 세 가지가 있단다. 재산, 몸 〔……〕
> 리오나르도—그다음 세번째는 뭐죠?
> 지아노초—아! 매우 귀중한 것이란다. 내가 보기에는 팔과 눈도 그것만큼은 못 될 거다.
> 리오나르도—그럼 대단한 것이겠군요! 그게 뭔데요?
> 지아노초—내 사랑하는 리오나르도야, 그건 시간이란다, 내 자식들아, 시간 말이다.

중세에는 인간이 세계의 모방 또는 축도, 즉 소우주였다. 이제 이 관계는 뒤바뀌었다. 레오나르도 다빈치는 "인간은 세계의 모형이다L'homme est le modèle du monde"라고 썼다. 그리고 인간은 자기 자신을 찾아 나섰던 것이다.

찾아보기

* 일러두기: 중세에는 아직 성(姓)family name이 확립되지 않았다. 따라서 성이 앞으로 나오지 않은 이름은 일부를 제외하고 전부 중세인을 뜻한다.

ㄱ

가나의 결혼식 Noces de Cana 380
가이세릭 Geiseric 60, 78
갈레노스 Klaudies Galênos 572
갈루스 아노니무스 Gallus Anonymus 214, 240~41, 382~83
강쇼프, 프랑수아 François Ganshof 157
게레멕, 브로니스와프 Bronislaw Geremek 500
게로 폰 라이허스베르크 Geroh von Reichersberg 314, 434, 459
겔프파 Guelfes 172, 315, 504, 546
계가(繫駕) attelage 28, 113, 115, 336, 345, 351, 353, 363, 419
계도(系圖)의 나무 l'arbre de Jessé 280, 541
고등법원 parlement 170
고셰 도레유 Gaucher d'Aureil 404
『고트족의 역사 Histoire des Goths』 44
고티에 드 쿠앵시 Gautier de Coincy 456, 466, 543
골리아스 시인 Goliard 276, 296, 413, 492, 494, 502

공권 장원 seigneurie banale 138
『광기의 역사 Histoire de la folie』 398
『광인들의 배 Nef des Fous』 398
교권주의 cléricalisme 86, 89, 112, 452
『교령집 Décret』 525, 571
『교리 문답 Elucidarium』 219~20, 224, 246, 249, 268, 277, 290, 295, 389, 563
『교부 전기 Vitae Patrum』 305
『교황 전기 Liber pontificalis』 313, 556
『교황 칙서 Dictatus Papae』 437
『구논리학 Logicus vetus』 206
군도바드법 Lex Gundobada 80~81
군터 Gunther 62
그라티아누스 Gratianus 44, 571
그단스크 Gdansk 174, 334
『그렇다와 아니다 Sic et Non』 570
근교 농촌 contado 138, 177, 485
기독교 공화국 Respublica Christiana 123, 132
『기독교 교의론 De doctrina christiana』 189, 210
기베르 드 노장 Guibert de Nogent 156, 449,

462, 478, 489, 568
기벨린파Gibelins 172, 504, 546
『기쁨의 낙원Hortus Deliciarum』267, 271, 329, 580
기욤 도베르뉴Guillaume d'Auvergne 249, 555, 571
기욤 드 생타무르Guillaume de Saint-Amour 152, 403
기욤 드 생파튀스Guillaume de Saint-Pathus 395, 473
기욤 드 토코Guillaume de Tocco 571
그니에즈노Gniezno 111, 173, 424, 457
그로세테스트, 로버트Robert Grosseteste 331, 553, 555
금인(金印) 칙서Bulle d'Or 175

ㄴ

날품팔이 빈농manouvrier, brassier 164, 419
『노르망디 연보Annales de Normandie』287
『농업론Husbandry』330, 352, 497
늑대-인간loup-garou 216, 525
『니벨룽겐의 노래Nibelungenlied』62
니케아 공의회 54, 97, 250
니케타스 코니아테스Nicètas Choniatès 235
니콜라우스 크렙스Nikolaus Krebs 596
『님의 마차Le charroi de Nîmes』221, 585

ㄷ

다키아Dacia 41, 44, 53
『대화Dialogues』201
『덧없는 세상Frau Welt』306

데노에트, 르페브르Lefebvre des Noëttes 351
독일 기사단Chevaliers Teutoniques 123, 174
돕쉬, 알폰스Alfons Dopsch 407
두카토ducato 143, 411
『둠즈데이북Domesday Book』168, 351
뒤메질, 조르주Georges Dumézil 23, 35, 424, 426, 431
뒤비, 조르주Georges Duby 35, 120, 146, 157, 160~61, 163, 374, 405
뒤퐁, 알퐁스Alphonse Dupont 573
뒤프롱, 알퐁스Alphonse Dupront 128
드루즈망, 드니Denis de Rougement 576
디노미, 알렉산더Alexander Denommy 577
디옹, 로제Roger Dion 54, 106, 586

ㄹ

라몬 데 페냐포르트Ramon de Peñafort 367
라부뢰르laboureur 164, 419
라울 글라베Raoul Glaber 116, 118, 147, 263~64, 272, 389~90, 426, 464, 523
라테라노 공의회 153, 237, 287, 518, 528, 567
『라틴 교부 전집Patrologiae latine』550
래슬릿, 피터Peter Laslett 26
러셀J. C. Russell 119, 404
레냐노Legnano 176
레비-스트로스, 클로드Claude Lévi-Strauss 551, 564
레히펠트Lechfeld 103, 110
로마노, 루지에로Ruggiero Romano 417
로물루스Romulus 39, 55, 64, 229, 456
로베르 드 소르봉Robert de Sorbon 590

로베르 드 토리니 Robert de Torigny 355
『롤랑의 노래 Chanson de Roland』 93, 481, 543
롤롱 Rollon 101, 241
『롤롱의 이야기 Le Roman de Rollon』 494
롱바르, 모리스 Maurice Lombard 114
루이 성왕 Saint Louis 125, 134, 140, 143, 170, 244, 256, 285, 295, 310, 320, 396, 402, 411, 439, 447, 473, 481, 509, 516, 522, 530, 559, 574, 576, 582, 590
『루이의 대관식 Couronnement de Louis』 463
루자토, 지노 Gino Lazzatto 377
르브라, 가브리엘 Gabriel Le Bras 205
르클레르, 동 장 Dom Jean Leclercq 566
리가 Riga 142
리브몽 Ribemont 105
리셰, 피에르 Pierre Riché 200, 208
리우트프란트 Liutprand 197, 229
리처드 베리 Richard of Bury 284
리처드 사자심왕 Richard Coeur de Lion 129, 133, 557

■

마그렙 Maghreb 66, 338
마르카브뤼 Marcabru 470
마르켈리누스, 아미아누스 Amianus Marcellinus 46~47, 50, 53, 59, 335
마리 드 프랑스 Marie de France 297, 469
『마리 두아니의 전기 La Vie de Marie d'Oignies』 563
『마이어 헬름브레히트 Meier Helmbrecht』 453, 588
『만물론 De universo』 210

머시아 Mercia 91
『메네 Mainet』 237, 289, 481
메르센 Meersen 105
메토디오스 Methodios 122
메토디우스 Méhodius 242, 292, 314
메트르 드 옹그리 Maître de Hongrie 317
멜피 헌장 Constitution de Melfi 172
『명제집 Sentences』 537, 571
모리스 드 쉴리 Maurice de Sully 452
무함마드 Muhammad 236
문화 접변 acculturation 52
물질문화 culture matéielle 33
『물통을 든 기사 Chevalier au barizel』 573
미슈, 게오르크 Georg Misch 462
미에슈코 Mieszko 122, 173, 241
민도프 Mindovg 122

■

바가우다이 Bagaudae 43, 50~51, 53
바이외 타피스리 tapisserie de Bayeux 345
반 바트, 슬리허 Slicher Van Bath 405~406
반 아이크 Van Eyck 359
발도, 피에르 Pierre Valdo 150
발라, 로렌초 Lorenzo Valla 603
발터 폰 데어 포겔바이데 Walther von der Vogelweide 254, 297, 306, 308, 440
뱅상 드 보베 Vincent de Beauvais 278, 394, 576
법의 속인성 personalité des lois 79, 81
법의 속지성 territorialité des lois 81, 458
베넷 M. K. Bennett 119, 405
베다 Beda 206~207, 249, 272~73, 366, 538

베르나르Bernard 348, 508
베르됭Verdum 103~104, 114~15
베르트랑 드 보른Bertran de Born 557
베르히만, 잉마르Ingmar Bergman 398
베이컨, 로저Roger Bacon 572
베즐레Vézelay 131, 138, 379, 467
베틀가chanson de toile 468, 500
보고밀파Bogomiles 154, 259
보나벤투라Bonaventura 152, 248, 287
『보베지의 관습 Coutumes de Beauvaisis』 567
보세, 앙드레André Vauchez 554, 574
보에티우스Boethius 63, 206~207, 271, 281, 421, 539
보주앙, 기Guy Beaujouan 550
본베신 달라 리바Bonvesin dalla Riva 484
볼레스와프Boleslaw 111, 173, 377
브뢰겔Breughel 379, 397
브루노 폰 크베르푸르트Bruno von Querfurt 240
블랑슈 드 카스티야Blanche de Castille 134
블로크, 마르크Marc Bloch 20, 74, 77, 157, 163, 222, 288, 363, 407~408, 410, 418, 429
비두킨트Widukind 94
비트루비우스Vitruvius 326
빌라르 드 온쿠르Villard de Honnecourt 271, 334, 351
빌아르두앵Villehardouin 234

ㅅ
사포리, 아르만도Armando Sapori 477, 483
산티아고데콤포스텔라Santigo de Compostella 126, 136, 216, 220, 222, 440, 596
살라딘Saladin 133
살리 프랑크 부족법la loi salique 74~75, 79~81, 85
살비아누스Salvianus 49~50, 70, 201
『상인론 Dit des Marchands』 417
『새 소식 Novellino』 369, 392
샤리바리 charivari 594
『선종(善終)의 방법 Ars moriendi』 600
성령의 성부·성자 발출 Filioque 228
성 마르티누스(마르탱)St. Martinus 86, 266
『성모 마리아의 기적들 Les Miracles de la Vierge』 543
성 브렌다누스St. Brendanus 203
『성 세베리누스 전기 La Vie de St. Severinus』 56, 194
성 아우구스티누스St. Augustinus 48, 60, 67, 148, 188~89, 192~93, 195, 210, 254, 273, 277, 459, 462, 555, 582, 594
『성 알렉시스 전기 La Vie de saint Alexis』 274
성 이브St. Yves 336, 574, 588
『성인 전기 La Légende dorée』 220, 223, 262~66, 278~79, 302, 317, 337, 339, 379, 382, 566
『성직자 교육론 De institutione clericorum』 210
『세계의 이미지 Image du monde』 597
『세속 경멸론 De Contemptu mundi』 305
순찰사 missi dominici 99
쉬제Suger 258, 335~36, 368
슈발리에, 베르나르Bernard Chevalier 22
스몰렌스크Smolensk 143
스벤트Svend 101

스웨인Sweyne 122
스틸리코Stilico 56, 64
시빌라 드 티부르Sibylla de Tibur 282, 314
시아그리우스Syagrius 63~64
시제 드 브라방Siger de Brabant 570
『신국론 La Cité de Dieu』 60
신분회États Généraux 170
『신은 왜 인간으로 태어났는가 Cur Deus Homo』 255
『신의 건축론 Liber de aedificio Dei』 434
『신정론 Du Gouvernement de Dieu』 49
실레지아Silesia 179, 215, 377
실험과학 scientia experimentalis 572

ㅇ

아글랍 수장 가문Aghlabids 101~102
아달베롱 드 랑Adalbéron de Laon 421, 428, 453
아델 드 블루아Adèle de Blois 592
아델라르드 바스Adelard of Bath 238, 537
아리스토텔레스Aristoteles 18, 206, 225, 249, 281, 286, 303, 332~33, 371~72, 462, 527, 572
아리우스파Arianisme 54, 66~67, 77, 81, 87, 195~96, 239, 253
『아미와 아밀 Ami et Amile』 544, 576
아비뇽Avignon 167, 171, 221, 446
아우렐리우스, 마르쿠스Marcus Aurelius 41, 43
아코Akko 222, 574
아틸라Attila 53, 61~62, 64
아헨Achen 94, 96, 101, 104, 210, 254, 438~39, 444, 550, 583
안나 콤네나Anna Comnena 231

안셀름 폰 하벨베르크Anselm von Havelberg 314
알라리쿠스Alaricus 48, 60~61, 63, 87
알랭 드 릴Alain de Lille 233, 537, 546
『알리스캉 Aliscans』 235, 382
알베르투스 마그누스Albertus Magnus 269, 331
알비 카타르파Albigeois 125, 154~55, 217, 468, 517, 552, 577
알팡데리, 폴Paul Alphandéry 128
알프레드 대왕Alfred le Grand 101, 421
암흑시대âge de ténèbres(Dark Ages) 18, 25, 29, 83
앙리 드 디낭Henri de Dinant 504~505
야곱 스빈카Jacob Swinka 457
야곱의 사다리échelle de Jacob 267
야코포 다 바라체Iacopo da Varazze 223, 265, 278, 291, 302, 317, 339
『어원학 Etymologiae』 207
에스피나스, 조르주Georges Espinas 477
에우기피우스Eugippius 56, 194
에티엔 드 푸제르Etienne de Fougères 432
에티엔 부알로Etienne Boileau 140
에티엔 탕피에Etienne Tempier 153, 577
엘리아스, 노르베르트Norbert Elias 26
『여우 이야기 Roman de Renart』 337, 381, 414, 510
『역사의 거울 Miroir historique』 278
역사인류학anthropologie historique 32
『영혼의 투쟁 Psychomachie』 193, 562
오데릭 비탈Oderic Vital 284, 449
오도Odo 105, 314
오리악Aurillac 222
오비디우스Ovidius 592
오손Auxonne 218

오토Otto 103, 105, 110~12, 229, 240, 258, 437~39, 441, 453, 504
오토 폰 프라이징Otto von Freising 272, 274, 283~84, 314, 441, 489
오파Offa 91
외드 드 되유Eudes de Deuil 129, 231~32, 411
우구치오Huguccio 460, 518
운명의 수레바퀴la roue de Fortune 271~72
월터 헤늘리Walter of Henly 330, 352, 497
웨드모어Wedmore 101
위그 드 생빅토르Hughes de Saint-Victor 284~86, 550
위그 드 플뢰리Hughes de Fleury 448
『위옹Huon』 466
윙베르 드 로망Humbert de Romans 435, 567
『음악론De musica』 571
의사-드니Pseudo-Denis l'Aréopagite 269
이노켄티우스 4세Innocentius IV 167, 244
이단재판inquisition 152, 155, 518, 526
이드머 켄터베리Eadmer of Canterbery 426
이르미농Irminon 107, 368
『이뱅Yvain』 296, 500
이븐 조베르Ibn Jobair 124, 239
이슈트반István 111, 122, 175, 241, 459
이프리키야Ifîqiya 101
이시도루스Isidorus 198, 207~208, 210, 273, 546, 551
이졸데Isolde 212~13, 307, 469, 520~21, 544, 564, 578

ㅈ

자크 드 비트리Jacques de Vitry 458, 563
장 골랭Jean Golein 445
장기 중세long Moyen Âge 17, 19, 23~26, 30
장기 지속longue durée 20, 31, 76, 294
장 드 가를랑드Jean de Garlande 301, 330, 518
장 드 묑Jean de Meung 152, 320, 372, 403
장 드 페캉Jean de Fécamp 267
『장미 이야기Roman de la Rose』 152, 320, 372, 575, 581, 599
『적그리스도 놀이Ludus de Antichristo』 315
『정자나무 밑의 놀이Jeu de la Feuillée』 397, 524, 593
『정치가Polycraticus』 436
제논Zenon 55, 64
제앙 보델Jehan Bodel 339
제앙 부안브록Jehan Boinebroke 477
조반니 안드레아Giovanni Andrea 17
조방 농법culture extensive 399
조시무스Zosimus 46
조아키노 다 피오레Gioacchino da Fiore 154, 236, 319, 456
존 솔즈베리John of Salibury 436, 450
좋은 도시bonne ville 21~22, 170
주앵빌Joinville 218, 221~23, 225, 237, 244~45, 295, 310, 362, 374, 509, 522, 557, 559, 582, 590~91
쥐미에주Jumièges 72, 95, 343, 497
『지라르 드 비엔Girard de Vienne』 542
질 르뮈이시Gilles Le Muisit 181, 417
집약 농법culture intensive 120, 346, 370, 405

ㅊ

『천년왕국의 추구The Pursuit of Millenium』 317
『철학의 위안Consolation de la philosophie』 421, 539
청빈영성파Spirituels 151, 154, 320
청빈형제파Fraticelles 151, 320
최우선 신서lige 160, 508
『축성론Traité du sacre』 445
『7부법Siete Partidas』 171

ㅋ

카노사Canossa 166~67, 453
『카르미나 부라나Carmina Burana』 276
카시오도루스Cassiodorus 44, 63, 193, 206~208, 210
카지미에시 대왕Casimir le Grand 174
카타르파Cathares 125, 154~55, 217, 468, 517, 552, 577
카틸리나Catilina 505
카파Kaffa 142
칸토로비츠, 에른스트Ernst Kantorowicz 443
케사리우스Caesarius 87, 194, 201, 329
코넌트, 케네스 존Kenneth John Conant 550
코르푸Corfu 142
코통, 장Jean Cotton 571
콘, 노먼Norman Cohn 256, 317
콘라트 폰 뷔르츠부르크Conrad von Würzburg 297, 305
「콘스탄티누스 기진장La Donation de Constantin」 445, 597
콜로누스colonus 43, 70, 73, 157

콜롬바누스Colombanus 204
쿠르슈만, 프리츠Fritz Curschmann 390
쿠르트레Courtrai 176
쿨라, 비톨드Witold Kula 25, 498
클로도베우스Clodoveus 21, 63~67, 80, 87, 97, 241, 285
크누트 대왕Cnut le Grand 101, 124
크레티앵 드 트루아Chrétien de Troyes 283, 285, 296, 427, 457, 500, 554
『클리제스Cligès』 283
키릴로스Kyrillos 122, 242

ㅌ

타실롱Tassilon 95
탁트이쉴레이만Takt-i-Sulayman 225
탄첼름Tanchelm 317
탈신성화désacralisation 433, 568, 579
테넨티, 알베르토Alberto Tenenti 600
테오도리쿠스Theodoricus 55, 63, 65~66, 78~79, 87, 208
테오도시우스Theodosius 46, 52, 68, 81
테오파노Théophano 111
텔렌바흐, 게르크Gerg Tellenbach 462
토마스 베켓Thomas Becket 21, 449~50
토마스 아퀴나스Thomas Aquinas 152, 190, 269, 273, 286, 333, 367, 371, 450, 459, 537, 556, 571
투사에르, 자크Jacques Toussaert 598
트리스탄Tristan 212~13, 307, 560~61, 578
티에리, 오귀스탱Augustin Thierry 84
티옹빌Thionville 94, 104

ㅍ

『파르뷔의 농부 Le Vilain de Farbu』 339
파울루스 디아코누스 Paulus Diaconus 83, 272
페브르, 뤼시앵 Lucien Febvre 136, 403, 596
『평화의 수호자 Defensor pacis』 18, 168
포미안, 크쉬슈토프 Krzysztof Pomian 25
포스탄 M. M. Postan 376, 406, 475
푸셰 드 샤르트르 Foucher de Chartres 130, 232
푸코, 미셸 Michelle Foucault 398, 524
퓌스텔 드 쿨랑주 Fustel de Coulanges 52, 84
프리드리히 바르바로사 Friedrich Barbarossa 167, 172, 176, 315, 317, 438, 441
프셰미슬 왕조 Przemyslides 174, 242, 382
피렌, 앙리 Henri Pirenne 114, 135~36, 140, 407, 482
피에르 가경자(可驚者) Pierre le Vénérable 138, 149, 236
피에르 다이이 Pierre d'Ailly 597
피에르 드 마리쿠르 Pierre de Maricourt 572
피오리노 fiorino 143, 411
피피누스 Pippinus 67~68, 92, 96, 104, 301
필리프 드 보마누아르 Philippe de Beamanoir 503, 567
필리프 미남왕 Philippe le Bel 144, 167, 170, 180, 452, 526~27, 529, 602
필리프 존엄왕 Philippe Auguste 129, 133, 170, 175, 509
필리프 반 아르테벨데 Philip Van Artevelde 505

ㅎ

해골의 춤 danse macabre 433, 600
『허위론 De mandacio』 582
헐리히, 데이비드 David Herlihy 469
헤라트 폰 란츠베르크 Herrad von Landsberg 267, 580
헬몰트 Helmold 352
호른, 게오르크 Georg Horn 18
호모보누스 데 크레모나 Homobonus de Cremona 494
화이트, 린 Lynn White 113, 115
『화첩 Album』 271
힌크마루스 Hincmarus 21, 112
힐데가르트 폰 빙엔 Hildegard von Bingen 457
힐데브란트, 브루노 Bruno Hildebrand 407
힐턴, 로드니 Rodney Hilton 475